# 中国特色社会主义经济理论体系研究

卫兴华 著

中国财政经济出版社

**图书在版编目（CIP）数据**

中国特色社会主义经济理论体系研究 / 卫兴华著. —北京：中国财政经济出版社，2015.7

ISBN 978－7－5095－6257－4

Ⅰ. ①中…　Ⅱ. ①卫…　Ⅲ. ①中国经济－社会主义经济－经济理论－研究　Ⅳ. ①F120.2

中国版本图书馆 CIP 数据核字（2015）第 133625 号

责任编辑：吕小军　　　　责任校对：张　凡
封面设计：思梵星尚　　　版式设计：兰　波

中国财政经济出版社出版

URL：http：//www.cfeph.cn

E－mail：cfeph@cfeph.cn



社址：北京市海淀区阜成路甲 28 号　邮政编码：100142

发行处电话：88190406　财经书店电话：64033436

北京财经印刷厂印刷　各地新华书店经销

787×1092 毫米　16 开　44.5 印张　722 000 字

2015 年 8 月第 1 版　2015 年 8 月北京第 1 次印刷

定价：89.00 元

ISBN 978－7－5095－6257－4/F·5039

（图书出现印装问题，本社负责调换）

本社质量投诉电话：010－88190744

**打击盗版举报热线：010－88190492、QQ：634579818**

# 中国特色社会主义经济理论的坚持、发展与创新问题

## ——《中国特色社会主义经济理论体系研究》前言

### 一、新民主主义制度与单一公有制社会主义制度的理论是非辨析

中国特色社会主义是从单一公有制的社会主义发展而来的。单一公有制的社会主义是否由新民主主义过渡而来？消灭一切私有制经济的“三大改造”是否跨越了新民主主义？是否完全必要和合理？我国否定中国特色社会主义是新民主主义的见解，但有无补新民主主义课的因素？这是需要实事求是地从理论上予以说明的问题。弄清这些问题有利于更好地认识和评析中国特色社会主义的客观必然性和必要性及其理论与实践意义。

1949 年中华人民共和国成立后，通过完成土地改革，消灭了我国几千年的封建制度。通过“三大改造”即对农业、手工业和资本主义工商业的改造，建立了单一公有制的社会主义制度。我国是在半殖民地半封建制度的社会基础上建立起社会主义制度的。旧中国的生产力十分落后，这是帝国主义、封建主义和官僚资本主义“三座大山”压迫和剥削的结果。社会主义制度的建立，促进了经济社会的发展。

怎样评价我国社会主义改造的胜利？是否超越了毛泽东提出的新民主主义理论和制度？学界有不同的认识。

毛泽东的新民主主义理论，是马克思主义理论与中国实际相结合的理论成果。按照新民主主义理论，从中国实际出发，新中国成立后，不急于建立社会主义制度，而是先建立新民主主义制度，待条件成熟后，再向社会主义

转变。毛泽东在《论联合政府》中明确指出：在新民主主义制度下，要“能够自由发展那些不是‘操纵国民生计’而是有益于国民生计的私人资本主义经济，保障一切正当的私有财产”。“中国的经济，必须是由国家经营、私人经营和合作社经营”。现在的中国“不是多了一个本国的资本主义，相反地，我们资本主义是太少了”。并批评有人“一口否认中国应该让资本主义有一个必要的发展，而说什么一下就可以到达社会主义社会”。[①] 在《中国革命和中国共产党》一文中毛泽东指出：“在中国革命胜利之后，因为肃清了资本主义发展道路上的障碍物，资本主义经济在中国社会中会有一个相当程度的发展，是可以想象得到的，……资本主义会有一个相当程度的发展，这是经济落后的中国在民主革命胜利之后不可避免的结果。”中国革命的全部结果是：一方面有资本主义因素的发展，又一方面有社会主义因素的发展，社会主义因素，在经济上“是民主共和国的国营经济和劳动人民的合作经济”。[②]

新中国成立前夕，由中国人民政治协商会议通过的“共同纲领”中提出：“中华人民共和国为新民主主义即人民民主主义的国家”。它“保护工人、农民、小资产阶级和民族资产阶级的经济利益及其私有财产，发展新民主主义的人民经济”，新民主主义的经济成分是：社会主义性质的国营经济、半社会主义经济性质的合作社经济、私人资本主义经济、农民和手工业者的个体经济、国家资本与私人资本合作的国家资本主义经济。由共产党领导、四个阶级组成“人民民主统一战线的政权”，这一规定在中华人民共和国的国旗中做了标志性反映，其原意是：大星星代表中国共产党，四个小星星分别代表工人阶级、农民阶级、城市小资产阶级和民族资产阶级。显然，作为中华人民共和国国旗所反映的政权组织，绝不是短时期的事情。

如果新民主主义制度在我国实行20年或30年，经济社会有了较大的发展，再向社会主义制度转变，即由新民主主义过渡到社会主义，我国经济社会发展中的曲折会少一些，成绩也会更大一些。然而，新中国刚经历3年恢复时期，到1952年，毛泽东主席在中央书记处的一次会议上就提出了向社会主义过渡的问题。他说：什么叫过渡时期，过渡时期的步骤是走向社会主

---

① 《毛泽东选集》第3卷，人民出版社1991年版，第1058、1060页。

② 《毛泽东选集》第3卷，人民出版社1991年版，第650页。

义。类似过桥，走一步算是过了一年，两步两年，三步三年，十年到十五年走完了。在十年到十五年或者更多一些的时间内，基本上完成国家工业化及对农业、手工业、资本主义工商业的社会主义改造。[①] 1953 年 6 月 15 日，毛泽东在中共中央政治局会议上讲话时又提出：党在过渡时期的总路线和总任务，是要在十年到十五年或者更多一些时期内，基本上完成国家工业化和对农业、手工业、资本主义工商业的社会主义改造。并在讲话中批评了刘少奇等提出的“确立新民主主义社会秩序”的观点，并批评了“确保私有财产”的口号。提出“逐步过渡到社会主义，这比较好。所谓逐步者，共分十五年，一年又有十二月。走得太快，‘左’了；不走，太右了。要反‘左’反右，最后，全部过渡完”。[②] 同年 8 月，毛泽东对过渡时期总路线做了较完整的表述：“从中华人民共和国成立，到社会主义改造基本完成，这是一个过渡时期。党在过渡时期的总路线和总任务，是要在一个相当长的历史时期内，基本上实现工业化和对农业、手工业、资本主义工商业的社会主义改造。”在审阅中央宣传部起草的关于过渡时期总路线的宣传提纲时，毛泽东在原表述后面增加了两句话：“这条总路线是照耀着我们各项工作的灯塔，各项工作离开它，就要犯右倾或‘左’倾的错误。”在三大改造的实践中，进程较快，只用了 3 年时间，到 1956 年就宣布基本建立了社会主义制度。从中华人民共和国建立到社会主义制度建立，总共用了 7 年时间。

怎样评价这段历史，涉及对中国特色社会主义理论与实践的评价。改革开放以来，我国走中国特色社会主义道路，实行中国特色社会主义制度，即公有制为主体，多种所有制经济共同发展的基本经济制度，中央文件指出，我国既不搞单一的公有制，又不搞私有化。而三大改造是要将农业、手工业和资本主义工商业的私有制，改造成为单一的社会主义公有制，消灭一切私有制经济。这两种具体道路和制度是否完全一致和统一？当然，从根本上说，都是走社会主义道路，建立社会主义制度，都以马克思主义的科学社会主义为指导。但总不能说，三大改造消灭私有制，搞单一的公有制，与中国特色社会主义实行公有制为主体，允许和鼓励私营经济、个体经济、外资经济多种私有制经济共同发展，是完全一致的事情。现在的有关著作中，既肯

---

① 逄先知、金冲及主编：《毛泽东传 1949—1976》（上），中央文献出版社 2003 年版，第 249 页。

② 《毛泽东文集》第 5 卷，人民出版社 1977 年版，第 81—82 页。

定过渡时期总路线的完全正确和必要，又肯定中国特色社会主义道路和制度的完全正确和必要。我觉得这种和稀泥的理论观点，没有也不能解决问题。如果肯定中国特色社会主义是根据中国生产力落后的国情，不搞单一的公有制是必要的和正确的，就不能又肯定三大改造搞单一的公有制也是完全必要的，合理的。应重视三大改造完成后的1956年12月7日，毛泽东在与民主建国会和工商联合会负责人的谈话。面对三大改造后经济生活中出现的诸多实际问题，毛泽东提出："上海的地下工厂同合营企业也是对立物，因为有社会需要，就发展起来。要使它成为地上，合法化，可以雇工。……最好开私营工厂，同地上的作对，还可以开夫妻店，请工也可以。这叫新经济政策。我怀疑俄国新经济政策结束得早了，……只要社会需要，地下工厂还可以增加，可以开私营大厂，订个协议，十年、二十年不没收，华侨投资的，二十年、一百年不要没收。……可以搞国营，也可以搞私营。可以消灭了资本主义，又搞资本主义。""急于国有化，不利于生产。"[①] 这个谈话说明什么呢？说明急于全面消灭个体经济和资本主义经济，并不完全符合我国经济发展和人民的需要。所以有必要消灭了资本主义又搞资本主义。但毛泽东同志的这个谋划在改革开放前没有也不可能实现，在"左"风日烈的形势下，"斗私批修"、"跑步进入共产主义"，宣传"私有制是万恶之源"，连集市贸易、庭院经济也作为资本主义看待。毛泽东主席的"可以开私营大厂"的设想，由改革开放后的中国特色社会主义实现了。

还需要进一步探讨：（1）关于工业化问题。过渡时期总路线的内容被概括为"一化三改"。工业化是主体，"三改"是两翼。事实上，工业化的任务到现在还未完成。当时要将工业化与"三改"过程同步完成，显然是不符合实际的。没有认识到工业化的长远性与艰巨性。（2）关于新民主主义制度与过渡时期的关系问题。现在理论界将两者统一为一回事情，值得研究。过渡时期有个社会制度的起点和终点的问题。其终点是建立起社会主义制度，这个一般是明确的。我国过渡时期社会制度的起点是什么？过渡时期总路线中并未提及。曾有两种表述：一是从新民主主义过渡到社会主义，后来提"从资本主义过渡到社会主义"。然而旧中国不是资本主义社会，是在"三座大山"压迫下的半殖民地半封建社会。三大改造时，我国只有13万

① 《毛泽东文集》第7卷，人民出版社1995年版，第170—171页。

工商户。私营工商业职工只有250万人（工业160万，商业90万）。不存在主导全国的资本主义制度。因此，将过渡时期的起点确定为资本主义制度，不符合历史和经济实际。可否称作从新民主主义到社会主义的过渡时期？新中国建立初期，还进行土地改革，以消灭封建主义制度；还在继续进行解放战争，消灭官僚资本主义和旧政权；还要剿匪反霸；等等。以完成民主革命任务。也就是还没有完成新民主主义制度的建设。因此，过渡时期的始点不可能是还没有建立的新民主主义制度，变成了过渡始点不明确的过渡！于是将过渡时期与新民主主义统一在一起。我认为，从理论逻辑和实际情况看，这是难以成立的。固然，新民主主义制度不是人类历史上的一个独立社会经济制度，带有过渡的性质。但它应是一个具有相对独立性的历史阶段。它与马克思主义所讲的转向社会主义的过渡时期不具有相同的含义。否则，只讲过渡时期就好了，没有必要提新民主主义了。将新民主主义与过渡时期的含义相等同，会使新民主主义理论失去其原有的重大意义。（3）1952—1953年过渡时期总路线的提出，是否超越了新民主主义制度？新民主主义理论是主张新中国成立后，要实行新民主主义制度，既大力发展社会主义公有制经济，又让民族资本主义经济有一个较大的发展。这是一个相当长的历史阶段，待条件成熟后，再由新民主主义过渡到社会主义。过渡时期的起点应是新民主主义制度。但事实上新民主主义社会制度并没有有效建立起来。因为在过渡时期总路线中，已没有新民主主义制度存在和发展的余地了。请注意：过渡时期，是“从中华人民共和国成立”开始的，也就是从1949年10月1日起，就开始向社会主义过渡了。开始过渡的起点，既不是并不存在的资本主义制度，也不是并不存在新民主主义制度，是没有社会制度起点的过渡。进一步来看，如果将过渡时期表述为从资本主义到社会主义的过渡时期。撇开我国并不是资本主义社会制度不说，这个表述与马克思所讲的和苏联曾实行的从资本主义到社会主义的过渡时期是一回事了。把要消灭一切私有制，“让资本主义绝种”的过渡时期，称作新民主主义制度，显然在理论上和实践上都讲不通。因此，过早地提出过渡时期总路线，事实上超越了新民主主义制度。这既有客观条件向有利于党的事业方向变化、革命与建设事业顺利推进的原因，更有主观认识上在有利条件下急于求成的原因。

研究中国特色社会主义经济理论体系，有必要把与新民主主义理论和制度有关、也与曾实行多年的单一公有制的社会主义制度有关的理论是非辨别清楚。在改革开放前期，开始发展多种所有制经济。有学者提出我国处于新民主主义时期或过渡时期，被否定了。因为我国实行社会主义制度已几十年了，怎么能退回去呢？但中国特色社会主义发展多种所有制经济和多种分配方式，是否可以说存在补新民主主义课的因素呢？我认为，根据事实说话，是可以肯定的。这样才能更好地认识中国特色社会主义理论与制度的内在意义，也认识它与科学社会主义的联系与发展的关系。

## 二、社会主义初级阶段和中国特色社会主义的关系

提出社会主义初级阶段理论，是从我国生产力发展的实际状况和经济社会发展的现实水平出发的，也是从总结我国改革开放前偏离生产关系一定要适合生产力发展的状况的规律、搞“左”的一套，造成重大损失的经验教训而提出的。我国曾做过许多超越阶段的不正确的事情，单从人为地拔高生产关系说：1956 年宣布建立了社会主义制度刚两年，1958 年又刮共产风。中央《关于在农村建立人民公社问题的决议》中提出：“看来，共产主义在我国的实现，已经不是什么遥远将来的事情了，我们应该积极地运用人民公社的形式，探索到一条过渡到共产主义的具体途径。”于是，在发展生产力和生产关系方面，“左”的一套膨胀起来。搞揠苗助长式的超阶段发展，给国家和人民造成了很大的损失。

党的十一届三中全会后，重新认识社会主义。提出了两个创新性理论：一个是我国处于社会主义初级阶段；另一个是走中国特色社会主义道路，建立中国特色社会主义制度。这两个问题的内容有所交叉，但又是有所区别的两个独立的理论规定。社会主义初级阶段的最根本的特点，表现在社会主义初级阶段的基本经济制度上，即公有制为主体，多种所有制共同发展。按劳分配为主体，多种分配方式并存。这也是中国特色社会主义的重要经济内容。中国特色社会主义的经济基础是中国特色社会主义经济制度。这与社会主义初级阶段的基本经济制度相重合。但两者又是不同的。社会主义初级阶段是特指我国整个社会主义历史时期中一个特定的起始阶段。它在逐步发展中会依次上升到中级阶段和高级阶段。各个阶段都有自己的特色。因此，中国特色社会主义，并不限于社会主义初级阶段。社会主义是不断发展成熟的过程，到中级阶段和高级阶段，也会有中国自己的特色，只不过特色的具体

特点会有所不同罢了。因此，不能把社会主义初级阶段的中国特色社会主义内容，放大到中国特色社会主义的各个阶段。公有制与私有制并存，按劳分配与按生产要素所有权分配并存，是初级阶段的内容。从科学社会主义理论来看，成熟的、高级阶段的社会主义，不应有资本主义私有制继续存在与发展。

## 三、不要混同“社会主义经济制度”与“社会主义初级阶段的基本经济制度”的不同内容

这种混同经常在有关论著中看到。人们很容易这样考虑问题：我国目前存在的社会主义经济制度，就是也只能是社会主义初级阶段的经济制度，因此，两者不应区分。其实这是两个内涵有别的概念。“社会主义经济制度”存在于社会主义发展的各个阶段，是不断发展与成熟的过程。而社会主义初级阶段的基本经济制度，是存在于初级阶段、反映初级阶段特点的经济制度。我国目前既存在社会主义初级阶段的基本经济制度，又存在初级阶段的社会主义经济制度。社会主义经济制度是社会主义生产关系的总和，包括作为基础的公有制经济，劳动人民成为社会和生产的主人，实行按劳分配原则，国民经济有计划按比例发展，消灭剥削和两极分化，走共同富裕道路。社会主义国有经济和集体经济就是要践行这种社会主义经济关系。因此，一般把我国国有经济和集体经济称作社会主义经济，把公有制度称作社会主义经济制度。这里不包括私有制经济。在我国社会主义初级阶段，不但存在这种社会主义经济和经济制度，而且必占主体地位，这样才能保证我国社会的社会主义经济制度性质。而社会主义初级阶段的基本经济制度，是公有制为主体、多种所有制经济共同发展，其中既包括作为主体的公有制经济，也包括私营、个体和外资经济。这是两个既相联系又有区别的经济概念，不能等同和混淆。在我国《宪法》中，这两个概念是并列提出的，但由于没有被普遍重视，容易产生误解。请看我国《宪法》的规定：“中华人民共和国的社会主义经济制度的基础是生产资料的社会主义公有制，即全民所有制和劳动群众集体所有制。社会主义公有制消灭了人剥削人的制度，实行各尽所能、按劳分配的原则。”这是对我国“社会主义经济制度”的规定。紧接着又对社会主义初级阶段的基本经济制度做了规定：“国家在社会主义初级阶

段，坚持公有制为主体、多种所有制经济共同发展的基本经济制度，坚持按劳分配为主体，多种分配方式并存的分配制度。”《宪法》中的这种分别规定是正确的。它表明，在我国社会主义初级阶段的基本经济制度中，既包括作为主体的“社会主义经济制度”，也包括部分非社会主义经济制度。坚持发展作为主体的社会主义经济制度，才能保证我国是社会主义社会，是社会主义国家。

## 四、“社会主义经济”与“社会主义市场经济”是两个既相联系又有区别的概念，不容混同

有人认为党的十五大报告中提出非公有制经济“是社会主义市场经济的重要组成部分”，也就是肯定了非公有制经济“是社会主义经济的重要组成部分”。这个理论逻辑不能成立。“社会主义经济”与“社会主义经济制度”具有相同的内涵。社会主义经济是以公有制为基础的经济。这一观点从马列著作到毛泽东和邓小平著作，到历届中央文件，都讲得很清楚。邓小平在改革开放后的1979年，明确肯定：“社会主义的经济是以公有制为基础的。”① 没有任何中央文件和中央领导讲过，私有制经济也是社会主义经济的重要组成部分。我国《宪法》中既区别论述了社会主义经济制度和社会主义初级阶段的基本经济制度的不同内容，也论述了社会主义市场经济所包括的非公有制内容：“在法律规定范围内个体经济、私营经济等非公有制经济，是社会主义市场经济的重要组成部分。”市场和市场经济自身不是社会制度性范畴，而是经济体制范畴，是资源配置的手段。并不能根据不同经济成分分割为不同的市场和市场经济。市场配置资源是不分公有和私有的，国有经济参与的市场，对私有制经济同样起资源配置作用。反过来，私有制经济参与的市场，对公有制经济也一样起资源配置作用。据此，社会主义市场经济既包括作为主体的公有制经济，也包括非公有制经济。这一观点，我早在1993年第6期的《阵地》（后改回为《前线》）、《中国工商管理研究》同年第8期以及1994年4月11日的《太原日报》等报刊上，一再论述过，主张非公有制经济是社会主义市场经济的组成部分。但是，当党的十五大报告

① 《邓小平文选》第2卷，人民出版社1983年版，第167页。

(1997年)提出“非公有制经济是社会主义市场经济的重要组成部分”后，理论界不少人认为，非公有制经济由制度外进入制度(社会主义经济制度)内。多位学者借此宣传非公有制经济是社会主义经济的重要组成部分。特别是一位在学界颇有影响的老前辈，1998年在山东《发展论坛》第1期发表论文《重要理论贡献——关于十五大报告的回答》，就是宣传十五大报告将非公有制经济列入社会主义经济制度范畴，认为这是超越了宪法的规定，是重要理论贡献。我认为这些学者对十五大报告的解读和宣传存在误解，于是在《理论前沿》1998年第8期发表了《要完整准确地宣传十五大的有关理论》，提出不同意见。这篇文章公开了两种关于社会主义经济理论观点的对立与争论。引来了我的研究生时期的老同学、老友好方生教授代表另一方与我展开持久争鸣。他先在《经济日报》1998年8月17日发表论文，不指名地高调批评我的观点。他认为，“社会主义经济”就是“社会主义市场经济”，不能只包括公有制经济不包括非公有制经济。他认为否定非公经济是社会主义经济的重要组成部分，就是否定社会主义市场经济，是要从市场经济倒退到计划经济去，是应当被摒弃的传统社会主义观点。理论是非被变异为改革观点与反改革观点之争，影响到新闻媒体。他的这篇论文被《新华文摘》转载。政治理论风向不利于我，但我坚信自己对理论是非的判断。由此，我与方生同志展开了两年的理论交锋，各发表多篇辩驳文章。对方的观点，不仅把“社会主义经济”与“社会主义市场经济”相等同，也把“社会主义经济制度”与“社会主义初级阶段的基本经济制度”相等同，把“中国特色社会主义”与“社会主义”相等同，认为中国特色社会主义所包括的全部内容都具有社会主义性质。显然，这样认识问题的理论根源，是把社会主义区分为应当摒弃的“传统社会主义”和中国特色社会主义。事实上，他们要摒弃的“传统社会主义”，正是马克思主义的科学社会主义。社会主义经济和社会主义经济制度，要以公有经济为基础，这是科学社会主义的基本原理。作为资本主义经济的私营经济和作为小商品经济的个体经济是非社会主义经济，既不是“社会主义经济”的组成部分，也不是“社会主义经济制度”的构成部分。这一“传统”理论，不能摒弃。被中国特色社会主义理论继承下来，表现为强调公有制为主体，也就是强调以社会主义经济为主体。这些年来，公开宣传私有制经济是社会主义经济的观点的市场已有所缩小。特别是党的十七大和十八大报告先后指出：“我们既坚持了科学社会主义的基本原则，又根据我国实际和时代特征赋予其鲜明的中国特色”，“中国特色社会主义，既坚持了科学社会主义基本原则，又根据时代条件赋予其鲜明的中国特色”。习近平同志指出：“中国特色社会主义是社会主义而不是其他什么主义，科学社会主义的基本原则不能丢，丢了就不是社会主义。”[①] 由此可见，将社会主义区分为应当摒弃的传统社会主义和中国特色社会主义，将两者对立起来。以后者否定前者，实际上是要用中国特色社会主义否定科学社会主义，割断了流与源的关系。公有制经济是社会主义经济，私营经济和外资企业是资本主义经济，这既是科学社会主义的基本原理，也是中国特色社会主义的基本原理。肯定非公经济在我国现阶段发展经济中的地位和作用，“是社会主义市场经济的重要组成部分”、是初级阶段基本经济制度的组成部分是一回事，但不能将其作为社会主义经济和社会主义经济制度的组成部分，是另一回事。

## 五、中国特色社会主义所包括的内容是否都具有社会主义性质

人们很容易认同这一理论逻辑：我国的社会主义就是中国特色社会主义。因此，中国特色社会主义的全部内涵都是具有社会主义性质。据此，会得出结论：中国特色社会主义经济是公有制为主体、多种所有制共同发展，非公经济是中国特色社会主义经济的组成部分，自然属于社会主义经济范畴，具有社会主义性质。似乎在理论逻辑上是顺理成章的。然而，这种推理是存在问题的。不错，中国特色社会主义经济包括占非主体地位的非公有制经济。但不能由此断定它具有社会主义性质。如果私有制经济也是社会主义，为什么还强调公有制为主体呢？资本主义性质的私营经济怎么会成为社会主义性质的经济呢？应当明确，中国特色社会主义经济，不是“特”在私有制经济成为社会主义性质的经济，而是“特”在它不是一大二公三纯的社会主义经济，而是允许在社会主义经济占主体地位下，让非社会主义经济共同发展。如果这样讲还难以认同的话，请看看邓小平的论述：“我们的社会主义制度是有中国特色的社会主义制度，这个特色，很重要的一个内容就是对香港、澳门、台湾问题的处理，就是‘一国两制’。”“‘一国两制’

① 《习近平谈治国理政》，外文出版社2014年版，第22页。

也要讲两个方面。一方面，社会主义国家里允许一些特殊地区搞资本主义，不是搞一段时间，而是搞几十年、成百年。另一方面，也要确定整个国家的主体是社会主义。”① 这明确说明，从全国范围来看的中国特色社会主义制度，包括实行资本主义制度的港、澳、台。但整个国家的主体实行社会主义。同理，中国特色社会主义经济以公有制为主体，包括私营、个体经济，但私营、个体经济不是社会主义经济。私营经济是资本主义经济，个体经济是小商品经济。

## 六、不要混同公有制的存在形式和其实现形式

2003 年党的十六届三中全会通过的《中共中央关于完善社会主义市场经济体制若干问题的决定》中提出：“推行公有制的多种有效实行形式。”“要使股份制成为公有制的主要实行形式。”引起学界和政界的广泛关注。但出现了偏离科学社会主义和中国特色社会主义、也偏离我国宪法的颇有影响的解读和宣传。我在《经济经纬》和《经济研究资料》刊物发表论文，以澄清理论是非。

不少学者、媒体和官员没有分清所有制的存在形式和实现形式的区别。他们将国有经济、集体经济、股份制经济都认为是公有制的实现形式。因而认为中央提出股份制成为公有制的主要实现形式，就是要以股份制取代国有经济和集体经济的原有形式。其实，国有经济、集体经济是公有制的存在形式，而不是其实现形式。无论公有制还是私有制，都有其存在形式和实现形式的区别。公有制的存在形式或类型有多种，如原始社会公有制、社会主义公有制（包括全民所有的国有经济和部分劳动群众集体所有制）、共产主义高级阶段公有制等。社会主义公有制的实现形式有多种，如所有权和经营权“两权分离”的国家所有、企业经营形式，有承包制、租赁制、股份制等。私有制经济也有多种存在形式，如个体经济私有制、奴隶制私有制、封建主义私有制、资本主义私有制等。资本主义私有制也有多种实现形式，如自有自营的业主制、合伙制、股份制等。

由于没有分清公有制的存在形式和实现形式的区别，媒体宣传上出现了

---

① 《邓小平文选》第 3 卷，人民出版社 1993 年版，第 218 页。

否定国有经济和集体经济，否定公有私有区别的理论观点。如《光明日报》2003年10月27日发表了该报记者写的《公有制经济发展的新动力》一文，认为“十六届三中全会突破了把公有制主要实现形式定位为国有经济和集体经济的传统观点”。“完全摆脱了计划经济条件下对公有制的理解”。也就是不能再把公有制理解为国有经济和集体经济了。应把公有制理解为股份制了。《经济日报》2003年10月13日发表了以“中央党校邓小平理论研究中心”名义写的《混合经济究竟姓什么》一文，也讲：“传统的国有经济、集体（合作）所有制经济”被“肯定是公有制的实现形式”，现在，股份制、股份合作制等为载体的混合所有制经济成为公有制的主要实现形式，“理所当然应该姓‘公’”。把公有制的实现形式，等同于公有制的存在形式。断言以股份制为载体的混合所有制就是公有制，显然不能成立。我们知道，混合所有制是公私资本的混合参股。在混合所有制的股份制中，国有资本和集体资本依然姓“公”，参股的外资和私资依然姓私，怎么会统统姓“公”了呢？如果公有资本参股于私营经济，私人资本控股，依然是私营经济，难道能成为“理所当然姓公”的公有制么？又如，《深圳特区报》2003年11月10日发表了深圳市原市委书记厉有为的《公有制主体地位的道路越走越宽》一文。其中讲：“公有制的实现形式发生了重大变化，即由以往的‘全民所有制和集体所有制’的实现形式，发展到以股份制为主的实现形式。公有制的内涵发生了变化。”他把作为公有制的实现形式的股份制当作新的“公有制的内涵”，把作为公有制存在形式的国有经济和集体经济当作传统的公有制的实现形式。就是要以股份制的“公有制”，取代国有经济和集体经济的公有制。有的学者竟从十六届三中全会的决定中悟出所谓解决了“姓公姓私”的争论。《北京日报》2003年11月10日发表多年从事经济体制改革研究的杨启先的文章，认为提出使股份制成为公有制的主要实现形式，是对股份制“姓公姓私”新突破，“把‘姓公姓私’的问题基本上明确了”。是“放大公有制的界限，把股份制包括进去，今后由于绝大多数企业都是股份制企业，这样就没有必要再争论什么‘姓公姓私’的问题了”。他同样把股份制是公有制的主要实现形式，错解为股份制是公有制的主要形式，一律“姓公”，不必再争论姓什么了。其实，党的十五大报告，已经解决了股份制的性质问题：“不能笼统地说股份制是公有还是私有，关键看控股权掌握在谁手中，国家和集体控股，具有明显的公有性。”讲“明显的公有性”，不等于完全的公有制。因为其中参股的私人资本依然“姓私”，不能充公。同理，如果由私人资本控股，就具有明显的私有性。但其中参股的公有资本，依然“姓公”。

## 七、社会主义要把大力发展生产力和发展与完善社会主义生产关系结合起来

什么是社会主义，怎样建设社会主义，是社会主义理论和实践的根本问题。我国在社会主义事业中凡是犯“左”的或右的错误，都与没有很好解决这一问题有关。邓小平指出，“我们总结了几十年搞社会主义的经验。社会主义是什么，马克思主义是什么，过去我们并没有完全搞清楚”。[①] 又说：“什么是社会主义，怎样建设社会主义，还在摸索之中”。在长时期中，理论界和决策部门对社会主义的认识是：公有制、按劳分配、国民经济有计划按比例发展。把这作为社会主义的重要特点是符合马克思主义原理的。但不完全，而且没有体现社会主义的根本优越性。这与没有全面掌握马克思主义的科学社会主义理论、没有全面认识和把握社会主义的判断标准有关。在“左”风年代，把重视发展生产力批判为唯生产力论，把重视提高人民生活水平，批评为“好行小惠”，是经济主义。只强调公有制、按劳分配（往往流于平均主义）、计划经济，结果生产力没有快速发展，人民生活水平提高缓慢，形成普遍贫穷的社会主义。邓小平讲：“多少年来，我们吃了一个大亏，社会主义改造基本完成了，还是‘以阶级斗争为纲’，忽视发展生产力。‘文化大革命’更走到极端。”[②]

社会主义公有制是社会主义制度的经济基础，但社会主义不是为公有而公有制，没有公有制为基础，不是社会主义。但只重视公有制，不重视快速发展生产力，不重视不断提高人民的物质文化生活水平，最终实现共同富裕，搞贫穷的公有制，贫穷的按劳分配，也不是合格的社会主义，“贫穷不是社会主义”。过去，讲社会主义，不强调发展生产力的必要性。认为任何社会都发展生产力，不是社会主义的特点，只从生产关系上判断社会主义。

---

① 《邓小平文选》第3卷，人民出版社1993年版，第157页。

② 《邓小平文选》第3卷，人民出版社1993年版，第141页。

其实，社会主义优越性之一，就是更快更好地发展生产力。

无论科学社会主义还是中国特色社会主义，都强调搞社会主义必须抓好两大环节：一是大力发展生产力；二是不断提高人民物质文化生活水平，实现共同富裕。《共产党宣言》中就指出：无产阶级取得政权后，要尽可能快地增加生产力的总量。而发展生产力，增加财富，是丰富和提高工人的生活的一种手段。马克思在1857—1858年的《经济学手稿》中写道，在未来新的社会制度中，“社会生产力的发展将如此迅速，……生产将以所有人的富裕为目的”。① 恩格斯、列宁都有类似的论述。斯大林在《苏联社会主义经济问题》一书中，提出了“社会主义基本经济规律”，其内容是“用在高度技术基础上使社会主义生产不断增长和不断完善的办法，来保证最大限度地满足整个社会经常增长的物质和文化的需要”。② 同样强调两条：一是社会主义要运用高度技术不断发展生产力；二是发展生产力的目的是最大限度地满足全体人民的物质文化需要。我国在20世纪50年代，普遍认同这一社会主义基本经济规律。后来在我国的有关论著中不再提它，但它的内容是正确的，也是强调抓好社会主义的两个根本环节的。

邓小平为了使大家搞清楚什么是社会主义，怎样建设和发展社会主义，在1992年南方谈话中，提出了“社会主义的本质，是解放生产力，发展生产力，消灭剥削，消除两极分化，最终达到共同富裕”。③ 也是强调社会主义两大抓手和根本要求的，是对马列主义的继承与发展。这里没有提及社会主义公有制。是因为既然讲的是社会主义本质，“社会主义”一词中不言而喻，是以公有制的存在为条件。还有，更为重要的是，公有制存在的必要性是服从于上述社会主义两大本质要求的。一是公有制消除了私有制与生产社会化的矛盾，有利于促进生产力更快发展；二是只有在公有制基础上才能消灭剥削、消除两极分化，逐步实现共同富裕。

上述理论，使我们知道，搞社会主义，必须把大力发展生产力和消灭剥削，消除两极分化，实现共同富裕结合起来。就是把发展生产力和发展与完善社会主义生产关系结合起来，也就是要把生产力标准与社会主义生产关系标准结合起来。

---

① 《马克思恩格斯全集》第46卷（下），人民出版社1980年版，第222页。

② 《斯大林选集》下册，人民出版社1979年版，第569页。

③ 《邓小平文选》第3卷，人民出版社1993年版，第373页。

## 八、分清生产力决定论、生产力标准论与唯生产力论的区别

马克思主义认为，生产力决定生产关系，生产关系一定要适合生产力发展的状况。生产力是人类社会历史发展的最终决定力量。这一内容可概括为生产力决定论。但是不能机械地、绝对化地理解生产力对生产关系的决定作用，完全否定其他因素的作用。如果没有中国共产党领导革命斗争并在全国（除台湾）取得胜利，我国不可能建立起社会主义制度，发展社会主义生产关系。中国共产党章程中讲："走中国人民自愿选择的适合中国国情的道路，中国的社会主义事业必将取得最终胜利。"可见走什么道路有个选择的问题。不少原殖民地附庸国家独立后选择了资本主义道路，而中国选择了社会主义道路。沙皇俄国是一个生产力落后的资本主义国家，先于发达资本主义国家建立了社会主义制度，并快速发展强大，使苏联成为可称霸全球的超级大国。但生产力发展远远超过沙俄时代的社会主义国家苏联，竟然倒退回资本主义制度。上述种种事例，显然不能用生产力决定生产关系的原理来说明。可以肯定生产力决定着社会经济制度的更替。但这是从归根到底的历史过程来考察的。从原始社会到奴隶社会、封建社会和资本主义社会的依次更替，都可以用生产力决定论来说明。发达资本主义国家终将会由生产力突破其生产关系，转向社会主义。但转变的快慢与曲折，会受到政治等因素的影响。我国在生产力落后的情况下选择了社会主义道路，但生产力的决定作用，否定搞超阶段的"跑步进入共产主义"，也否定直接建立马克思所设想的发达资本主义国家将建立的单一社会所有制模式。我国实行中国特色社会主义制度，正是遵循生产关系一定要适合生产力发展规律的结果。我之所以要讨论生产力决定论问题，是因为有的学者宣传机械的生产力决定的"一元论"，否定任何其他因素的作用。若讲其他因素的作用，就是反马克思主义的"二元论"、"三元论"。如汪海波先生就宣传这一观点。他从生产力决定"一元论"，推衍出"唯生产力标准论"和"唯生产力论"。并自诩为马克思主义观点。

马克思主义重视生产力的决定作用，不仅是因为生产力决定生产关系，而且是因为生产力的发展促进人类社会历史的进步。原始社会火的发明，给人类带来福祉。我国高铁的创新，被不同社会制度的国家采用，造福于社

会，与生产力决定生产关系的变革无关。任何科技的创新与发明都会造福于社会。因此，重视生产力的作用，肯定生产力决定论，不能只从生产力决定生产关系来说明，更不能宣传机械生产力决定论。

正是因为重视生产力发展的重大作用，便提出了“生产力标准论”。一个社会制度的进步与落后，一个政党政策的得失，要首先用生产力标准来衡量，看它是促进还是阻碍生产力发展的，以及促进生产力发展作用的大小。我国针对“左”风时期忽视生产力的发展的弊端，十三大报告专门提出生产力标准论：“社会主义的根本任务是发展生产力。……是否有利于发展生产力，应当成为我们考虑一切问题的出发点和检验一切工作的根本标准。”生产力的发展固然会有利于生产关系的发展，但生产力标准并不是以此为根据提出的。比如，我们用生产力标准评价半殖民地半封建主义的旧中国，可以肯定帝国主义、封建主义和官僚资本主义的统治阻碍生产力的发展，这难以用生产力决定论予以说明。又如，毛泽东在1945年的《论联合政府》中讲：“中国一切政党的政策及其实践在中国人民中所表现的作用的好坏、大小，归根到底，看它对于中国人民的生产力的发展是否有帮助及其帮助之大小，看它是束缚生产力的，还是解放生产力的。”[①] 显然，保护封建主义和官僚资本主义的国民党的政策和实践，束缚着生产力的发展，而共产党的政策和实践，有利于生产力的发展。这与生产决定论并不是一回事，也不能用生产力决定论来说明。

实践证明：没有生产力的解放与发展，就不会有社会主义生产关系的发展与完善，不会有全体人民的共同富裕。但是实践也证明：在我国现阶段，生产力的发展，不会自然地实现消灭剥削、消除两极分化、走向共同富裕。因此，必须在理论上和实践中自觉地将生产力标准与社会主义价值标准（主要是生产关系标准）统一起来。不能只强调生产力标准而忽视社会主义价值标准。然而，汪海波先生等竟从他的机械生产力决定论中引出“唯生产力标准论”和“唯生产力论”。反对讲体现社会主义重要价值标准的社会主义生产关系标准，说什么再讲生产关系标准，就是生产关系和上层建筑决定生产关系的“二元论”和“三元论”。那是他自己的理论混乱的逻辑，是将生产力决定论与生产力标准论、唯生产力标准论和唯生产力论混同的结

① 《毛泽东选集》第3卷，人民出版社1991年版，第1079页。

果。他把主张社会主义经济社会生活中应有的公平、正义，批评为上层建筑决定生产关系，并宣扬马列主义批判过的“唯生产力论”。[①] 不顾邓小平同志对“唯生产力论”的否定：“马列主义没有‘唯生产力论’这个词，这个词不科学。列宁在批判考茨基的庸俗生产力论时讲，落后国家也可以搞社会主义革命，我们也是反对庸俗生产力论。”[②] 在社会主义制度下宣扬“唯生产力论”，反对讲社会主义生产关系标准和上层建筑标准，其结果只能是有利于和平演变的实现。

## 九、邓小平提出的三条“是否有利于”的标准不是判断姓“社”姓“资”的标准

邓小平南方谈话提出：“改革开放迈不开步子，不敢闯，说来说去就是怕资本主义的东西多了，走了资本主义道路，……判断的标准，应该主要看是否有利于发展社会主义社会的生产力，是否有利于增强社会主义国家的综合国力，是否有利于提高人民的生活水平。”不少人包括有社会影响的高尚全先生等，都将其作为判断姓“社”姓“资”的标准，是一种误解。其实，三条“是否有利于”是判断改革开放是非得失的标准，也可以是判断一切工作是非得失的标准，将其作为判断姓“社”姓“资”的标准是悖理的。第一，我国由计划经济转向市场经济，符合三条“有利于”的标准，难道能说市场经济姓“社”，计划经济姓“资”？第二，社会主义是不断发展与改革、除旧布新的过程，难道凡被改革的事物都姓“资”，或由“社”变“资”？第三，发展私营企业、个体经济，引进外资，符合三条“有利于”标准，难道统统姓“社”？外资企业是资本主义经济，这个能获得共识。它虽符合三条“有利于”，但不能由“资”变“社”。但有人正是通过错解三条“有利于”判断标准，断言私营经济和个体经济统统是社会主义经济。其实，私营经济是资本主义经济，不能把资本主义颠倒为社会主义。个体经济是小商品经济，存在于多个社会制度中，不具有特定的社会经济性质。第四，将三条“是否有利于”作为判断姓“社”姓“资”的标准，就会得出

① 汪海波：“必须坚持生产力标准”，《经济学动态》2011年第6期。

② 《邓小平年谱》（上），中央文献出版社2004年版，第222—223页。

不科学的理论逻辑：凡是姓“资”的东西都不符合三条“有利于”标准，不应发展。据此，私营经济和外资经济姓“资”，就应排斥其存在与发展了。

还有学者，通过错解马克思的“普照的光”，断言我国社会主义现阶段的一切非公有制经济，都是社会主义经济。其实，马克思在《〈政治经济学批判〉导言》中讲：“在一切社会形式中都有一种一定的生产决定其他一切生产的地位和影响，因而它的关系也决定其他一切关系的地位和影响。这是一种普照的光，它掩盖了一切其他色彩，改变着它们的特点。这是一种特殊的以太，它决定看它里面显露出来的一切存在的比重。”① 有的学者解读这段话时说：在各种不同的社会形态中都存在多种经济成分。其中主要经济成分是普照的光，其他经济成分的性质在普照的光下改变了自己的性质。用以说明：在我国公有制为主体条件下，其他多种非公有制经济成分，在公有制普照的光的影响下，都具有了社会主义性质。这种误读，以讹传讹，在不少有关论著中出现。有必要说明：首先，认为一切社会都存在多种经济成分，不是事实。原始社会几百万年中没有多种经济成分。马克思认为成熟的社会主义制度中没有私有制经济。其次，马克思讲这段话不是讲多种不同经济成分的关系，而是论述建立政治经济学体系的方法。在资本主义社会存在着土地所有制、商业资本、借贷资本、工业资本、农业资本等，其中工业资本是普照的光，因为资本主义制度的产生，是与工业资本的产生和发展相联系的。在工业资本主导下，前资本主义就存在的土地所有制、商业资本、借贷资本等，都成为资本主义经济体系的组成部分。因此，三卷《资本论》的体系结构，就是首先在第一卷中论述产业资本（工业资本）的生产过程的。

中国特色社会主义经济制度中有没有起普照的光作用的经济形式？没有展开讨论。如果说社会主义公有制是普照的光，我认为也顺理成章。因为它是社会主义制度的经济基础。没有公有制为基础或为主体，就不会有马克思主义科学社会主义和中国特色社会主义。但社会主义公有制这一普照的光，不会使非公有制经济成为社会主义经济，而是要使它们在公有制影响和带动下为社会经济事业发展服务，最终有利于社会主义事业。

---

① 《马克思恩格斯选集》第2卷，人民出版社1995年版，第24页。

## 十、经济体制转轨：转向社会主义市场经济的是是非非

我国经济体制改革由计划经济体制转向社会主义市场经济体制，经过了一系列中间环节。由计划经济为主、市场调节（市场经济）为辅，到有计划的商品经济体制；到计划和市场是覆盖全社会的，国家调节市场、市场引导企业；到计划经济与市场调节（市场经济）相结合；最后到建立社会主义市场经济。

在经济体制转轨问题上，存在一些理论是非，需要研究和澄清。

第一，应当用历史观点看待由计划经济转向市场经济的改革过程。不应全盘否定社会主义在一定时期内实行计划经济的必要性和作用。苏联实行计划经济，也曾起过着力推进生产力发展的作用，迅速缩小了落后沙皇俄国时期与美国的经济差距，为战胜强大的法西斯德国奠定了物质技术基础。新中国成立后也曾实行计划经济，尽管有"左"的失误，发展成就也超过了旧中国百年以上。而且，生产力落后的新中国，如果在发展的初期就搞市场经济，就难以集中力量在短时期内建立完整的工业体系，也难以大力发展以国有经济为核心的社会主义经济。计划经济有其内在的弊端，在经济发展到一定阶段时其弊端显露得更明显，需要转轨，最终确立了社会主义市场经济。

第二，有人把邓小平和陈云的理论观点对立起来，认为前者是市场经济派，后者是计划经济派。而且存在褒市场经济贬计划经济和褒计划经济贬市场经济的对立。这两种对立观都与未准确掌握邓小平与陈云的理论观点有关。不少学者没有准确解读邓小平于1979年11月26日与外宾谈话时所提出的社会主义市场经济的本意，认为邓小平那时就肯定提出了我国现在实行的社会主义市场经济。邓小平说："说市场经济只存在于资本主义社会，只有资本主义的市场经济这肯定是不正确的。社会主义为什么不可以搞市场经济，……我们是计划经济为主，也结合市场经济，但这是社会主义的市场经济。"① 如果断言邓小平同志远在1979年就提出现在实行的社会主义市场经济，就会产生一系列难以说明的理论与实践的矛盾。兹举几例：例一，1984年9月9日，赵紫阳同志写给邓小平等中央领导同志的信中讲，我们所要建

① 《邓小平文选》第2卷，人民出版社1983年版，第236页。

立的管理体制“不同资本主义那样的市场经济”，获得同意，并将全信内容公开发表。例二，1984 年，《中共中央关于经济体制改革的决定》中继续讲计划经济的优越性，并强调指出，“就整体说，我们国家实行的是计划经济，而不是那种完全由市场调节的市场经济”。邓小平同志对这一决定的内容给予高度评价，完全肯定。例三，直到 1989 年，江泽民同志在国庆 40 周年大会上还讲：“如果一味削弱乃至全盘否定计划经济，企图完全实行市场经济，在中国是行不通的，必须导致经济生活和整个社会生活的混乱。”这一重大会议的讲话必然要经过邓小平的认同。例四，1989 年“六四风波”后，邓小平同志在 6 月 9 日的讲话中讲：“我们要继续坚持计划经济与市场调节相结合，这个不能改。……以后还是计划经济与市场调节相结合。”[①]

实际上，邓小平 1979 年 11 月 26 日所讲的内容，是计划经济为主，市场调节（市场经济）为辅的观点的另一种表述。计划外的完全由市场调节的经济，就是市场经济。“为主为辅”的观点是陈云提出的，得到邓小平的赞同。在 1982 年 4 月 3 日的一次谈话中，邓小平同志讲：“最重要的，还是陈云同志说的，公有制基础上的计划经济，市场调节为辅。”[②] 并且，将这一体制模式写入 1981 年邓小平主持制定的《关于建国以来党的若干历史问题的决议》中。

弄清邓小平 1979 年关于社会主义的市场经济讲话的本意，就可以明了邓陈的观点是一致的，不存在计划派与市场派的对立。原国家计委的一位老局长写文章说，陈云在 1979 年 3 月刚讲计划经济为主，邓小平同年 11 月就提出搞市场经济。他就此进行褒贬。既错解了邓小平的原意，也错解了陈云的观点。因为陈云讲市场调节为辅，就是市场经济为辅。其实，早在 1979 年 2 月，李先念就和陈云谈论过，两者主张计划经济和市场经济相结合，市场经济是补充，不是小补充，是大补充。[③]

第三，邓小平关于社会主义市场经济的理论观点，也有一个发展过程。他原来也是坚持计划经济的。后来同意陈云计划经济为主，市场调节为辅的改革模式。往后又赞同公有制基础上有计划的商品经济模式，“六四风波”后，又提出计划经济与市场调节（市场经济）相结合，直到 20 世纪 90 年代

---

① 《邓小平文选》第 3 卷，人民出版社 1993 年版，第 306 页。

② 中共中央文献研究室编：《陈云年谱》下册，中央文献出版社 2015 年版，第 338 页。

③ 中共中央文献研究室编：《陈云年谱》下册，中央文献出版社 2015 年版，第 265 页。

初的南方谈话，才确定了社会主义市场经济的改革模式。

有关我国社会主义经济中“市场调节”、“市场经济”概念和理论观点的最先提出，是陈云和李先念，获得邓小平的赞同。但后来邓小平超越了计划经济为主、市场调节（市场经济为辅）的板块结合的模式，改为计划经济与市场调节（市场经济）有机结合的模式。最后突破了社会主义不能全面实行市场经济的传统观点，建立了由市场配置资源的社会主义市场经济体制。

## 十一、商品经济与市场经济的异同

在马、恩的论著中，既没有商品经济和市场经济概念，也没有计划经济概念。但有商品生产、商品流通、市场价值、计划调节概念，在列宁的著作中有商品经济、市场经济和计划经济概念。其实，商品生产与商品流通的统一就是商品经济。但商品经济与市场经济是什么关系？不少学者的论著中将其作为内涵相同的概念使用。有的学者简单地认为，商品经济是通过市场的经济，因而就是市场经济。有的据此宣称自己早就提出市场经济观点，是市场经济派。也有学者将市场经济界定为高度社会化的商品经济。应实事求是地分析这个问题。在西方经济学中，只讲市场经济而不讲商品经济。而且市场经济概念也是20世纪才提出和流行起来的，因而不存在商品经济与市场经济两个概念的关系问题。但是，在我国社会主义经济中，存在这两个概念的应用，学界对其内涵的界定存在差异。我认为这两个概念虽有关联但不能等同，市场经济是在商品经济基础上发展的。从我国的历史事实来看，即使在实行指令性计划经济的年代，也没有消除商品经济。毛泽东同志也一再强调发展商品经济。但那时的商品市场，不起市场调节作用，生产与流通完全由计划调节。也就是说，起资源配置作用的是计划而不是市场。因此，有商品经济而无市场经济。从理论论述来看，《中共中央关于经济体制改革的决定》中提出，必须大力发展商品经济。我国实行“有计划的商品经济”。同时又说，我国在总体上实行计划经济，“而不是那种完全由市场调节的市场经济”。将商品经济与市场经济两个概念分别应用。

我国提出和实行社会主义市场经济后，有的学者主张用市场经济取代商品经济概念，不必再讲商品经济了。我认为“社会主义商品经济”与“社会主义市场经济”有并存的必要。我国目前存在多种所有制经济，也就存在多种不同的商品经济。有公有制为基础的社会主义商品经济；有私营经济和外资经济的资本主义商品经济；有个体经济的小商品经济。就是说，可以按不同的所有制经济区分为不同性质的商品经济，但不能按不同经济成分划分为多种市场经济。市场与市场经济是统一的，主要是从市场配置资源着眼的。因而，多种所有制经济都可统一于社会主义市场经济中，但不能将一切私有制的商品经济都纳入社会主义商品经济之中。就是说，非公经济可以成为社会主义市场经济的组成部分，但不能成为社会主义商品经济的组成部分。《关于经济体制改革的决定》中指出：社会主义商品经济“是在公有制基础上的有计划的商品经济”。显然，私有制商品经济不是社会主义商品经济。商品经济是商品生产与商品流通的统一。社会主义公有制商品生产的性质和关系，与私营、外资经济是不同的。前者不存在商品生产中劳资对立的关系，而后者则存在资本与雇佣劳动对立的关系。

有的学者将市场经济界定为高度社会化的商品经济，也难认同。因为我国是在生产力落后和商品经济发展落后的条件下建立社会主义市场经济的，提出和建立社会主义市场经济已 20 多年了，直到现在我国的商品经济也没有达到“高度社会化”。如果从商品经济与市场经济的关系上界定市场经济，可以说，市场经济是通过市场调节实现资源配置的商品经济。按现在的认识，市场经济是市场决定资源配置的经济。

## 十二、关于效率与公平的理论是非和贫富分化的根源问题

我国曾流行过多年“效率优先，兼顾公平”的提法，将此作为社会主义的分配原则。还进一步讲：“初次分配重视效率，再分配重视公平。”就是初次分配可以不重视公平。我始终不认同这种原则。在我的论著中，一贯主张在分配关系中应是公平与效率统一和并重。效率优先的对象不应是优先于分配公平。我主张生产重效率、分配重公平。在生产领域可以强调效率优先，优先于追求产值、追求 GDP。社会主义应当重视初次分配的公平。理由是：第一，收入差距过大和产生两极分化正是初次分配不公的结果。想靠再分配来取平，是不可能的。何况我国社会保障制度还不健全。第二，社会主义最本质的优越性是实现全体人民的共同富裕。这需要从初次分配做起。社

会主义的分配公平与资本主义的分配公平是不同的。社会主义公平是消灭剥削，消除两极分化，最终实现共同富裕。如果初次分配不重视公平，就会产生偏离社会主义原则的贫富分化。第三，效率优先，不重视分配公平，有利于资本而不利于劳动。私营、外资企业可以接过来将效率优先等同于利润率优先，不顾劳动者的收入公平，并损害职工的权益。第四，有学者从生产决定分配，先生产后分配来论证效率优先，兼顾公平的正确性，并形象地比喻为先做“蛋糕”，后切分“蛋糕”。这种论证在逻辑上是不合理的。固然，生产在先，分配在后；生产什么才能分配什么；生产多少才能分配多少；“蛋糕”做大才能“蛋糕”分多。但是不能由此重生产、轻分配，认为初次分配可以不顾公平，任由收入分配差距过分扩大。先生产后分配，这是再生产过程的顺序。但生产是服从于消费需要的。要通过公平分配来满足需要。先做“蛋糕”是为了切分“蛋糕”。生产出“蛋糕”就要及时公平切分好“蛋糕”。生产决定分配，并没有决定社会主义经济中实行不公平分配。相反，社会主义生产决定了社会主义的公平分配是按劳分配。先生产后分配顺序与分配公平不公平是不同的两回事。第五，效率优先，兼顾公平，初次分配不顾公平，是西方右翼经济学家如哈耶克、弗里德曼等的观点，并没有获得西方广大学界和社会的认同。西方政府也没有采纳这种原则。在我国收入分配出现差距过大的趋势下，不少学者首先是刘国光等提出应调整“优先、兼顾”的原则，应向公平倾斜。中央也逐渐调整并最后放弃了原有的提法。十七大报告改提“初次分配和再分配，都要处理好效率和公平的关系，再分配更加重视分配公平”。

改革开放以来，我国生产力快速发展了，但是没有同时促进社会主义经济关系的发展与完善。没有有效实现社会主义本质所要求的消灭剥削、消除两极分化，逐步实现共同富裕。出现了收入差距严重扩大的趋势，产生了贫富分化。贫富分化的根源，学界认识不同。在这个问题上需要用马克思主义生产关系决定分配关系的原理来说明。贫富分化应区分非本质原因和本质原因。用城乡二元结构、地区发展不平衡、行业发展不平衡、垄断与腐败等作为其原因，固然有各自的道理，但都是非根本原因。讲根本原因是一个敏感的话题。但不能因此而回避问题。生产资料所有制是生产关系和分配关系的基础。资本主义所有制和资本与雇佣劳动相结合的生产方式，决定了资本主义的分配方式是按资本分配为核心的按要素（生产要素和流通要素）分配。

社会主义公有制和劳动者作为主人与公有的生产资料相结合，决定了社会主义的分配原则是按劳分配。在资本主义经济中，资本处于强势，劳动处于弱势，资本追求利润最大化，必然产生收入分配不公平。从世界范围来看，以私有资本为主体的市场经济，都存在贫富分化。萨缪尔森等的西方经济学论著早已说明了这一问题。近期法国的《21 世纪资本论》又系统论证了这个道理。我国目前的 GDP 总量中，非公经济提供 70% 到 80%。城镇劳动者 80% 以上在私有制经济中就业。按要素所有权分配比重远远大于按劳分配。无视这一现实对分配关系中贫富分化出现的作用，是非科学的。这样讲，会引起敏感话题：是否贬抑和否定非公有制经济和市场经济的地位和作用？不！只是主张一分为二地分析问题。既肯定现阶段非公经济发展的必要及其积极作用，肯定实行社会主义市场经济的必要和作用。但也要看到它会产生分配不公、出现贫富分化的负面效应。我国不能搞新自由主义的私有化和完全市场化。要在国家宏观调控下，抑制其负面效应，引导其向正面效应发展。中央目前强调以人为本、民生为重，强调共同富裕是社会主义的根本原则，着手改进分配制度，提高低收入者收入水平，就是要力求缓解收入差距过大的趋势。

## 十三、关于社会主义经济增长和经济发展的问题

中央文件中先提出转变经济增长方式，后提出转变发展方式。经济增长主要是发展生产力的问题；而经济发展是以经济增长为基础，包括经济、社会、环境、教育、经济关系等发展的多方面的内容。提出转变经济发展方式，并不是用以取代经济增长方式，两者是同时并存、前者包括后者并以后者为条件的关系。经济快速优化发展，才能拉动社会各方面的有效发展。但也可能割裂经济增长与发展的关系，出现快增长而慢发展，或有增长而无发展。这就需要统筹兼顾、全面协调可持续的科学发展。

经济增长分粗放型增长和集约型增长。又讲内涵型增长和外延型增长。在英语中集约和内涵是同一个字，外延与粗放也是一个字，因而学界不少人认为集约型增长与内涵型增长同义，粗放型增长与外延型增长同义。根据这种认识，当党的十四届五中全会提出，我国要实现经济增长方式的转变时，有的学者宣称是要由外延型增长转变为内涵型增长。这种认识失去准确性与

科学性。

集约型和粗放型本是应用与农业生产中的两个概念，是农业中的两种经营方式。扩大耕地面积发展生产称作粗放型，在同一土地上增加投入提高产量称作集约型。在李嘉图的著作中和马克思的《资本论》中也用这两个概念。马克思当时并没有把粗放型视作低效率。马克思认为扩大耕地面积增加产量，可以是投向肥沃程度不同的土地，也可以投向更肥沃的土地。而原始土地积淀着有利于农业生产的自然因素，所以并不一定是“广种薄收”，也可以是广种多收。因此，粗放型经营并不必然意味着效益低下。后来，粗放型、集约型概念扩展到工业等其他经济部门，粗放型耕作变成“广种薄收”的同义词，工业等部门的粗放型经营，也变成高投入、高消耗、低产出、低效益的解读。概念的内涵也经历了历史的变迁。

在理论认识上，不能把经济增长的集约型等同于内涵型，把粗放型等同于外延型。内涵型扩大生产与外延型扩大生产，是马克思在《资本论》中提出的。集约型或粗放型增长是两种经营方式；而内涵型或外延型发展是两种扩大再生产的方式。同一字或同一词可以有多种含义，中外一样。不应从一词多义引用混淆不同概念的内涵。如汉字“沽”字，既有“买”义，又有“卖”义。不能因此断言买与卖是一回事。就一个企业内部来说，增加新车间、扩大厂房面积，是外延型扩大生产，在原有工厂和车间内增加投入和产出，是内涵型扩大生产。就社会范围来看，建立新企业，是外延型扩大生产，同一企业增加投入产出，是内涵型扩大生产。我国倡导企业“挖潜改造”，通过管理创新、技术创新提高效益，这是内涵型扩大、集约型经营。不赞同低水平重复建设，乱铺摊子，也就是应减少低水平的外延型扩大，这是正确的。但是不排除和贬抑外延型扩大。国家需要建设高新科技产业，增加基础设施建设。可以是外延型扩大、集约型经营。如宝钢的建设、高铁的发展等。另外，我国发展多种所有制经济，私营、个体和外资企业每年不断增加，这种外延型发展是需要的。因此，我国的经济增长与发展，应是重集约、轻粗放，由粗放型增长方式转变为集约型增长方式。至于内涵型扩大和外延型扩大，应是两者并重，不存在强调由外延型扩大转变为内涵型扩大的问题。

近些年来，我国强调转变经济增长和发展方式，强调调整拉动经济增长的“三驾马车”的增长结构，减少过重的出口依赖和投资依赖，扩大消费内需。不以GDP论英雄。这是正确的。但是，又不能忽视GDP的增幅。不搞唯GDP，但又不要忽视GDP。不过度依赖出口和投资，但又不能忽视出口和投资的重要作用。特别在当前需保持经济中高速增长的新形势下，更是如此。

我国的经济发展，是科学发展，是以人为本、统筹兼顾、全面协调可持续发展，既要重视经济的发展，也要重视社会的发展、人的发展，还要重视经济社会发展的安全，重视社会主义经济制度的发展。我提出转变经济发展方式，需要注意处理好四个关系：一是处理好经济增长方式转变与经济发展方式转变的关系，两者既具有一致性，又存在差异性和矛盾性。靠高投入、高消耗、高污染、低产出、低效益、低质量、低工资的经济增长，也可以是快速的，但不利于经济社会的发展和发展方式的转变。二是处理好经济发展与人的发展相统一的关系。劳动者的生产知识、科技水平越高，越有利于经济发展和发展方式的转变。三是处理好经济发展中利用外资和经济安全的关系。引进外资有利于我国经济发展，但是要分清外资与内资对民族经济发展的作用的差异。前一个时期有学者甚至政府高官宣称，外资企业在中国发展就是中国民族经济。这种论断不能认同。它会导致忽视民族经济的安全。有些外资并购我国品牌企业，具有垄断生产和市场的目的，应当引起注意。四是处理好经济发展与社会主义经济制度发展的关系。经济发展了，财富增长了，但如果私有制经济占比不断扩大，以国有经济为核心的社会主义公有制经济不断消退，占比不断下降。收入分配差距不断扩大，广大工农群众成为弱势群体，与作为社会主义本质内容的消灭剥削、消除两极分化、逐步走向共同富裕的要求越来越远，经济发展和转变发展方式就会失去其社会主义应有的意义。应切记：我国的经济发展，是社会主义经济的发展！

# 目　录

## 第一编　中国特色社会主义经济理论的创建与发展


中国特色社会主义经济理论体系研究 …………………………（3）

改革以来中国特色社会主义经济理论发展的几个问题

——纪念改革开放30周年 …………………………………（26）

着力科学发展，完善和发展中国特色社会主义 ………………（42）

论夺取中国特色社会主义新胜利的基本要求 …………………（52）

夯实中国特色社会主义的经济基础 ……………………………（63）

既不走封闭僵化的老路，也不走改旗易帜的邪路 ……………（69）

我国决不能搞全面私有化 ………………………………………（73）

为什么说公有制是中国共产党执政的基础？ …………………（75）

中国特色社会主义经济制度的理论是非需要澄清

——兼谈怎样正确理解邓小平南方谈话中关于“社”与

“资”、“公”与“私”的论述 ……………………………（79）

社会主义经济和中国特色社会主义经济的几个理论问题 ………（95）

怎样正确全面认识社会主义经济和中国特色社会主义经济 ……（107）

再论怎样正确认识社会主义经济与中国特色社会主义经济 ……（127）

需要科学地总结改革开放30年 ………………………………（146）


## 第二编　关于社会主义初级阶段基本经济制度的理论与实践问题


邓小平社会主义本质理论研究 …………………………………（157）

改革开放与姓“资”姓“社”的困扰 ……………………………… (169)
社会主义初级阶段基本经济制度的形成、成就与问题 ………… (172)
进一步认识和把握社会主义初级阶段理论 ……………………… (186)
关于社会主义初级阶段的几个理论问题 ………………………… (189)
坚持和完善公有制为主体、多种所有制经济共同发展 ………… (201)
不要混同“公有制形式”和“公有制实现形式” ……………… (212)
当前“国进民退”之说不能成立
——兼评“国进民退”之事 ………………………………………… (216)
警惕“公有制为主体”流于空谈 ……………………………………… (227)
私有化思潮泛滥中坚持国企改革的正确方向 …………………… (235)
发展和完善中国特色社会主义必须搞好国有企业 ……………… (247)
批判新自由主义就是否定和反对改革吗？
——敬请高尚全会长划清与新自由主义的界限 ………………… (256)
为什么要实行和怎样实行混合所有制经济 ……………………… (277)
究竟该怎样理解“积极发展混合所有制经济”
——兼析对“混合所有制经济”的几种不同见解 ……………… (284)
从理论和实践的结合上弄清和搞好混合所有制经济 …………… (289)
马克思主义经典作家的“剥削”观与我国现实 ………………… (301)

## 第三编　由计划经济转向社会主义市场经济的理论与实践问题

关于社会主义市场经济理论与实战的历史回顾与评析 ………… (313)
向社会主义市场经济转变的理论轨迹 …………………………… (327)
更加尊重市场规律，更好发挥政府作用
——学习习近平同志引领十八届三中全会的一个重要观点 … (336)
关于坚持社会主义市场经济的改革方向问题 …………………… (340)
论社会主义市场经济中的宏观调控 ……………………………… (352)
关于市场配置资源理论与实践值得反思的一些问题 …………… (360)
改革以来我国市场功能与政府功能组合关系的演变 …………… (371)
社会主义市场经济要在法治轨道上运行 ………………………… (385)
社会主义市场经济呼唤诚信 ……………………………………… (398)
建立社会主义市场经济体制的几个问题 ………………………… (412)

论企业活力与企业行为约束 …………………………………（420）
经济体制的改革和公有企业间的竞争问题 ………………………（429）
关于市场经济问题讨论的述评不应失去客观、真实、公正
——评晓亮先生评述的失真 ………………………………（436）

## 第四编　中国特色社会主义的收入分配理论与实践问题

我国现阶段收入分配制度的理论与实践问题 ……………………（445）
缓解贫富分化，促进分配公平 ………………………………（457）
改善收入分配，促进人的发展 ………………………………（474）
应重视我国现阶段的分配公平问题
——兼评《公平与分配不能联姻》一文的观点 ………………（479）
缩小收入差距五策 ………………………………………（483）
把握共同富裕的几个问题 …………………………………（485）
论社会主义共同富裕 ………………………………………（487）
做大“蛋糕”与分好“蛋糕”是辩证统一的关系 ………………（500）
按要素贡献参与分配的“贡献”是指什么？ …………………（502）
关于公平与效率关系之我见 ………………………………（504）
实现分配过程中公平与效率的统一 …………………………（523）
把提高效率与促进社会公平结合起来 ………………………（529）
近年来关于效率与公平关系的不同解读和观点评析 ……………（540）
有关收入分配几个理论是非界限的探讨 ………………………（555）

## 第五编　科学发展与转变经济增长方式和发展方式问题

关于经济发展与转变发展方式的几个理论是非问题 ……………（565）
我国经济结构与发展方式的突出矛盾及缓解途径 ………………（574）
从生产力标准和社会主义价值标准的统一来研究经济发展方式
转变问题 ……………………………………………（585）
从世界范围看中国经济增长和增长方式的转换 ………………（594）
提高经济增长质量和效益的若干理论与实践问题研究 …………（609）
着力加快经济增长方式的转变 ………………………………（622）
经济全球化与中国经济社会的科学发展 ………………………（626）

转变经济增长方式与自主创新 …………………………………………（631）
创新驱动与转变发展方式 …………………………………………………（636）
要处理好我国经济发展中的经济与社会安全问题 ………………………（643）
转变经济发展方式需要处理好四个关系 …………………………………（651）
经济发展与改革中应注意的两个问题 ……………………………………（658）
增长速度过快不利于经济发展方式转变 …………………………………（661）
经济增长应与经济发展方式转变相适应 …………………………………（666）
体制转轨是经济增长方式转变的关键 ……………………………………（668）
中国经济发展道路的新内涵与新特征 ……………………………………（672）
怎样控制通货膨胀 …………………………………………………………（676）
后记 …………………………………………………………………………（678）

# 第一编

# 中国特色社会主义经济理论的创建与发展

# 中国特色社会主义经济理论体系研究[①]

[摘要] 中国特色社会主义经济理论体系是中国特色社会主义理论体系的基础和核心。本文将其概括为十大理论内容。一方面着重从正面阐述和评析这一理论体系的重要内涵和实践意义；另一方面又对偏离这一理论体系本意的有关解读和观点辩明理论是非，力求准确科学地予以把握。

中国特色社会主义是对马克思主义科学社会主义的继承、坚持与发展、创新，是中国共产党经过新民主主义革命和社会主义革命建立了社会主义制度后，又经过长期社会主义实践，总结了社会主义建设与发展中得失成败正反两方面的经验与教训而提出和不断发展的新型社会主义。

中国特色社会主义，是一种适合中国国情的新型社会主义制度，是从中国实际出发走出的一条新的社会主义道路；又是在发展与改革的实践中形成的一套中国特色社会主义理论体系。

中国特色社会主义，是以中国特色社会主义经济为基础的。因而中国特色社会主义理论体系也是以中国特色社会主义经济理论体系为支柱和核心的。

改革开放30多年来，中国的经济发展取得了举世瞩目的巨大成就，正是在中国特色社会主义理论特别是其经济理论的指导下取得的。而随着经济社会实践的发展，中国特色社会主义经济理论体系也在不断发展与完善。它不是固定不变的，而是动态的、与时俱进的。当前所讲的中国特色社会主义经济理论体系，是适用于我国社会主义初级阶段的经济理论体系。即使到

---

① 本文原载《经济学动态》2011年第5期。

21世纪中叶，走出了社会主义初级阶段，进入中级阶段和更远的高级阶段，社会主义不断完善和成熟了，所有制结构、分配制度、劳动制度等的内涵发生了向社会主义高层次发展的变化，依然要走中国特色社会主义道路，将会形成日益成熟的中国特色社会主义经济理论体系。

需要明确：社会主义不同阶段的中国特色社会主义经济理论体系，其本质规定和核心内容应具有共同性。这一共同性的“源”，应是来自马克思主义的科学社会主义理论。诸如：大力发展生产力；以公有制（社会所有制）为基础；劳动者是生产和社会的主人；自觉地有计划地发展社会主义经济；实行按劳分配；消除两极分化；实现共同富裕等。没有这些内容的社会主义，不是科学社会主义，也不是中国特色社会主义。但是，又不能教条主义地对待马克思主义的社会主义理论。要从中国国情出发，结合中国革命和建设实际，结合中国改革开放的历史和现实实际，运用和发展科学社会主义经济理论。而发展和创新，就要增加新的内容。这种具有新内容的经济理论，就是中国特色社会主义经济理论。它是科学社会主义经济理论“源”和“流”的统一。

中国社会主义经济理论，经过中国共产党人90年来的不断摸索与探索，经过新中国60多年来的社会主义实践经验，特别是经过30多年来改革开放的实践与理论的发展和创新，已形成了适用于整个社会主义初级阶段的中国特色社会主义经济理论体系。就是说，它已不是个别的原理和原则，而是具有丰富内容的和相互联系的、包括生产力发展特点和生产关系体系特点的较为完整的理论体系。

需要说明两点：第一，现阶段的中国特色社会主义经济理论体系应包括哪些具体内容？理论界有不同的概括和论述。见仁见智，角度和撷取有异。但从主要内容来看，是基本一致的，只有大同小异之别。我这里的概括与论述，是根据自己对这一理论体系的理解与把握做出的。第二，更重要的是学界对中国特色社会主义经济理论的某些重要原理，存在着理解上的分歧，存在着误解和错解。需要澄清理论是非。因此，本文既着眼于对中国特色社会主义经济理论体系的正面研究与阐述，又针对某些偏离马克思主义和中国特色社会主义本意的某些观点与解读，做一些正本清源的工作。

## 一、社会主义本质论

什么是社会主义？怎样建设社会主义？改革开放前的新中国已经搞了近30年的社会主义，尽管取得了巨大的成就，但并没有完全搞清楚这两个问题。如果在理论认识上对什么是社会主义缺乏正确理解，必然对怎样建设社会主义的政策与实践会产生偏误。之所以会提出这个似乎不应产生的问题，是由于20世纪50年代后期在发展生产力和社会主义生产关系方面出现了“左”的一套东西。它既偏离了马克思主义的科学社会主义，也脱离了我国的历史和现实的国情，使社会主义优越性未能得到充分发挥，反而给社会主义事业带来严重的消极后果。

马克思主义的科学社会主义认为：取代资本主义的新的社会主义制度，在发展生产力和新生产关系方面会优越于旧的社会制度。一方面，社会主义能够比资本主义更好更快地发展生产力；另一方面，在生产力发展的基础上，社会主义生产关系首先是公有制与按劳分配的发展会使人民摆脱剥削和贫富分化，走向共同富裕。马克思和恩格斯在《共产党宣言》中就指出：无产阶级将利用自己的政治统治，把生产工具集中到国家手中，“尽可能快地增加生产力的总量”。发展生产力是手段，其目的是共同富裕。马克思在1852—1858年的《经济学手稿》中写道：在新的社会制度中，“社会生产力的发展将如此迅速，……，生产将以所有人的富裕为目的”。[①] 列宁也讲：建设社会主义事业，“必须大力发展生产力”，要“使所有劳动者过最美好、最幸福的生活。只有社会主义才能实现这一点”。他要求马克思主义者要“了解这个真理”。[②]

然而，在我国改革开放前的一段时间内，特别是在“四人帮”肆虐的“文革”时期，大批“唯生产力论”，批判“用生产压革命”，“宁要社会主义的草，不要资本主义的苗”，把关心人民经济生活，批之为“经济主义”，把发展商品生产和实行按劳分配看作是产生资本主义和资产阶级的土壤，等等。

---

① 《马克思恩格斯全集》第46卷下，人民出版社1980年版，第222页。

② 《列宁选集》第4卷，人民出版社1995年版，第11页；第3卷，第546页

党的十一届三中全会后，确立了向以经济建设为中心、进行改革开放的理论与实践的转变。邓小平同志提出：社会主义的根本任务是发展生产力，贫穷不是社会主义。后来又将社会主义的本质概括为“解放生产力，发展生产力，消灭剥削，消除两极分化，最终达到共同富裕”。这一本质规定，既是对科学社会主义的回归与坚持，又是新的发展。其新意有两点：其一是在马克思主义和社会主义发展史上，第一次明确和科学地概括了社会主义的本质规定；其二是提出社会主义还要解放生产力。以往一般只讲革命是解放生产力，社会主义要快速发展生产力。之所以提出社会主义解放生产力的任务，是根据社会主义实践的经验教训提出的。既是针对僵化的经济体制和其他体制而言的，也是针对过去“左”的一套忽视大力发展生产力，偏离社会主义本质而言的。

邓小平提出的社会主义本质规定，没有提公有制和按劳分配，有人据此认为公有制和按劳分配不是社会主义根本特点和必要内容。这种理解是错误的。需要弄清四点：第一，讲社会主义的本质，不言而喻，在“社会主义”概念中已经包含了作为社会主义经济基础的公有制和作为社会主义分配原则的按劳分配了，讲社会主义本质，就是讲实行社会主义公有制和按劳分配的本质要求是什么。第二，社会主义本质的实现，要以公有制和按劳分配的存在为前提。在私有制的基础上，是不可能消除两极分化实现共同富裕的。而以公有制取代私有制，也是以有利于解放和发展生产力而立论的。实践证明，只要增强和完善公有制，包括国有经济和集体经济，是可以表现出其在发展生产力中的优越性的。新中国建立后，尽管曾有“左”的干扰，但以公有制为基础的生产力发展，远远超过旧中国的发展速度，其成就超过旧中国的几百年。第三，邓小平反复地讲，公有制为主体和共同富裕，是我们必须坚持的社会主义的根本原则。又强调“我们一定要坚持按劳分配的社会主义原则”。[①] 第四，讲社会主义本质不是用以描述社会主义的特点和构成要素，而是重在揭示为什么要搞社会主义，社会主义是干什么的。也就是需要阐明社会主义的根本任务和目的，也可以说这是讲社会主义公有制和按劳分配的根本任务和目的。把握社会主义本质，可以使我们在社会主义建设事业中弄清应当建设什么样的社会主义。最能体现社会主义本质因而应致力于

① 《邓小平经济理论（摘编）》，中国经济出版社 1997 年版，第 32—37 页。

其中的是两个方面的规定：一是快速发展生产力；二是实现共同富裕。它涵盖了生产力和生产关系两方面。"左"的偏误正是忽视了这两方面的本质规定。

## 二、社会主义经济是公有制基础上的有计划的商品经济论

商品经济是商品生产与商品流通的统称。对"商品经济"这一概念含义和属性，学界曾有不同的认识。有人认为有商品交换就有商品经济；而另有人认为只有当商品生产在社会经济生活中占据统治地位时，才有商品经济；还有学者曾认为，商品经济是资本主义经济范畴，社会主义只存在商品生产和交换。由于马、恩著作中没有商品经济范畴，只用商品生产、商品交换、商品流通等概念，而且在德文、英文等外文词典中也一般没有商品经济一词，这就为改革开放前期关于社会主义经济是不是商品经济的讨论增添了疑难性和复杂性。

笔者认为，最初的商品交换还不是商品经济。表现为"偶然的价值形式"和"扩大的价值形式"的商品交换，是一种原始的物物交换，存在于原始氏族社会末期。当时的社会生产还不是为交换而生产，还属于自然经济形态，还谈不上是商品经济。随着社会经济的发展，出现了第二次社会大分工以后，才出现了为市场交换而进行的商品生产，并随之出现了货币，于是，由商品物物交换发展为由货币为媒介的商品流通，这时商品生产和商品流通在经济生活和经济发展中起着日益重要的作用，这就是商品经济。所以可以认为，商品生产和商品流通的统一，构成了商品经济。既不能认为有商品交换就有商品经济，也不应认为只有当商品生产在社会经济生活中占统治地位时才有商品经济。早在奴隶社会自然经济占统治地位时，就已经存在和发展着简单商品经济，在列宁的著作中，较多地运用商品经济概念。他将商品经济区分为资本主义商品经济和资本主义前就存在的简单商品经济即小商品经济。马克思没有把商品生产与商品流通看作资本主义经济范畴；列宁也没有这样看。

由于马克思主义的创始人认为，在消灭了私有制的社会主义公有制经济中，商品生产将会消亡，斯大林在《苏联社会主义经济问题》一书中虽然肯定了社会主义存在商品生产，但只限于全民所有制和集体农庄两种公有制

之间的关系，否定生产资料是商品，而且提出商品流通范围扩大“会阻碍我们向共产主义前进”，主张“一步一步地缩小商品流通的活动范围”。受上述理论观点影响，我国理论界曾长期存在某些学者所主张的社会主义非商品经济论、生产资料非商品论、全民所有制内部非商品经济论等观点。在“左”的时期，还把发展商品经济与搞资本主义相联系。

改革开放以后，进行经济体制改革。为了把社会主义经济搞好搞活，更好更快地发展生产力，就需要有效地利用商品经济和市场关系。于是发生了社会主义经济是不是商品经济的讨论和争论。有的强调社会主义经济是商品经济，有的强调社会主义经济是计划经济，有的主张是有计划的商品经济，有的主张是有商品经济的计划经济。众说纷纭，各持己见。1984 年党的十二届三中全会通过了《中共中央关于经济体制改革的决定》（以下简称《决定》），这是城市经济体制改革的纲领性文件，得到了邓小平的高度评价和肯定。《决定》明确肯定了社会主义商品经济论，理论界的争论趋于统一。《决定》提出“商品经济的充分发展是社会主义经济发展不可逾越的阶段”。并指出：传统经济体制的弊端之一，“就是忽视商品生产、价值规律和市场的作用”，要突破把计划经济与商品经济对立起来的传统观念，计划经济“是公有制基础上的有计划的商品经济”。在后来的有关文件和论述中，将这个论断发展为“社会主义经济是公有制基础上的有计划的商品经济”，即用“社会主义经济”一词取代原来的“计划经济”一词，这在理论逻辑上更确切一些。这一论断具有重要理论与实际意义。肯定社会主义经济是商品经济，就要肯定价值规律的调节作用，就要肯定发挥市场机制在搞活经济中的作用，就可以提出市场取向的改革。党的十三大报告中回顾这一理论观点的重要意义时说：党的十二届三中全会提出的“社会主义经济是公有制基础上的有计划的商品经济”，“这是我们党对社会主义经济做出的科学概括，是对马克思主义的重大发展，是我国经济体制改革的基本理论依据”。党的十三大报告把我国的新的经济体制，称作“社会主义有计划商品经济的体制”，“是计划与市场内在统一的体制”。党的十四大报告提出确立社会主义市场经济新体制，同时对十二届三中全会提出的有计划商品经济理论继续给以高度评价：“提出了我国社会主义经济是公有制基础上的有计划的商品经济，……是对马克思主义政治经济学的新发展，为全面经济体制改革提供了新的理论指导。”我国有些学者将“商品经济”与“市场经济”看作是内涵相同的概念，因而认为提出社会主义市场经济理论就应取代和不再提社会主义有计划的商品经济理论。其实，商品经济与市场经济是既相联系又有区别的经济范畴，不应等同，也不应从社会主义经济是有计划的商品经济这一论断，得出商品经济是社会主义经济的本质关系的结论。肯定社会主义经济是商品经济，不是从制度属性上讲的，而是从经济体制上讲的，而且强调以公有制为基础。同样，资本主义经济是商品经济，个体经济是商品经济。但社会主义经济、资本主义经济、个体经济的社会性质是完全不同的。社会主义经济是制度性范畴，商品经济是存在于多个社会的非制度性范畴，它不能规定任何社会经济制度的本质。

## 三、社会主义市场经济论

在马克思主义和社会主义发展史中，曾长期把计划经济作为社会主义经济制度的属性，把市场经济作为资本主义经济制度的属性。在这个问题上，西方学者与政要也持同样的观点。对立的双方形成了一致的看法。这既与对立的理论认识有关，也与对立的经济实践有关。在马恩著作中，没有市场经济和计划经济概念，只提出社会主义实行有计划的自觉的生产和计划调节。列宁提出了计划经济与市场经济概念，将其分别作为社会主义与资本主义两种对立的制度性范畴。列宁在1906年的《土地问题和争取自由的斗争》一文中写道："只要还存在着市场经济，……世界上任何法律都无法消灭不平等和剥削"，"只有建立起大规模的社会化的计划经济"，同时将一切生产资料转归劳动者所有，"才能消灭一切剥削"。在西方的经济学著作和有关词典中，把资本主义制度与市场经济制度作为含义相统一的概念运用，并将私有制作为市场经济的核心。理论既指导实践，又是实践的反映。在资本主义经济发展中，始终实行市场经济制度，有如鱼水关系。而在社会主义国家的发展中，曾长期实行计划经济制度。在这样的历史和现实背景下，我国由计划经济转型为社会主义市场经济，必然要经历一个理论认识和经济体制改革过程中的曲折的、复杂的历程。

我国的经济体制改革，是要打破僵化的体制，把社会主义经济搞好搞活，以便更好更快地发展生产力和满足人民需要。这就需要重视和增强商品经济和市场的作用。因而我国的改革也称之为市场取向的改革。在中央决策层中，邓小平、陈云、李先念等同志最早认识到传统计划经济的弊端，提出发挥市场调节作用的意见。这就是在改革前期所实行的计划经济为主，市场调节为辅的体制模式。在当时发表的中央正式文件中最早提出在计划经济中引入市场调节机制的，是李先念同志代表中央于1979年4月5日《在中央工作会议上的讲话》。他在讲话中指出：我们现在的经济管理体制弊端很多，非逐步改革不可，并提了改革的指导思想是“在我们的国民经济中，以计划经济为主，同时充分重视市场调节的辅助作用”，并对计划经济部分和市场调节部分做了具体说明。有必要指出，在邓小平和陈云、李先念等同志的理论认识中，市场调节与市场经济是同义的。事实也是这样。属于计划经济外的完全由市场调节的经济，就是市场经济。市场调节为辅，也就是市场经济为辅。不过为了减少意识形态的障碍，在邓小平同志1992年南方讲话以前的长时期中，他们在内部讲话中，往往市场调节与市场经济并用和通用，而在公开发表时，只提市场调节，不用市场经济一词。在党中央的指导思想中，关于市场经济的理论认识，有一个发展过程。先是计划经济为主，市场调节（市场经济）为辅，这是指公有制首先是国有经济的体制模式，已经突破了市场经济以私有制为核心或市场经济是资本主义经济的传统看法。党的十三大报告中遵循邓小平同志的有关意见，放弃了“为主”、“为辅”的模式，提出新的经济体制“应该是计划与市场内在统一的体制”。而“新的经济运行机制，总体上来说应当是‘国家调节市场，市场引导企业的机制’”。这实际上讲的是国家从宏观上调控市场、市场直接调节企业的市场经济运行机制。

1989年6月9日，邓小平同志在接见首都戒严部队军以上干部时的讲话中指出：“我们要继续坚持计划经济与市场调节相结合。”1989年11月9日党的十三届五中全会的决定中提出：“改革的核心问题，在于逐步建立计划经济与市场调节相结合的经济运行机制。”两者相结合的方式不再是“为主”、“为辅”的关系，而是内在的有机结合。

邓小平同志1992年在南方的谈话，进一步指出：“计划经济不等于社会主义”，“市场经济不等于资本主义”，两者不是社会主义与资本主义的本质区别，而是发展经济的手段。这个论断完全排除了将计划经济与市场经济视为两种对立的姓“社”姓“资”的社会制度性范畴的传统观念，为建立社会主义市场经济体制提供了权威的理论认识基础。1992年10月召开的党的十四大报告中明确提出："我国经济体制改革的目标是建立社会主义市场经济体制。"

什么是社会主义市场经济？有两种认识值得斟酌。有人认为社会主义市场经济就是社会主义商品经济。这一见解难以认同。理由是：第一，我国实行计划经济的条件下，也存在商品经济和市场，但调节经济的不是市场，而是国家计划。因而只有计划调节而没有市场调节。可以说，那种市场不起调节作用，从而不起资源配置作用的商品经济，不是市场经济。第二，从我国经济社会发展的理论与实践历史过程看，是由社会主义商品经济发展和转型为社会主义市场经济的。1984 年党的十二届三中全会的《决定》中，既强调社会主义经济是公有制基础上的有计划的商品经济，又认为从总体上说，我国实行的是计划经济，而不是那种完全由市场调节的市场经济。完全由市场调节的只是其中的辅助部分，将商品经济和市场经济区别开来。

另有人认为，市场经济是高度社会化和市场化的商品经济。然而，20 年前提出建立社会主义市场经济体制时，我国还远谈不上经济的高度社会化和市场化。中央文件曾一再提出社会主义初级阶段是实现经济社会化和市场化的过程。

党的十四大报告指出："我们要建立的社会主义市场经济体制，就是要使市场在社会主义国家宏观调控下对资源配置起基础性作用。"对社会主义市场经济的内涵，需要把握三点：其一，通过市场机制直接调节企业的经营活动，实现市场在资源配置中的基础性作用；其二，社会主义市场经济是将市场经济与社会主义基本制度结合起来；其三，社会主义国家要从宏观层次上对市场经济进行调控，以减少市场的盲目性和自发性，要用看得见的手引导看不见的手。

由于市场和市场经济是统一的，不能按不同的所有制经济划分市场范围和建立各自的市场经济，市场配置资源的作用也是统一的。因此，以公有制为主体的社会主义市场经济中应包括非公有制经济。中央有关文件指出，"非公有制经济是社会主义市场经济的重要组成部分"是符合实际的。但不能把"社会主义市场经济"同"社会主义经济"两个概念混同起来。前者是属于经济体制的范畴，后者是经济制度的范畴。社会主义经济是公有制经济，不包括非公有制经济。因此，不应讲"非公有制经济是社会主义经济的重要组成部分"。中央文件一再讲："社会主义经济是公有制基础上的有计划的商品经济”，强调社会主义经济是“以公有制为基础”的，不包括非公有制经济。

## 四、社会主义初级阶段基本经济制度论

任何社会经济制度从产生、发展到成熟，都要经历一个长期的历史过程。原始社会经历了两三百万年的时间；奴隶制和封建制社会经历了几千年的时间；西方资本主义制度从 16 世纪算起，也经历了 400 年左右的时间；社会主义社会作为共产主义社会的低级阶段，也不会是一个短暂的时间，需要经十几代人以上的发展过程。我国是从一个生产力落后的没有经历发达资本主义而进入社会主义的国家，在自己的发展中需要重视两点：一是要重视补生产力发展的课，要把大力和快速发展生产力作为根本任务；二是根据现有生产力的发展水平建立与其相适应的经济关系即经济制度。但在新中国建立以后一个时期中对此认识不足。先是把马克思主义创始人所描绘的发达资本主义国家进入成熟的社会主义制度后的经济模式，作为我国社会主义的起点模式，追求一大二公的单一的公有制度和公有制的不断升级，急于消灭一切非公有制经济，还“割资本主义尾巴”，把集市贸易、庭院种植等都作为资本主义看待。后来又刮共产风，要“跑步进入共产主义”，把社会主义看作是一个短暂的时期。遭受挫折后，转向抓阶级斗争为纲。为此又提出整个社会主义阶段是从资本主义到共产主义的过渡时期，再把列宁所讲的过渡时期（原意是指进入社会主义制度前的时期）阶级斗争更加尖锐和残酷的话加之于我国社会主义。凡此种种，都是对我国社会主义所处的发展阶段缺乏科学定位的表现和结果。

改革开放以后，党中央根据我国生产力水平低、多层次、不平衡，提出社会主义处于初级阶段的理论。这一科学定位，可以避免不再盲目地去干一些超越阶段的错事。这一阶段至少需要经历一百年的时间，即至少到本世纪中叶结束。

提出社会主义初级阶段理论，为调整所有制结构和收入分配结构提供了理论支持。这一理论的内涵和表述，也是随着实践的发展而逐渐充实和规范的。在党的十三大报告中对社会主义初级阶段理论进行了充分的论述，并提出了这个阶段的基本经济制度：“公有制为主体、多种所有制经济共同发

展，是我国社会主义初级阶段的一项基本经济制度。”这里之所以讲“一项”基本经济制度，是因为所有制是经济制度的基础，而不是其全部。但由于所有制是决定生产关系体系最根本的经济制度，因而后来的提法中将“一项”二字去掉了。

我国的改革与发展，正是由于立足于社会主义初级阶段这一根本国情，坚持发展和完善初级阶段的基本经济制度，30 多年来，经济社会和其他各方面的发展取得了举世瞩目的成就。

有必要提出，需要重视理论和实践中存在的两个问题。

一个问题是，不要把“社会主义初级阶段的基本经济制度”同“社会主义经济制度”相混同。中央有关文件和我国宪法中，是将其作为既相联系又有区别的两个概念应用的。“社会主义经济制度”是指以公有制为基础的社会主义生产关系体系，包括按劳分配，劳动者是生产和经济社会生活中的主人，消灭剥削和消除两极分化，实现社会公平和共同富裕，不包括私有制经济。社会主义经济制度在我国三大改造完成后就建立起来了。它要经历社会主义初级阶段、中级阶段和高级阶段的不断发展和成熟的过程。它不包括非公有制经济。而“社会主义初级阶段的基本经济制度”则反映初级阶段的特点。既包括作为主体的公有制经济，也包括非公有制经济。

非公有制经济的地位和作用，由最初的“拾遗补阙”到作为公有制的“补充”，再到社会主义市场经济的重要组成部分和现阶段基本经济制度的构成部分，表明由体制外进入体制内、由制度外进入制度内。实行多种所有制经济平等竞争，共同发展。

另一个问题是，坚持和发展公有制为主体，首先要巩固、发展和壮大作为国民经济主导的国有经济。国有经济是保证国家对经济运行实行宏观调控的物质手段；是实现国家和社会长远利益与共同利益的保证；是共产党的重要执政基础（如果搞私有制为基础，不需要共产党）。国有经济更是社会主义经济制度的内在要求和重要基础。它既是大力发展生产力、有效应对国际竞争和国际金融危机等各种挑战的经济力量，也是实现消灭剥削和两极分化、达到共同富裕的制度保证。因此，否定和唱衰国有经济的论调是错误的。有的学者通过错解《反杜林论》中批判“冒牌社会主义”把俾斯麦的国营经济称作社会主义，断言我国的国有经济不是社会主义经济。又通过错解邓小平三条“是否有利于”的标准，断言非公有制经济是社会主义经济，这是完全错误的。否定国有经济为主导和公有制为主体，就是否定社会主义经济制度，也就否定了社会主义初级阶段基本经济制度的存在。

宣扬“国退民进”是改革的方向，是背离基本经济制度和中央的有关指导方针的。高调批判和咒骂并不存在的“国进民退”借以反对国有经济的发展，也是完全错误的。

坚持现阶段基本经济制度，就是既不搞单一的公有制，又决不搞私有化。不搞单一的公有制已是不会逆转的现实，不存在搞单一公有制的理论和实践。但不搞私有化还需要去落实。私有化的思潮和理论一直很张扬，要警惕在实践中由公有制为主体转向私有制为主体的演变。应防止和平演变计谋的得逞。

## 五、按劳分配为主体多种分配方式并存论

分配方式是由生产方式决定的。公有制为主体多种所有制经济共同发展的所有制结构，决定了我国社会主义初级阶段的分配方式必然是按劳分配为主体，多种分配方式并存。所谓多种分配方式，就是除社会主义公有制经济中实行按劳分配外，在私营和外资经济中实行按生产要素即按资本、劳动、管理工作、科技工作等的贡献进行分配。其实，管理工作和科技工作也是劳动，是高级复杂劳动。作为生产要素的劳动，一般是指普通职工的劳动。在以自己和家人劳动进行生产经营的个体经营中，全部收入归个体所有，不再区别劳动收入和非劳动收入。不存在按劳分配或按要素分配问题，全部收入表现为个体劳动收入。

社会主义公有制经济中实行按劳分配，是因为资本、土地和其他生产资料归公共所有，劳动者只能凭借自己的劳动贡献取得报酬。既没有条件实行按需分配，又不能搞平均主义分配。实行按劳分配，奖勤罚懒、奖优罚劣，有利于调动劳动者的积极性和创造性，可促进生产力的发展和效率的提高。

按劳分配是社会主义的分配原则。按生产要素分配实际上是资本主义分配原则。由于我国存在私营、外资企业等资本主义经济，所以它也是社会主义初级阶段中的一种辅助性的分配原则，不能将按要素分配也看作社会主义性质的分配原则。在中外资本主义经济中，一般实行以按资分配为核心的按生产要素分配。由于我国现阶段的私营和外资企业依然是资本主义性质的经

济，因而相应地实行按生产要素分配。

按生产要素分配或讲按其贡献分配，只存在于各生产要素分别归不同主体所有的经济关系中，不管私有制或公有制都一样。在个体生产和奴隶制私有经济中，全部生产要素归同一主体所有，不存在按要素分配的关系。在原始社会和社会主义社会的完全公有制经济中，也都不实行按要素分配。原始社会实行平均分配，社会主义实行按劳分配。因此，不能把社会主义分配原则概括为按要素分配，也不应将按劳分配等同于按劳动要素分配。社会主义经济中的劳动者是作为生产的主人参与生产和分配的。既然不实行按资本等非劳动要素分配，也就不存在按单一的劳动要素分配。

按要素分配，实际上是按要素所有权分配。应弄清按要素分配的三层机制。一是只有进入生产的要素才能参与分配；二是只有生产要素被某些经济主体所占有才能凭借其所有权参与分配；三是不同生产要素分配的多少，主要取决于市场机制的调节。从第一层机制看，没有被垄断占有的自然力，如农业生产中的阳光、雨露等也是不可或缺的要素，但因未被任何主体占有而不参加分配。从第二层机制看，按要素分配，不是分配给资本、机器等要素，而是分配给其所有者，是凭借要素所有权取得收入。从第三层机制看，不同要素所有者凭借所有权获得收入的量的多少，主要取决于市场机制如供求机制、竞争机制等的调节，也受政府调控的影响。

按劳分配不是以劳动价值论为理论依据，马克思、恩格斯认为，在社会主义公有制度中，商品生产消亡，价值关系不再存在，劳动不再表现为价值。他们从来没有用劳动价值论为依据去论述按劳分配关系。决定按劳分配的是公有制条件，旧的分工和劳动差别，劳动还没有成为生活的第一需要等。同样，按要素分配不是以要素价值论为理论依据。把按要素贡献参与分配解读为庸俗经济学家萨伊的要素价值论，即资本、土地等与劳动一样，都为创造价值做了贡献，即资本创造了利润、土地创造了地租、劳动创造了工资，是不正确的。非劳动要素的贡献，在于它们是生产使用价值和价值的必要条件。自然要素和劳动是一切财富即使用价值的源泉。非劳动要素质量和效能的提高会使同量劳动生产更多的产品即使用价值量。

有必要分清一个问题：劳动贡献就是劳动者的贡献，两者是同一的。而资本的“贡献”并不等于企业主（资本所有者）的贡献；土地的“贡献”也不等于土地所有者的贡献。两者不是同一的，承认和鼓励要素所有者凭借所有权参与分配，可以充分发挥各种社会资源在发展生产力中的作用。但在分配关系中，劳动者凭劳动的直接贡献获得收入，同企业主凭借其资本所有权（不是凭个人贡献）获得收入，具有不同的性质。在社会主义制度下，企业主靠非劳动要素所有权获得收入所占比重不应过高，更不应不断大幅提高，使劳动收入比重不断下降。

## 六、社会主义公平与效率统一与并重论

在我国社会主义制度建立以后的历史时期中，一般在理论宣传和中央文件中，主张实行按劳分配原则。但在具体执行上和实践中往往存在平均主义倾向。特别有一个时期，强调限制和破除“资产阶级法权”，把工资等级、按劳分配、体脑收入差别等，都看作是应当限制的资产阶级法权残余，助长了平均主义倾向，错解了马克思《哥达纲领批判》中关于资产阶级法权（后译为资产阶级权利）的本意。资产阶级是反对封建等级制度、主张权利平等的。但权利平等与平均主义是两回事。平均主义分配，既不公平，也无效率。改革开放以来，以经济建设为中心，要求克服分配中的平均主义，处理好公平与效率的关系，既重视效率，又实现公平。

1982 年，党的十二大报告中没有专门讲分配制度改革问题。不过在论述社会主义的特征时，强调了按劳分配和提高劳动生产率，要求兼顾国家、集体和个人三者利益，充分调动劳动者的积极性。实际上涉及到了公平与效率问题。真正贯彻实行按劳分配，可以把公平与效率统一起来。

1987 年党的十三大报告提出：“我们的分配政策，既要有利于善于经营的企业和诚实劳动的个人先富起来，合理拉开收入差距，又要防止贫富悬殊，坚持共同富裕的方向，在促进效率提高下体现社会公平。”这里既强调了合理拉开差距，又强调了共同富裕的方向，将“先富”和“共富”统一起来，既重视效率的提高，又重视社会公平，将效率与公平统一起来。这一分配政策是否定和破除平均主义分配关系的。十三大报告中还指出：“当前分配中的主要倾向，仍然是吃大锅饭，搞平均主义，互相攀比，必须继续在思想上和实际工作中加以克服。”

1992 年党的十四大报告提出：在分配制度中要“兼顾效率与公平”。兼顾两者即没有孰先孰后、孰轻孰重之分，是公平与效率并重。重视效率，就

是要运用“各种调节手段”以“鼓励先进，促进效率”。而重视社会公平，就要体现在“既合理拉开收入差距，又防止两极分化，逐步实现共同富裕”。合理拉开收入差距，这是公平与效率的连接点；防止两极分化，逐步实现共同富裕，这是公平与效率的落脚点。

1993 年 11 月党的十四届三中全会通过的《中共中央关于建立社会主义市场经济体制若干问题的决定》中，改变了十四大关于效率与公平关系的提法：个人收入分配要“体现效率优先，兼顾公平的原则”，没有再强调以前所讲的“防止两极分化”、“防止贫富悬殊”。“优先”与“兼顾”的关系，就是重效率轻公平，将效率放在首位，将公平放在次要地位。有的学者认为，这是实行市场经济应有之义。

“效率优先，兼顾公平”的原则，从 1993 年十四届三中全会起，到 1997 年党的十五大，到 2002 年党的十六大，再到十六届三中全会，延续了十几年。十六大报告将重效率、轻公平的思想加以推进：“初次分配重视效率，再分配重视公平”，表明初次分配可以不重视效率。

值得研究的一个问题是：2001 年 9 月，即党的十六大召开一年多前，中共中央印发了《公民道德建设实施纲要》，其中提出了效率与公平相统一与协调的新观点：“坚持注重效率与维护社会公平相协调，要把效率与公平的统一作为社会主义道德建设的重要目标。在全社会形成注重效率、维护公平的价值观念，把效率和公平结合起来。”显然，这一中央文件中关于效率与公平关系的提法与十六大前后的有关提法是不一致的。这一提法更符合社会主义的要求，而且将这个经济问题提高到“社会主义道德建设的重要目标”上来。根据生产力标准，社会主义要重视效率；根据社会主义价值标准，要更加重视经济与社会公平。

自 20 世纪 90 年代以来，我国出现了收入差距不断扩大、贫富分化的趋势，社会矛盾凸显，引起了社会的普遍关注。中央认识到这一问题的重要性。以胡锦涛同志为总书记的党中央，强调以人为本，科学发展，转变经济发展方式，构建和谐社会。同时一再提出要注重社会公平，最终调整了效率与公平关系的提法。2004 年 9 月党的十六届四中全会指出，要“注重社会公平，切实采取措施解决地区之间和部分社会成员收入差距过大的问题，逐步实现全体人员的共同富裕”。2005 年 2 月 19 日，胡锦涛同志在中共中央举办的省部级主要领导干部专题研讨班的讲话中，强调要把维护社会公平放在更加突出的位置，使全体人民朝着共同富裕的方向稳步前进。2005 年 10 月党的十六届五中全会，再次强调注重社会公平，关注就业和分配的公平，解决低收入者的诸方面困难，缓解收入分配差距扩大的趋势。2006 年 10 月，党的十六届六中全会提出："在经济发展的基础上更加注重社会公平"、"促进共同富裕"。可以看出，自十六届四中全会以来，中央不再提"效率优先，兼顾公平"。但在理论界对这一问题依然进行着争论。有的继续坚持"优先"与"兼顾"的提法，并猛烈抨击主张调整这一提法的观点；有的主张向公平倾斜；有的主张公平优先；有的主张两者统一与并重。

党的十七大明确提出："初次分配和再分配都要处理好效率与公平的关系，再分配更加注重公平。"并且在总结我国改革开放以来所取得的十大"宝贵经验"中，将"把提高效率同促进社会公平结合起来"作为列入其中的一条。

我始终主张社会主义应是效率与公平并重与统一。理由是：第一，"效率优先"可以放入生产领域，而不应放入分配领域，使其优先于公平。生产重效率，分配重公平，是社会主义应有之义。第二，分配领域中讲"效率优先，兼顾公平"，初次分配只重效率不重公平，有利于资本，不利于劳动。企业主、开发商和地方官员可以借口重效率（变成重利润率）不讲公平，损害劳动者权益。第三，初次分配不重公平，会促使收入分配差距不断扩大。贫富分化正是由于初次分配不公形成的，不可能通过再分配予以缓解和消除，我国社会保障事业还不健全，更难以通过再分配实现公平。第四，西方国家实行成熟的市场经济，但并不存在"效率优先，兼顾公平"的共识。西方经济学家存在三派观点：效率与公平并重；公平优先；效率优先。后一种观点是新自由主义学派的观点。

## 七、三条"是否有利于"的判断标准论

邓小平在 1992 年的南方讲话中，针对当时"改革开放迈不开步子，不敢闯"，受姓"资"姓"社"的争论干扰，提出了三条判断的标准：主要是看是否有利于发展社会主义社会的生产力，是否有利于增强社会主义国家的综合国力，是否有利于提高人民的生活水平。这究竟是判断什么的标准？理论界有不同的认识。有一种解读不符合邓小平的本意，即将其断定为判断姓

“资”姓“社”的标准。借此解读，他们认为发展非公有制经济符合这三条“有利于”标准，因而统统姓“社”，都是社会主义性质的经济。其实，私营和外资经济是资本主义经济，不应指“资”为“社”。应当明确：三条标准是判断改革开放是非得失的标准，也可以将其放宽，作为判断一切工作是非得失的标准。需要澄清理论是非：第一，不能简单地把一切经济事物判断为不姓“社”便姓“资”，从而把某些有利于发展生产力而不是资本主义的东西，说成是姓“资”，束缚了改革开放的手脚。比如，发展个体经济，发展集市贸易和商品经济，并非资本主义，但曾被看作资本主义，应予以澄清。第二，不能认为凡姓“资”的东西都不利于生产力的发展。即使是资本主义经济，如私营和外资企业，他们也符合三条“有利于”的标准，就应允许和鼓励其发展。

如果将三条判断的标准说成是判断“社”与“资”的标准，就会得出一些不科学和不符合实际的判断。比如，由计划经济转向市场经济，符合三条“有利于”的标准，便会得出市场经济姓“社”、计划经济姓“资”的错误判断；并把一切非公有制经济，判断为社会主义经济。

有必要指出：1992 年 3 月 9—10 日，中共中央政治局召开会议讨论我国改革和发展的若干重大问题时，曾提出：“判断姓‘社’姓‘资’，应该主要是看是否有利于发展社会主义的生产力，是否有利于增强社会主义国家的综合国力，是否有利于提高人民的生活水平”。① 但是中央很快认识到应有另外的准确的解读。在 10 天后即同年 3 月 20 日的《政府工作报告》中改变了原有认识，将其改为“判断改革开放得失成败的标准”。在以后的中央有关文件中，一再提到三条“是否有利于”的标准是判断“各方面工作是非得失”的标准，如 1992 年 10 月党的十四大报告中就是这样讲的。1997 年的十五大报告中又提及这个问题：“一切以这‘三个有利于’为根本判断标准。”这里讲的“一切”，是指一切工作的得失成败。2008 年 12 月胡锦涛同志在纪念党的十一届三中全会召开 30 周年大会上的讲话中再次肯定这一解读。

关于判断改革开放和一切工作得失成败的标准，其实邓小平同志早就有所阐述，1992 年的南方谈话只是将判断标准论做了系统化和集中化的论述。

---

① 《十三大以来重要文献选编》，人民出版社 1993 年版，第 197 页。

比如，1980年5月5日邓小平同志在会见几内亚总统杜尔时说："社会主义经济政策对不对，归根到底要看生产力是否发展，人民收入是否增加，这是压倒一切的标准。"[①] 1983年1月12日，邓小平同志在一个谈话中说："各项工作……都要以是否有助于人们的富裕幸福，是否有助于国家的兴旺发达，作为衡量对或不对的标准。"[②] 显然，邓小平同志讲的是判断"经济政策对不对"、衡量"各项工作"对或不对的标准。

邓小平同志提出的三条判断标准论，是从他的社会主义本质论中引出来的。将两者联系起来认识与把握，可以看出他始终强调这样两点：一是社会主义要大力发展生产力；二是走共同富裕道路。而共同富裕意味着消除两极分化。事实上，邓小平理论是把生产力标准与社会主义价值标准统一了起来。如果只强调社会主义道路而忽视生产力标准，只能搞贫穷的社会主义，价值标准也难以实现。如果反过来只强调生产力标准，而忽视社会主义的价值标准，就会出现贫富分化、偏离社会主义共同富裕的道路。

## 八、转变经济发展方式与科学发展论

近些年来，中央和理论界一再强调转变经济发展方式。在党的十七大报告中，要求加快转变经济发展方式，党的十七届五中全会进一步把加快转变经济发展方式作为"十二五"时期经济社会发展的主线，并指出：加快转变经济发展方式是我国经济社会领域的一场深刻变革，必须贯穿经济社会发展全过程和各领域，提高发展的全面性、协调性、可持续性。而在过去的一个时期中，曾着重讲转变经济增长方式。1995年所制定的"九五"计划中，提出要从根本上转变经济增长方式。2005年中共中央关于制定"十一五"规划的建议再次强调要转变经济增长方式。有的学者认为，提出和强调转变经济发展方式，意味着取代和摒弃转变经济增长方式的提法。这是误解。党的十七大报告提出转变经济发展方式时，也同时提及转变经济增长方式，特别指出：我国"粗放型增长方式尚未根本转变"，"经济增长的资源环境代价过大"。这表明我国需要继续由粗放型增长方式转向集约型增长方式。

① 《邓小平文选》第2卷，人民出版社1994年版，第314页。
② 《邓小平文选》第3卷，人民出版社1993年版，第23页。

经济增长与经济发展是两个既相联系又有区别的概念。经济增长主要从产值、国民收入或国内生产总值（GDP）来衡量。现在主要用GDP的增长来衡量。经济发展要以经济增长为前提，但经济发展包含的内容更多。如果经济快速增长了，但教育、医疗卫生等社会事业没有相应地发展，生态平衡破坏、环境污染、资源浪费、经济发展失衡、贫富分化、社会矛盾凸显，不可持续发展，就表明经济增长与经济发展不协调，增长快而发展慢，甚至有增长而无发展。

经济增长方式的转变，是经济发展方式转变的基础和前提。新中国成立60多年来，经济增长方式主要是粗放型的，即高投入、高消耗、高污染，低产出、低质量、低效益。转变经济增长方式，就是要从粗放型转向集约型，即转向低投入、低消耗、低污染，高产出、高质量、高效益。

转变经济增长方式，主要是从生产力发展的途径与方式着眼的；而转变经济发展方式，则是从发展生产力和社会经济关系的途径两个方面的统一着眼的。转变生产力发展的途径与方式包括诸多方面，如经济结构调整、产业结构优化升级、科技进步与创新、发展高新技术产业和新型战略产业，实现管理创新，提高劳动者素质，实现可持续发展，等等，这些方面对于转变经济发展方式是十分重要的。但只重视这些方面的内容是不够的，还应重视转变经济发展方式所包括的社会经济关系的发展和优化的内容。社会经济关系又可以区分为两类：一类是不具有特定社会性质的关系，如社会教育的发展与普及、社会保障制度的发展与完善、居民医疗保健事业的发展与水平提高、低收入群体居住条件的改善、内需与外需协调均衡发展、一、二、三产业协同带动转变，区域间协调均衡发展，等等。这些方面的内容，无论当代资本主义还是社会主义都会重视，也是我国转变经济发展方式所包括的内容。另一类是具有特定社会性质的关系，作为社会主义国家，我国的经济发展要“以人为本”。就是一切以人民利益为出发点和落脚点。权为民所用，情为民所系，利为民所谋，发展和改革的成果要惠及广大人民，缓解和扭转收入差距过分扩大的趋势，走共同富裕的道路。要改革和完善分配制度，加大按劳分配方式的比重（真正实行按劳分配为主体，不会产生贫富分化），重视社会公平正义，关注民生。目前党中央和政府把关注和解决民生问题，放在突出的重要地位。2010年10月党的十七届五中全会通过的第十二个五年规划的建议中提出：我国的经济发展要顺应各族人民过上更好生活的期待，以科学发展为主题，以加快转变发展方式为主线，深化改革开放，保障和改善民生。

转变经济发展方式，就是走科学发展道路。而科学发展，就是以人为本、统筹兼顾、全面协调可持续发展。“十二五”规划建议还提出坚持科学发展的四个“更加注重”：一是要更加注重以人为本；二是更加注重全面协调可持续发展；三是更加注重统筹兼顾；四是更加注重保障和改善民生，促进社会公平正义。可以看出，科学发展观中加入更加注重的第四条，强化和延伸了以人为本的内容。我国讲经济发展和发展方式转变，是社会主义经济发展和发展方式转变。更好更快地发展经济，以人为本、公平正义、改善民生、共同富裕，体现了社会主义的本质要求。

## 九、坚持独立自主同扩大开放、参与经济全球化相结合论

我国作为发展中的社会主义大国，发展经济与社会事业，应放在独立自主、自力更生的基点上。新中国成立以后，西方发达国家对我国进行经济封锁，更促使我们坚持和发扬独立自主、自力更生的精神。

自力更生并不是自我封闭，而是主要依靠自己的力量，决不能靠依赖外国求发展。改革开放前，我国也想与西方发达国家进行经济文化交流，但没有条件。邓小平说：“毛泽东同志在世的时候，我们也想扩大中外经济技术交流，包括同一些资本主义国家发展经济贸易关系，甚至引进外资、合资经营等等。但那个时候没有条件，人家封锁我们。”[①] 20世纪60年代，我国具有了与外国交流的条件，但是“四人帮”把我国与国际交流诬之为“崇洋媚外”、“卖国主义”，堵塞了实行对外开放的路子。

从社会主义的根本任务是解放与发展生产力这一理论认识出发，需要发展与国际的交流。1978年党的十一届三中全会的公报中提出：“在自力更生的基础上积极发展同世界各国平等互利的经济合作，努力采用世界最先进技术和先进设备。”1978年10月10日，邓小平在《实行开放政策，学习世界先进科学技术》的谈话中说：“要善于学习，……引进国际上的先进技术，先进装备，作为我们发展的起点。”引进先进技术和装备，是为了更好更快

① 《邓小平文选》第2卷，人民出版社1994年版，第127页。

地发展我国的生产力。邓小平谈对外开放时，始终是将其与我国的独立自主、自力更生结合在一起的。他在1984年10月6日的谈话《我们的宏观目标和根本政策》中说："关起门来搞建设是不能成功的，中国的发展离不开世界。当然，像中国这样大的国家搞建设，不靠自己不行，主要靠自己，这叫自力更生。但是，在坚持自力更生的基础上，还需要对外开放，吸收外国的资金和技术来帮助我们发展。"

中国的对外开放是全方位的。既对发达国家开放，也对发展中国家开放。开放的内容，既有引进先进技术设备和人才；也有引进外资，发展外资经济；还有"走出去"，民族资本到国外投资，以及发展对外贸易等。

实行对内搞活，对外开放的政策，促进了我国的经济发展与繁荣。实行对外开放，实际上是参与了经济全球化进程。胡锦涛同志在纪念党的十一届三中全会召开30周年大会上的讲话中，将改革开放30年来的实践所积累的宝贵经验概括为十条，其中第八条就是"必须把坚持独立自主同参与经济全球化结合起来"。其中指出："统筹好国内国际两个大局，……，30年来，我们既高度珍惜并坚定不移地维护中国人民经过长期奋斗得来的独立自主的权利，又坚持对外开放的基本国策。""既坚持独立自主，又勇敢参与经济全球化。"扩大开放，参与经济全球化，除始终要坚持独立自主、自力更生外，还需要注意以下几点。

第一，需注意经济社会安全。胡锦涛同志在上述讲话中强调指出：对外开放、参与经济全球化，要"始终把国家主权和安全放在第一位，坚决维护国家主权、安全、发展利益"。我国引进外资是必要的，但不能让外资主导我国的经济发展，不能让外资企业任意并购我国的民族企业，形成外资垄断。在理论认识上，不要有意模糊和否定民族经济和外资经济的区别。前些年有人提出不要区分民族经济和外资经济，凡在我国的外资经济，都是民族经济。近年来又有人主张凡在中国的外资企业都是中国企业。这种观点不应支持。按此观点，让外资企业全部吞并了中国企业或是形成外资垄断，也是顺理成章的事了。对邓小平讲的一句话要正确解读："说'三资'企业不是民族经济，害怕它发展，这不好嘛。"① 邓小平这里并非主张"三资"企业是民族经济，而是说不应因为"三资"企业不是民族经济就"害怕它发

① 《邓小平文选》第3卷，人民出版社1994年版，第367页。

展”。他接着说：“发展经济，不开放是很难搞起来的。”

第二，不能重外资、轻内资；重资本、轻劳动。应重在引进高端产业、新型高科技产业，对我国发展经济确实有利和必要的外资企业。不要盲目引进，重数量而轻质量，放任外资企业排挤内资企业，让外国资本随意损害劳动者权益。

第三，在利用国内外两种资源和两个市场问题上，应既重视对国外资源和市场的利用，更应重视国内资源和市场的开发与利用。我国对外贸易依存度过高，是国内有支付能力的消费需求不旺的表现，又是收入分配差距过分扩大、产生贫富分化的结果。外贸依存度过高，会带来一系列消极效应。一是外贸顺差大，美国等发达国家给我国不断制造贸易摩擦，施压人民币升值；二是过多依靠外贸拉动经济增长，存在诸多不安全变数，受外国经济环境制约，特别当相关国家发生金融和经济危机或发生动乱时，会对我国出口经济乃至整个经济造成重大损失；三是出口依存度高，内需外需失衡，不利于促进国内消费需求不断提升与扩大。而国内消费需求拉动经济增长，是最可靠、最无风险和最可持续的。应减少贸易顺差，扩大消费需求拉动经济增长的作用。

## 十、改革、发展、稳定三者关系统一论

总的来说，改革是动力，发展是目的，稳定是前提。改革，是为了更好更快地发展。发展，是为了满足人民日益增长的物质文化需要，实现共同富裕。稳定，是为改革与发展提供一个和谐而宽松的环境。改革与发展同稳定是互相依存与促进的。

所谓稳定，包括安定团结的政治局面和安定和谐的社会环境。邓小平在1989年2月26日与美国总统布什的谈话《压倒一切的是稳定》中讲：“中国的问题，压倒一切的是需要稳定。没有稳定的环境，什么都搞不成，已经取得的成果也会失掉。”“要改革，就一定要有稳定的政治环境。”

保持稳定，就要消除不稳定的因素。有来自国外的因素，也有国内的因素。西方国家常常采用和平演变或暴力干预的手段，推翻不与他们站在一起或政治制度不同的国家政权。“颜色革命”在许多国家上演，要防止由此而引发的动乱。更多的和经常性的不稳定因素来自国内。重资本轻劳动、收入

分配不公、贫富分化，会引起劳动群众不满，影响社会稳定；官员腐败，还有的与开发商一起强征农民土地以自肥，会引起抗争；不顾广大职工的意愿与利益强行改制，将国企并入或变为私企，引发工人不满与抗争；有些私营和外资企业对职工缺乏人文关怀、严重侵犯职工权益，引发劳资冲突和罢工事件；官员不作为、或以权谋私或办事不公，引发与受害者的冲突；等等。这类不稳定因素，应力求事先防范，事后妥善处理。另外，改革的力度与发展的速度要考虑社会可承受的程度。要防止和缓解通货膨胀给人民群众带来的损失。

胡锦涛同志在纪念党的十一届三中全会召开30周年大会上的讲话中，所提出的十条“宝贵经验”，其中第九条就是“必须把促进改革发展同保持社会稳定结合起来”。要确保社会安定团结、和谐稳定。把“不断改善人民生活作为处理改革发展稳定关系的重要结合点”。要重视和处理好这个“结合点”。人民群众的生活不断改善了，衣食无虑、住得起房、上得起学、看得起病、安居乐业、社会公平、和谐相处，就可以有社会稳定。人民群众也会拥护和积极参与改革与发展，就可以做到在社会稳定中积极推进改革发展，又通过改革发展促进社会稳定。

我国是社会主义国家，走中国特色社会主义道路。改革开放是社会主义的自我调整与完善；发展，是社会主义经济与社会的发展与壮大；稳定，要同时重视社会主义制度的稳定，要防止易旗改制。总之，是在中国特色社会主义旗帜下实现改革发展稳定的内在结合。

# 改革以来中国特色社会主义经济理论发展的几个问题[①]

## ——纪念改革开放30周年

［摘要］中国特色社会主义经济理论，是在总结国内外社会主义经济实践得失成败的基础上，经过不断探索与发展而确立的。这一理论体系的内容，从经济制度和经济体制的角度看，主要有三个方面：一是社会主义经济与商品经济内在关系的理论创新，明确社会主义经济是公有制基础上有计划的商品经济。在中国，商品经济与市场经济是既相联系又有区别的不同概念。二是社会主义市场经济理论的确立与发展。邓小平的社会主义市场经济思想也是有一个发展过程的。邓小平和陈云是把市场调节与市场经济作为内涵相同的概念使用的。三是社会主义初级阶段基本经济制度的创立。这一理论的创立经过了一个长期的思想解放和理论发展过程。在这些问题上，人们存在不同的理解和各自的观点，需要澄清理论是非，按照理论发展的轨迹及其本意去把握。

中国社会主义经济理论与实践的发展，既坚持了马克思主义经济理论的一些根本性的原理，如社会主义要大力发展生产力，以所有人的富裕为目的，实行公有制、按劳分配，缩小和最终消除城乡差别、体脑差别，实现人的全面自由发展等；又从中国的国情出发，将马克思主义与中国的经济实践相结合，发展和创新了马克思主义创始人的科学社会主义经济理论，走出了

① 本文原载《学术月刊》2008年9月号。

一条中国特色社会主义经济理论与实践的新路。这条新路是在总结国内外社会主义实践与发展中的得失成败、经过不断探索与发展而明确起来的。随着中国特色社会主义实践的发展，中国特色社会主义经济理论也会不断丰富与发展。

## 一、对社会主义经济与商品经济内在关系的理论创新

马克思主义创始人曾认为，未来社会主义制度将消除商品经济。斯大林在《苏联社会主义经济问题》一书中，虽然肯定商品生产存在的必然性和价值规律的作用，但他认为商品的活动范围“只限于个人消费品”，价值规律“不能起生产调节者的作用”。这也是当时苏联经济体制实际情况的理论反映。而且，斯大林提出，商品流通范围的扩大，“会阻碍我们向共产主义前进，应一步一步地缩小商品流通的活动范围”。

受上述社会主义经济理论的影响，新中国成立以后，在改革开放前的历史时期中，中国理论界对商品经济在社会主义制度下的地位和作用问题存在各种不同的见解：有社会主义非商品经济论，生产资料非商品论，生产资料商品外壳论，商品逐渐褪色论，也有个别学者持社会主义和共产主义商品经济论。

社会主义国家都在发展中遇到了传统经济体制对发展生产力的束缚问题，提出了进行改革的要求。而进行改革，就需要重视商品经济和市场机制在社会主义经济发展中的地位和作用，需要突破传统的理论观点。党的十一届三中全会吹响了改革的号角，提出了“坚决实行按经济规律办事，重视价值规律的作用”。而价值规律是商品经济的基本规律，重视价值规律的作用，必然要重视商品经济和市场的作用。

在传统指令性计划经济条件下，虽然也存在商品经济，但那不是完全意义上的商品经济；虽然也存在市场，但市场机制和市场体系不健全，发挥不了对经济的调节作用。而且，长期以来，无论西方国家还是社会主义国家，都认为市场调节是资本主义经济的调节手段，社会主义经济只实行计划调节。

在改革的前期阶段，虽然强调发展商品经济、发挥价值规律的作用，但还是在计划经济的框架内构建社会主义商品经济体制的。传统理论认为，计

划经济是社会主义经济制度的本质属性。所以，当时的理论发展与创新，首先要突破将计划经济与商品经济对立起来的传统观念，从而突破社会主义非商品经济论、生产资料非商品论等观点。

1979年4月5日，李先念同志在中央工作会议上的讲话，对发挥市场和价值规律的作用做了进一步的说明。他提出，国家计划的编制“要自觉运用价值规律来调节生产”，要在国家计划指导下“按照市场供求关系进行生产”，并提出，国有企业之间“可以进行竞争”。这种竞争主要是指市场竞争。改革开放前，传统理论认为，社会主义只开展竞赛，没有竞争。竞争是资本主义弱肉强食的斗争。李先念代表中央决策层提出社会主义经济也可以进行竞争，具有重要的理论和实践意义，是一种理论上的突破。同时，提倡国有企业之间进行竞争，就要以国有企业成为独立的商品生产者和经营者，具有自己相对独立的经济利益为前提。因此，这是从开展竞争的角度，提出了发展社会主义商品经济问题。而完全意义上的商品经济必然是竞争经济。

关于中国社会主义必须大力发展商品经济、自觉运用价值规律的作用问题，理论界基本上统一了认识。但是，商品经济是否社会主义的本质属性，怎样表述社会主义经济与商品经济的关系，学界的认识存在着分歧。对于社会主义国有企业之间是否可以开展竞争的问题，也进行了争论。有的赞同进行竞争，有的持反对意见。直到20世纪80年代初期，理论界还在争论社会主义经济同计划经济和商品经济的关系的表述问题，有的强调社会主义经济是计划经济，有的认为社会主义经济是商品经济，有的主张社会主义经济既是计划经济又是商品经济。

1984年10月20日，党的十二届三中全会通过了作为城市经济体制改革的纲领性文件——《中共中央关于经济体制改革的决定》（以下简称《决定》）。《决定》指出：中国社会主义制度的优越性还没有得到应有的发挥。在经济方面的一个重要原因，就是在经济体制上形成了一种同生产力发展不相适应的僵化的模式。这种模式的弊端之一，就是“忽视商品生产、价值规律和市场的作用”，“把搞活企业和发展社会主义商品经济的种种正确措施当成资本主义”。《决定》提出：“要突破把计划经济同商品经济对立起来的传统理念，明确认识社会主义计划经济必须自觉依据和运用价值规律，是公有制基础上的有计划的商品经济，商品经济的充分发展，是社会经济发展不可逾越的阶段，是实现我国经济现代化的必要条件。”《决定》的这种论述，是社会主义经济理论的重大创新与发展。

《决定》虽然还是在计划经济的框架内强调商品经济和市场的重要作用，但是已经有了很大的突破：第一，对计划经济内涵的认识发生了变化。《决定》指出，经济计划只能是粗线条的和有弹性的，只能是通过计划的综合平衡和经济手段的调节，做到大的方面管住管好，小的方面放开放活。否定了企图把种种社会经济活动统统纳入计划，并且单纯依靠行政命令加以实施的计划经济模式。第二，将计划经济与商品经济统一起来，计划经济要通过商品经济和市场机制来实现。第三，将计划经济区分为指令性计划和指导性计划，要缩小指令性计划范围，扩大指导性计划范围。党的十二届三中全会作出的《决定》，实际上是提出了社会主义经济体制应是有计划的商品经济体制模式。

党的十三大报告、十四大报告，都对十二届三中全会《决定》中关于商品经济的论述给予很高的评价。十三大报告中说：“《中共中央关于经济体制改革的决定》明确指出，社会主义经济是公有制基础上的有计划的商品经济。这是我们党对社会主义经济作出的科学概括，是对马克思主义的重大发展，是我国经济体制改革的基本理论依据。”同时指出了“社会主义有计划商品经济的体制，应该是计划与市场内在统一的体制”。十四大报告中也指出，《中共中央关于经济体制改革的决定》“提出我国社会主义经济是公有制基础上的有计划商品经济，突破把计划经济同商品经济对立起来的传统理念，是对马克思主义政治经济学的新发展，为全面经济体制改革提供了新的理论指导”。

对社会主义商品经济理论问题，需要进行一些理论上的评析。这一理论既否定了社会主义经济非商品经济论、生产资料非商品论、商品经济与计划调节对立论、商品逐渐褪色论等观点，也否定了商品经济是旧社会制度遗留下经济形式，是外加于社会主义经济而非社会主义经济内生的东西的观点。但是，关于商品经济是社会主义经济的本质属性还是非本质属性的问题，理论界一直存在着分歧。当时，人们一般认为，计划经济与公有制、按劳分配一样，都是社会主义经济的本质属性，因而有的学者坚持社会主义经济是计划经济。而有的学者从发展商品经济的重要性出发，主张社会主义经济是商品经济；但持这种论断的学者在同一论断的背后，又会是从不同的角度和不同的内涵提出来的。有的学者认为，商品经济也是社会主义经济的本质属性，还说否认其本质属性就是将其作为外壳；另一些学者也讲社会主义经济是商品经济，但不是从社会主义经济制度的内涵、从社会主义经济的本质属性的角度提出的，而是从经济体制和经济运行机制的角度提出的。社会经济的发展从劳动互换的方式划分，可分为自然经济、商品经济、产品交换经济。社会主义经济既不是自然经济，也不是产品交换经济，而依然是商品经济。我认为这种理解是正确的。

如果我们从本质属性上界定社会主义经济，可以认为，社会主义经济是以公有制为基础的经济，是解放生产力、发展生产力，消灭剥削，消除两极分化，逐步实现共同富裕的经济。至于商品经济，是几个社会形态中共有的经济形式。我们可以说，手工业经济是商品经济，资本主义经济是商品经济，社会主义经济也是商品经济。但这种共有的商品经济并不能用以表明这三种不同社会经济的本质属性。马克思一再批判作为资本主义辩护士的詹姆斯·穆勒，“企图把资本主义生产当事人之间的关系，归结为商品流通所产生的简单的关系”；并指出，“商品生产和商品流通是极不相同的生产方式都具有的现象，因此，只知道这些生产方式所共有的抽象的商品流通的范畴，还是根本不能了解这些生产方式的不同特征，也不能对这些生产方式作出判断”。[①] 资本主义与商品经济有如鱼水关系，都不能用商品经济来说明资本主义的特征，对其作出判断，不言而喻，更不能用商品经济来作为社会主义经济的本质属性。但丝毫不会因此而降低商品经济在社会主义经济中的重要地位和作用。商品经济虽然不是社会主义经济的本质属性，但它是社会主义经济的内在属性，不是外加于社会主义的。大力发展商品经济，是进行和深化改革、搞活社会主义经济、发展生产力、繁荣经济生活、实现现代化的必要途径。提出社会主义经济是公有制基础上的有计划的商品经济，是把社会主义的根本制度性特征与经济体制性特征统一起来，使中国的改革走向市场取向的道路，为后来建立社会主义市场经济体制，作了重要的阶段性的理论铺垫。

① 《马克思恩格斯全集》第23卷，人民出版社1972年版，第133页。

## 二、从提出市场调节（市场经济）为辅，到全面实行社会主义市场经济的理论发展

在一个很长的历史时期中，无论马克思主义者还是西方学者与政要，都把计划经济与市场经济作为两种对立的社会经济制度范畴，即社会主义实行计划经济，资本主义实行市场经济。西方经济学一般将私有制作为市场经济的核心。在西方具有权威性的《简明不列颠百科全书》中，把“资本主义”界定为“自由市场经济”。在西方的国际性文献中，曾把“市场经济国家”作为资本主义国家的同义词使用。列宁在1906年的《土地问题和争取自由的斗争》一文中提出：“只要还存在着市场经济……世界上任何法律都无法消灭不平等和剥削”，而“只有建立起大规模的社会化的计划经济”，将生产资料转归劳动者阶级所有，“才可能消灭一切剥削”。

正因为这样，在中国改革开放的前一历史时期中，只强调发展商品经济，自觉运用价值规律，并且提出发挥市场调节作用。而在公开的正式的中央文献中，避免讲“市场经济”概念。有的学者在较早的论著中，认为商品经济就是市场经济，并以此为据表明自己或某人较早提出搞市场经济的改革思想。这是一种简单化的逻辑推理。在发达资本主义国家，“商品经济”与“市场经济”的确没有什么区别，甚至不讲商品经济，只讲市场经济。而在中国，商品经济与市场经济是不能划等号的。第一，中国在计划经济体制下也存在商品经济与市场，但那时的市场不能对社会经济起调节作用。既不能调节价格，更不能调节企业的生产经营活动，也不能调节供求关系。起调节作用的是国家指令性计划。可以说，市场不起调节作用的商品经济，不是市场经济。第二，如果把商品经济等同于市场经济，那中国在传统计划经济时期就存在商品经济和市场，就等于有市场经济了。以此推理，我们早就实行社会主义市场经济了。改革开放以来，提出发挥市场调节作用，特别是根据邓小平南方谈话，把建立和发展社会主义市场经济体制作为改革的目标模式，也就不是什么新的理论与实际问题了。显然不能这样认识问题。第三，中国确立社会主义市场经济体制，是要使市场在资源配置中起基础性作用，而中国计划经济时期的商品经济，并不起资源配置的作用，配置资源的是指令性计划。第四，改革开放以来，中央有关文件中强调发展商品经济的

同时，是将商品经济与市场经济区别开来的。例如，《中共中央关于经济体制改革的决定》中，既提出社会主义经济是公有制基础上的有计划的商品经济，强调发展商品经济；但同时又讲："就总体说，我国实行的是计划经济，而不是那种完全由市场调节的市场经济。"

大力发展商品经济，就必然要发挥市场机制的作用。只要发展完全意义上的商品经济，市场就会起调节经济的作用。在传统体制下，把市场调节作为资本主义经济的调节机制。在中国改革进程中，需要突破这一传统观念。而最先突破这一传统观念的，是中央决策层的陈云、邓小平、李先念等。

邓小平同志是中国改革开放的总设计师，他在1991—1992年的南方谈话，最终确立了中国实行社会主义市场经济体制的思想，并通过党的第十四次代表大会确定下来，将其作为中国经济体制改革的目标模式。但有关市场经济的思想，在中央决策层早有酝酿和考虑。有资料表明，早在1978年国务院务虚会上，李先念根据陈云的意见，就提出了"计划经济与市场经济相结合"的改革思想。[①] 1979年2月，李先念在一次会上说："我同陈云同志谈，他同意，在计划经济前提下，搞点市场经济作为补充，不是小补充，是大补充。"[②] 陈云在1979年3月8日写的《计划与市场问题》一文中，将"市场调节"与"市场经济"是作为含义相同的概念通用的。在此文中，他深刻地评析了传统计划经济的弊端，指出：苏联和中国实行计划经济，"但没有根据已经建立社会主义经济制度的经验，对马克思的原理（有计划按比例）加以发展，这就导致现在计划经济中出现的缺点"。缺点是什么呢？怎样发展呢？缺点就在于"只有计划按比例这一条，没有在社会主义制度下还必须有市场调节这一条"。同时也就为"发展"提出了思路，即引入"市场调节"。他当时认为，"整个社会主义时期经济必须有两个部分：一是计划经济部分（有计划按比例的部分）；二是市场调节部分（即不作计划，让它根据市场供求的变化进行生产，即带有'盲目'调节的部分）"。第一部分是基本的、主要的；第二部分是次要的，但又是必需的。

在研究陈云这一改革的新思路时，应明确以下几点：

第一，陈云讲"计划经济"，是着眼于"有计划按比例"发展。凡是不

---

① 朱佳木：《我所知道的十一届三中全会》，中央文献出版社1998年版，第14页。

② 《陈云年谱》下卷，中央文献出版社2000年版，第293页。

符合按比例乃至导致比例失调的计划，如官僚主义、长官意志的计划，不是陈云所主张的计划经济。第二，陈云和邓小平都把“市场调节”与“市场经济”作为含义相同的概念使用。在内部讲话时，经常提市场经济，但正式公开发表时，一般用市场调节概念。这是为减少意识形态上的障碍。曾任陈云秘书多年的朱佳木在著作中讲：在《计划与市场问题》一文的原稿中，有的地方写“市场调节”，有的地方写“市场经济”。在 1982 年 7 月中央文献研究室出版的《文献和研究》上发表时，编辑部门为了与中央文件中的有关市场调节的提法相一致，经陈云同意，将原稿上的“市场经济”一词，统一改为“市场调节”。直到 1995 年在出版《陈云文选》第二版时，才又按原稿改了回去，即“市场调节”与“市场经济”并用①。第三，陈云关于计划经济与市场调节（市场经济）相结合的改革思想，后来将其概括为“计划经济为主，市场调节为辅”，得到了邓小平、李先念等中央决策层的赞同与支持，因而写进一系列的中央有关文件中，并写入《宪法》中，成为中国改革前期的统一指导思想。1982 年，当时的国务院总理在 3 月 4 日《关于当前经济工作的几个问题》的讲话中，专门提出：“陈云同志最近对经济工作作了一系列重要指导，再次强调，我们的国家必须坚持以计划经济为主，市场调节为辅。”第四，计划经济为主，市场调节（市场经济）为辅的改革模式，从改革进一步深化和发展后的眼光来审视，显得具有局限性。但要用历史唯物主义的观点进行评析，应肯定市场取向的改革正是从这里起步的。它为社会主义市场经济体制的建立作了理论上的铺垫。第五，邓小平于 1979 年 11 月 26 日与外宾谈话中提出：“社会主义为什么不可以搞市场经济，这个不能说是资本主义。我们是计划经济为主，也结合市场经济，但这是社会主义的市场经济。”这个谈话过去并未正式公开发表。这里所讲的市场经济思想，同陈云所讲的是完全一致的。因为这里依然是“计划经济为主”下的市场经济，即“市场调节为辅”意义上的市场经济。与我们现在放弃计划经济全面实行的社会主义市场经济不是一回事。

怎样处理好计划与市场的关系，始终是中国经济体制改革过程中不断探索和认识不断发展的问题。1984 年的《中共中央关于经济体制改革的决定》，在改革思路上有了新的发展，虽然它继续讲计划经济的优越性，讲

① 朱佳木：《我所知道的十一届三中全会》，中央文献出版社 1998 年版，第 17 页。

“就总体说我国是实行计划经济”，但是，第一，如前所说，对计划经济内涵的认识发生了变化。要逐步缩小指令性计划，扩大指导性计划。第二，不再提计划经济为主，市场调节为辅。因为《决定》的改革内容已超出了计划与市场只是板块式结合的关系。第三，除继续在国民经济中划出一块不纳人计划“完全由市场调节”的辅助部分外，《决定》提出“指导性计划主要依靠运用经济杠杆的作用来实现”。

而运用经济杠杆就要引入市场机制。这样，指导性计划部分加上完全由市场调节的部分，要成为国民经济的主体部分。计划与市场相结合的关系，既有板块式，又有内在结合式，或称作渗透式。即使是还保留的一部分指令性计划，“也必须运用价值规律”。必须首先考虑市场供求关系，建立合理的价格体系。

经济体制改革思路的进一步发展，是 1987 年 2 月 6 日邓小平同几位中央负责人的谈话和后来召开的中共十三大提出的新观点。邓小平同几位负责人讲：“计划和市场都是方法嘛。”“我们以前是学苏联的，搞计划经济。后来又讲计划经济为主，现在不要再讲这个了。”在马克思、恩格斯的著作中，没有计划经济概念，只讲过计划调节。列宁在 1906 年的著作中提出“计划经济”与“市场经济”概念，作为两种对立的社会经济制度。苏联在斯大林时期建立起全国统一的排斥市场调节的计划经济体制。中国在建立起社会主义制度以后也参照苏联模式，建立起计划经济体制。中国在改革中引入市场调节机制，突破了传统体制的框架。但市场调节机制如果只适用于计划外的经济部分，只起次要的“为辅”的作用，从改革的发展趋势来看，还是有局限性的。在邓小平谈话的指导下，1987 年 10 月，在中共十三大报告中，对计划与市场的关系有了全新的提法。新的经济体制“应该是计划与市场内在统一的体制”；“计划和市场都是覆盖全社会的”，“必须把计划工作建立在商品交换和价值规律的基础上。以指令性计划为主的直接管理方式，不能适应社会主义商品经济发展的要求”。提出国家对企业的管理逐步转向间接管理为主。新的经济运行机制“总体上来说应当是国家调节市场，市场引导企业”。显然，这离全面构建社会主义市场经济体制新模式的里程已相距很近了。

“国家调节市场，市场引导企业”的经济运行机制，既适用于指导性计划经济体制，也适用于市场经济体制。从实行社会主义市场经济的角度来重新审视这一提法，它正是构建和发展社会主义市场经济体制必要的经济运行机制。邓小平在1989年5月31日的谈话中说："十三大政治报告是经过党的代表大会通过的，一个字都不能动。"在同年6月经过政治风波后的一个内部讲话中，邓小平针对社会上有人把"市场调节企业"作为资产阶级自由化来否定，指出："十三大报告中的那两句话我就没有看出有问题。当时可能有人看出问题，但也没有人明确提出来，那两句话究竟怎么样，我也没有研究。如果错了，就不要讲了。"可见，邓小平始终没有说过那两句话即国家调节市场，市场引导企业有什么错误。只是说如果错了就不讲了。那如果不错呢，当然可以继续讲。但后来的中央文件中没有再提这两句话。我始终认为那两句话是正确的。中国实行市场经济，不能没有宏观调控。而宏观调控就要由国家调节市场运行。如果没有国家政府对市场的调节，市场就会是完全盲目的、自发的，市场秩序就会是混乱的。另一方面，既然实行市场经济，发挥市场配置资源的作用。就要由市场机制直接调节企业的生产经营活动。如果从计划与市场的关系来看，也可以讲"计划调节市场，市场调节企业。"我一直主张这一改革的模式。

社会主义市场经济体制确立的决定性的一步，是邓小平1991—1992年的南方谈话。

邓小平在1991年视察上海时的谈话中讲："不要以为，一说计划经济就是社会主义，一说市场经济就是资本主义，不是那么回事，两者都是手段。"他在1992年的南方谈话中又讲：计划经济不等于社会主义，市场经济不等于资本主义。完全超越了把计划经济和市场经济看作是社会基本制度范畴的传统观念，只将其作为可供选择的手段。在1992年中共十四大报告中，根据邓小平的发展了的关于市场经济的思想，正式提出建立社会主义市场经济体制。对"社会主义市场经济"的界定，主要有三点：一是由市场发挥资源配置的功能；二是市场经济与社会主义基本制度相结合；三是由社会主义国家实行宏观调控。《报告》提出："我们要建立的社会主义市场经济体制，就是要使市场在社会主义国家宏观调控下对资源配置起基础性作用。"同时强调，"社会主义市场经济体制是同社会主义基本制度结合在一起的"。

有的学者认为，市场经济本身不存在"姓资"、"姓社"的问题，据此不赞成讲"社会主义"市场经济。的确，市场经济作为资源配置的手段，资本主义可以用，社会主义也可以用，但是，应当明确，市场经济总是与一定的社会经济制度相结合的。与资本主义制度相结合，就是资本主义市场经济；与社会主义制度相结合，就是社会主义市场经济。正如同商品生产或商品经济存在于几个不同的社会形态中，它本身不具有特定的社会经济性质，但马克思把与资本主义经济相结合的商品生产称作资本主义商品生产。我们也将商品经济区分为资本主义商品经济和社会主义商品经济。在市场经济前面加上“社会主义”这一定语，一是突破了将市场经济与资本主义相联系的传统观念，表明社会主义制度也可以搞市场经济；二是表明，我们实行的市场经济要坚持社会主义方向，不是搞私有化的市场经济。要将我国实行的社会主义市场经济与西方实行的资本主义市场经济区别开来。

## 三、“社会主义初级阶段基本经济制度”理论的创立

根据毛泽东的新民主主义理论，新中国成立以后，应实行新民主主义的社会制度，条件成熟时，再由新民主主义转向社会主义制度，新民主主义社会制度理应经历一个较长的时期。在《新民主主义论》中，毛泽东同志在《驳“左”倾空谈》一节中明确指出：中国革命取得胜利后“是否就可以走无产阶级专政的社会主义道路呢？也不可能”。中国革命分两步走，“第一步是新民主主义，第二步才是社会主义。而且第一步的时间是相当长的”。然而，新中国成立后，刚经过3年恢复时期，到1953年，就提出了向社会主义过渡的总路线。把从中华人民共和国成立到社会主义制度建立，作为“从资本主义到社会主义的过渡时期”，就是说，从1949年中华人民共和国一成立，就要转向社会主义了，而且，从1953年提出过渡时期总路线，到1956年“三大改造”基本完成，宣布进入社会主义社会，只经历了3年时间。急于消灭城乡私有制经济，急于“让资本主义绝种”，急于搞全国一统天下的公有制。脱离了中国生产力落后、原来是半殖民地半封建社会而不是资本主义社会的国情，实际上跨越了新民主主义社会，也超越了苏联由资本主义到社会主义的过渡时期。苏联的“过渡时期”经历了二十年，而中国只经历了6年。再加上以后多年的“左”的理论与政策，使中国的社会主义制度没有充分显示出它应有的优越性。

之所以要讲这一段的历史事实，是因为它与我们改革开放以来先后提出社会主义初级阶段理论和社会主义初级阶段的基本经济制度理论有关。多个

社会主义国家在自己的发展进程中，都碰到了所处历史阶段的定位问题。例如，1959 年，苏共二十一大的报告中提出，苏联已“进入全面开展共产主义社会建设的时期”。1961 年，苏共二十二大又宣布要在二十年内，即到1980 年“基本建成共产主义”。1967 年，在纪念十月革命五十周年的报告中，提出苏联处在发达的社会主义阶段，不再提建设共产主义。1983 年，苏联新领导人又退了一步，认为苏联正处在发达社会主义的起点。戈尔巴乔夫又称苏联为“发展中的社会主义”。

东欧原社会主义国家，也对自己所处的社会发展阶段进行了重新定位。如波兰提出，它尚处在“从资本主义向社会主义过渡的最后阶段”。

中国在人民政权建立后，急于建成社会主义，又急于进入共产主义。1958 年，搞“大跃进”和人民公社化，宣传“跑步进入共产主义”。办了许多超历史阶段的错事。改革开放后，破除“一大、二公、三纯”的非科学的、超阶段的社会主义观点，允许非公有制经济的存在与发展。有的学者提出，中国尚处于向社会主义的过渡时期，或者说处于新民主主义社会阶段，受到了批评。但是，中国究竟处在社会主义发展的什么历史阶段，特别是面对新中国建立后二十多年超越发展阶段的“左”的一套理论与实践，需要有一个科学的、实事求是的定位，于是中央提出了社会主义初级阶段理论。社会主义初级阶段的理论核心或基础，是社会主义公有制为主体条件下让多种经济成份即多种所有制经济的存在与发展。

社会主义初级阶段理论的提出和确立，也有一个不断充实和发展的过程。中共十三大报告中比较系统和全面地论述了初级阶段的有关问题。报告中特别指出：我国社会主义初级阶段，“不是泛指任何国家进入社会主义都会经历的起始阶段，而是特指我国在生产力落后商品经济不发达条件下建设社会主义必然要经历的特定阶段”。可以设想，如果中国的新民主主义社会制度发展较长时期，比如三十几年，如果中国在经济发展中不搞“左”的一套，经济总量至少可以比现在增加一倍，可能就不需要专门提出一个特殊的社会主义初级阶段。即使对社会主义发展可以划分阶段，其内涵也会有所不同。有必要注意到一个问题：无论在新民主主义社会或是“过渡时期”，是国有经济和整个公有制经济所占比重不断提高，私有制经济所占比重不断缩小；而现在中国的发展趋势是，国有经济和整个公有制经济所占比重不断缩小，非公有制经济所占比重不断扩大。怎样辨别社会主义初级阶段同新民主主义或“过渡时期”的异同，还需要有理论上的说明。

社会主义初级阶段理论的提出，主要是为发展非公有制经济提供了理论支持。而对待非公有制经济发展的认识，也经历了一个思想不断解放、认识不断发展、政策不断放宽的过程。

随着改革开放过程中政策的放宽，非公有制经济首先是个体经济发展起来。在改革初期的1978年，城镇个体劳动者只有15万人，1979年增加到31.6万人，1980年为81.4万人，1981年为113万人，1985年增加到450万人；到1986年底，全国城乡个体经济从业人员已达到1900万人；到2006年底，全国个体工商户达2576万户，从业人员7500万人。

对非公有制经济在社会主义初级阶段的地位和作用问题，也有个思想不断解放和认识不断发展的过程。开始时还认识不足，1978年，只是对原有的一些个体工商户进行登记，在经营范围和其他方面设有诸多限制。后来在政策上不断调整和放宽。1980年下半年，提出“适当发展个体经济”的方针。1981年7月7日，颁布了《国务院关于城镇非农业个体经济若干政策性规定》的文件，城乡个体工商户、专业户迅速发展起来。随着个体经济的发展，有的人手不够，需要雇几个人。当时对私有制经济的发展规模是有限制的。但又不能完全不允许雇工存在，那样会阻碍经济发展。据有的学者叙述，国务院政策研究院的一位研究人员向中央报送的研究材料中讲，马克思在《资本论》中讲过，雇7个工人是个体经济，雇8个以上工人就是资本主义经济。其实这是对马克思有关论述的误解。但是，有了这个“理论根据”，有利于放宽政策。上述国务院颁布的政策性规定中提出：“个体经营户，一般是一人经营或家庭经营。”这是个体经济的常态。但为了解决有的个体户需要雇工的问题，又增加了一条：“必要的，经过工商行政管理部门的批准，可以请一个至两个帮手；技术性较强的或有特殊技艺的，可以带两三个，最多不超过五个学徒。”就是说，连帮工和学徒，最多不得超过七人。这实际上已经把“个体经济”原有界定扩大了。

但是，这个政策一实行，不管是否技术性较强或有无特殊技艺，“雇工大户”迅速发展了起来，而且雇工超过八个人的日益增多。这也是符合发展规律的。个体私有制商品经济的发展，必然会出现分化，产生出资本主义性质的私营企业。对雇工远远超过八人的私人企业，应否肯定其合法存在和发展，在认识上是有分歧的。为此，进行了调查研究。1982年，根据邓小平的意见，中央对私营企业的发展采取了“看一看”再说的方针。对于雇工超过八人较多的大户，“不宜提倡，不要公开宣传，也不要急于取缔，而应因势利导，使之向不同形式的合作经济发展”。可以看出，中央采取了既谨慎、又宽松的政策。既然不予取缔，实际起了保护作用，于是就很快发展起来。实践证明，发展私营企业利大于弊。1987 年 1 月，中央颁布了《把农村改革引向深入》的文件，肯定了私营企业的地位和作用。指出：“个体经营者为了补充自己劳动力的不足，按照规定可以请一、二个帮手，有技术的可以带三、五个学徒。对某些为了扩大经营规模，雇工人数超过了这个限度的私人企业，也应当允许存在，加强管理，兴利抑弊，逐步引导。”又说：“在社会主义社会的初级阶段，在商品经济的大发展中，在一个较长时期内，个体经济和小量私人企业的存在是不可避免的。”肯定它是社会主义经济的一种补充形式，并论述了它的积极作用。同时指出：“私人企业有同公有制经济有矛盾的一面，本身也存在一些固有弊端，主要是收入分配过分悬殊，对此，可以通过管理和立法，加以调节和限制。”这样就肯定了私人企业的合法地位。

1987 年 10 月，中共十三大报告进一步明确阐述了私人企业的性质和作用及党的方针政策。过去，对雇工超过八人的经济主体，没有统一的称谓。各种称谓五花八门，如“个体大户”、“雇工大户”、“私人企业”等。有的挂上集体的牌子，称“民办集体”、“合作经济”等。十三大报告统一了称谓，称之为“私营经济”。并指出，“私营经济是存在雇佣劳动关系的经济成份。……实践证明，私营经济一定程度的发展，有利于促进生产，活跃市场，扩大就业，更好地满足人民多方面的生活需要，是公有制经济必要的有益的补充”。并强调要保护它们的合法利益，加强对它们的引导、监督和管理。十三大报告同时指出，中外合资、合作企业和外商独资企业，“也是中国社会主义经济的必要的和有益的补充”。1995 年 9 月，在中共十四届三中全会上，江泽民的讲话中专门有一节讲“公有制经济和其他经济的关系”。强调指出：坚持公有制的主体地位，是社会主义的一条根本原则，也是中国社会主义市场经济的基本标志，只有确保公有制经济的主体地位，才能防止两极分化，实现共同富裕。任何动摇、放弃公有制主体地位的做法，都会脱离社会主义的方向。同时也指出，允许和鼓励个体、私营、外资等非公有制经济的发展，并正确引导，加强监督，依法管理，“使它们成为社会主义经济的必要补充”。

1997年9月，中共十五大报告对非公有制经济的地位作出了新的论断：“非公有制经济是我国社会主义市场经济的重要组成部分。”并提出了“社会主义初级阶段基本经济制度”这一新的概念：“公有制为主体、多种所有制经济共同发展，是我国社会主义初级阶段的一项基本经济制度。”

从以上的论述可以看出，在中国改革开放中，对非公有制经济在社会主义初级阶段的地位和作用的认识，是不断发展和放开的。由最初个体经济的“拾遗补缺”地位，到非公有制经济“是社会主义经济的补充”，再到非公有制经济“是社会主义市场经济的重要组成部分”，并被纳入“社会主义初级阶段的基本经济制度”范畴之中。这样，多种所有制经济共同发展，就不是一个短时期内的权宜之计，而是整个社会主义初级阶段的发展战略方针。

基本经济制度中还应包括分配制度。所有制只是经济制度的基础。社会主义初级阶段的分配制度，是按劳分配为主体、多种分配方式并存。所谓多种分配方式，除公有制经济中实行按劳分配外，主要还有在私营和外资企业中实行按生产要素所有权分配。生产要素包括资本、劳动、技术、管理等。不能把社会主义的分配方式概括为按生产要素分配，那样与资本主义分配方式就不存在区别了。资本主义分配方式就是以按资（本）分配为核心的按生产要素所有权分配。按劳分配是社会主义分配方式；按生产要素所有权分配是非社会主义分配方式。按生产要素分配要以诸要素分别掌握在不同经济主体手中为前提。如果生产要素统一掌握在同一经济主体手中，不论私有或公有，就不存在按要素所有权分配问题。比如在私有制的个体经济、奴隶制经济中，或是在公有制的原始公社经济、社会主义经济中，都不存在按生产要素所有权分配问题。在资本主义经济中，资本、劳动、技术等分别掌握在不同主体手中，就必然实行按生产要素所有权分配。按生产要素所有权分配的首要根据是要素所有权的索取权，阳光、雨露等是农业生产不可缺少的自然要素，但它没有被私人占有，所以不会参与分配。

在发展中国特色社会主义经济理论问题上，要分清几个理论是非问题：

第一，要分清“社会主义初级阶段的基本经济制度”同“社会主义经济制度”这两个既相联系又相区别的不同概念。“社会主义经济制度”是指社会主义经济关系总和，它以公有制为基础，劳动者成为生产要素的主人，实行按劳分配，消灭剥削、消除两极分化，最终实现共同富裕。社会主义经济制度，存在于社会主义的全过程。在初级阶段，它还不成熟、不健全。通过中级阶段进入高级阶段，社会主义经济制度就成熟和发达了。而“社会主义初级阶段的基本经济制度”，则具有初级阶段的特点，凸显于初级阶段，它以公有制为主体、按劳分配为主体，同时存在非公有制经济和非按劳分配方式。在中国《宪法》中和中央有关文件中，“社会主义初级阶段的基本经济制度”和“社会主义经济制度”是作为两个范畴分别应用的。例如，《宪法》第六条规定：“我国社会主义经济制度的基础是生产资料的社会主义公有制，即全民所有制和劳动群众集体所有制。”这里不包括非公有制经济。而第六条的后面又提出：“国家在社会主义初级阶段，坚持公有制为主体、多种所有制经济共同发展的基本经济制度。”

第二，要分清“社会主义市场经济”与“社会主义经济”的关系与区别。社会主义市场经济，是社会主义经济与市场经济相结合。市场经济是属于经济体制和运行机制范畴，不具有特定的社会经济性质。而“社会主义经济”概念有简称和全称之分。从简称的角度说，它是指社会主义经济成份，是从所有制的涵义着眼的，如国有经济、集体经济等。从全称的角度说，它与“社会主义经济制度”是内涵相同的。社会主义经济是以公有制为基础的经济体系。讲“非公有制经济是社会主义市场经济的重要组成部分”，是正确的，因为市场和市场经济是统一的。但不能据此认为“非公有制经济是社会主义经济的重要组成部分”。外资企业是资本主义经济，邓小平明确讲过。私营企业也是资本主义性质的经济，虽然它在社会主义初级阶段的地位和作用与在旧社会制度中不同。但不应将资本主义经济混同于社会主义经济。邓小平和中央文件多次讲“公有制为主体”或“社会主义经济为主体”；又讲非公有制经济是“公有制经济的补充”，或讲是“社会主义经济的补充”。表明“公有制经济”与“社会主义经济”是同义的，非公有制经济不属于“社会主义经济”范畴。

中国特色社会主义经济理论，是在邓小平理论指导下发展起来的。邓小平关于什么是社会主义、怎样建设社会主义的论述，关于社会主义本质的论述，关于三条“是否有利于”的判断标准的论述，关于社会主义市场经济的论述，关于改革开放的思想的论述，为中国特色社会主义经济理论体系奠定了思想和理论基础。党中央有关社会主义经济改革与建设、经济增长与发展等方面新的指导思想，学术界的经济理论创新，都在为中国特色社会主义经济理论体系增添新的内容，并在继续发展与完善之中。

# 着力科学发展，完善和发展中国特色社会主义[①]

胡锦涛同志在党的十八大上所作的报告（以下简称《报告》），总结了过去五年和十年发展与改革的伟大成就和根本经验，并回顾了前三代中央领导集体在开创、建设和发展社会主义事业中的建树。特别总结了在新世纪新阶段，以胡锦涛同志为总书记的中央领导集体在全面建设小康社会进程中推进实践创新、理论创新、制度创新，提出和推进科学发展观，在新的历史起点上坚持和发展中国特色社会主义取得的新的重大成果。报告对中国特色社会主义的内容，从理论和实践上进行了更为深入和系统的阐述。建设和发展中国特色社会主义，包括走中国特色社会主义道路，创建和发展中国特色社会主义理论体系，建设中国特色社会主义制度，各自都具有多方面的丰富内容。本文就着力科学发展、完善和发展中国特色社会主义，谈几点体会。

## 中国特色社会主义："既不走封闭僵化的老路，也不走改旗易帜的邪路"

改革开放30多年来，我国坚定不移地走中国特色社会主义道路。"既不走封闭僵化的老路，也不走改旗易帜的邪路。"这两句话具有丰富的内涵，是新中国成立60多年来走社会主义道路中经验和教训的简明概括，更是党的十六大以来高举中国特色社会主义旗帜的写照。对我国改革开放前践行的社会主义，我们应一分为二地予以评析。一方面，改革开放前的30年，我国社会主义事业取得了巨大成就，发生了翻天覆地的变化。正如《报告》所指出的："以毛泽东同志为核心的党的第一代中央领导集体带领全党全国

① 本文原载《前线》2012年第12期。

各族人民完成了新民主主义革命，进行了社会主义改造，确立了社会主义基本制度，成功实现了中国历史上最深刻最伟大的社会变革，为当代中国一切发展进步奠定了根本政治前提和制度基础。”“在社会主义建设中取得的独创性理论成果和巨大成就，为新的历史时期开创中国特色社会主义提供了宝贵经验、理论准备和物质基础。”另一方面，也应看到，当时在社会主义建设事业中，在理论认识上和经济体制上，存在封闭僵化的情况，特别是在社会主义“三大改造”以后，追求“一大二公三纯”的单一的公有制经济，实行单一的高度集中的指令性计划经济体制，把市场调节当作资本主义制度属性，把发展商品经济、集市贸易、搞活市场，当作资本主义道路予以限制。经济体制僵化，阻碍生产力发展。正确认识前30年社会主义事业中所经历的正反两方面经验教训，才能更好地认识后30多年来中国特色社会主义事业的重要意义和贡献。党的十一届三中全会之后，中国迎来了改革开放的新时期，走向一条新的中国特色社会主义道路，这条道路既不“丢掉老祖宗”，继续坚持和发展马列主义、毛泽东思想，继续坚持马克思主义的科学社会主义，同时在改革开放过程中，形成了具有一系列新的特点的具体制度和体制，但只是摒弃“封闭僵化的老路”，而非走“改旗易帜的邪路”。中国特色社会主义不改旗易帜，就是不改社会主义旗帜，高举中国特色社会主义旗帜，也意味着高举了马克思主义科学社会主义旗帜。因为中国特色社会主义是科学社会主义的继承与发展。

为了说明中国特色社会主义不搞“改旗易帜”，首先需要弄清不改什么旗，不易什么帜，需要弄清马克思主义科学社会主义的“旗帜”是什么。《报告》指出：“把马克思主义基本原理同中国实际和时代特征结合起来”，“独立自主走自己的路”。“基本原理”中的核心理论就是“旗帜”。很长一个时期，我们搞社会主义，却没有完全弄清什么是社会主义，自然也就难以完全弄清如何建设社会主义。“封闭僵化的老路”与此相关。什么是社会主义？过去人们往往这样回答：社会主义是公有制、按劳分配。如果又问：为什么我国要实行公有制为基础或为主体？回答是：因为我国是社会主义国家，必须实行公有制为基础或为主体。道理并不错，但未抓住本质。事实上，如果只从这几个特点认识和界定社会主义，就丢掉了社会主义的灵魂和本质。马克思主义不是为公有制而搞公有制。如果搞社会主义而不致力于快速发展生产力和使劳动人民共同富裕，就必然是贫穷的公有制，贫穷的按劳分配。但“贫穷不是社会主义”。马克思主义科学社会主义，是要建立生产力快速发展、走向共同富裕的社会主义，这是社会主义的本质所在。公有制、按劳分配只是为实现生产力快速发展和共同富裕设置的必要的制度条件。《报告》指出：以邓小平同志为核心的党的第二代中央领导集体“深刻揭示社会主义本质”，“科学回答了建设中国特色社会主义的一系列基本问题，成功开创了中国特色社会主义。”社会主义本质是什么？邓小平指出：是“解放生产力，发展生产力，消灭剥削，消除两极分化，最终达到共同富裕”。解放和发展生产力，是达到共同富裕的物质条件，消灭剥削和消除两极分化是达到共同富裕的社会条件。因此，致力于社会主义事业，必须遵循社会主义本质，抓好社会主义的两大环节，一是快速发展生产力；二是逐步实现共同富裕。这也是马克思主义科学社会主义的根本要求。《共产党宣言》中指出：无产阶级取得政治统治，把一切生产工具集中在国家手中，“尽可能快地增加生产力的总量”。而尽快地发展生产力，是“丰富和促进工人的生活过程的一种手段”。在《经济学手稿》中，马克思又明确地讲：在未来社会主义制度中，“社会生产力的发展将如此迅速……生产将以所有人的富裕为目的”。

为了快速发展生产力和实现共同富裕，就需要实行公有制和按劳分配，这是制度保证。以公有制为基础或主体，才能克服表现为周期性经济危机的生产社会化和资本主义私人占有之间的矛盾，解放被束缚的生产力。公有制和按劳分配，又是实现共同富裕必要的制度安排，以实现共同富裕为根本目的。共同富裕，是社会主义区别于以往一切社会制度最本质的属性。《报告》将“逐步实现全体人民共同富裕”作为中国特色社会主义道路的重要内容，并且把“必须坚持共同富裕的道路”作为夺取中国特色社会主义新胜利必须牢牢把握的基本要求之一。《报告》指出：“共同富裕是中国特色社会主义的根本原则。要坚持社会主义基本经济制度和分配制度”，“着力解决收入分配差距较大问题，使发展成果更多更公平惠及全体人民，朝着共同富裕方向稳步前进。”

从以上可以看出：快速发展生产力，致力于共同富裕，是社会主义的本质所在。实行公有制和按劳分配是为实现社会主义本质而采取的制度安排。中国特色社会主义坚持了马克思主义基本原理，不“改旗易帜”，就是坚持了这些基本原理，这就是“旗”，就是“帜”。

# 着力科学发展，完善和发展中国特色社会主义

《报告》指出，科学发展观是中国特色社会主义理论体系的最新成果，是指导党和国家全部工作的理论武器，是必须长期坚持的指导思想。《报告》是将科学发展观和中国特色社会主义作为紧密联系并引向国家繁荣富强、全面建成小康社会、人民幸福美好的理论和制度创新来着重论述的。10年来，我国的改革与发展事业，在中国特色社会主义理论指导下，在中国特色社会主义道路上大踏步前进，取得了举世瞩目的成绩。由于紧抓两大环节：以经济建设为中心，快速发展了生产力；又以民生为重，以人为本，致力于改善和提高人民生活水平，因而两方面的成果都明显和突出。国内生产总值由2002年的120333亿元人民币，发展到2011年的471564亿元人民币。中国GDP总量占世界份额由2002年的4.4%，世界排名第6位，发展到2010年占世界份额的10%，进入世界第2位，仅次于美国。人民收入和生活水平也有显著提高，10年来，城镇居民人均可支配收入年均增长9.2%，农村居民人均纯收入年均增长8.1%，是历史上收入增长最快的时期。全面取消了农业税，结束了2600年来种田纳税的历史。

《报告》论述了贯彻落实科学发展观的四个“必须更加自觉”：一是必须更加自觉地把推动经济社会发展作为深入贯彻落实科学发展观的第一要义；二是必须更加自觉地把以人为本作为深入贯彻落实科学发展观的核心立场；三是必须更加自觉地把全面协调可持续作为深入贯彻落实科学发展观的基本要求；四是必须更加自觉地把统筹兼顾作为深入贯彻落实科学发展观的根本方法。这四个“必须”的内容和要求，包括了发展的各个方面，但归根到底，是围绕着体现社会主义本质的两大环节展开的，即快速发展生产力和着力为人民谋福利、致力于共同富裕。为此，就要用落实科学发展观推动经济社会发展，这是第一要义。就要以经济建设为中心，一心一意谋发展，不断解放和发展生产力。科学发展要求全面落实“五位一体总布局”：经济建设、政治建设、文化建设、社会建设、生态文明建设。“五位一体总布局”，是一个新的提法。提法的改变与发展，反映了对发展认识的深化和提高。最初所提的是经济建设、政治建设、文化建设，三位一体布局。后来认识到经济发展不应与保障和改善民生相脱节，增加了社会建设，发展为四位

一体布局。但如果经济社会的发展，以过度的资源消耗、环境污染、生态平衡破坏为代价，是不可持续的，所以应重视生态文明建设，改提为五位一体总布局。更加自觉贯彻落实科学发展观，要求处理好改革、发展、稳定的关系。要求转变发展方式，统筹城乡发展、区域发展、经济社会发展、人与自然和谐发展、国内外发展。这都是属于发展方面的内容，也可以说主要是属于解放生产力和发展生产力方面的内容。另一方面，落实科学发展观，就是要着力为人民谋福利，走共同富裕道路。胡锦涛同志把"以人为本"作为深入贯彻落实科学发展观的"核心立场"，提出始终把实现好、维护好广大人民的根本利益作为一切工作的出发点和落脚点，要保障人民各项权益，发展成果由人民共享，促进人的全面发展。《报告》中强调"逐步实现全体人民共同富裕"，"必须坚持走共同富裕道路。共同富裕是中国特色社会主义的根本原则"。为了走共同富裕道路，《报告》提出了一系列的有关理论思想和政策措施。这个问题，《报告》在阐述中国特色社会主义理论与实践的内容中做了重点阐发。

《报告》提出了坚持和实践中国特色社会主义必须坚持的八项基本要求：人民主体地位，解放和发展生产力，推进改革开放，维护社会公平正义，走共同富裕道路，促进社会和谐，和平发展和党的领导。其中核心的要求依然是解放和发展生产力与共同富裕。其他各项要求都是实现核心要求的保证和条件。人民的主体地位，就是人民当家作主，这与公有制、消灭剥削和消除两极分化相联系，也与共同富裕相联系。只有人民当家作主，才能走向共同富裕。

从经济学的角度来把握党的十八大报告提出的中国特色社会主义的科学内涵，应重视以下理论和实践问题：

（1）《报告》强调指出：要加快"完善公有制为主体、多种所有制经济共同发展的基本经济制度，完善按劳分配为主体、多种分配方式并存的分配制度"。社会主义初级阶段的所有制度和分配制度已经建立起来，非公有制经济和按要素分配的比重有了显著的提高。现在提出要予以"完善"，而且要"加快完善"。既要完善公有制和公有制的主体地位，又要完善非公有制经济和多种所有制经济共同发展的制度。既不搞单一的公有制，又不搞私有化。私有化不能实现共同富裕。我国处于社会主义初级阶段，坚持公有制为主体，多种所有制经济共同发展的经济制度，是中国特色社会主义制度的核心内容。经济制度是其他社会制度的基础，也是中国特色社会主义道路和中国特色社会主义理论体系的重要内容。只有坚持包括国有经济和集体经济在内的公有制的主体地位，才能保证我国制度的社会主义性质，才能保证我国走中国特色社会主义道路和创建中国特色社会主义理论体系。提出“不走改旗易帜的邪路”，首先是不走放弃公有制经济的私有化道路。《报告》指出：“要毫不动摇巩固和发展公有制经济，推行公有制多种实现形式”，“推动国有资本更多投向关系国家安全和国民经济命脉的重要行业和关键领域，不断增强国有经济活力、控制力、影响力。”要按照党的十八大报告精神，做大、做优、做强国有经济，搞好搞活整个公有制经济。如果放弃和动摇国有经济或公有制经济，就是放弃和动摇社会主义。发展和完善中国特色社会主义，就需要首先发展和完善国有经济和整个公有制经济，也要发展和完善多种所有制共同发展的基本经济制度。另一方面，《报告》指出：要“毫不动摇鼓励、支持、引导非公有制经济发展，保证各种所有制经济依法平等使用生产要素、公平参与市场竞争、同等受到法律保护”。公有制经济和非公有制经济共同发展，有利于快速发展生产力，繁荣经济，增加供给，也有利于扩大就业，更好地满足人民日益增长的物质文化需要。

（2）完善按劳分配为主体、多种分配方式并存的分配制度。多种分配方式并存，是与多种所有制并存相适应的。按劳分配为主体，与公有制为主体相适应；按要素贡献参与分配，与非公有制经济特别是私营和外资企业的发展相适应。《报告》提出要“着力解决收入分配差距较大问题，使发展成果更多更公平惠及全体人民，朝共同富裕方向稳步前进”。收入差距较大，出现贫富分化，会影响稳定与和谐，影响社会建设，需要“着力解决”。为此，“必须深化收入分配制度改革”。这是指改革具体的分配制度，不是要改变我国现阶段多种分配方式并存的根本制度。要通过分配制度改革，缩小收入分配差距，扩大中等收入群体，大幅减少扶贫对象。

（3）加强社会建设，保障与改善民生。《报告》指出：“加强社会建设，是社会和谐稳定的重要保证。必须从维护最广大人民根本利益的高度，加快健全基本公共服务体系”，“推动社会主义和谐社会建设。”

加强社会建设，必须以保障和改善民生为重点。党的十六大以来，党中央增强了对民生问题的关注，就保障和改善民生出台了一系列惠民政策措施。十八大报告进一步提出：“要把保障和改善民生放在更加突出的位置。”

提高人民物质文化生活水平，是改革开放和社会主义现代化建设的根本目的。要多谋民生之利，多解民生之忧，解决人民最关心最直接最现实的利益问题，在学有所教、劳有所得、病有所医、老有所养、住有所居上持续取得新进展，努力让人民过上更好的生活。保障和改善民生的必要措施，一是“要千方百计增加居民收入”。努力实现居民收入增长和经济发展同步、劳动报酬增长和劳动生产率提高同步，提高居民收入在国民收入分配中的比重，发展成果由人民共享。二是“要统筹推进城乡社会保障体系建设”。全面建成覆盖城乡居民的社会保障体系。建立市场配置和政府保障相结合的住房制度。三是推动城乡发展一体化，解决好农业、农村、农民问题，逐步缩小城乡差距，促进城乡共同繁荣，加大强农惠农政策力度。《报告》中有一个引人关注的提法是“坚持把国家基础设施建设和社会事业发展重点放在农村”。在我国现阶段，三农问题解决了，广大农民的民生有保障了，生活全面改善了，整个国家的民生问题就会获得具有转折意义的巨大历史成就。

重视保障和改善民生，一方面是实现社会主义本质的要求。只有通过快速发展生产力，不断提高人民的物质文化生活水平，满足人民日益增长的需要，全面建成小康社会，才能走向共同富裕。列宁讲过：社会主义要使劳动人民过最美好最幸福的生活。只有社会主义能够做到这一点，社会主义也一定会做到这一点。因此，民生为重，不是仅仅针对困难群体的。《报告》指出：加强社会建设，“必须从维护最广大人民根本利益的高度”加强和创新社会管理。另一方面，十六大以来，将保障和改善民生作为重要的社会建设问题，与改革开放以来所出现的新的问题和矛盾有关。尽管广大人民的整体收入和生活水平提高了，但是出现了收入分配差距过大的趋势，还有一部分城乡困难群体需要扶贫、救助。《报告》指出：“城乡区域发展差距和居民收入分配差距依然较大；社会矛盾明显增多，教育、就业、社会保障、医疗、住房、生态环境、食品药品安全、安全生产、社会治安、执法司法等关系群众切身利益的问题较多，部分群众生活比较困难。”这方面的民生问题亟待解决。因此，保障和改善民生问题，既有普遍性，又有特殊性。

（4）初次分配和再分配都要兼顾效率和公平。十八大报告肯定和强调十七大报告中提出的效率与公平统一和并重的观点。在当前着力深化收入分配制度改革中，强调指出“初次分配和再分配都要兼顾效率和公平，再分配更加注重公平”，具有重要理论和实际意义。

怎样认识和对待收入分配中的公平与效率问题，中央文件和指导思想有个演变过程。针对过去分配中的平均主义弊端，1987 年党的十三大报告提出："合理拉开收入差距，又要防止贫富悬殊，坚持共同富裕的方向，在促进效率提高的前提下体现社会公平。"1992 年的十四大报告提出：在分配制度上，"兼顾效率与公平"。1993 年 11 月党的十四届三中全会通过的文件中，提法做了改变，提出个人收入分配要体现"效率优先，兼顾公平的原则"。2002 年党的十六大报告继续讲"坚持效率优先、兼顾公平"，并进一步说明："初次分配注重效率"，"再分配注重公平"。"优先、兼顾"是从市场经济体制下由市场配置资源、提高效率着眼的，即更多地由市场调节收入分配。但实践证明，社会主义市场经济下的收入分配不能主要由市场调节，那样会重效率，轻公平，容易出现收入差距过分扩大的现象。从 2004 年党的十六届四中全会起，不再提"优先、兼顾"原则，强调"注重社会公平"，"切实采取有力措施解决地区之间和部分社会成员收入差距过大的问题，逐步实现全体人民共同富裕"。2005 年 2 月 19 日，胡锦涛同志在省部级研讨班的讲话中，强调在促进发展的同时，把维护社会公平放在更加突出的位置，并提出要解决收入差距过大问题。十六届三中全会和六中全会进一步强调"更加注重社会公平"。党的十七大报告在总结我国改革开放经验的基础上，对分配领域中效率与公平的关系，提出了新的具有时代意义的科学界定："把提高效率同促进社会公平结合起来"，"初次分配和再分配都要处理好效率与公平的关系，再分配更加重视公平"。这一新的界定和原则是一大理论创新，将其作为我国社会主义改革与发展的实践中所取得的十大"宝贵经验"之一，也成为科学发展观和中国特色社会主义的重要组成部分，是促进社会主义公平正义、走向共同富裕道路的指导思想。十八大报告又将其纳入"在改善民生和创新社会管理中加强社会建设"的内容中。

（5）加快转变经济发展方式。从理论认识上由转变经济增长方式发展为加快转变经济发展方式，体现了对发展规律认识的深化。要加快形成新的发展方式。新的发展方式是科学发展观的要求，也是实现科学发展观的重要途径。《报告》指出："以科学发展为主题，以加快转变经济发展方式为主线，是关系我国发展全局的战略抉择。"新的发展方式的立足点，是着力提高质量和效益。为此，《报告》提出四个着力点：一是要着力激发各类市场主体发展新活力；二是着力增强创新驱动发展新动力；三是着力构建现代产业发展新体系；四是着力培育开放型经济发展新优势。新活力、新动力、新体系、新优势，构成新的经济发展方式的新体制与新机制。其中，“创新驱动”是一种新的发展战略，重在科技创新。《报告》指出：要坚持走中国特色自主创新道路，要提高原始创新、集成创新和引进消化吸收再创新能力，更加注重协同创新。

加快转变经济发展方式的主攻方向，是推进经济结构战略性调整。要改善需求结构，优化产业结构，协调区域经济结构，发挥地区比较优势，扩大消费需求，提高其在拉动经济增长中的比重，夯实实体经济，推动新兴战略性产业和先进制造业的发展，加快传统产业转型升级。这是贯彻科学发展观的重要步骤。

（6）全面建成小康社会。根据我国经济发展的战略性部署，要在2020年实现全面建成小康社会宏伟目标。为全面建成小康社会，《报告》提出，要保持经济持续健康发展，转变经济发展方式取得重大进展，增强发展的平衡性、协调性、可持续性。在此基础上实现国内生产总值和城乡居民人均收入比2010年翻一番。2010年我国国内生产总值达到39.8万亿元人民币。翻一番，就是79.6万亿元人民币，在到2020年的10年中，年均增长7.3%，国内生产总值就可以翻一番。考虑到人口的增长，人均国内生产总值翻一番，需要年均增长7.3%以上。可以肯定说，实现这一目标是有保证的。改革开放以来，我国年均增长近10%，持续30多年的经济高速增长，是世界历史上没有过的。今后的经济增长，不需要继续追求已有的高速度，而且根据经济增长和发展的规律，经济总量的底盘扩大到一定程度后，增长速度会有所减缓。我国将进入一个次高速经济增长阶段，今后8—10年中，年均增长会超过7.5%，如果能保持8%到9%，是很理想的。由于经济总量的扩大，年均增长的绝对量，会超过以往。

全面建成小康社会，不是只从人均国内生产总值来衡量，而是用综合指标衡量。其中包括人民生活水平的全面提高，基本公共服务均等化的实现，全民受教育程度明显提高，就业更加充分，收入分配差距缩小，社会保障全民覆盖，文化软实力显著增强，民主制度更加完善，健康水平普遍提高，等等。

（7）加快完善社会主义市场经济体制。《报告》提出要全面深化经济体制改革。深化改革是加快转变经济发展方式的关键。经济体制改革的核心问题，是处理好政府和市场的关系。我国实行社会主义市场经济，是将社会主义基本制度的优越性与市场经济的灵活性、效率性结合起来。因此，既要坚持社会主义方向和基本制度，又要发挥市场机制在资源配置中的基础性作用。为此，《报告》指出："要毫不动摇巩固和发展公有制经济，推行公有制多种实现形式。"非公有制经济，也是社会主义市场经济的重要组成部分。因此，也要"毫不动摇鼓励、支持、引导非公有制经济发展"。当前，完善社会主义市场经济的核心问题，是处理好政府和市场的关系。建立和完善社会主义市场经济体制，离不开政府的宏观调控，但宏观调控重在调控市场机制，而不能替代也不应直接干预市场机制对微观经济的调节。不能以政府行为取代市场行为。也不能反过来忽视乃至否定政府宏观调控的重要作用。现代市场经济已不是政府只做"守夜人"的自由市场经济。当前，在国际金融和债务危机中，新自由主义在国际上已声名狼藉。在政府与市场的关系中，政府应做好政府应该做好的事情，凡市场能办好的事就交给市场去办，各司其职。当前的问题是，政府调控既有干预过多主要是不当干预的一面，也有调控不到位的一面。处理好政府与市场的关系，是一个复杂的、需要不断完善的过程。

# 论夺取中国特色社会主义新胜利的基本要求[①]

［摘要］胡锦涛同志在党的十八大报告中全面深入地论述了中国特色社会主义的丰富内涵，并提出在新的历史条件下，夺取中国特色社会主义新胜利要牢牢把握八项基本要求，即：必须坚持人民主体地位；必须坚持解放和发展社会生产力；必须坚持推进改革开放；必须坚持维护社会公平正义；必须坚持走共同富裕道路；必须坚持促进社会和谐；必须坚持和平发展；必须坚持党的领导。这八项基本要求，应贯彻落实于中国特色社会主义理论体系、中国特色社会主义道路和中国特色社会主义制度之中。

## 一、必须坚持人民主体地位

社会主义现阶段的“人民”，首先包括工农劳动群众，也包括一切有公民权的人员。革命战争年代，存在敌对的阶级和势力，需要对“人民”概念进行特定的界定。毛泽东同志在《关于正确处理人民内部矛盾的问题》中讲：“人民这个概念在不同的国家和各个国家的不同的历史时期，有着不同的内容。”他分别就抗日战争时期，解放战争时期和进入社会主义建设时期的人民的范围做了界定。他说：“在现阶段，在建设社会主义的时期，一切赞成、拥护和参加社会主义建设事业的阶级、阶层和社会集团，都属于人民的范围，一切反抗社会主义革命和敌视、破坏社会主义建设的社会势力和

① 本文原载《当代经济研究》2013 年第 1 期。

社会集团，都是人民的敌人。”① 但是，需要说明，对“人民”的界定和对“人民主体地位”的界定既有联系，又有区别。“人民主体地位”中的人民，主要是广大工农和知识阶层群众。政府和企事业单位的领导层人员，尽管也属于人民范畴，但如毛泽东在《关于正确处理人民内部矛盾的问题》一文中所说：“我们的人民政府是真正代表人民利益的政府，是为人民服务的政府，它同人民群众之间也有一定的矛盾，这种矛盾包括国家利益、集体利益同个人利益之间的矛盾，民主同集中的矛盾，领导同被领导之间的矛盾，国家机关某些工作人员的官僚主义作风同群众之间的矛盾。”② 通常讲“为人民服务”，是指政府和各级干部，要为广大劳动人民服务。政府官员不是对人民发号施令的老爷，要正视政府管理人员与人民群众之间的矛盾。解决这种矛盾就需要树立“人民主体地位”的观念。我国是社会主义国家，劳动人民群众是主人翁，处于主体地位。党和政府的一切工作都要以人民的利益为出发点和落脚点。党的十八大报告中指出：要“始终把实现好、维护好最广大人民根本利益作为党和国家一切工作的出发点和落脚点，尊重人民首创精神，保障人民各项权益，不断在实现发展成果由人民共享、促进人的全面发展上取得新成效”，“要多谋民生之利，多解民生之忧，解决好人民最关心最直接最现实的利益问题”。

“坚持人民主体地位”，固然要多为人民谋福利，民生为重，民生为上。但还有更为重要的两个方面：其一是，“中国特色社会主义是亿万人民自己的事业。要发挥人民主人翁的精神”，发挥他们的才智和劳动积极性、创造性，群策群力，参与中国特色社会主义建设事业；其二是“最广泛的动员和组织人民依法管理国家事务、管理经济和文化事业”，“保障人民当家作主”的权利。人民对国家、社会、企业等的发展与改革事业的知情权、参与权、诉求权、监督权应得到制度和体制的保障。

## 二、必须坚持解放和发展社会生产力

党的十八大报告（以下简称《报告》）强调指出，“解放和发展社会生

① 《毛泽东选集》第5卷，人民出版社1977年版，182页。

② 《毛泽东选集》第5卷，人民出版社1977年版，第183页。

产力是中国特色社会主义的根本任务”。改革开放以来，邓小平同志反复指出，社会主义的根本任务，是发展生产力。在1992年南方谈话中又提出社会主义本质的理论，其中第一条就是“解放和发展生产力”。当时提出这一理论观点，具有很强的针对性和历史意义。新中国建立以后，讲什么是社会主义，或社会主义的特点是什么，一般强调三条：生产资料公有制、按劳分配、计划经济或国民经济有计划按比例发展。不把发展生产力与社会主义的本质和特点相联系。更不讲社会主义还有解放生产力的任务。其所以如此，主要理由有二：其一是，任何社会都在发展生产力，资本主义制度在发展生产力中起了重大作用。马克思在《共产党宣言》中讲：“资产阶级在它的不到一百年的阶级统治中创造的生产力，比过去一切时代创造的全部生产力还要多，还要大。”① 既然一切新的社会制度都起了促进生产力发展的作用，所以，推进生产力的发展就不成其为社会主义的特点，更不构成社会主义的本质。其二是，认为讲社会主义特征，主要是从生产关系着眼的。不同社会制度不是从生产力，而是从生产关系的差别区分的。至于解放生产力，一般讲革命是解放生产力，我国的民主革命和社会主义革命，起到了解放被旧制度束缚的生产力的作用。认为社会主义制度建立后，就由解放生产力转为保护和发展生产力了，不清楚在社会主义制度下，也存在不适应生产力发展的某些经济和政治体制，需要进行改革，以解放和发展生产力。

有必要说明，斯大林在《苏联社会主义经济问题》中提出的社会主义基本经济规律的理论观点，在我国曾被普遍认同。其内容是“用在高度技术基础上使社会主义生产不断增长和不断完善的办法，来保证最大限度地满足整个社会经常增长的物质和文化的需要”。② 这一理论观点中的主要内容，即发展社会主义生产，满足人民物质需要，在中央文件中多有反映。1956年党的八大制定的党章的总纲中讲：“党的一切工作的根本目的，是最大限度地满足人民物质生活和文化生活的需要，因此，必须在生产发展的基础上，逐步地不断地改善人民的生活状况。”毛泽东同志在1957年2月所写的《关于正确处理人民内部矛盾的问题》一文中也讲：“所谓社会主义生产关系比较旧时代生产关系更能适合生产力发展的性质，就是指能够容许生产力

---

① 《马克思恩格斯选集》第1卷，人民出版社1995年版。

② 《斯大林选集》下册，人民出版社1979年版，第569页。

以旧社会所没有的速度迅速发展，因而生产不断扩大，因而使人民不断增长的需要能够逐步得到满足的这样一种情况。”[①] 应当肯定，1957 年反右运动以前，我国第一个五年计划发展和完成得较好，生产发展得快，人民生活水平提高得也快。1958 年搞“大跃进”和人民公社化，由于违反生产力发展的规律和生产关系发展的规律，受到了严重挫折，引发社会矛盾凸显，转向抓两个阶级、两条道路和路线的斗争，直至搞“文化大革命”，发展生产力和满足人民物质文化需要的社会主义要求被淡出了。直到党的十一届三中全会后，党和政府的工作转向以经济建设为中心，重提发展生产力和满足人民需要。

胡耀邦同志在 1982 年党的十二大报告中，概括地论述了社会主义的特点，将高度发达的生产力也作为重要特征。他说：“过去在讲到社会主义特征的时候，人们往往强调剥削制度的消灭和生产资料的公有，按劳分配，国民经济有计划按比例发展，以及工人阶级和劳动人民的政权。人们还强调，高度发达的生产力和比资本主义更高的劳动生产率，作为社会主义发展的必然要求和最终结果，也是它的特征。”

社会主义要快速发展生产力的要求，在马、恩、列的著作中多有论述。作为社会主义的本质要求，不在于一般地发展生产力，而在于解放被旧制度束缚的生产力，更好更快地推进其发展，以满足人民需要，实现共同富裕。马克思、恩格斯在《共产党宣言》中就强调指出：“无产阶级将利用自己的政治统治，一步一步地夺取资产阶级的全部资本，把一切生产工具集中在国家即组织成为统治阶级的无产阶级手里，并且尽可能快地增加生产力的总量。”[②] 马恩强调快速发展生产力，有三方面的意义。其一是：以快于资本主义的速度发展生产力，才能显示社会主义比资本主义和一切旧制度的优越性。列宁讲过，“劳动生产率，归根到底是使新社会制度取得胜利的最重要的东西。……资本主义可以被最终战胜，而且一定会被最终战胜，因为社会主义能创造新的高得多的劳动生产率”。[③] 我国是在生产力落后的条件下建立社会主义的，快速发展生产力更是一个紧迫的任务。改革开放三十多年来，我国经济以近 10% 年均增长速度发展，在世界发展史上是空前的，显

① 《毛泽东文集》第 7 卷，人民出版社 1999 年版，第 214 页。

② 《马克思恩格斯选集》第 1 卷，人民出版社 1995 年版，第 293 页。

③ 《列宁选集》第 4 卷，人民出版社 1995 年版，第 16 页。

示了中国特色社会主义的优越性。其二是：更高的社会生产力是消灭阶级和剥削制度的必要条件。马克思主义认为，剥削制度的产生，是生产力发展的结果，生产力发展到产生剩余产品时，才可能产生剥削。剥削的存在，又是生产力发展不够的结果。列宁讲：无产阶级要消灭阶级剥削，消灭私有制，消灭城乡之间、体脑之间的差别。“完成这些事业，必须大大发展生产力。”① 其三是：社会主义的根本目的是满足人民的物质文化生活需要，走向共同富裕。快速发展生产力，把生产力提到一个新的高度，才能创造出更丰富和大量的财富，实现共同富裕。

解放和发展生产力，要以科学发展观为主题，转变发展方式为主线，进行科技创新、体制创新，致力于全面协调可持续发展。

## 三、必须坚持推进改革开放

改革开放是坚持和发展中国特色社会主义的必由之路。改革是发展的动力，是社会主义自我完善与发展的途径。只有改革开放才能更好地发展中国，更好地发展马克思主义和社会主义。我国的改革是从经济体制改革开始的。经济是基础，因而经济体制是其他各种体制的基础，经济体制的改革，推动政治体制、文化体制、卫生医药体制、科技体制、教育体制、社会保障体制等等方面的改革。我国的经济体制改革，最终选择了由传统计划经济体制转型为社会主义市场经济体制。社会主义市场经济体制，是将社会主义制度的优越性与市场经济的灵活性、效率性结合起来，以更好地促进生产力的发展。党的十八大报告指出，要“坚持社会主义市场经济的改革方向”。所谓“改革方向”，有两种含义。有时人们讲要“坚持改革的方向”，是指不走回头路，不走“封闭僵化的老路”。改革，还是不改革、反改革，就是两种相背的方向。另一种改革方向的含义是指：改革举什么旗、走什么路、朝什么方向走。所以，光讲“坚持改革方向”不够。邓小平指出存在两种改革观。改革，不能偏离社会主义道路和方向，一定要分清是非。私有化的改革，全盘西化的改革，不是社会主义的自我完善与发展，而是自我否定和改旗易帜。党的十八大报告讲，我国坚定不移地走中国特色社会主义道路，

① 《列宁选集》第4卷，人民出版社1995年版，第11页。

"既不走封闭僵化的老路，也不走改旗易帜的邪路"。改革，就是要离开封闭僵化的老路。封闭僵化的传统体制，不利于生产力的发展和人民生活水平的提高。但离开老路，是要走上中国特色社会主义的大路、正路，而不是去走改旗易帜的邪路。不走老路，是针对"左"的思潮的；不走邪路，是针对右的思潮的。不改旗易帜，就是不改马克思主义之旗，不易科学社会主义之帜。因为中国特色社会主义与科学社会主义是流与源的关系。党的十八大报告指出："中国特色社会主义，既坚持了科学社会主义的基本原则，又根据时代条件赋予其鲜明的中国特色。"因此，高举中国特色社会主义旗帜，也就高举了科学社会主义旗帜。

深化改革是加快转变经济发展方式的关键。"经济体制改革的核心问题是处理好政府和市场的关系。"现代市场经济，已不是政府只做"守夜人"的自由市场经济，而是受政府调控的市场经济。近几年来，在国际金融和经济危机背景下，主张完全自由化市场经济的新自由主义已偃旗息鼓。我国社会主义市场经济，是在社会主义国家宏观调控下与社会主义基本经济制度相结合的市场经济。这种市场经济模式，应是"政府调节市场，市场调节企业"的模式。让市场在资源配置中起基础性作用，就是由市场机制直接调节企业的经营活动。政府不要直接干预微观经济活动，政府应通过调节市场机制间接调控微观经济。政府既要尊重市场经济规律，又要发挥政府有效的必要的调控作用。市场能办好的事，就让市场去做，政府应做好自己应做的事。

由于社会主义市场经济，是市场经济与社会主义基本经济制度相结合，深化经济体制改革，要"毫不动摇地巩固和发展公有制经济，推行公有制的多种实现形式，深化国有企业改革"，"不断增强国有经济活力、控制力、影响力"。也要"毫不动摇地鼓励、支持、引导非公有制经济发展"。就是说，深化经济体制改革，要求坚持和完善与市场经济相结合的基本经济制度。

## 四、必须坚持维护社会公平正义

党的十六大以来，维护和实现社会主义的公平正义，成为中央有关文件中的重要指导思想。从2004年9月党的十六届四中全会起，放弃了宣传多年的分配关系中“效率优先，兼顾公平”、“初次分配注重效率，再分配注重公平”的提法。胡锦涛同志以“做好当前党和国家的各项工作”为题的讲话中，用较多的篇幅强调重视社会公平和分配公平。把注重维护和实现社会公平，作为新形势下努力做好群众工作的任务之一。并指出：维护和实现社会公平，涉及最广大人民的根本利益，是我们党坚持立党为公、执政为民的必然要求，也是我国社会主义制度的本质要求。维护和实现社会公平，不仅涉及收入分配、利益调整等问题，而且涉及公民权利保障、政府设施、司法公正等政治社会问题。2005 年 10 月，胡锦涛在党的十六届五中全会的报告中，再次提出：维护和实现社会公平正义，从人民群众最关心的实际问题入手，加强社会建设和管理，处理好新形势下人民内部矛盾。2006 年 4 月 21 日，胡锦涛在美国耶鲁大学的讲演中提出：我们将大力推进经济社会发展，依法保障人民自由、民主和人权，实现社会公平和正义，使 13 亿中国人民过上幸福生活。并提出实现“公平和效率的有机统一”。2006 年 10 月，党的十六届六中全会的决定中，设专题论述了“加强制度建设，保障社会公平正义”，为保障社会公平正义，就需要进行和加强制度建设：包括完善民主权利保障制度，完善法律制度，完善司法体制机制，完善公共财政制度，完善收入分配制度，完善社会保障制度等。2007 年 10 月，党的十七大报告再次强调说明：“实现社会公平正义是中国共产党人的一贯主张，是发展中国特色社会主义的重大任务。”要着力解决人民最关心、最直接、最现实的利益问题。实现公平正义，保障人民利益，是为了形成全体人民各尽所能、各得其所、和谐相处的局面，为发展与改革提供良好的环境。

党的十八大报告中进一步将维护社会公平正义作为夺取中国特色社会主义新胜利必须牢牢把握的基本要求之一。它指出：“公平正义是中国特色社会主义的内在要求。”要在经济社会发展的基础上，加强建设对保障社会公平正义具有重大作用的制度，要“逐步建立以权利公平、机会公平、规则公平为主要内容的社会保障体系，努力营造公平的社会环境，保证人民平等参与、平等发展的权利”，强调人民的公平权利，是针对社会上存在的忽视和损害人民公平权利的情况而言的。保障社会公平正义，不能停留在宣传上，要加强保障公平正义的“制度”建设，要建立维护公平的“社会保障体系”。

公平正义是个抽象的概念，不同的阶级、不同的社会制度，都有自己的公平正义观。我们强调的公平正义是具体的，要落实到保障和改善人民群众的切身利益，消除贫富分化现象，走向共同富裕。

## 五、必须坚持走共同富裕道路

党的十八大报告提出："共同富裕是中国特色社会主义的根本原则。"邓小平同志在1992年的南方谈话中，提出社会主义本质论：解放生产力，发展生产力，消灭剥削，消除两极分化，最终达到共同富裕。解放和发展生产力，是社会主义的根本任务，实现共同富裕是社会主义的根本目的。消灭剥削和两极分化，是实现共同富裕的社会条件。社会主义本质论，具有重要的理论和实际意义，具有很强的针对性。我国在一个长时期中，搞社会主义却没有完全弄清什么是社会主义，怎样建设社会主义。特别在"左"风时期，不重视生产力的发展，将致力于生产力的发展批判为"唯生产力论"，不重视人民物质文化水平的提高和生活需要的满足，宣传什么宁要贫穷的社会主义，不要富裕的资本主义。将关心人民生活，批评为"经济主义"、"福利主义"、"好行小惠"。不能言富，说什么穷革命、富则修（修正主义）。只能讲工人为革命而做工，农民为革命而种田，不能讲为增加收入改善生活而发展生产。"发家致富"的用语成为避讳使用的资本主义概念。结果导致的是普遍贫穷的社会主义，但"贫穷不是社会主义"。

社会主义本质论，使人们认识到搞社会主义必须抓两个重要环节：一是快速发展生产力，二是逐步实现共同富裕。这两条内容，在马恩列的论著中多有论述，限于篇幅，不予引证了。可以说，社会主义本质论，是对马克思主义科学社会主义理论的回归、继承与发展。它不仅是针对"左"的理论与实践的拨乱反正，也是对什么是社会主义这一问题长期存在的理论认识上的误区的辨正。过去多年中，在理论认识和宣传上，在教科书上，讲社会主义，一般讲三大特征：公有制、按劳分配、计划经济或有计划按比例发展。公有制是最根本的。社会主义存在这三大特征没有错，但只认知这些特征，没有抓住本质。社会主义不是为公有制而公有制。搞公有制是为了什么？再进一步问，搞社会主义为了什么？其实，搞社会主义的根本宗旨，在于让广大劳动群众摆脱在旧的私有制度下受剥削和压迫的处境，过上日益富裕的生活。马克思讲过，社会主义以所有人的富裕为目的。列宁也讲过：社会主义就是要让全体人民过上最美好最幸福的生活。共同富裕，是社会主义区别于以往一切社会制度的最本质的东西。原始社会实行公有制，没有剥削，但由于生产力极端落后，不可能有共同富裕。奴隶制度、封建制度、资本主义制度，存在阶级剥削和两极分化，也不可能实现共同富裕。

为实现社会主义共同富裕，就要求快速发展生产力，这是作为共同富裕的物质手段。就要求实行公有制作为制度保证。十八大报告中指出，为实现共同富裕，就要“坚持社会主义基本经济制度”，即坚持公有制为基础或为主体。就要“调整国民收入分配格局，加大再分配调节力度，着力解决收入分配差距较大问题，使发展成果更多更公平惠及全体人民，朝共同富裕的方向稳步前进”。

## 六、必须坚持促进社会和谐

党的十八大报告指出：“社会和谐是中国特色社会主义的本质属性。”十六大以来，我们党对社会和谐的认识不断深化，作出一系列的决策部署，把构建社会主义和谐社会摆在更加突出的地位。2006 年 10 月，党的十六届六中全会通过的《中共中央关于构建社会主义和谐社会若干重大问题的决定》（以下简称《决定》），论述了构建社会主义和谐社会的重要性和紧迫性，提出了构建社会主义和谐社会的指导思想、目标任务和原则，并做出了相应的多方面的战略布置。

我国的改革开放和经济社会发展正处于空前的社会变革时代，必然带来这样或那样的矛盾问题，会影响社会和谐，需要应对、处理和解决。《决定》指出，当前存在的影响社会和谐的矛盾问题主要是：城乡、区域、经济社会发展很不平衡；人口资源环境压力加大；就业、社会保障、收入分配、教育、医疗、住房、安全生产、社会治安等方面关系群众切身利益的问题比较突出；体制机制尚不完善，民生法制还不健全；一些社会成员诚信缺失、道德失范，一些领导干部的素质、能力和作风与新形势新任务的要求还不适应；一些领域的腐败现象仍然比较严重；敌对势力的渗透破坏活动危及国家安全和社会稳定。

为了促进社会和谐，十八大报告提出：“要把保障和改善民生放在更加突出的位置，加强和创新社会管理，正确处理改革发展稳定关系，团结一切可以团结的力量，最大限度增加和谐因素，确保人民安居乐业、社会安定有序、国家长治久安。”

促进社会和谐，建立和谐社会，才能缓解和消除矛盾，保持社会稳定。社会和谐稳定，才能集中力量搞建设，一心一意谋发展，同心协力搞改革，更好更快地发展生产力，不断增加和扩大社会财富，满足人民需要，逐步实现共同富裕。

## 七、必须坚持和平发展

党的十八大报告指出：“和平发展是中国特色社会主义的必然选择。”中国特色社会主义，致力于快速发展生产力和走向共同富裕，要求国内和谐稳定，国际和平和谐。还提出了建立和谐世界的主张。强调和平发展，是针对世界仍然不安宁、不和平而讲的。强权政治、霸权主义和新干涉主义有所上升。“树欲静而风不止”，大国霸权主义并支持小国霸权主义在围堵我国的和平崛起，侵犯我国的利益，干涉我国的事务。加之国际金融和经济危机延续至今，影响深远，世界经济增长不稳定不确定因素增多。全球发展不平衡加剧，某些国家和地区的局势动荡频繁发生，经济社会安全问题更加突出，需要我国有效应对。

我国是爱好和平的国家。世界帝国主义列强的野蛮侵略与掠夺，曾使我国人民深受灾难，深知和平的可贵。十八大报告专设一节，论述“继续促进人类和平与发展的崇高事业”。它指出：弱肉强食不是人类共存之道，穷兵黩武无法带来美好世界。要和平不要战争，要发展不要贫穷，要合作不要对抗，要推动建设持久和平、共同繁荣的和谐世界。我国始终不渝走和平发展道路，奉行独立自主的和平外交政策，又决不屈服于任何外来的强权和霸权压力。要秉持公道、伸张正义，主张和平解决国际争端。我国坚持开放的发展、合作的发展、共赢的发展，推动建设持久和平、共同繁荣的和谐世界。十八大报告在“夺取中国特色社会主义新胜利”一节的最后，提出作为“新胜利”的目标的两个愿景：一是“一定能在中国共产党成立一百年时全面建成小康社会”；二是“一定能在新中国成立一百周年时建成富强民主和谐的社会主义现代化国家”。这是党的道路自信、理论自信和制度自信，是中国特色社会主义的自信。国内和谐稳定，国际和平发展，是实现这两大愿景的社会保证。

## 八、必须坚持党的领导

中国人民在中国共产党的领导下，取得了新民主主义革命和社会主义革命的胜利，又取得了社会主义建设特别是中国特色社会主义建设事业的胜利。摆在党的面前的新任务，是夺取中国特色社会主义的“新胜利”。十八大报告指出：“中国共产党是中国特色社会主义事业的领导核心。”离开中国共产党的领导，就不可能有中国特色社会主义事业。在中国历史上，只有共产党是以马克思主义为指导，全心全意为人民求解放谋福利、以建设社会主义和共产主义为己任的党，也是唯一有能力做这一番事业的党。党在革命和建设事业中，经历过曲折、遭受过挫折、出现过这样或那样的失误，但它为人民群众谋福利、建设社会主义和共产主义的宗旨是始终如一的。十八大报告论述了为什么中国共产党是而且一定能够成为中国特色社会主义事业的领导核心。共产党坚持立党为公、执政为民，不断加强和改善自己的领导水平，能够发挥总揽全局、协调各方面的领导核心作用，为了发挥领导核心作用，就要求保持党的先进性和纯洁性，增强党的创造力、凝聚力、战斗力，提高党的科学执政、民主执政、依法执政的水平。《报告》也论述了党为了做好作为中国特色社会主义事业的领导核心，需要清醒认识我国的基本国情。推进任何改革与发展，都要立足于社会主义初级阶段这个最大的实际，既不去办超越阶段的事情，也不能停滞不前，或偏离社会主义道路，搞改旗易帜的事情。要认清党的基本路线是党和国家的生命线。基本路线就是一个中心——以经济建设为中心，两个基本点——坚持四项基本原则和改革开放。基本路线要统一于中国特色社会主义理论与实践的全过程。离开以经济建设为中心，就不会快速发展生产力，不能实现共同富裕，就离开了科学社会主义和中国特色社会主义的本质要求。只强调和坚持改革开放，不坚持四项基本原则，就会走向改旗易帜的邪路；只坚持四项基本原则，不坚持改革开放，就不能与时俱进，就会走向封闭僵化的老路。

总之，夺取中国特色社会主义新胜利，必须牢牢把握上述八项基本要求。

# 夯实中国特色社会主义的经济基础[①]

［摘要］我国所有制结构即基本经济制度是公有制为主体，多种所有制共同发展。公有制为主体，包括发挥主导作用的国有经济和作为公有制重要组成部分的集体经济，也包括混合所有制经济中的国有经济和集体经济成分。

公有制是实现社会主义本质的制度安排和必要条件。搞社会主义，搞公有制，必须抓两头，一头是快速发展生产力，一头是共同富裕。

公有制是社会主义制度的经济基础。在公有制的基础上才能建立起按劳分配、消除两极分化、实现共同富裕的社会主义生产关系体系。

胡锦涛总书记在“七一”重要讲话中指出，中国共产党“开辟了中国特色社会主义道路，形成了中国特色社会主义理论体系，确立了中国特色社会主义制度”。经济是基础，中国特色社会主义制度是以中国特色社会主义经济制度为基础的。

## 坚持和完善中国特色社会主义经济制度

生产资料所有制是社会经济制度的基础，社会主义公有制是社会主义经济制度的基础。无论中国特色社会主义经济理论体系或中国特色社会主义经济制度，都会涉及社会主义所有制这一基础性问题。我国处于社会主义初级阶段，所有制结构即基本经济制度是公有制为主体，多种所有制共同发展。这一基本经济制度构成中国特色社会主义经济制度。公有制为主体，包括发

① 本文原载《光明日报》2011年8月15日。

挥主导作用的国有经济和作为公有制重要组成部分的集体经济，也包括混合所有制经济中的国有经济和集体经济成分。

我国的国有经济是由国家代表全社会掌握生产资料和产品的公有制形式，是全民所有制经济。它代表国家和全民的利益，掌握有关国计民生的重要部门，致力于发展基础设施和支柱产业，掌握国民经济命脉。我国宪法规定：国有经济“是国民经济的重要主导力量，国家保障国有经济的巩固和发展”。

在社会主义初级阶段，实行公有制为主体，不搞单一的公有制，同时发展私营、个体、外资等非公有制经济。发展私有制经济不是搞私有化，搞不搞私有化的标志，要看是不是坚持国有经济为主导、公有制经济为主体。“主导”是指国有经济在国民经济发展中起引导、导向、带领的作用，它在所有制结构中的数量比重并不一定要占多数。“主体”则不同，既要有量的优势，又要有质的优势。量的优势是指从资产占有量、GDP 贡献、产值、新增加值等方面看，公有制经济在比重上应占优势。质的优势应表现在两方面：一方面，要把公有制经济搞好搞活，使国有经济有效发挥主导作用，提高其在经济发展中的控制力、影响力和带动力；另一方面，公有制经济特别是国有经济应在发展生产力、应对国际竞争与危机、保障国家安全、保证社会进步与稳定、消除两极分化、实现共同富裕的根本任务与目的中，表现出其优越性。

在我国现阶段，根据我国国情和“三个有利于”的标准，既要重视公有制经济的发展，又要重视非公有经济的发展。党的十七大报告指出：“毫不动摇地巩固发展公有制经济，毫不动摇地鼓励、支持、引导非公有制经济发展。”党的十七届四中全会又提出划清公有制为主体、多种所有制共同发展的基本经济制度同私有化和单一的公有制的界限。改革开放 30 多年来，正是在这一基本经济制度下，我国经济与社会获得了快速发展，取得了巨大成就。

当前，对唱衰和否定公有制为主体、国有经济为主导的私有化思潮的消极影响应高度重视。有必要从理论与实践的结合上弄清公有制经济特别是国有经济在中国特色社会主义制度中的地位和作用，澄清一些理论认识上的是非。

## 我国为什么要实行公有制为主体

人们一般讲：由于我国是社会主义国家，所以必须以公有制为主体。这样讲也不错，但没有解决问题。还需要进一步回答，为什么社会主义国家一定要实行公有制或以公有制为主体？这个问题并非人人都很清楚。如果对这个问题不很清楚，就会产生邓小平同志提出的对什么是社会主义、怎样建设社会主义认识不清的问题。

科学社会主义强调公有制为基础，中国特色社会主义强调公有制为主体，是服从于社会主义的根本任务和目的的。共产党人为什么要搞社会主义？实行公有制与搞社会主义有什么内在的必然联系？邓小平提出的社会主义本质论科学地回答了这一问题。从本质上说，搞社会主义，搞公有制或公有制为主体，其目的和任务就是解放和发展生产力，消灭剥削、消除两极分化，最终达到共同富裕。而公有制正是实现社会主义本质的制度安排和必要条件。由此出发，搞社会主义，搞公有制，必须抓两头，一头是快速发展生产力，一头是共同富裕。这一思想，从马、恩、列到邓小平是一以贯之的。

从历史事实来看，沙皇俄国原是一个在经济上落后于美国的国家。苏联社会主义公有制建立以后，迅速缩小了与美国的差距。美国在1901—1929年，工业产值年均增长不过4%，1955年的国民收入只为1917年的2.66倍。而苏联1957年的工业增加值与1913年相比，增加了32倍，国民收入增加了18倍左右。二战后，尽管苏联在战争中受到重创，但迅速恢复和发展了经济，成为可与美国抗衡的超级大国。而苏联解体，转向私有化后，经历了十几年的经济停滞和衰退，昔日雄风不再，由远胜于中国的世界强国倒退为经济落后于中国的“发展中”国家。

解放前的旧中国是一个落后的贫穷的衰弱国家。成人文盲率高达80%，人均寿命只有35岁左右。新中国建立前的100多年中，多种私有制经济的存在没有导致中国走向繁荣富强，反而是内忧外患，民不聊生，经济社会趋于停滞与衰退。解放后，建立了实行公有制的社会主义制度，生产力获得解放与发展。改革开放前，尽管受到“左”的损害，公有制的优越性没有充分发挥，但由于摆脱了帝国主义、封建主义与官僚资本主义的掠夺、压迫与剥削，经济增长还是比较显著的，处于世界前列，在较短时期内建立了完整的工业体系，其成就超过了过去几百年，这种成就主要依靠国有经济的作用。改革开放以来社会主义建设的成就，又远远超过中国任何历史时期。

## 国有经济在社会主义制度中的真实地位与作用

有人将资本主义国家搞国有经济的状况作为我国国有经济的参照系，这混淆了社会主义制度与资本主义制度的区别。资本主义以私有制为基础，即使不搞国有企业也不会损害资本主义一根毫毛。资本主义国家建立国有企业并不是属于构成资本主义制度的内在要素，而是出于调控资本主义经济运行的需要，是为了弥补市场这只“看不见的手”的缺陷，便于实行政府调控。这类国有企业一般是私人资本不愿或无力经营的部门。而对社会主义国家来说，第一，国有经济作为社会主义全民所有的经济，是社会主义经济制度的内在构成要素。它从长远利益和全局利益方面支撑社会主义经济的发展。只有坚持和完善以国有经济为核心的公有制经济，才能实现社会主义的本质要求，才能消除两极分化，走向共同富裕。第二，国有经济是社会主义国家对经济运行更为有效地实行宏观调控的经济手段。兹举一例：日本这次强震引发福岛核电站危机，使关东地区产生电荒。日本不能从全国调剂电力，因为国家不掌握电力，关西的大阪电力和关东的东京电力两大电网无法并网。而我国的大电网可全国调配。第三，国有经济是我国先进生产力的代表，是国民经济的支柱。发展社会主义社会的生产力，实现国家的工业化和现代化，始终要依靠和发展国有经济的重要作用。第四，国有经济是保证我国经济独立自主和国家安全、应对国际竞争和突发事件、保障国家安全的重要支柱。在这次国际金融危机中，我国能够首先摆脱危机的冲击，经济继续快速增长，国有经济功不可没。第五，以国有经济为核心的公有制经济是共产党执政的经济基础和物质手段。有些人认为私有制经济是党和政府的执政基础，有人咒骂国有企业，断言国有企业“造成民营经济发展的困难、法治的破坏、民生的困难、腐败的蔓延、道德的沉沦”，因而国有企业“不是政权的基础”，这实在是无理强加于国有企业的罪责。国有企业固然还存在这样那样的问题，需要通过深化改革、完善机制解决，但这不是国有企业的制度性问题，而是需要实行科学管理的问题。

之所以强调包括国有经济的公有制经济是党和政府执政的经济基础，是因为，公有制是社会主义制度的经济基础。在公有制的基础上才能建立起按劳分配、消除两极分化、实现共同富裕的社会主义生产关系体系。共产党是搞社会主义和共产主义的，如果是搞私有化，搞资本主义，就不需要共产党。非公有制经济是非社会主义经济，它们是社会主义市场经济的组成部分，而不是社会主义经济的组成部分。按照“三个有利于”的标准，即使是资本主义性质的外资经济和私营企业，也要毫不动摇地鼓励和支持其发展。但如果公有制为主体的经济基础丧失了，上层建筑迟早会随之变化。

## 国有经济的效率及其与非公有制经济的关系问题

国有企业的效率问题，经常受到不实事求是的指责。如果国有资产增长快了，利润率大幅提高了，会被指责“国进民退”，挤压了非公经济，甚至说是明盈实亏。如果利润率低了，又被说成是低效率，国有不如私有，主张“国退民进”。最近看到有人用统计数字批评国企“近几年国进民退，国有资产从 1999 年 9 万亿元增加到 2009 年的 43 万亿元，是十年前的五倍”，说“国有及国有控股企业整体上处于亏损状态”，这不是实事求是的论断。

对于国有经济在社会主义经济发展中的地位和作用，以及它与私有制经济的关系问题，只有从坚持和完善中国特色社会主义制度的总体理念和要求去考虑与研究，才会得出科学的认识。只根据国有资产十年增加五倍，就认为是“国进民退”，这是一种片面的武断之词。国有资产的绝对量增加并不是靠挤压私有制经济取得的，与私人资本更快的增长相比，国有资产的相对量是降低的。从国家统计局提供的数字看，2004—2008 年，国有资产在全国资产所占比重中下降了 8.1 个百分点，而私营企业增加了 3.3 个百分点。多年来，国有工业资产在全国工业经济中的比重是持续下降的，从 2002 年的近 70% 下降到 2008 年的 43.7%。

断言国有企业整体处于亏损状态也是违反事实的。国有企业承担着社会责任，不是只以盈利为目的。即使如此，通过改革，近些年来国有企业的利税率还是很高的。2002—2008 年，国有工业企业实现的利润从 2633 亿元增加到 9063 亿元。2009 年，仅中央企业利润总额达 8151.2 亿元，同比增长 17.1%。从上缴税金来看，全国国企上缴的税金由 2005 年的 1.2 万亿元增加到 2009 年的 2.3 万亿元，年均增长 12.7%。根据有关单位从综合统计数字的分析看出，2003—2008 年间，国企税费大大高于其他类型企业，是私营企业税负综合平均值的 5 倍以上。截至 2009 年底，已有 1561 多亿元的国有股权转让收入，划归社保基金，使国企收益供全民共享。

总之，我们应坚持和完善现阶段的基本经济制度，真正做到公有制和非公有经济平等竞争、共同发展。不应依靠贬损国有经济来否定公有制为主体，搞私有化，而应不断发展和完善国有经济，以保障中国特色社会主义经济制度的长治久安。

# 既不走封闭僵化的老路，也不走改旗易帜的邪路[①]

党的十八大报告（以下简称《报告》），首先总结了过去5年和10年发展与改革的伟大成就和根本经验，并回顾了前三代中央领导集体在开创、建设和发展社会主义事业中的建树。特别总结了在新世纪新阶段，在全面建设小康社会进程中推进实践创新、理论创新、制度创新，提出和推进科学发展观，在新的历史起点上坚持和发展中国特色社会主义取得的新的重大成果。

改革开放30多年来，我国坚定不移地走中国特色社会主义道路。“既不走封闭僵化的老路，也不走改旗易帜的邪路。”这两句话具有丰富的内涵，是新中国成立60多年来走社会主义道路经验和教训的简明概括，更是十六大以来高举中国特色社会主义旗帜的写照。对我国改革开放前践行的社会主义，我们应一分为二地予以评析。我国改革开放前的近30年中，一方面，社会主义事业取得了巨大成就，发生了翻天覆地的变化。正如《报告》中所指出的，“以毛泽东同志为核心的党的第一代中央领导集体带领全党全国人民完成了新民主主义革命，进行了社会主义改造，确立了社会主义基本制度，成功实现了中国历史上最深刻最伟大的社会变革，为当代中国一切发展进步奠定了制度基础。在社会主义建设中取得了独创性理论成果和巨大成就，为新的历史时期开创中国特色社会主义提供了宝贵经验、理论准备和物质基础”。但另一方面，也应看到，当时在社会主义建设事业中，在理论认识上和经济体制上，存在僵化封闭的情况，特别在社会主义“三大改造”以后，追求“一大二公三纯”的单一的公有制经济，实行单一的高度集中

① 本文原载《经济学家》2012年第12期。

的指令性计划经济体制，把市场调节当作资本主义制度属性，把发展商品经济、集市贸易、搞活市场，当作资本主义道路予以限制。经济体制僵化，阻碍生产力发展。还把重视生产力的发展，作为“唯生产力论”批判，把致力于提高人民物质文化生活水平，作为“经济主义”、“福利主义”批判。“宁要贫穷的社会主义，不要富裕的资本主义。”以“阶级斗争为纲”取代以经济建设为中心。

正确认识前30年社会主义事业中所经历的正反两方面的经验教训，才能更好地认识后30多年来中国特色社会主义事业的重要意义和贡献。党的十一届三中全会，迎来了改革开放的新时期。中国走向一条新的中国特色社会主义道路，这条道路既不“丢掉老祖宗”，继续坚持和发展马列主义、毛泽东思想，继续坚持马克思主义的科学社会主义，又创立和推进中国特色社会主义。中国特色社会主义与改革开放前的社会主义相比，具有一系列新的特点，但只是摒弃“封闭僵化的老路”，而非走“改旗易帜的邪路”。

为了说明中国特色社会主义不搞“改旗易帜”，首先需要弄清不改什么旗，不易什么帜。就需要弄清马克思主义科学社会主义的“旗帜”是什么？《报告》中指出：要“把马克思主义基本原理同中国实际和时代特征结合起来”。“基本原理”中的核心理论就是马克思主义的“旗帜”。马克思主义与中国实际相结合的中国特色社会主义，是我国当代社会主义的旗帜。因此，高举中国特色社会主义旗帜，也就同时要高举马克思主义科学社会主义旗帜。坚持和发展中国特色社会主义，是以坚持和发展马克思主义科学社会主义为前提的。然而，科学社会主义的本质是什么？这是需要首先弄清楚的问题。在一个长时期中，我们搞社会主义，却没有完全弄清什么是社会主义，自然也就难以完全弄清如何建设社会主义。“封闭僵化的老路”与此相关。什么是社会主义？过去人们往往这样回答：社会主义是公有制、按劳分配。如果又问：为什么我国要实行公有制为基础或为主体？回答是：因为我国是社会主义国家，必须实行公有制为基础或为主体。道理并不错，但未抓住本质，是搞循环论证，绕不出圈子。事实上，如果只从这几个特点认识和界定社会主义，就丢掉了社会主义的灵魂和本质。马克思主义不是为公有制而搞公有制。如果搞社会主义而不致力于快速发展生产力和使劳动人民共同富裕，就必然是贫穷的公有制，贫穷的按劳分配。总之，是贫穷的社会主义。但“贫穷不是社会主义”。马克思主义科学社会主义，是要建立生产力快速发展、走向共同富裕的社会主义，这是社会主义的本质所在。公有制、按劳分配只是为实现生产力快速发展和共同富裕设置的必要的制度条件。《报告》中指出：邓小平同志“深刻揭示社会主义本质”，“科学回答了建设中国特色社会主义的一系列基本问题，成功开创了中国特色社会主义”。社会主义本质是什么？邓小平指出：是“解放生产力，发展生产力，消灭剥削，消除两极分化，最终达到共同富裕”。解放和发展生产力，是达到共同富裕的物质条件，消灭剥削和消除两极分化是达到共同富裕的社会条件。因此，致力于社会主义事业，必须遵循社会主义本质，抓好社会主义的两大环节，一是快速发展生产力；二是逐步实现共同富裕。这也是马克思主义科学社会主义的根本要求。在《共产党宣言》中指出：无产阶级取得政治统治，把一切生产工具集中在国家手中，“尽可能快地增加生产力的总量”。而尽快地发展生产力，是“丰富和提高工人生活的一种手段”。在《经济学手稿》中，马克思又明确地讲：在未来社会主义制度中，“社会生产力的发展将如此迅速，……生产将以所有人的富裕为目的”①。为了快速发展生产力和实现共同富裕，就需要实行公有制和按劳分配，这是制度保证。以公有制为基础或主体，才能克服表现为周期性经济危机的生产社会化和资本主义私人占有之间的矛盾，解放被束缚的生产力。公有制和按劳分配，又是实现共同富裕必要的制度安排，是以实现共同富裕为根本目的。《报告》将“逐步实现共同富裕”作为中国特色社会主义道路的重要内容，并且把“必须坚持共同富裕的道路”，作为夺取中国特色社会主义新胜利必须牢牢把握的基本要求之一。《报告》指出：“共同富裕是中国特色社会主义的根本原则，要坚持社会主义基本经济制度和分配制度”，“解决收入分配差距较大问题，使发展成果更多更公平惠及全体人民，朝共同富裕方向稳步前进”。

共同富裕，是社会主义区别于以往一切社会制度最本质的属性。原始社会也实行低水平的公有制，没有剥削和两极分化，但因生产力极端落后，没有共同富裕。奴隶制度、封建制度和资本主义制度，虽然也发展了生产力，但因存在以私有制为基础的剥削制度，存在两极分化，不可能实现共同富裕。

从以上说明可以看出：快速发展生产力，致力于共同富裕，是社会主义

① 《马克思恩格斯全集》第46卷下，人民出版社1980年版，第222页。

的本质所在。实行公有制和按劳分配是为实现社会主义本质的制度安排。中国特色社会主义既坚持了马克思主义基本原理，又与中国发展与改革的实际相结合，不搞单一的公有制和单一的按劳分配，坚持公有制为主体，多种所有制经济共同发展；按劳分配为主体，多种分配方式并存；建立社会主义市场经济体制。不“改旗易帜”，就是坚持了发展着的马克思主义这些基本原理，这就是“旗”，就是“帜”。

# 我国决不能搞全面私有化[①]

生产资料所有制是社会经济制度的基础，它可分为私有制与公有制。私有制与公有制又有不同的类型和实现形式。就私有制来说，经历了奴隶制私有制、封建主义私有制和资本主义私有制三大类型。此外，还有存在于不同社会制度下的个体私有制。个体私有制不具有特定的社会经济性质，只能从属于占主体地位的所有制。不同的私有制类型在发展中又会选择不同的实现形式，比如资本主义私有制就经历了由自有自营的业主制发展到合伙制、又发展到股份制、再发展到跨国公司制等过程。同样，公有制也有不同的类型和实现形式，有原始氏族社会的公有制、社会主义公有制、共产主义高级阶段的公有制。社会主义公有制又有国家所有制和劳动群众集体所有制等具体类型或存在形式。同时，公有制可以采取不同的实现形式，如国有国营、承包制、租赁制、股份制等。

马克思主义评价所有制或经济制度的标准有两条，首先是生产力标准；其次是价值标准。奴隶制私有制取代原始氏族社会的公有制是一种历史进步，因为它有利于生产力和社会分工的发展。封建主义私有制取代奴隶制私有制又被资本主义私有制所取代，同样都是历史进步。但是，从生产力标准和价值标准两方面来判断，一切以私有制为基础的社会制度必然会出现社会经济生活中的对抗性矛盾，会产生贫富两极分化、阶级剥削现象，出现阶级矛盾与斗争。矛盾与斗争的激化，表明原有社会经济制度的局限性，生产关系已不适应生产力发展。资本主义制度是私有制发展的最高形式和最后阶段。马克思从资本主义基本矛盾所导致的周期性经济危机及其对生产力发展的阻碍和破坏，从无产阶级与资产阶级的矛盾与斗争，从工人运动的兴起与发展及其经济与政治的诉求中，洞察到社会主义公有制取代资本主义私有制

① 本文原载《人民日报》2009年1月19日。

的历史必然性。生产社会化与公有制的统一，能够消除资本主义私有制与生产社会化的内在矛盾，促进生产力发展，是一种新的历史进步。

旧中国存在多种私有制经济，但并没有因此走向繁荣富强，而是饱经忧患、民不聊生。中国共产党领导中国人民取得了革命斗争的胜利，才挽救了中国。新中国实行以公有制为基础的社会主义经济制度，迅速医治战争创伤，建立起比较完整的国民经济体系，奠定了大规模工业化的基础。由于受极“左”思想影响，我们在所有制问题上出现了一些失误，曾经片面追求“一大二公”、“纯而又纯”，这是导致经济体制僵化、经济活力不足的一个重要根源。但历史的和国际的经验教训都告诉我们，决不能走向另一个极端，否定社会主义公有制，搞私有化，那样只会从另一条途径葬送我国的社会主义现代化事业。

改革开放以来，我国大力发展非公有制经济，同时始终坚持公有制为主体。我国由计划经济转向社会主义市场经济，是将市场经济与公有制为基础的社会主义基本制度结合起来。如果放弃和否定公有制，搞私有化，必然出现社会主义的异化演变与自我否定。世界上有近200个国家和地区实行私有制，发达资本主义国家只占其中的百分之十几，大部分的国家都是经济社会落后的国家。如果我国搞私有化，就会导致两极分化，经济社会发展停滞甚至倒退，出现社会动荡。

国际经验也表明，大规模私有化使苏联、东欧一些原社会主义国家经济发展急剧倒退，国家实力削弱，大部分民众生活水平下降。有资料表明，乌克兰在推行私有化改革的10年中，国民经济倒退60%。我国坚持改革开放30年的成功经验表明：为了把改革开放伟大事业继续推向前进，不断开创中国特色社会主义事业新局面，实现中华民族伟大复兴，从经济上来说，必须坚持、发展和完善社会主义公有制经济。

坚持公有制为主体，既是我国社会主义经济制度的要求和特点，也是我国经济运行的需要和特点。我国人口多、底子薄，发展很不平衡，我们在推进改革开放和社会主义现代化建设中所肩负任务的艰巨性和繁重性世所罕见。如果社会主义公有制被否定了，搞了私有化，社会主义制度也就不存在了，也就丧失了团结带领全国人民克服各种艰难险阻、解放和发展生产力、走向共同富裕的基础。当然，我国不搞私有化，应以实事求是地认识和评价社会主义公有制的作用和绩效为前提，以搞好搞活公有制经济为前提，也就是需要通过深化改革，让社会主义公有制的优越性充分显示出来。

# 为什么说公有制是中国共产党执政的基础？[①]

社会主义为什么要搞生产资料公有制？共产党人为什么要强调实行公有制，并确认公有制是党的执政基础？回答这一问题，需要摆脱一种绕圈子的说法：什么是社会主义？社会主义是实行公有制的社会；为什么要实行公有制？因为我国是社会主义国家，必须以公有制为基础或为主体。这种绕圈子的抽象论断，没有也难以讲清楚问题。

首先，应弄清一个问题：为什么要搞社会主义，目的是什么？马克思的回答："以所有人的富裕为目的。"恩格斯的回答："保证一切社会成员有富足的和一天比一天充裕的物质生活，而且还可能保证他们的体力和智力获得充分的自由的发展和运用。"列宁的回答："只有社会主义才可能使所有劳动者过最美好最幸福的生活。"邓小平的回答："消灭剥削，消除两极分化，最终达到共同富裕。"概括地说，共产党人之所以为社会主义和共产主义事业奋斗终生，其根本目的，是要让广大劳动人民从剥削奴役制度下解放出来，过"最美好最幸福"、共同富裕的生活。这是社会主义区别于以往一切社会制度的最本质的特点。其他社会主义的要求和特点都是由此引申出来的。

共同富裕，要有物质条件做基础，这就要求通过快速发展生产力，创造出不断增多的社会财富。共同富裕，还要有经济制度的保证。任何新的社会制度都会起到解放和发展生产力的作用，但以私有制为基础的奴隶制度、封建制度特别是资本主义制度，无论生产力怎么发展，都不可能消除两极分化，实现共同富裕。共同富裕意味着消灭剥削和消除两极分化，这就要求实行生产资料公有制。马克思恩格斯将公有制称作"社会所有制"，意指生产

① 本文原载《红旗文稿》2012 年第 15 期。

资料归全社会人民所有。但公有制经济及其运行，需要有一定的社会机构来掌握和管理。在国家机构存在的条件下，由劳动人民掌握的国家代表全民占有生产资料，这就是国有经济。社会主义实践证明，生产力还没有获得高度发展的社会主义国家，还需要存在公有制的不同形式，主要是以国家所有制为代表的全民所有制和归部分劳动群众所有的集体所有制。公有制的存在和发展，不仅是消灭剥削和两极分化的制度保证，也是快速发展生产力的社会条件。公有制既消除了不断引发金融和经济危机的资本主义内在矛盾，也消除了旧中国封建主义、帝国主义、官僚资本主义对生产力发展的阻碍。

新中国60多年来的巨大成就，就是在以国有经济为主导的、公有制为基础或主体的经济制度下取得的。没有国有经济为主导，公有制为主体，也就没有中国特色社会主义。通过改革搞好搞活国有经济和集体经济，发展多种所有制经济，扩大对外开放，转变经济发展方式，致力于科学发展等等，都是服从于社会主义的两项本质要求：一是根本任务——快速发展生产力；二是根本目的——共同富裕。所有这一切，都是以国有经济为核心的公有制经济的发展、壮大和完善为制度安排的。

只有弄清楚上述问题，才便于说明公有制是共产党的执政基础问题。《共产党宣言》和共产党的名称就表明，共产党是致力于共产主义事业，要求共生产资料之产的，是要以公有制取代私有制的。而实行公有制，搞社会主义，是为了更好更快地发展生产力，消灭剥削和两极分化，消除贫困，让全体人民“过最美好最幸福的生活”，实现共同富裕。这是共产党人矢志不渝的追求与目的。只有执政为民、为广大人民谋福利，实行公平正义、共同富裕的社会主义制度，共产党才能获得人民的拥护。因此，实行公有制的得失成败，是共产主义事业和共产党人执政得失成败的重要标志。如果社会主义公有制蜕变为资本主义私有制，经济基础变了，上层建筑也会跟着变。苏联、东欧原社会主义国家在实行私有化的“改革”过程中，共产党被解散失去了其执政地位就是明证。

共产党人是为共产主义事业奋斗的。共产主义分低级阶段和高级阶段，社会主义是其低级阶段，国家还不会消亡，但它是人民的国家。共产党是代表劳动人民的利益掌握国家政权的。其执政的经济基础，只能是搞好搞活和发展壮大以国有经济为核心的公有制经济。搞好公有制经济，才能搞好社会主义，公有制经济的兴衰成败，就是社会主义的兴衰成败；搞好公有制经济特别是做大做强国有经济，才能在发展社会主义市场经济中搞好宏观调控，发挥其主导和带动作用；搞好和做大做强国有经济，是在经济全球化境遇中有效应对国际竞争和经济危机的必要和有力的手段；搞好国有经济是在我国经济社会发展中保证国家和社会的整体利益与长远利益的经济条件；搞好和发展壮大国有经济，是应对国内外突发事件和自然灾害的有效手段；搞好国有经济是我国实现四个现代化、立足于世界强国之林、不再受侵略与屈辱的重要支柱。所有这些都是共产党执政过程中面对的事情。由此可见，如果失去以国有经济为核心的公有制经济，也就失去了共产党执政的基础和手段。

我国宪法明确规定："中华人民共和国的社会主义经济制度的基础是生产资料的社会主义公有制，即全民所有制与劳动群众集体所有制。""国有经济，即社会主义全民所有制经济，是国民经济中的主导力量，国家保障国有经济的巩固和发展。"一切动摇、否定和销蚀公有制经济特别是国有经济的言行，都是违反宪法的和不能允许的。

正因为我国的公有制经济特别是国有经济是社会主义经济制度的基础，也是共产党执政的基础和手段，西方某些势力"亡我之心不死"，就是要通过将国有经济私有化的手段实现"和平演变"的图谋，而且是直言不讳地宣示的。尼克松的《透视世界》一书中讲："在经济方面，中国朝自由市场制度前进的过程已经走了一半，现在，它的两种经济——一种私有，一种公有——正在进行殊死的竞争"，而且，"战斗还远没有结束"，只要美国"继续介入中国的经济，就能在帮助私营经济逐步销蚀国营经济方面扮演重要的角色"。美国驻华大使馆新闻处2000年9月的《背景材料》中提及克林顿的讲话：要在中国推行美国的"价值观念"，使中国"加速大型国有企业的衰亡"，"私营企业取而代之"，给"为人权和法治而奋斗的人们增添力量"。

要重视我国国内的私有化思潮对国有经济的销蚀作用。有人否定我国国有经济是社会主义经济，宣扬私有制经济是社会主义经济；宣传"国退民进"是改革的方向；反对讲公有制经济是共产党的执政基础；有人将国有企业贬损得一无是处，公开诅咒和主张取消国有企业。

不言而喻，国有经济还存在这样那样的体制性问题，需要通过深化改革加以完善，但这不是制度问题和取消的问题。必须真正坚持和完善我国公有制为主体、多种所有制共同发展的基本经济制度，坚持"两个毫不动摇"。不搞单一的公有制，发展非公有制经济已是不可逆转的现实趋势；但不搞私有化，毫不动摇地发展国有经济和集体经济，在理论和实践中还存在诸多问题，需要在理论上澄清，在实践中解决。目前，资本主义世界已危机重重，新自由主义在世界范围内已声名狼藉，如果有人要在中国搞新自由主义，制定私有化和资本主义化的发展蓝图，可以肯定，党中央和广大人民是决不会赞同的。

# 中国特色社会主义经济制度的理论是非需要澄清①

## ——兼谈怎样正确理解邓小平南方谈话中关于“社”与“资”、“公”与“私”的论述

2012年6月4日，一家中央大报发表了国务院发展研究中心一位作者的大作：《改革的任务并没有完成，许多似是而非的观点有待澄清，进一步深化改革需要——超越争议，公平竞争》（以下简称《竞争》）。拜读全文，深感它本身就是一篇有争议且其观点有待厘清的论作，所争议的又是关系到中国特色社会主义制度的理论是非和我国社会主义兴衰成败的重大问题，有必要进行讨论。

《竞争》一文的核心观点是：“20世纪90年代初‘姓社姓资’问题的突破，大大解放了思想，为建立社会主义市场经济体制扫清了障碍；今天，如果能摘掉企业‘所有制标签’，清除‘所有制鸿沟’，突破‘姓国姓民’的桎梏，将是生产力的又一次解放。”作者的观点很明确：从20世纪90年代初开始，我国发展与改革已不问“姓社姓资”了，现在应进一步不再问“姓公姓私”，要突破“姓国姓民”即突破国有私有区分。

## 一、邓小平南方谈话突破了“姓社姓资”的区分吗？

可以肯定，《竞争》一文的这种观点是偏离马克思主义和中国特色社会

① 本文原载《政治经济学评论》2012年第7期。

主义理论，也是偏离我国宪法的。所谓20世纪90年代初突破了“姓社姓资”的区分，为建立社会主义市场经济体制扫清了障碍，这一论断本身就存在自我矛盾。我国建立的市场经济体制是“社会主义”条件下的市场经济体制，即市场经济与社会主义基本制度相结合的经济体制。怎么能说是突破了“姓社姓资”的区分了呢？固然，市场经济本身不具有特定的社会经济性质，它可以与资本主义相结合，是资本主义市场经济；也可以与社会主义相结合，是社会主义市场经济。因此，市场经济不能脱离开一定的社会经济制度而单独存在，也就是离不开“姓社姓资”的区别。从这个意义上讲，我国的市场经济姓“社”不姓“资”。这是江泽民同志和中央有关文件一再讲清楚了的。

社会主义市场经济与资本主义市场经济的主要区别是什么？江泽民同志明确指出：“我国经济体制改革的目标是建立社会主义市场经济，而不是搞资本主义市场经济，重要的是要使国有经济和整个公有制经济在市场竞争中不断发展壮大，始终保持公有制经济在国民经济中的主体地位，充分发挥国有经济的主导作用。”[①] 又说：“社会主义市场经济体制是同社会主义基本制度结合在一起的。在所有制结构上，以公有制包括全民所有制和集体所有制经济为主体，个体经济、私营经济、外资经济为补充，……在分配制度上，以按劳分配为主体，其他分配方式为补充，兼顾公平与效率”。[②] 江泽民强调指出：将“社会主义”加之于市场经济，不是画蛇添足，而是画龙点睛。如果搞市场经济不问“姓社姓资”，或曰突破“姓社姓资”的“障碍”，其结果，必然走向资本主义市场经济。

所谓20世纪初“突破姓社姓资”的区分，显然指的是邓小平1992年的南方谈话。这个谈话确实涉及“姓社姓资”问题，但被一些人误解了其原意。邓小平讲：“改革开放迈不开步子，不敢闯，说来说去就是怕资本主义的东西多了，走了资本主义道路。要害是姓‘资’还是姓‘社’的问题。”绝不能把邓小平的这段话解读为：不要怕走资本主义道路，改革开放可以不问和不管姓“资”姓“社”。然而，有些人就是这样理解问题的。《竞争》一文也持类似的观点。

---

① 《江泽民文选》第1卷，人民出版社2006年版，第441页。
② 《江泽民文选》第1卷，人民出版社2006年版，第227页。

邓小平讲这段话的本意是，不能用抽象的模糊不清的姓“资”姓“社”的争论干扰改革开放大业，何谓“资”，何谓“社”，并不是认识很清楚的。在“左”风时期，把不是资本主义的东西说成是资本主义，如包产到户、集市贸易、商品经济、长途贩运和个体经济等。自留地和家庭副业也是“资本主义尾巴”，主张割掉；甚至把社会主义的东西也当做资本主义来限制，如把社会主义的按劳分配原则和八级工资制作为产生资本主义的“资产阶级法权（权利）”加以“限制”和批判。改革开放以来，“提出农村实行家庭联产承包，许多人不同意，家庭联产承包还算社会主义吗？嘴不说，心里想不通，行动上就拖，有的顶了两年，我们等待”。[①] 再如，邓小平一再有针对性地指出：市场多一点，计划多一点，不是资本主义与社会主义的区别。“我们必须从理论上搞懂，资本主义与社会主义的区分不在于是计划还是市场这样的问题。……不要以为搞点市场经济就是资本主义道路，没有那么回事，计划和市场都得要。”[②] 对于办特区，也有人不同意，担心是不是搞资本主义。

本来，改革开放，就是要利用中外两个市场和两种资源来发展我国经济。我国经济体制改革是市场取向的改革，要突破传统计划经济体制，引入市场调节机制，要使商品经济充分发展，要引进外资，发展多种所有制经济。所有这些，都与改革开放前的“社会主义道路”不完全相同，人们会把其中差异的东西看做是资本主义，是资本主义道路，因而“迈不开步子，不敢闯”，“怕走了资本主义道路”。邓小平绝不是说：不要再问姓“资”姓“社”，不要怕走资本主义道路。他的本意是：第一，不要把不是资本主义的东西看做是资本主义，甚至连什么是社会主义，什么是资本主义都没有搞清楚，就纠缠于姓“资”姓“社”的无谓争论，干扰改革开放；第二，市场取向的改革道路是属于中国特色社会主义道路，不是资本主义道路，要迈开步子去走、去闯，“怕走了资本主义道路”是多余的顾虑；第三，判断改革开放是非得失的标准，不是模糊不清的抽象的甚至被颠倒了的姓“资”姓“社”的标准。即使是某些姓“资”的东西，如引进外资（外国资本主义经济），也不是走资本主义道路，而是利用外资来发展我国社会主义事业。

---

① 《邓小平文选》第3卷，人民出版社1993年版，第367页。

② 《邓小平文选》第3卷，人民出版社1993年版，第364页。

“三资”企业“受到我国整个政治、经济条件的制约，是社会主义经济的有益补充，归根到底是有利于社会主义的”。[①] 为了在这个问题上进一步澄清理论是非，邓小平提出了判断改革开放和一切工作是非得失的标准：“判断的标准，应该主要是看是否有利于发展社会主义社会的生产力，是否有利于增强社会主义国家的综合国力，是否有利于提高人民的生活水平。”[②]

邓小平明确指出：外资是资本主义经济。有必要明确，我国的私营企业，也是资本主义经济。个体经济存在于多个社会经济形态中，不存在姓“资”姓“社”属性。这类非公有制经济虽然其性质是非社会主义经济，但实行公有制为主体、多种所有制并存，符合邓小平提出的三条“有利于”社会主义的标准，所以要鼓励、支持和引导其发展。按照三条“是否有利于”的标准来判断，发展包括资本主义经济在内的多种所有制经济，走的是中国特色社会主义道路，而非资本主义道路。因为坚持了公有制为主体，就是坚持了社会主义经济为主体，依然保持了国家和社会的社会主义性质。

邓小平不但不会提出，改革开放可以不问和不管“姓资姓社”，主张什么突破“姓资姓社”的障碍；恰恰相反，他主张应科学地辨别“姓资姓社”，坚定走社会主义道路。他提出并一贯强调坚持“四项基本原则”，其中一条就是坚持社会主义道路。就在南方谈话中，他依然强调，“在整个改革开放的过程中，必须始终注意坚持四项基本原则”，“依靠无产阶级专政保卫社会主义制度”。再具体点讲，邓小平在南方谈话中还明确提出了社会主义本质、社会主义道路、判断社会主义事业是非得失的标准和判断姓“社”姓“资”的标准等问题。他讲，“社会主义的本质是解放生产力，发展生产力，消灭剥削，消除两极分化，最终达到共同富裕”。这就回答了什么是社会主义，怎样建设社会主义的根本性问题。从社会主义本质规定，可以明确社会主义道路，从根本上说，就是共同富裕的道路。因而小平同志接着指出：“走社会主义道路，就是要逐步实现共同富裕。……如果富的愈富，穷的愈来愈穷，两极分化就会产生，而社会主义制度就应该而且能够避免两极分化。”不言而喻，为了实现共同富裕，就要解放生产力和大力发展生产力，这是物质保证；还需要有制度保证，那就是以公有制为基础或主体。只有在

① 《邓小平文选》第3卷，人民出版社1993年版，第373页。
② 《邓小平文选》第3卷，人民出版社1993年版，第372页。

公有制的基础上才可能消灭剥削，消除两极分化，实现共同富裕。一切私有制包括资本主义私有制是做不到这一步的。这就引出了社会主义与资本主义的所有制基础差别问题，也就是引出了判断姓“社”姓“资”的标准问题。小平同志还指出：“对办特区，从一开始就有不同意见，担心是不是搞资本主义。”深圳特区究竟姓“社”还是姓“资”？用什么标准判断？小平同志回答说：“深圳的建设成就，明确回答了那些有这样那样担心的人。特区姓‘社’不姓‘资’。从深圳的情况看，公有制是主体，外商投资只占四分之一。”从小平同志的论断可以明确认识，判断姓“社”姓“资”的标准，首先是所有制基础。只要坚持公有制为基础或主体，就是姓“社”。有人离开邓小平判断姓“社”姓“资”的所有制标准，硬把他讲的三条“是否有利于”的标准作为判断“社”与“资”的标准，是一种离开原意的不正确的解读。他们一边断言邓小平南方谈话主张不问“姓社姓资”，一边又说邓小平提出了判断“姓社姓资”的三条“是否有利于的标准”。这种自我矛盾的两边说法都是误解与错解。其实，三条“是否有利于”的标准，是判断改革开放和一切工作是非得失的标准。江泽民同志在党的十四大报告中明确说明：“判断各方面工作的是非得失，归根到底，要以是否有利于发展社会主义社会的生产力，是否有利于增强社会主义国家的综合国力，是否有利于提高人民的生活水平为标准。”有必要指出，上述三条判断标准是判断社会主义事业得失成败的标准，强调的是怎样搞好社会主义事业的标准，包括怎样搞好社会主义经济社会发展和社会主义改革的标准。应注意到：它讲有利于生产力的发展和综合国力的提高，都有个前置词：“社会主义社会的”和“社会主义国家的”。从以上分析可以看出，邓小平南方谈话中所涉及的一切问题，都不存在强加于他的所谓不问“姓社姓资”，“突破‘姓社姓资’障碍”的问题；至多可以说，邓小平南方谈话突破了计划经济姓“社”、市场经济姓“资”的传统观念。但不能以偏概全，认为改革与发展中可以一概不问和不管“社”与“资”的区别，不需要再去区分什么社会主义与资本主义了。这种解读是完全错误的。

邓小平的南方谈话，实际上体现着他深厚的社会主义情结。请再读一下他下面的这些话：“社会主义和改革开放能不能坚持，……从一定意义上说，关键在人。”也就是既要坚持改革开放，又要坚持社会主义，不能离开坚持社会主义只讲改革开放。能否同时坚持两者，邓小平寄期待于后人。

“党的基本路线要管一百年，要长治久安，就要靠这一条”。坚持党的基本路线，就是要坚持经济建设为重心，坚持四项基本原则和改革开放。不能只坚持其一，不坚持其二。“我坚信，世界上赞成马克思主义的人会多起来的，因为马克思主义是科学”，“社会主义经历一个长过程发展后必然代替资本主义，这是社会主义历史发展不可逆转的趋势，但道路是曲折的”。马克思主义是搞社会主义的，是搞科学社会主义，我国将其发展为中国特色社会主义。根据邓小平理论，不仅要坚持和发展我国的特色社会主义事业，而且要放开眼界，要从社会历史发展规律看到资本主义最终会被社会主义所取代的历史必然性。这既是马克思主义毛泽东思想告诉我们的，也是在社会主义运动低潮时期邓小平南方讲话再次告诉我们的。怎么能说邓小平南方讲话是不问“姓社姓资”，突破了“姓社姓资”的障碍了呢？

## 二、我国目前的改革与发展需要“突破姓国姓民的桎梏”吗？

《竞争》一文讲：在我国渐进式的改革中曾不得不对不同所有制企业区别对待、轮番政策调整的做法没有及时改变，有一些延续至今。舆论、政府管理和涉及企业的许多政策都打上了“所有制烙印”，包括已经上市的股权多元化的公众公司，每家企业都有一个“所有制标签”，在市场中形成了一条很深的“所有制鸿沟”。《竞争》一文批评了“国有企业处于强势地位”，而“很多民营企业因此被挡在门外”；批评有些地方政府“做大”国有企业；最后提出：“今天，在特别需要鼓励创新、扩大中等收入阶层的时候，如果能摘掉‘所有制标签’，消除‘所有制鸿沟’，突破‘姓国姓民’的桎梏，将是生产力的又一次解放。”

在我国当代条件下，怎样看待“资”与“社”、“公”与“私”的关系问题，不是一个一般的理论和学术问题，而是关系到中国共产党举什么旗，走什么路，建立什么样的社会经济制度的重大政治和社会经济问题。我国是中国共产党领导的社会主义国家，以马克思主义、毛泽东思想和中国特色社会主义理论为指导，走中国特色社会主义道路，建立中国特色社会主义制度。是否认同这一指导思想，是否认同这一道路与制度的选择，就会对“资”与“社”、“公”与“私”的关系问题产生不同的和对立的看法。

“资”与“社”的关系同“公”与“私”的关系实际上是同一个问题。资本主义以私有制为基础，社会主义以公有制为基础，中国特色社会主义以公有制为主体，多种所有制共同发展。

马克思主义创始人的科学社会主义，始终坚持社会主义将实行“社会所有制”，即全社会占有生产资料。“社会所有制”、“公有制”、“公共所有制”在马恩著作中是一样的含义。马克思主义强调以公有制取代私有制，不是为公有而公有，而是服从于社会主义的两项本质要求：其一是消除资本主义私有制与生产社会化的矛盾，解放和快速发展生产力；其二是消灭剥削和两极分化，实现共同富裕，使劳动人民获得解放。马克思在《手稿》中提出：“社会从私有财产等等解放出来，从奴役制解放出来，是通过工人解放这种政治形式来表现的。这并不是因为这里涉及的仅仅是工人的解放，而是因为工人的解放还包含普遍人的解放。”[①]《共产党宣言》中指出：“把资本变为公共的、属于全体社会成员的财产。”无产阶级利用自己的政治统治，“把一切生产工具集中在国家手里，并尽可能快地增加生产力的总量。”[②] 在马克思和恩格斯的其他著作如《资本论》、《哥达纲领批判》以及直至恩格斯逝世前于1895年3月为马克思的《1848至1850年的法兰西阶级斗争》一书写的《导言》中，一以贯之地强调社会主义运动的重要任务是实行生产资料公有制。《导言》中强调指出：“这本书（指马克思《法兰西阶级斗争）一书——引者）具有特别重大意义的是，在这里第一次提出了世界各国工人政党都一致用以扼要表述自己的经济改革要求的公式，即：生产资料归社会所有。”恩格斯于1890年8月21日的一封信中指出：“社会主义社会”“同现存制度（指资本主义制度——引者）的具有决定意义的差别当然在于，在实行全部生产资料公有制（首先是国家的）基础上组织生产。”[③] 生产资料公有制是社会主义制度的基础，这是从马恩列到毛泽东、邓小平、江泽民、胡锦涛以及我国宪法和中央有关文件，始终作为马克思主义和社会主义的一个基本原理坚持不移的。即使我国在新民主主义历史时期，也要重视发展作为社会主义经济成分的公有制经济首先是国有经济。

毛泽东在1940年写的《新民主主义论》中指出：“在无产阶级领导的新

---

① 《马克思恩格斯文集》第1卷，人民出版社2009年版，第167页。

② 《马克思恩格斯文集》第2卷，人民出版社2009年版，第46、52页。

③ 《马克思恩格斯文集》第10卷，人民出版社2009年版，第588页。

民主主义共和国的国营经济是社会主义的性质，是整个国民经济的领导力量，……并不禁止‘不能操纵国计民生’的资本主义发展。”在1949年新中国成立前夕，毛泽东在党的七届二中全会上的报告中，再次强调指出：新中国的“国营经济，是社会主义性质的经济”，私营企业是“私人资本主义”。区分了“社”与“资”的不同。他接着讲：要“使国营经济成为整个国民经济的领导成分”，“谁要是忽视或轻视了这一点，谁就要犯右倾机会主义的错误”。又说：“在发展工业的方向上，有些糊涂的同志认为主要地不是帮助国营企业的发展，而是帮助私营企业的发展；或者反过来，认为只要注意国营企业就够了，私营企业是无足轻重的了。我们必须批判这种糊涂思想。”这里讲的是新民主主义经济结构的问题，还不是讲社会主义，但也要重视国营经济（国营企业）的社会主义性质及其领导作用，重视其发展中的“主要”地位。1949年全国政协通过的《共同纲领》中也明确指出：在多种经济成分中，“国营经济为社会主义性质的经济”，“是整个经济的领导成分”。“凡属有关国家经济命脉和足以操纵国民生计的事业，均由国家统一经营”。

当然，在改革开放前的年代中，我国脱离开生产力还很落后的国情，过早地消灭了私人资本主义经济和个体经济，追求“一大二公”、公有制一统天下的社会主义，不利于生产力的快速发展。改革开放以来，实行中国特色社会主义，并不是像某些人所说的是对马克思“传统社会主义”的摒弃，而是源与流、继承与发展的关系。继承了什么？发展了什么？主要继承了最重要的四个基本原理。一是社会主义要快速发展生产力；二是社会主义要以所有人的富裕为目的（马克思语），实现“共同富裕”；三是公有制（首先是国有制）是社会主义经济制度的基础；四是按劳分配是社会主义的分配原则。这四个基本原理的内容在马、恩、列的著作中有很多和很丰富的论述，这里为节省篇幅不必多加引证。邓小平理论和整个中国特色社会主义理论对马克思主义的继承与发展，表现在邓小平、江泽民、胡锦涛和中央有关文件和我国宪法中。邓小平提出社会主义本质的规定：根本任务是解放与发展生产力，根本目的是共同富裕，是对马恩列理论的继承。而对社会主义本质的科学概括，并创新性提出社会主义条件下，还需要“解放生产力”，这是理论发展。邓小平和党中央提出我国社会主义初级阶段理论。初级阶段的社会主义同马克思主义的科学社会主义的关系，也是继承与发展的关系。继承了什么？继承了公有制是社会主义经济制度的基础，按劳分配是社会主义的分配原则。从1982年到1992年，我国宪法几经修改，但有关社会主义经济制度的一条始终保留未动，即："中华人民共和国的社会主义经济制度的基础是生产资料的社会主义公有制，即全民所有制和劳动群众集体所有制。""社会主义公有制消灭了人剥削人的制度，实行各尽所能，按劳分配的原则。"发展了什么？根据我国生产力水平处于社会主义初级阶段的国情，提出了既不搞单一的公有制，又不搞私有化的所有制结构。坚持公有制为主体，多种所有制共同发展的基本经济制度；坚持按劳分配为主体，多种分配方式并存的分配制度。并将此内容补入宪法。公有制为主体，既是继承，又是发展。强调公有制为主体，就是强调社会主义经济为主体。在邓小平理论和中央有关文件中，是将两者作为含义相同的概念通用的。有了公有制为主体才能保证我国的社会主义性质，这是对科学社会主义的继承。但公有制只能是"主体"，不能是"全体"。还有非公有制经济即非社会主义经济共同发展，这是理论和实践的发展。

正因为以国有经济为核心的公有制是社会主义经济或社会主义经济制度的基础，非公有制经济是非社会主义经济，因而否定国有经济和公有制经济的主体地位，就是挖社会主义制度的基础，就是否定社会主义。共产党人和马克思主义者，如果认同以邓小平理论为核心的中国特色社会主义理论，认同我国特色社会主义制度，就应当认同它的有关指导思想。让我们重温一下有关论述。

邓小平指出："我们允许个体经济发展，还允许中外合资经营和外资独营的企业发展，但是始终以社会主义公有制为主体。……一个公有制为主体，一个共同富裕，这是我们必须坚持的社会主义的根本原则。我们就是要坚决执行和实现这些社会主义的原则。"①"我们大陆坚持社会主义，不走资本主义的邪路。""社会主义有两个非常重要的方面，一是以公有制为主体，二是不搞两极分化。……发展一点个体经济，吸收外国的资金和技术，欢迎中外合资合作，甚至欢迎外国独资到中国办工厂，这些都是对社会主义经济的补充。"他又说："我们在改革中坚持了两条，一条是公有制经济始终占主体地位，一条是发展经济要走共同富裕的道路，……只要我国经济中公有

① 《邓小平文选》第3卷，人民出版社1993年版，第110—111页。

制占主体地位，就可以避免两极分化。”①

从邓小平的这些论述可以清楚地看出这样几点：第一，公有制为主体，是我国“社会主义的根本原则”，“必须坚持、坚决执行和实现”这一原则。第二，坚持走社会主义道路，“不走资本主义邪路”，就是要坚持公有制为主体；反之，放弃和否定公有制为主体，就是走上“资本主义邪路”。第三，之所以坚持公有制为主体，是因为公有制是社会主义经济，非公有制经济是非社会主义经济。第四，强调社会主义是共同富裕，不搞两极分化，就要以坚持实行公有制为前提。需要说明一下：上述邓小平的论述中，没有提到私营经济。因为当时在中央文件和领导人讲话中还未正式提出“私营经济”概念，私营经济还刚开始发展。1987年党的十三大报告正式提出私营经济概念，并说明“私营经济是存在雇佣劳动关系的经济成分”。所谓“雇佣劳动关系”，就是资本主义关系。它与个体经济、外资经济一样，都是非社会主义经济，是公有制经济“也就是我国社会主义经济的有益的补充”。

坚持公有制为主体，首先需要坚持和发展作为公有制核心的国有经济。党的十六大报告中指出：“发展壮大国有经济，国有经济控制国民经济命脉，对于发挥社会主义制度的优越性，增强我国的经济实力、国防实力和民族凝聚力，具有关键性作用。”

江泽民同志对于坚持、发展和搞活国有经济有大量的深刻的论述。兹择引几处：“搞好国有大中型企业，对增强我们经济实力，提高人民生活水平，保持社会稳定，建设有中国特色的社会主义，具有十分重要的意义。……重要的是要使国有经济和整个公有制经济在市场竞争中不断发展壮大，始终保持公有制经济在国民经济中的主体地位，充分发挥国有经济的主导作用。如果失去公有制经济的主体地位和国有经济的主导作用，也就不可能建设有中国特色的社会主义。所以，搞好国有企业特别是国有大中型企业，既是关系到整个国民经济发展的重大经济问题，也是关系到社会主义制度命运的重大政治问题。”② 他又说：“坚持公有制的主体地位，是社会主义的一项根本原则，是我国社会主义市场经济的基本标志。……只有确保公有制经济的主体地位，才能防止两极分化，实现共同富裕。任何动摇、放弃公有制主

① 《邓小平文选》第3卷，人民出版社1993年版，第138、149页。

② 《江泽民文选》第1卷，人民出版社2006年版，第441页。

体地位的做法，都会脱离社会主义的方向。”否定和放弃国有经济为核心的公有制经济，等于否定和放弃社会主义制度，否定和放弃共产党的执政地位。江泽民语重心长地说：“没有国有经济为核心的公有制经济，就没有社会主义的经济基础，也就没有我们共产党执政以及整个社会主义上层建筑的经济基础和强大物质手段。这一点各级领导干部特别是高级干部必须有清醒的深刻的认识。”[①]《竞争》一文的作者作为国家高级干部，是否注意到这一点？是否有清醒的深刻的认识？

胡锦涛同志在党的十七大报告中继续强调，“坚持和完善公有制为主体、多种所有制经济共同发展的基本经济制度”，提出两个“毫不动摇”，即毫不动摇地巩固和发展公有制经济，毫不动摇地鼓励、支持、引导非公有制经济发展。要“走中国特色的社会主义道路”。[②] 我国宪法是我国社会主义国家的根本大法，必须遵守。宪法规定：“中华人民共和国经济制度的基础是生产资料的社会主义公有制，即全民所有制和劳动群众集体所有制。”“国有经济，即社会主义全民所有制经济，是国民经济的主导力量。国家保障国有经济的巩固和发展。”

然而，《竞争》一文竟不顾上述这一切理论指导和宪法规定，提出：“突破‘姓国姓民’的桎梏，将是生产力的又一次解放。”这里所讲的“姓国”，是指国有经济；所讲的“姓民”，是指民营经济，实际上主要是私营经济。他批评政府管理企业的政策都打上了“所有制烙印”，每家企业都有个“所有制标签”，形成了一条很深的“所有制鸿沟”。它历数“国有企业处于强势地位”的诸多“弊端”，排挤了民营企业。提出与有些人批评国有企业“与民争利”一样的指责。

然而贬“国”扬“民”的理论是非应当澄清。不应当将“国”与“民”对立起来，断言“国”损害了“民”的利益，阻碍了生产力的发展，提出要突破这个“桎梏”。不应当颠倒地这样看问题：国有经济“与民争利”，损害人民利益，而民营经济则代表人民的利益。其实，国有经济是作为人民共和国的国家代表全民占有生产资料，因而是全民所有制经济，它应是全民利益所系。而民营经济现在一般作为私营经济的代名词，它只代表私人资本或私

① 《江泽民文选》第3卷，人民出版社2006年版，第71页。
② 《中国共产党第十七次全国代表大会文件汇编》，人民出版社2007年版。

人资本群体利益，并不代表全民。虽然它的发展客观上有利于国家和人民。断言国有经济损“民”、挤“民”，成为生产发展的“桎梏”，完全是强加于国有经济的不实之词。即使在改革开放前的近30年中，存在“左”的错误，损害了经济社会的发展，但国有经济的利税率还是比较高的，许多国有企业三五年上缴国家的利润就可以偿还建设投资。新中国成立不到30年的成就超过了旧中国几百年，就是靠的国有经济的贡献。社会主义国有经济取代官僚资本和帝国主义掠夺性资本，公有制取代封建主义私有制，总的来说，起了解放和发展生产力的作用。改革开放以来，我国经济获得更快发展，这里有非公有制经济的贡献，但同样有以国有经济为主导的公有制经济的贡献。把国有经济的发展和做大做强，贬之为“与民争利”，挤压了非公经济，是生产力发展的“桎梏”，这种在中央大报上的宣传，会在理论和实践上产生误导，偏离马克思科学社会主义和中国特色社会主义理论体系及其道路。事实上，改革开放以来，国有经济为改革大业付出了巨大成本，诸如：国有经济为非公有经济的发展提供了系统的基础设施；国有资源如煤矿等让私人资本低成本开采，使煤老板暴富；税负不公平，对外资企业给予多种照顾和优惠政策，而国企税负长期高于外资和私营企业；在“国退民进”的高调宣传下，大量国有资产流失，化公为私，许多国有企业和集体企业改制为私营企业，占相当比例的私营企业是由国有企业和集体企业转化而来的；国有企业在体制转轨中处于不平等竞争的地位，特别是大型老国有企业，上缴国家的利税已几倍于国家投资，但在旧体制下，企业办社会，背着沉重的包袱，国家又对国企“竭泽而渔”，利润全部上缴，连折旧费也上缴，没有留下企业自我补偿与自我积累的基金，改革转轨中难与轻装上阵的外资、私企在市场经济的海洋中平等竞争，市场份额不断被迫让出。当我们考察和评论国企私企关系及其地位和作用时，不能不考虑这方面的实际情况。

目前，国有企业的数量已大为减少，所占比重也不断降低。国有企业在工业总产值中的比重已很低，有关资料显示，2010年只占12.5%。公有制经济的主体地位已不断削弱，《竞争》一文还要求继续突破“姓国姓民”的桎梏，摘掉“所有制标签”。若果真如此，国有企业将会继续减少，国有经济和整个公有制经济将完全让位私有制经济了。

## 三、应弄清国有经济在社会主义制度中的地位和作用

《竞争》一文中提出“正确认识‘国有经济控制国民经济命脉’”。然而它提出的“正确认识”并不正确。它说“‘国有经济控制国民经济命脉’，这是中央认定的国有经济的定位。如果说，进入21世纪前，实践这一使命，就是使国有资本大举进入重大基础设施、基础原材料、能源开发、重要服务业、重要制造业，为工业化奠定基础的话，那么，今天制约经济社会发展的“瓶颈”，关系‘国民经济命脉’的领域已经转向某些社会产品，如医疗保障、养老保障、住房保障、区域经济协调发展等；……。”“大量国有资本连同收益仍滞留在一般制造业，就践行‘控制国民经济命脉’而言，已经没有什么意义。在竞争性领域很难认定政府对某个行业是否具有资本控制力就‘关系国民经济命脉’；也很难确认在某个行业提高国企占比就能体现国家控制力。”它主张“国家特别需要，非公资本无意或无力进入的领域是国有资本发挥作用、体现价值的重要空间”。

《竞争》一文是完全离开社会主义的根本原则、制度基础和本质要求来给国有经济定位的，对国有经济掌握“国民经济命脉”的本意和内涵也提出了根本性的改变。国有经济“控制国民经济命脉”有它确定的含义。“国民经济”是指什么？难道能离开工业、农业、建筑业、交通运输业、商业、邮电业、金融业、地质勘查业、公共设施管理业、航天业、军工业等这些国民经济各行业来谈“国民经济”和“国民经济命脉”吗？能离开中央的指导思想和有关“国民经济命脉”的规定，把医疗保障、养老保障、住房保障等界定为“国民经济命脉”吗？江泽民同志在1995年6月的一次讲话中说：“改革开放17年来，国有经济和其他所有制经济都有很大发展，但国有经济始终控制着国家的经济命脉。在电力、石油、天然气、石油加工、冶金等关系国计民生的重要行业中，国有经济都占绝对的支配地位。特别是金融、通信、铁路、航空等属于国家命脉的领域，更是掌握在国家手里。”[①] 然而，《竞争》一文断言在制造类领域国有经济继续控制国民经济命脉，“已经没有什么意义”。那就是说，这些原确定的国民经济命脉的领域，国有经济应

① 《江泽民文选》第1卷，人民出版社2006年版，第445页。

当退出，改由私营、外资企业去控制。国有经济应转向《竞争》一文所另界定的“国民经济命脉”部门，如提供公共产品的社会保障等领域。国有资本只可在私人资本“无意和无力进入的领域”发挥作用。

《竞争》一文为确立自己的这一观点，还提出一些逻辑不通的“论证”。它说：“在竞争性领域很难认定政府对某个行业是否具有资本控制力就关系‘国民经济命脉’。”这是要论证什么问题呢？它的本意是说：在竞争性领域，不存在“国民经济命脉”部门，不能因为在此领域国有资本具有控制力，就认为关系“国民经济命脉”。其实，竞争性领域和非竞争性领域，都存在国民经济命脉和非国民经济命脉之分，并不是根据国有资本在其中是否具有控制力来确定其是否为“国民经济命脉”部门，而是相反，首先应确定哪些是关系“国民经济命脉”的部门，应由国有资本去控制。《竞争》一文说，“也很难确认在某个行业提高国企占比就能体现国家控制力”，这话又想说明和解决什么问题呢？难道由国有资本控制的国民经济命脉部门，可以不“提高国企占比”吗？难道私有资本占优势的国民经济命脉部门国有资本能起控制作用么？

研究和讨论国有经济和整个公有制经济在我国的地位和作用，既要从怎样有利于生产力的发展去考虑，更需要从生产力和社会主义生产关系的统一与发展中去着眼。离开社会主义生产关系的发展与完善，离开社会主义经济制度和中国特色社会主义制度的坚持与发展去谈论国有经济的进退，就背离了马克思主义和中国特色社会主义，就会偏离社会主义道路，滑向“和平演变”歧路，就会使中国共产党失去其执政基础，使中华人民共和国最终改旗易帜。

有必要弄清楚社会主义国家的国有经济与资本主义国家的国有经济在社会性质、地位和作用方面的不同。前者不能以后者作为参照系。资本主义国家的国有经济并不是资本主义制度的经济基础，也不是资本主义经济内在的天然要素。资本主义以私有制为基础，即使没有国有经济，也无损于资本主义一根毫毛。资本主义后来发展起来的国有经济是国家垄断资本主义，不是全民经济，它是为了用“看得见的手”补充“看不见的手”的缺陷所需要的政府调控手段，也是私人资本一般不愿意或无力进入的部门；为应对危机等特殊形势，为保障资本利益，时而国有化，时而私有化。

我国是社会主义国家，国有经济的重要地位和作用可概括为以下几方面：第一，它与其他公有制经济是社会主义经济制度的基础，是社会主义经济内在的必要的构成，是实现社会主义本质即大力发展生产力、消灭剥削和两极分化，达到共同富裕的制度安排；第二，国有经济是我国国民经济的主导力量，它保证社会主义国家的整体利益和长远利益，保证经济社会发展的社会主义方向；第三，国有经济是我国社会主义市场经济中国家进行宏观调控、克服市场经济缺点和市场失灵的物质手段；第四，是保证我国经济独立自主和国家安全，应对国内外突发事件如国际金融与经济危机、国外政治动乱、国内严重自然灾害的物质手段；第五，是实现重大科技创新、科技兴国、实现国家现代化、应对国际竞争的坚强力量；第六，是增强我国经济实力、国防实力，增强民族凝聚力的重要力量；第七，以国有经济为核心的公有制经济，是共产党执政的经济基础。1999 年 9 月《中共中央关于国有企业改革和发展若干重大问题的决定》中，概括说明了国有经济在我国社会主义制度中的关键性地位和作用："世纪之交，……霸权主义和强权政治有新的发展。综合国力越来越成为决定一个国家前途命运的主导因素。我们要增强国家的经济实力、国防实力和民族凝聚力，就必须不断促进国有经济的发展壮大。包括国有经济在内的公有制经济，是我国社会主义制度的经济基础，是国家引导、推动、调控经济和社会发展的基本力量，是实现广大人民群众根本利益和共同富裕的重要保证。……从总体上增强国有企业的活力和国有经济的控制力，对于建立社会主义市场经济体制，促进经济持续快速健康发展，提高人民生活水平，保持安定团结的政治局面，巩固社会主义制度，都具有十分重要的意义。"有些人不赞同讲包括国有经济的公有制经济是共产党的执政基础，提出非公有制经济也是共产党的执政基础。这种认识是不对的。有必要弄清：为什么说国有经济和整个公有制经济是共产党执政的经济基础。

共产党的根本宗旨，是要消灭建立在私有制基础上的一切剥削和奴役制度，让全体劳动人民摆脱贫困与压迫，消除贫富两极分化，实现公平正义和共同富裕。为此，就搞社会主义和共产主义，就需要实行公有制。在国家存在的条件下，要首先实行国有经济。如果不搞公有制经济，或将已建立和发展的公有制经济改变为私有制，搞全盘私有化，走非社会主义道路，那就不需要共产党了。《共产党宣言》和共产党的称谓就是表明，它是要共生产资料的。如果不搞社会主义，放弃公有制经济，而搞私有制经济，让私人资本占统治或主体地位，与共产党的根本宗旨相悖，共产党就没有存在的必要了。如果经济基础变了，公有制为基础或为主体变为私有制为基础或主体了，上层建筑会随之变化。苏东等原社会主义国家经济制度的剧变，导致政权的剧变，共产党失去其执政地位，就是前车之鉴。对于国有经济在我国社会主义制度中的重要地位和作用，西方某些政要和学者的认识，比我国的某些官员和学者认识得更透彻、更准确。西方敌对势力图谋和平演变我国社会主义制度，首先要演变我国的经济基础，那就是力图搞垮我国的国有经济。有些西方政要，如尼克松、克林顿等，对中美关系的发展还起过积极作用，但是，同样主张通过“销蚀”和“衰亡”我国国有经济以演变我国社会主义制度。我国2000年出版的尼克松的《透视世界》一书中讲：“在经济方面，中国朝自由市场制度前进的过程已经走了一半，现在，它的两种经济——一种私有，一种公有——正在进行殊死的竞争，……战斗还远没有结束。”只要美国“继续介入中国的经济，就能在帮助私营经济逐步销蚀国营经济方面扮演重要的角色”。另外，美国驻华大使馆新闻处2000年9月的《背景材料》中提及克林顿的讲话：“要在中国推行美国的‘价值观念’，使中国“加大国有企业的衰亡，让私营企业取而代之，给为人权和法治而奋斗的人们增添力量。”请看，美国政要对我国的国有、公有经济与私有经济的好恶和取舍态度多么强烈与鲜明！他们把我国的公有与私有两种经济的相互关系看做是谁战胜谁的“殊死战斗”，他们要“介入”中国经济演变，力求使国有、公有经济由私营经济“取而代之”。在这种国际背景下，我国的某些官员与学者，不断制造舆论妖魔化国有经济，向国有经济开刀，岂不正中西方和平演变势力的下怀？难道不应该提高警惕吗？

# 社会主义经济和中国特色社会主义经济的几个理论问题[①]

## 一、非公有制经济的地位、作用及其性质问题

改革开放以来，明确我国处于社会主义初级阶段。从我国的实际社会经济状况出发，实行公有制为主体、多种所有制经济共同发展的方针和制度，也就是让私营经济、外资企业和个体经济这些私有制经济与公有制经济共同发展。党的十五大报告进一步提出："非公有制经济是社会主义市场经济的重要组成部分"；"公有制为主体，多种所有制经济共同发展，是我国社会主义初级阶段的一项基本经济制度"。这既是邓小平有中国特色社会主义理论的运用与实践，也是对运用与实践成效的新的概括。改革20多年来，我国社会经济的发展，获得了举世瞩目的成就。这些成就中包括有非公有制经济的重大贡献。非公有制经济在发展我国社会生产力，发展社会主义市场经济，开拓国内外市场，促进国有企业改革、增加国家税收和经济实力，增加社会就业，方便人民生活和提高人民生活水平，繁荣社会经济等方面，起着重要的作用，这已是不争的事实。

非公有制经济在整个社会经济中所发挥的显著作用，赋予它在我国社会主义初级阶段的重要地位。非公有制经济已是我国国民经济中的重要组成部分；是我国现实社会主义社会所有制结构的重要构成部分；是我国社会主义市场经济的重要组成部分，并且是市场经济的先导；也是我国社会主义初级

① 本文原载《中共中央党校学报》2000年第11期。

阶段基本经济制度的构成部分；是“有中国特色社会主义的经济”组成部分。当然，我国是社会主义国家，非公有制经济的地位和作用，是在公有制为主体的前提下实现的。

但是，不应将非公有制经济的重要地位和作用，与其自身的社会经济性质混淆起来。不应由此推断出一切非公有制经济与公有制经济一样，都是“社会主义经济”。经济成分的社会性质是由其自身的内部经济关系和矛盾的特点决定的。说非公有制经济是非社会主义经济，只是从其客观规定性着眼的，丝毫不存在轻视和贬抑的意思。从我国现实情况看，一个文明的、有活力的和高效益的私人资本主义企业，要胜过一个管理混乱、亏损严重、效益低下的社会主义国有企业。要记住列宁在实行新经济政策时期曾提出的一个批评：“直到现在还常爱这样议论：‘资本主义是祸害，社会主义是幸福’。但这种议论是不对的。”“有可能通过私人资本主义……来促进社会主义。”资本主义不是社会主义，但可利用来促进社会主义。外资和私营企业等资本主义性质的经济和小私有制经济，不是社会主义经济，但可促进社会主义经济的发展。个体经济存在于多个不同的社会，并不存在“资”与“社”的特定社会性质。因此，硬对非公有制经济包括私人资本主义经济赋予其“社会主义经济”的规定性，既无必要，也不科学。

## 二、“社会主义经济”与“社会主义市场经济”的关系问题

我国既然实行多种所有制经济共同发展，并由社会主义计划经济转向社会主义市场经济，不言而喻，非公有制经济事实上成为社会主义市场经济的组成部分。这是因为，市场和市场经济是统一的，不可能按照多种所有制分割为多种市场和市场经济，如什么国有市场经济、外资市场经济、私营市场经济、个体市场经济等。在统一的国内市场上，多种所有制经济在市场交易中，互为条件、相互补充、相互交错、按共同的市场规律办事。市场机制和市场规律是不问和不管姓公姓私、姓“社”姓“资”的。再者，我国实行市场经济，是让市场在资源配置中起基础性作用。无论哪一种所有制经济参与的市场，都对其他所有制经济起资源配置作用。市场供求机制、竞争机制、价格机制，对各种经济成分是作用相同、不分彼此的。

肯定非公有制经济是“社会主义市场经济”的组成部分，不等于肯定非公有制经济是“社会主义经济”的组成部分。“社会主义经济”同“社会主义市场经济”是既有联系又有区别的两个不同的概念。说是有联系，因为社会主义市场经济是社会主义经济与市场经济的接轨。有社会主义经济，才会有社会主义市场经济，否则只能是资本主义市场经济。说两者是有区别的不同概念，首先，社会主义经济，是指社会主义关系下的经济，即具有社会主义性质的经济。它是属于社会经济制度的范畴。“社会主义经济”，是对应于“资本主义经济”、“封建主义经济”等的特定范畴。正如同非资本主义性质的经济是非资本主义经济一样，非社会主义性质的经济是非社会主义经济。邓小平明确指出：“外资是资本主义经济。”私营企业同样具有资本主义性质。“资本主义经济”怎么能同时是“社会主义经济”呢？至于“社会主义市场经济”，则是经济体制和经济运行机制范畴。这里的主词是“市场经济”，主词前的“社会主义”，是一个定语词。“市场经济”自身并不具有特定的社会性质。社会主义经济可以选择和实行市场经济、与市场经济相结合，但市场经济不等于社会主义经济。因而不可能成为“社会主义经济”的重要组成部分。其次，邓小平同志和江总书记及中央有关文献，既讲“公有制为主体”，又讲“社会主义经济为主体”。显然，两个提法的内涵是一样的。也就是把公有制定断为社会主义经济，非公有制经济自然看作是非社会主义经济。

## 三、究竟什么是“社会主义经济”

“社会主义经济”，是马克思主义和科学社会主义的一个基本概念。它的内涵是什么，在毛泽东著作、邓小平理论和有关中央文献以及某些经济学典籍中都有过明确的说明。这些说明与马克思的科学社会主义理论，是一脉相承的，是继承、坚持和发展的关系。

讲公有制是社会主义经济，并不等于说“社会主义经济只是公有制”，别无其他。公有制是社会主义经济的基础，在这个基础上所确立的“社会主义经济”体系，还包括按劳分配，劳动者是主人，消灭剥削，实现共同富裕等。因此，“社会主义经济”的内涵不只是公有制。但由于公有制是社会主义经济的基础，具有决定性作用，因而讲公有制经济是社会主义经济，也是顺理成章的。

毛泽东同志在中共七届二中全会的报告中指出：新中国的“国营经济是社会主义性质的，合作社经济是半社会主义性质的”。私营企业是“私人资本主义”，国家和私人合作的经济是“国家资本主义经济”。另外是个体经济。由于个体经济不具有特定的社会性质，所以毛泽东没有给它定性。显然，毛泽东不认为资本主义性质的私营企业是社会主义经济，也不认为个体经济是社会主义经济。1954 年，毛泽东就修改我国宪法草案的说明中更为明确地指出：国家所有制和集体所有制是“社会主义的经济成分”，而个体劳动者所有制和资本家所有制则是“非社会主义的经济成分。”[①] 刘少奇在 1949 年 6 月写的《关于新中国的经济建设方针》中指出：“国营经济是社会主义性质的经济，国家资本主义经济是十分接近于社会主义的经济，合作社经济是在各种不同程度上带有社会主义性质的经济。私人资本主义经济则是资本主义发展趋势的基础。”在 1954 年的《宪法草案报告》中，刘少奇同样特别说明：国家所有制和劳动群众集体所有制，是“社会主义经济成分”，而个体劳动者所有制和资本家所有制，是“非社会主义的经济成分”。周恩来同样把公有制经济定断为社会主义经济，也指出：“向社会主义的过渡时期，也就是社会主义经济成分在国民经济比重中逐步增长的时期。”[②] 显然，这个“社会主义经济成分”是不包括非公有制经济的。

在邓小平同志的论著中，始终将公有制经济称作社会主义经济，而将非公有制经济，视作非社会主义经济。在 1979 年 11 月 26 日与外宾的谈话中，他明确指出“外资是资本主义经济”。显然，“资本主义经济”不能纳入“社会主义经济”概念中，正如同，“社会主义经济”不能纳入“资本主义经济”概念中一样。因为这是两个内涵上完全不同的概念。1984 年 6 月，邓小平在论述“一个国家两种制度”时说：“允许一些外资进入，这是作为社会主义经济的补充。”就是说，外资虽不是社会主义经济，但可作为“社会主义经济的补充”发挥其作用。紧接着在 6 月 30 日同日本客人谈“建设有中国特色的社会主义”时，又说：“我们欢迎外资，……这些会不会冲击我们的社会主义，我看不会的，因为我国是以社会主义经济为主体的。社会

---

① 《毛泽东经济年谱》，中共中央党校出版社 1993 年版。

② 《周恩来经济文选》，中央文献出版社 1993 年版。

主义的经济基础很大，吸引几百亿、上千亿外资，冲击不了这个基础。”从这段话中可以清楚地看出：第一，“社会主义经济为主体”是指公有制为主体，外资不属于“社会主义经济”。如果外资也是社会主义，就不存在会不会“冲击社会主义”的问题了。第二，外资不属于“社会主义的经济基础”。否则就不会提出外资“冲击不了这个基础”的论述了。1985年8月28日，邓小平在与外宾的谈话中又说“发展一点个体经济……欢迎中外合资合作，甚至欢迎外国独资到中国办工厂，这些都是对社会主义经济的补充”。这里加了一个“个体经济”，就是说，无论个体经济还是外资经济，都不是社会主义经济，但可以弥补社会主义经济的不足。

邓小平同志给予高度赞扬和完全肯定的1984年通过的中共中央《关于经济体制改革的决定》，对于“社会主义经济”所包括的经济成分，作了明确的说明：“全民所有制经济是我国社会主义经济的主导力量”，“集体所有制经济是社会主义经济的重要组成部分”。而非公有制经济如个体经济，“是社会主义经济必要的有益的补充”，“是从属于社会主义经济的”。也就是说，全民所有制经济和集体经济是社会主义经济，而非公有制经济只是从属于社会主义经济，而其自身是非社会主义经济。

1987年党的十三大报告中指出：“社会主义经济是公有制基础上的有计划的商品经济。这是我们党对社会主义经济做出的科学概括，是对马克思主义的重大发展。”这里阐述的“社会主义经济”，既坚持和强调了马克思主义科学社会主义的一个基本原理，即社会主义经济要建立在“公有制基础上”。又突破了把社会主义经济同商品经济对立起来的传统社会主义理论，将社会主义公有制经济与商品经济统一起来。

党的十三大报告还对私营经济的社会性质作了说明，指出“私营经济是存在雇佣劳动关系的经济成分”，在马克思的著作中，雇佣劳动关系就是资本主义关系。外资作为资本主义经济，如党的十三大报告所说：“是我国社会主义经济必要的和有益的补充。”这些论述同样表明，非公有制经济是非社会主义经济。

1989年《中共中央关于加强党的建设的通知》中指出：“私营企业主同工人之间实际上存在着剥削与被剥削的关系。”试问，存在剥削关系的私营企业，也能是“社会主义经济”？

江泽民总书记在国庆40周年的讲话中同样提到：“在我国现阶段，发展从属于社会主义经济的个体经济、私营经济”，是“对社会主义经济的有益的、必要的补充”。讲非公有制经济“从属于社会主义经济”，是对社会主义经济的补充，同样等于肯定，非公有制经济是非社会主义经济。

再看一下改革开放以来经济理论界的某些著作中有关“社会主义经济”的界定与说明。

由社会科学出版社出版，马洪、孙尚清任主编、周叔莲任副主编的《经济与管理大辞典》中，对“社会主义经济”这一词条是这样界定的：“社会主义经济指社会主义全民所有制和集体所有制经济。……它同资本主义经济具有根本不同的性质，是以生产资料公有制为基础的、没有剥削的经济，劳动群众当家作主，在人们自觉计划下发展国民经济和实行按劳分配。”这里排除了非公有制经济是社会主义经济的组成部分的见解。

再看1999年高等教育出版社出版的由张维达教授主编的《政治经济学》教材。这是教育部“九五”规划的高校重点教材，是“面向21世纪课程教材”，是通过了专家鉴定的。该教材在《中国社会主义初级阶段的基本经济制度》一章中，对“社会主义经济”提出了明确的界定：“要把社会主义经济和社会主义市场经济区分开来。社会主义经济指公有制经济，不包括非公有制经济。”

## 四、“社会主义经济”与“有中国特色社会主义的经济”的关系问题

我国正在建设有中国特色的社会主义，包括公有制为主体多种所有制共同发展的中国特色的社会主义经济。这已是既定的和不争的事实，也是我们讨论问题的既定前提，不存在谁坚持谁否定的问题，只存在理解的正确与否的问题。但是有两个有关的理论是非问题应当弄清。第一，无论讲有中国特色的社会主义，或有中国特色的社会主义制度，或有中国特色的社会主义经济，都包括两方面的内容：一是社会主义的共性或一般，二是所具有的中国特性或特色。缺少其中哪一方面，就不存在有中国特色的社会主义及其制度或经济。第二，要把从宏观层次考察的有中国特色的社会主义或其经济，同从中观层次和微观层次考察的社会主义制度和社会主义经济，区分开来。建设有中国特色的社会主义，强调有中国特色的社会主义制度或经济，是从宏

观层次着眼的。所谓有中国特色的社会主义，是指要从中国实际出发，不照搬外国的模式，也不搞本本主义，“走自己的路”，建设适合于中国国情的社会主义。但既然是属社会主义，必须具有社会主义的本质特点，要有社会主义的共性。从经济方面说，“社会主义经济”，“社会主义经济制度”，应具有统一的内涵，即具有共性。它的适用性应涵盖社会主义的不同阶段，甚至涵盖不同的社会主义国家。无论是我国社会主义初级阶段、中级阶段还是高级阶段，都有共同的决定我国社会主义性质的“社会主义经济”或“社会主义经济制度”存在，它具有共同的内涵或规定性。那就是前面已说明的公有制以及以此为基础的社会主义经济关系体系。我国在改革开放以前，就存在以公有制为基础的社会主义经济或社会主义经济制度，在改革开放、实行社会主义市场经济的今天，也同样存在。只不过在社会主义初级阶段它只是主体而不是全体，而且还不成熟和不够完善罢了。世界上任何其他以马克思主义为指导的社会主义国家也必然存在以公有制为基础的“社会主义经济”和经济制度。这是共性，也是基本原理。否则就不是马克思主义的科学社会主义。另一方面，也要强调说明，既然我们从事建设的是初级阶段有中国特色的社会主义，我们就不应像过去那样追求单一的公有制经济，搞“一大二公三纯”的社会主义。公有制或社会主义经济，只能是“主体”，而不能和不应是全体。要从“三个有利于”的标准出发，允许和鼓励非公有制经济包括资本主义经济共同发展，允许按劳分配和按要素所有权分配多种分配方式并存，允许一定的合法的剥削关系存在，等等。这些私有经济成分从总体上和性质上说是非社会主义经济，但它们从属于社会主义，是有中国特色的社会主义范围之中的应有之义。有中国特色的社会主义经济，既要有以公有制即社会主义经济为主体，又要有以私有制为基础的非公有制经济为非主体。这是共性和特色的统一。“特色”不是特在私有制经济、存在剥削关系的资本主义经济也变成社会主义经济，而是特在允许非公有制经济即非社会主义经济同作为主体的公有制经济即社会主义经济共同发展。从这个意义上说，非公有制经济也属于“有中国特色的社会主义经济”的范围和内容。

不应把“有中国特色的社会主义”同“社会主义”完全和绝对地等同起来。“社会主义”是个世界性的全局性的范畴，所有社会主义国家及其发展的不同阶段，都具有“社会主义”的共同点即其共性。而“中国特色”

是从中国范围来讲的，而且是从中国的社会主义初级阶段来讲的，不能代表世界范围的社会主义。况且，“中国特色”也不是凝固不变的。现在讲的“中国特色”，是社会主义初级阶段的特色。到中级阶段和高级阶段，会根据未来的具体情况出现新的特色。初级阶段的某些特色到了高级阶段也会发生变化。

同样，“有中国特色的社会主义制度”，也不能完全和绝对地等同于“社会主义制度”。正如白马是马，但不能等于一切马。这应从宏观、中观和微观考察的不同角度区别开来。比如，从宏观角度考察，有中国特色的社会主义制度包括“一国两制”。邓小平指出：“我们的社会主义制度是有中国特色的社会主义制度，这个特色，很重要的一个内容就是对香港、澳门、台湾问题的处理，就是‘一国两制’。”就是说，从宏观层次看，港、澳、台实行的资本主义制度也属于有中国特色的社会主义制度的内容。但从中观层次和微观层次看，港、澳、台地区及其经济成分是资本主义性质的，是资本主义制度，不是社会主义制度。有中国特色的社会主义制度的“特色”，是特在允许港、澳、台的资本主义制度同大陆的社会主义制度并存和共同发展，而不会是特在港、澳、台的资本主义制度也是社会主义制度。并且，其他国家的“社会主义制度”和某个社会主义国家的整个社会主义时期，并不一定都要划出某些省市来搞资本主义制度。可见，不能把中国特色社会主义当前的特色作为社会主义制度的共性。

同理，有中国特色的社会主义经济，也不能完全和绝对地等同于“社会主义经济”。从宏观层次看，有中国特色的社会主义经济涵盖非公有制经济，这是现阶段的中国特色。但从微观层次看，私有制经济不是社会主义经济。外资企业是资本主义经济，它们也不要求甚至会拒绝将其定性为中国社会主义经济。国内一百数十万私营企业，素质参差不齐。少部分私营企业素质高，经营管理水平高、效益高，且扶危济困、回报社会、奉公守法、尊重职工权益，可以说带有不同程度的社会主义因素。但相当多的私营企业素质不高，严重损害职工权益，甚至搞假冒伪劣、坑蒙拐骗，采取了资本主义原始积累的方法。从私营企业的内部关系来看，它具有资本主义性质。所以从总体上说，私营企业是非社会主义经济。至于个体经济，并不具有特定的社会经济性质。它可以从属于占主体地位的经济，既不是资本主义经济，也不是社会主义经济，只是小商品经济。

党的十五大报告中提出的“有中国特色社会主义的经济”，其内涵既包括社会主义初级阶段的多种所有制经济，也包括经济体制和经济运行，还包括经济发展途径。它并不是从微观层次诠释“社会主义经济”的内涵。

有人用我国发展非公有制经济的必要性作为非公有制经济是社会主义经济的论据。这在理论逻辑上不能成立。各种经济成分的社会性质是客观存在。不管你要消灭它还是发展它，都不会改变它的客观性质。在“左”祸时期，曾把个体经济也当作资本主义要斩尽杀绝。现在也不要倒过来，把个体经济乃至资本主义经济都说成是社会主义经济。有人批评说，不赞同非公有制经济是社会主义经济，就是将“非公有制经济同社会主义、同社会主义经济完全对立起来”，就是“认为，要搞社会主义，要发展社会主义经济，无须发展非公有制经济，甚至要加以消灭”。这样的批评是无的放矢，离开了理论是非和严肃的学术讨论规则。即使从总结历史教训的角度说，过早地消灭私有制经济，也不是由于没有把私有制经济作为社会主义经济看待，其失误恰恰在于过早地消灭了一切非社会主义经济。搞单一的“纯粹”的社会主义经济。

认为非公有制经济也是社会主义经济的另一个论据是：“在实行计划经济的条件下，社会主义经济必然等同于公有制经济，……承认社会主义经济是市场经济，就不能把社会主义经济完全等同于公有制经济，而把非公有制经济排除在外。”这个立论也不能成立。为什么在计划经济下，非公有制经济是非社会主义经济，而一实行市场经济，就变成社会主义经济了呢？难道某种所有制经济的性质，不是由其内部的经济关系决定，而是根据党的方针政策的变化而不断变更么？

主张非公有制经济是社会主义经济还有一个论据是：“以社会主义公有制为主体的‘主体论’本身，是对社会主义经济等同于公有制经济的‘等同论’的否定。”这个论据就更难理解了。公有制为主体，怎么能否定公有制是社会主义经济、而非公有制是非社会主义经济的基本理论原理呢？前面讲过，公有制为主体，就是社会主义经济为主体，非公有制经济即非社会主义经济为非主体。连论者自己不是也讲过非公有制经济只是“社会主义经济的补充”吗？怎么现在又提出了“否定”论呢？恰恰相反，如果公有制私有制都是社会主义经济，实际上就否定了公有制的主体地位。既然都是社会主义经济，还有什么必要区分“主体”与非主体呢？强调“公有制为主体”，正因为公有制是社会主义经济。有了社会主义经济为主体，才有社会主义社会和社会主义国家。如果公有制这个主体丧失了，社会主义经济制度也就不存在了，也就不是社会主义国家了。

## 五、“社会主义初级阶段的基本经济制度”和“社会主义经济制度”的关系及其基础问题

经济制度是经济关系的总和，包括所有制度、分配制度、交换制度和其他制度等。我国社会主义初级阶段，存在公有制为主体的多种所有制度和以按劳分配为主体的多种分配制度，存在多种不同的经济关系。因此，初级阶段的基本经济制度是混合型的。单从所有制关系讲，社会主义初级阶段的基本经济制度是“公有制为主体、多种所有制经济共同发展”。这是党的十五大报告和宪法中规定了的。但是，不能把“社会主义初级阶段的基本经济制度”混同于“社会主义经济制度”。初级阶段的基本经济制度也是“一般”与“特殊”、“共性”与“特性”的统一。既有适用于社会主义各个阶段的，乃至一切社会主义国家都存在的，具有一般规定性或共性的“社会主义经济制度”，诸如公有制、按劳分配、消灭剥削、共同富裕等，又有反映社会主义初级阶段特色的，包括私有制经济在内的，多种所有制经济的存在。因此，“社会主义初级阶段的基本经济制度” = 作为主体的社会主义经济制度 + 作为非主体的私有经济制度（资本主义私有制 + 个体小私有制）。因此，私有制经济是社会主义初级阶段基本经济制度的构成部分，但不是“社会主义经济制度”的构成部分。有人说，到社会主义高级阶段也是多种所有制共同发展。如果是作为个人观点，可以各抒己见。但从邓小平理论和中央有关文献来看，乃是定位在初级阶段的。如党的十三大报告指出：“以公有制为主体发展多种所有制经济，以至允许私营经济的存在和发展，都是由社会主义初级阶段生产力的实际状况所决定的。”十五大报告中讲的“有中国特色社会主义的经济”，也是特指“社会主义初级阶段”的。如果私有制与公有制共同发展的格局在社会主义高级阶段一样存在，那在“基本经济制度”前面加上“社会主义初级阶段”这一定语词就是多余的了。至于“社会主义经济制度”，在我国实行传统计划经济体制时期已经存在，无论处于社会主义初级阶段、中级阶段还是高级阶段，都一样存在。在其他社会

主义国家，无论过去或现在，无论实行何种经济体制，也都存在。只是在社会主义发展的不同历史阶段，社会主义经济制度有着发展程度和成熟、完善程度的差别罢了。

在党的十五大报告中，在宪法和其他中央文献中，“社会主义初级阶段的基本经济制度”和“社会主义经济制度”是作为两个概念分别提出和运用的。在十五大报告中，提出“社会主义初级阶段的基本经济制度”的后面，紧接着讲，我国之所以实行公有制为主体，是因为“我国是社会主义国家，必须坚持公有制作为社会主义经济制度的基础”。在宪法中，这两个概念也是有所区别、相继提出的。在 1999 年经过修改的我国宪法中，除沿用以往宪法中规定的我国“社会主义经济制度的基础是生产资料的社会主义公有制”外，又在后面加上了“社会主义初级阶段的基本经济制度”的内容。这就表明，两个概念是不能相互取代或合而为一的，它们各有其独立存在的意义。硬把两个概念混同起来，主张非公有制经济也是“社会主义经济制度”的内容，是不符合十五大精神和宪法的规定的。

可以清楚地看出，在有关文献中，凡讲公有制是“基础”时，只能使用“社会主义经济制度”或“社会主义制度”概念。而讲“主体”和“共同发展”时，则使用“社会主义初级阶段的基本经济制度”概念。公有制是“社会主义经济制度”的基础，这是马克思主义科学社会主义的一个基本原理，也是一个常识性的道理。但有人竟将此也斥之为应当摒弃的传统社会主义理论，主张包括资本主义在内的一切非公有制经济也是“社会主义经济制度”的基础，把宪法中明确规定的“基础”任意解释为“主体”。然而，“基础”同“主体”是含义不同、不容倒换的两个概念。两者是回答不同问题的。“社会主义经济制度”的“基础”只能是公有制，不包括私有制。主张资本主义也是社会主义经济制度的基础的观点，是完全悖理的。所谓公有制是基础，是指公有制在社会主义经济体系即社会主义经济关系总和中起着决定性的基础作用。有了公有制，才有按劳分配、劳动者是主人、消灭剥削、共同富裕等，总之才有社会主义制度。难道私有制能起这样的“基础”作用吗？难道能说，没有私有制就没有社会主义经济关系，就没有社会主义制度么？

“主体”回答的问题与“基础”完全不同。“主体”与非主体，是指公有制与非公有制在国民经济中的比重问题。如果说，强调“公有制是基础”，是在社会主义经济体系内部从纵向关系上确定公有制的地位的话，那么公有制是“主体”则是从公有制和私有制的横向关系上确定公有制的地位的。“基础”是指公有制是社会主义大厦的根基。而“主体”是指公有制资产在社会总资产和新增加值中占优势。

关于“基础”问题，邓小平同志也反复强调过。他说：“社会主义的经济是以公有制为基础的”，“我们的社会主义制度是以公有制为基础的”。邓小平肯定的十三大报告中也说：我国当前“以生产资料公有制为基础的社会主义经济制度”已经建立。江泽民同志在建党78周年座谈会上也讲：我国的国有资产，“是我国社会主义制度的重要经济基础”。如果国有资产被掏空，“我们的社会主义制度就会失去经济基础”。从这些权威性的大量的系统的有关“基础”的论述中，无论如何引不出私有制也是“社会主义经济制度”的基础的论断来。而且可以进一步看出，凡讲公有制是基础的地方，都只与“社会主义制度”、“社会主义经济制度”、“社会主义经济”相联系。因为这里讲的不是“社会主义初级阶段基本经济制度”的基础。如果要讲“社会主义初级阶段基本经济制度的基础”的话，那么，可以认为，除了作为主体的公有制外，现存的一切非公有制经济也是其基础。归根到底，还是需要把“社会主义经济制度”同“社会主义初级阶段的基本经济制度”两个概念区别开来。

# 怎样正确全面认识社会主义经济和中国特色社会主义经济[①]

《经济日报》1998 年 8 月 17 日发表了题为《正确全面认识社会主义经济》一文，此文在《理论前沿》1998 年第 20、21 期又以《认真学习有中国特色社会主义经济理论》（以下简称《理论》）为题再次发表。论文的主要论点是：（1）“社会主义市场经济”与“社会主义经济”是含义相同的概念。因而党的十五大提出“非公有制经济属于社会主义市场经济的重要组成部分”，也就是肯定了非公有制经济是社会主义经济的重要组成部分。（2）“社会主义初级阶段的基本经济制度”与“社会主义经济制度”是相同的概念。十五大提出，公有制为主体，多种所有制经济共同发展，是社会主义初级阶段的基本经济制度。就是表明非公有制经济也是社会主义基本经济制度的内容。（3）既然非公有制经济属于社会主义经济和社会主义经济制度，也就是社会主义的经济基础。《理论》声称：“这已成为人们的共识。”这才叫做完整准确地理解十五大的有关精神和有中国特色的社会主义经济理论，才是“正确全面认识社会主义经济”。

我不赞同这种论断和见解。它不符合事实，不应把部分人的观点说成是“人们的共识”。它也不是十五大精神，不应把个人的主观见解硬说成是十五大精神和邓小平有中国特色的社会主义经济理论。它只有抽象的论断而缺乏具体的论证与论据，缺乏理论与事实根据。因为它涉及重大社会主义经济理论和实践的是非问题，有必要进一步进行讨论。

---

① 本文原载《当代经济研究》1999 年第 4 期。

## 一、非公有制经济的发展与贡献就是非社会主义经济的发展与贡献

社会主义新中国是在旧中国生产力十分落后的基础上起步的。我国曾脱离国情按照本本上的成熟的社会主义模式和外国的已有模式，建立单一的公有制经济即纯粹的社会主义经济，急于消灭一切非公有制经济。实践证明这不利于社会主义事业的发展。改革开放以来，我国调整所有制结构，允许和鼓励非公有制经济与作为主体的公有制经济共同发展。改革20年来的经济成就包括社会生产力的快速发展和人民生活水平总体上的提高，都凝聚着非公有制经济的贡献。这已是不争的事实。非公有制经济的发展和贡献，也就是非社会主义所有制经济的发展与贡献，没有必要也没有道理肯定前者而否定后者，将两者割裂开来和对立起来。

《理论》一文正是要肯定非公有制经济成分而否定其非社会主义经济成分。它批评“传统社会主义经济理论”不允许半点非公有制经济的东西，哪怕是资本主义尾巴都要彻底消除（这是把我国已被否定的一套“左”的东西视作“传统社会主义经济理论”）。它根据我国处于社会主义初级阶段，生产力低、多层次、不平衡，必然存在包括公有制和私有制在内的多种所有制经济，直接得出结论：“这就是说，在社会主义初级阶段，社会主义经济不完全等于公有制经济，……还包括处于非主体地位的非公有制经济。”显然，这里存在逻辑上的“推不出”问题，即它的结论、论点与作为其论据的前提缺乏内在的联系和关系。本来，作者是要论证，“非公有制经济”不是“非社会主义经济”，而是“社会主义经济”。但它提出的根据和逻辑是：因为社会主义初级阶段存在非公有制的经济，所以社会主义经济包括非公有制经济！如果从理论与实践的结合上实事求是地分析问题，我们可以提出另一种逻辑：“传统理论”认为，社会主义社会只能存在单一的公有制经济或纯粹的社会主义经济，而我国现实社会主义社会突破了“传统观念”，在社会主义经济为主体条件下要同时发展非社会主义经济。这个逻辑岂不是更顺理成章吗？

《理论》一文的另一个理由是：“传统理论认为”，社会主义经济是计划经济。社会主义经济应是市场经济。“如果社会主义经济只是一种公有制

经济，就没有真正意义上的商品交换和竞争，那么也就不成其为市场经济；……承认社会主义经济是市场经济，就不能把社会主义经济仅仅看作是公有制经济，而把非公有制经济排除在外。”这个理由和论证也存在问题。第一，它认为，社会主义国家在实行市场经济以前的公有制经济中，“没有真正意义的商品交换”。连斯大林还认为两种社会主义公有制之间存在商品交换，消费品是商品，他只是否认生产资料是真正意义上的商品。而《理论》一文竟断言在实行市场经济前根本不存在真正意义的商品交换，连消费品也不是商品。试问：我国改革前遍布城乡的百货商店和供销社，是否从事商品交换？广大城镇居民购买消费品是否真正意义上的商品交换？1984 年中共中央《关于经济体制改革的决定》提出“要突破把计划经济同商品经济对立起来的传统观念”，社会主义计划经济“是在公有制基础上的有计划的商品经济”。而《理论》一文则根本否认在实行社会主义市场经济前存在真正的商品交换，这等于作者坚持早被突破的“传统观念”。第二，我国在实行市场经济前就存在和发展非公有制经济（如 1953 年开始实行计划经济时还存在大量个体经济和私人工商企业；改革开放以来在实行“计划经济为主”的 20 世纪 70 年代末和 80 年代初已允许和鼓励发展非公有制经济），因而《理论》一文断言“计划经济与非公有制是格格不入的”不符合历史事实。第三，即使按《理论》的观点，即实行市场经济才有非公有制经济和真正意义的商品交换的存在，怎么能由此得出非公有制经济是社会主义经济的论断呢？两者并不存在内在的必然联系。

## 二、“社会主义经济”与“社会主义市场经济”是两个虽有联系但不等同的概念

说两者有联系，是因为“社会主义市场经济”就是社会主义条件下的市场经济。因此，没有社会主义经济，就不会有社会主义市场经济。说两者不能等同，是因为：第一，从社会主义的历史来看，社会主义经济先于社会主义市场经济而产生和存在。在社会主义国家曾长期实行计划经济而否定市场经济的年代，也存在“社会主义经济”，而不存在“社会主义市场经济”。甚至在我国还没有实行计划经济，也谈不上实行市场经济的 1949 年 9 月，中国人民政协的《共同纲领》中就提出国营经济是社会主义经济。可

见，社会主义经济的存在及其所包括的内容，既非由计划经济决定，更非由市场经济决定。在1954年新中国的第一个宪法中也规定：国营经济是社会主义经济，合作社经济是社会主义经济或半社会主义经济。个体农业和手工业，资本主义工商业，依法受到保护。但没有也不会将其纳入“社会主义经济”之中。第二，1992年我国确定实行“社会主义市场经济”，并没有任何道理将其与“社会主义经济”等同起来。社会主义经济是与资本主义经济、封建主义经济等相对应的概念。指得是具有社会主义性质的经济。是属于社会经济制度性范畴。而市场经济指的是资源配置方式，属于经济体制和运行机制范畴。两者不是同一系列的问题，不能混为一谈。怎么社会主义一实行市场经济，一切非公有制经济就统统变成了社会主义经济呢？第三，在社会主义实行商品经济或市场经济的条件下，可以在一定意义上说，社会主义经济是商品经济或市场经济，也可以说社会主义经济是社会主义市场经济，两者具有一致性。但《理论》一文竟据此将两者混同起来，把“一致”当作“等同”。我们说，社会主义经济是商品经济，是市场经济，决不意味着社会主义经济与商品经济或与市场经济是同一概念。否则，资本主义经济也是商品经济或市场经济，那样，社会主义经济与资本主义经济岂不随之划等号了。讲社会主义经济是商品经济，是市场经济，只是表明：它既不是自然经济，也不是马克思主义创始人所设想的消除商品经济的产品交换经济，而是仍然要实行商品经济或市场经济。正如同我们可以说：人是生物、马是生物、树是生物，但不能单凭一个“是”字就把这些概念等同起来一样。第四，先暂撇开非公有制经济不论，建立社会主义市场经济体制，本是公有制经济特别是国有经济改革的目标模式，即使从公有制经济范围看，“社会主义经济”与“社会主义市场经济”也不是同一概念。社会主义市场经济是要将既有的社会主义经济即公有制经济与市场经济接轨，将两者结合起来。用公式表示，就是社会主义市场经济＝社会主义经济（公有制经济）＋（结合）市场经济。由于还存在和发展非公有制经济，而当代的非公有制经济是天生的市场经济。在公有制经济占主体地位的市场经济中，非公有制也要进入，不能将其排斥于社会主义市场经济之外。因此，社会主义市场经济的外延就要扩大：它＝社会主义经济＋（结合）市场经济＋非公有制经济（非社会主义经济）。可见，“社会主义市场经济”的内涵与外延与“社会主义经济”是不同的。将两者简单等同起来，是不科学的。

## 三、党的十五大提出，非公有制经济是社会主义市场经济的重要组成部分，这究竟是什么意思

为什么一切非公有制经济即私营经济、外资企业和个体经济都会构成社会主义市场经济的组成部分？只有弄清楚这个问题，才能够实事求是地弄清楚社会主义市场经济与社会主义经济的真实关系。我在1993年和1994年发表的多篇论文中，论述了社会主义市场经济是由公有制为主体的多种所有制经济共同构成的，并进行了分析和论证。例如，在1993年的北京《阵地》第6期上，我发表了如下的见解：比起社会主义商品经济来，“社会主义市场经济的外延要更广一些。……社会主义市场经济既然是从通过市场调节实现资源配置的角度讲的，那么，这种市场，不管是哪种经济成分参与的，都一样起资源配置的作用”。市场机制与市场经济是统一的，不能划分个体经济的市场经济、私营经济和外资经济的市场经济、公有制经济的市场经济。私有制经济参与的市场，也调节公有制经济的资源配置。从这个意义来讲，社会主义市场经济是由公有制为主体的多种经济成分共同构成的。当然，从市场经济主体来看，依然有公有制经济与私有制经济或社会主义经济与非社会主义经济的差别”。在《中国工商管理研究》1993年第8期上，我这样讲：“从社会主义市场经济体制的整体来讲，多种经济成分的市场行为，会汇合成统一的市场经济体系。由于以公有制经济为主体，其他非公有制经济成分的行为要服从于和从属于社会主义的总的要求，因而广义的社会主义市场经济概念，首先包括公有制参与的市场经济，其次也包括非公有制参与的市场经济。”在1994年4月11日的《太原日报》上，我进一步说明：“就社会主义市场经济所包括的范围来看，……广义的社会主义市场经济指以公有制为主体的多种经济成分共同发展的市场经济。就是说，非公有制经济成分的市场行为，也纳入了社会主义市场经济的范畴之中。虽然从市场主体来看，非公有制经济是非社会主义性质的经济，但从市场机制与资源配置的角度看，多种经济成分的经济会形成统一的市场。市场机制没有‘社’‘资’的区分。根本不存在社会主义市场机制只配置社会主义经济范围内的资源，而非社会主义市场机制只配置非社会主义经济领域资源问题。为什么又统称作社会主义市场经济？这是因为社会主义公有制经济是主体。”我在论文中

还特别指出："非公有制经济在建立社会主义市场经济体制中具有积极作用。"讲三条：(1) 私有制经济一开始就是市场经济，因而是建立社会主义市场经济体制的先导；(2) 私有制商品经济的发展，有利于市场的发育、市场机制和市场体系的发展与健全；(3) 它的存在与发展有利于市场竞争的展开和统一市场的形成，迫使公有制经济转换经营机制，参与市场竞争，在市场竞争中求生存与发展。

总之，只要我国实行社会主义市场经济体制，实行公有制为主体的多种所有制经济共同发展，非公有制经济自然会成为社会主义市场经济的组成部分，这是顺理成章的事情。市场和市场经济是统一的，不会也不可能按不同所有制经济划地为牢，相互分割公有制市场经济和非公有制市场经济。但公有制与非公有制、社会主义经济与非社会主义经济，是可以相互区分和独立存在的。即使在公私并存的混合经济中，也还有公有经济与私有经济的区别。非公有制经济参与社会主义市场经济，并没有也不会改变其自身的社会经济性质。比如外资企业，在境外是资本主义性质的经济，外商到中国来办独资企业，不会因为我国实行社会主义市场经济，它们一与这种市场经济相接触，就变成了社会主义性质的经济。硬说它变成了社会主义经济，试问：变化的契机是什么？根据是什么，它的社会主义经济性质表现在哪里？《理论》一文没有作出任何说明，而只有抽象地论断："社会主义市场经济就是社会主义经济"，非公有制经济都是社会主义经济的重要组成部分。然而，没有论证和论据的论断，是没有理论说服力的，容易流于武断。

## 四、各种所有制经济的社会性质，是由其内部的经济关系决定的，是一种客观规定性，不会随着政策或理论的变化而变化

社会主义经济是体现社会主义经济关系和反映社会主义本质的经济。它首先包括社会主义公有制，但不仅仅限于公有制。还包括按劳分配关系；劳动者当家作主的关系；消灭剥削和消除两极分化的关系；实现社会主义生产目的即充分满足人民日益增长的物质文化需要的关系；而最能体现社会主义本质的是共同富裕的关系。这种社会主义经济关系，只能存在于全民所有制经济和集体所有制经济以及混合公有制经济之中。仅就所有制的规定性来

讲，社会主义经济就是公有制经济。

非公有制经济不体现上述社会主义经济关系的特点和社会主义本质，因而不是社会主义性质的经济，不能构成社会主义经济的组成部分。

外资企业和国内私营经济，从其内部经济关系来看，是具有资本主义性质的经济。它以私有制为基础；雇主和劳动者是资本与雇佣劳动的关系；劳动者不是主人，只是出卖劳动力商品的雇佣劳动者，生产资料私有者才是主人；分配关系是以按资分配为主，按劳动力价值或价格分配从属于按资分配。在这类私有制经济中不可能消灭剥削、消除两极分化和实现共同富裕。

个体经济存在于多个社会经济形态中，它自身不具有特定的社会性质。正因为如此，个体经济从来不会构成一种独立的社会经济形态。在现实社会主义社会中，个体经济是小商品经济或简单商品经济，它既不姓“资”，也不姓“社”。它是一种处在十字路口的经济，有的可以发展为私营企业，即转变为资本主义经济，有的也可以联合为集体经济，转变成社会主义经济。

当然，我国社会主义初级阶段的私有制经济，与旧中国或前社会主义的私有制经济相比，其地位和作用是不同的，特别是其外部关系有所差别。有的私有制经济遵纪守法，尊重职工权益，并扶危济困，热心于社会公益事业，符合“三个有利于”的标准。从其与社会主义经济与政治的外部联系看，可以认为具有不同程度的某些社会主义因素。但也有些非公有制经济唯利是图，没有职业道德，置国家法规于不顾，严重侵犯职工权益，搞坑蒙拐骗、假冒伪劣，损害国家和人民利益，发不义之财。这类现象不是个别的，新闻媒体屡有报道。例如：东莞清溪镇度铜厂，投产两年，竟有40多起工伤事故，残伤者要求赔偿时，“台湾老板的回答是棍棒和恶狠狠的咆哮：不关我的事，找你们的政府去!”珠海市韩国女老板滥施淫威，强令数十位中国工人下跪，还拖欠工人工资数百万元和债务数千万元。她转移走大部分设备和材料后失踪了。政府不得不背起这个包袱。《深圳晚报》报道了一私企老板，让女工一天劳动近16小时，“夜间把宿舍门反锁，打工妹被困火海酿悲剧”，有的被活活烧死。《粤港信息日报》报道：深圳龙岗辉开科技开发公司的外资老板，明知用作清洗剂的包装袋上标明“吸入气体或沾及皮肤都对人体有害，可能对人体造成永不复原的损害”，却既不采取防护措施，也不向工人说明情况，结果使许多人中毒。厂方还继续强迫和威胁要求入院检查的女工上班。报纸报道的标题是：“地方重利轻义，外商草菅人命。76

位深圳打工妹中毒。”《报刊文摘》1998 年 7 月 27 日以下面的标题转载了《市场报》的一篇报道：“在广东一些非公企业里法制观念淡薄，侵权事件屡屡发生，人们要问——王法何在，公理何在。”增城市华星水泥厂一名工人在工作中被切断 8 根手指，却得不到应有的赔偿，并被赶出厂门；深圳奕达电子厂的 7 名工人，因被厂方怀疑偷窃，非法拘禁 16 小时，并遭毒打，一死六伤，事后厂方还伪造跳楼自杀现场。非公企业侵权现象严重，“一是无偿加班加点，这在私营企业里较为普遍。有的企业让职工连续工作 36 小时，一年只有春节才放假。二是将拖欠克扣工资、动辄罚款作为降低成本的一种手段。罚款的理由令人啼笑皆非”。如工人无证入厕要罚款，吃饭时说话要罚款等。这是一种连现代发达资本主义国家都不允许有的原始积累式的、野蛮的资本主义剥削行为。它连正当的、文明的资本主义都够不上，怎么能统统封之为社会主义性质的经济呢？我讲这些材料，不是想贬抑非公有制经济。而是说明对各种所有制经济的性质要进行具体的实事求是的分析。即使非公有经济有这样那样的消极面甚至违法行为，但不能因噎废食，而是应积极引导、加强管理，以更好地发挥其积极作用。同时也要看到，这是在我国目前社会主义市场经济还不规范、不健全和其他主客观条件下，资本主义唯利是图本质的一种必然表现。如实地认识和把握外资和私营经济的非社会主义性质，有利于认识和把握其现象和行为，从而有利于政府有针对性地因企制宜，发挥调节功能。

## 五、要把不同所有制经济的地位、作用同其性质区别开来。不要用某种所有制经济的地位和作用来确定其性质

就非公有制经济来说，是应首先确认其地位和作用，只要它在我国社会主义初级阶段占有必要的地位，发挥着不可取代的作用，即使它是非社会主义性质的乃至是资本主义性质的，都要鼓励和促进其健康发展。

社会主义社会允许和鼓励发展非社会主义经济包括资本主义性质的经济，表面上看是与“传统”马克思主义和社会主义理论不相吻合的。但从深层次上看，归根到底它是以马克思主义的生产力标准和历史唯物主义观为依据实行的。马克思主义历史唯物主义的一个基本观点是，生产力决定生产关系，生产关系要适合生产力的状况。马克思在《政治经济学批判》序言

中说："无论哪一种社会形态，在它所能容纳的全部生产力发挥出来以前是不会灭亡的。"这里讲的是整个"社会形态"。但这一理论观点同样适用于某一社会形态中的一定的经济成分。只要这种经济成分有利于生产力的发展，它就有其存在的必要地位，因而"是不会灭亡的"。硬要人为地去消灭它，也是"野火烧不尽，春风吹又生"，最终会表现出其顽强的生命力。我国社会主义初级阶段，发展多种所有制经济，也是由历史选择的，选择的标准，就是生产力标准或"三个有利于"的标准。我国坚定不移地实行在公有制为主体条件下发展多种私有制经济，但并非一切私有制经济都可以发展的。奴隶制经济和封建主义经济只能消灭，而不会允许其存在和发展，因为它们早已是阻碍生产力发展的、过时的落后的经济。至于资本主义经济和个体经济，在我国长时期中还有容纳生产力发展的余地。它们在发展生产、增加供给、繁荣经济、活跃市场、扩大就业、满足需要，增加税收以及发展市场经济等方面，起着积极作用。改革 20 年来的实践证明了这一点。我国没有经过资本主义独立发展的历史阶段，又过早地跨越了新民主主义社会，过早地通过三大改造消灭了资本主义经济和个体经济，给我国的经济发展和经济生活带来了消极后果。历史事实说明，在我国具体历史条件下，资本主义经济成分和个体经济，尽管它们是非公有制经济或非社会主义性质的经济，但它们是我国社会主义初级阶段国民经济的必要组成部分，是在多种所有制经济共同发展中占有相当比重的构成部分，是社会主义市场经济的重要组成部分，也是社会主义初级阶段基本经济制度的组成部分。

非公有制经济的地位和作用是一回事，它们的社会性质是另一回事。不必也不应因其地位和作用的重要，便给它定性为社会主义经济。有如香港回归祖国，有很重要的意义和作用，有利于我国社会主义事业。但它依然是资本主义的香港，如果硬要将其定性为社会主义的，是悖理的和违反事实的，反而不利于香港的繁荣和我国社会主义事业的发展。

我国理论界和政治界，似乎由于历史的沉淀，形成一种惯性式的思维方式。在过去 20 多年"左"的错误下，大批资本主义，什么事情都要往资本主义拉。连个体经济本不姓"资"，也要当作资本主义，斩尽杀绝。商品经济、副业、自留地，也要视作资本主义温床或"资本主义尾巴"，限制之，"割掉"之。连社会主义的按劳分配原则也要作为产生资本主义的土壤予以限制和批判。通过拨乱反正否定了"左"的一套后，事情又倒了过来，什么事情都要往社会主义靠。把既不姓“社”也不姓“资”的个体经济，定性为社会主义。连原本是资本主义性质的外资企业和私营经济也定性为社会主义经济。前一种思维方式是根据定性而定取舍：对某些事物，先定性为资本主义，后予以限制、否定和批判；后一种思维方式是根据取舍而定性质，或以定位而搞定性。只要肯定某一事物的现存地位和作用，就定性为社会主义。这两种思维方式表现形式相反，但在思维倾向上又有其共同点，即都是把不同所有制经济的地位和作用同其性质混淆在一起。一个是用姓“资”的帽子（定性）否定其地位和作用；另一个是用肯定其地位和作用送一顶社会主义的帽子（定性）。

## 六、强调公有制经济和非公有制经济的不同社会性质，并不是一个概念的争论问题。而是涉及怎样全面理解什么是社会主义、怎样建设社会主义的根本问题，是涉及要不要公有制为主体这一社会主义根本原则的问题

建立和发展社会主义，就必须建立和发展公有制经济。因为有公有制经济才有社会主义经济。科学社会主义不能建立在私有制经济基础上。由于我国处于社会主义初级阶段，公有制只能是主体，又必须是主体。因为以公有制为主体，就是以社会主义经济为主体，有了这个主体才有社会主义经济制度的存在，才能保证我们国家和社会的社会主义性质。正因为这样，江泽民总书记在《正确处理社会主义现代化建设中的若干重大问题》中强调指出：“任何动摇、放弃公有制主体地位的作法，都会脱离社会主义方向。”

把社会主义公有制经济定性为社会主义经济，而把非公有制经济定性为非社会主义经济，这是从马克思列宁主义创始人到毛泽东，到邓小平，到江泽民和中央文件的一贯理论思想。远的不谈，就从毛泽东、邓小平等的有关论述来看，对问题认识是统一的和一以贯之的。例如，在1954年，毛泽东就修改我国宪法草案的说明中讲：国家所有制和集体所有制是“社会主义的经济成分”，而个体劳动者所有制和资本家所有制则是“非社会主义的经

济成分”。[①]

有人会认为，毛泽东的这个论述已经过时，不应再引用了。《理论》一文一开头就讲：“邓小平同志讲，要重新认识社会主义，包括要重新认识社会主义经济”。表明作者是在按邓小平的理论指导重新认识社会主义经济的。然而，在邓小平的全部著作中，绝对找不到私有制经济是社会主义性质的经济、是社会主义的经济基础的论断。他要我们弄清什么是社会主义，怎样建设社会主义，主要是指，应弄清我国处于社会主义初级阶段的国情；弄清社会主义的根本任务是发展生产力，根本目的是实现共同富裕；弄清社会主义的本质，是“解放生产力，发展生产力，消灭剥削，消除两极分化，最终达到共同富裕”；弄清“一个公有制占主体，一个共同富裕，这是我们所必须坚持的社会主义的根本原则”；弄清“三个是否有利于”是检验改革开放和一切工作得失成败的主要标准；弄清计划和市场不是区分社会主义和资本主义的标志。然而，无论怎样重新认识社会主义，怎样弄清什么是社会主义，邓小平没有也不可能把资本主义经济认识和定性为社会主义经济。请学习一下邓小平同志自己的有关论述：他既讲“我们的制度是以公有制为主体的”，又讲“我国是以社会主义经济为主体的”。[②] 可见他把“公有制经济”和“社会主义经济”是作为含义相同的概念使用。也就是说，他把非公有制经济认定为非社会主义经济。在《邓小平文选》中没有提及“私营经济”概念，但他明确指出：“外资是资产主义经济。”他认为非公有制经济虽然是非社会主义经济，但可作为社会主义经济的补充。他说“欢迎外国独资到中国办工厂；这些都是对社会主义经济的补充”。[③] 有位广东省委党校的教师，竟然根据邓小平关于非公有制经济“是社会主义经济的补充”的提法，证明非公有制经济就是社会主义经济。[④] 这种对理论逻辑的理解令人咋舌。按此理解，过去讲，非公有制经济“是公有制经济的补充”，就等于说，“非公有制经济”就是“公有制经济”了。显然是悖理的。根据邓小平的理论指导，党的十三大报告也是既讲“私营经济是公有制经济必要的和有益的补充”，又讲外资企业“是我国社会主义经济必要的和有益的补

① 《毛泽东经济年谱》中共中央党校出版社 1993 年版。
② 《邓小平文选》第 3 卷，人民出版社 1993 年版，第 172、65 页。
③ 《邓小平文选》第 3 卷，人民出版社 1993 年版，第 138 页。
④ 《理论前沿》1998 年第 22 期。

充”，江泽民同志在党的十四届五中全会闭幕时的讲话中说：“允许和鼓励个体、私营、外资等非公有制经济的发展，……使它们成为社会主义经济的必要补充。”这与邓小平的理论思想是完全一致的。《理论》一文对邓小平的上述明确的重要理论思想避而讳言，却硬说根据邓小平重新认识社会主义经济的思想，一切非公有制经济都是社会主义经济。令人难解的是，《理论》一文的作者曾发表过一篇有较大影响的有关利用资本主义的论文，按他现在的观点，所存在的都是社会主义，还有什么利用资本主义的问题呢？

如果一切非公有制经济与公有制经济一样，都是社会主义经济，那么，邓小平和党中央一直强调的“以社会主义经济为主体”的社会主义根本原则就不能成立了。既然公有私有都是社会主义经济，还有什么主体非主体之分呢？原来讲社会主义经济为“主体”，是因为还有处于非主体地位的非社会主义经济存在。如果根本不存在非社会主义经济，讲“主体”，岂不于理不通了。既然“社会主义经济为主体”不能成立了，“公有制为主体”自然也就不能成立了。因为两者本来就是在相同含义上使用的。而公有制为主体不存在了，社会主义经济制度还会存在？

## 七、“公有制为主体”与“社会主义经济为主体”是区分不开的

有的学者想把“公有制为主体”同“社会主义经济为主体”区分开来，承认前者而否认后者。认为在公有制为主体下，非公有制经济就成为社会主义经济。还提出一个理论根据，即马克思的“普照的光”的理论。马克思说：“在一切社会形式中都有一种一定的生产支配着其他一切生产的地位和影响，因而它的关系也支配着其他一切关系的地位和影响。这是一种普照的光，一切其他色彩都隐没其中，它使它们的特点变了样。”① 近些年来，许多人引证这段话来论证这样一种观点：在一切社会制度中，都存在多种经济成分，其中有一种占主体地位，它是一种普照的光，在它的照耀下，其他经济成分都改变了特点，具有与普照的光相同的性质。在社会主义社会中，作为主体的公有制就是普照的光，其他非公有制经济便被掩盖了自己的原有色

① 《马克思恩格斯选集》第2卷，人民出版社1972年版，第109页。

彩，具有了社会主义性质。应该说，这完全是一种没有理论和事实根据的误解。弄错了马克思的话的原意。马克思的任何著作中都没有讲过一切社会制度中都存在多种经济成分。难道原始社会的两三百万年中存在公有、私有多种经济成分？难道马克思设想的共产主义高级阶段会有公有、私有多种所有制经济？马克思认为，即使在共产主义低级阶段即社会主义社会也不会有多种私有制经济。马克思关于“普照的光”的那段话根本没有涉及这类问题。那段话是在《政治经济学批判》导言的《政治经济学的方法》中讲的。它论述的是研究资本主义经济关系的政治经济学的体系结构如何安排的问题。资本主义政治经济学体系应从哪种经济范畴开始？马克思说明：从人口开始似乎是正确的，因为人口是“全部社会生产行为的基础和主体”。但仔细想来“这是错误的”。因为人口是由阶级构成的，而离开构成阶级的因素如雇佣劳动和资本等，阶级又是一句空话。从地租和土地所有制开始，似乎是再自然不过的。因为它是“一切生产和一切存在的源泉”。但这样安排也是错误的。究竟应从什么范畴开始呢？马克思接着讲了普照的光的那段话。就是说，资本主义政治经济学体系，应从在资本主义经济中起普照的光的作用的范畴开始，马克思确定了工业资本是资本主义经济中的普照的光。因此，政治经济学体系便从工业资本开始。依次研究了资本与雇佣劳动，剩余价值与利润，商业资本与商业利润……直到土地所有制与地租等。本来，商业资本、借贷资本、土地所有制及商业利润、利息、地租等，在资本主义前就存在，但在资本主义社会中它们都依存或从属于工业资本这一普照的光，并都具有了资本主义的特点和性质。资本主义之所以成为资本主义，正是取决于工业资本的产生和存在。这决定了它的普照的光的地位。可见，马克思讲普照的光的问题，是着眼于资本主义所有制内部的各层面的关系，不是指不同的所有制之间的关系。不同所有制经济的性质和特点，主要由其内部的经济关系决定，而不能由占主体地位所有制经济决定。例如，封建社会末期，产生和逐步发展了资本主义经济，即使封建主义经济仍占统治地位，但不会改变资本主义经济的性质，资本主义就是资本主义，不会成为封建主义经济的组成部分。同样，在我国社会主义初级阶段，多种所有制经济的社会性质是不同的，公有制的主体地位不能决定非公有制经济的社会性质，倒是应澄清对马克思关于普照的光的那段话的根本性误解。

## 八、究竟怎样理解十五大报告提出的“公有制经济为主体，多种所有制经济共同发展，是社会主义初级阶段的一项基本经济制度”

《理论》一文据此认为，“社会主义初级阶段的基本经济制度”就是“社会主义基本经济制度”，因而非公有制经济构成社会主义经济制度的内容。

“社会主义经济制度”，是社会主义经济关系的总和，社会主义公有制是其基础。它存在于社会主义社会的各个阶段。并随着社会主义经济的发展而不断发展与完善。而“社会主义初级阶段的基本经济制度”，具有初级阶段的特点，它意味着不适用于社会主义中级阶段和高级阶段。如果它是适用于社会主义一切阶段的基本经济制度，突出讲“初级阶段的基本经济制度”就是多余的和不合理的了。在我国社会主义初级阶段，实行以社会主义公有制经济即社会主义经济为主体，也就表明我们已建立了社会主义经济制度。包括公有经济制度、按劳分配制度、劳动者成为生产资料的主人和社会的主人的制度、消灭剥削和压迫的制度、实现共同富裕的制度等。不过，这种经济制度在社会主义初级阶段，一是还不成熟和完善；二是还不能覆盖全社会，只能是处于主体地位的经济制度。既然还存在和发展着多种非公有制经济即多种私有制经济，私有制也是一种经济制度。在私有制度基础上还建立了与其相适应的劳动制度、分配制度等。因此，社会主义初级阶段的基本经济制度，便不会是单一的社会主义经济制度，而只能是以社会主义经济制度为主体的混合型的基本经济制度。即以公有制经济为主体、多种所有制经济共同发展的基本经济制度。党的十五大报告中，在“社会主义初级阶段的基本经济制度”前面加了“一项”二字，表明这只是就所有制这项制度而言的。因为基本经济制度，除所有制度外，还包括其他方面的制度如分配制度等。如果概括地来讲，社会主义初级阶段的基本经济制度 = 占主体地位的社会主义经济制度 + 私有制经济制度。

《理论》一文不去实事求是地对待这一问题。竟提出一些完全不合逻辑和没有道理的推理和批评。它认为，谁不把“社会主义初级阶段的基本经济制度”等同于“社会主义基本经济制度”，谁就是否认我国社会主义初级阶段存在社会主义基本经济制度。并进而说，“否认社会主义初级阶段的基本经济制度的社会主义性质，实际上就是否认初级阶段我国经济发展的社会主义方向”。这种论断是纯主观的和歪曲性质的，与以往“大批判”式的逻辑似有共同之处。《理论》的作者怎么会提出这样的逻辑和得出这样的结论呢？我们看看他的质问和理由：

质问之一：“这个与社会主义初级阶段基本经济制度不同的社会主义基本经济制度，究竟是属于社会发展哪一阶段的基本经济制度呢？……显然它不属于社会主义初级阶段。而可能是社会主义中级阶段或高级阶段上的基本经济制度。人们不禁要问，今天，正当我们在发展和完善社会主义初级阶段的基本经济制度时，脱离实际地、抽象地提出现实生活中不存在，而只有在遥远将来才可能实现的东西，有何现实意义呢?”

质问之二：“同抽象的‘社会主义基本经济制度’不同的现实中的‘社会主义初级阶段的基本经济制度’究竟是不是社会主义基本经济制度？……既然不是社会主义，那是否是一种‘中性’的经济制度呢？……不是社会主义，也不是中性的，那就只能是资本主义的。……他的观点会引起思想混乱。”

偏见会远离事实和真理！上述质问全是虚构出来的。是作者自己否认在社会主义初级阶段存在不包括非公有制经济在内的社会主义经济制度，这确有点“脱离实际”。我国宪法明确规定：“中华人民共和国的社会主义经济制度的基础是生产资料的社会主义公有制，即全民所有制和劳动群众集体所有制”。表明我国存在不包括非公有制经济、只包括公有制经济的社会主义经济制度。难道我国目前不存在作为主体的社会主义公有制度、按劳分配制度、劳动人民作主人的制度以及其他体现社会主义经济关系的经济制度吗？再说，我国三大改造以后直到改革开放以前，基本上消灭了非公有制经济，那时的经济制度是不是社会主义经济制度？怎么一加进非公有制经济，以公有制为基础的社会主义经济制度就不存在了呢？明明是《理论》一文的作者自己否认与“社会主义初级阶段的基本经济制度”有区别的“社会主义经济制度”的存在，他混淆“社会主义经济制度”和“社会主义初级阶段的基本经济制度”。不顾我国宪法中对这两个概念是分别并列提出的，却反怪别人不把社会主义初级阶段的基本经济制度等同于“社会主义基本经济制度”。甚至上纲上线地讲：不把“社会主义初级阶段的基本经济制度”看作就是“社会主义基本经济制度”，就是把它看作“只能是资本主义的”。这种理论逻辑真令人惊异！这里除了理论逻辑上的“思想混乱”外，难道有什么内在的逻辑关系和科学道理吗？

## 九、社会主义的经济基础或社会主义经济制度的基础究竟是什么

社会主义经济或社会主义经济制度的基础是不是社会主义公有制？非公有制经济是不是社会主义经济制度的基础？《理论》一文认为，非公有制经济也是社会主义经济制度的基础。试问：邓小平所定性的作为“资本主义经济”的外资，怎么成了社会主义经济制度的基础呢？基础者，根基也。如果把外资企业、私营经济、个体经济等私有制经济都作为社会主义经济制度的基础，那就是认为，没有多种私有制经济这个基础，就不会有社会主义经济制度存在。这个理论难以认同。

第一，改革开放以前的20多年中，没有多种私有制经济存在和发展，难道没有以公有制为基础的社会主义经济制度存在？改革开放以来，尽管多种所有制经济共同发展，难道没有以公有制为主体、以按劳分配为主体、并在这个范围内没有剥削的社会主义基本经济制度的存在？如果没有这个为主体的社会主义经济制度的存在，何来社会主义初级阶段基本经济制度？前者的存在是后者存在的前提。《理论》的作者承认在社会主义中级或高级阶段，可能有不存在非公有制经济的社会主义经济制度，那岂不表明非公有制经济并不是社会主义经济制度的必要基础？没有公有制经济，就没有社会主义经济制度；而不管有没有非公有制经济，都可以有社会主义经济制度。从这个道理不是可以看出，公有制经济才是社会主义经济制度不可或缺的经济基础么？

第二，党的十五大报告也是分别使用“社会主义初级阶段的基本经济制度”和“社会主义经济制度”两个不同概念，用以说明不同问题的。它在论述为什么要实行公有制经济为主体、多种所有制经济共同发展的社会主义初级阶段的基本经济制度时，首先指出，之所以要以公有制为主体，因为“我国是社会主义国家，必须坚持公有制作为社会主义经济制度的基础”。这里使用的是“社会主义经济制度”概念，这是适用于社会主义一切阶段

的概念。而且明确指出，公有制才是“社会主义经济制度的基础”。至于要实行多种所有制经济共同发展，是取决于“初级阶段的国情”，因为“我国处于社会主义初级阶段，需要在公有制为主体的条件下发展多种所有制经济”。可见，两个坚定不移的根据或决定性原因是不同的。坚持公有制为主体要坚定不移的根据或决定性原因是：公有制是“社会主义经济制度的基础”。而坚持多种所有制经济共同发展要坚定不移的根据或决定性原因则是：“我国处于社会主义初级阶段。”如果公有私有都是社会主义经济制度的基础，党的十五大报告就不会这样分别论述其根据了。其实，早在1982年颁布的我国的宪法中，就明确规定：“中华人民共和国的社会主义经济制度的基础，是生产资料的社会主义公有制。”1999年人代会修宪也未修改这一条。无论十五大报告还是我国宪法，都明明白白地写着公有制是社会主义经济制度的基础，而《理论》一文却反其道而言之，硬说各种私有制经济都是社会主义经济制度的基础，并说这是十五大精神和邓小平有中国特色的社会主义经济理论。为了处理自己的论断同十五大报告和宪法中有关论断的明显矛盾，它对这些重要的有关论断作了背离原意的解释。它说：十五大报告和宪法中讲公有制是“社会主义经济制度的基础”，这里的“基础”，“应理解为是主体”。然而，社会主义经济理论中的“基础”同“主体”难道是相同的概念吗？“基础”是说公有制是社会主义制度大厦借以奠立的根基。“基础”动摇了，垮掉了，社会主义制度大厦也就随之动摇了，垮掉了。讲的是社会主义经济关系内部公有制与其他环节之间的关系。而“主体”，是说公有制经济在多种所有制经济中的地位和比重，是表明不同所有制经济之间的关系。两者所表明的问题是根本不同的，怎样能随意改变中央文件和根本大法中的重要论断的提法和原意，以适应自己的需要呢？

## 十、发展资本主义经济成分符合“三个有利于”标准

外资企业和私营经济，总体上来说，是属于资本主义性质的经济。它比个体经济更有利于生产力的发展。对待这个问题不必躲躲闪闪、掩掩盖盖。我国曾过早地实现三大改造，过早地急于消灭一切非公有制经济。特别在二十几年“左”的错误下，脱离我国国情，提出要在中国大陆“让资本主义绝种”，后来又大搞“兴无灭资”，大批资本主义，大“割资本主义尾巴”，

大抓“新生资产阶级分子”，凡与“资”沾边或被当作与“资”有关的东西，都在遭禁忌受挞伐之列。私有制、资本主义，成为绝对坏的东西。造成了谈“资”变色的“恐资病”。“左”的一套理论与政策，阻碍了我国生产力的发展，损害了社会主义事业。改革开放以来，抛弃了“左”的一套，多种私有制经济“春风吹又生”，发展起来了。但改革20多年了，还有人在讳言“资本主义”，甚至反对和批判别人将外资企业和私营经济视作资本主义性质即还其本来面目。有人认为将非公有制经济定性为社会主义经济，是突破了传统观念，是理论的发展。否则，就是拘守传统观念，是保守，甚至是“左”的流毒。其实，对“传统”概念应有具体分析和如实的把握。并不是一讲“传统”，就意味着过时、保守，应予否定。有些传统的东西是封建落后的，应予以摒弃；有的是随着时代和社会经济实践的发展，需要有所突破，有所创新；但有的传统则需要继承和弘扬。比如，祖国的“传统文化”，解放军的“优良传统”，革命先辈们的“传统精神”，共产党以马克思主义（包括发展了的马克思主义）为指导的传统思想，等等。有的同志指“资”为“社”，其实并非突破过时的传统观念，恰恰是在拘守社会主义阶段不允许任何非社会主义经济特别是资本主义经济成分存在的传统观念。本本上否定在社会主义社会有任何资本主义因素存在，20多年“左”的错误将此推向了极端。现在，如果在理论上还只肯定非公有制经济存在而否定和不允许非社会主义经济特别是资本主义经济存在，既是违反实际，又是拘守已被改革的理论和实践突破了的传统观点。至于将外资和私营经济视作资本主义性质的经济，如果说这是一种“传统观念”，那么，它是正确的、科学的、符合实际的“传统观念”。不应当用过时的、不符合实际的传统观念，去突破和批评科学的、符合实际的传统观念。

毛泽东同志在转向“左”的理论和实践前，曾对民族资本主义在中国的地位和作用，以及党对它的态度，提出过正确的指导思想。实际上已突破了本本上的传统理论。他在《中国革命和中国共产党》、《新民主主义论》、《论联合政府》、七届二中全会讲话以及其他论著中，对党领导的中国革命胜利后怎样认识和对待资本主义，作了系统的、深刻的、实事求是的论述。其主要理论思想是：(1) 新民主主义革命胜利后，因为肃清了资本主义发展道路上的障碍，资本主义经济在中国会有一个相当程度的发展，这是经济落后的中国在民主革命胜利后不可避免的结果。同时又因为社会主义经济即国营经济和合作社经济的发展和共产党的领导，可以避免资本主义的前途。(2) 共产党人不但不怕资本主义，反而在一定条件下提倡它的发展。发展资本主义不但有利于资产阶级，同时也有利于无产阶级，或者说更有利于无产阶级。中国不是多了一个本国的资本主义，相反地，我们的资本主义是太少了。(3) 中国私人资本工业是一个不可忽视的力量，需要尽可能地利用城乡资本主义的积极性。新中国"在发展工业的方向上，有些糊涂的同志认为主要的不是帮助国营企业的发展，而是帮助私营企业的发展；或者反过来，认为只要注意国营企业就够了，私营企业无足轻重的了。我们必须批判这些糊涂思想"。[①] (4) 应克服"左"倾错误，包括"强调限制资本主义，而不强调一切有益于国计民生的私人资本主义在目前及今后一个长时期的进步性、建设性与必要性"。[②] (5) 1950 年 4 月，毛泽东在一个批语中讲："在目前阶段国营经济不可能无限制地发展，必须同时利用私人资本。"[③]

毛泽东关于新中国要利用和发展资本主义的思想，自 1953 年提出过渡时期总路线后，指导思想发生了变化。事实上随着新民主主义的过早超越，毛泽东的原有正确思想没有实现。我国改革以来，确立了社会主义初级阶段的理论，继而确立了公有制为主体、多种所有制经济共同发展的基本经济制度。资本主义经济成分在现阶段依然具有进步性、建设性与必要性。只要还它以应有的地位和作用，就可以也应当还它以应有的本来面目。因此，与其指"资"为"社"，不如为"资"正名。

列宁在俄国实行新经济政策、存在多种经济成分的背景下，曾经批评说："直到现在还常常爱这样议论：'资本主义是祸害，社会主义是幸福'。但这种议论是不对的。"列宁认为，同封建制度、同小生产者的涣散性和官僚主义比较，"资本主义则是幸福"。资本主义"在一定程度上是不可避免的，所以我们应该利用资本主义……作为小生产和社会主义之间的中间环节，作为提高劳动生产力的手段、途径、方法和方式"。"有可能通过私人资本主义（更不用说国家资本主义）来促进社会主义。"[④] 列宁的这段话，讲

① 《毛泽东选集》，人民出版社 1991 年版，第 1427 页。

② 毛泽东和刘少奇以中央名义于 1949 年 5 月给东北局的电报。载《毛泽东经济年谱》，中共中央党校出版社 1993 年版，第 264 页。

③ 《毛泽东经济年谱》，中共中央党校出版社 1993 年版，第 278 页。

④ 《列宁选集》第 4 卷，人民出版社 1995 年版，第 510、514 页。

的多么尖锐、实在而又深刻。在我国社会主义初级阶段，不是同样可以利用资本主义作为提高生产的手段和途径来促进社会主义么？在我国人口多、资金缺，又受20多年“左”的错误的严重损害阻碍了生产力的发展的条件下，利用资本主义经济成分的必要性不是更为迫切么？也可以说，在我国现阶段，资本主义经济成分仍具有进步性、建设性和必要性。肯定这一点，就可以名正言顺地利用和发展资本主义经济成分。为什么一定要讳言资本主义，一定要指“资”为“社”，甚至不允许别人讲外资和私营经济是资本主义经济，一讲就批评为“否定社会主义方向”呢？

如果有的学者只讲其自己的观点，认为非公有制经济是社会主义经济，是社会主义基本经济制度的重要内容，是社会主义经济制度的基础（事实上这种观点多年前就有了），本着百家争鸣、学术自由的精神，可以作为一家之言进行探讨。多年来我也未对此观点发表过不同意见。问题是，现在有的学者硬说这是党的十五大和邓小平理论的精神，并要求将全国的思想认识统一到他理解的这种观点上来，还批评甚至歪曲不赞同这种理解的观点，我就不得不本着一个理论工作者的责任心，公开进行讨论，力求澄清一些理论是非了。呜呼！予非好辩，乃不得已也。

# 再论怎样正确认识社会主义经济与中国特色社会主义经济[①]

［摘要］作者认为，“非公有制经济是社会主义市场经济的重要组成部分”，但并不是“社会主义经济”的组成部分，社会主义市场经济和社会主义经济两个概念的内涵是不完全相同的；私有制经济和公有制经济不能一起构成“社会主义经济制度”的内容，但在社会主义初级阶段私有制经济可以为公有制经济所利用并与之共同发展；社会主义经济制度的基础是生产资料公有制，非公有制经济不能成为社会主义经济制度的基础。非公有制经济的存在与发展，表明我国在社会主义初级阶段所走道路的“特色”，并不表明它们具有社会主义性质，“有中国特色的社会主义经济”所涉及的一切经济成分并非都具有社会主义性质。“特色”不是“特”在把私有制说成社会主义经济，而在允许和鼓励私有制经济作为非社会主义经济与公有制经济共同发展。

## 一、争论的焦点和实质是什么？

最近拜读了发表于《理论前沿》1999 年 7 月出版的第 13、14 期的《再论认真学习有中国特色社会主义理论》（以下简称《理论》）和发表于《当代经济研究》1999 年第 7 期的基本内容相同而题目为《坚持有中国特色的社会主义经济理论》一文，深感作者没有紧紧围绕我们所争论的焦点即三个重要理论分歧点，对自己所持的观点正面进行分析与论证，提出有理论与

① 本文原载《当代经济研究》1999 年第 11 期。

事实根据的说明。三个主要理论分歧点是：(1) 十五大提出“非公有制经济是社会主义市场经济的重要组成部分”，是否也就是“非公有制经济是社会主义经济的重要组成部分”。如果认为两个论断是相同的，那么，“社会主义市场经济”与“社会主义经济”两个概念的内涵岂不相等了，即两者都由公有制经济和私有制经济共同构成。私有制经济究竟是社会主义经济，还是非社会主义经济？(2)“社会主义初级阶段的基本经济制度”与“社会主义基本经济制度”（或“社会主义经济制度”）是否同一概念？私有制经济是否与公有制经济一起构成“社会主义经济制度”的内容？(3) 十五大的报告和我国宪法中讲，我国社会主义经济制度的基础，是生产资料公有制。能否从这里引出非公有制经济也是社会主义经济制度的基础？或社会主义经济的基础？在这三个问题上，《理论》作者持肯定观点，我则持否定见解。

就拿第一个问题来说。“社会主义经济”是指具有社会主义性质的经济，即体现社会主义经济关系和社会主义本质的特定的所有制经济，正如讲“资本主义经济”是指具有资本主义性质即体现资本主义本质关系的特定所有制经济一样。尽管在资本主义经济产生与发展的早期阶段，封建主义经济还占主体地位，但既不能把资本主义经济纳入封建主义经济概念之中，也不能反过来认为资本主义经济中包括封建主义经济。

如果讲的是我国现实社会主义社会的经济，或社会主义初级阶段的经济，或我国社会主义的国民经济，或社会主义市场经济，那么，以公有制为主体的多种所有制经济都是它们的构成部分，至于“社会主义经济”，是不包括非公有制经济即种种私有制经济的。

《理论》的作者继续强调非公有制经济也是社会主义经济的组成部分。但其社会主义性质究竟表现在哪里呢？并没有说明。再者，不同私有制的社会经济性质，究竟是首先由其内部的经济关系决定呢？还是由其存在和发展的必要性决定呢？或是由决策者的某种方针政策决定呢？或是由某种理论上的提法决定呢？我认为主要是由其内部经济关系决定的。包括所有制关系、劳动者与生产资料相结合的方式、分配方式、生产的实质或目的、生产者和管理者的地位和关系等。至于外部关系或因素，只是外因，虽然可以在不同程度上对其产生影响或使其产生某种程度的变异，但最终从根本上决定其社会性质的，还是其内因，即其内部关系和因素。

令人遗憾的是，《理论》作者始终避开非公有制经济的内部关系，只从某些概念的联系上和表面的逻辑推理上断定非公有制经济也是社会主义经济。他对我从非公有制经济的内部关系分析和判断非公有制经济的社会性质，也没有提出任何辩驳。通览全篇，《理论》一文也没有提出什么新的见解和新的论证。充斥于论文中的内容，一是用不少笔墨简单复述他过去讲过的旧话。二是用不少篇幅绕圈子讲了许多与争论焦点无关或无直接关系的众所周知的东西，如什么“传统的社会主义所有制理论，追求所有制结构的‘一大二公三纯’”呀；“继续调整和完善所有制结构，进一步解放和发展生产力”呀；发展非公有制经济“符合‘三个有利于’的标准，中国不会变为资本主义”呀，等等。三是不作具体分析与论证，反复从概念的联系和表面逻辑推理上进行争论。如社会主义经济即社会主义市场经济呀；社会主义经济即有中国特色社会主义经济呀（我们在后面将专门讨论），等等。四是提出一些大话、套话，搞上纲上线，营造政治气势。如专门用一小节文字大讲“要警惕右，但主要是防止‘左’”呀；把私有制经济排除在社会主义经济之外，“就是倒退到传统的社会主义经济理论上去”呀；是“追求所有制结构的‘一大二公三纯’”呀；“忽略了公有制改革的实践”呀。《理论》作者还抛出了一个“杀手锏”，即把我们争论的实质（他说成争论的焦点），概括为“是应该坚持有中国特色的社会主义呢，还是应该坚持传统社会主义经济”。“必须坚持有中国特色的社会主义经济，摒弃传统的社会主义经济”。批评认为非公有制经济是非社会主义经济“正是体现了传统的社会主义经济理论”应予摒弃。显然，作者是以“有中国特色的社会主义经济理论”的代表的面孔出现，摆出一副坚持和捍卫“有中国特色的社会主义”、批判应“摒弃的传统社会主义经济理论”和反“左”的姿态，想通过这种营造政治气势的方法，以势压人和吓人。然而，俗话说，“有理不在言高”。不同学术思想和理论观点的争论，只能靠以理服人。吓人战术是起不了任何作用的。

为了回答《理论》作者的责难，我需要讲点有关学术和理论观点的历史事实，《理论》作者一再不惜笔墨地讲社会主义初级阶段发展非公有制经济的必要性，他是要从这种必要性中直接得出非公有制经济也是社会主义经济的论断来。他的弦外之音是：否定非公有制经济也是社会主义经济，实际上是要否定发展非公有制经济的必要性。他还画龙点睛地讲：“迄今为止有的人在谈到公有制经济的时候，脑子里所想到的，仍然是传统经济体制下那种单一所有制形式的集体经济和国有经济……”我说明，关于论述社会主义初级阶段理论和发展多种所有制经济的必要性及其作用问题，我发表过系列论著，已讲得很多。单就时间说，还在1980年，我发表在《新湘评论》第8期中的论文，就专门论述了“允许多种经济成分同时存在的客观依据”，提出“走社会主义道路，是否就必须不顾现有的经济条件，把除国营经济和集体经济以外的其他一切经济成分很快地统统消灭光?”并同时批评了在所有制问题上追求“大与公”的“左”的一套，指出把非公有制经济如“个体经济看作是同社会主义经济绝对对立的成分，务必斩尽杀绝，表面上看来，这很‘革命’，走社会主义道路似乎很坚决，但实际上是拉社会主义的后腿，破坏社会主义事业”。然而，强调非公有制经济存在和发展的必要性及其作用是一回事，它们是否是具有社会主义性质的经济，则是另一回事。我讲非公有制经济是非社会主义经济，是以非公有制经济已经存在与发展的事实和必要为既定的前提的，而《理论》作者竟离开这点，拿我远在20年前就讲清楚了的发展非公有制经济的必要性，同我争论，用以论证非公有制经济是社会主义经济，岂不有点不中腠理?!

《理论》一文中还没有必要地大讲公有制的多种实现形式问题，论述了混合所有制经济、股份制、股份合作制等，想用此引出非公有制经济也是社会主义经济的道理来，其实这也是与事无补的。而它的潜台词是，讲非公有制经济是非社会主义性质的经济，就是无视公有制实现形式的多样化。

其实，关于公有制的多种实现形式问题，我早在1986年发表于《江西社会科学》的论文中就明确地提了出来，其中讲到，改革还应“包括公有制的运行和实现形式”；发表于1994年10月的《经济改革与发展》杂志上的论文，我进一步强调：“公有制可采取不同的实现形式，只有采取公有制的有效的实现形式，才能把公有制搞好搞活。”论文中提及了股份制、股份合作制等，还强调“要探求其他更好的实现形式”。1998年的《理论前沿》和《高校理论战线》上还专门刊发了我的《股份制的性质和作用》一文。现在，《理论》一文搬出“实现形式”和股份制等问题同我争论，并用以论证非公有制经济是社会主义经济，使人有牛头不对马嘴之感，而且，他对股份制的观点也有问题，但我不愿如他那样节外生枝地争论这个问题。

## 二、评所谓“坚持有中国特色的社会主义经济理论，摒弃传统社会主义经济理论”

《理论》一文作者，在多篇文章中，一再批评和坚决摒弃“传统理论”、“传统社会主义经济”、“传统社会主义经济理论”、“传统社会主义”。如果确实是过时的、不利于社会主义改革和发展大业的传统的东西，当然应该摒弃。然而，《理论》作者所批判和摒弃的“传统社会主义经济理论”是什么呢？不是别的，正是马克思主义的科学社会主义基本理论，他坚持的“有中国特色的社会主义经济理论”，也不是邓小平同志和党中央所阐发的有中国特色的社会主义理论，而是经他变异了的一套理论。顺便提一下，他甚至把“四人帮”的反马克思主义科学社会主义的一套极左货色，如“割资本主义尾巴”之类，与马克思主义的科学社会主义理论归在一起，统称作“传统社会主义经济理论”。这显然是不妥当的。

无论邓小平同志还是党中央，从来没有把马克思主义的科学社会主义理论作为过时的“传统理论”予以“摒弃”，而是始终强调要坚持马克思列宁主义。甚至在邓小平著作和党中央文件中，也从来没有使用过“传统社会主义理论”或“传统社会主义”一类概念。因为邓小平理论或有中国特色的社会主义理论是马克思列宁主义在中国当代的新发展，党的十五大报告指出：“党从诞生之日起，就把马克思列宁主义确立为自己的指导思想。”邓小平理论是“马克思列宁主义同中国实际相结合”的“第二次飞跃的理论成果”。邓小平理论既发展了马克思列宁主义，又与马克思列宁主义是一脉相承的统一的科学体系。十五大后的党章中明确规定：中国共产党以马克思列宁主义、毛泽东思想、邓小平理论作为自己的行动指南。邓小平同志自己一贯要求我们坚持和学习马列主义。他强调老祖宗不能丢。在1978年12月的讲话《解放思想，实事求是，团结一致向前看》中，他特别指出：“学习什么？根本的是要学习马列主义、毛泽东思想，要努力把马克思主义的普遍原则同我国实现四个现代化的具体实践结合起来。”特别需要说明的是，邓小平强调要把有中国特色的社会主义同马克思主义基本理论紧密地统一起来。1985年，他在《在中国共产党全国代表会议上的讲话》中说：“我们现在要建设有中国特色的社会主义，时代和任务不同了。要学习的新知识确实很多，这就要求我们努力针对新的实际，掌握马克思主义基本理论。”“熟悉马克思主义的基本理论从而加强我们工作中的原则性、系统性、预见性和创造性。只有这样，我们才能坚持社会主义道路，建设和发展有中国特色的社会主义。”可以清楚地看出，邓小平同志自己是把掌握和熟悉马克思主义基本理论，作为建设和发展有中国特色的社会主义的必要前提。然而，令人遗憾和惊诧的是，《理论》的作者，竟把马克思主义的科学社会主义理论，贬之为应“摒弃”的“传统社会主义经济理论”，将其同邓小平理论或有中国特色的社会主义理论对立起来。

《理论》的作者会争辩说，他所说的应摒弃的“传统社会主义经济理论”只是指其中不适应今天中国实际情况的部分。然而，第一，我们现在所争论的，他硬要摒弃的部分，恰恰是属于马克思主义科学社会主义最基本的理论部分之一；第二，如果把某些不适应今天实际的部分称作“传统社会主义经济理论”，试问，其他部分该称作什么呢？是否该称之为“非传统”的理论呢？科学社会主义理论能这样区分么？第三，试问，《理论》所理解的“有中国特色的社会主义经济理论”中，还是否保留或保留有哪些马克思主义的科学社会主义经济理论呢？

《理论》作者忽视了马克思主义创始人的一个重要原理，即恩格斯在《共产主义原理》中所讲的不能一下子就把私有制废除，“正像不能一下子就把现有的生产力扩大到为实行财产公有所必要的程度一样。……只有创造了所必需的大量生产资料之后，才能废除私有制”。他们还认为，社会阶级的消灭是以生产高度发展的阶段为前提的。这正是过去“左”的一套所摒弃了的重要原理，也是现在《理论》作者所置之不顾的且要“摒弃”的所谓“传统社会主义理论”。

不仅如此，马克思主义创始人所预想的成熟的社会主义社会中，不存在私有制经济，是否就是应摒弃的传统理论呢？是我们过去不顾我国的实际条件，照搬外国经验与模式，去追求纯粹的社会主义经济呢？还是应归罪于马、恩的科学社会主义理论呢？马、恩并没有设想过在半殖民地半封建主义的中国取得革命胜利后，怎样搞社会主义的问题。我们应当坚持的是实事求是，一切从中国实际出发，把马列主义与中国具体实践相结合，不照搬别国的模式，走自己的路。这才是中国特色社会主义的精髓。我们应摒弃的是教条主义、本本主义、而不是摒弃马克思主义的科学社会主义理论。

《理论》作者认为，一切私有制经济与公有制经济一样，都是社会主义经济，都是社会主义经济制度的基础。认为这才是有中国特色的社会主义理论。而我不赞同这种观点。我认为，在我国现实社会主义社会中，存在多种所有制经济，作为主体的公有制经济是社会主义经济，也是社会主义经济制度的基础。也可以说是社会主义的经济基础或社会主义经济的基础。“社会主义经济”是个整体概念，不只包括公有制。《理论》作者再三讲，我是“把社会主义经济完全等同于公有制经济”，不对！我没有这样讲过。我已论述过，社会主义经济内部包括多层次的关系，公有制是基础，当然属于社会主义经济。还包括劳动者和生产资料相结合的社会主义方式，包括按劳分配，包括劳动者在生产中的地位，包括消灭剥削和消除两极分化，包括实现共同富裕等。因此，社会主义经济不完全等于公有制经济，但公有制经济是社会主义经济，正因为如此，坚持和发展公有制或公有制为主体，就是社会主义的一条根本原则，让私有制经济共同发展是必要的，是长期的，但它们不具有社会主义性质。非公有制经济是非社会主义经济，外资企业和私营经济的私人占有制关系，资本与雇佣劳动相结合的关系，按资分配或按要素所有权的分配关系，甚至有的严重侵犯职工权益的关系，都是非社会主义性质的关系。1989 年在邓小平指导下发布的《中共中央关于加强党的建设的通知》明确指出：“私营企业主同工人之间实际上存在着剥削与被剥削的关系。”试问：这种剥削与被剥削的经济怎么会是社会主义性质的经济？非公有制经济根本不能体现邓小平所讲的“消灭剥削、消除两极分化，最终达到共同富裕”的社会主义本质。

我讲的公有制经济是社会主义经济，非公有制经济是非社会主义经济的上述理由，是很明确的。《理论》作者应当对此拿出他的反驳理由，并正面提出他的具体论证。给别人简单扣上一顶应当摒弃的“传统社会主义经济理论”的帽子，不能解决任何问题，因为它是没有任何理论说服力的。

《理论》按照自己的思维逻辑，向我提出了一个本来不存在的令人有点莫名其妙的问题进行质问：“他所反对的把非公有制经济看作是社会主义经济的观点，是传统的社会主义经济理论呢，还是有中国特色的社会主义经济理论。如果，既不是传统的社会主义经济理论，又不是有中国特色的社会主义经济理论，那么，作者讲的社会主义经济究竟是什么呢？难道是一件既不是有中国特色的社会主义经济，也不是传统社会主义经济的另一种社会主义经济吗?”这种像绕口令的文字表述既拖沓，也累赘，暂且不去管它。我的回答是：我讲的社会主义理论，既属于马克思主义科学社会主义的基本理论，又属于邓小平和党中央所讲的有中国特色的社会主义理论，两者是统一的，即亦此亦彼。但的确不是被《理论》一文所讲的所谓应摒弃的“传统社会主义经济”也不是被变异和曲解了的所谓“有中国特色社会主义理论”。

## 三、有中国特色的社会主义的经济范围内的一切事物，是否都具有社会主义性质?

《理论》一文一再强调，社会主义经济即有中国特色的社会主义经济。它根据有中国特色的社会主义包括公有制为主体、多种所有制经济共同发展，来论证非公有制经济是社会主义经济的内容或组成部分。该文把这一条作为自己最有力的理论根据，反复论述，成为它的理论观点的主要支撑点。该文引证了1997年第10期《市场经济导报》记者对我的访谈录，说我讲过“公有制为主体，多种所有制经济共同发展，是有中国特色的社会主义经济的重要内容”。我虽未见到该刊，但这确实是我的观点。我在《北京日报》等报刊上也讲过这类话，在《理论》作者看来，我既肯定多种所有制经济共同发展是有中国特色的社会主义经济的内容，又否定非公有制经济是社会主义性质的经济或社会主义经济的重要组成部分，这不是自相矛盾?他认为“这种现象是很少的，而且可笑”，要求我“澄清”。

那就让我澄清一下这个被看作是“可笑”的“矛盾”吧。

需要从“有中国特色的社会主义”这个大概念谈起。这个大概念包括的内容或范围是很广的。比如，我们实行“一国两制”，也属于有中国特色的社会主义的范围。邓小平明确指出：“我们的社会主义制度是有中国特色的社会主义制度，这个特色，很重要的一个内容就是对香港、澳门、台湾问题的处理，就是‘一国两制’”，把港、澳、台也纳入“有中国特色的社会主义制度”的内容或范围之内，是否意味着港、澳、台也要搞社会主义制度、是社会主义性质的城市和地区呢?如果按照《理论》作者的逻辑，既然港、澳、台也属于有中国特色的社会主义制度的“内容”(小平同志用了“内容”二字)，它们就该是社会主义性质的了，但按这样的逻辑理解问题是错误的。因为“一国两制”的含义，就是大陆搞社会主义制度，港、澳、台搞资本主义制度。邓小平讲：“‘一国两制’有两个方面。一方面，社会主义国家允许一些特殊地区搞资本主义，不是搞一段时间，而是搞几十年，或成百年。另一方面，也要确定整个国家的主体是社会主义。否则怎么能说是‘两制’呢?”显然，按照邓小平的理论逻辑，“有中国特色的社会主义制度”的内容，包括“一国两制”，既包括大陆的社会主义制度，也包括港、澳、台的资本主义制度。可见，“有中国特色的社会主义制度”的内容，与“社会主义制度”或“社会主义性质”的含义，是不完全相同的，“有中国特色的社会主义”所包括的内容和涉及的范围，并不都必然是社会主义的。

按照邓小平的理论逻辑来理解问题，那么，“有中国特色的社会主义的经济”所包括的内容或范围，与“社会主义经济”的含义也并不必然是完全相同的。讲“有中国特色的社会主义经济”，自然首先要讲公有制为主体。从中国的国情出发，在我国社会主义初级阶段，我们不应搞覆盖全社会、囊括各部门的公有制经济。公有制只能是主体，且必须是主体。否则，没有为主体的公有制经济，也就没有社会主义，自然也就谈不上有中国特色的社会主义经济了。另一方面，讲公有制为“主体”，自然就意味着还存在着非主体的非公有制经济，“主体”和非主体并存，共同发展，这正是我们的“特色”，因此，非公有制经济的存在与发展，是表明我国所走的社会主义道路的“特色”的，并不表明它们是具有社会主义性质的经济。并不是“有中国特色的社会主义经济”所涉及的一切经济成分都具有社会主义性质。“特色”，不是“特”在把私有制经济说成社会主义经济，而是“特”在允许和鼓励私有制经济作为非社会主义经济与公有制经济共同发展。显然，《理论》作者对“有中国特色的社会主义”、“有中国特色的社会主义经济”的理解，是非辩证的、不完全的。他如果按照邓小平的理论逻辑来理解和把握问题，就会明白，我的前后论点并不存在什么“可笑”的“矛盾”，而是顺理成章的事情。

本来，邓小平提出建设有中国特色的社会主义，是从所走的社会主义道路的角度来讲的。他说：“照抄照搬别国的经验、别国的模式，从来不能得到成功。把马克思主义的普遍真理同我国具体实际结合起来，走自己的道路，建设有中国特色的社会主义。”可见，邓小平讲的有中国特色的社会主义，不是用以与什么“传统社会主义理论”对立的，而是既肯定和坚持马克思主义的普遍真理，又要将其与我国具体实践相结合，不照搬别的经验与模式，走出一条自己的具有中国特色的社会主义道路来。以公有制为主体，多种所有制经济共同发展，之所以作为有中国特色的社会主义的重要内容，正是要说明，这种所有制结构不是从别国搬来的，而是走自己的有中国特色的社会主义道路的一种表现。

《理论》作者在多篇文章中一再引述十五大报告中关于“建设有中国特色的社会主义的经济”。他要从这里引出非公有制经济也是社会主义经济的结论，然而十五大报告中只讲过“非公有制经济是社会主义市场经济的重要组成部分”，并没有讲过“非公有制经济是社会主义经济的重要组成部分”。硬说根据十五大报告，非公有制经济也是社会主义经济的组成部分，是毫无根据的。十五大报告中提出“建设有中国特色的社会主义的经济”的内容，其中讲了“在社会主义条件下发展市场经济，不断解放和发展生产力”。并讲了四个坚持，有人认为这个内容中所包括的一切，四个坚持的各个方面，都属于社会主义经济，《理论》作者也是从这个角度反复讲自己的观点的。在他看来，既然我国社会主义初级阶段的经济就是有中国特色的社会主义经济，因而，有中国特色的社会主义的经济的一切内容，都是社会主义经济的组成部分，即都是社会主义性质的经济。这种理解值得商榷。

党的十五大报告中讲的“建设有中国特色的社会主义的经济”，在“社会主义”与“经济”之间加了一个“的”字。也许有人认为加不加“的”字是一样的。但我觉得联系它所表述的内容来看，这里的“社会主义的经济”，不是特指社会主义性质的经济，而是指我国社会主义的国民经济。发展市场经济，发展生产力，并不是从社会主义经济关系而是从发展国民经济的角度讲的。其中的四个“坚持”，既有属于社会主义性质的内容，也有属于非社会主义性质的内容。如“坚持和完善社会主义公有制为主体”、“坚持和完善按劳分配为主体”，这是社会主义性质的内容。而发展非公有制经济，实行按劳分配以外的分配方式（如外资企业和私营经济中的以按资分配方式为核心的按要素所有权分配），就不具有社会主义性质。至于“使市场在国家宏观调控下对资源配置起基础性作用”，也不存在特定的社会主义性质，资本主义国家早就有了。“坚持和完善对外开放，积极参与国际经济合作和竞争。保证国民经济持续快速健康发展”等，更主要是着眼于国民经济的发展。

所以，《理论》作者从社会主义经济就是有中国特色的社会主义经济这一命题出发，把十五大所提出的建设有中国特色的社会主义的经济的内容，都当作社会主义经济的内容，就不符合事实。正如同我们可以说，马是生物，但不能把马与生物划等号。生物所包括的范围很广泛，不能把生物所包括的范围诸如人、树、花等，都当作马的内涵。

## 四、评关于"社会主义经济"认识问题上的奇特观点和奇特逻辑

(1)《理论》一文引证了中央文献和邓小平著作中关于以公有制为主体、多种经济成分共同发展的论述后，提出自己的独特"理解"："第一，这里讲的'主体'应该是公有制经济在社会主义经济中所处的地位，即主体地位；同样，个体、私营、合资、合作企业，也应该是指这些非公有制企业……在社会主义经济中所处的地位，即非主体地位……所以，这里所讲的都是社会主义经济内部而不是外部的事。如果把非公有制经济理解为是社会主义经济以外的一些经济成分。那么，社会主义经济中与作为主体的公有制经济相对应的非主体是什么呢？显然不能把非公有制经济排除在社会主义经济之外。"我可以断然地说，这一大段话的理论逻辑是完全悖理的、错误的。

且不说合资、合作经济中也存在公有制部分，而《理论》作者则将其一概纳入"非公有制"范围的纰漏。更为奇特的是，作者先验地没有任何根据地先把公有制经济和私有制经济都规定为社会主义经济。然后把两者的"主体"与非主体地位，说成是"在社会主义经济中所处的地位"。于是，"主体"是公有制经济在社会主义经济中为主体；非主体，是非公有制经济在社会主义经济中为非主体。然后反过来以此为根据，煞有介事地质问别人：既然公有制是在社会主义经济中为主体，那么社会主义经济中的非主体是什么呢？不就是非公有制经济吗？这种理论逻辑倒真使人感到可笑，也未免太离谱了。

多年来，讲以公有制为主体，是指公有制在国民经济中的地位或所占的比重。怎样衡量？过去是从公有制的产值在社会总产值中所占比重的优势来衡量的，江泽民同志在党的十四届五中全会闭幕时的讲话中，改从公有制资

产在社会总资产中占优势来衡量。在十五大报告中又讲："公有制的主体地位主要体现在：公有资产在社会总资产中占优势；国有经济控制国民经济（请注意：讲的是"国民经济"——引者）命脉，对经济起主导作用。"可见公有制为主体，本意是指公有制经济在我国国民经济中处于优势地位，而且讲"公有制为主体"，与讲"社会主义经济为主体"是同义的。就是说，公有制这种社会主义经济在国民经济中处于主体地位，而私有制经济这种非社会主义经济在国民经济中处于非主体地位。《理论》作者把公有制、私有制的"主体"和非主体地位，竟理解为"在社会主义经济中"的不同地位。请问：邓小平、江泽民和中央文献中一再讲的"社会主义经济为主体"该怎样理解呢？难道能说，社会主义经济是在社会主义经济中为主体么？"社会主义经济为主体"就表明还有非社会主义经济为非主体。如果公有私有都是社会主义经济，还能讲"社会主义经济为主体"么？可见，"公有制为主体"这个本来是常识性的问题，也被《理论》作者搅混乱了。

（2）本来，在邓小平著作和中央有关文献中，既讲"公有制经济为主体"，又讲"社会主义经济为主体"，就表明，两者的内涵是相同的，也就是把公有制经济作为社会主义经济，这种逻辑关系的道理是很清晰的。然而，《理论》作者竟提出了这样的反驳："我觉得，这样的结论违反了逻辑上的推理规定，是不能成立的。打个比方，张三是人，李四是人，所以张三等于李四；又比如，70 分是及格，90 分也是及格，所以 70 分等于 90 分……这种推理显然不妥。如果把这种逻辑上不能成立的推理作为立论的根据那更是不妥。"把邓小平理论和党中央文献中的严肃的理论问题，竟做了这样不伦不类的比喻。张三、李四都是人，但张三本来就不等于李四。70 分、90 分都及格，但 70 分本来就不等于 90 分。这个连一年级小学生也知道的道理，竟用来解释"公有制经济为主体"和"社会主义经济为主体"的关系，借以论证"公有制经济为主体"同"社会主义经济为主体"是不同的两回事。然而，请问《理论》作者，两者犹如张三、李四的重大不同究竟表现在何处呢？难道除公有制为主体外，还有另一个与公有制不同的"主体"吗？难道会有两个不同的"主体"并存么？为什么不作出理论上的说明而只打了两个不合理的比喻就了事呢？其实，"社会主义经济为主体"这一论断，就排除了私有制经济是社会主义经济的论断，如果不排除，"社会主义经济为主体"的论断就不能成立了。因此，讲"社会主义经济为主体"，也就是讲“公有制经济为主体”。用张三、李四和70分、90分的不同来论证“公有制经济为主体”和“社会主义经济为主体”的不同，是悖理的，因为张三与李四本来就是两个人，70分和90分本来是不同的分。而公有制经济与社会主义经济，却本来就不是不同的两种经济，而是指的同一种经济，所以，两者都可以讲是主体，主体的内涵是一样的。我们也可以换个比喻：张三要用一双筷子吃饭，李四要用两只筷子吃饭，“一双”同“两只”是一回事。还有，虽然张三、李四都是人，但人有千千万万，不可能相同。虽然70分和90分都及格，但60分至100分之间有41个都属及格的差距，而“公有制为主体”或“社会主义为主体”，却只能是同一个，因为“主体”只有一个，而没有多个。明明是《理论》作者自己逻辑推理不当，反而来指责别人“违反了逻辑学上推理的规定”，是“逻辑上不能成立的推理”。这些批评应当针对他自己才合适。

（3）由于“社会主义经济为主体”的论断，同《理论》作者的非公有制经济也是社会主义经济的论断，是不能统一的，前者对后者是否定的。因此，他要设法淡化和否定“社会主义经济为主体”的提法。他说，我（卫某人）在论文中讲，邓小平和党中央一直强调“以社会主义经济为主体”。“这个说法也不准确。前面引用的邓小平的讲话，说的就不是‘以社会主义经济为主体’，而是‘以社会主义公有制经济为主体’。至于十五大报告，可以说是体现了党中央的最新声音。我们学习报告全文，凡讲到‘主体’的地方，用的都是‘社会主义公有制为主体’或‘公有制为主体’，从不用‘社会主义经济为主体’。如果把社会主义经济与公有制经济作为可以通用的同一概念，并把它运用到十五大中来的话，那就必然会造成严重的思想混乱”。

这段话有几个论断“不准确”。第一，邓小平和中央有关文献多次强调“以社会主义经济为主体”，这难道不是事实？我前面引证了不少。白纸黑字，能够否认？第二，说邓小平讲过“以社会主义公有制经济为主体”，认为讲这句话“就不是以社会主义经济为主体”。这简直不是严肃的理论争鸣，而是讲歪理了。本来讨论的问题，是邓小平和中央有关文献，既讲“以公有制经济为主体”，又讲“以社会主义经济为主体”，我认为两个论断是相同的，而《理论》作者认为两个论断是不同的。他现在突然又冒出邓小平还讲过“以社会主义公有制为主体”，用来否定邓讲的“以社会主义经济为主体”。这不是奇怪的和混乱的思维逻辑吗？第三，说十五大报告只讲公有制为主体，从不用“社会主义经济为主体”。认为十五大报告否定了“社会主义经济为主体”。这只是《理论》作者个人的主观愿望和偏好，没有任何根据。十五大报告并没有放弃或改变公有制是“社会主义经济”或“社会主义经济制度的基础”的基本原理。也没有说过私有制是“社会主义经济”或“社会主义经济制度的基础”一类话。讲“公有制为主体”同讲“社会主义经济为主体”本来就是一回事。说讲“社会主义经济为主体”就“必然会造成严重的思想混乱”，又对又不对！对正确理解和把握十五大精神的人来说，根本不存在造成什么严重思想混乱的问题。只对于坚持非公有制经济是社会主义经济，是社会主义制度的基础的论点的《理论》作者来说，确实会给他造成并且已经造成严重的思想混乱！

（4）《理论》一文在第三题的标题讲“我为什么同意把非公有制经济看作是社会主义经济的组成部分?”说实话，在这个题目下所做的文章，主要是重复他过去文章中讲过的东西，而且我已经反驳过，他并没有提出证明非公有制经济也是社会主义经济的任何新的论证与论据来。

《理论》作者所提出的非公有制经济是社会主义经济的理由是什么呢?他首先从“传统理论”认为发达资本主义社会存在私有制与生产社会化矛盾讲起。“传统理论”认为革命胜利后要以公有制代替私有制。所以社会主义经济等同于公有制经济。下面用大段文字讲我国社会主义处于初级阶段，讲生产力发展状况。然后说：“在这种情况下，客观上不可能只有一种公有制经济，而必然存在包括公有制经济和私有制在内的多种所有制经济。”这类话是人所共知的普通常识性道理。令人不解的是，作者紧接着从这类话中引出结论：“就是说，在社会主义初级阶段，社会主义经济不完全等同于公有制经济。”那就是，私有制经济也是社会主义经济。然而，社会主义初级阶段发展公有制为主体的多种所有制经济是一回事，非公有制经济是否等于社会主义经济是另一回事。前者是讲发展非公有制经济的必要性及其作用问题，后者是讲非公有制经济的社会性质问题。《理论》作者一再坚持他的一个不合理的逻辑，即从发展非公有制经济的必然性直接得出“非公有制经济是社会主义经济的组成部分”的论断来，并以此来批判不同于他的理解的观点是什么应该摒弃的“传统社会主义经济理论”。这种理论观点和逻辑显然是站不住脚的。

其次，《理论》一文再次重复地讲：传统理论认为，社会主义经济是计划经济，在计划经济条件下，社会主义经济必然等于公有制经济。而“承认社会主义经济是市场经济，就不能把社会主义经济完全等于公有制经济，而把非公有制经济排除在外。相反，应把非公有制经济看作是社会主义经济的必要组成部分”。这段话的理由也不能成立。第一，在 1953 年至 1956 年已实行计划经济的条件下。我国依然存在城乡个体经济和资本主义工商业以及国家资本主义经济。改革开放以来直至 1992 年提出社会主义市场经济体制模式以前，我国依然强调实行计划经济。1989 年邓小平还讲“要坚持计划经济与市场调节相结合”。而 20 世纪 80 年代的我国，非公有制经济已经有了很大发展，不能说，计划经济一定排斥非公有制经济。因为以往的计划经济也主要是在公有制经济特别是在国有经济中实行的。个体经济、私营经济、外资企业，并不需要也难以纳入指令性计划经济之中。认为计划经济一定排斥非公有制经济，没有根据。第二，说承认社会主义经济是市场经济，“就得把非公有制经济看作是社会主义经济的必要组成部分”。这是毫无内在逻辑关系的武断之言。难道各种私有制经济没有自己的客观社会性质，在实行市场经济以前，是非社会主义经济，而一实行市场经济就成为社会主义经济了吗？它的社会主义性质从何处来呢？是由谁赋予的？某种所有制具有什么社会性质，难道能由作为经济体制的市场经济来决定吗？邓小平正是在提出社会主义也可以搞市场经济时，肯定“外资是资本主义经济”，而将其作为非社会主义经济看待的。《理论》一文一再重复的一个理由是：如果只有一种公有制经济，就没有真正意义上的商品交换和竞争，那也就不成其为市场经济。这个论断也有问题，一是它比斯大林的观点还后退，因为斯大林还承认社会主义公有制经济中的消费品是真正意义上的商品。二是用这个论断来说明非公有制经济是社会主义经济的必要组成部分，真是牛头不对马嘴，根本扯不到一起。因此，我依然认为，《理论》作者对自己所坚持的观点，并没有从理论上作出任何真正的说明。

（5）《理论》一文的第（七）题是“把非公有制经济看作是社会主义经济的重要组成部分，是否意味着这些非公有制经济就会统统改变了它们原来的性质？”这是想回答我对他提出的一个质疑，即：他曾发表过一篇有影响的论文，专门讲我国利用资本主义问题。现在他把有中国特色的社会主义下的一切事物，把一切私有制经济都断定为社会主义性质的，那还有什么利用资本主义的问题呢？他的前后的观点怎么统一起来呢？最近，看到香港出版的由王琮写的一本书，对《理论》的作者从褒义上讲了以下的话：《人民日报》于1992年2月23日刊出了他的《对外开放和利用资本主义》一文，“海内外传媒争相报导”，作者的“名字也不翼而飞，出尽风头”“使历来一直默默无闻”的他“一夜成名”、“老来走运”。的确，作者正是靠这篇《利用资本主义》的大作出名的，现在根据他的新观点，需要正面回答我提出的质疑：在我国建设有中国特色的社会主义条件下，还是否存在利用资本主义的问题？如果利用，有哪些资本主义？邓小平说“外资是资本主义”，你是否还同意?《理论》一文并没有正面对我的质疑作出明确的回答，而是给人一种含糊其辞、欲言又止之感。

如果作者的意思是说，他讲非公有制经济是社会主义经济的组成部分，并没有改变外资企业和私营经济的资本主义性质，那就又出现一个悖理的逻辑：资本主义经济是社会主义经济的组成部分，即资本主义也是社会主义。显然于理不通。他要坚持现在的观点，就得放弃使他成名的那篇“利用资本主义”一文中的观点。否则，他就得放弃现在的观点。看来，《理论》作者为了使自己的成名之作的观点与现在的观点相统一，不得不进一步创建一个新的理论观点和逻辑：资本主义经济是社会主义经济的重要组成部分。他可能会这样走下去，因为已经露出端倪。让我们拭目以待。

《理论》一文，在同一题中还讲了一些语义不清、逻辑混乱的话。他说，我（卫某人）“认为，把非公有制经济看作是社会主义经济的组成部分，就是看作是社会主义经济，即社会主义公有制经济。这样，非公有制经济不也变成了社会主义公有制经济了吗？甚至连资本主义也变成了社会主义公有制经济！如从传统观点看，确是如此，但如果把社会主义经济看作是有中国特色的社会主义经济，那它本身就应包含‘主体’和‘非主体’两部分”。这段话的逻辑非常混乱，也歪曲了我的观点。我认为，把非公有制经济看作社会主义经济的组成部分，当然也就是把非公有制经济看作是具有社会主义性质的经济，不能赞同。但我没有也不会说，认为非公有制经济是社会主义经济，也就认为是社会主义公有制经济。任何有正常思维的人，不会混乱到把私有经济说成是社会主义公有制经济。然而，《理论》一文竟说：“如从传统理论看，确是如此。”这也无事实根据，试问：哪个“传统理论”这样看过呢？令人惊异的是，《理论》作者竟认为，从“有中国特色的社会主义经济”看，就应该是这样。似乎非公有制经济也是“社会主义公有制经济”的“非主体”了。

（6）《理论》一文讲：“判断有中国特色的社会主义经济与传统社会主义经济的标准，只能是人们所熟知的‘三个有利于’的标准，而这也正是马克思主义的生产力标准”。总算在这一点上把邓小平理论与马克思主义统一起来了。然而，“三个有利于”标准也好，生产力标准也好，只是说明各种非公有制经济包括资本主义性质的经济，只要符合“三个有利于”的标准，就应允许和鼓励其发展，而并不能由此论证，只要符合“三个有利于”标准，各种私有制经济都变成社会主义经济。“三个有利于”的标准，不是判断姓“资”姓“社”的标准，而是判断改革开放乃至一切工作是非得失的标准。

（7）《理论》一文的第（六）题是“社会主义公有制为主体，多种所有制经济共同发展的基本经济制度，是不是社会主义的基本经济制度?”十五大报告中明明讲这是“社会主义初级阶段的一项基本经济制度”。而《理论》作者硬说这就是“社会主义的基本经济制度”。我在以前文章中已反驳过这种混同，并讲了两者的联系和区别，《理论》一文没有拿出任何正面的说明和论据，也未对我的分析和论证提出反驳，而只是讲了一些无关的，逻辑混乱的话，批评什么我“没有把社会主义初级阶段的这一基本经济制度，同社会主义初级阶段的有中国特色的社会主义经济联系起来”。我从未否定过两者的联系。讲这种话毫无意义。《理论》作者又说，他与我的“分歧是”：他“认为，社会主义初级阶段的基本经济制度，就是十五大报告讲的那个既包括公有制经济这个主体，又包括非公有制经济这个非主体的基本经济制度。而不可能是把非公有制经济排除在外的‘社会主义经济制度’”。而我则不同意他的观点。本来，十五大报告提出的“社会主义初级阶段的一项基本经济制度”，就是“公有制为主体，多种所有制经济共同发展”。《理论》作者竟说这是他的认识，而且说，是否这样认识，成为我和他的分歧所在。我怀疑作者是否认真读过我在《究竟怎样正确全面认识社会主义经济》一文。我在该文的第八题的标题就是“究竟怎样正确理解十五大报告提出的‘公的制经济为主体、多种所有制经济共同发展，是社会主义初级阶段的一项基本经济制度’”，我还用了一个公式加以说明，即：“社会主义初级阶段的基本经济制度 = 占主体地位的社会主义经济制度 + 私有制经济制度。”试问，我在什么地方将非公有制经济排除在“社会主义初级阶段的基本经济制度”之外呢？我们分歧根本不在这里，分歧在于：“社会主义初级阶段的基本经济制度”是否等于“社会主义基本经济制度”（或“社会主义经济制度）。我说不等于，他认为等于。我认为，非公有制经济即私有制经济是“社会主义初级阶段的基本经济制度”的构成部分，但不是“社会主义经济制度”的构成部分。他认为，非公有制经济既然是社会主义初级阶段基本经济制度的构成部分，也就是社会主义经济制度的构成部分。我认为，从中央有关文献看，社会主义初级阶段的基本经济制度，适用于社会主义初级阶段，而不适用于社会主义高级阶段，因此具有阶段性特点；而社会主义经济制度的基本规定性，无论在初级阶段、中级阶段和高级阶段应是共同的，即适用于社会主义各个阶段，而《理论》一文却讲：“‘排除非公有制经济的社会主义经济制度’则不适用于社会主义的初级阶段”。我明确讲，在初级阶段既然存在作为主体的社会主义经济，也就存在作为主体的社会主义经济制度，怎么能说是不适用于社会主义初级阶段呢？原来，由于《理论》作者把“社会主义经济制度”混同于“社会主义初级阶段的基本经济制度”，认为我讲“社会主义经济制度”不包括私有制经济，就是把非公有制经济排除在“社会主义初级阶段的基本经济制度”之外，自然这种排除不适用于初级阶段。《理论》一文论述上的这种混乱，来源于他把两个概念的混同。本来，我讲的是与这种“社会主义初级阶段的基本经济制度”有别的“社会主义经济制度”，不包括非公有制经济。而《理论》作者却一再说我是“否认社会主义初级阶段基本经济制度的社会主义性质”，是在“否定社会主义方向”。作者不是摆事实、讲道理，而是在乱扣帽子了。怎么是“否定社会主义方向”了呢？本来，我的论文中并没有专门讲“社会主义初级阶段的基本经济制度”是否具有社会主义性质问题，他却说我是否定其“社会主义性质”。根据我提出的公式，我认为构成社会主义初级阶段基本经济制度主体的“社会主义经济制度”，当然是社会主义性质的，怎么能凭空说我“否定”；但构成初级阶段基本经济制度的非主体私有制经济制度，便不具有社会主义性质。显然，《理论》作者是认为，私有制经济制度也具有社会主义性质，也是社会主义经济制度的内容和基础。令人不解的是，根据《理论》作者的逻辑，只有如作者那样，认为私有制经济也具有“社会主义性质”，也是社会主义经济制度的基础，才是坚持“社会主义方向”，而否认其社会主义性质，认为外资企业和私营经济具有资本主义性质，就是“否定社会主义方向”。这究竟是哪一家的高超理论？这与邓小平理论或有中国特色的社会主义理论有何共同之处吗？

（8）《理论》一文的第（八）题是：“社会主义初级阶段的基本经济制度究竟是不是社会主义初级阶段的经济基础？”其实我根本没有同他争论过这个问题，他在这里转换了概念。我们所争论的是：非公有制经济是否也是社会主义经济制度的基础或社会主义经济的基础。他说是，我说不是。《理论》一文依然没有就自己的观念提出正面具体论证。它继续重复已被我反驳过的离开十五大报告和《宪法》本意的说明。十五大报告明明是讲：“必须坚持公有制经济作为社会主义经济制度的基础”，《宪法》也讲“社会主义经济制度的基础是生产资料的社会主义公有制”。这种规定本身就排除了私有制也是“基础”的观点。因为如果公有、私有都是其基础，就没有必要和意义专门强调公有制是其基础了。作者为了让十五大报告和《宪法》的说明符合自己的论点，竟一再改变其原意，硬说十五大报告和《宪法》所讲的“基础”可以理解为“主体”。这就便于他把私有制经济作为基础塞进社会主义经济制度之中。他说：“把非主体的非公有制经济排除在社会主义经济制度即社会主义经济基础之外，就不是十五大报告讲的有中国特色的社会主义经济”。然而，第一，有中国特色的社会主义的经济是一回事，社会主义经济制度的基础是另一回事，两者虽然联系，但不能混为一谈。第二，如果把“基础”解释为“主体”，那么《理论》作者把公有制和私有制经济都看作是“基础”，也就是都看作是“主体”了，那非主体是什么呢？第三，我反驳把“基础”说成是“主体”的理由，作者完全避开了。其实，“基础”讲的是根基。讲公有制是社会主义经济制度或社会主义经济的基础，就是说，没有公有制这个基础，就没有社会主义经济制度，或社会主义经济制度也就动摇了，垮掉了。因此，“基础”讲的是社会主义经济或经济制度内部不同层次之间的关系，即公有制是实现按劳分配，劳动者当家作主，消灭剥削和两极分化，达到共同富裕等的基础。而“主体”讲的是另外的事情，是讲国民经济中公有制经济所占的比重和所起的作用。或者说是从公有和非公有或社会主义经济与非社会主义经济之间的关系和不同的地位着眼的。因此，不能把“基础”的含义同“主体”的含义任意混同起来或相互取代。

# 需要科学地总结改革开放30年[①]

## 一、用科学的改革观总结改革开放30年的成就与不足

我国改革开放30年，其历程和成就，所碰到的问题，以及目前究竟怎么来进行评价，怎样总结，学界观点并不一样，这也是正常的。我觉得应当有个共识，需要进行客观的实事求是的总结。客观总结改革开放的得失，实事求是地总结经验，是为了提高认识，统一思想，把握事物发展的规律，更好地搞好改革与发展大业，是为了推动经济社会更好地向前发展。

既要正面总结成功的经验，这是主要的一面，也要总结某些方面的不足。肯定成就，是为了沿着改革的正确方向与道路继续前进；正视不足，是为了弥补缺失，改进工作，以利于深化改革扩大开放。有一种绝对化的看法：不允许对改革开放提任何缺点和意见，甚至不允许讲反思。似乎30年的改革开放没有任何不足或缺失，谁要讲点缺点，谈点不足，提点完善改革的意见，就说谁是反改革。更有甚者，有人把强调应坚持改革的社会主义方向，不赞同把国企“一卖了之”，批判新自由主义，也指责为反改革。有必要弄清。在谈论改革还是反改革问题上需要分清两个不同的方面。事实上存在两种改革观。党中央和邓小平所主张和实行的改革，是坚持马克思主义(包括发展了的马克思主义)、坚持改革的社会主义方向，旨在使社会主义自我完善、自我发展。而某些人所主张的改革则与此相反，如邓小平所指出的：他们搞“全盘西化，打着拥护开放、改革的旗帜，……是要改变我们社会的性质”。他还指出：“某些所谓的改革，应该换个名字，叫做自由化，

① 本文是根据与两位访问者的谈话整理修改而成。原载《理论前沿》2008年第16期。

即资本主义化……我们讲的改革与他们不同，这个问题还要继续争论的。"①这类"改革"家高调批评别人"反改革"，实际上是不满别人不赞成和反对他们所主张的私有化、全盘西化的改革。这种"反改革"并没有错，是用正确的、坚持社会主义道路的改革观，反对打着改革旗号演变社会主义的所谓"改革"。

毋庸置疑，30 年来，改革开放的成就是有目共睹的。成就是主要的，应在总结经验中充分肯定。但能说改革开放过程中一切措施都百分之百的正确，就没有任何需要总结的教训和缺失么？比如说，改革过程中，大量国有资产流失，有的企业负责人借改革之机以权谋私，侵吞国有资产，或是官商勾结，以超低价将国企出卖给私商，如果事先有个出卖国有企业的严格的章法，有一定的审批程序，公开竞标出售，哪些国企能卖，哪些不能卖，事先有安排，就会好得多。还有，长期流行着一个口号式的提法，即"国退民进"，它广泛地被误解为是中央提出的指导思想，其实中央并不赞同某些学者宣传的这一偏颇的提法。《人民日报》和《经济日报》都刊发过不赞同这样宣传的文章，但力度和影响不大，没有起到应有的澄清理论和政策是非的作用。现在还有人在继续宣传"国退民进"。中央的指导思想是国有企业"有进有退，有所为有所不为"。而讲"国退民进"。意味着国有企业只留下一个"退"字。退出来让位给私有企业，民营企业一般作为私有企业的代名词，似乎改革的战略就是让私有制企业取代国有企业。前些年出卖国企成风、"一卖了之"的现象，与"国退民进"的宣传是有联系的。如能公开对其澄清，辨明理论是非，消除其负面影响，国企的损失自然会小些。再比如，教育改革、医疗改革、住房改革，还存在这样那样的问题，需要改进。30 年来，财富大幅度增长，人均 GDP 翻了三番多，但出现了收入差距过大的趋势。新的中央领导集体强调提出应让改革发展的成果惠及广大人民，应更加重视社会公平，缩小收入差距，提高低收入者的收入水平，解决三农问题。这是完全必要和正确的。如果能更早地关注和着手解决这类问题，改革与发展的成果会更大一些。我们的国民收入大幅提高了，现在满大街上是私人小汽车，许多人的居住条件显著改善了，全国人民的生活水平从温饱不足发展到总体初步小康，我们的生活水平和质量的确提高了，这是谁也不能否

① 《邓小平文选》第 3 卷，人民出版社 1993 年版，第 229、297 页。

认的。我在中央党校《理论前沿》2007年第22期发表的一篇文章中具体讲了改革的成就，配合十七大讲改革不能倒退，倒退是没有出路的。我们在国际上的地位空前提高了，经济总量已从世界第十一位跃至世界第四位，将进入世界第三，我国已成为世界第三贸易大国。中国的面貌发生了历史性的重大变化。我们改革的政策是让一部分人先富裕起来，先富带后富。这对摆脱普遍贫穷起了积极作用。但30年来，一部分人先富起来的意愿实现了，可是没有带动起后富。现在中央着手解决"三农"、下岗工人、农民工的问题、收入差距过大问题等。我们新的中央领导，对这些问题的重视和解决，是完全正确的。教育体制改革、医疗体制改革、住房体制改革，乃至国有企业和集体经济改革，还存在一些什么问题？要不要探讨，要不要总结？我觉得应该回顾，应该总结，总结是为了更好地前进，并不是反改革。

有人宣称，出现了一股反改革的思潮，但没有举出具体事例。究竟是什么人在什么地方站出来反对改革的？反对什么改革，怎样反对？邓小平讲，中国没有反改革派。当然也不能否认，会有个别或少数人有另一种比较偏颇的看法。就是用"过去的"剪裁和评判"现在的"。把问题和不足看的偏重，把成就和功绩看的偏轻。对改革开放质疑多，横挑鼻子竖挑眼，这类意见多见于网上和会议发言，影响并不大。据说也有个别人肯定阶级斗争为纲，肯定文化大革命。这当然不能赞同。而且也不会起什么作用。并不成为"思潮"。不能把个别事例扩大化，将其与正当地提出改进意见、主张反思混在一起，都作为反改革来批驳，甚至把与中央一致的理论认识，如强调更加重视公平，主张调整"效率优先，兼顾公平"的提法，也诬之为反改革。有人把指出收入差距扩大、主张缩小收入差距扩大趋势的正确意见，竟说成是"左"派挑起的有害的事端。我尽量不用"左"呀"右"呀的政治概念，主张应分清带引号的"左"和不带引号的左。不带引号的左派，是代表革命，代表进步的。国民党左派如廖仲恺、何香凝等我们党是肯定和支持的。鲁迅等的左翼作家联盟，是进步的，鲁迅是左派。我们反"左"是反那个带引号的极左。有时候反"左"，有人把不带引号的左也去反。把坚持马克思主义、坚持科学社会主义（包括中国特色社会主义），坚持四项基本原则，也作为"左"来反。

该怎样回顾和评价改革开放30年，我的看法是：（1）应以正面总结和宣传成就为主，但少讲不讲大话、空话、套话，不要千文一面。文章要有思想，有见解，有分析，有归纳。要总结出水平，将经验上升到理论，要探求改革开放和发展的规律性的东西。以便更好地用创新的科学理论指导进一步的改革开放。（2）要敢于实事求是地总结理论认识和改革开放实践中的不足与教训，不要回避。我们党在革命和建设事业中，始终采取坚持真理、修正错误，发扬成绩、克服缺点的科学态度。这样做有利于我们正确面对和解决在深化改革和扩大开放中所出现的新问题和新矛盾。（3）纪念改革开放30年，不需要过多强调个人在改革开放中的理论贡献，那种高调凸显自己，自我吹嘘的东西，多不如少，少不如无。

## 二、社会主义市场经济思想是怎样提出和发展的

我们要客观看待改革开放，实事求是地评价改革开放的成果，总结经验教训，以便更好地前进。纪念和总结改革开放30年，必然会碰到和需要弄清楚一些理论问题。对有关改革理论的提出与发展也需要总结，比如：我国经济体制的改革的模式转变，是由传统计划经济体制转向社会主义市场经济。我国经济体制转型为社会主义市场经济体制，促进了经济的快速发展。胡锦涛同志概括中国改革开放30年的成就时，首先肯定“30年来，中国成功实现了从高度集中的计划经济体制到充满活力的社会主义市场经济体制”。① 但这两种不同体制的转变过程，在理论研究和宣传中，需要按照理论提出和发展的实际轨迹实事求是地加以阐述和分析。我们中国的市场经济思想是怎么提出来的？邓小平同志最初提出市场经济的原有观点的内涵是什么？他的市场经济思想有无一个发展过程？应当肯定，市场经济和市场调节思想是在邓小平赞同和支持下由陈云最先提出来的。胡锦涛同志在2005年6月13日的讲话中高度评价了陈云在改革中的理论思想贡献，指出：“陈云同志积极支持和推动邓小平同志倡导的改革开放……提出了许多影响深远的重要思想。”他特别指出，陈云提出的社会主义制度下必须有市场调节的“重要认识，对我们突破高度集中的计划经济的束缚，曾经产生过广泛而深远的影响”。

陈云与邓小平都是把“市场调节”与“市场经济”作为含义相同的概

① 胡锦涛：“在日本早稻田大学的演讲”，《人民日报》2008年5月9日。

念使用。据《陈云年谱》下卷第236页记载，1979年2月，李先念在一次会上说："我同陈云同志谈，他同意，在计划经济前提下，搞点市场经济作为补充，计划经济与市场经济相结合，以计划经济为主；市场经济是个补充，不是小补充，是大补充。"陈云3月8日写文章：《计划与市场问题》也提出了市场经济概念，将"市场调节"与"市场经济"两个概念通用。原文最后部分提到：在经济体制改革中，并不随着计划经济的发展"市场经济部分所占绝对数额就愈缩小。"正式发表时，根据编辑的建议，将"市场经济"一词改成"市场调节"，1995年出版《陈云文选》时，又把它改回为市场经济了。再者，邓小平关于市场经济的理论观点，也有一个发展过程，并不是一开始就主张现在所实行的市场经济。邓小平于1979年11月份与外宾谈话时，讲社会主义为什么不可以搞市场经济，指的是计划经济为主，市场调节为辅意义上的市场经济，不是现在实行的放弃计划经济的市场经济。有很多人包括一些知名的学者，说小平同志1979年11月份跟外国人谈话就提出了现在所实行的社会主义市场经济。那就无法说明：既然是1979年就提出现在实行的社会主义市场经济，为什么1984年《中共中央关于经济体制改革的决定》中还大讲计划经济的优越性？它还讲，"就整体说我们国家实行的是计划经济，而不是那种完全由市场调节的市场经济"。中共中央的这一决定是城市经济体制改革的纲领，邓小平同志对这个文献大加赞扬，完全肯定。所谓就总体上说，我们的改革是实行计划经济，而不是那种完全由市场调节的市场经济，正是隐喻地表示不能全部或全面实行但可以局部实行市场经济，这是"市场调节"为辅意义上的市场经济。而且，邓小平同志1979年11月的谈话讲的是我们是"计划经济为主，也结合市场经济"，前后的意思是一样的。

邓小平同志是一个伟大的政治家。他善于听取和采纳认为是正确的意见。在改革的前期，他完全赞同陈云的经济体制改革观点：计划经济为主，市场调节为辅，1982年4月3日，邓小平在一次谈话中讲："最重要的，还是陈云同志说的，公有制基础上的计划经济，市场调节为辅。"[①] 为"主"为"辅"的模式写到十二大报告中，写到其他中央文件里，写到宪法中，这是在小平同志指导下写的。可见，陈云和邓小平在改革前期，那个时候讲

① 《陈云年谱》下卷，中央文献出版社2000年版社，第293页。

市场经济，不是现在否定计划经济的市场经济，是在计划经济条件下实行市场调节意义上的市场经济。作为理论工作者对于改革理论的发展是怎么发展过来的，要实事求是地评介，应弄清事情发展的实际过程。

随着改革实践的发展，邓小平关于计划经济与市场经济关系的理论思想也发展了。1987 年邓小平同中央几位领导谈话中说："我们以前学苏联的，搞计划经济，后来又讲计划经济为主，现在不要再讲这个了。"据此，十三大报告没有再提计划经济为主。在 1989 年 6 月 9 日政治风波后的讲话中说："我们要继续坚持计划经济与市场调节相结合这个不能改。"这已经不再是"为主"、"为辅"的结合模式。而是如十三大报告中所讲的，计划与市场的内在结合，两者都是覆盖全社会的结合了。在改革开放的新的历史时期，1990—1992 年邓小平在南方讲话中，提出计划经济不等于社会主义，市场经济不等于资本主义，完全超越和突破了计划经济是社会主义制度内在属性的传统看法。确立了我国全面实行市场经济的指导思想，超越了过去的理论认识。十四大报告根据邓小平同志的理论指导，提出了我国实行社会主义市场经济的体制模式。我们现在有些教科书，有些论文，说邓小平同志早在 1979 年 11 月就提出了现在实行的市场经济，没有从发展的角度去把握，这个不符合事实。我们做学问，一定要实事求是。大家赞扬邓小平同志，肯定邓小平同志的功劳，但要一是一，二是二。在中央决策层，市场经济思想是谁先提出来的，邓小平同志的市场经济思想是怎样的发展过程，原原本本如实地把它阐发出来，这个更符合实际。

构建和发展社会主义市场经济体制，应在科学发展观指导下进行。提出科学发展观，是一个很重要的战略性思想，是中国特色社会主义理论体系的重要组成部分。既蕴含着对过去经济发展经验教训的总结，也体现着适应当代科技进步，适应现代化发展时代潮流的前瞻性认识。实践证明："大跃进"、"超英赶美"、"全民炼钢"、"跑步进入共产主义"，违反经济规律，不是科学发展。靠"长官意志"决策，"瞎指挥"，不是科学发展。片面追求高速度，GDP 挂帅，粗放式经营，也不是科学发展。

科学发展观，要求实现以人为本，统筹兼顾，全面协调可持续的发展。我们讲的科学发展观，不言而喻，是社会主义制度下的科学发展观。讲以人为本，首先要关注劳动人民的利益，特别是弱势群体的利益。要体现社会主义的本质要求，也就是要在科学发展观的指导下去解放生产力和发展生产力。消除两极分化，避免或缓解收入差距过分扩大的趋势，实现共同富裕。要用科学发展观指导社会主义市场经济的发展，就要既发挥市场经济在资源配置中的积极作用和优势，也要注意克服和减弱市场经济运行中的盲目性和消极作用。为此，一要重视加强和完善宏观调控；二要强调与社会主义基本制度相结合的特点。科学发展观，不要流为抽象的口号，成为作报告，写文章的大话、空话、套话，应重在落实。需要在实际经济工作中一步一个脚印地去贯彻和实现。

## 三、正确理解和把握“社会主义市场经济”的内涵

社会主义市场经济是社会主义制度与市场经济相结合。十七大报告中强调“把坚持社会主义基本制度同发展市场经济结合起来”，并将其作为我国巩固和发展社会主义的宝贵经验之一。这实际上是否定了某些学者所主张和宣传的市场经济的微观基础不能是公有制，只能是私有制的观点。我们既要发挥社会主义制度的优越性，又要发挥市场经济在资源配置中的灵活性和有效性。市场和市场经济是统一的，不存在多种经济成分形成的多种市场经济。市场机制配置资源对公有制经济和私有制经济是一样的。因此，社会主义市场经济概念中既包括公有制经济，也包括非公有制经济。正因为如此，中央文件中提出“非公有制经济是社会主义市场经济的重要组成部分”。但不少人将这一论断理解和宣传为非公有制经济是“社会主义经济”的重要组成部分，即将“社会主义市场经济”等同于“社会主义经济”。这是两个既有联系又有区别的概念，不应混为一谈。有人又根据这种混同，认为只要大力发展多种非公有制经济就等于发展社会主义经济。宣传国有经济可以不要，公有制经济不是社会主义特点。其理论倾向自然是私有化道路。其实，之所以将非公有制经济作为社会主义市场经济的重要组成部分，是因为有“公有制为主体”这个前提条件，离开公有制为主体，以私有制为基础的市场经济只能是资本主义市场经济。话拉得稍远一点，我是 1947 年入党的，1946 年参加地下革命工作，一起革命的许多好同志，被敌人杀害了。老一代人，付出了很大的牺牲，也就特别希望搞好我们的党和社会主义，我们不愿意社会主义最后倒退到资本主义。否定共产党的领导，否定社会主义制度，搞和平演变，我们是坚决不赞成的。奋斗了一辈子，是为了共产党发展

得更好，能够带领全国人民取得更大的成就。从这个角度出发，首先，改革不能动摇社会主义制度。改革开放不能倒退，经济体制不能倒退，社会主义经济制度也不能倒退，既要讲改革不能倒退，也要讲社会经济制度不能倒退。我们的改革是社会主义制度自我完善和自我发展的改革。但是，我们需清醒地认识：西方敌对势力，和国内的某些势力，在想方设法采取暴力的方式或非暴力的方式图谋演变我国的社会制度。怎么保持社会主义的巩固与发展，在经济制度上，不要空谈公有制为主体。从现在的统计材料来看，从发展趋势来看，公有制可能越来越不是主体，怎么办？如果公有制越来越缩小，私有制越来越扩大，私有制掩没和消蚀了公有制，还叫不叫社会主义经济制度？公有制为主体能不能坚持？怎么坚持？

## 四、怎样从理论与实践的结合上坚持公有制为主体，多种所有制经济共同发展

马克思主义主张搞公有制，搞社会主义不是从什么道义、公平原则出发的，首先是从生产力标准出发的，也是从社会主义价值观出发的。是因为公有制比私有制更进步，它消灭了私有经济的矛盾，应更有效率，更有利于发展生产力。新中国实行社会主义公有制，解放了旧中国被“三座大山”的私有制压抑的生产力，经济发展成就远远超过了旧中国，就是证明。我们改革，怎么样搞好国有企业，怎么样搞好公有制，使国有企业和集体企业搞得生机盎然，是需要很好地研究和出台一些有效措施的，到现在为止，我们国有企业是不是已经实现我们原来搞好搞活的目标了？公有制为主体总应该有个底线，不能下降到私有制为主体，让私有制一统天下。再者，留下来的公有制经济特别是国有经济，怎么真正搞好搞活，真正表现出它的优越性？还远远做得不够。

我赞同发展非公有制经济，过去一大二公，现在实行公有制为主体，多种所有制共同发展，鼓励非公有制经济发展，这是必要的，有利于我们发展社会主义社会生产力，符合邓小平的三条“有利于”标准的。但是我们引进外资，怎么样才能对我们发展有利？首先应对我们发展社会主义经济有利，不要盲目地引进，我们在这方面也有一些经验教训要值得总结。要立足于保护我们国家的安全，增进人民群众的利益。不能片面地强调资本的利

益，而忽视了劳动者的利益。过去一段时间过多地重视资本的利益这一面，而忽视劳动利益这一面。比如农民工的问题，工资低，工资拖欠，劳动时间很长，有些企业严重损害工人的权益，这些问题并不是现在才有，很多年了一直没有引起足够重视。“黑砖窑”事件的出现，不是偶然的。我们是社会主义国家，应该加强保护弱势群体的利益，工农群众的利益，让改革开放和发展的成果真正惠及广大人民。保护好发展好公有制经济，保护好发展好非公有制经济，统筹兼顾。在这个问题上，有些理论家，错解马克思、恩格斯、邓小平的有关理论观点，作为其主张私有化的根据，应当澄清理论是非。

# 第二编

## 关于社会主义初级阶段基本经济制度的理论与实践问题

# 邓小平社会主义本质理论研究[①]

**[摘要]** 邓小平提出的社会主义本质论，是对“左”的理论和实践的拨乱反正，是对马克思主义的科学社会主义思想的继承和发展。社会主义本质论把“解放生产力，发展生产力”放在首要位置，但必须将其与社会主义生产关系联系在一起，即“消灭剥削，消除两极分化，实现共同富裕”。社会主义本质论是以公有制和按劳分配的存在为既定前提的。邓小平的“三个是否有利于”的标准与社会主义本质论相联系，它不是判断姓“社”姓“资”的标准，而是判断改革开放和一切工作是非得失的标准。

## 一、邓小平的社会主义本质理论是对“左”的理论和实践的拨乱反正，是对马克思主义的继承和发展

邓小平同志在1992年南方谈话中，对社会主义的本质作出了总结性的概括说明。他说：“社会主义的本质，是解放生产力，发展生产力，消灭剥削，消除两极分化，最终达到共同富裕。”[②] 这是邓小平总结我国1978年以前社会主义发展中的经验教训和对社会主义进行再认识的科学结晶。这一理论的提出有着重要的理论和实践意义，它直接关系到对什么是社会主义、怎样建设社会主义这些根本性问题的正确认识。

对于什么是社会主义，马克思、恩格斯、列宁等马克思主义经典作家与

① 本文原载《中国人民大学学报》2004年第4期。

② 《邓小平文选》第3卷，人民出版社1993年版，第373页。

一切空想社会主义思想家不同，他们从对资本主义基本矛盾的分析出发，研究资本主义的历史发展趋势，从理论上推导出科学社会主义的基本原则、特点和规定性。这些关于社会主义的基本原则、特点和规定性的认识，在许多方面至今仍然具有科学性和预见性。但是，由于历史条件的限制，马克思主义创始人只从事过社会主义运动，而没有建设社会主义的实践，所以对什么是社会主义的具体内容，他们没有也不会去做无根据的猜测，而是寄希望于亲身实践社会主义的人们自己去探索与回答。如果说马克思、恩格斯对社会主义的基本原则、规定性和特点作出过一些说明的话，那么，对于怎样建设社会主义这个问题，他们就不可能有具体的论述，也不能要求他们提出全面、系统的符合实际的理论实践观点来。

建设社会主义的根本任务和目的是什么？怎样建设社会主义？一直是共产党人、马克思主义者不断探索的一个重大理论和实际问题。在这一问题的探讨和实践过程中，马克思主义经典作家有两点是始终明确和反复强调的：一是社会主义要尽快地发展生产力；二是生产力的发展是要使人们过富裕的生活。《共产党宣言》明确提出，无产阶级将利用自己的政治统治，把生产工具集中到国家手中，“尽可能快地增加生产力的总量”。发展生产力是手段和条件，其目的是共同富裕。马克思在1857—1858年《经济学手稿》中写道：在新的社会制度中，“社会生产力的发展将如此迅速……生产将以所有的人富裕为目的”[①]。恩格斯在《卡尔·马克思》一文中说，在社会主义制度下，要使生产力增长到能保证每个人的一切合理的需要日益得到满足的程度。在《反杜林论》中恩格斯又讲，社会主义要通过发展社会生产，“保证一切社会成员有富足的和一天比一天充裕的物质生活，而且还可能保证他们的体力和智力获得充分的自由的发展和运用”[②]。列宁也讲：创建社会主义事业，“必须大大发展生产力”[③]，社会主义要创造出高于资本主义的劳动生产率。社会主义能够充分保证全体成员的福利和使他们获得自由的全面的发展。列宁进一步指出，社会主义通过建立在科学成就基础上的生产劳动，“使所有劳动者过最美好的、最幸福的生活。只有社会主义才能实现这一

---

① 《马克思恩格斯全集》第46卷下，人民出版社1980年版，第222页。

② 《马克思恩格斯选集》第3卷，人民出版社1995年版，第633页。

③ 《列宁选集》第4卷，人民出版社1995年版，第11页。

点。……而马克思主义的全部困难和它的全部力量也就在于了解这个真理”[①]。

社会主义国家的领导人，包括中国共产党的领导人，都曾强调社会主义要大力发展生产力和满足人们的需要。毛泽东在坚持正确的理论和路线的同时，同样坚持生产力原则。他在党的七届二中全会的讲话中就明确提出：在革命胜利后，迅速地恢复和发展生产力，使中国稳步地由农业国转变为工业国，把中国建设成为一个伟大的社会主义国家。新中国成立初期，毛泽东又提出了“发展生产、繁荣经济、公私兼顾、劳资两利”的口号。然而，在十一届三中全会之前20多年的时间里，上述社会主义的根本任务和目标，在理论和实践的视野中被模糊了，转向强调以阶级斗争为纲。邓小平同志恢复工作后，进行了拨乱反正，反复强调社会主义阶段最根本的任务就是发展生产力，社会主义的优越性归根到底要体现在它的生产力比资本主义发展得更快一些，更高一些，并且在发展生产力的基础上不断改善人民的物质文化生活，归根结底就是恢复、继承和发展马克思主义的科学社会主义的基本思想内涵。离开发展生产力和提高人民物质文化生活水平，实现共同富裕这一社会主义的根本任务和目的，就会背离科学社会主义的航向。

回顾我国20世纪50年代后期以后20年的建设历程，由于“左”的思潮日益膨胀，在社会主义的理论和实践中，曾经严重忽视了发展生产力和实现共同富裕这两个社会主义本质要求，有过深刻的历史教训。在发展生产力方面，先是急于求成，想在两三年内把生产力搞上去，改变经济落后的面貌，结果掀起了违反客观经济规律、唯意志论统率全局的“大跃进”，要求短期内“超英赶美”。碰壁失败后，面对党内外的不满意见，又把注意力和精力转向反右倾和阶级斗争，逐渐忽视和放弃发展生产力的根本任务，大批“唯生产力论”。在对待社会主义经济关系方面，从指导思想上看，认为社会主义所有制越大越公越纯是越高级的社会主义，于是追求公有制的不断升级，即搞所有制关系中的“不断革命”。在这种条件下，对人民的物质文化生活水平的提高越来越不关心和淡漠了，还把重视改善人民生活水平的主张批评为“经济主义”、“福利主义”。结果，生产力发展缓慢，人民生活水平没有多少提高。这些失误的出现有政治的、经济的、文化的原因，但归根结

① 《列宁选集》第3卷，人民出版社1995年版，第546页。

底都有一个思想认识上和理论上的根源，这就是邓小平所揭示的，对于“什么是社会主义、怎样建设社会主义”这个根本问题没有完全搞清楚。

深刻的历史经验教训告诉我们，脱离生产力的发展和共同富裕的根本要求，抽象地谈论社会主义，只强调公有制、按劳分配、国民经济有计划按比例发展，是难以保证科学社会主义的实现的。邓小平多次指出，“问题是什么是社会主义，如何建设社会主义。我们的经验教训有许多条，最重要的一条，就是要搞清楚这个问题”①。在认真总结历史经验教训，批判“四人帮”的荒谬观点的基础上，邓小平根据我国基本国情，破除了长期存在的对社会主义的不科学的理解，重新把发展生产力和实现共同富裕确立为社会主义的两条根本原则。他指出：社会主义原则，第一是发展生产，第二是共同富裕。贫穷不是社会主义，发展太慢也不是社会主义；平均不是社会主义，两极分化也不是社会主义。共产党的任务、社会主义的根本任务（又称“第一个任务”、“中心任务”、“首要任务”、“重要任务”）是发展生产力。他说：共产党就是为发展生产力的，否则就违背了马克思主义理论。正确的政治领导的成果，归根结底要表现在社会生产力的发展上，表现在人民物质文化生活的改善上。社会主义的优越性应该表现在比资本主义有更好的条件发展社会生产力上。马克思主义的基本原则就是发展生产力。社会主义的根本目的是实现共同富裕。②

邓小平的社会主义本质论，是在新的社会主义历史时期，拨乱反正，继承和发展了马克思主义的科学社会主义思想。社会主义本质论既根植于马克思主义，又发展了马克思主义；既坚持了科学社会主义理论和实践的基本成果，又把对社会主义的认识提高到新的科学水平。邓小平在马克思主义发展史上，概括性地、科学地揭示了社会主义的本质，使人们对于科学社会主义的认识达到了一个新的高度。

## 二、对邓小平的社会主义本质理论要有完整的、统一的理解

邓小平关于社会主义本质的概括是一个整体，其内容是相互联系的，有

① 《邓小平文选》第3卷，人民出版社1993年版，第116页。

② 中央财经领导小组办公室编：《邓小平经济理论（摘编）》，中国经济出版社1997年版。

严密的内在逻辑。邓小平从生产力与生产关系的统一中，将社会主义的根本任务、根本要求和根本目的凝聚为社会主义本质。

第一，社会主义本质首先讲的是“解放生产力，发展生产力”，把解放和发展生产力摆到了首要的位置。

过去，人们曾离开生产力标准孤立地研究和论述社会主义生产关系的特征。结果，坚持社会主义，具体地说，坚持公有制，坚持按劳分配等，似乎成为一种道义原则。而马克思主义提出用公有制取代私有制，建立社会主义，并不是从道义原则而是从生产力原则，即从生产力与生产关系的辩证关系，从社会主义更有利于生产力的发展出发的。邓小平指出，马克思主义最注重发展生产力。马克思主义认为，生产力是一切社会存在和发展的基础，是推动人类社会发展的决定性力量。历史唯物主义是坚持生产力标准的。因此，马克思主义并不是抽象地、无条件地评价私有制与公有制、按劳分配与非按劳分配的是非与好坏。奴隶制度是人类历史上第一个私有制度，也是最野蛮的剥削制度，但在马克思主义看来，它代替以公有制为基础、没有剥削的原始社会，是一种历史进步，因为它比原始社会更有利于生产力的发展。我们进行革命，建立社会主义社会，根本目的就是为了解放和发展生产力。“讲社会主义，首先就要使生产力发展，这是主要的。只有这样，才能表明社会主义的优越性。”① 如果社会主义不能创造出高于资本主义的生产力和劳动生产率，公有制、按劳分配不能比私有制、非按劳分配更能促进生产力的发展，它就失去了存在的历史意义和价值。因此，发展生产力是社会主义内在的、本质的要求。社会主义要求生产力以快于资本主义的速度发展，从发展趋势和最终结果来说，要求超越资本主义已达到的生产力水平。

当然，邓小平讲社会主义要重视发展生产力，绝不是一般地讲基本原理，而是总结了历史经验教训，反映了现实的要求，具有很强的针对性。邓小平曾说：“近三十年来，经过几次波折，始终没有把我们的工作着重点转到社会主义建设这方面来，所以，社会主义优越性发挥得太少，社会生产力的发展不快、不稳、不协调，人民的生活没有得到多大的改善。十年的文化大革命，更使我们吃了很大的苦头，造成很大的灾难。”② 社会主义应是穷

① 《邓小平文选》第2卷，人民出版社1994年版，第314页。
② 《邓小平文选》第2卷，人民出版社1994年版，第249页。

还是富，这是问题的本质所在。邓小平正是从论证社会主义究竟是穷还是富这个问题入手，逐步深化，将发展生产力升华到社会主义的本质这样的高度。

问题的另一方面也应得到充分的注意。那就是，不要孤立地讲社会主义的本质是发展生产力。似乎社会主义只要求发展生产力，发展生产力就等于社会主义。在人类社会发展进程中，社会形态的更迭交替体现了生产力发展的过程，但如果仅仅强调发展生产力，则无法全面体现社会主义的本质和特征。关于社会主义本质的论述，应从生产力和生产关系两个方面来统一地把握其内涵。如果发展生产力不是在社会主义生产关系下进行，就不能最终消灭剥削，消除两极分化，实现共同富裕，反而会导致私有化和两极分化，导致剥削制度的再现，那样，发展生产力就构不成社会主义的本质内容了。

邓小平在强调社会主义发展生产力的同时，还将解放生产力与发展生产力联系在一起，表明了对社会主义本质的新认识。按照马克思主义的传统认识，革命是解放生产力，用社会主义制度取代资本主义制度和一切剥削制度就是要解放生产力。而社会主义制度建立起来后，就由解放生产力转向发展生产力。实践证明，社会主义制度能否充分发挥其优越性，还取决于作为其实现形式的体制。停滞的、僵化的体制也会不利于生产力的发展，需要通过改革进一步解放生产力。邓小平深刻地阐明："社会主义基本制度确立以后，还要从根本上改变束缚生产力发展的经济体制，建立起充满生机和活力的社会主义经济体制，促进生产力的发展，这是改革，所以改革也是解放生产力。过去，只讲在社会主义条件下发展生产力，没有讲还要通过改革解放生产力，不完全。应该把解放生产力和发展生产力两个讲全了。"① 社会主义的基本制度是在消灭了剥削制度的基础上建立起来的，具有适合生产力发展的本质，能够容纳生产力的迅速发展，是个好制度，应当坚持。实践表明，过去我们建立的体制（首先是经济体制）曾起过积极的作用，但其本身存在种种弊端。随着经济的不断发展，这些弊端束缚生产力的消极作用日益明显，必须在坚持社会主义基本制度的前提下进行改革，通过改革解放生产力。这样，才能使社会主义制度的优越性充分发挥出来。这就是说，在社会主义条件下，发展生产力与解放生产力是统一的，都属于社会主义本质

---

① 《邓小平文选》第3卷，人民出版社1993年版，第370页。

要求。

第二，在社会主义本质中还包括“消灭剥削，消除两极分化”的内容。

消灭剥削，消除两极分化，这是社会主义区别于一切私有制度和剥削制度的本质特征，是构成社会主义本质的重要组成部分。

在人类历史发展过程中，曾经历过两三百万年的原始社会，那里不存在剥削和两极分化，但并不是社会主义。根据历史唯物主义的观点，需要将消灭剥削和消除两极分化既同生产力的高度发展相联系，又同共同富裕相联系，它们互为条件、相互促进，共同构成社会主义的本质。剥削关系既是生产力有一定程度发展的结果，又是生产力发展不够高的结果，只有在社会生产力充分发展的基础上才能消灭它。因此，我们需要从生产力发展的角度科学地理解和解释剥削现象，而不是仅仅从道义角度加以谴责和否定，或是在理论工作中予以回避。当前，我国的社会生产力还没有获得高度发展，完全消灭剥削还不具备条件，只能从发展趋势和最终结果来把握。关于两极分化，邓小平指出：“我们的政策是不使社会导致两极分化，就是说，不会导致富的越富，贫的越贫。坦率地说，我们不会容许产生新的资产阶级。”[①]改革开放以来，我们打破了“大锅饭”，逐步克服了分配上的平均主义，这是一种进步。但应当注意到，在实行社会主义市场经济和多种所有制经济共同发展的条件下，人们的收入差距逐渐拉大了，各项测评收入差距的指标明显偏高。基尼系数已超过0.45，高于国际警戒线0.4的标准，也超过了美、英等西方国家的基尼系数。在新的形势下，我们应当在现阶段深刻领会和把握邓小平的“消除两极分化”的思想，并且作为一个具有重大现实意义的理论问题加以研究和探索。

第三，社会主义本质强调，实现共同富裕是最终要达到的目标。

共同富裕，这是社会主义区别于以往任何社会的最体现社会主义优越性和本质的东西。原始社会虽然没有剥削和两极分化，但并没有共同富裕，由于生产力极端低下，必然是共同贫穷。奴隶社会、封建社会、资本主义社会虽然生产力不断发展，特别是资本主义在其发展的几百年中所创造的生产力，超过了以往人类社会几百万年所达到的生产力总和的好多倍，但都不存在共同富裕，而是存在着剥削制度和两极分化。

---

① 《邓小平文选》第3卷，人民出版社1993年版，第172页。

过去共产党领导人民闹革命，依靠穷苦群众。但革命和建立社会主义制度是要让穷苦人民翻身、解放，通过诚实劳动和合法经营富裕起来。穷困不是社会主义。普遍贫穷的“社会主义”不是科学社会主义。那样的社会主义不会有影响力、吸引力、号召力，不会有人民拥护和喜欢。只有不断提高人民的物质文化生活水平，向共同富裕的方向迈进，社会主义才能够巩固和发展。因此，邓小平特别重视共同富裕问题，在这个问题上澄清了许多模糊认识。他鼓励允许一部分地区、一部分企业、一部分人通过辛勤劳动而先富起来，起到示范带动作用，从而使全国各族人民都能比较快地富裕起来。他指出：“我们提倡一部分地区先富裕起来，是为了激励和带动其他地区也富裕起来。”我们所讲的富裕是共同富裕。“社会主义的目的就是要全国人民共同富裕，不是两极分化”。[①] 不过有一个问题值得研究：先富裕起来的地区和群体，并不会自动地带动落后地区和贫困群体走向共同富裕。需要通过政府有计划的领导、组织、调控，实现协调发展。要缩小收入差距，重视增进低收入群体的利益。要鼓励先富裕起来的地区和群体帮助落后地区和贫困群众。邓小平不仅主张“先富裕起来的地区帮助落后的地区更好地发展”，而且主张“对一部分先富裕起来的个人，也要有一些限制，例如，征收所得税”[②]。邓小平还把先富起来的地区支持贫困地区的发展，作为避免两极分化的办法之一，并且提出：在20世纪末“达到小康水平的时候，就要突出地提出和解决这个问题”，发达地区“通过多交利税和技术转让等方式大力支持不发达地区”[③]。

在邓小平看来，共同富裕是社会主义的根本目的，也是社会主义的最大优越性。他着重指出，实现共同富裕，防止两极分化，这才是社会主义。也就是说，社会主义不仅强调要解放生产力和发展生产力，而且强调人民创造的财富属于人民，能够实现共同富裕。所以邓小平说：“社会主义与资本主义不同的特点就是共同富裕，不搞两极分化。”[④]

第四，社会主义公有制和按劳分配制度是社会主义本质的既定前提和内在要求。只有实行公有制和按劳分配，才能保证我国的社会主义性质。

---

① 《邓小平文选》第3卷，人民出版社1993年版，第110—111页。
② 《邓小平文选》第3卷，人民出版社1993年版，第111页。
③ 《邓小平文选》第3卷，人民出版社1993年版，第374页。
④ 《邓小平文选》第3卷，人民出版社1993年版，第123页。

历史唯物主义基本原理告诉我们，任何一种社会经济制度，都以一定的所有制作为基础，占主体地位的所有制决定该社会的性质。马克思主义创始人十分重视社会主义运动中的所有制问题，将其作为运动的基本问题。社会主义经济制度的所有制基础是公有制，我国宪法也明确规定了这一条。只有坚持社会主义公有制的主体地位，才能巩固和发展社会主义制度。在我国，公有制占主体地位，保障了我国的社会主义性质。如果失去了公有制经济的主体地位和对国民经济的主导作用，也就不可能建成中国特色的社会主义。

邓小平所论述的社会主义本质中，没有提到公有制，也没有提到按劳分配，但这并不意味着公有制和按劳分配不是社会主义的特点和内在要求。邓小平反复强调应坚持社会主义公有制为主体，并且把公有制为主体规定为社会主义的根本原则和既定前提。虽然公有制不等于社会主义，但应明确：没有公有制也就没有科学社会主义。科学社会主义不可能建立在私有制的基础上。没有公有制，就不可能消灭剥削，也不可能消除两极分化，更不可能实现共同富裕。公有制为基础，是消灭剥削，消除两极分化，实现共同富裕的重要前提。共同富裕的制度保证是什么？就是公有制。邓小平说："只要我国经济中公有制占主体地位，就可以避免两极分化。"[①] 同样，邓小平关于社会主义本质的论述中虽然没有提按劳分配，但他一贯肯定按劳分配是社会主义的分配原则。按劳分配是与社会主义公有制相适应的分配方式。实行按劳分配，就不可能产生剥削和两极分化。共同富裕也需要通过实行按劳分配来实现。

总之，在关于社会主义本质的表述中，邓小平虽然没有提及公有制和按劳分配，但绝不意味着他否定它们是社会主义的原则和特点。邓小平讲的是"社会主义"的本质。在"社会主义"这一概念中已经不言而喻地内含了公有制和按劳分配的内容。社会主义本质是从社会主义特点、原则和规定性中抽出来的，因而在表达时不需要重复论及这些特点、原则和规定性。但在分析和实现社会主义本质时，必然要将其与公有制、按劳分配联系起来。邓小平就是这样做的。例如，他在讲到发展生产力、避免两极分化、走共同富裕道路同公有制经济的关系时说："一个公有制占主体，一个共同富裕，这是

---

① 《邓小平文选》第3卷，人民出版社1993年版，第149页。

我们所必须坚持的社会主义的根本原则。”[①]“我们的改革，坚持公有制为主体，又注意不导致两极分化，过去四年我们就是按照这个方向走的，这就是坚持社会主义。”[②]“在改革中，我们始终坚持两条根本原则，一是以社会主义公有制经济为主体，一是共同富裕。”[③] 显然，邓小平把坚持公有制作为不产生两极分化、实现共同富裕的前提。同样，他把实行按劳分配也作为消除两极分化、实现共同富裕的前提。他说：“坚持社会主义，实行按劳分配的原则，就不会产生贫富过大的差距。”[④]

## 三、三个“是否有利于”的标准不是判断姓“社”姓“资”的标准

邓小平在提出社会主义本质论的同时，还提出了三个“是否有利于”的标准：“判断的标准，应该主要看是否有利于发展社会主义社会的生产力，是否有利于增强社会主义国家的综合国力，是否有利于提高人民的生活水平。”[⑤] 邓小平的社会主义本质理论，与三个“是否有利于”的标准，是具有内在联系的两个层面。

社会主义本质的最根本的两点，是发展生产力和实现共同富裕。而为了实现这个根本任务和根本目的，就需要搞改革开放；就需要从我国当前的国情出发，发展多种所有制经济，包括资本主义性质的经济；就需要从传统计划经济转向市场经济；就需要探寻公有制的有效实现形式，如实行股份制等。在解决这些问题的时候，碰到了姓“社”姓“资”的争论与纠缠。正是为了解决这个问题，邓小平提出了三个“是否有利于”的标准。

三个“是否有利于”的标准，究竟是判断什么的标准？有人认为这是判断姓“社”姓“资”的标准。实际上这既不符合邓小平的原意，不符合马克思主义的基本常识，也不符合我国社会主义的历史事实。三项标准应是判断改革开放是非得失的标准（也可以扩展为判断一切工作得失成败的标

---

① 《邓小平文选》第3卷，人民出版社1993年版，第111页。
② 《邓小平文选》第3卷，人民出版社1993年版，第139页。
③ 《邓小平文选》第3卷，人民出版社1993年版，第142页。
④ 《邓小平文选》第3卷，人民出版社1993年版，第64页。
⑤ 《邓小平文选》第3卷，人民出版社1993年版，第372页。

准)，不应是抽象地、笼统地讲姓“社”姓“资”的标准。邓小平说：改革开放迈不开步子，不敢闯，说来说去就是怕资本主义的东西多了，走了资本主义道路。要害是姓‘社’还是姓‘资’的问题。接下来他就讲三个“是否有利于”的标准。关于姓“社”姓“资”的争论，应分清几个理论是非：第一，不能把社会主义的东西（如按劳分配）说成是产生资本主义的土壤，指“社”为“资”；第二，不能把不具有特定社会经济性质的东西如商品经济、市场、股份制等，戴上姓“资”的帽子，它们可以与资本主义相结合，也可以与社会主义相结合；第三，即使属于资本主义性质的东西，如外资企业，是资本主义经济，但只要符合“三个有利于”的标准，就要大胆地引进，为“社”所用；第四，要始终坚持社会主义道路，反对走资本主义道路，但不能把利用资本主义看做是走资本主义道路。

如果把这三个“是否有利于”的标准当作判断姓“社”姓“资”的标准，那么，必然会导致若干错误认识，在理论和实践上偏离正确的航线。

第一，如果断定凡是资本主义的东西都不利于社会主义社会生产力的发展，是属于三个“不利于”的事物，那么，引进外资、发展私营经济就是不应当的事了。事实恰恰相反，我国引进外资和发展私营经济是有利于生产力的发展，符合“三个有利于”的标准的。

第二，如果断定凡有利于生产力发展，凡符合“三个有利于”的标准，就统统姓“社”，具有社会主义性质，那么，我国现有的一切中外私有制经济就都是社会主义性质了。现在有人正是据此把一切非公有制经济断定为社会主义经济，把“社会主义市场经济的重要组成部分”等同于“社会主义经济的重要组成部分”，把“社会主义初级阶段的经济”等同于“社会主义经济”，把凡符合“三个有利于”标准的经济成分都判断为社会主义性质的东西，这样一来，坚持“公有制为主体”或“社会主义经济为主体”就成为不合逻辑的“原则”了。于是，什么是社会主义又从另一方面被模糊了。应当明确指出：我国鼓励发展非公有制经济的理论依据是生产力原则和“三个有利于”标准，而不是什么指“资”为“社”的“性质”标准。

第三，如果认为凡是不利于社会主义社会生产力发展的东西统统姓“资”，凡有利于生产力发展的统统姓“社”，那么，我们改革不利于生产力发展的旧的体制，由传统计划经济转向市场经济，计划经济就成了姓“资”，市场经济就成为姓“社”的事物了。这显然不符合实际。

第四，生产力与生产关系的对立统一运动，是矛盾不断克服又不断产生的过程。难道能够说当社会主义体制符合生产力发展时就是姓“社”，而随着生产力的发展，原有体制需要改革时，原有体制就变成姓“资”了吗？其实，新旧体制都是社会主义的体制，不存在由“社”变“资”的问题。

1980 年，邓小平在《社会主义首先要发展生产力》一文中说：“社会主义经济政策对不对，归根到底要看生产力是否发展，人民收入是否增加。这是压倒一切的标准。”[①] 这段话中包括了南方谈话中提出的三项标准中的两条，是用以判断“经济政策对不对”的标准。1983 年，邓小平又在《各项工作都要有助于建设有中国特色的社会主义》一文中说：各项工作“都要以是否有助于人民的富裕幸福，是否有助于国家的兴旺发达，作为衡量做得对或不对的标准”[②]。这是从另一个角度提出三项标准中的两条，是将其作为判断“各项工作对或不对的标准”。这里丝毫不存在什么判断姓“资”与姓“社”的标准问题。1992 年，邓小平把判断改革开放和各项工作得失成败的标准规范和集中为三个“是否有利于”的标准。这与他以往讲的“标准”是完全一致的。

由于邓小平提出的三个“是否有利于”的标准，与社会主义的本质问题，与什么是社会主义、怎样建设社会主义问题紧密相关，因而有必要澄清这一理论是非，真正把握其原意，进行正确的宣传。

---

① 《邓小平文选》第 2 卷，人民出版社 1994 年版，第 314 页。

② 《邓小平文选》第 3 卷，人民出版社 1993 年版，第 23 页。

# 改革开放与姓“资”姓“社”的困扰[①]

邓小平同志在南方谈话中，讲了这样一段话：“改革开放迈不开步子，不敢闯，说来说去就是怕资本主义的东西多了，走了资本主义道路。要害是姓‘资’还是姓‘社’的问题。”

我国实行改革开放以来，几乎每迈一大步，都需要冲破姓“资”姓“社”的疑虑、责难和种种困扰，这是有其历史和社会原因的。从20世纪50年代到70年代，“左”的一套盛行了20多年。“宁左勿右”的思想是根深蒂固的。因为据说“左”是方法问题，“右”是立场问题，“左”带有革命色彩，好像越“左”越革命，即使“左”得碰了壁，造成了损失也要保护其“积极性”。20多年中一股劲地反右，而且“右”总是与资本主义和资产阶级挂在一起。从“左”的思想、理论、政策出发看待和处理人和事，统统把本是马克思主义和社会主义的东西作为“右”或“资”来批判。“文革”期间，有个响亮的口号，叫作“堵不住资本主义的路，迈不开社会主义的步”，实际上是把一切从事商品经济的活动都当作搞资本主义加以反对。那时，贯彻按劳分配，搞计件工资，发奖金，关心职工生活福利，会被批判为搞修正主义或资本主义；谁抓生产、强调发展生产力，谁就是搞修正主义的“唯生产力论”，被大肆批判。而且，一戴上“右”或“资”的帽子，就要挨整。所以，形成了谈“资”变色的历史心理。现在，虽然进入了新的历史时代，实行改革开放，但是，改革是一种前无古人的开拓性事业，许多改革开放措施是与传统的思想和体制相左的，因而不可避免地会受到保守观念和习惯势力的抵触。后者容易从凡事都问姓“资”姓“社”的习惯性思维方式出发，把某些改革开放政策和措施看作是搞资本主义，提出

① 本文是原载于《马克思主义与现实》1992年第3期论文的第一部分。

怀疑和指责。例如，包产到户，曾被批判为复辟资本主义；人民公社，曾是被高举的社会主义“红旗”。农村改革，废除人民公社制度，搞包产到户，就需要有很大的改革勇气，不怕姓“资”姓“社”的议论和“辛辛苦三十年，一夜退到解放前”的责难。竞争，长期被看作是资本主义的东西，社会主义只能讲竞赛，不能讲竞争。随着改革的实行，提出开展竞争，曾受到很大的阻力与非议。搞经济特区，曾被斥为是搞资本主义。实行土地有偿使用，向外商出卖或拍卖土地使用权，曾被指责为卖国主义……这类姓“资”姓“社”的怀疑和指责，会束缚改革者的手脚。于是，前忧后虑、左顾右盼，迈不开步子。

为了解除顾虑，鼓励人们大胆地进行改革开放，邓小平同志提出三条标准。“判断的标准，应该主要是看是否有利于社会主义社会的生产力，是否有利于增强社会主义国家的综合国力，是否有利于提高人民的生活水平。”就这三条标准的内容来说，是完全符合人民意愿的。它归根到底，实质上还是十三大提出的生产力标准。只有生产力发展了，才有综合国力的增强，也才有人民生活水平的提高。生产力标准，是马克思主义的标准。在社会主义制度下，从理论上说，生产力标准同社会主义的发展应是一致的，因为生产力的发展和社会主义的发展是相互促进的，而不是相互对立的。

现在有个问题：上述三条“有利于”的标准，究竟是判断什么的标准？如果是判断姓“资”姓“社”的标准，该从什么意义上去把握？不可避免地会碰到以下问题：

第一，能否说凡不符合这三条标准的东西都姓“资”呢？比如，传统体制不利于生产力的发展，需要改革，是否传统的经济体制和政治体制都姓“资”呢？恐怕不能这样说。传统的体制并不具有资本主义性质。就拿传统的经济体制来说，原有的高度集中的单一的指令性计划经济，在资本主义经济中并不存在。它只可能存在于社会主义国家的一定阶段。第二，能否说，凡符合三条标准的东西，一律姓“社”，不可能姓“资”？恐怕也不能这样论断。外资企业、私营企业、个体经济，都是私有制经济成分。鼓励它们适当发展，也符合三条“有利于”的标准。但能否说它们统统姓“社”呢？我看不能。外资企业和私营企业姓“资”不姓“社”。个体经济不姓“资”也不姓“社”。它们是社会主义经济的补充，而自身不具有社会主义性质。如果不是指具体事物本身比如经济成分本身的性质，而是指发展以公有制为主体的多种经济成分包括资本主义经济成分的改革措施和政策，那么，这是走的有中国特色的社会主义道路，不是走资本主义道路，不是搞资本主义。因而是姓“社”不是姓“资”。要把两个不同层次的问题区别开来。一个是从宏观的角度，即从全局、总体及发展趋势看问题；一个是从微观的角度即从经济成分自身或从个别事物的内在性质看问题。为了避免人们把这两个不同层次的问题绞在一起，误以为凡不符合三条标准的一切经济成分和各个事物都姓“资”，而凡符合的都姓“社”，还是把三条标准明确作为判断改革开放的方针、政策、措施是否正确的标准为好。邓小平同志自己并没有说那是判断姓“资”姓“社”的三条标准。

李鹏同志在1992年3月20日的《政府工作报告》中，把三条“有利于”的标准，作为“判断改革开放得失成败的标准”。这样讲更顺当和科学些，可以避免误解。据此，凡是符合这种标准的，就要在改革中敢闯、敢试。即使是某些资本主义的东西，只要对社会主义事业的发展有利，也要敢于和善于利用。虽然被利用的东西姓“资”，但利用的政策则姓“社”。之所以不赞成用姓“资”姓“社”的诘难去干扰改革开放，是因为它只见树木，不见森林，是“因小失大”。有的甚至是用“左”的一套观点判断问题，把本来不姓“资”甚至姓“社”的东西，硬当作姓“资”来反对。

不应从邓小平同志的讲话中引伸出这样的误解：以后搞改革开放可以不管什么资本主义道路或社会主义道路，一概反对问姓“资”姓“社”了。要知道，改革是社会主义制度的自我完善和自我发展，改革又是为了解放和发展生产力。因而，改革是通过完善社会主义制度的实现形式来解放和发展生产力的。邓小平同志讲过，改革的“总的目的就是有利于巩固社会主义制度，……有利于在党的领导下和社会主义制度下发展生产力”。他在南方谈话中也“明确回答”“特区姓‘社’不姓‘资’”，因为“公有制是主体”。可见，并不是一概不许讲姓“资”姓“社”。而且表明公有制姓“社”，私有制不姓“社”。但多搞点三资企业和其他非公有制企业也不要怕。“只要我们头脑清醒，就不怕。我们有优势，有国营大中型企业，有乡镇企业，更重要的是政权在我们手中。”如果三资企业和其他非公有制企业都与公有制企业一样，统统姓“社”，邓小平同志就不会讲上面这段话了。如果政策上允许存在和实行的一切东西都一概姓“社”，也就不存在利用资本主义的问题了。

# 社会主义初级阶段基本经济制度的形成、成就与问题①

[摘要] 文章首先论述了马克思主义看待和判断不同社会制度的生产力标准和价值标准，接着阐述了我国由发展单一的公有制转向公有制为主体、多种所有制经济共同发展的历史过程和决定我国实行社会主义初级阶段基本经济制度的理论和实际依据，以及实行和发展这一基本经济制度的巨大成就。文章还指出要分清"社会主义初级阶段的基本经济制度"与"社会主义经济制度"，"社会主义市场经济"与"社会主义经济"不同概念之间的关系与区别。最后提出应关注和扭转目前我国由"公有制为主体"向"非公有制经济为主体"转化的发展趋势。

## 一、马克思主义怎样对待不同的所有制

马克思主义判断某种所有制的先进或落后，所持标准有两条：首先是生产力标准，其次是价值标准即生产关系标准。将两条标准统一起来，就是从历史唯物主义的观点对所有制进行评判与取舍。比如，原始氏族公社的公有制被奴隶制的私有制所取代，恩格斯在《反杜林论》中指出，这是历史的进步。因为这在当时条件下是有利于社会分工和生产力的发展。再者，原来原始部落战争中的战俘被简单杀掉，因为生产力很落后，他们不能提供剩余产品。现在将战俘留下来当奴隶，可以为主人提供剩余劳动和剩余产品，起

① 本文原发表于《中共福建省委党校学报》2009年第9期。

了保护和发展生产力的作用。从生产关系上看，将战俘作奴隶比杀掉要进步些。从社会历史来看，奴隶社会私有制被封建主义私有制所取代，又被资本主义私有制所取代，都是适应生产力发展需要，起了解放生产力和发展生产力的进步作用。但是，从价值标准来判断，这三种私有制度都存在阶级剥削和阶级矛盾，存在贫富两极分化，不过封建制剥削方式比奴隶制进步，资本主义剥削方式又比封建制进步，这也表现在有利于生产力的发展上。马克思主义主张以社会主义公有制取代资本主义私有制和一切私有制，是从生产力标准和价值标准的统一出发的。社会主义公有制既要起解放生产力发展生产力的作用，又要消灭阶级对立与剥削，防止和消除两极分化，实现社会主义的公平正义与共同富裕。

毛泽东同志同样坚持和运用马克思主义的生产力标准对待不同的所有制。远在 1928 年，毛泽东写给中共中央的报告《井冈山的斗争》中，就不赞同没收城市中等商人的私有财产，不赞同“一切工厂归工人”的口号。因为这种政策不利于苏区城市经济的繁荣发展，即不利于苏区生产力的发展。毛泽东在 1934 年所写的《我们的经济政策》一文中，提出对个体私人经济和资本主义私人经济的政策是“只要不出于政府法律范围之外，不但不加以阻止，而且加以提倡和奖励，因为目前私人经济的发展，是国家利益和人民利益所需要的”。1945 年，毛泽东在党的七大报告《论联合政府》中明确提出了生产力标准：“中国一切政党的政策及其实践在中国人民中所表现出的作用好坏、大小，归根到底，看它对中国人民的生产力的发展是否有帮助及帮助的大小，看它是束缚生产力的，还是解放生产力的。”

正是在毛泽东生产力标准的指导下，我国在新民主主义革命的历史时期，包括在土地改革中，一直强调要保护民族工商业。

在我国革命取得全国胜利的前夕，在党的七届二中全会上，毛泽东在讲话中特别指出：“在革命胜利后的一个相当时期内，还需要尽可能地利用城乡资本主义的积极性，以利于国民经济的向前发展。”这里讲的是“一个相当时期内”，不是短暂时期内。

1949 年解放初期，毛泽东提出“发展生产，繁荣经济，公私兼顾，劳资两利”的政策，这既是当时的效率与公平观，也是当时的生产力标准与价值标准的统一观。新中国成立以后，没收了官僚资本，进行了新解放区的土地改革，消灭了封建剥削制度。因为封建土地制度和官僚资本主义实行落后的剥削制度，阻碍着生产力的发展。此外还鼓励和扶持民族资本主义的发展。但是，经过3年经济恢复后的1953年，就提出过渡时期总路线。急于消灭一切私有制经济和急于让资本主义经济在中国大地绝种。特别是1958年掀起人民公社化高潮后，脱离我国的客观经济条件，急于迈向共产主义。违反生产力发展的规律搞大跃进，违反生产力和生产关系发展的规律搞人民公社化运动。追求“一大二公三纯”的公有制一统天下，造成了损害生产力发展和人民利益的消极后果。不可否认，自中华人民共和国成立到改革开放前的30年中，我国的社会主义建设事业取得了巨大的成就。尽管发生过“左”的错误，但我国的经济增长速度仍高于世界平均水平，达到6.1%，工业年均增长为11.2%。我国成为具有自己独立工业体系的独立自主的社会主义国家，工人阶级扬眉吐气，劳动人民当家作主。如果不急于消灭个体工商业经济和民族资本主义经济，只消灭封建主义和官僚资本主义经济，我国的经济发展会更快更好一些。

总结我国社会主义经济发展中的经验与教训，认识到追求“一大二公”的单一的公有制不符合我国生产力落后、人口众多、经济社会发展水平低的国情。在理论认识上应明确两点：首先，马克思主义创始人所论述的社会主义制度中生产资料完全归社会所有，是指发达资本主义国家建成社会主义后的事情。我们不应将马恩所设想的成熟的社会主义所有制模式，作为我国建设社会主义初始阶段的所有制模式，我国离成熟的社会主义模式还很远。其次，要正确把握《共产党宣言》中所讲的这些掷地有声的名言：“共产党人可以把自己的理论概括为一句话：消灭私有制”，“共产主义革命就是同传统的所有制关系实行最彻底的决裂。”这些话的中译文并没有错。有些学者主张将“消灭私有制”改译为“扬弃私有制”，即有消除、有保留，并不符合《共产党宣言》中的原意。问题在于怎样理解与把握这些论断。马克思主义认为，私有制的产生是生产力发展的结果，而私有制的消灭，又需要有生产力的高度发展。恩格斯在《共产主义原理》中回答“能不能一下子就把私有制废除？”问题时明确地说：“不，不能，正像不能一下子就把现有的生产力扩大到实行财产公有所必要的程度一样。……只能逐步改造社会，只有创造了所必要的大量生产资料之后，才能废除私有制。”因此，消灭私有制，是在无产阶级取得革命胜利后，随着生产力不断发展和公有制的相应发展而逐步消灭的过程。也就是说，消灭私有制是一个历史过程。

## 二、社会主义初级阶段基本经济制度形成的历史过程和成就

1978 年，党的十一届三中全会吹响了改革开放的号角。为了更快地发展生产力和社会主义经济，需要打破公有制一统天下的局面。在“左”的一套盛行时期，不仅把个体经济作为资本主义经济加以消灭，连自留地、家庭副业、集市贸易也作为“资本主义尾巴”要将其割掉。党的十一届三中全会提出：“社员自留地、家庭副业和集市贸易是社会主义经济的必要的补充。”不少学者将此转述为十一届三中全会提出“非公有制经济是社会主义经济的必要补充”，值得斟酌。因为现在讲的非公有制经济，包括个体经济、私营经济、外资经济。1978 年三中全会时期，还远不到时机提出这些私有制经济的发展。自留地、家庭副业不是独立的个体经济或私营经济。

发展非公有制经济，正确认识它在我国社会主义现阶段的地位和作用，是一个思想不断解放和认识不断发展的过程。1979 年 9 月 29 日，叶剑英在庆祝国庆 30 周年大会上的讲话中提出：“目前在有限范围内继续存在的城乡劳动者的个体经济，是社会主义公有制经济的附属和补充。”后来政策不断放宽，1980 年下半年，提出“适当发展个体经济”的方针，1981 年 7 月颁布了《国务院关于城镇非农业个体经济若干政策性规定》的文件，城乡个体工商户迅速发展起来。但对私营经济的发展，还没有提出政策性规定。由于随着个体私有制经济的发展，到一定的规模时会出现人手不够的局面，就需要雇工。当时在政策上既要限制私有制经济的规模，又不能禁止雇工的出现，那样不利于经济的发展。于是在后来国务院颁布的政策性规定中，提出个体经营户“必要的，经过工商行政管理部门的批准，可以请一个至两个帮手，技术性较强的或有特殊技艺的，可以带两三个最多不超过五个学徒”。就是说最多总共不超过 7 人。只要有这个政策，雇工经济很快发展起来，而且难以掌握帮工和学徒的界限，也难以掌握和监督技术性的强弱和技艺高低。而且雇工经济的发展，必然会冲破限雇 7 人的政策规定。雇 8 人以上的日益增多，突破了中央的政策规定该怎样对待？中央采取了既谨慎又宽容的态度：既不宣传，也不取缔，看一看再说。既然不取缔，就事实上是默许了。雇工几十人、几百人的私人企业发展起来。1987 年 1 月，中央颁布

了《把农村改革引向深入》的文件，肯定了私人企业的地位和作用。文件指出：为扩大经营规模，雇工超过了七个人限度的私人企业，“也应当允许存在，加强管理，兴利抑弊，逐步引导”。又说，“在一个较长时期内，个体经济和小量私人企业的存在是不可避免的”。同时指出：“私人企业同公有制经济有矛盾的一面，本身也存在一些固有弊端，主要是收入分配过分悬殊，对此，可以通过管理和立法，加以调节和限制。”这种论述，应从两个方面去把握：一方面，肯定了私人企业的合法性；另一方面，也指出私人企业同公有制经济是有矛盾的，它自身也存在弊端，要加以调节和限制。这后一方面的论述，值得我们重温与重视。这些年来，只大力宣传发展非公有制的重要作用，而不再提它与公有制经济矛盾的一面，以及它自身存在的弊端和应有的“调节和限制”等。然而，忽视这个方面，会走向扬私抑公、公退私进的一种局面。1987 年 10 月党的十三大报告明确提出了私人企业的性质和作用以及党的方针政策。肯定了私人企业的发展，称其为私营经济，并指出：“私营经济是存在雇佣劳动关系的经济成分”，没有直接说它是资本主义性质的经济成分。但在马克思主义经济学中，凡存在资本与雇佣劳动关系的经济，就是资本主义经济。

随着我国改革开放的发展，个体经济、私营企业和外资企业发展起来。我国提出了社会主义初级阶段的理论，为发展非公有制经济提供了理论支持。认识我国处于社会主义初级阶段的现实国情，我国的生产力落后，多层次不平衡，人民日益增长的物质文化需要同落后的社会生产力是主要矛盾，我国社会主义的根本任务是大力发展生产力，以此作为理论与实际的依据，来说明发展非公有制经济的必要性和合理性，就顺理成章了。

在发展公有制和非公有制经济问题上，需要从理论上认识两点。第一点是需要从理论上正确认识和处理好它与公有制经济的关系。总的提法是“公有制为主体，多种所有制共同发展”。第二点是要弄清为什么要强调公有制为主体，还要弄清社会主义国家的国有经济的性质和作用，与资本主义国家的国有经济不能相提并论，混淆其不同的内涵。之所以要强调公有制为主体，是因为公有制是社会主义性质的经济，也是社会主义经济制度的基础。这是我国宪法规定了的，也是中央文件一再说明了的。有的学者宣称公有制不是社会主义的特点，资本主义也有国有企业，封建社会也有官办经济，以此否定国有经济或公有制经济是社会主义经济。这种观点是不对的。

需要明确：首先，社会主义的公有制经济，是归劳动人民公共所有的经济。封建社会的官办经济，主要是为皇室服务的经济，并不归劳动人民所有和享用。资本主义国家的国有或国营经济，也不是归劳动人民公有，它是国家垄断资本主义经济。恩格斯指出：资本主义的“现代国家，不管它的形式如何，本质上都是资本主义的机器，资本家的国家，理想的总资本家。它越是把更多的生产力据为己有，就越是成为真正的总资本家，越是剥削更多的公民，工人仍然是雇佣劳动者，无产者”。[①] 而社会主义国家，是权为民所用、利为民所谋的人民的国家，不再是地主、资产阶级掌权的国家。因而国有经济或公有制经济就是归人民所有的社会主义经济。

其次，有必要认清，包括国有经济在内的公有制经济，既是社会主义经济运行层面的需要，更是社会主义的制度性内容，它是社会主义经济制度的基础，也是整个社会主义制度的经济基础。没有社会主义公有制，就没有社会主义制度。邓小平所讲的社会主义本质，即“解放生产力、发展生产力，消灭剥削、消除两极分化，逐步达到共同富裕”，是生产力标准与价值标准的统一。只有在社会主义公有制的基础上才能实现。旧中国的私有制经济并没有将国家引向繁荣富强。

旧中国的经济发展是很缓慢的，有时停滞不前乃至倒退。根据统计资料，新中国建立前的一千年中，经济发展较快的两个时期是1500—1820年和1870—1913年，前者年均经济增长为0.41%，后者年均增长为0.56%。1915—1949年是负增长。[②]新中国建立后，即使在改革开放前的近30年，经济增长速度从纵向上看，远远超过了旧中国1000年的发展；从横向对比看，超过世界年均增长水平和许多发达国家水平。

我国发展非公有制经济是以公有制为主体、国有经济为主导作为前提条件的。对于资本主义国家来说，国有经济只是其经济运行层面的需要，并不属于资本主义制度性内容。即使没有任何国有经济，都无损于资本主义制度的存在和发展。资本主义国家时而搞国有化，时而又私有化，都是服从于资产阶级及其国家整体利益的需要，都是从经济运行的角度选择的。而对于社会主义的我国来说，国有经济是社会主义的制度性内容，它具有社会主义性

---

① 《马克思恩格斯选集》第3卷，人民出版社1995年版，第629页。

② 宗寒：《是什么改变了中国》，红旗出版社2009年版，第31页。

质。社会主义国家只有部分劳动群众集体所有制是不够的，必须发展代表全民所有的社会主义国有经济，才能保证全社会总体的、长远的利益。

对非公有制经济在我国现阶段的地位和作用的认识，也有个发展的过程。最初是讲它可以起“补遗失阙”的作用，后来更多地讲“非公有制经济是公有制经济的补充”或“社会主义经济的补充”。例如，1987 年，党的十三大报告中讲：私营经济“是公有制经济必要的和有益的补充”，又讲“中外合资企业，合作经济和外商独资企业，也是我国社会主义经济必要的和有益的补充”。1992 年，党的十四大报告中讲：“以公有制包括全民所有制和集体所有制经济为主体，个体经济、私营经济、外资经济为补充，多种经济成分长期共同发展。”1995 年 9 月 28 日，江泽民同志在十四届五中全会闭幕时的讲话中说：“坚持公有制为主体的地位，是社会主义的一条根本原则，也是我国社会主义市场经济的基本标志，……允许和鼓励个体、私营、外资等非公有制经济的发展，……使它们成为社会主义经济的必要补充。”

对非公有制经济是公有制经济即社会主义经济的补充的涵义，人们有不同的理解，有的学者提出，讲非公有制经济是社会主义经济的补充，就表明非公有制经济也是社会主义经济，这种理解显然不对。中央文件中同时讲非公有制经济是公有制经济的补充，难道就表明非公有制也是公有制经济？“补充”不等于组成部分。非公有制经济是“补充”，具有两层涵义：第一层是指与作为主体的公有制相比，所占比重较小，公有制唱主角，非公有制唱配角；第二层是指发展非公有制经济用以补充公有制经济的不足。它们在发展生产、增加供给、繁荣经济、扩大就业、搞活市场等方面，都可以起补充公有制经济的作用。人们容易只从前一层涵义上去理解“补充”。所以后来关于非公有制经济为“补充”的提法在理论与宣传中消失了。

1997 年的十五大报告提出：“公有制为主体，多种所有制共同发展，是我国社会主义初级阶段的一项基本经济制度”，“非公有制经济是我国社会主义市场经济的重要组成部分。”这是一种新的提法，是进一步提升非公有制经济地位的新的理论观点，使非公有制经济由体制外进入体制内。它进一步表明我国发展非公有制经济，不是短时期内的权宜之计和适应眼前需要的政策措施，而是长期的、构成社会主义市场经济和现阶段基本经济制度内容的战略性选择。这里没有再提“补充”一词，表示不再只当配角，所占比重可以提高。

我国实行公有制为主体，多种所有制经济共同发展的基本经济制度，有效地促进了社会经济的发展。我国改革开放 30 年的巨大成就，显然有非公有制经济的重大贡献。可以预计，我国经济社会的发展，到 21 世纪 30 年代，人均 GDP 就可以赶上或超过中等发达国家的水平，远远超过邓小平同志预计的到 21 世纪中叶人均 GDP 达到 4000 美元的水平。

我国实行社会主义初级阶段基本经济制度的理论和实际根据是什么？根据有两个方面：其一，我国是社会主义国家，必须以公有制作为社会主义经济制度的基础。我国宪法规定："中华人民共和国的社会主义经济制度的基础是生产资料的社会主义公有制，即全民所有制和劳动群众集体所有制。"这里讲的是"社会主义经济制度"。宪法接下来又讲"社会主义初级阶段的基本经济制度"："国家在社会主义初级阶段，坚持公有制为主体多种所有制经济共同发展的基本经济制度。"因此，要把"社会主义经济制度"同"社会主义初级阶段的基本经济制度"这两个概念区别开来。"社会主义经济制度"是"社会主义初级阶段基本经济制度"的核心。前者不包括非公有制经济，只有公有制是其基础；而初级阶段的基本经济制度中，包括非公有制经济，但公有制必须占主体地位。"社会主义经济制度"存在于社会主义初级阶段、中级阶段和高级阶段，是不断成熟和发展的过程，而社会主义初级阶段的基本经济制度，反映初级阶段的特点。也可以设想，初级阶段结束，非公有制经济不会迅速被公有制所取代。进入中级阶段，将是公有制经济进一步发展壮大、所占比重不断提高，而非公有制经济则逐渐减退、所占比重减少的过程。这是一个长久的过程。到社会主义高级阶段，社会主义经济趋于成熟，私有制经济将退出历史舞台。其二，社会主义初级阶段的基本经济制度中之所以包括多种所有制共同发展，提倡发展非公有制经济，正是由初级阶段的国情决定的。我国生产力发展水平还不高，人口众多，就业空间余地小，经济发展与发达国家的差距还很大。解放和发展生产力是我国社会主义的根本任务。因此，只要符合"三个有利于"标准的经济成分就允许和鼓励其发展。个体、私营和外资经济，符合"三个有利于"，因而成为社会主义初级阶段基本经济制度的构成部分和社会主义市场经济的重要组成部分。

改革开放 30 年来，非公有制经济在我国已获得了巨大发展。根据《人民日报》2009 年 8 月 3 日刊载国家工商总局提供的资料，截至上半年，全国实有私营企业 692.35 万户，注册资本 12.8 万亿元，从业人员 8212 万人，实有个体工商户 3063.63 万户，资金数额 9851.4 亿元，从业人员 6099.60 万人。

正是在社会主义初级阶段的基本经济制度下，我国的经济社会获得了举世瞩目的发展成就。当然也应指出，改革开放 30 年来的成就，是在改革前近 30 年的发展基础上取得的。特别是新中国建立后发展起来的力量雄厚的国有企业，作为共和国的长子，为我国的改革开放事业付出了巨大的成本。但又必须肯定，改革开放以来的 30 年的发展，远远超过了前 30 年。改革 30 年的实践证明：我国现阶段的基本经济制度在快速发展生产力、增加社会财富、扩大就业、繁荣经济、搞活市场、提高人民物质文化生活水平方面，起到了积极的卓有成效的作用。从统计数据看，从 1978 年到 2008 年，我国国内生产总值由 3645.2 亿元增加到 300670 亿元，年均增长 9.8%，是同期世界经济增长率的 3 倍多。农村温饱不足的贫困人口由 2.5 亿人减少到 1400 万人左右。城乡居民储蓄存款由 210.6 亿元（人均 20 元）增加到 221503 亿元；外汇储备由 1.7 亿美元增加到近 2 万亿美元；我国经济总量在世界经济总量中由第 10 位上升到第 3 位，仅次于美国和日本。将不久超过日本，居世界第二，中国的强大发展和改革的成功，提高了中国在国际事务和国际关系中的地位，与苏东原社会主义国家在改革与发展中导致苏联解体、东欧剧变、经济长期衰退的局面，形成鲜明的对比。

## 三、应关注和扭转公有制为主体向私有制为主体演变的趋势

在研究和分析我国改革与发展的历程与成就时，也需要看到和关注所存在的问题。肯定成绩是首要和必要的，但如果回避问题和可能的后患，不认真总结经验教训，长此以往，已有的成绩可能转化为反面。改革以来，邓小平同志和中央其他主要领导以及中央有关文件，始终强调既不搞“一大二公”单一的公有制，也不搞私有化，而是坚持公有制为主体、多种所有制经济共同发展。从过去公有制一统天下，到多种所有制经济共同发展，公有制经济所占比例出现下降的趋势是必然的。但是，公有制比例的下降不能没有底线。如果下降到 50% 以下、30% 以下或还在继续下降，还能保持公有

制为主体吗？多年来，公有制为“主体”，始终是一个没有明确量化的界线，从而难以具体测定和操作的抽象概念。无论按产值比例计算，或是按资产占优势计算，或是按 GDP 比重计算，都没有一个大体上测算的量的界线。按道理来说，公有制为“主体”，不应是一个简单的多数，比如：公有制占 51%，私有制占 49%，这恐怕不是“主体”的本意。即使公有制占 55%，也只能是一个比较弱的“主体”。邓小平同志提出公有制为主体，非公有制为补充时，非公有制所占比重还很小。比如，邓小平在 1985 年 8 月 28 日的谈话中关于“主体”和“补充”的关系是：“公有制为主体，……包括全民所有制和集体所有制，现在占整个经济的百分之九十以上。同时发展一点个体经济，……这些都是对社会主义经济的补充。”邓小平这里所讲的“主体”比例，显然是按公有制的产值所占比重计算的。公有制占 90% 以上，个体经济是“发展一点”。这样的“主体”和“补充”关系，显然是一目了然的。

顺便提一下，在我国进行“三大改造”向社会主义过渡时期，公有制和私有制多种经济成分的发展变化趋势，是有动态的适时的统计数字的。而这些年来，多种所有制经济在改革与发展中所占比例的变化，统计部门没有提供数据，不利于决策部门和研究部门对真实情况的掌握。这样会导致理论宣传与实际情况脱节：公有制已降到 50% 以下了，降的趋势还在继续，仍在肯定和宣传公有制为主体。

从报刊媒体透露出来的一些统计数字看，在当前国民经济发展中，公有制已不占主体地位了。由中华全国工商联合会主持编写的《中国民营经济发展报告（2005—2006）》的蓝皮书中讲：2005 年民营经济在 GDP 中的比重已经由 2000 年的 55% 增加到 65% 左右。这里所讲的民营经济，主要是指私营、个体和外资经济。该书中还指出，民营经济“在轻工纺织、普通机械、建筑运输、商贸服务等产业领域占主体地位”。[①]《人民日报》2007 年 2 月 1 日发表了《民营经济是构建和谐社会的重要力量》一文，其中讲到“民营经济已占到全国 GDP 的 65% 左右，占经济总量的 70%—80%，成为经济发展的最大动力来源，现在已是解决中国社会就业问题的主体”。根据国家统

---

① “《中国民营经济发展报告（2005—2006）》指出——民营经济占 GDP 比重达 65%”，《经济日报》2006 年 9 月 22 日。

计局一位高级统计师提供的资料，按资产所占比例计算，1985 年，全社会资产中，公有制资产与非公有制资产所占比重分别为 94.1%与 5.9%。到 2006 年，公有制资产比重下降到 44.3%（其中国有经济为 32%，集体经济为 12.3%），非公有制经济所占比重上升到 55.4%（其中私营经济为 33%，外资经济为 19.1%，个体经济为 3.3%）。[①] 从以上三份统计数字可以看出，无论从 GDP 所占比重看，还是从所占资产的比重来看，公有制为主体的地位已经改变了。事实上已经不是主体了。问题还在于这种变化的趋势在继续发展。同时还要看到，从有关统计资料看出，在城镇非公有制经济中就业人员所占比例，从 1978 年的 0.2%提高到 2007 年的 75.7%。问题还在于，上述"主体"与非主体所占比重的相反变化，是作为改革以来的发展成果在媒体上正面宣传的。例如，前引《人民日报》宣传"民营经济是构建和谐社会的重要力量"，就是从所占比重达 65%以上来说明的。

改革以来，邓小平同志以及其他中央领导人，或是中央有关文件，一以贯之地强调公有制为主体，强调发展和壮大国有经济，后来又先后提出两个"坚定不移"和两个"毫不动摇"，即坚定不移地或毫不动摇地巩固和发展公有制经济，坚定不移地或毫不动摇地发展非公有制经济。我国宪法也规定公有制是我国社会主义经济制度的基础，"国家保障国有经济的巩固和发展"。再往前推一些，从毛泽东、刘少奇等老一代中央领导人的著作，到新中国成立时的《共同纲领》，都强调国有经济是国民经济的领导力量。1949 年，在新中国诞生前的中共七届二中全会上，毛泽东做的报告中，讲到新民主主义的经济成分时，强调指出："国营经济是社会主义性质的。""如果认为我们现在不要限制资本主义，认为可以抛弃'节制资本'的口号，这是完全错误的，这就是右倾机会主义的观点，但是反过来，如果认为应当对私人资本限制太大太死，或者认为可以很快地消灭私人资本，这也是错误的，这就是'左'倾机会主义或冒险主义的观点。"他还提到，"在发展工业的方向上，有些糊涂的同志认为主要的不是帮助国营企业的发展，而是帮助私营企业的发展；或者反过来，认为只要注意国营企业就够了，私营企业是无足轻重的了。我们必须批判这些糊涂思想。"这些话虽然是 60 年前针对新民主主义经济讲的，但对当前社会主义初级阶段怎样对待公有制和私有制的关

① 赵华基："坚持公有制为主体的基本经济制度"，中国社会科学内部文稿，2008 年 6 月。

系，不是同样具有或更具有理论和现实意义吗？

改革30年来，以国有经济为主导的公有制经济的主体地位，不断被削弱，以致向私有制为主体转化，不是偶然的。公有制为主体和毫不动摇地巩固和发展公有制经济成为“纸上谈兵”。如果总结经验教训，可以提出以下几方面：

第一，存在理论认识上的干扰。改革以来，政治和学术环境逐渐宽松，理论认识和思想多元化。有些学者公开主张私有化或主张取消国有企业。有些有影响的学者以误解和错解马恩著作和邓小平理论为依据，提出国有经济不是社会主义经济，并将其贬之为希特勒的国家社会主义；非公有制经济是社会主义经济，是人民社会主义。本来恩格斯在《反杜林论》中，是批评一种冒牌的社会主义，“把俾斯麦的国有化，都说成社会主义的。显然，如果烟草国营是社会主义的，那么拿破仑和梅特涅也应该算入社会主义创始人行列了”。恩格斯讲的是资本主义国营企业不是社会主义，而有的学者竟以此为据，说包括社会主义国家的任何国有化都不是社会主义。邓小平提出三个“是否有利于”本是作为判断改革开放和一切工作是非得失的标准，而有些学者硬说它是判断姓“资”姓“社”的标准。非公有制经济符合三个“有利于”，所以都是社会主义经济。以此为私有化提供理论依据。前些年，“国退民进”的口号流行多年，即主张国有经济退出、私有制经济进入，并被人们误认为是中央的精神起了不小的作用。有的学者宣称：改革就是不问姓“社”姓“资”，不问姓“公”姓“私”。然而，不问的结果，必然是由“社”转“资”，由“公”转“私”。有的学者提出“创新”见解，说将国有企业卖给私人，是将国有经济由实物形式转换成价值形式，国有性质没有变，这是指“私”为“公”用以忽悠人们认识的奇特理论。讲公有制私有制，是从生产资料所有制角度讲的，不是从政府财政收入角度讲的。这类拐弯抹角的私有化理论还有多种。它对唱衰国有经济起了不小的作用。

第二，在理论宣传中存在一些易使人误解的模糊点，没有及时澄清理论是非。比如，提出“非公有制经济是社会主义市场经济的重要组成部分”，许多人将其理解为“非公有制经济是社会主义经济的重要组成部分”，私有制经济包括资本主义经济都成了社会主义性质的经济。“社会主义经济”是经济制度性概念，而“社会主义市场经济”是经济体制性概念，将两个不同概念混同起来，就会将私有制经济与社会主义经济混同起来。这类的混淆还有，如将“社会主义初级阶段的基本经济制度”同“社会主义经济制度”混同起来，将私有制经济也纳入社会主义经济制度之中。这种混同会使人们认为，发展私有制经济就是发展社会主义，不必再考虑所占比重大小的问题。从而公有制为主体也就失去了它原有的意义和地位。

第三，我国是由公有制一统天下转向多种所有制经济共同发展的。发展公有制经济不是新事物，而是老事物，而且对原国有经济体制的弊端多有揭示与批评。而发展非公有经济则是改革以来的新事情。因而媒体着眼于发展非公有制经济的报道和宣传较多。加上前述理论宣传和认识上的偏颇，地方政府和基层，将招商引资和发展非公有制经济作为政绩看待。相应地把公有制经济特别是国有经济比重的减少也与政绩连在一起。于是也就相对地不重视发展和搞好国有与公有制经济了。笔者看到有的地市级政府的发展战略规划，要求在几年内将非公有制所占比重达到95%，也看到新闻媒体宣传某省市发展非公有制经济的战略性口号：放手、放开、放心、放胆、放宽、放活。而对搞好搞活公有制特别是国有制经济的报道则所见少有。本来经济体制改革的中心环节，是搞好搞活国有企业，而国有企业反而成为一些地方政府改革的包袱。因为搞好和发展国有企业不是政绩，便不重视和关注搞好国有企业，有的国企负责人通过搞坏企业然后自卖自买牟取暴利成为私营企业主，有的地方甚至通过损害国有企业的利益来发展非公有制经济，造成国有资产大量流失。

第四，私营企业和外资企业本来是资本主义性质的经济。它与作为社会主义经济的公有制经济既可以平等竞争、共同发展，又存在与社会主义经济矛盾的一面。私营经济作为民族资本主义，依然具有两面性。在发展我国经济社会中具有重要作用，这是它的积极作用方面，也是其两面性的主要方面。有的私营企业重视为社会和国家做贡献，重视职工的权益，其积极作用突出。但从总体上说，也应看到，私营经济具有消极作用的一面。然而多年来，许多人包括有些理论工作者，把非公有制经济看作社会主义经济，更不看和不讲它的消极作用。本来越来越多的亿万富翁、几百亿元的富翁是大资本家，然而我国讳言“资本家”概念。越是大款，越受重视。于是有些地方官员乐于去“傍大款”，乃至官商勾结、官员与私资煤矿主勾结，损害国家与人民利益以中饱私囊，许多腐败官员与这种情况有关，他们自然不会去关心搞好搞活国有企业的事情。于是，重私轻公、扬私抑公、赞私贬公、利私损公的理论与实践流行起来。

第五，“公有制为主体，国有经济为主导”，“毫不动摇地巩固和发展公有制经济”，对下面来说，只停留在文件和讲话中，没有采取具体措施和有效的具体政策，没有检查与监督，没有在评比与政绩中作为一项内容，是不会落实的。要知道，毫不动摇地发展非公有制经济，只要有这个大政策，再加上地方的优惠条件，非公有制经济会很快发展起来。私有制经济的发展具有自发性。而搞好搞活和大力发展国有经济，则不会有自发性可资借助，需要政府有关部门费心费力。何况国有企业内部的困难与问题，需要政府协助解决。所以，地方政府宁愿去大力发展非公有制经济，而无心和认为无必要去大力发展公有制经济特别是国有企业。

但是，公有制为主体、多种所有制经济共同发展的基本经济制度必须坚持，有必要扭转非公有制经济成为主体的发展趋势。否则，我国社会主义制度就会和平演变为资本主义制度。当然，扭转趋势不是也不能通过限制和压制非公有制经济的发展来提高公有制经济所占比重，而是通过大力发展公有制经济特别是国有经济来实现，要有效宣传坚持公有制为主体的意义和必要性，应出台一些发展公有制经济特别是发展壮大国有经济的政策措施，而且要重在落实。应加强报道在改革与发展中搞得很好的国有企业和集体经济，要把搞好搞活国有经济作为地方政府和官员以及企业主管的政绩。当然，某些特殊地区例外。

# 进一步认识和把握社会主义初级阶段理论[①]

江泽民同志在中央党校的讲话中，再次论述了社会主义初级阶段问题。他指出，这是邓小平建设有中国特色的社会主义理论的重要基础。正确认识和把握社会主义初级阶段理论，是对我国社会主义现阶段在理论上的正确定位。要理解它的重要理论意义和实际意义，需要与过去我国对社会主义所处阶段缺乏正确定位时的情况做些对比。江泽民同志也专门提到，“十一届三中全会前我们在社会主义建设方面出现失误的根本原因之一，就在于提出的一些任务和政策超越了社会主义初级阶段”。而十一届三中全会以来，我们在经济发展和改革开放诸方面取得令人瞩目的成就，都与我们从社会主义初级阶段这一重要国情和重要实际出发有关。

1956 年我国社会主义改造基本完成后，虽然社会主义还未建成，但已开始进入社会主义。但怎样认识我国的社会主义制度，在理论认识上和指导思想上是不很明确和清晰的。第一，事实上是把马克思主义创始人所提出的在发达资本主义国家发生革命后建立的社会主义目标模式，作为我国建立社会主义的起点模式。第二，1956 年“三大改造”基本完成后刚过两年，在我国生产力还很落后，社会主义生产关系刚刚在全社会范围内初步形成，就在 1958 年搞起人民公社化，急于向共产主义社会过渡。第三，把整个社会主义社会说成是从资本主义到共产主义的过渡时期。

党的十一届三中全会以后，经过对我国社会主义的再认识，经过对 30 年社会主义建设经验的总结，邓小平同志在 1980 年就提出，“不要离开现实和超越阶段采取一些‘左’的办法，这样是搞不成社会主义的”。既然讲不要超越阶段，那就表明要考虑我们所处的是什么阶段的社会主义。在邓小平

① 本文原载《高校理论战线》1997 年第 8 期。

同志主持制定的中共中央《关于建国以来党的若干历史问题的决议》中明确提出："我们的社会主义制度还是处于初级阶段。"以后邓小平同志一再强调我国社会主义处在初级阶段，"是初级阶段的社会主义"，"一切都要从这个实际出发"。正是从这个实际出发，我们实行了以公有制为主体的多种经济成分共同发展、以按劳分配为主体多种分配方式并存的经济格局；放手引进外资，发展三资企业；大胆进行改革开放，实行各行业的多种经营方式。总之，社会主义初级阶段这一科学论断，是制定路线、方针、政策的出发点和立脚点。离开这个立脚点，就会犯"左"的或右的错误。要区分"社会主义初级阶级"和"初级阶段的社会主义"两个概念。既然我们是"初级阶段的社会主义"，就不能离开而是要坚持社会主义的基本原则和社会主义本质。要在公有制为主体的基础上解放和大力发展生产力，消灭剥削和消除两极分化，达到共同富裕。既然我们是处于"社会主义的初级阶段"，就不能干超越阶段的事情，不能急于求成。就要长期坚持多种经济成分共同发展、多种分配方式并存的方针，100 年不动摇。公有制为主体是社会主义的经济基础，大力发展生产力是社会主义的根本任务，共同富裕是社会主义的根本目的。邓小平同志将这三条规定为"社会主义的根本原则"、"马克思主义的基本原则"。它们是紧密联系不可分割的。马克思主义的科学社会主义之所以强调公有制，不是从道义的原则出发，而是首先从生产力标准出发，也是从社会主义生产关系标准出发，公有制能够也应当更有利于生产力的发展，这样才谈得上社会主义优越性。为此，就必须搞好搞活公有制，以实现解放和发展生产力的任务。搞好公有制又是为了消灭剥削和消除两极分化、实现共同富裕。在"左"的一套盛行时，日益离开发展生产力和共同富裕这两条根本原则。邓小平同志针对这种错误，反复地突出地强调这两条原则，这是在新形势下对马克思主义基本原理的恢复、继承、坚持和发展。有人说，传统马克思主义和社会主义不重视发展生产力和共同富裕。不对！马克思主义最重视发展生产力和实现共同富裕。在《共产党宣言》中明确提出：无产阶级将利用自己的政治统治，把生产工具集中在国家手里，"尽可能快地增加生产力的总量"。恩格斯在《卡尔·马克思》一文中说，社会主义要"通过有计划地组织全部生产，使社会生产力……增长到能够保证每个人的一切合理的需要日益得到满足的程度"。列宁同样强调："无产阶级取得国家政权以后，它的最主要根本的利益就是……大大提高社会生产力”。而大力发展生产力的目的，马、恩、列也讲得很明确。马克思说：在新社会制度中，“社会生产力的发展将如此迅速，……生产将以所有人的富裕为目的”①。恩格斯说：要“保证一切社会成员有富足的和一天比一天充裕的物质生活”②。列宁讲得更浅显：社会主义要“使所有劳动者过最美好、最幸福的生活。只有社会主义才能实现这点”③。从这些引证中可以清楚地看出，邓小平同志关于社会主义的根本任务和根本目的论述，与马、恩、列的有关论述多么一致与吻合。

① 《马克思恩格斯全集》第46卷下，人民出版社1980年版，第222页。
② 《马克思恩格斯全集》第20卷，人民出版社1995年版，第307页。
③ 《列宁选集》第3卷，人民出版社1995年版，第546页。

# 关于社会主义初级阶段的几个理论问题[①]

## 一、研究社会主义发展阶段的必要性

任何社会形态都有一个由低级向高级、由不成熟向成熟的发展过程，因而它们都实际地存在着社会发展阶段问题。但是，在社会主义以前的任何社会形态中，无论是当权者还是各派学者，都没有从社会历史发展进程的角度自觉地提出该社会的发展阶段问题，即没有在该社会形态正在发展的过程中提出它自身的发展阶段问题。对以往社会形态的发展阶段，一般是事后由历史学家们从历史研究的角度划分的。之所以如此，最根本的原因就在于：社会主义以前的一切社会形态的发展过程，从其产生、发展、成熟到灭亡，都是通过自发的形式来实现的，无需也不可能在其发展的初期就提出和确定社会发展阶段的划分，从而以此为基础来规定自己的战略方针、政策和任务，自觉地推动社会历史的发展。

社会主义则不同，在社会主义制度下，人们的自觉性及其作用大大提高了。社会主义的建立、发展和成熟的过程，都需要通过人们的自觉活动来实现，而不能像以往社会形态那样在自发的进程中实现。随着人们自觉性的提高，人们的主观能动性也就提高了。人们可以认识和依据社会经济发展规律，从社会主义社会发展的历史必然过程中，对其发展阶段作出科学的预见，以指导自己的行动。但另一方面，在主观能动性提高的后面，又容易隐藏和滋生主观任意性和唯意志论，人为地脱离生产力的实际状况而拔高生产

① 本文原载《社会主义初级阶段与深化企业改革》文集，四川人民出版社 1988 年版，有删节。与黄泰岩合写。

关系，超越社会发展阶段搞跑步进入共产主义，就是其重要表现。为了保证人们能够按照社会发展的客观规律发挥主观能动性，防范“左”的和右的错误，就有必要根据生产力的发展状况和社会经济的发展进程，自觉地划分社会主义的发展阶段。只有科学地规定社会主义的发展阶段，才能以此为基点，正确地制定发展社会主义的战略、方针、政策和任务，从而把人们的自觉行动建立在有科学根据的基础上。可见，把社会主义区分为不同的发展阶段，是社会主义实践所必需的。

马克思主义经典作家为了从理论上指导社会主义实践，非常重视未来社会的发展阶段问题。马克思在《哥达纲领批判》中就明确把共产主义区分为两个阶段，并明确指出达到共产主义（第一阶段）要经过一个过渡时期。但马克思没有经历过社会主义实践生活，没有也不可能远在100多年前就对社会主义社会的具体发展阶段问题作出明确规定。列宁也没有在社会主义社会中生活过，同样没有将社会主义社会划分为不同的发展阶段。列宁在《共产主义运动中的“左派”幼稚病》中曾提过共产主义的“低级阶段”、“中级阶段”和“最高阶段”[①]，但从前后文的联系来看，列宁并没有将社会主义社会划分为不同阶段。他明确讲：“我们在俄国（推翻资产阶级后的第三年）还是在采取最初步骤从资本主义过渡到社会主义，即过渡到共产主义的低级阶段。”可见，列宁这里所说的共产主义低级阶段就是社会主义社会。有的同志提出：列宁在1919年12月《关于星期六义务劳动》的报告中，曾把社会主义划分为“初级形式的社会主义”和“发达的社会主义”两个阶段，这实际上是一种误解。列宁所说的“初级形式的社会主义”（翻译不准确，第二版中已改译为社会主义的最初级形式）是指：在过渡时期，由于社会主义的幼芽还很嫩弱，旧的经济形式还占统治地位，因而社会主义还只是初级形式的。列宁所说的“高级形式”的社会主义（列宁没有用“发达的社会主义”一词），是指作为共产主义第一阶段的整个社会主义阶段。列宁之所以把它称为“高级形式”的，这是相对于过渡时期的还只是嫩芽的社会主义初级形式而言的。

当社会主义成为实践而且社会主义制度确立以后，确认社会主义社会的

① 《列宁选集》第4卷，人民出版社1960年版，第200页。参看《列宁专题文集——论无产阶级政党》，人民出版社2009年版，第252页。

不同发展阶段就成为社会主义各国制定路线、方针、政策的依据，成为各国指导社会主义建设的立足点，因而解决发展阶段问题就理应被提到日程上来。苏联作为第一个社会主义国家，对苏联社会主义社会所处的发展阶段的认识曾经历了一个曲折的重新认识的过程。1936 年，斯大林在《关于苏联宪法草案》中指出：苏联已经基本上实现了社会主义，建立了社会主义制度。到 1939 年，斯大林在苏共第 18 次代表大会上就提出了向共产主义过渡的任务，把社会主义阶段看得很短；1952 年苏共第 19 次代表大会提出苏联共产党决心“光荣地完成建设共产主义的历史任务”；1959 年苏共 21 大赫鲁晓夫提出苏联已“进入全面展开共产主义社会建设的时期”；1961 年苏共 22 大他又宣布苏联要在 20 年内过渡到共产主义社会，即到 1980 年“苏联将基本建成共产主义”。勃列日涅夫在 1967 年纪念十月革命 50 周年的报告中提出苏联是处在发达社会主义阶段，不再提建成共产主义，比赫鲁晓夫后退了一步。1983 年安德罗波夫又改变了勃列日涅夫的提法，不再提苏联已经建成了发达的社会主义，而认为苏联正处在发达社会主义这一漫长历史阶段的起点，提出要完善发达的社会主义。契尔年科把这一观点同苏联的当前任务和长远任务联系起来，指出确认我们正处在发达社会主义的开端，“这就决定了党和苏联人民当前任务和长远任务的实质”。戈尔巴乔夫则没有再提发达社会主义概念。可见，苏联领导人对自己所处的社会主义发展阶段，经过了 50 年的摸索，才得出了比较符合实际的结论。从形式上看，提法步步后退了，但由于退到符合实际的立足点上来，所以宁可说这是认识上、理论上和实践上的前进。

东欧各社会主义国家对自己社会主义社会的发展阶段的认识也进行了反思。现在他们也通过总结实践中的经验教训，重新认识本国所处的社会主义社会的发展阶段。如波兰根据自己的经验和实践，波兰统一工人党第七次和第八次党代会文件中明确指出：有关波兰向“发达的社会主义阶段”过渡的论断“提得过早”。匈牙利也认为，“根据从良好愿望出发的革命幻想推断出来的社会主义蓝图正在发生变化”，因而反对跳跃阶段匆忙行事。

苏东国家对社会主义发展阶段的理论探索表明：社会主义社会的发展阶段问题，是社会主义建设的一个重大的理论问题和实践问题。只有科学地阐明这一问题，社会主义建设才能遵循正确的轨道和里程健康发展，才能发挥社会主义制度的优越性。这是苏东国家从跳跃阶段的教训中悟出的真谛。

## 二、我国仍处在社会主义的初级阶段

我们党对我国所处的社会主义发展阶段的认识也经历了一个曲折的过程。1953 年提出了过渡时期的总路线，基本内容是“一化三改”。按当时的设想，过渡时期大约要经历 15 年时间。但 1956 年就宣布三大改造完成，进入社会主义。显然。用 3 年时间完成过渡时期是过快了，过渡时期结束的标志只看三大改造的基本完成而撇开了工业化的任务。即使只看三大改造也是过快的，如农业合作化中有许多高级社是在没有基础的情况下建立起来的，1955 年全国还只有少数高级社，1956 年却全部高级社化了，结果严重挫伤了农民的积极性。1958 年又提出：“共产主义在我国的实现，已经不是什么遥远将来的事情了，我们应该积极的运用人民公社的形式，摸索到一条过渡到共产主义的具体途径。”在这一理论指导下，“左”的一套方针、政策大大膨胀起来。在发展生产力方面，脱离生产力的发展规律，搞大跃进，超英赶美；在生产关系方面，脱离生产关系一定要适合生产力性质的规律，人为地拔高生产关系，急于向共产主义过渡。结果由于超越了现实的历史发展阶段，使国家和人民遭到了重大损失。通过刮“共产风”的教训，虽然正确认识到社会主义社会不是一个短暂的时期，而是一个“相当长的历史阶段”，但可惜没有由此得出正确的结论，没有正确认识我国所处的社会主义阶段的性质，反而提出整个社会主义社会是从资本主义到共产主义的过渡时期。始终存在着两个阶级、两条道路、两条路线的斗争，因而离开了八大路线，放弃了发展生产力的主要任务，搞阶级斗争为纲，进而酿成了“文化大革命”的历史悲剧。我国的实践表明：在理论上和实践上不能正确认识我国所处的社会主义发展阶段和现阶段的主要任务，必然会导致路线和政策上的错误。

党的十一届三中全会重新确立了实事求是的马克思主义思想路线，在这个条件下才有可能正确地认识我国所处的社会主义发展阶段。1981 年，中共中央《关于建国以来党的若干历史问题的决议》指出：我国的社会主义制度处于初级阶段。1982 年，党的十二大又指出：我国的社会主义社会现在还处在初级发展阶段。1986 年在《关于社会主义精神文明建设指导方针的决议》中又说：我国还处在社会主义的初级阶段。由此可见，我国仍处在社会主义初级阶段的论断不是随意提出来的，而是在总结以往社会主义实践的经验教训中得出的科学结论，是符合我国社会经济实际的。从我国社会的实际经济情况来看，我们虽然初步建立了一定的社会主义物质基础，但生产力的总体水平还相当低。我们建立和发展了社会主义经济，但它自身还不成熟、不完善。生产力的低下和社会主义经济的不成熟，决定了社会主义社会的现阶段不能追求纯粹的、单一的社会主义经济成分，而应是以社会主义公有制为主体的多种经济成分并存。计划经济也只能是以市场机制为基础的低水平的计划经济。按劳分配只能在社会主义公有制经济中实行，并且不完善、不统一。同时还存在着其他分配形式，其中还存在着某些不同形式的非劳动收入。另外，我们强调建立社会主义精神文明，但科学文化还不发达，文盲还存在，还有许多封建主义和资本主义的残迹。因此，关于我国仍处于社会主义初级阶段的论断，是从我国的实际出发所得出的科学结论。这是我国最重要的国情。

确认我国仍处于社会主义初级阶段，是我们建设有中国特色的社会主义的理论和实践的出发点和立足点，也是防止和判断“左”的和右的错误的最主要的准绳。在理论和政策上超越社会主义初级阶段，就是“左”的错误；否认或离开我国的社会主义制度去补资本主义的课，或是不把初级阶段看作是向社会主义更高阶段发展的必经过程，不重视社会主义自身的不断健全和发展，那就会犯右的错误。

## 三、社会主义初级阶段是一个长期的历史过程

任何社会制度的产生、发展到成熟都需要一个比较长的历史时期，而且生产力越落后，这个时期就越长。从原始社会开始瓦解到奴隶社会的最后确立，曾经历了数千年的时间，有的地方甚至经历了上万年的时间。在西欧，奴隶制度从1世纪开始瓦解到5世纪罗马帝国灭亡，建立起封建社会制度，经历了四五百年。但从5世纪至10世纪还只是西欧封建社会的初期，直到10世纪以后，农奴制度才完全确立起来。这一成熟过程也经历了四五百年。资本主义萌芽产生于14世纪的地中海沿岸，而世界史到16世纪才进入资本主义社会。但从16世纪到18世纪还是工场手工业占统治地位的时期，也可说还是资本主义的初期。只有经过18世纪到19世纪的产业革命（以英国为例），建立了机器大工业的工厂制度，资本主义才最终确立了自己的物质技

术基础，进入成熟时期。所以，从资本主义制度建立到最后成熟，经历了300年的时间。

社会主义作为一个新的社会制度，它的产生、发展、成熟同样也需要一个较长期的历史过程。当然，从上面简要论述的社会历史发展过程来看，生产力发展水平越高，由旧的社会制度向新的社会制度转变的时间也就越短。同样，一个社会制度发展得越快，其成熟过程也就越短。生产力的发展不仅是连续的和不断提高的，而且有一种加速发展的趋势。因此，由奴隶制度转变到封建制度，比由原始社会转变到奴隶制度所经历的时间要短得多，而由封建制度转变到资本主义制度所经历的时间就更短些。可以肯定，由资本主义制度向社会主义制度转变，社会主义制度由不成熟发展到成熟，所需要的时间必然会更短一些。但这个过程决不会是几年或者几十年能够完成的，尤其是现有的社会主义国家大都是在生产力比较落后的条件下首先取得革命胜利的，社会主义最后确立和成熟的时间会更长一些，路程更曲折一些。

我国是在一个半殖民地半封建的基础上开始社会主义建设的，虽然经过30多年的建设取得了巨大的成就，但我国至今还没有走出低收入国家的行列。据世界银行的报告，1984年我国人均国民生产总值为310美元，排在128个国家和地区的倒数第20位。现在也只有400余美元。在这样的生产力基础上，我国社会主义初级阶段的发展绝不可能是一个很短的历史过程。邓小平同志指出：现在到本世纪末，我们仍然处在一个摆脱贫困的阶段。到20世纪末达到小康水平，人均国民生产总值达到800至1000美元。有了这个基础，再过50年翻两番，国民生产总值人均达到4000美元[①]，那时，我国人民就可以有一个中等生活水平。把这个生产力水平作为我国社会主义初级阶段结束的标志，从1956年算起，这也需要有上百年的时间。

有人认为，到21世纪中叶，我国人均国民生产总值达到4000美元，将标志着我国社会主义初级阶段的结束，社会主义高级阶段或成熟阶段的开始。这一看法是值得研究的。作为高级的、成熟的社会主义的标志的生产力水平，该包含两个方面的要求：一方面是生产力的高度发展，建立了成熟的社会主义自身所要求的强大的物质技术基础；另一方面，由于世界上存在着许多经济发达的国家，如果我们的经济发展水平离发达国家的水平还相距甚

① 这个估计显然过低，2014年我国人均GDP已近7000美元，进入中等水平。

远，那就很难说我们已经进入了高级的或成熟的社会主义阶段。这就是说，作为进入高级社会主义阶段标志的生产力水平，既包括其自身所需要的内在的绝对发展水平，也包括与发达国家相比较的相对发展水平。根据这样的标准来进行研究，到21世纪中叶，从由人均国民生产总值所表现的生产力的绝对发展水平来看，我国人均国民生产总值达到4000美元，也只接近于苏联1980年达到的4756美元的水平（苏联1983年人均国民生产总值已达到6000多美元，民主德国1981年已达到6430美元）。而如前所说苏联对自己所处的社会主义发展阶段也进行了重新认识，已放弃发达社会主义社会的提法了。既然苏联、民主德国等在自己的人均国民生产总值已达到6000美元以上乃至更多的情况下，不认为自己可以进入发达的或高级的社会主义阶段，我们达到4000美元时就认为可以进入高级社会主义阶段，那显然是不切合实际的。从生产力的相对发展水平来看，我国人均国民生产总值达到4000美元，只相当于美国1983年达到近13000美元的30%多。假定美国只以1%的低速增长，1983—2050年美国的人均国民生产总值会翻一番①。可见，我们即使达到了4000美元，与发达国家仍然存在着很大差距。当然，由于我国与西方国家存在着许多不可比的因素，实际经济差距没有上面计算的那样大。但无论如何，在我们还远远落后于发达国家的情况下，就不能说我们到21世纪中叶就可进入高级社会主义阶段。

我们认为，在社会主义初级阶段结束后，只能进入社会主义的中级发展阶段。中级发展阶段是指正在成熟中的或半成熟的社会主义阶段。这就是说，社会主义的发展过程应该划分为初级、中级、高级三个阶段。中级阶段既是生产力进一步提高、社会经济进一步发展、为高级阶段准备物质条件的过程，也是社会主义经济关系进一步发展并逐步成熟、非社会主义经济成分逐步缩小乃至最后消失的过程。在社会主义的初级阶段和高级阶段之间加进一个中级阶段，有利于初级阶段和高级阶段之间的衔接，避免在实践中跨越必要的发展阶段。这样，经过社会主义的中级发展阶级，大大提高社会生产力，在生产力的绝对发展水平上建立起强大的社会主义自身的物质技术基础，在生产力的相对发展水平上接近或赶上发达的工业化国家。只有在这时才能够说：我们进入了成熟的社会主义发展阶段，即社会主义的高级阶段。

---

① 2010年，美国人均GDP已达47800美元。

## 四、社会主义初级阶段的主要矛盾

社会主义初级阶段的主要矛盾，是人们日益增长的物质文化需要同落后的社会生产之间的矛盾。这个主要矛盾是社会的基本矛盾即生产力和生产关系的矛盾在社会主义初级阶段的具体表现。主要矛盾所讲的“人民日益增长的物质文化需要”的满足，体现了社会主义的生产目的，它集中反映了社会主义生产关系的本质特征。因为社会主义生产目的表明了社会主义生产的实质，社会主义的整个经济关系都是服从于它或以它为轴心来运转的。主要矛盾所讲的“落后的社会生产”就是指落后的生产力。不能把这一矛盾简单地归结为社会生产和社会需要之间的矛盾。社会生产和社会需要之间的矛盾是一切社会所共有的，它不反映社会主义初级阶段生产关系和生产力之间的特殊矛盾。

是否可以把人民日益增长的物质文化需要同落后的社会生产之间的矛盾看作是整个社会主义社会的主要矛盾呢？不可以。如果那样理解，那么在整个社会主义阶段，即使到了社会主义的高级阶段，仍然存在着落后的生产状况，仍然不能较充分地满足人民的物质文化需要，社会主义的优越性仍然没有获得充分表现。这显然是难以说通的。这个矛盾所说的“落后的社会生产”，一是指它对充分发挥社会主义优越性所需要的物质技术基础来说是落后的，就是说，社会生产的发展还没有为社会主义完全建立起自身的物质技术基础。还不能满足人民日益增长的物质文化需要。二是指它相对于发达国家的社会生产来说是落后的。这种落后的生产状况，在社会主义高级阶段是不应继续存在的。如果继续存在，就意味着还没有进入社会主义的高级阶段。

在社会主义初级阶段的落后的社会生产基础上，社会主义生产目的的实现就不可能是充分的。就我国目前而言，我们尚未完全摆脱贫困状态，保证劳动者自由的全面发展，更是难以做到。这就必然形成落后的社会生产同保证满足全体社会成员需要之间的矛盾。但是，到了社会主义高级阶段，由于社会生产力获得了高度发展，社会主义生产目的就可以比较充分地实现了，社会主义制度的优越性表现得也就比较充分了，到那时就不能说主要矛盾仍然是人民日益增长的物质文化需要同落后的社会生产之间的矛盾。

因此，中共中央在《关于社会主义精神文明建设指导方针的决议》中指出："我们党总结历史经验，明确指出现阶段我国社会的主要矛盾是人民日益增长的物质文化需要同落后的社会生产之间的矛盾。"这一提法与以往的历次提法有所不同，它强调这一矛盾是我国"现阶段"的即社会主义初级阶段的主要矛盾。而在以往的表述中没有讲这一矛盾是"现阶段"的。例如，在《关于建国以来党的若干历史问题的决议》中是这样表述的："在社会主义改造基本完成以后，我国所要解决的主要矛盾，是人民日益增长的物质文化需要同落后的社会生产之间的矛盾。"在党的十二大通过的党章《总纲》中也说："我国社会的主要矛盾是人民日益增长的物质文化需要同落后的社会生产之间的矛盾。"这些表述由于没有明确这一矛盾的"现阶段"性，容易造成是指整个社会主义社会的主要矛盾的误解。后来的提法做了改变，标志着对社会主义初级阶段的主要矛盾的提法更加明确化、准确化。

有人认为，把社会主义初级阶段的主要矛盾表述为人民日益增长的物质文化需要同落后的社会生产之间的矛盾过于一般化，应具体表述为"僵化的经济体制和社会经济不断商品化之间的矛盾"①。我们认为，这样的表述是不科学的。因为社会主义初级阶段是一个长期的历史过程，不能认为在上百年的初级阶段的时间里都存在传统的僵化的经济体制，从而经济模式转轨需要经历上百年的时间。而且，所谓社会主义的"社会经济不断商品化"的提法，是不明确和不科学的。这种表述的主要用意在于想把社会主义初级阶段的主要矛盾同我国当前进行的经济体制改革联系起来，从而使主要矛盾具体化。但我们进行经济体制改革不是为改革而改革，改革的最终目的是为了更好地解放和发展生产力，提高人民的物质文化水平。因此，经济体制改革也是服从于解决落后的生产力同满足人民日益增长的物质文化需要之间的矛盾而进行的。

## 五、社会主义初级阶段的基本经济特征

社会主义初级阶段的基本经济特征是什么？人们的看法并不一致，这里

① 见《理论信息报》1987年6月29日。

存在一个认识方法上的问题。我们认为，应在方法上把握以下四点：(1) 应把社会主义初级阶段的经济特征同初级阶段的社会主义经济特征区别开来，前者除了包括后者的内容外，还包括更多的内容；(2) 社会主义初级阶段的经济特征，既包括社会主义经济共有的一般特征即社会主义各个阶段都存在的经济特征，也包括社会主义经济自身不成熟、不完善以及其他社会主义初级阶段的阶段性特征；(3) 应反映中国在特殊历史条件下的社会主义阶段的某些特殊特点；(4) 不应把社会主义初级阶段所存在的一切经济现象都看作是经济特征，所谓“初级阶段是个筐，什么都可往里装”。如平均主义、投机倒把、以权谋私等，就不应作为其经济特征。成为初级阶段经济特征的东西，不仅是客观存在的，而且是政策允许的东西，是能反映社会主义初级阶段质的规定的东西。

社会主义初级阶段的基本经济特征可以概括为以下几个方面：

(1) 以全民所有制经济为主导、以公有制经济为主体的多种经济成分即多种所有制形式同时并存。

(2) 与较低的社会生产力水平相适应，我国商品经济的发展还很落后，从而初级阶段是大力发展商品经济的时期。

(3) 当前社会主义经济计划还只能是低水平的、粗线条的、以市场机制为基础的。

(4) 存在着以按劳分配为主体的多种分配形式，按劳分配自身也是不统一、不完全和不充分的。

(5) 还没有实现社会主义所要求的全体人民的共同富裕，只是在向共同富裕的道路上前进，先实现小康社会。在这个过程中必然也允许有一部分人先富起来。

(6) 需要不断完善和健全社会主义经济自身的动力机制和整个运行机制，同时充分运用和借重于商品经济的动力机制和运行机制。

有人认为，社会主义“初级阶段的根本特征就是生产力水平低，多种经济形式并存，各种分配原则并存等情况，不仅初级阶段存在，就是到了高级阶段也很难说不存在了”①，因而不同意把它们作为社会主义初级阶段的特征。提出这种见解的根据是：任何社会形态的经济都不是纯粹的、单一

① 见《北京日报》1987年6月29日。

的，如在资本主义社会中，不仅存在着作为主体的资本主义经济形式，而且还存在着个体经济、合作经济等形式，因而社会主义社会也不能认为最终要实现单一的社会主义经济形式。

否认多种经济成分并存是社会主义初级阶段最主要的经济特征是不妥当的。因为作出否定结论的依据忽略了两个基本事实。第一，在原始社会的很长时期中并不存在多种经济成分并存的现象，在未来的共产主义社会（即马克思所说的共产主义高级阶段），也不会存在私有制经济成分，因而其理论概括是不彻底的。第二，奴隶社会、封建社会和资本主义社会固然都存在非单一的经济成分，但不要忘记些这社会形态都是以私有制为基础的，因而它不能用来概括以公有制为基础的社会形态。因为私有制社会尽管也存在着不同的经济成分，但它们都是以私有制为基础的。如在资本主义社会中，不论是作为主体的资本主义经济，还是作为非主体的个体经济，它们都是私有制经济，因而可以自始至终并存。而在社会主义社会中，多种经济成分存在的所有制基础却是不同的。公有制经济同私有制经济特别是同私人雇工经济存在对立的一面，只能在一定的条件下并存，而不能永远并存。

因此，不能依据私有制社会中存在多种经济成分来断定社会主义也必然始终存在多种经济成分。从社会主义发展总的和长远趋势来看，或者说从社会主义初级阶段到高级阶段的发展过程来看，非社会主义经济成分将会缩小乃至最后被消灭。到社会主义的高级阶段，就不应再存在私有制经济成分。如果还存在多种经济成分并存，那么，就可以说还没有进入社会主义的高级阶段。

有人认为，把计划建立在商品经济基础上，伴之以必要的行政手段是社会主义初级阶段在经济管理上的一大特征[①]。这种提法也是值得研究的。不能认为只有在社会主义初级阶段才存在商品经济。社会主义初级阶段的特点不在于存在商品经济，而在于商品经济还不发达，需要充分发展商品经济。到社会主义的高级阶段，只要也必然还存在商品经济，计划就必须建立在商品经济基础上。而且在社会主义高级阶段，在经济管理中除了主要运用经济手段外，也不能完全排除行政手段。因此，上述两个方面都不能成为社会主义初级阶段的特征。

---

① 见《光明日报》1987年6月15日。

认为社会主义初级阶段的根本的唯一的经济特征就是生产力水平低，也值得研讨。我们知道，把握了事物的特征，就把握了事物的质的规定。而我们从“生产力水平低”这一论断中，并不能了解和把握社会主义初级阶段的质的规定。原始社会的生产力水平很低，奴隶社会和封建社会的生产力水平也低。因此，把社会主义初级阶段的根本特征归结为一个生产力水平低，并不能表明这一历史阶段同以往生产力水平低的社会形态的区别。现有的生产力水平低的状况，是决定社会主义初级阶段的特征及其长期性的根本条件，但它本身不一定作为根本特征。因为“生产力水平低”并不能反映社会主义自身的特殊规定。社会主义并不要求“生产力水平低”。我们重视生产力的决定作用，生产力水平低是实行社会主义初级阶段的根据，这是一回事；但它能否作为社会主义初级阶段的全部特征或唯一的特征，则是另一回事。

# 坚持和完善公有制为主体、多种所有制经济共同发展[①]

## 一、两个坚定不移

科学社会主义要求实行公有制。马克思主义创始人曾设想的社会主义模式，是在发达资本主义国家所达到的较高生产力水平的基础上，通过制度变革和进一步大力发展生产力而实现的。在他们的社会主义目标模式中，生产资料全社会占有，一切私有制经济成分都消灭了。公有制是唯一的社会经济基础。我国“三大改造”以后，也曾经追求这种模式，试图并着手消灭一切非公有制经济。实践证明，这种脱离我国国情和具体实际条件的思想、方针和政策不利于我国社会生产力的发展和社会经济的繁荣，也不利于人民生活水平的提高。

众所周知，旧中国生产力十分落后，没有经过资本主义独立发展的阶段。我国是在半殖民地半封建的基础上，通过新民主主义革命和社会主义改造建立社会主义的。新中国的经济发展起点低，目前与发达国家的经济差距还很大。生产力落后和多层次，社会主义公有制所需要的生产社会化程度还很低。所有这些，决定了我国不应当也不可能按照马克思主义创始人的设想模式，也不能按照外国的模式建立社会主义。党的十一届三中全会以后，党中央逐步认识和明确，我国处于社会主义初级阶段。初级阶段的所有制结构，不应当盲目追求公有制的“大”、“公”、“纯”。从而确立了公有制为主

① 本文原载《高校理论战线》1998 年第 9 期。

体，多种所有制经济共同发展的理论和方针。这一方针必须长期坚持。

实行和完善公有制为主体、多种所有制经济共同发展，是社会主义基本原则在当代中国的坚持、运用与发展，既然我们是社会主义国家，实行社会主义制度，就必须坚持社会主义的一条基本原则，即公有制或公有制为主体。我们不必到马、恩、列、毛的著作中找寻根据和答案，单就邓小平理论和改革开放以来的中央文献来看，问题已经论述得够清楚、够肯定的了。打开邓小平同志的著作，可以看到他一再地强调公有制为主体是社会主义的根本原则。他说："我们允许个体经济发展，还允许中外合资经营和外资独营的企业发展，但是始终以社会主义公有制为主体。""一个公有制占主体，一个共同富裕，这是我们所必须坚持的社会主义的根本原则。""在改革中，我们始终坚持两条根本原则，一是以社会主义公有制经济为主体，一是共同富裕。"① 党的十三大、十四大、十五大的文件也反复论述了这一根本原则。公有制的兴衰成败，涉及社会主义制度的兴衰成败。江泽民同志在十四届五中全会闭幕时的讲话中强调指出："坚持公有制的主体地位，是社会主义的一条根本原则，也是我国社会主义市场经济的基本标志。在整个改革开放和现代化建设过程中，我们都要坚持这条原则。只有确保公有制经济的主体地位，才能防止两极分化，实现共同富裕。任何动摇、放弃公有制主体地位的做法，都会脱离社会主义的方向。"之所以引用这些话，不是从引证出发，而是因为这些论述充分反映了邓小平和江泽民同志以及党中央在建设有中国特色社会主义中的重要指导思想和始终坚持的一条根本原则。否定这一指导思想和根本原则，实质上就会否定社会主义制度。科学社会主义是不能建立在私有制或私有制为主体的基础上的。有人说，只要有共产党领导，没有公有制也没关系。然而，顾名思义，共产党是要搞"共产"（公有制）的。不搞公有制，或使公有制整体上蜕化为私有制，共产党存在的根据也就没有了。

有必要指出：坚持公有制为主体，必须完善公有制。应通过改革和经济增长方式的转变，通过加强和完善管理制度，通过反对腐败消除以权谋私行为，把公有制特别是国有企业搞好、搞活，使其表现出比私有制优越的特性来。否则，如果公有制下经济增长缓慢，效益低下，亏损严重，停产半停产

---

① 《邓小平文选》第3卷，人民出版社1993年版，第110、111、142页。

的企业增加，而且长期找不到出路，那么，不管“公有制为主体”在口头上讲得多响，最终可能是坚持不了的，对于这个严峻的理论与实际问题，必须予以足够的重视，并同心协力予以解决。

坚持和完善公有制为主体，把国有企业搞好搞活，这是一条坚定不移的方针。

多种所有制经济共同发展，是另一条坚定不移的方针。它是由我国社会主义初级阶段的生产力水平和实际经济状况决定的。有的学者认为，在结束初级阶段的未来社会主义社会中，依然会有多种所有制经济。不同的观点，可以探讨、交流。但是，中央从一开始提出多种所有制经济共同发展，直到现在，都是以我国处在社会主义初级阶段这一基本国情为依据的。只要读一下十三大和十五大的报告，就很清楚。邓小平同志也明确地讲，一切都要从社会主义初级阶段这个实际出发。我们党正是“在这个理论的指导下，坚定地贯彻党的十一届三中全会以来的路线、方针和政策”①。党的十五大报告中明确指出：“我国处在社会主义初级阶段，需要在公有制为主体的条件下发展多种所有制经济。”发展多种所有制经济，既包括发展多种公有制经济，也包括发展多种私有制经济。侧重点是让多种私有制经济，如私营经济、个体经济、外资企业，与公有制经济共同发展。鼓励和引导多种私有制经济发展，是从“三个有利于”出发的。发展非公有制经济，对于扩大就业、繁荣经济、活跃市场、增加税收、方便生活等方面，都有积极作用和重要意义。

邓小平指出，社会主义社会，要经历几代人、十几代人，甚至几十代人的时间。如果一代人按 20 年计算，十几代人就是 200 多年。20 代、30 代人，就是 400—600 年。在社会主义中级阶段和高级阶段，即通过几百年以后，是否还会与初级阶段一样有多种私有制经济发展，恐怕也提不出理论和事实根据。现在争论这个问题没有任何意义，可以留给后人去解决。

社会主义社会要鼓励多种所有制经济发展，似乎与马克思主义的科学社会主义不相吻合。然而，这正是解放思想、实事求是取得的成果。既然我们正在建设的是初级阶段的社会主义，就不能和不应去硬套马克思主义创始人所设想的社会主义模式。而且，从根本上说，从我国的实际情况出发，从生

---

① 《邓小平文选》第 3 卷，人民出版社 1993 年版，第 258 页。

产力原则出发，是符合历史唯物主义的基本原理的。

在马克思主义看来，一种社会制度和所有制度，在它还有容纳生产力发展的较大余地时，是不会灭亡的。马克思在《政治经济学批判》序言中说："无论哪一种社会形态，在它所能容纳的全部生产力发挥出来以前，是决不会灭亡的；而新的更高的生产关系，在它的物质存在条件在旧社会的胞胎里成熟以前，是决不会出现的。"马克思讲的是整个"社会形态"。但这一理论同样可运用于一定的经济成分。在我国社会主义社会中，旧中国曾长期存在的封建制度、农奴制度是被彻底消灭了，它们即使作为一种非公有制的经济成分，也失去了存在的基础，因为它们早已成为生产力发展的障碍。但是，个体经济和资本主义这两种经济成分，在长时期中，还可以发挥其容纳生产力发展的作用。而且，比起个体经济来，资本主义经济成分更有利于生产力的发展。改革开放以来的20年中，我国经济快速增长，非公有制经济起了很大作用。这也证明了多种所有制经济共同发展的理论和方针的正确。因此，"共同发展"的方针同样要坚定不移。

## 二、为什么要坚持和完善公有制为主体

在公有制问题上，必须明确两点：

（1）公有制为主体是社会主义的一条根本原则，是社会主义经济制度的基础。没有公有制，就没有科学社会主义。有了公有制，但不去坚持，不去完善，而是动摇之、破坏之、否定之，结果必然是社会主义制度被动摇、被破坏、被否定。这是客观事实，不仅仅是一种意识形态，但也离不开意识形态，是坚持社会主义，还是放弃、否定社会主义，能与意识形态无关？有人提出不要从"意识形态偏好"上去看待和维护公有制，其实这本身就在以此搞"意识形态偏好"，只不过是相反的一种意识形态偏好而已。

（2）坚持公有制为主体，决不是为公有制而公有制。有人认为，坚持"主体"论说法是把公有制作为目的，而不是作为手段。不对！坚持"主体"论，同将公有制当作目的，是不同的两个问题。公有制不是社会主义的最终目的，而是实现多层次目的的前提、基础。在一定意义上说它是手段也未尝不可。但有的人讲"手段"论，是要用以否定公有制的必要性。理由是，手段是由人选择的，可选用，也可不选用。我们用"前提"、"基础"

这样的概念，取代“手段”概念，就可以堵塞这个概念(“手段”)解释上的随意性空隙。因为“前提”和“基础”，是必要的，必须有的。

我们讲公有制不是根本目的，是从社会主义运用公有制要完成什么任务、实现什么多层次目的的角度来考虑的。在社会主义公有制已经建立后，它当然不会是作为人们继续追求的目的而存在，而是要发挥其自身不同于私有制的作用和功能。

第一，实行公有制或公有制为主体，是为了解放生产力和更好地发展生产力。马克思主义创始人，是针对资本主义社会的内在矛盾特别是生产社会化与资本主义私人占有之间的基本矛盾，提出以社会主义公有制取代资本主义私有制的。新中国的巨大成就，正是在公有制的基础上取得的。即使是存在多种经济成分的过渡时期，国有经济也显示出了比私有制经济的更大优越性，在促进新中国的生产力发展方面，起到了无可否认的重大作用。回顾这段历史，有助于正确认识建立社会主义公有制的重要意义。

改革开放以来，一直把搞活国有企业作为整个改革的中心环节。改革是为了打破僵化的经济体制，以解放和发展生产力。但是，迄今为止，国有企业的改革远没有取得预想的成果，而且，问题和困难越来越多，经济效益持续下降，亏损面和亏损额在不断扩大，增长速度在多种所有制经济中是最低的，正是这种情况，成为否定公有制特别是国有经济思潮的一种根据。然而，应当冷静地思考与研究一下：这种情况的形成，究竟是制度性原因还是非制度性的原因。为什么国有企业在五六十年代曾显示过它的光辉？为什么目前也还有一部分大、中、小型国有企业增长速度快、经济效益高？只要实事求是地进行深入分析，就会得出结论：部分国有企业陷入困境，并非出于制度性原因。由于本文不是研究国有企业的困境和出路问题，不便在此展开论述。这里只是讲容易被忽视的两个问题：其一，非国有经济以快于国有经济的速度增长，正是以国有经济付出成本为代价的。国有经济不仅付出了改革的成本，也付出了非公有制经济发展的成本。为什么解放前的私有制经济发展缓慢？为什么许多发展中国家的私有制经济发展速度不如中国快？我国非公有制经济的迅速发展，是在我国特定的社会经济条件和大的环境背景下实现的，国有企业利益转移的支撑是个重要条件。其二，亚洲金融危机发生在我国周边国家，而且波及俄国和欧美一些国家，我国能在这种冲击波中岿然不动（尽管也受到压力和付出代价），应归功于我国社会主义制度，归功于我国公有制的主体地位和国有经济的重要地位。否则，也会在劫难逃，导致生产力破坏，社会经济秩序混乱。

第二，实行公有制或公有制为主体，是消灭剥削、消除两极分化、最终达到共同富裕的必要条件。社会主义要消灭剥削，实现共同富裕，是结束延续了几千年的人剥削人、贫富悬殊、两极分化的人类历史的一个阶段。当然，这要以生产力的高度发展为前提。我国目前还远没有达到这样的生产力水平。但这是社会主义的本质要求，等生产力的发展达到一定高度时，这一本质要求才可能逐步实现。但“可能”不等于必然。无论生产力发展多高，如果是实行私有制，不可能消灭剥削和消除两极分化，也就谈不上共同富裕。只有在生产力获得高度发展的基础上实行公有制，才能够作为历史的必然实现社会主义的本质。

## 三、多种所有制经济的地位、作用和性质问题

我国是社会主义国家，必须有公有制这个经济基础。如果公有制失去了其主体地位，社会主义经济制度就蜕变为非社会主义制度，我国也就不成其为社会主义国家了。因此，搞不搞和坚持不坚持公有制为主体，实质上是搞不搞和坚持不坚持社会主义的大是大非问题。邓小平和江泽民同志以及党中央，一贯态度鲜明地坚持以公有制为主体。高举邓小平理论伟大旗帜，就要坚持邓小平反复强调的、十五大重申的公有制为主体这一社会主义根本原则。真高举还是假高举，这是分界线之一。

我国处于社会主义初级阶段，公有制经济不能和不应是国民经济的全部，只能是主体。所以，公有制经济的主体地位，包含两层含义。其一，必须是主体；其二，只能是主体。要允许和鼓励非公有制经济健康发展。不能把公有制与私有制截然对立起来。多年来，讲“主体”与“补充”，从作用上看，不是贬低非公有制经济，而是说：私有制经济虽非主体，但可以补充主体；虽非公有制，但可以补充公有制；虽非社会主义经济，但可以补充社会主义经济。这正是要表明：公有制经济与非公有制经济可以统一于社会主义国民经济之中。

非公有制经济在我国还有很大的发展余地，不是可有可无，可要可不要的事情。它的存在和发展，符合“三个有利于”的标准，具有必要性和必

然性。

非公有制经济在我国社会经济中具有重要地位。可以说，非公有制经济是我国现阶段国民经济的重要组成部分，是社会主义市场经济的重要组成部分，也可以说是我国社会主义初级阶段基本经济制度的构成部分。既然如此，发展非公有制经济，就不是权宜之计，不是临时性政策，而是长期实行的至少一百年不动摇的基本制度和基本方针。

坚持公有制为主体，不能停留在口头上、文字上，而必须成为实践中的事实，要在长期发展的趋势中保持其主体地位。要做到这一点，就必须使公有制表现出优越性。我们一不能通过简单限制非公有经济的发展来保持公有制的主体地位；二不能靠国家给公有制特别是国有经济不断输氧输血，人为地维持它的主体地位。只能通过把公有制经济特别是国有企业搞好搞活，使其有更高的经济增长速度，更好的经济效益，不仅在资产的量上和质上占优势，而且在经济增长与发展中占优势；并且真正成为社会主义市场经济主体，成为新增加值的主体；以此保持其合理的和必要的主体地位。如果我们的实际经济工作者特别是担负领导工作的同志以及理论工作者，不是朝这个方向去搞好公有制经济，而是急于甩包袱，在理论宣传与实践中贬抑公有制特别是国有企业，热衷于一股风地出卖国有企业，那就离开了改革的初衷，偏离了正确的轨道，最终会葬送社会主义事业。

公有制经济的主体地位同国有经济的主导地位不能混淆。“主体”存在量的比重问题，即公有制经济首先要在资产的量和质上占优势。而“主导”，并不需要在量上占优势。国有经济的主导作用，是指它在多种所有制经济中起领导和导向作用。不能用资本主义国家国有经济的地位和作用作标准，来衡量我国国有经济的地位和作用。因为社会制度不同，国有经济的地位和作用也不同。国有经济的主导地位和作用，主要表现在：它的健康、有效发展，是我国经济、社会、政治稳定的保证；是实现社会主义国家的整体利益、社会利益和长远利益的保证。部分劳动群众的集体经济，多种形式的私有制经济，容易从集团利益和私人利益出发，与社会整体利益和长远利益相矛盾，需要有国有经济协调、引导，形成和保证社会统一的利益；国有经济是社会主义国家进行宏观调整和计划调节的重要经济力量；是发展社会主义社会生产力、提高综合国力、提高人民生活水平、实现共同富裕的主导力量。正因为这样，我国实行经济体制改革以来，一直把搞活国有企业作为改革的中心环节。国有企业改革的成败，关系着整个经济体制改革的成败。

多种所有制经济各有自己的地位和作用。不管公有私有，应一视同仁，平等竞争。当然对其中的违法和不正当竞争行为要严肃处理。但应明确：各种所有制经济的地位和作用是一回事，它们各自的社会性质是另一回事。目前理论界有人把各种私有制经济包括外资企业、私营企业、个体经济，统统规定为社会主义经济。特别是在十五大以后，有人依据十五大报告中所提“非公有制经济是社会主义市场经济的重要组成部分”这一论断，硬说十五大把非公有制经济作为社会主义经济的重要组成部分，视私有制经济也是社会主义经济制度的基础。可以肯定地说，这不符合科学社会主义的基本原理，不符合邓小平理论，不符合改革以来中央文献中的一贯观点，也不符合十五大精神。

马克思主义判断一种所有制经济或经济成分的性质，首先是从这种经济内部的生产关系着眼的。外资企业和国内私营经济，在所有制上是以私有制为基础；在生产资料与劳动者的结合方式上，是劳动者将劳动力作为商品出卖给雇主，实现资本与雇佣劳动相结合；在分配关系上，雇主凭资本获取利润，实行按资分配，雇工获得劳动力的价值或价格——工资。按劳动力的价值分配从属于按资分配，这种经济关系在性质上显然是资本主义的，因此是一种非社会主义经济成分。《邓小平文选》中没有提及“私营经济”，但明确指出：“外资是资本主义经济”①。作为资本主义经济的外资企业，怎么能成为社会主义经济的重要组成部分呢？怎么能成为社会主义经济制度的基础呢？

利用外资企业，符合“三个有利于”的标准。但外商来办企业是为了追求利润最大化，不是为了搞社会主义。有些外资企业用原始资本积累的方法，无情剥削和欺压职工。如有的外资老板强迫全体工人下跪。有的外商晚上把众多女工锁在屋内，起火出不来，活活烧死。种种侵犯职工权益的行为，屡有报道。有些外商用坑蒙拐骗手段，侵害我国利益以发不义之财。不顾这种事实，硬给外商外资送顶“社会主义经济”帽子，究竟有什么理论与实际意义？对外商来讲，并不需要这个帽子或招牌，他们宁愿搞资本主义。而对我国来讲，这只能起混淆经济性质和界限的作用。

---

① 《邓小平文选》第2卷，人民出版社1994年版，第235页。

我国的私营经济，从其内部的经济关系看，不应否认其资本主义性质。当然，从外部的关系看，它们不同程度地与社会主义经济相联系，它们的健康发展有利于社会主义国家和人民。有些私营企业遵纪守法、扶贫济困、热心于公益事业，内部管理也比较文明。这样的私营经济，可以认为不同程度地带有社会主义因素。但不能认为整个私营经济等于社会主义经济。有些私营企业不择手段，唯利是图，搞假冒伪劣、坑蒙拐骗，恣意侵害国家和人民的利益，谈得上什么社会主义经济？连正当的资本主义经济也不够。请读一下《市场报》今年7月17日的报道：在广东一些非公企业里侵权事件屡屡发生，“人们要问，王法何在，公理何在？”这里“劳动者合法权益被侵犯的现象时有发生。一是无偿加班加点，这在私营企业里较为普遍。有的企业让职工连续工作36小时，一年只有春节才放假。二是有些企业将拖欠克扣工资、动辄罚款作为降低成本的一种手段”。深圳某公司规定，工人无证入厕要罚款，吃饭时间不准说话。有些私营企业将工人当犯人管理，剥夺其人身自由。有的私设公堂，随意审讯、斥骂。广东增城市华星水泥厂一工人工作中被切掉8根手指，得不到任何赔偿，反被赶出厂门。深圳某厂7名工人，因被怀疑偷窃，非法拘禁、拷打16小时，造成1死6伤。这些在发达资本主义国家也不允许的十分野蛮的侵权事件，在我国则屡见报道。当然，我们不能因噎废食，据此否定私营经济的地位和作用。但在积极鼓励和引导私营经济发展的同时，也应重视私营经济中存在的损害职工权益的现象，并应依法解决。这类私营经济中的生产关系，能是社会主义性质的吗？能将这种私营经济视为社会主义经济吗？

关于个体经济，它存在于许多社会形态中，不具有特定的社会性质。它从属于占统治地位的经济形式。在商品经济条件下，个体经济是小商品经济或简单商品经济，它既不姓“资”也不姓“社”。在“左”的错误下，把个体经济纳入资本主义范畴加以消灭，是错误的。现在，又有人倒过来，说个体经济是社会主义经济，走向另一个极端。

“社会主义经济”，是相对于“资本主义经济”、“封建主义经济”而言的经济范畴。所谓社会主义经济，是指社会主义性质的经济。“社会主义经济”是制度性范畴，包括社会主义公有制、按劳分配、消灭剥削、为实现共同富裕而发展生产等。不能把社会主义经济与社会主义市场经济等同起来，两者是既有联系又有区别的不同范畴。有人说，“社会主义经济就是社会主义市场经济”，以此将两者划等号。按此，既然非公有制经济是社会主义市场经济的重要组成部分，当然也就是社会主义经济的重要组成部分了。离开对各种私有制经济关系的具体分析，单凭“就是”这个主观推理的逻辑得出了非公有制经济是社会主义经济的结论。然而，这种主观推理是缺乏科学根据的。我们可以说，社会主义经济是商品经济，也可以说现行社会主义经济是市场经济，但不能由此把社会主义经济与商品经济或市场经济等同起来。商品经济、市场经济并不是制度性范畴。我国的市场经济称作社会主义市场经济，不是因为非公有制经济也是社会主义经济，而是因为公有制这种社会主义经济居主体地位。离开了公有制为主体，也就没有社会主义市场经济。社会主义经济，从所有制上看，就是指公有制经济，不包括非公有制经济，而社会主义市场经济，则包括非公有制经济。如用公式表示，社会主义市场经济 = 占主体地位的社会主义经济（公有制经济），结合市场经济 + 非公有制经济。社会主义经济，在实行市场经济以前就存在。市场经济作为一种资源的配置方式或手段，并不会改变社会主义经济的内涵。怎么一讲市场经济，各种私有制都会变成社会主义经济了呢？

有人说，“小平同志讲，要重新认识社会主义，包括重新认识社会主义经济”。既然如此，那就应该真正遵从小平同志的思想和理论。打开《邓小平文选》读一下，没有任何地方把私有制经济看作社会主义经济。他多次反复强调指出，公有制经济是社会主义经济，非公有制经济是非社会主义经济。邓小平同志把公有制为主体同社会主义经济为主体当作含义相同的提法使用。他既讲“我国是以社会主义经济为主体的”[①] 还讲，非公有制经济“是社会主义经济有益的补充”。如果非公有制经济都是社会主义经济，那么，邓小平同志、江泽民同志以及历次中央有关文件一贯强调的“社会主义经济为主体”这一根本原则也就被推翻了。公有、私有，都是社会主义经济，还有什么“主体”非主体之分呢？

本来，强调公有制为主体，就是因为公有制是社会主义经济。有了这个主体，才有社会主义经济制度。公有制是社会主义经济制度的基础。这是马克思主义和科学社会主义的基本原理。我国宪法也明确规定：“中华人民共和国的社会主义经济制度的基础，是生产资料的社会主义公有制。”显然不

---

① 《邓小平文选》第3卷，人民出版社1993年版，第65页。

能把私有制经济也当作社会主义经济制度的基础。十五大报告也明确讲："我国是社会主义国家，必须坚持公有制作为社会主义经济制度的基础。"公有制是社会主义经济制度的基础，这个本来在宪法和十五大报告中讲得很清楚的问题，却被主张私有制经济是社会主义经济、是社会主义经济制度的基础的同志，作了背离原意的解释。他们认为：这里讲的基础，应理解为主体。肯定地说，这种"理解"不能成立。"基础"同"主体"，是表明不同关系的。"基础"，是指公有制是社会主义经济制度借以建立起来的根基。而"主体"是指多种所有制经济中公有制经济所占的比重或地位。它们回答的是不同的问题。怎么能随意修改宪法与十五大报告的提法和原意呢？其实，修改提法和原意，无非是要让宪法与十五大报告服从于自己的观点：公有制只是社会主义经济制度的主体，不是基础，私有制经济也要统统塞入社会主义经济制度之中，多种所有制经济包括资本主义性质的外资，都是社会主义经济制度的基础！

我说，与其指"资"为"社"，不如为"资"正名。在我国现阶段，资本主义经济还有其进步作用。1949 年 5 月，毛泽东和刘少奇同志以中央名义给东北局的电文中说：应克服"左"倾错误，包括"强调限制资本主义，而不强调一切有益于国计民生的私人资本主义生产在目前及今后一个长时期内的进步性、建设性与必要性"。[①] 私人资本主义的这种"三性"，在我国社会主义初级阶段依然存在。因此，并非只有指"资"为"社"，或指"私"为"社"，私有制、资本主义经济方能名正言顺地发展。只要还资本主义经济本来的地位与作用，就可以使其名正言顺地存在与发展。所谓为"资"正名，就是这个意思。

① 《毛泽东经济年谱》，中共中央党校出版社 1993 年版，第 264 页。

# 不要混同"公有制形式"和"公有制实现形式"①

[摘要] 近年来，出现了将我国公有制形式与公有制实现形式混同的情况，这在理论和实践上都站不住脚。股份制"姓公"或"姓私"关键要看控股权掌握在谁手里。对于理论界和媒体对马克思著作和中央有关理论指导的误解，需要引起重视，有必要澄清理论是非，以避免理论误导可能产生的多种混乱和消极后果。

近年来，在新闻媒体的报道和一些论著中，出现将我国公有制形式（类型）与公有制实现形式混同的情况。那就是把国家所有制经济与集体所有制经济看作是传统的公有制实现形式。现在提出使"股份制成为公有制的主要实现形式"，表明突破了传统理论对公有制的理解。现在是要使股份制成为主要的公有制形式，取代以往把国家所有制和集体所有制作为主要的公有制形式的格局。

例如，2003 年 10 月 27 日《光明日报》发表了该报记者张玉玲的《公有制经济发展的新动力》一文。文中讲："党的十六届三中全会突破了把公有制主要实现形式定位于国有经济和集体经济的传统观点，强调'股份制成为公有制的主要实现形式'。这意味着，我国在如何全面理解公有制方面，已完全摆脱了计划经济条件下对公有制的理解，为公有制经济的实现形式开辟了新的道路。"这里把国有经济和集体经济两种公有制形式（类型），看作传统定位的公有制实现形式，是"计划经济条件下对公有制的理解"，

① 本文原载《经济经纬》2004 年第 6 期。

现在股份制成为公有制的主要实现形式，公有制的传统定位被新的定位“突破”了。又如，《深圳特区报》2003 年 11 月 10 日发表的厉有为的《公有制主体地位的路越走越宽》一文中讲：“公有制的实现形式发生了重大变化，即由以往的‘全民所有制’（或称国家所有制）和集体所有制的实现形式，发展到以股份制为主的实现形式。公有制的内涵发生了变化。”同样把公有制的两种存在形式混同为实现形式，认为“公有制的内涵发生了变化”，就是由国家所有和集体所有的公有制，变为股份制的公有制了。

国家所有制或全民所有制经济与集体所有制经济，这是我国社会主义公有制的两种形式。也可以说是社会主义经济的两种形式。毛泽东在《正确处理人民内部矛盾问题》一文中就明确肯定“全民所有制经济和集体所有制经济”是“两种社会主义经济形式”。公有制自身的存在形式是一回事，公有制的实现形式是另一回事。国家所有制和集体所有制是我国公有制的两种基本形式。还可有一些相互联合的衍生形式。无论在计划经济下还是市场经济下都一样。而公有制的实现形式可以有多种。两种公有制形式可以有各自的多种实现形式。如国有经济可以有租赁制、承包制、股份制等不同的实现形式。它们只是国有制经济的“实现形式”，属于经营方式，而并不是与国有制并列甚至取代国有制的新的公有制形式。

把国有经济和集体经济两种公有制的存在形式，看作只是计划经济条件下的传统定位，这在理论与实践上都站不住脚，也是偏离宪法的论断。我国宪法始终规定：“中华人民共和国的社会主义经济制度的基础是生产资料的社会主义公有制，即全民所有制和劳动群众集体所有制。”宪法的这一规定，并未因我国由计划经济体制转向市场经济体制而进行“突破”性改变。即使实行股份制，依然存在国有资本、集体资本和私人资本的区别。国有资本和集体资本依然属于公有制的存在形式。有的学者认为，提出使股份制成为公有制的主要实现形式，是对股份制“姓公姓私”的新的突破，“把‘姓公姓私’的问题基本上明确了”。是“放大公有制的界限，把股份制都包括进去，今后由于绝大多数企业都将是股份制企业，这样就没有必要再争什么‘姓公姓私’的问题了”[①]。显然，该作者认为，十六届三中全会的《决定》，是把股份制“放大”为公有制了，即使股份制中的私人资本，也统统

---

① 《北京日报》2003 年 11 月 10 日《理论周刊》。

“姓公”了。

《经济日报》2003 年 10 月 13 日发表的《混合经济究竟姓什么》一文中讲：“传统的国有制经济、集体（合作）所有制经济……肯定是公有制的实现形式。”“我们认为以股份制、股份合作制等为载体的混合所有制经济理所当然应该姓‘公’，并成为……公有制的主要实现形式”。论文的署名是“中央党校邓小平理论研究中心”。此文同样把公有制存在形式混同于公有制的实现形式，断言作为公有制主要实现形式的股份制就是主要的公有制。

股份制的属性问题，本来在党的十五大报告中已做了科学的回答，也是对此前关于股份制“姓公姓私”争论的理论澄清与总结。十五大报告中讲：“股份制是现代企业的一种资本组织形式，……资本主义可以用，社会主义也可以用。不能笼统地说股份制是公有还是私有，关键看控股权掌握在谁手中。国家和集体控股，具有明显的公有性，有利于扩大公有资本的支配范围，增强公有制的主体作用。”这个论断告诉我们，在公有资本和非公有资本组成的混合所有制经济中，如果公有资本控股，就具有“明显的公有性”，而没有说是完全公有制，因为其中的私人资本，不能“充公”。反过来说，如果是私人资本控股，就具有明显的私有性。而其中非控股的公有资本，依然属于公有制。如果完全是由私人资本如外资组成的股份制，它就是私有制的实现形式。不能成为社会主义公有制的实现形式。

十六届三中全会的《决定》并没有否定或“突破”十五大报告关于股份制属性的论断。提出使股份制成为公有制的实现形式，并没有重新界定股份制的属性。十六大报告讲：“进一步探索公有制特别是国有制的多种有效实现形式，……积极推行股份制，发展混合所有制经济。”公有制的实现形式可以有“多种”，过去实行过的租赁制、承包制也是其实现形式。现在提出股份制作为公有制的主要实现形式，是属于量的规定方面的变化，而非股份性质的规定的变化。公有制的“实现形式”，无论股份制也好，或是其他形式如承包制也好，只是属于资本组织形式或经营方式的范畴。正如租赁制、承包制等不是与国有经济和集体经济并列的另一种公有制一样，股份制也不能成为与国有经济和集体经济并列的另一种公有制，更不是用股份制取代国有经济和集体经济。

繁荣发展哲学社会科学，需要破除附加在马克思主义名下的错误观点。也需要破除附加于发展着的马克思主义名下的非马克思主义观点，不要把自己的观点加诸马克思主义著作和中央有关文件。有些论著从马克思关于股份制的论述中，得出论断说，马克思认为资本主义社会的股份制就是公有制性质，是对资本主义私有制的否定。关于这一问题，有个前车之鉴值得提醒一下。原苏共领导人戈尔巴乔夫为了推行国有企业私有化，把一切股份制包括资本主义国家的股份制，都称之为集体所有制即公有制的一种形式。1989年初美苏两国总统在马尔他会谈时，戈氏对老布什说："在西方，许多财产归集体所有，股份公司即是明显的例子。"这使老布什感到惊异。因为西方人并不把他们那里的股份制视为集体所有或公有。美国驻苏大使马托洛克在《苏联解体亲历记》一书中对此有描述。书中说："布什为戈尔巴乔夫对市场经济知识的贫乏感到吃惊。"又说："戈尔巴乔夫对资本主义经济的认识非常模糊"。尽管如此，马托洛夫以其外交家的敏感从戈氏的论述中意识到"戈尔巴乔夫在试图对'社会主义产权'重下定义。准备把持股人拥有的公司看作是一种可以接受的'集体所有制形式'。如果他能够使这一定义站住脚，必将为国有大中型企业私有化开辟一条道路"。苏联的"发展"结果，被美国人言中，最终走向了私有化并导致社会主义制度的垮台。

我国实行混合所有制的股份制，是为了搞活公有制，增强公有制的控制力。不会和不能重蹈苏联的理论和实践的覆辙，中央有关文献中的指导思想是明确的和正确的。但对于理论界和媒体对马克思著作和中央有关理论指导的误解和错解，需要引起注意和重视，有必要澄清理论是非，以避免理论误导会产生的多种混乱和消极后果。

# 当前“国进民退”之说不能成立[1]

## ——兼评“国进民退”之争

[摘要] 近年来理论界出现了“国进民退”之争。本文对“国进民退”之说提出质疑，认为无论对其反对或赞同，“国进民退”之说都难以成立，事实上，“国进民退”同“国退民进”的提法一样，都是指一种战略性和全局性的取向与发展趋势。无论从西方发达国家为应对国际金融危机实行某些国有化的措施看，从国家现行宏观政策取向看，从国企和私企的发展趋势及其比重消长看，从市场经济运行的操作层面看，还是从理论逻辑与论断的准确性看，所谓“国进民退”都是缺乏科学依据的一种主观论断。

为了应对国际金融危机，中央政府出台4万亿元投资计划和十大产业振兴规划等一揽子经济刺激政策，这些宏观调控措施，大都投向以惠民生为中心的基础设施和部门，例如政府用于铁路投资就高达1.6万亿元，从而社会上出现了“4万亿元投资对民营经济有挤出效应”的质疑。在这种背景下，又恰逢国企主导山西煤炭业重组，国内钢铁、航空、房地产、金融、高速公路、公交等行业相继出现国企兼并、整合的案例，例如山东钢铁集团重组日照钢铁公司，宝钢集团兼并建龙钢铁公司，中粮集团控股蒙牛乳业集团，四川航空控股鹰联航空等等。于是，学界掀起了“国进民退”的热议，一时间众说纷纭，莫衷一是，特别是有些人士严厉批评“国进民退”，引人注目。所谓“国进民退”就是让国有企业进入，私营企业退出。现在流行的

---

① 本文原载《马克思主义研究》2010年第3期，与张福军合写。

“民营企业”概念，实际上是私营企业的代名词。究竟有无“国进民退”的政策取向或实际运作，有必要从理论与实际的结合上予以澄清。

## 一、学术界几种代表性的观点

### （一）反对论

反对者从不同的角度对“国进民退”提出批评：一是认为“国进民退”的深层原因是过去的计划思维没有转变，是一种制度上的偏见，就是对民营企业有偏见，认为民营企业不是社会主义的主体部分，充其量只是对主体经济的补充，只有国有企业才是社会主义的主体标志。① “国进民退”是国有企业特别是央企的共同行动，几乎涉及所有重要行业，不是单纯的企业行为和市场活动，而是有政府的大力支持、主导和介入，“国进民退”潜藏着很大的风险和危机。它强化了国有部门的行政性垄断，削弱了市场竞争的基础。在中国市场化改革尚未完成、市场基础尚未巩固的情况下，这一走向的发展有可能使中国偏离市场经济的轨道。②

二是认为强化“国进民退”的趋势，将会产生五大后果：中国经济模式的转型难以实现；中国的就业增长必然会走下坡路；老百姓的收入增长会受到影响；不利于产业结构的调整；中国的民主法治进程停滞不前。所以，“国进民退”可能会使中国的法治和市场化改革产生一些倒退。③

三是认为监管失效前提下一般竞争性领域的“国进民退”，属于明显的体制复归，更可能蜕变为特殊利益集团在一般竞争性领域的跑马圈地，从而加深中国经济权贵化、寡头化的趋势。当务之急，是必须明确一般竞争性领域“国进民退”的社会危害，首先在经营范围上为垄断国企套上笼头，划定边界，非经授权一律不得越界经营。这当然意味着国企从一般竞争性领域退出。如果不这样做，国企在一般竞争性领域继续咄咄逼人，则肯定要伤害全体国民的利益并威胁国家经济安全；④ 还有学者认为，新中国成立后，中

---

① 夏业良：“‘国进民退’下的国家经济风险”，载《绿叶》2009 年第 8 期。
② 熊剑锋：“民间智库：‘国进民退’蕴含较大风险”，《第一财经日报》2009 年 10 月 28 日。
③ 陈志武：“‘国进民退’的五大后果”，《商务周刊》2009 年第 211 期。
④ 笑蜀：“以市场的名义去市场化值得警惕”，《南方周末》2009 年 7 月 23 日。

国曾有过一次以国家名义吞噬民营经济的事件，被称为社会主义改造。不过，今天这场“国进民退”的热潮很有些类似抗战胜利后的中国。那时也发生过一场以接收敌产名义开展的国家吞噬民间资产运动，被外界批评为“劫收”，是国民党统治失败的重要原因。所以，当今的“国进民退”之举，如果目的是为了吞噬和挤走民企的话，等待它们的大概只有失败，到那时候，中国经济的前景只能有一个，那就是重走回头路，将是一条死胡同。[①]

### （二）支持论

该观点具有以下理论依据：首先，发展社会主义经济，就是要壮大公有制，巩固公有制的主体地位。在我国，重要的资源包括土地、矿山等都属于国家所有。在其中某些领域出现的国有企业逐渐收购或者兼并重组民营企业的现象，这既不是国有化，因为在这些领域本来就是国家所有；同时也不是压缩民营企业的生存空间，因为民营企业在这些领域并没有实现健康发展。国有企业进入这些领域，至少可以改变现有不合理的资源配置方式，让国有资源真正属于国家所有。[②] 目前在煤炭、电力、石油等领域，代表行业的最高生产力水准还在国有企业方阵中，“国进民退”体现了“强进弱退、优进劣退”，可以改变现有不合理的资源配置方式，让国有资源真正属于国家所有。因此，“国进民退”不是倒退，是进步。

其次，以国有企业为主导，民营企业为辅助，是解决分配不公乃至两极分化的根本之道，也是保持国家长治久安的关键。现在有不少人把国有企业当成是效率低下的代表，也有不少人鼓吹国企私有化，但这并不是正确的方向。国有企业管不好，并不是企业性质的问题，而是管理上的问题。因此，“国进民退”对国家有利，对社会大众有利。[③]

最后，从长远来看，资源领域内的“国进民退”是顺乎经济发展规律的，是大势所趋。在一些资源领域和特殊领域，允许新的进入者，不一定是好事。因此，在当前经济危机的背景下，特殊类、资源类领域的“国进”

---

① 张鸣：“‘国进民退’是一条死胡同”，载《炎黄春秋》2009 年第 9 期。

② 乔新生：“中国的改革需要自己的理论——谈对‘国进民退’现象的新思考”，《中国经济导报》2009 年 10 月 29 日。

③ 入云雕：“山西煤业大洗牌：‘国进民退’能不能如愿以偿?”，新华网 2009 年 10 月 20 日 http://forum.home.news.cn/detail.jsp?id=71099391.

能够起到保持社会稳定的作用。[①]

### （三）不存在论和局部性论

有学者认为，是否真的存在“国进民退”，有两个重点：第一，当下国企收购民企是不是很普遍？第二，收购行为背后是否有政治背景？若既不普遍也无政治背景，说是“国进民退”就未免牵强，同时也有危言耸听之嫌。首先，目前国企并购民企只是个案而并非普遍；其次，虽然背后有政府推动，但绝无政治背景。所以，在特殊情况下的国企收购，不能说是“国进民退”。[②] 有学者认为，是否存在传统意义上的“国进民退”现象，要对具体的案例进行具体的研究剖析，到底这是双方自愿的市场化行为，还是由于政府的强迫？市场竞争之下，任何市场主体都有进或退的可能性；不管是“国进”还是“国退”，对于民营企业来说，寻求产品与商业模式的独特性与创新性，是任何年代、任何形势下不二的成功法则，因此，要慎下“国进民退”结论。[③] 还有统计部门的负责人从统计数据的角度对此进行评论，认为从2005年以来的一些经济指标，如企业单位数、工业总产值、资产、利润总额、税金总额、从业人数等方面分析，统计数据不支持“国进民退”的趋势。[④] 有的学者认为，我国当前存在选择性的局部“国进民退”现象，不是国策，不能因此否定我国改革开放大政方向。[⑤] 有的学者认为，2009年没有出现“国退民进”，并用具体统计数字说明私企发展快于国企，并指出，不能用“国进”、“民进”或“国退”、“民退”这样的尺子衡量经济发展状态，中国希望它们比翼齐飞。[⑥]

## 二、从当前金融危机和中西方国家国有化的举措 看我国国有经济的地位和作用

对所谓“国进民退”掀起的批评浪潮，实际上涉及对国有经济的地位

① 冯冬宁：“新一轮国进民退孰是孰非”，《鲁中晨报》2009年10月26日。
② 王东京：“质疑所谓‘国进民退’”，《经济参考报》2009年11月24日。
③ 杨凌：“要慎下‘国进民退’结论”，《证券日报》2009年11月25日。
④ “国家统计局局长马建堂：中国经济不存在‘国进民退’”，《证券日报》2009年11月25日。
⑤ 冯兴元：“‘国进民退’辨析”，《北京日报》2009年12月14日。
⑥ 引自“赵启正在全国政协十一届三次会议新闻发布会上的讲话”，《深圳特区报》2010年3月3日。

和作用的认识问题。当代西方国家为实行政府对经济运行的调节，也会建立和发展一定数量的国有经济，在应对金融危机中，采取一些国有化的措施，更显示出它的作用。

2008 年下半年，从美国开始的次贷危机逐渐演变成国际金融危机，为控制危机的快速蔓延，恢复金融系统的作用，稳定资本市场，避免对实体产业造成更大的冲击，西方国家政府先后采取措施，对本国的大型金融企业和工业企业进行救助。其中，美国、英国、德国等西方国家采取的国有化措施比较典型。在国际金融危机背景下，西方国家采取的这些国有化措施，对于我国进一步认识国有经济在市场经济中的特殊地位，更好地发挥国有经济和国有企业在应对金融危机中的作用，有一定的借鉴意义。

为了应对持续恶化的金融危机，美国政府掀起了一轮国有化浪潮。2008 年 9 月 7 日，美国政府宣布接管陷入困境的两大住房抵押贷款融资机构房利美和房地美，承诺拿出最多 200 亿美元支撑“两房”资产。几天之后，美联储又与美国保险巨头 AIG（美国国际集团）达成协议，AIG 获得美联储 850 亿美元的过渡贷款，美联储将会获得 AIG 发行的权证，进而获得 79.9% 的股权，而 AIG 的全部资产都将被用于贷款抵押。如果加上 FED（美国联邦储备委员会）的援助，AIG 到目前为止已获得了超过 1800 亿美元的政府资金援助。2008 年 11 月 23 日，美国政府宣布与花旗集团达成协议，拟向后者提供一揽子救助方案，其中包括为花旗集团的 3060 亿美元债务提供担保，并注资 200 亿美元。2009 年 2 月底，美国政府同意将 250 亿美元的优先股转换成普通股，从而以 36% 的持股比例，一举超越持股 4.5% 的道富银行，成为花旗银行的最大股东。作为独占全球汽车制造商头把交椅 70 多年的美国通用汽车公司，2009 年 4 月 28 日公布了最新生存计划。根据这一方案，美国政府将成为通用汽车的大股东，而通用汽车将再获得 116 亿美元的联邦救助。这意味着在金融危机之下，国有化手段不仅被美国用来救助金融业，而且也成为汽车业的救星，通用汽车正朝着国有化道路挺进。[①]这样，被救助的金融机构和企业的产权结构发生了从私有向部分国有的历史性转变。

2007 年次贷危机导致了英国北岩银行陷入困境并引发储户挤兑风潮，

---

① 参见陈和午：“美国或将面临国有化后困境”，《中国证券报》2009 年 5 月 13 日。

这是英国 140 年来的第一遭。2008 年初，英国政府拒绝了私人买家收购北岩的请求，暂时将之收归国有。[①] 2008 年 10 月 13 日，英国率先拉开了银行国有化的序幕，宣布用 370 亿英镑注入苏格兰皇家银行等三大银行，这些措施是政府企图用国家的信誉作担保，使民众放心。[②]

德国内阁 2009 年 2 月 18 日投票通过《救援兼并法》，该法允许政府对陷入困境的银行实行国有化，并强调银行国有化是"最后手段"，国有化银行只能在"没有任何其他合理的法律和经济办法来维持金融市场稳定的情况下"才能实施。法案规定，对银行实行强制性国有化的动议必须在 2009 年 6 月 30 日之前提出，并在 10 月 31 日前执行。德国上议院 2009 年 4 月 3 日通过该法案，总统克勒 4 月 7 日签署该法案。该法案的主要作用在于防止大型银行破产，这是德国自 1931 年以来首次通过允许政府对银行进行强制性国有化的法案。[③] 德国住房抵押贷款银行是面向德国地方政府及房地产业的主要贷款机构，法令通过后，德国将这家陷入困境的银行收归国有，该银行获得了 1020 亿欧元贷款及政府担保。

在金融危机冲击下，西方国家采取的国有化措施，虽然不会改变西方国家以私有制经济为基础的所有制格局，国有化也并非社会主义措施，但可以降低金融机构破产风险，减少投资者损失，恢复金融机构信贷和融资等功能，避免对实体经济的更大冲击。

西方资本主义国家根据经济发展形势的需要，对某些企业时而实行国有化，时而又搞私有化，都是为了资产阶级整体利益的需要，西方学者或官员对他们国家采取一些国有化措施时，一般不会提出什么"国进民退"的批评，尽管西方国家是实行和赞扬私有制经济的。

西方发达国家，在应对国际金融危机中，如此积极地推行国有化，被认为是必要的，而我国是以公有制为主体的社会主义国家，在应对国际金融危机条件下，更应该重视国有经济的主导地位和作用，不应因我国在应对金融危机中国企对于陷入困难处境的少数私企参股、控股或进行整合、兼并而进行批驳，也不应因我国在两年中新增投资 4 万亿元，没有主要投向私营企业

---

① 参见陈妍："西方银行重归'国有化轮回'"，载《环球》2008 年第 11 期。

② 参见陈妍："金融海啸推动西方银行'国有化'"，《国际商报》2008 年 10 月 29 日。

③ 参见金碚、刘戒骄："西方国家当前国有化措施的观察与思考"，载《理论前沿》2009 年第 19 期。

就指责为“国进民退”。4 万亿元的投资更多地投向结构调整、自主创新、节能减排和生态工程，重点锁在民生领域，这是实现保增长、调结构、扩内需、惠民生的必要之举，使我国率先闯过国际金融危机的难关，保持了全国经济的快速稳定发展，这是对全国人民有利的事情，也给私营经济的继续发展提供了有利的环境和空间。

批评“国进民退”的学者，其出发点和角度并不相同，有的出于搞好改革与发展，但有的学者是借批评“国进民退”反对国有经济的壮大和发展，主张全盘私有化，说什么国有经济不是社会主义经济，不是共产党的执政基础，私有制可以是主体和执政基础。应当弄清：社会主义国家的国有经济与资本主义国家的国有经济相比，有其更重要的具有决定意义的地位和作用。党的十七届四中全会要求划清马克思主义同反马克思主义的界限，社会主义公有制为主体、多种所有制共同发展的基本经济制度同私有化和单一公有制的界限。我国是社会主义国家，宪法规定：“中华人民共和国的社会主义经济制度的基础是生产资料的社会主义公有制，即全民所有制和劳动群众集体所有制”，“国有经济，即社会主义全民所有制经济，是国民经济中的主导力量，国家保证国有经济的巩固和发展”，“社会主义的公共财产神圣不可侵犯”。

邓小平强调，包括国有经济的公有制是社会主义经济的基础，公有制为主体是社会主义的根本原则。之所以这样强调，是因为对社会主义来说，国有经济的存在和发展，具有双层的重要作用。首先，它是社会主义经济制度即生产关系体系必要的基础和内在要求，动摇或否定了包括国有经济的公有制，就动摇和否定了社会主义经济制度。其次，以国有经济为主导的公有制经济，又是国民经济运行的需要。国有经济是国家对市场经济实行宏观调控的经济力量。这次应对国际金融危机，国有经济也起了重要作用，而西方国家的国有经济不是资本主义制度的基础。即使没有国有经济也丝毫不会损害资本主义制度的存在和发展。西方国家之所以要建立和发展国有企业，主要是经济运行和进行政府调节的需要。

正因为国有经济对社会主义制度具有上述两重重要地位和作用，所以我国经济体制改革的中心环节，在中央文件中一再确定为搞好搞活国有企业。然而，在某些学者的笔下竟“异化”为“国退民进”。现在国有企业稍一插足私企，就以“国进民退”的声浪进行谴责。在这个问题上，有必要划清党的十七届四中全会提出的四个界限，核心是坚持马克思主义，反对私有化。

## 三、当前“国进民退”的论断不能成立

在当前国际金融危机背景下，一些西方发达国家采取了直接干预金融市场，并同时对实体经济进行国有化的干预，而我国在这一特殊时期出现的一些国企插足私企的个案，却被国内的一些学者称之为“国进民退”，不同学者分别从不同的立场和角度对所谓的“国进民退”问题进行评析。但反对论和支持论都是在认同存在“国进民退”这一论断的前提下进行讨论的，其实有没有和应不应该争论“国进民退”问题，要以首先弄清何为“国进民退”为前提，如果说“国进民退”这一提法和论断本身就是值得商榷的伪命题，那么，也就不应有“国进民退”是非之争了。所以，对于这一提法和论断本身，须进行客观辩证的分析。

（1）在中央有关的理论和政策性文件中，从来没有提过“国进民退”的概念，在可见的将来也不会这样提。1999 年党的十五届四中全会作出《关于国有企业改革和发展若干重大问题的决定》，从战略上第一次明确提出了调整国有经济布局的重要方针，即国有企业“有进有退，有所为有所不为”。党的十六大报告提出了“两个毫不动摇”，“必须毫不动摇地巩固和发展公有制经济。必须毫不动摇地鼓励、支持和引导非公有制经济发展。坚持公有制为主体，促进非公有制经济发展，统一于社会主义现代化建设的进程中，不能把这两者对立起来。各种所有制经济完全可以在市场竞争中发挥各自优势，相互促进，共同发展”。十七大报告中再次对国有经济布局的调整进一步指出：“优化国有经济布局和结构，增强国有经济活力、控制力、影响力。深化垄断行业改革，引入竞争机制，加强政府监管和社会监督。”可见，在中央的政策文件中，是强调包括国有经济在内的公有制经济与非公有制经济应是“毫不动摇”地“共同发展”，并没有也不可能有什么“国进民退”的意念，更不会提出这样的概念和政策措施，中央只是对国有企业的战略调整作出了指导。在社会主义市场经济条件下，“国”与“民”、“公”与“私”是在公有制为主体条件下“相互促进，共同发展”的关系，而不是此进彼退、相互排挤的关系。

（2）批评所谓“国进民退”，一般是与主张“国退民进”的观点相联系的。其实，“国退民进”也好，“国进民退”也好，都是不科学的提法与概念。因为这是与中国特色社会主义理论和道路相悖的，也不符合社会主义初级阶段基本经济制度和社会主义市场经济的规定。“国退民进”、“国有企业从竞争领域退出”的提法曾口号式地被一些人宣传了好多年，中央并不赞同这种宣传，《人民日报》和《经济日报》都发表过体现中央指导思想的、不赞同这样提法的文章，但效果甚微。在实际工作中，出现大量国有资产流失，将国有企业“一卖了之”的私有化现象，现在我国国有工业经济在国民经济中所占比重已经很小，在国民经济中，包括国有和集体经济的公有制经济所占比重已下降到不足40%，非公经济已是主体。“国退民进”是一种战略性的号召，就是要求从整体上让国有经济退出，让位给非公经济，从实践中看，某些人所主张的“国退民进”的意愿和目的已经基本上实现了，公有制为主体在向私有制为主体转化，并被看作是改革的成就。但有些人认为国企退得还不够，主张全部退出，搞私有制为基础的“人民社会主义”，反对国有经济为主导的“国家社会主义”。现在又出现的大肆批评和责难所谓“国进民退”的言论，在一定程度上是上述背景的反映。然而，我们认为，对所谓的“国进民退”，无论反对或赞同，都不能苟同，因为这一论断无论从理论或实际上看都不能成立，这是一个战略布局性的提法或概念，它意味着国有经济从整体上要挤出非公有制经济，即私企退出，由国企取代。之所以说它是个伪命题，一是不存在这样的指导思想与决策；二是并不存在整体上国企取代民企的事实，如同“国退民进”中出现的大量国企变私企的那种持续演变的倒逆情况；三是一些学者热情支持发展与壮大国有经济，是符合宪法规定的，但不能与“国进民退”的提法相混淆，因为国有经济的发展与壮大，不是通过排挤和吞并非公经济而是通过自我完善与增强实现的。

（3）对近期内个别国企兼并私企的现象，不宜过于渲染与放大。前些年，国企改制过程中存在的大量“通过产权改革侵蚀国有资产”的现象逐渐得到了重视，大型国有企业逐步建立起了规范的法人治理结构，国有企业的整体竞争力得到加强。个别国企兼并私企是市场竞争中优胜劣汰的表现，并不是国家在宏观调控上实行什么“国进民退”的政策取向。事实上也同时存在一些国企和集体企业吸收私企资本或被私企兼并的现象。然而，一些学者对近期的一些国企入股私企，或兼并私企的现象进行渲染并大肆批驳，认为只有私企在市场经济中才是最有效率的，只能由私企吃掉国企，只能“国退民进”，国企不能参股或兼并私企，否则就违背了经济发展的规律，折射出这些学者私有化的思维取向。

（4）我国是以公有制为主体的国家，公有制为主体主要体现在公有资产在社会总资产中占优势，既有量的优势又有质的优势，国有经济控制国民经济命脉，对经济发展起主导作用。这就要求涉及国家安全的行业，自然垄断的行业，提供重要公共产品和服务的行业，以及支柱产业和高新技术产业中的重要骨干企业，国有经济应该处于中坚和优势地位。目前，国有企业主要进入的是国家经济安全、战略资源以及政府应该提供的公共产品、准公共产品等领域，如航空、石油、铁路、水电、公路以及其他一些资源性行业，这些领域国有经济占据优势，并不是“国进民退”的表现，而是我国社会主义性质的必然要求，也是提高国家经济安全的需要。

（5）一些行业内企业之间的兼并重组是市场行为，市场经济是竞争经济，优胜劣汰，其结果是由市场竞争决定的，没有必要渲染为“国进民退”。以山东钢铁并购日照钢铁为例。山东省钢铁产业振兴规划将对省内钢铁企业实施重组，推动日照钢铁精品基地的建设，并将其作为山东省钢铁产业结构调整的核心。于是山钢集团日照有限公司以增资方式进行资产重组，山东钢铁以现金出资占 67% 的股权，日钢则以其经过评估的净资产入股，占 33% 的股权，这是一家由双方共同出资组建的公司。两家钢铁企业的重组，对于促进山东钢铁产业调整振兴，加快日照钢铁精品基地的规划和建设，意义重大。可见，这两家企业之间的重组，是提高市场整体竞争能力的需要，并不能归结为“国进民退”现象，它们之间的重组，不能以国有企业的参股和控股作为评判是非的标准。中央提出，国有企业“有进有退，有所为有所不为”，讲国企“有进”不等于“国进民退”，讲国企“有退”，也不等于“国退民进”，所以，“国进民退”和“国退民进”这两种提法都不当。然而，一些主张“国退民进”的人却认为国企只能“退”、不能“进”，只能“不为”而不能“有所为”。

（6）有的学者认为，我国出现的“国进民退”只是选择性的局部现象，不是全面性的。如果是用以说明国企参股、控股私企或兼并私企，只是局部的选择性的，这是符合实际的，但没有必要使用“国进民退”的概念，这是因为：首先，“国进民退”提法的本身与“国退民进”的提法相对立，客观上会是一个战略性和全局性的概念；其次，在全国的实际经济生活中，还同时存在私企入股国企或兼并、购买国企的现象，这类现象已持续20多年，目前还在进行，其规模远远大于国企踏足私企的情况，怎么能将其单方面或片面地概括为“国进民退”呢；再次，从我国第二次全国经济普查的数据看，2004—2008年的4年中，国企法人单位减少到14.3万个，减少了3.6万个，下降20%，私企359.6万个，增加161.4万个，增长81.4%。大趋势依然是某些人主张的所谓“国退民进”，何来什么“国进民退”之趋势？

总之，“国进民退”这一提法和论断，无论在国家的宏观政策取向上，还是在市场竞争的微观操作层面上，或是在国企私企发展的趋势上，或是在理论与概念的准确性上，都是没有根据的，既然如此，批评、指责或赞同都是多余的。

**参考文献：**

[1]“中共中央关于国有企业改革和发展若干重大问题的决定”，《人民日报》1999年9月27日。

[2]《全面建设小康社会　开创中国特色社会主义事业新局面》，人民出版社2002年版。

[3]《高举中国特色社会主义伟大旗帜　为夺取全面建设小康社会新胜利而奋斗》，人民出版社2007年版。

[4]卫兴华：“社会主义初级阶段基本经济制度的形成、成就与问题”，载《中华魂》2009年第9期。

[5]刘伟：“审视国资进退需要辩证视野”，《21世纪经济报道》2009年11月2日。

[6]宗寒：“不要再削弱国有经济”，载《中华魂》2009年第8期。

[7]戚聿东、张航燕：“改革开放以来我国国有经济总量和结构的演变”，载《当代财经》2009年第2期。

[8]顾钰民：“科学把握公有制的主体地位和国有经济的主导作用”，载《思想理论教育导刊》2008年第11期。

# 警惕“公有制为主体”流于空谈[①]

社会主义制度必须建立在生产资料公有制基础上。这是从马克思主义创始人到毛泽东思想、邓小平理论、党中央文献和我国宪法一贯坚持和阐明的重要思想和原则。我国是社会主义国家，处于社会主义初级阶段，实行公有制为主体、多种所有制共同发展的基本经济制度。要积极鼓励、支持和引导非公有制经济发展，但必须以坚持和发展作为主体的公有制经济为前提。如果单方面地积极发展私营、外资和个体等私有制经济，忽视甚至不断侵蚀、削弱、瓦解公有制经济，必然会导致“公有制为主体”成为一句空话，私有制将取代公有制成为国民经济的主体和社会经济制度的基础，社会主义经济制度将不复存在，共产党执政的经济基础也就被釜底抽薪了。

公有制包括国有经济和集体经济不断被侵蚀和削弱，特别是有些国有企业的管理层自卖自买，暗箱操作，资产大量流失，固然有其多方面的原因，但也与近些年来理论界的某些非马克思主义观点的宣传有关。为了澄清理论是非，坚持中国特色社会主义，有必要对马克思主义关于所有制是经济制度的基础的理论思想做一些梳理和阐述工作。

## 一、澄清社会主义与公有制关系的理论是非

马克思主义创始人十分重视社会主义运动中的所有制问题。《共产党宣言》指出：共产党人“在所有这些运动中，他们都强调所有制问题是运动的基本问题，不管这个问题的发展程度怎样”。[②] 为什么要重视所有制问题？

---

① 本文原载《经济学动态》2005 年第 11 期。

② 《马克思恩格斯选集》第 1 卷，人民出版社 1995 年版，第 307 页。

因为一定的生产资料所有制是一定的生产关系体系的基础，也就是社会经济制度的基础。资本主义生产关系体系的基础是资产阶级占有生产资料（包括流通资料）即资本主义所有制，而社会主义生产关系体系或者说社会主义经济制度的基础只能是社会主义公有制。马克思和恩格斯在《共产党宣言》中指出：资产阶级生存和统治的根本条件，是财富在私人手里的积累，是资本的形成和增值。资产阶级私有制和雇佣劳动是“资产阶级赖以生产和占有产品的基础”。[①] 马克思在《论土地国有化》一文中指出：消灭土地私有制，阶级差别和各种特权才会随着它们赖以存在的经济基础一同消失。以社会主义取代资本主义，建立社会主义经济制度，就需要以公有制取代私有制。科学社会主义认为，社会主义制度不能建立在私有制基础上，只能以公有制为基础。正因为如此，《共产党宣言》中响亮地提出：“从这个意义上说，共产党人可以把自己的理论概括为一句话：消灭私有制。”同时提出“把资本变为公共的、属于全体社会成员的财产”。[②]

近几年来，有的学者提出，《共产党宣言》中“消灭私有制”的译文有错，“消灭”一词应是“扬弃”。“扬弃私有制”，表示有舍弃，有保留。我认为，应当肯定译文是准确的。社会主义要最终消灭私有制，建立公有制，这是马克思主义创始人的一贯理论观点。《共产党宣言》中还讲到：无产阶级“必须摧毁至今保护和保障私有财产的一切”，要“废除资产阶级所有制”，要“夺取资产阶级的全部资本，把一切生产工具集中在国家即组织成为统治阶级的无产阶级手里”。[③] 还强调指出：“共产主义革命就是同传统的所有制关系实行最彻底的决裂。”[④] 所谓传统的所有制关系，不就是一切私有制关系？同这种传统的一切私有关系“实行最彻底的决裂”，不就是将其毫无保留地彻底消灭？恩格斯在《共产主义原理》一文中也讲，在新的社会制度下，“私有制也必须废除，而代之以……财产公有”。在马、恩的著作中，讲社会主义要实行公有制、共有制、社会所有制等，其内涵是一致的，都是用以取代私有制的。

关于公有制是社会主义制度的“基础”，马克思也明确说明过。在《论

---

① 《马克思恩格斯选集》第 1 卷，人民出版社 1995 年版，第 284 页。

② 《马克思恩格斯选集》第 1 卷，人民出版社 1995 年版，第 286、287 页。

③ 《马克思恩格斯选集》第 1 卷，人民出版社 1995 年版，第 283 页。

④ 《马克思恩格斯选集》第 1 卷，人民出版社 1995 年版，第 293 页。

土地国有化》一文中，马克思指出："生产资料的全国性的集中将成为自由平等的生产者的联合体所构成的社会的全国性基础。"① 所谓"生产资料的全国性集中"，就是生产资料归全社会公有。这种公有制是由"自由平等的生产者"构成的社会主义社会的"全国性基础"，也就是整个新社会制度的"基础"。应当明确：不能因为我国在社会主义初级阶段要鼓励和引导发展非公有制经济，就断言《共产党宣言》中讲的"消灭私有制"译错了。似乎马克思主义创始人压根就没有主张社会主义要以公有制取代私有制。我们既不能本本主义地照搬照套马、恩的著作，社会主义改革与发展中的一切理论与实践都要从本本中去找根据；也不能因我国的具体实践与马克思的某些理论观点不完全一致，就去改变其原意，硬说他没有讲过他所讲的话。而且，消灭私有制，代之以公有制，在马、恩看来，需要一定的条件。需要有一个较长的过程。其根本条件就是生产力要有一定高度的发展。如恩格斯在《共产主义原理》中所说："正像不能一下子就把现有的生产力扩大到为实行财产公有所必要的程度一样"，无产阶级革命"只有创造了所必需的大量生产资料之后，才能废除私有制"。② 我国是在生产力落后的基础上建立社会主义制度的，还没有条件以公有制全面取代私有制，只能实行以公有制为主体、多种所有制共同发展的社会经济制度。但必须坚持公有制为主体。因为只有坚持公有制为主体，才能保证我国社会经济制度的社会主义性质。所谓坚持社会主义道路，坚持社会主义方向，从经济上来说，就是首先坚持公有制的道路与方向。如果公有制为主体，变成了私有制为主体，私有制取代了公有制，社会主义经济制度的基础将不复存在，社会主义大厦会随之倾倒。这也正是西方国家对我进行西化、分化以实现其和平演变的目的所在。

## 二、重视和重温发展着的马克思主义的有关指导思想

为了坚持改革与发展的社会主义方向，真正做到改革是社会主义制度的自我完善与自我发展，必须在理论认识上坚持从马克思主义创始人到毛泽东、邓小平及党中央有关文献和我国宪法的有关指导思想。毛泽东思想和邓

① 《马克思恩格斯选集》第3卷，人民出版社1995年版，第130页。

② 《马克思恩格斯选集》第1卷，人民出版社1995年版，第239页。

小平理论，是从我国实际出发，发展了的马克思主义。党中央有关改革与发展的指导思想，是理论与实践相结合的文献。不能让其停留在纸面上和口头上，重在落实。毛泽东在1949年党的七届二中全会上告诫大家，在党的工作重点由乡村转移到城市后，对城市经济的发展要有正确的认识。他指出："在发展工业的方向上，有些糊涂的同志认为主要地不是帮助国营企业的发展，而是帮助私营企业的发展；或者反过来，认为只要注意国营企业就够了，私营企业就无足轻重的了。我们必须批判这种糊涂思想。"① 当时是在建立新民主主义社会的任务下提出这一指导思想的。这一指导思想，在经过了50多年后的处于社会主义初级阶段的今天，似乎更有针对性，具有理论价值和现实意义。而目前，有些理论工作者和实际工作者，更多地关心和支持私有制经济的发展，而不关心不支持或少关心少支持国有经济和集体经济的发展，甚至贬斥国有经济在我国社会主义制度中的地位和作用。有的公开主张废除国有经济，变国有为私有。私有化的思潮颇有势头，已经对我国的社会主义事业产生了不容忽视的消极作用。

邓小平理论十分强调公有制在我国社会主义制度中的地位和作用。他反复地讲在我国发展多种所有制经济中，必须始终坚持公有制为主体。"一个公有制为主体，一个共同富裕，这是我们必须坚持的社会主义根本原则"；"社会主义有两个非常重要的方面，一是以公有制为主体，二是不搞两极分化"；"我们在改革中坚持了两条，一条是公有制经济始终占主体地位，一条是发展经济要走共同富裕的道路"。② 邓小平理论把坚持公有制为主体确定为"社会主义根本原则"，它表明，失去了公有制为主体，也就失去了社会主义制度自身。

有人认为，邓小平讲社会主义的本质时，没有提到公有制，可见公有制不是社会主义的重要内容。这种认识是不正确的。第一，要完整、准确地把握邓小平的有关理论，他既然一再强调公有制为主体是社会主义的根本原则，怎么能把社会主义同公有制割裂开来呢？第二，他讲社会主义本质，是以"社会主义"概念中已经包括了公有制为既定前提的。他明确讲过，公有制是社会主义经济的基础。可以肯定地说，只有在公有制的基础上，才可

---

① 《毛泽东选集》第4卷，人民出版社1991年版，第1427页。

② 《邓小平文选》第3卷，人民出版社1993年版，第111、138、149页。

能建立“社会主义本质论”中的消灭剥削、消除两极分化，逐步达到共同富裕的关系。在私有制经济中是不可能建立这种关系的。社会主义的本质，不是描述社会主义经济的一般特点或内容，而是从根本任务和根本目的方面阐明社会主义经济的质的规定性的。

党和国家的许多文件中，都规定我国社会主义初级阶段实行公有制为主体、多种所有制经济共同发展的方针和基本制度。党的十五大报告中明确提出：“公有制的主体地位主要体现在公有资产在社会总资产中占优势；国有经济控制国民经济命脉，对经济发展起主导作用。”要使“国有经济的控制力和竞争力得到增强”。报告中还解释了我国之所以要实行公有制为主体的理论和事实依据是：“我国是社会主义国家，必须坚持公有制作为社会主义经济制度的基础。”或者说，实行公有制为主体，“是由社会主义性质决定的”。在党的十六大报告中，提出两个毫不动摇：“第一，必须毫不动摇地巩固和发展公有制经济。”既要发展国有经济，又要发展集体经济。首先，要“发展壮大国有经济，国有经济控制国民经济命脉，对于发挥社会主义制度的优越性，增强我国的经济实力、国防实力和民族凝聚力，具有关键性作用”。而集体经济作为公有制经济的重要组成部分，“对实现共同富裕具有重要作用”。“第二，必须毫不动摇地鼓励、支持和引导非公有制经济发展。”非公有制经济在我国现阶段具有极其重要的地位和作用。然而在理论和实际经济工作中，毫不动摇地发展非公有制经济，得到了理论和实践的普遍重视，逐年大幅度发展，新闻媒体也高调宣传，一些地方的提法也很响亮：发展非公有制经济要放开、放心、放胆、放手；谁大力发展非公有制经济是功臣，谁不大力发展非公有制经济是罪人，谁思想跟不上就换人。而对于毫不动摇地巩固和发展公有制经济，特别是发展与壮大国有经济，则没有得到理论与实践应有的普遍重视，甚至受到某些理论和实践的干扰。可以说，第二个毫不动摇即毫不动摇地发展非公有制经济已成为现实，总体上得到了落实。而第一个毫不动摇则存在诸多问题，有些省市，私有制经济已成为主体，而且范围在不断扩大。近几年中，大量国有企业被急卖贱卖，明卖实送。有些国企在管理层收购中暗箱操作，自卖自买，化公为私，一夜暴富。有些理论工作者和实际工作者把产权改革错解为私有化改革。有的省市领导人提出变国有为私营“要到位”。我国经济体制改革的中心环节本来是要搞好搞活国有企业，结果变成了要不断搞掉国有企业。在商业领域，公有制经济早已不占主体地位。支撑公有制经济的，主要靠工业生产领域中的国有经济和集体经济。根据统计资料，我国国有工业产值占工业总产值的比重，由1978年的77.6%，下降到1997年的25.5%。根据《中国统计摘要》2005年公布的数据，按可比口径计算，国有工业企业比重，2003年降为19.2%，2004年又降为17.6%。下降的趋势还在继续。我国在实行多种所有制经济共同发展的条件下，国有经济的比重有所降低甚至显著降低，是情理中的必然趋势。问题是如果降低到失去公有制为主体、国有经济为主导的地步，就不正常了，应引起高度重视。要知道，现在我国国有工业企业的比重，不仅比新中国成立初期（1949年）的26.2%低，也比欧美一些国家的20%—25%低。

宪法是国家的根本大法，我国的经济改革与发展大业，应在中华人民共和国宪法规定的架构内进行。我国宪法规定："中华人民共和国的社会主义经济制度的基础是生产资料的社会主义公有制，即全民所有制和劳动群众集体所有制。""国家保障国有经济的发展。""社会主义的公共财产神圣不可侵犯"。这些规定体现了马克思主义的基本观点。我国应维护宪法的尊严和严肃性，对侵犯、侵吞、非法变卖和一切导致国有资产和公共财产严重流失的人，应绳之以法，使我国社会主义经济制度建立在牢固的基础之上。

不言而喻，坚持公有制为主体，国有经济为主导，要以搞好搞活公有制特别是国有制经济为任务。但是要注意一种恶性循环现象：越不重视公有制为主体的地位和作用，就越不会下工夫去搞好搞活公有制特别是国有经济。而公有经济越是搞不好搞不活，就越会不重视公有制的主体地位和国有经济的主导作用，就越想将其作为包袱甩掉，变公有为私有。走出这个怪圈的口子，就在于真正落实毫不动摇地坚持和重视公有制为主体、国有经济为主导的地位和作用，集中精力，下大功夫将公有制特别是国有企业搞好搞活。还应消除理论界一切不利于坚持公有制为主体，不利于"发展壮大国有经济"的非马克思主义观点的影响。

## 三、对几种理论观点的辨析

经济理论界存在贬抑和否定公有制经济特别是国有经济在社会主义经济制度中的基础性地位的种种观点，是非科学的，不能成立。

有的学者宣称，任何社会都有公有制，因而公有制不是社会主义的特点。有一位有影响的老前辈学者一再讲：封建社会“普天之下莫非王土”，就是公有制。很难赞同这种见解。我们讲的社会主义公有制，是指归劳动人民所有的公有制。集体所有制是部分劳动群众的公有制；国家所有制是国家代表全国劳动人民的公有制。而奴隶制度、封建制度、资本主义制度都是以私有制为基础。专为王室和皇室服务的官办经济，不能看做是公有制经济，劳动人民并不对它拥有所有权。“普天之下莫非王土”，更不能看做公有制。第一，归封建王室所有，同归劳动人民公有根本不是一回事，两者宁可说是对立的；第二，封建帝王把国家江山社稷看做是属于自己的手中物，并不能改变土地归地主阶级和个体农户私有的事实。资本主义国家也有国有经济，但资本主义国有经济是国家垄断资本主义。由于资本主义国家政权是掌握在资产阶级手里，因而国有经济首先是为资产阶级及其政权服务的，并不是归全体劳动人民公有。恩格斯在《反杜林论》第三编中明确指出：现代资本主义国家，“不管它的形式如何，本质上都是资本主义的机器，资本家的国家，理想的总资本家”。的确，并不是只有社会主义才实行公有制，原始氏族社会也实行公有制，但那是生产力极端落后，人们极端贫困条件下不得不如此的公有制，不能与社会主义公有制相提并论。我们可以说公有制不等于社会主义，但社会主义必须有公有制，没有公有制就没有社会主义。

有人为了抑“公”扬“私”，为私有化提供理论支持，毫无根据地宣传什么非公有制经济是社会主义性质的经济，国有经济不是社会主义经济。他还以牟其中的南德集团这一私营企业为例，说什么南德集团没有剥削，没有两极分化，实行按劳分配和共同富裕，是社会主义性质的。而国有企业不是社会主义经济，说什么恩格斯早已解决了这个问题。他错解、曲解恩格斯在《反杜林论》中的有关论述，作为自己奇特理论的根据。恩格斯是在《反杜林论》中批评一种“冒牌社会主义”，它把任何一种国有制都说成是社会主义。具体所指是普鲁士“铁血宰相”俾斯麦实行国有化时，出现了冒牌的社会主义，它把俾斯麦的国有化说成是社会主义的。恩格斯批评说，如果把俾斯麦的烟草国营看做是社会主义的，“那么拿破仑和梅特涅应该算是社会主义创始人之列了”。[①] 恩格斯是在批评冒牌的社会主义“无条件地把任何一种国有化，都说成是社会主义的”。是具体地否定俾斯麦、拿破仑和梅特

① 《马克思恩格斯选集》第3卷，人民出版社1995年版，第628页。

涅等的国有化是社会主义。有人竟据此移花接木，曲解成恩格斯否认社会主义制度下的国有经济是社会主义性质的。他竟无视毛泽东、邓小平、中央文献、我国宪法都一致强调国有经济是社会主义性质，而且是社会主义经济制度的基础的论断，一再地贬斥国有和公有制经济，否定其马克思主义的定位。牟其中已成阶下囚，将牟的私营企业吹捧为社会主义经济样板的这位先生不知现在是否还坚持其原有的观点？

多年来，“国退民进”，“国有企业从竞争领域退出”的声音传遍神州，被当做国有企业改革的方向。甚至不少人当做是中央的指导思想。在“郎顾之争”中，有人说支持郎的人是在反对“国退民进”的改革方向，是反对改革。其实这种改革方向不是中央提出的，中央并不赞同这种提法。几家大报都曾就此发过文章，以澄清是非。如《经济日报》2001 年 8 月 6 日发表《正确把握国有企业改革方向》一文，指出有的地方也出现了一些值得重视的倾向性的问题。比如，将国有企业改革简单地演绎为“国退民进”，笼统地说“国有企业要从一切竞争领域退出”。可惜并没有引起应有的注意和重视。我们知道，“国退民进”的提法，意味着要求国有企业整体上要退出，让位给私有制经济。这与中央的国有企业“有进有退”、“有所为有所不为”、“发展与壮大国有经济”的方针和精神是相悖的。市场经济是竞争经济，为什么不允许国有企业在市场竞争中发展呢？这是违背市场经济“游戏规则”的。

还有一个违背理论逻辑和经济常识的理论观点流行多年，说什么将国有企业卖掉并不改变国有经济的性质，只是国有经济由实物形态转换成货币形态罢了。经济常识告诉我们，讲公有制、私有制，是指生产资料归公共所有还是归私人所有。将国有企业卖给私人，生产资料和整个企业归私人所有，国有企业就变成私有企业，国有制经济就变成了私有制经济。怎么能说国有经济的性质没有变呢？出卖国企的货币收入即使上缴财政，但政府财政收入并不列入“国有经济”范畴之中。连资本主义国家也是如此。如果按所谓实物形态转化为货币形态国有经济性质不变的逻辑，即使把公有制企业全部卖光，变成私人企业，公有制的主体地位依然存在，公有制的性质没有改变。这是糊弄人的理论逻辑，竟也成为经济学的创新理论理直气壮地在那里宣传。这无非是为“一卖了之”提供糊弄人的“理论”支持罢了。

目前盛行的私有化思潮，是新自由主义在我国发生作用的表现，应重视它对我国改革与发展所造成的负面影响。

# 私有化思潮泛滥中坚持国企改革的正确方向①

关于国有企业的改革，党的十五届四中全会已作出了决定。对于四中全会的决定，有不同的理解。在许多重大的问题上，如国有企业是否有存在的必要？它的地位如何？怎么定位……有完全不同的见解。在十五届四中全会以前，不同观点的学者纷纷发表自己的看法，有的是公开做报告，发表论文；有的是给中央有关单位送自己的内部意见，都想使自己的意见在四中全会的决定中有所反映。但是有些论点、有些见解显然与十五大的精神和四中全会的决定不相符合。

## 一、私有化思潮的多种表现

我可以给大家谈一些情况，让大家来分析一下，看看究竟该怎么把握问题。比如1999年国务院“体改办”（过去是国家体改委）的一个刊物《中国改革》连续发表了三篇评论员文章。题目很醒目，如《先要走出悖论》，提出国有企业改革，先要走出悖论。所谓悖论，就是一方面希望国企进入市场；另一方面又不愿改变国有企业的性质，依旧一厢情愿地希望“发展壮大国有企业”。国有企业不可能成为市场主体。所谓“走出悖论”就是要放弃国有企业。另一篇文章大标题就是《非国有化——国企改革的根本出路》。朱镕基同志看后做了批示，指出这三篇文章是违背十五大精神的。这样宣传是错误的。提出应给予批评。并且提出：国务院办事机构不能办杂志。我们知道，作为国务院办事机构的“企改办”的刊物，发表与中央精神不一致的文章，而且是评论员文章，人家会认为这反映了国务院的精神。

① 本文是作者1999年11月2日在上海财经大学所做学术报告的录音整理稿。

其实，中央不赞成国企改革走非国有化道路。

但是，非国有化、私有化思潮在我国还是相当有市场的，而且有些学者、研究人员也如此宣传。有一位社科院的离休研究人员到南方做报告，他公开地这样讲：“《中共中央关于若干历史问题的决议》肯定了1956年的社会主义改造，是不对的。中国根本不应该搞社会主义，因为没有条件搞社会主义。国有企业应该全部卖掉。中央不把500家国有大型企业卖掉是错误的。”

还有的学者到处作报告、写文章，宣传国有企业应从竞争领域中退出，或者说要给国有企业定位。——我这里只是通报一些信息，至于具体对错，大家来分析。中央党校有一位教授到外地去做报告时说，我们后来的改革已违背了十五大精神。十五大的主攻方向是所有制问题，而后来的改革偏离了十五大主攻方向，认为江泽民同志连续召开了一系列国有企业改革与发展的座谈会，提出贯彻十五大精神，目的就是要纠正国企改革的偏差。好像十五大以来，改革偏离了十五大精神，江泽民同志出来讲话是纠正这个偏差。

关于国有企业定位问题。还是上述这位教授认为，国有经济不应该定位在社会主义市场经济的主体地位上，定位在社会主义市场经济主体地位上的应是非国有经济。其理由是，国有经济是计划经济的基础，市场经济就不能以国有经济为主体。其实，中央文件没有说过国有经济是主体。而是说包括国有经济的公有制经济是国民经济的主体，同时也是在社会主义市场经济中的市场主体。要区分市场“主体”和多种所有制中的“主体”的不同内涵，公有制经济和非公经济都是市场经济主体，居民也是主体。不能说只有“非国有经济是主体”，把国有企业排斥在外。讲公有制为“主体”，是指在资产的比重和新增加值的比重上占优势。而市场主体是指各种所有制经济在市场经济中都有其独立地位，因而都是市场主体。两种含义的“主体”，都不能排斥国有经济。他把市场经济主体定位在非国有经济上，就是排斥国有经济，发展非国有经济。其重点是发展私有制经济。怎样发展呢？怎样建立他主张的主体呢？第一，是在体制内部“国退民进”——国有企业退出，民营企业进入。第二，在体制外发展个体经济与私营经济，也发展集体经济和混合经济。他有的文章标题就是《国退民进》。这位教授在另外的刊物上说：社会主义市场经济必须以民有民营经济为基础，不能建立在国有经济基础上。换句话说，国有经济不能成为社会主义市场经济的主体和基础，——

这是一种看法。这种看法甚至影响了我们的某些地方领导部门。

我最近到广州，有的同志给我提供了一个材料：《羊城晚报》1999 年 7 月 8 日头版头条，大标题是让大中型企业“淡出”国有企业。报道是这样说的：深圳的国有企业改革经过 20 年的摸索，终于悟出了有所为有所不为的道理：当地的国有经济正着手从一般竞争性领域中退出，今明两年，战略性地收缩，从小企业做起。再用 5—8 年时间逐步让大中企业从国有企业中淡出。今后原则上不再兴建国有独资企业。报道说，这是深圳市政府的代表今天上午在全省国有企业改革经验交流会上把这个改革的思路和盘托出的。报道发表的第二天，1999 年 7 月 9 日，《羊城晚报》头版又发表了一个重要更正和致歉启事。显然，8 日的报道发表以后上面干预了，认为它是错误的。《羊城晚报》发表的重要更正与致歉说：昨天本报头版关于深圳国企改革的看法一稿，内容有重大失误，其中标题和内容提到“让大中型企业淡出国有企业”，提法不符合党的十五大关于公有制为主体和国有企业改革的精神。我们报道这样的观点是很不慎重的。出现这样的政治导向错误，反映了我们报社政治把关不严，有关编辑和记者政治头脑不够清醒，政治素质不够高，也反映了我们报社内部教育管理存在的问题。为此，我们公开承认错误，并向读者表示歉意。我们一定要从中汲取教训，采取措施，进行整改，不断提高办报质量。

上述报道和更正与致歉，反映了国企改革理论指导上的混乱。而且，对《羊城晚报》的更正和致歉，也令人纳闷：是报纸报道失实呢？还是如实作了报道？如属前者，应有“更正”的内容，可是没有。如属后者，报道有什么责任呢？如果市政府的代表就是那样讲的，你也是那样报道的，你“重要更正”什么？责任究竟在市政府代表呢？还是在《羊城晚报》？这不清楚。但这反映了什么问题？反映了现在对国有企业的改革存在许多混乱思想，上下左右有些不大协调。

国企改革问题，在十五届四中全会以前和四中全会以后，都有不同的见解，也有人认为国有企业应大规模退出。当然，国有企业战线过长可以收缩，也可以出卖一部分。甚至有些想卖还卖不了呢，很差的话没有人买它。问题不在这里，也不在于国有企业要不要收缩，要不要战略性改组——要战略性改组的，要资产重组，是对的。但怎样资产重组，怎样战略性改组，看法就不一样了。有各种议论，有这样那样的不同看法，并不是坏事。但有的人意图按自己的意见解释中央的文件，解释四中全会的决定，甚至于四中全会以后也还出现与中央意见不一致的声音。而且我国有个特点，越是海阔天空，信口开河，批评中央的这个那个，唱对台戏，就好像是思想越解放，越叫座。这样就很难统一大家的看法。我们的改革开放，我们的工作，如果各吹各的号，各人是各人的一套，上下步调不一致，我们怎么改，怎么前进？

社会上有种意见，主张国有企业应从竞争领域中全部退出。中央考虑研究过这个意见，没有采纳。中央文件并没有提出国有企业从竞争领域中统统退出——没有讲过这个。四中全会《决定》仍然讲“抓大放小”，第一次提“放小”是“放开搞活”，而且特别强调要积极扶持中小企业，这是为了防止一卖了之。还特别强调管理问题，专门用第六部分讲“加强和改善企业管理”。有的中央领导同志讲，我们现在的企业管理很混乱，混乱到比“文革”前和“文革”时期还不如，混乱到这个地步。要抓管理。他还提到有的企业假报表很多。“打假”也要“打假报表”，把反对假报表和反腐败结合起来。我们有很多管理经验本来很好的，例如“两参一改三结合”，这是我们自己提出的，但我们把它批了，日本人学过去了。邯钢搞得比较好，说到底也就是个严格管理问题，许多企业学邯钢学不好，真是“邯郸学步”，关键就是它没有做到严格管理。

当前私有化、非国有化的思潮很厉害。说到这个私有化，我还有个材料：《绕不开的私有化问题》，就是公开地宣传私有化，我倒觉得公开讲比绕着弯讲好。《绕不开的私有化问题》的作者说，非公有经济就是私有制嘛！他主张直接用私有制概念，不要用含糊的非公有制经济概念。他说将私有制说成非公有经济，就如将“举右手”说成“举非左手”，这不是笑话吗？这话有道理。他说，我们就是要发展私有制嘛，还讲什么发展非公有制经济！我们就是要私有化。客观规律不仅决定了公有制比重过去在下降，而且将来会继续下降直至占全社会生产总值的15%左右，一直下降到在竞争领域中的比重为零。这样讲就值得讨论了。这位先生是有点名气的。过去先提出“破产”，搞过《破产法》。他说我最早讲破产时也有很多人反对，后来不是也成了嘛？表示我现在宣传私有化有人反对，将来也就会按我的办了。他说：“通过股份制改造和产权交易使竞争性领域的国有企业逐步变成私有企业。同时为新建私营企业大开绿灯，这就是条绕不开的私有化道路。”而且最后做了首打油诗：“强心针年年打，直打得国企病体江河日下，还需脱胎换骨，方能青春焕发，唯有一途——私有化。”公开宣传私有化，我觉得比绕着弯隐晦地宣传更好，因为观点明确。有的学者的主张，与他内容是一样的，却说：“我这不是私有化。”这就使人弄不清楚了。江泽民同志的讲话明确指出我们不能搞私有化。有的领导同志作报告说：搞私有化是什么下场？“搞私有化的下场就是俄罗斯”。大家知道苏联原来是个可与美国抗衡的世界强国，如果苏联不解体，美国不敢轰炸科索沃。现在俄罗斯降到一个二流也不够的国家，国力大大下降，经济多年来是连年负增长，通货膨胀，人民穷苦——这就是私有化的结果啊！原《真理报》的负责人专门写了篇文章，讲到俄罗斯私有化的结果是很悲惨的。描述了它的具体情况：有许多暴发的富翁，15%的富翁掌握了80%的财富，大量的穷苦人没有饭吃。如果我们搞私有化，下场就是俄罗斯。我们“抓大放小”，“放小”也不是放弃，而是放活。

## 二、国有企业的改革问题

国有企业改革究竟怎么改，我们还要很好地按四中全会的决定来思考。国有企业改革的理论和思路，四中全会的决定讲得很清楚。我觉得特别是第一个大问题：“推进国有企业改革和发展是一项重要而紧迫的任务。”这个大题目提出了许多理论问题，当然也是实际问题。人们常讲国有企业的所谓“定位”问题，对国有企业究竟怎么定位？也就是国有企业处在一个什么地位，起什么作用？是不是国有企业可要可不要？是不是我们考虑国有企业定位时按西方国企占的比重做标准？很多人就是以此做标准的。我觉得我们考虑这个问题时必须有个前提：强调公有制为主体也好，强调国有经济是主导也好，必须把公有制搞好搞活，把国有企业搞好搞活。如果公有制搞不好，国有企业搞不好，左改右改改不好，而且愈改愈差。如果国有企业越来越困难，越来越萎缩，经济效益不断下滑，亏损率和亏损额不断增高，怎么发挥国有经济的主导作用呢？那样，坚持公有制为主体，国有经济为主导，最后会流于空谈。因为原来搞公有制经济的本意，是它比私有制经济更优越，更有利于发展生产力，更有利于提高人民生活水平。——本意是这样的呀！马克思主义强调社会主义公有制为基础、为主体，不是从道义原则出发的，也不是仅仅从一个政治原则出发的，它首先是从有利于解放生产力发展生产力，从生产力的标准出发的。如果公有制不如私有制优越，不如私有制能搞得好搞得活，那要公有制干什么？要国有企业干什么？但是，要看到这样一个事实：解放后，公有制特别是国有企业，在20世纪五六十年代有过它们的辉煌啊！曾经表现出了对私有制的优越性。解放前我们是私有制呀，有各种各样的私有制。大量的小生产即小农经济、小手工业经济，还有封建主义经济、官僚资本主义经济、民族资本主义经济、帝国主义经济，统统都是私有经济呀。但旧中国长期陷于贫困落后，多种私有制没有把中国引向繁荣富强、把中国救活。解放后我们逐步建立了公有制。社会主义公有制比起解放前私有制以来确实表现出了巨大的优越性。不仅如此，在新中国成立的五六十年代，与私有制相比，与集体经济相比，国有企业具有明显的优越性。现在国有企业为什么陷入困境？有历史的、现实的、外部的、内部的原因，不能说国有企业一定搞不好，因为我们有不少国有企业搞得很好。这可以举很多例子，甚至整个一个市或一个地区搞得很好。甚至一个县级市，比如河南的济源市，我去过，整体上，这个市的国有企业是效益不错的。我们不少的国有企业例如邯钢、长虹、双星等，不是搞得很好吗？不是说国有企业一定搞不好，为什么有的就能搞好呢？如果注定搞不好那就不用搞，可现在不能说注定搞不好。所以四中全会的决定明确地讲到了国有企业过去作出了重大贡献，讲到了发展壮大国有企业的必要性。特别讲到了改革和发展国有企业的重大意义。明确指出了国有企业的地位和作用。要定位的话，应该从这儿来定。我们是社会主义国家，社会主义国家国有企业的地位和作用与资本主义国家是不一样的，不能与它们类比。资本主义国家是以私有制为基础的，它们即使没有国有企业也照样发展，有没有国有企业不损害资本主义的一根毫毛。但是社会主义国家没有国有企业行不行，没有公有制行不行？社会主义是以公有制为基础的，如果以私有制为基础，就不是社会主义了。我们在世界范围进行竞争，靠的是综合国力，四中全会《决定》说："综合国力越来越成为决定一个国家前途命运的主导因素"，要提高综合国力，必须增强我国的经济实力，增强国防实力与民族凝聚力三方面。围绕这三方面就必须不断地促进国有经济的发展和壮大。要从这个战略高度与我国的社会主义国情出发，给国有企业定位。四中全会《决定》指出：第一，包括国有企业在内的公有制经济，是我国社会主义制度的经济基础；第二，国有经济是国家引导、推动、调控经济和社会发展的基本力量。这就是指它的主导作用。

第三，它是实现广大人民群众根本利益和共同富裕的重要保证。虽然集体经济也是公有经济，但如果光有集体经济，那么全国的利益、社会的利益、长远的利益也就很难得到保证。因为每一个集体经济（更别说私有经济了，私有经济首先从私人利益出发）都从本单位利益出发，那么这许多私人利益和本位利益就会相互发生冲突，都追求私人利益、本单位利益，那么，社会整体利益、国家利益就不能得到保证。这个问题马克思讲得很清楚："事情必须这样来处理，使社会（即首先是国家）保持对生产资料的所有权，这样合作社的特殊利益就不可能压过全社会的整个利益。"[①] 为什么资本主义国家后来也发展国有企业呢？因为它要搞宏观调控（它不叫宏观调控，叫国家干预和政府调节。我们叫宏观调控）。因为资本主义发展到一定高度后，它也不能像过去那样完全搞自由市场经济了。它也要为了长远的利益、共同的利益，需要国家出面进行调控，而调控就需要国有企业。国有企业的作用包括便于国家进行调控。否则容易出现各种私人利益集团相互撞车，造成各自的以及共同的和长远利益的损失。我们是社会主义国家，更要重视和保证社会整体的统一利益、长远利益。这种统一的和长远的利益越有保证，单位的和个人的利益也就越有保证。这就要求搞好国有经济。四中全会《决定》，实际上对社会上各种关于国有企业的定位做了澄清。它进一步讲到："国有企业是我国国民经济的支柱。发展社会主义社会的生产力，实现国家工业化和现代化，始终要依靠和发挥国有企业的重要作用。"并且论述了推进国有企业改革与发展的重要意义。从五个方面予以说明：对建立社会主义市场经济体制；对促进经济持续快速健康发展；对提高人民生活水平，对保持安定团结的政治局面；对巩固社会主义制度都具有重要意义。《决定》反复地讲了这方面的道理，将国有经济的地位、作用、必要性等都讲清楚了。这是党中央经过一再讨论得出的结论。

由此看来，不能说可以不要国有企业，可以统统卖掉，可以搞私有化，也不能说应把国有企业排除在"主体"地位或市场主体之外。显然中央的精神不是这样。关于国有企业有进有退，有所为有所不为，也写到《决定》中去了。四中全会决定以前，江总书记提到有进有退，理论界也是各取所需。有人就只抓"有退"、"有所不为"。不是说国有企业统统不"为"了，

---

① 《马克思恩格斯全集》第36卷，人民出版社1975年版，第416—417页。

还得“有所为”呀！也不是光讲“有退”，也还讲“有进”呀！有些时候，有些地方该退就得退，该“有所不为”，就有所不为。但还有“有为”的一面，还有“进”的一面呀。对于“有进有退”的两方面，不能光抓你所需要的那一面。怎样调整国有企业的布局，怎样战略性改组？比如四中全会《决定》中的第四个问题“推进国有企业战略性改组”，它讲到要区别不同情况，继续对国有企业进行战略改组，讲了五点。这五点就是“有进有退”。哪些“进”，哪些“退”，我觉得这个讲得还是比较具体的。过去有些提法我觉得太抽象，可能造成不同的理解，造成歧义。提出一些新概念，新名词，连经济学界也争得一塌糊涂，企业难以操作。改革与发展的指导思想应比较具体，能让下边理解，应有可行性和可操作性。这次的“有进有退”，大体上有个明确概念了。比如“竞争性领域”该怎么搞？它指出“竞争性领域中具有一定实力的企业，要吸引多方投资加快发展”。这究竟是进还是退？我看这是“进”。竞争性领域中有一定实力，有效益的国有企业就让它继续干嘛。为什么实行社会主义市场经济，不允许国有企业进入竞争性市场呢？排斥国有企业平等竞争，是什么市场经济呢？像彩电业中的国有企业长虹，制鞋业中的双星，它搞得很好，你就不让它搞了？退出来？竞争性领域中的某些国有企业，效益很高，就不让它干了？所以，《决定》说竞争性领域中具有一定实力的企业要让它吸引多方投资加快发展。这不是退是进呀！《决定》没有说要统统退出竞争领域。“对产品有市场但负担过重、经营困难的企业，通过兼并联合等形式进行资产重组和结构调整盘活存量资产”。也没讲要全退出来。兼并可以是国有企业与国有企业兼并，可以是国有与集体企业进行兼并，当然也可以和非公有制经济进行兼并。多种形式嘛！还可多种形式的联合。那么，对于“产品没有市场，长期亏损、扭亏无望和资源枯竭的企业”，还有浪费资源、技术落后、质量低劣、污染严重的小煤矿、小炼油、小水泥、小玻璃、小火电等“五小”，要统统破产关闭，这就是“退”了。还有一些特殊的领域，也要“进”呀！如极少数必须由国家垄断经营（不是指自然垄断行业）的企业，国家要“给予必要的支持，使其更好地发挥应有的功能”，这是“进”，不是退。当然该退的就得退，资产重组，战略性改组，通过这些方式退出部分国有企业。但不是要搞私有化或非国有化，中央没有这个精神，在我们学习文件时要搞清楚这一点。主张国有企业在改革中退出竞争性领域的观点很流行，但是否科学还值得斟酌。我不愿随便批评别人，只把这类观点摆出来，大家分析、研究、探讨。

有的论著评述新中国50年经济理论研究状况，我觉得有片面性。把前30年的经济理论和实践全盘否定了，认为前30年经济理论没有任何发展和正确之处。一笔抹煞了前30年经济理论的一切成就。前30年我们经济发展有成就，理论上和实践中的失误也是肯定的。我曾发表文章对前30年理论上的失误包括毛泽东的理论失误做了尖锐的评述。最近1999年第11期的《经济学动态》发表了我的一篇文章，专门讲了我国前30年经济理论的发展与失误。我不赞成一味抹煞，应该实事求是。失误就是失误，成就就是成就。失误、错误不要掩盖，成就也不要抹煞。不要为了突出后20年，就全部抹煞前30年。有的文章讲后20年经济理论的重大发展，还突出多年来较流行的一个观点。我觉得这值得斟酌，大家看看这样一个被当作是重大发展的理论和实践是否符合社会主义要求？是否科学？咱们共同探讨。这个流行的观点是：国有企业既有实物形态，又有价值形态。价值形态就是货币形态。实物形态是使用价值形态。把国有企业卖掉，实物形态转化为价值形态即货币形态，货币形态又回到了国家手里，它仍是国有的，性质并没有变啊。只要出卖时是等价交换的，国有资产没有流失，不管卖给谁，即使卖给外商和私人，这不叫私有化。有的论著进一步说，国有资产具有三种形态：货币形态、实物形态、证券形态。这是国有资产乃至整个社会资产基本的存在形式。货币形态的国有资产，其主要特点是可转化性强；实物形态的国有资产主要特点是凝固性强；证券形态的国有资产主要特点是流动性强。很对称，很理论化。这并不错。但认为国有企业战略性改组，其实质就是调整国有资产上述三种形态中所占的比重。先把国有企业改造成股份制企业，国有资产就从实物形态转变为证券形态；再把国有企业的股票卖掉，国有资产就又从证券形态转化为货币形态。由于这种交换是从市场经济中进行的，因而国有资产在这种转变中就不会发生量的减少。这只是国有资产存在形态的变化，不存在什么私有化问题。这样一个理论逻辑，不同的人有不同的理解。有人认为这个过程就是私有化。或者说从西方国家来看，从俄罗斯来看，这就是私有化。当然，西方国家和俄罗斯的私有化概念比我们宽泛。美国政要认为我们十五大就是要大规模地私有化。俄罗斯认为小型企业卖掉、大型企业搞股份制就是俄罗斯私有化道路。我们不这样看问题。但我认为有个理论恐怕不太科学。先不谈三个形态问题。把国有资产卖给私人，卖给外国人，哪怕是等价交换以货币形式回来了，是不是国有资产的所有制性质没有变呢？能不能讲仅仅是由实物形态变为货币形态了呢？倘若这个理论能成立，那么好办。我们就可以把森林资源、矿藏资源成片地卖给私人，卖给外国人，实物形态变成货币形态，回到国家手中不就行了吗？推而广之，能不能像沙俄把阿拉斯加卖给美国那样，把我们的一些国土也卖掉？只要以货币形态回来就行了嘛！能不能这样呢？我们讲公有制、私有制，讲的是生产资料或企业是公有制还是私有制。西方也好，社会主义国家也好，不是讲货币形态公有私有。若从货币形态来看，那美国的财政收入（货币）比我们多得多，是不是它的国有制经济比我们多得多呢？如果这个理论能成立，将所有国有企业，所有公有制经济统统卖掉，让实物形态变成货币形态，据说性质都没变，仍是公有制。但企业、生产资料统统卖给私人了，生产资料公有制变成私有制了，你还讲性质没有变！如果我们将国企全卖给私人，集体企业全卖给私人，那我们国家究竟是私有制还是公有制呀？只要货币回到国家，回到集体手里了，国有和公有制性质就没有变，能这样讲吗？但这个理论被到处宣传，被当做改革以来的理论重大发展，而且出自于相当有影响的经济学家之口！

前面提到的国有企业三种形态转化论，比起将实物形态转为货币形态，直接卖掉，转了个弯子，多了个股份形态。股份制可以作为公有制的一种实现形式，也可以作为私有制的有效实现形式，看你怎么利用了。有人说只要是股份制就是公有制，甚至资本主义的股份制也是公有制。南德集团的总裁牟其中就使劲鼓吹这点。有的经济学家如何伟先生曾吹捧牟其中，并以南德集团为例说明私营企业是社会主义经济，说南德集团没有剥削，没有两极分化，实行按劳分配，共同富裕。把邓小平讲社会主义本质的东西都加到他那儿去了。今年1月7日，牟其中因经济犯罪被拘留了。现在对他进行审判了，媒体才做了报道。牟其中，这个私营企业家还以经济理论家的身份出现，自称是马克思主义呀。社会上马克思主义处于低潮了，他倒出来说“我是马克思主义者”。他收买了一些所谓的理论家、哲学家、经济学家，替他出谋划策进行理论装扮、包装。他出了一个小报《南德视界》，有中文版、英文版、俄文版。他过去一年曾与克林顿互致问候呀，他的办公室可以办到华尔街去，很厉害了。他就公开地否定和咒骂国有企业。公开地让那些他雇来的理论家们在他的小报上歪曲马克思、恩格斯、列宁的话。宣传马、恩、列认为股份制就是公有制。马、恩、列讲的是资本主义的股份制，他们认为这就是讲公有制。南德集团就是公有制。北大的一位教授写了篇文章批评南德的歪理，南德集团又组织反扑，理论上展开论战。《南德视界》的负责人对我说，牟其中很崇拜马克思，不崇拜列宁，为什么呢？说是列宁讲无产阶级专政，马克思不讲。我告他们说，错了，马克思恰恰是强调无产阶级专政的。《哥达纲领批判》中就讲了的，这是不懂装懂啊！但他却敢在理论上与国有企业分庭抗礼。我不是不赞成搞股份制，股份制可以搞。而是不赞成歪曲马、恩、列的话制造理论混乱，以便混水摸鱼。

我们应回忆一下改革开放以来我们的改革思路、措施是否都是绝对正确的呢？应进行分析。“放权让利”、“利润分成”、“利改税”、“拨改贷”，怎样评价其是非？“承包制”“一包就灵”，后来也不“灵”。那么后来走向股份制、股份合作制，是不是就要搞“一股就灵”，刮起风来呢？我觉得搞市场化的改革，总的模式要有统一的规定。比如要建立社会主义市场经济体制，这个是统一的，有个大的思路，改革的统一模式。但是改革的具体措施、思路，可以因地制宜、因企制宜，可以八仙过海，各显神通。不要什么都变成政府行为，百分之百地统一步伐，硬性地下指标，这样效果就不会好。只要符合“三个有利于”的标准，哪一种措施有利就那样搞。中央四中全会的决定，特别强调，“努力探索能够极大促进生产力发展的公有制多种实现形式”。既然要探索新的实现形式，就不应该以某一种形式为绝对的标准，把它普遍化、真理化。特别是不要由国家下命令定指标，股份制可以作为国有企业改革的一种思路和国有制实现的一种重要的有效的形式，但不是唯一的形式，更不要搞“一股就灵”，也不可能“一股就灵”。股份制怎样搞？股份制的性质怎样认识？江总书记在十五大报告中说，只要国家、集体控股，就具有明显的公有性。他讲的是“具有明显的公有性”，有人理解“这就是公有制”。认为由公有制经济控股的私人股，也是公有制，但恐怕私人不会同意，私资不能充“公”。当国家控股以后以 100 万元的国有资本，可以吸收控制、支配二三百万元的私人资本，这是把国有资本的作用放大了，这并没有什么不好。这是好的。但有个问题，就是搞股份制以后，控股权不一定能永远掌握在国家手中。市场经济，各种各样变化的因素都有，控股权也可能转移。国有股不上市，不符合股份制经济本身规律。国有股上市，又有一个可能控股权转移的问题。倘若国有控股权转归私人了，性质也就变了。西方国家、俄罗斯以及中国的一些经济学家，认为搞股份制是走向私有化的一个过渡。理由是，大型国有企业资产几亿几十亿卖给谁？改革初期谁有这么多钱来买？搞股份制后，股票分散化，你买我买，国有不就变成私有？我们就该考虑，搞股份制时，怎样既让国有股上市流通，又不会最后国有股流通得没了。不但控股权没了，国有股也没了。这个火候怎么掌握？不考虑这个，国有股变成私有了，怎么办？搞得好，100 万元国有资本能控制 300 万元私人资本。但如果搞不好，怎么办？要事先考虑这个问题，要有对策。

# 发展和完善中国特色社会主义必须搞好国有企业①

［摘要］是否认同我国国有经济的重要地位和作用，是以是否认同我国实行科学社会主义及其发展形式的中国特色社会主义为前提。只要认同后者，就必然认同和肯定前者。从根本上说，国有经济的兴衰成败，关系着共产党的革命与建设事业和社会主义事业的兴衰成败。因此，国有企业必须搞好。搞好国企，应做好三个方面。其一是国企主管应以权谋公，而不是以权谋私，要有一套有效的监督制度。其二是国企的发展成果要惠及全民，体现其全民所有制性质。其三是国企职工应真正成为企业的主人。要重视生产资料和劳动力相结合的社会主义生产方式。脱离开上述三个方面，国企就会失去其社会主义性质。

国有经济不是“与民争利”，而是与民谋利。扬私贬公、妖魔化国企，与国内外历史发展事实相悖。改革以来，国企为国家社会的发展，也为私企的创业与发展做出了重要贡献。

要真正落实国企的经营自主权。企业的自主权不是企业主管的独断专行权。企业主管的权力也要关进笼子里。另一方面，既然国企具有经营自主权，怎样改革与发展应有选择权。现在提倡实行混合所有制，有些地方搞定任务、下指标、倒计时，要求国企让出控股权，搞“国退民进”，这偏离中央精神。有些国企如果按现有体制经营得好，有权不引进私资。这也属于落实企业自主权的范畴。

① 本文原载《毛泽东与邓小平理论研究》2015年第3期。

## 一、国有企业的性质、地位和应做好的三个方面

关于我国国有企业的性质、地位和作用以及怎样改革国企问题，存在着多种不同的认识和见解。其实，怎样认识和对待这一问题，是与怎样认识和对待马克思主义的科学社会主义和中国特色社会主义紧密联系的。如果肯定和支持我国实行和发展科学社会主义及其中国化的特色社会主义，就必然肯定和赞同作为我国社会主义经济制度基础的国有经济的重要地位和作用。这种肯定是从历届党中央领导和文件到党的十八大以来一以贯之的，也是我国宪法明确规定的。宪法是国家的根本大法，人人都应遵守。宪法规定：中华人民共和国的社会主义经济制度的基础是生产资料的社会主义公有制。国有经济是全民所有制经济，是国民经济中的主导力量。国家保障国有经济的巩固和发展。从本质上来看问题，可以说作为社会主义公有制核心的国有经济的兴衰成败，关系着共产党革命和建设事业的兴衰成败，关系到社会主义事业的兴衰成败。所以，这一问题必须引起高度重视。习近平同志一贯关心国有企业的改革和发展问题，特别重视搞好中央管理企业的问题。2014 年 8 月 18 日，习近平在主持召开中央全面深化改革领导小组第四次会议时强调："国有企业特别是中央管理企业，在关系国家安全和国民经济命脉的主要行业和关键领域占支配地位，是国民经济的重要支柱，在我们党执政和我国社会主义国家政权的经济基础中，也是起支柱作用的，必须搞好。"① 这表明，国有企业不仅是社会主义国民经济发展的支柱，而且是我们党执政的经济基础，是社会主义国家政权的经济基础。这指明了我国国有企业的重要地位和作用。2014 年 12 月，习近平在中央经济工作会议又强调提出："推进国企改革要奔着问题去，以增强企业的活力、提高效率为中心，提高国企核心竞争力，建立产权清晰、权责明确、政企分开、管理科学的现代企业制度。"② 这里讲的是国企改革的目的和改革方法，应建设和发展什么样的国有企业，怎样建设和发展。所谓"奔着问题去"，就是要对准国企存在的问题进行改革，而不能乱改。特别不能借改革搞私有化。

---

① "习近平主持召开中央全面深化改革领导小组第四次会议"，《人民日报》2014 年 8 月 19 日。

② "中央经济工作会议在北京举行　习近平李克强作重要讲话"，《人民日报》2014 年 12 月 12 日。

从习近平关于我国国企的定位中，可以明确：共产党事业的兴旺发达，社会主义事业的兴旺发达，同国有企业兴旺发达是密切相连的。因此，国有企业“必须搞好”！当前，混合所有制趋向的改革，应遵循而不应悖离这一宗旨。

不言而喻，国有企业实现其重要地位和作用，要以搞好和搞活国有企业为前提。国有企业作为社会主义全民所有制经济的重要特点是：其发展的成果要惠及广大人民，显示其社会主义性质。但应注意：并不是某些企业只要归国家所有，就必然具有全民的社会主义性质。如果国企高管贪污腐败，又拿天价高薪。国有企业的发展成果不能惠及广大人民，国有企业的职工没有当家做主的权利，这样的国企名为归全民所有的社会主义经济，实际上流于空谈，失去了社会主义性质。在国企转轨过程中，要警惕国企社会主义性质的蜕变。在我国，国有企业已由计划经济转向市场经济，实行了所有权和经营权两权分离，改变了僵化的管理体制，焕发了企业的生机，企业主管的经营权扩大了。但是也为企业相关人员，特别是高管独断专行、以权谋私、贪污腐败留下了空间。目前，国家派出巡视组进驻多家中央企业，正是要解决这一问题。

搞好国有企业，使其成为名实相符的全民所有的社会主义企业，应做到以下几点：

第一，国企管理人员特别是国家委派的高管，应以权谋公，而不是以权谋私。但廉洁奉公不能只靠个人品德和政治觉悟来实现，国企高管的个人品德和社会主义理念固然重要，但“人各有志”参差不齐，需要有制度来保证。为此，有必要建立一套有效的激励机制和监督机制相统一的管理体制。没有监督的权力越大，越会有独断专行和贪腐的空间。国有企业的监督机制应由两方面形成，一是来自企业职工的内部监督，建立企业内部监督制度；二是来自国家的定期巡视和经营监督。内外监督的结合，使企业有关人员不敢贪腐、不能贪腐。

第二，国有企业，属全民所有，其发展成果就应惠及全民。首先，由国家委派国企高管不应拿天价薪金；其次，国企一般职工的收入高于私企外企，是社会主义企业应有之义，不应非议。社会主义企业没有劳资对立，职工收入应随着企业效率和效益的提高而提高。但是，某些行业的国企职工收入，过高于一般国企职工收入，并不公平合理。复次，国企的收入，除缴纳税负外，其利润主要用于积累，依然归全民所有，另有一部分上缴国家，而且占比在提高，今后应随企业效益的提高而提高，由国家统筹用于民生。国企利润还有一部分用于救助社会事业和提高与改善职工福利。

第三，国有企业应有的一个重要特点是，广大职工真正成为企业的主人，职工应具有知情权、管理参与权、监督权、重大决策和选举与罢免的投票决定权等。国有企业的社会主义性质怎样体现？主要体现在生产资料和劳动者相结合的特定方式上。光讲所有制，不能完全决定经济形式的性质。我们一般讲，生产资料所有制是经济制度的基础，这没有错。但封建社会、资本主义社会也有国有经济，并不是社会主义经济。再者，都是非劳动者占有生产资料，劳动者不占有生产资料，为什么有的是奴隶制，有的是封建制，有的是资本主义制度呢？光从所有制不能说明其究竟。所有制是前提性意义上的基础，而不是全部决定意义上的基础。马克思指出："不论生产的社会形式如何，劳动者和生产资料始终是生产的因素。凡要进行生产，它们就必须结合起来。实行这种结合的特殊方式和方法，使社会结构区分为各个不同的经济时期。"① 马克思的这一理论观点，对我们搞好国有企业，真正成为惠及劳动人民的社会主义经济，具有指导意义。国有经济和社会经济制度的不同性质，还取决于生产资料和劳动力相结合的特殊方式。如果非劳动者占有生产资料，劳动者作为"会说话的工具"，在主人的皮鞭棍棒下与生产资料结合进行生产，就是奴隶制度。如果生产资料作为资本，劳动者以雇佣劳动方式与资本相结合，资本所有者作为主人进行获取剩余价值的生产，就是资本主义制度。资本主义国家的国有经济，依然是资本与雇佣劳动相结合，劳动者不是所有者和主人。其性质是国家垄断资本主义。社会主义国有经济，应是作为企业主人的劳动者与归全民所有的生产资料相结合，才体现社会主义经济制度的性质。国有企业的改革，应关注劳动者作为主人与生产资料相结合的社会主义生产方式的确立。

## 二、国有经济不是"与民争利"而是与民谋利

新中国成立以来，不管在经济社会发展中有过多少次失误和错误，国有

---

①《资本论》第2卷，人民出版社2004年版，第44页。

企业作为经济社会发展的骨干，在社会主义事业的建设与发展中始终起着主导性和决定性的作用。断言国有企业的效率和效益必然低于私企，据以主张私有化，是并不符合事实的以偏概全和主观武断。从国际上看，苏联十月革命后实行国有化的社会主义，迅速改变了沙俄时期落后的面貌，缩小了与美国原有的巨大差距，成为可与美国抗衡争霸的超级大国。而当社会主义公有制度蜕变为私有化制度后，其国际地位和经济社会发展一落千丈。其经济规模原远远大于我国，1989 年，俄罗斯的经济规模是中国的两倍。现在只及中国的 1/5 多一点。2014 年，中国的 GDP 总量为 10.4 万亿美元，仅次于美国，居世界第 2 位。而俄罗斯 GDP 总量仅 2.06 万亿美元，居世界第 9 位，与居第 10 位印度的 2.05 万亿美元差不多。[①] 私有化不但没有加快俄国的发展，反而损害和延缓了发展的步伐。再从我国的发展来看，如果从 1952 年算起，到 1978 年，改革开放前的 27 年中，经济增长也有 6% 以上，经济建设的成就，超过了旧中国的百年以上。完整工业体系的建立和发展，主要依靠国有经济的效率和效益。1956 年，毛泽东在《论十大关系》中讲："从现有材料看来，轻工业工厂的建设和积累一般都很快，全部投产以后，四年之内，除了收回本厂的投资以外，还可以赚回三个厂，两个厂，一个厂，至少半个厂。"[②] 这里讲的是"三大改造"后的国有企业的经济效益。根据有关统计资料，国有经济的利税率也较高，1957 年达 34.7%，1965 年也还达 29.8%。如果没有"左"的失误，经济发展的成绩会更大。

改革开放以来，鉴于传统计划经济的弊端和我国生产力落后的国情，采取两大改革措施：一是所有制结构的改革，由单一的公有制变为公有制为主体，多种所有制经济共同发展；二是经济体制转型，由计划经济转向社会主义市场经济。这催生了经济的活力，造就了 30 多年年均 9.8% 的经济高速增长。这既有非公经济的贡献，更有国有企业改革成本的先期付出和后期发展与付出的贡献。有人断言，我国改革开放 30 多年来的经济快速发展，主要是依靠私有制经济的发展，国有经济只起负面效用。这与事实相悖。就国内来讲，旧中国存在多种私有制经济，但发展缓慢，长期积贫积弱。因为落后才遭受列强的侵略。从国际上来看，许多经济落后的原殖民地国家走上独

---

① 数据来源：2014 年世界各国 GDP 排名公布，南方财富网，http://www.southmoney.com/hkstock/ggxinwen/201501/265283.html。

② 《毛泽东文集》第 7 卷，人民出版社 1999 年版，第 26 页。

立后，选择了资本主义道路，而中国由半殖民地半封建主义的落后国家，走上社会主义道路。中国以公有制为基础或为主体的经济发展，远远超过了前一类国家，也超过了一切实行私有制的发展中国家。特别是改革开放以来，我国连续30年的经济高速发展是世界历史上空前的。超过了从古至今一切实行私有制的国家和社会。总之，无论从纵向或横向对比，一切私有制经济的发展速度，都比不上我国以公有制为基础或为主体的经济发展。通过以上的事实说明，还能断言社会主义新中国的经济成就或是改革开放30多年来中国特色社会主义经济的成就，都应归功于非公有制经济么？还能主张实行全面私有化、重蹈苏联解体中的私有化覆辙及其后果么？

就国内的经济发展来看，非公经济发展得很快，呈“国退民进”之势。可由此产生一个问题：从纵向和横向看，我国改革开放30多年来，私有制经济的发展，是最有势头和成果的，超过了当今一切私有制国家。靠得是什么？这就涉及一个有争议的问题：国有经济的主导作用，究竟是制约了私企的发展，还是起了促进、支持作用？事实证明是后者，而非前者。首先，国有经济为非公有制经济的发展提供了基础设施，节省了非公有制经济创业和发展的基础成本。其次，改革开放前一阶段，对外企私企实行减免优惠政策，国有企业承担了不公平的高税率负担。相对来讲，非公经济的一部分税负转嫁给国有企业。复次，在改革过程中，大量国有企业，通过贪腐性手段转为私营企业，导致大量国有资产流失，强盛的国有资源化公为私，成为扩大私企发展的重要一环。还有，国有企业科技水平一般高于私企，国企的科技创新有溢出效应，私企也可利用，特别是有些国企培养的科技和管理人员转向私企，都促进了私企的发展。最后，改革以来，国企不断减少，为私企外企的发展腾出了市场空间和资源空间。目前，地方和中央国企总数只10多万户，而私企户数至2013年达1253万多户，从业人员达1.25亿人。国企从业人员为6365万人，只占城镇就业人员的16.6%。

非公经济的快速发展，还得益于国家政府的鼓励与支持，政府不断出台利好于私企的政策，不断扩大私企发展的平台。

国有企业支持了非公经济的发展，特别在支持国家和社会的发展方面，承担了多种职责，如应对国内外各种突发事件，赞助社会事业等。如果进一步比较国企和私企的长短，还需着眼于三个方面：一是国企职工的工资高于私企。从有关统计数字看，私企职工的工资只及国企的一半多；二是国企的税负高，尽管国企就业人员只占城镇就业人员的16.6%，国有工业企业GDP只占全部工业企业GDP的20%以下，但税负占比却依然高于非公经济。就规模以上国有及国有控股工业企业主营业务税金及附加所占比重来看，1998—2002年，占80%或以上；以后随着国企不断退出，税负占比也下降，但与就业人员比重和GDP比重相比，依然是高税负。2011—2013年，税金及附加占比高达33%—36%。三是国企的利润除上缴国家一部分用于社会事业外，主要用于积累仍归全民所有。私资企业贷款付息还贷后，增殖的利润归私资所有。而国企付息还贷后，利润积累，依然是国有。这正是国企数量不断减少，但国资总量扩展较快的原因。四是国企的产品一般可信度高。假冒伪劣商品，假酒、假烟、假药、地沟油、有毒食品、冒牌商品，多来自个体私企。国企在保障民生方面负有责任，做了重要贡献。

从上述我国国有企业在社会主义制度中地位和作用看，从国企对国家和社会多方面的贡献看，贬公扬私、妖魔化国企，主张继续“国退民进”，消除国企、全盘私有化的主张是既背离科学社会主义和中国特色社会主义，也背离我国经济社会发展的实际。

## 三、改革和发展都要落实国企经营自主权

毋需讳言，国有企业还存在这样那样的问题和矛盾，需要通过深化改革来解决。我们的改革是社会主义的自我发展与完善。中央文件一再讲，国企改革是改革的中心环节，要使其成为生机盎然、高质量、高效率的社会主义企业。我国已从传统计划经济体制转轨为社会主义市场经济，这是根本性的全面的改革。国企改革的一个重要环节是所有权与经营权两权分离。企业应具有经营自主权。现在的问题是，对国企的经营自主权，存在两个方面的问题需要处理和解决好。一个方面是企业有了独立的经营自主权，但缺乏对企业主管的有效的监管，企业的经营自主权，不是企业主管的独断专行权。其权力没有装进笼子里。国企主管的权力应有制度约束，有法治遵循，这样才能制约国企主管的贪腐行为。另一方面是将国有企业搞好搞活的经营自主权应真正落实到位，目前依然存在政府有关部门不必要的干预。特别是多年来，在改革运作中，经常出现“一股风”、“一刀切”的现象。国企在大的方面的总体改革，如进行转轨实行社会主义市场经济，那是统一的，不可能

有谁根据经营自主权仍选择计划经济。但在具体改革路径上，应允许国企有选择权，即选择最有效的经营权。可以八仙过海，各显神通。多年来先后搞承包制，搞股份制，搞公私资本交叉的混合所有制，往往将指导思想变成了不是命令的命令。往往“一股风”，“一刀切”。有些人和企业往往不管实际情况紧跟政策。定指标、倒计时，争前列。如一讲“抓大放小”，对中小企业便“一卖了之”。国企改革，可鼓励企业有自己的改革创新。对于来自上面的改革的指导思想，从决策者说，既要有顶层设计，又要有实施细则，要有具体的规范化的准则。不要提抽象的、概念式、口号式的会造成不同领悟与解读空间的模糊政策语言，要接受20世纪90年代国企改革中自卖自买、名卖实送、“一卖了之”、贪腐自肥、大量国有资产流失的教训。当前提出实行公私资本交叉参股的混合所有制经济，其本意是既有利于国企发展，也有利于非公经济发展。但出现了不同的解读。认识不同，改革的进行就会有别。要警惕新自由主义借机搞侵蚀国企、搞全盘私有化的行径。要让国有企业有一定选择的权利。如果现有体制搞得有效，质量、效率、效益有保证，不愿引入私人资本，应允许其继续在现有体制中运行，这也应是落实国企经营自主权的必要环节。

当前，在理论宣传和改革实践中，出现了借实行混合所有制的改革之机，搞“国退民进”，消蚀国企的现象。一份在北京创办的有影响的官方刊物，在今年的第2期发表文章说：“混合所有制改革的一个要点是大幅降低国有股比重。”“混合所有制改革成功的一个必要条件是，在绝大多数行业，国家应放弃对企业的绝对控股权”，在竞争行业“应尽可能降低国有股权比重，甚至考虑完全退出”，主张“国退民进”。有的市政府提出混改方案，主张不再强调国企控股。国有存量资本可以减少，转让给私企、外企，减少国有股比例。据《企业观察报》1月19日报道：国安集团混改中，五家民企以56.6亿元现金，就获得净资产高达155亿元国安集团80%的股权。[①] 这种理论和改革方案，是背离宪法和中央的改革精神和指导思想的，会给中国特色社会主义事业带来损害。国有企业有权不按此办理，而是按照中央和习近平同志的改革指导思想去践行。这是落实国企经营自主权，不受政府不当指挥的必要环节。

---

① “‘混改’不是大家分蛋糕”，《报刊文摘》2015年1月26日。

社会舆论多为非公经济鸣不平，多方面批评国有经济。其实，国企经营者也有自己的委屈和不平。2015 年 1 月 12 日，《人民日报》刊发了记者白天亮撰写的《让国企成为真正的企业》一文，其中讲到国企的困惑：在企业微观经营层面，民企的“紧箍咒”已越来越少，反而是国企的法人治理结构问题解决得不好。近年来甚至存在着越来越被捆住手脚的倾向。“规定企业只能干这个，不能干那个，企业还谈什么经营自主权。”多位国企负责人表示地方政府还不断强加于企业的种种社会负担。由此可见，搞好搞活国有企业，必须真正落实其经营自主权。应消除地方政府对国企的不当干预，让企业有选择或不选择某种改革方案的经营自主权。

# 批判新自由主义就是否定和反对改革吗？[①]

## ——敬请高尚全会长划清与新自由主义的界限

高尚全会长是官员型学者或学者型官员，曾任国家体改委副主任，现任经济体制改革研究会名誉会长，发表过很多论著，长期为我国的改革开放鼓与呼，还参与过多次中央文件的起草工作，提出过多方面的改革意见。因此，高会长的理论观点是有社会影响的。我们也长期关注高会长的理论观点和倾向，其中有不少意见是可取的。但是，我们总感到高会长有关改革的深层次的理论观点，存在与新自由主义划不清界限的地方。我们愿以理论与学术讨论的形式。提出我们的看法，求教于高尚全会长。我们尽量摆事实、讲道理，以理服人，避开批判性的语言，更不去扣大帽子，上纲上线。我们的副标题《敬请高尚全会长划清与新自由主义的界限》，特意用“敬请”一词，以示我们对高会长的高度尊重。

## 一、批判新自由主义是否定和反对改革吗？

多年来，高会长在发表的有关改革开放的论著中，不断质疑我国学者对新自由主义的批判。认为这种批判是否定改革，反对改革，反对邓小平的改革理论，上纲上线很高。例如，2005 年 10 月 9 日网上转载《经济观察报》刊发的《高尚全：不能因批判新自由主义而否定改革》一文，是以与《经济观察报》问答形式刊出的，该文由《新华文摘》2005 年第 24 期转载，标题为《用历史唯物主义评价中国改革》，文中批评社会上所谓对改革的干

---

① 原发表于《马克思主义研究》2014 年第 8 期，与胡若痴合写。

扰："一个干扰就是借所谓的批判新自由主义来否定改革。认为中国的改革是按新自由主义设计的……这样一来就否定了我们改革的历史，否定了中国改革的总设计师邓小平同志。中国的改革是按邓小平理论来实践的，'摸着石头过河'难道是新自由主义吗?""我们要继续解放思想，坚持改革，排除干扰，千万不能因为批判新自由主义而否定改革，千万不要上当，否则会有灾难性后果。"记得高尚全先生还发表过一篇文章，其中提到有人批判新自由主义，但是什么是新自由主义，大家并不清楚，他问过一个外国学者，回答说不知道。这是用一个外国人的无知当作根据。

高先生尖锐批评所谓借批判新自由主义反对改革，反对改革的总设计师邓小平，对改革进行干扰，很能吸引媒体和读者的眼球。对一些不甚了解新自由主义的观点和危害，也不甚了解我国关于改革理论的争论实情的人们来说，肯定会倾向于高先生的这种"语惊四座"的高论。"反改革!""反邓小平!"这还了得!

然而，我们始终没有看到，高先生指出究竟何人何处借批判新自由主义而反对改革，反对邓小平，又是怎样反对的。藏头藏尾，反招虚构煽惑之嫌。如真有反改革、反邓小平其人其事，应公开揭示其具体言论，进行辩驳。恐怕高会长是揭不出来的!

应该肯定，邓小平所设计的我国改革开放的道路和指导思想，与新自由主义无关。他的坚持四项基本原则和反自由化的观点，是与新自由主义对立的。他提出的社会主义市场经济以及中央历届文件和我国宪法，都是坚持社会主义制度的，是坚持国有经济为主导、公有制为主体、多种所有制经济共同发展的。直至党的十八大报告依然强调"党的基本路线是党和国家的生命线，必须坚持把以经济建设为中心同四项基本原则、改革开放这两个基本点统一于中国特色社会主义伟大实践"，强调"要加快完善社会主义市场经济体制，完善公有制为主体、多种所有制经济共同发展的基本经济制度，完善按劳分配为主体、多种分配方式并存的分配制度"。十八届三中全会提出："公有制为主体、多种所有制经济共同发展的基本经济制度，是中国特色社会主义的重要支柱，也是社会主义市场经济的根基。""必须毫不动摇巩固和发展公有制经济，坚持公有制主体地位，发挥国有经济主导作用，不断增强国有经济活力、控制力、影响力。"同时，要在这样的前提下，毫不动摇地发展非公有制经济。我国改革开放 30 多年来的指导思想，始终是与坚持党的基本路线、坚持社会主义初级阶段的基本经济制度紧密联系的。所有这些，都是与新自由主义的观点相对立的。难道会有谁将其批之为新自由主义吗？据笔者所知，中央是不赞同新自由主义观点的，并支持对其进行批判。中央文件一再指出我国“决不搞私有化”、“不改旗易帜”，实际上就是指向新自由主义的。

现在需要弄清的问题是：我国有没有新自由主义思潮？高会长高调反对批判新自由主义，是否由于自己的某些重要观点与新自由主义没有划清界限？为了辨明是非，需要首先对什么是新自由主义有所了解；其次，我国学界批判新自由主义究竟是指向什么？再次，高会长的某些改革观点有无偏离邓小平理论和中国特色社会主义、趋向新自由主义？

新自由主义及其危害，国内外学者已讲得很多，这里只从说明问题的角度简明概括其主要观点。新自由主义是区别于18世纪的资产阶级自由主义的新派别。18世纪中后期，亚当·斯密确立了自由主义的经济理论，“经济人”假设是其理论基础。1929—1933年世界资本主义经济危机发生，自由主义分化为两派：凯恩斯学派和哈耶克等的新自由主义学派。由于应对大危机需要，主张国家干预的凯恩斯学派占据了主导地位。到20世纪七八十年代，由于资本主义国家发生了“滞涨”，凯恩斯主义失灵，新自由主义流行起来，广泛流行于八九十年代。新自由主义的观点扩展到经济、政治、社会、价值观等领域。仅就经济领域来说，它主张彻底私有化、完全市场化、普遍自由化；它反对公有制，反对国家对经济的干预和调控。事实上，新自由主义是否定和反对社会主义的经济制度和社会制度的，其代表人物有哈耶克、弗里德曼等。

新自由主义在全世界推行，造成了巨大的恶果。在拉美国家，新自由主义导致企业大量破产、资本外逃、债务深重、贫富严重分化，经济增长缓慢。苏联实行新自由主义主导的改革，导致国破党亡。资本主义国家也导致一场严重的国际金融和经济危机，至今没有完全走出危机的泥沼。

中国的改革，从性质上来说是社会主义制度的自我完善与发展。改革的目标，是建立和完善由国家宏观调控的、与社会主义经济制度相结合的社会主义市场经济，改革的中心环节是搞好搞活国有企业，改革与发展要坚持宪法规定的国有经济为主导、公有制为基础的社会主义经济制度。要坚持中国特色社会主义理论、制度和道路。正是由于我国实行了这样的中国特色社会主义，才实现了改革30多年来年均9.8%的经济增长率，取得了举世瞩目的成就，表现出与实行新自由主义国家造成灾难性后果的巨大差距。

既然我国改革的指导思想是正确的，为什么学术界还要批判新自由主义呢？有两个原因：其一是西方政要与学者在向我国推销新自由主义，如弗里德曼就对中国鼓吹实行私有化。当前，全世界看到新自由主义的祸害，掀起批判新自由主义的浪潮，我国也要抵制新自由主义的侵蚀，开展批判。其二，我国改革开放以来，国内新自由主义的思潮一直干扰着我国的改革开放大业，彻底私有化、全面市场化、经济政治自由化的声音经久不衰，且有愈演愈烈之势。

我国私有化主张的表现之一，是高调宣扬“国退民进”、“国有企业从竞争领域退出”，即要求国有企业让位于私有经济。因为宣传势头持久而强硬，人们误以为是中央精神，其实中央是不赞同这种观点的。《人民日报》和《经济日报》为传达中央的精神，曾发表过多篇否定这种观点的文章，但收效甚微，至今还有人将“国退民进”宣传为国有经济改革的方向。

我国私有化主张的表现之二，是宣称我国国有经济是“国家社会主义”，谎称其根源于希特勒的国家社会主义工人党，而私有制经济是“民办社会主义”。这一观点以曹思源为代表，他在香港《前哨》1999年11月9日发表了《中国经济改革走向》一文，并刊登了他1999年在北京大学讲演的照片。文章的内容与在北大讲演以及1999年5月在美国一所大学的讲演相同。他在讲演中发问：作为“国家社会主义”的国有经济是谁发明的？回答“是希特勒”！还特别声明：“我在北大也讲了。”“翻遍马克思恩格斯的著作，他们从来都不是国家崇拜论者，不是国家社会主义者，国家社会主义的祖宗是希特勒，而民办社会主义是老百姓办起来的。”国家社会主义“在一天天烂下去”，而“我们的民办社会主义在一天天好起来”。“中国的私有制经济发展了，我们作为中国人，应当感到高兴和光荣”。他提出的改革走向是国有经济私有化。他说：国有经济“像冰棍，在滴水了，一天天滴下来，最后只剩下一根棍子了”。他断言：“中国共产党将要改名为中国社会党。”

断言国有经济的理论与实践的来源不是马克思，而是希特勒，纯属编造。第一，希特勒难道在德国实行过国有经济占统治地位的社会主义吗？没有！第二，马克思恩格斯从《共产党宣言》起，在一系列著作中明确指出，工人阶级取得政权后，要消灭私有制，首先将生产资料掌握在由劳动人民掌权的国家手中。他们始终主张公有制是社会主义经济制度的基础。

私有化主张的表现之三，是错解马克思主义和中国特色社会主义理论，为私有化张目。恩格斯批判过将俾斯麦的国有化看作社会主义的“冒牌社会主义”。有人将其移植和泛化到我国社会主义中来，断言我国的国有经济不是社会主义，是恩格斯批判的“冒牌社会主义”。反之，又错解邓小平三条“是否有利于”的标准，将其作为区分“姓资”“姓社”的标准，据此，断言私有制经济“姓社”，是社会主义经济。高会长支持的何伟先生就长期持这种理论观点。他把牟其中的私营企业——南德集团作为社会主义经济的典范（实行按劳分配，共同富裕，优越于国有企业），对其进行高度吹捧。有的学者断言，把非公有制经济看作非社会主义经济，认为公有制经济才是社会主义，这是“应当摒弃的传统社会主义观点”。断言中国特色社会主义肯定了非公经济是社会主义经济。这样一来，不但私营个体等经济是社会主义经济，连本是外国资本主义性质的外资企业，也是社会主义性质的经济了。按照这种逻辑，既然国有经济不是社会主义，现有一切私有制都是社会主义，那么，只要大力发展私有制经济，以私有制经济取代国有和一切公有经济，就是完全的社会主义了。然而，这种为私有化提供的理论依据，是打着马克思主义和邓小平理论旗号，曲解和否定马克思主义和邓小平理论的，是背离科学社会主义和中国特色社会主义的。

私有化主张的表现之四，是从各个方面给国有企业泼污水，否定国有经济的地位和作用。当然，国有经济还有很多的问题和缺点，需要通过深化改革和治理以获得健康发展。但现在的问题是，有些人士硬要从根本制度上否定宪法规定的国有经济的主导地位和作用，否定以国有经济为核心的公有制经济是社会主义经济制度的基础。甚至还有大私营企业主公开出面诅咒国有经济，要求国有经济退位。邓小平原来提出公有制为主体，非公有制经济为补充。非公经济发展起来了，认为作“补充”只是当配角，要求平起平坐；于是放弃了“补充”一词，改为“共同发展”，又提出两个“毫不动摇”；私有制经济进一步发展了，又对“共同发展”和两个“毫不动摇”也不满足了，要求国有经济从垄断行业也退出来，公开提出反对国家和国企控制国民经济命脉。当非公经济已经发展到占国内生产总值的60%以上，国有经济在工业经济中只占20%了，又提出种种非难国有经济的“理由”，说国有经济“与民争利”，阻碍非公有经济发展。陈清泰先生也亲自出马，在《人民日报》等报刊一再发表文章，要求摘掉“所有制”标签，消除“姓国”、“姓民”的鸿沟，以消除生产力发展的桎梏，让私有制经济更快发展。总之，其最后目标是以私有制完全取代公有制。

党的十八届三中全会后，宣传私有化的声浪再次掀起。有人用新自由主义的观点解读十八届三中全会《决定》，似乎以为《决定》为他们打开了彻底私有化、全面市场化与自由化之门。

2014 年头几个月，由媒体操作的两种观点值得注意。其一是把市场决定资源配置同国有经济对立起来，宣称两者是相互冲突的。一位经济学家提出：“既要发挥市场的决定作用，又要坚持国有经济的主导作用……这是一种语言腐败，还是一种思维混乱?”“保持国有经济的主导地位，民企无法成长。”另外，国务院发展研究中心企业研究所的一位副所长认为：中国 13 万多家国有中小型企业“应该彻底民营化”。其余几个大型和特大型国企可搞混合所有制经济，然后“整体上市，逐步释放国有股”。国有股可以降到 20% 以下，甚至零。其二是用市场决定资源配置作用来削弱和排除政府作用。或是只强调市场的决定作用，避而不提“更好地发挥政府的作用”；或是将市场决定作用与政府宏观调控对立起来，着力于批评“强势政府”，否定党和政府在改革与发展中的重要作用。

以上所梳理的这些观点，很显然是宣扬彻底私有化、全面市场化和普遍自由化的新自由主义观点。高尚全会长不会没有看到这些媒体宣扬的观点。可是，作为担负经济体制改革重要职责的高先生，没有站出来讲一个不字，反而对为坚持和维护邓小平开创的改革理论与实践，为维护中国特色社会主义理论、道路和制度，也为维护我国宪法的规定，起而批判新自由主义的学者，横加指责，加罪于其“反改革”、“反邓小平”之名。人们想知道这里究竟藏着什么玄机。

事实上，新自由主义观点对我国的改革实践也带来了负面效应。众所周知，我国在国企改革转制中，存在国有资产大量流失现象。在改革以来放权的宽松环境下，企业高管具有了自主权，但有效的监督机制还未建立，在“国退民进”、“国有企业退出竞争领域”、MBA 大行其道的喧嚣中，名卖实送、半卖半送、自卖自买等化公为私的盗窃国有资产的行为，时兴了一阵。朱镕基曾斥责“一卖了之”的所谓“改革”，但也未见起什么作用。可见，新自由主义可以逆党政领导之志而任意前行，也可看出这种思潮并不停留在理论层面的宣传上，而是会转化为实践。新自由主义作为一种与马克思主义、中国特色社会主义理论相对立的思潮，如任其泛滥，让其得逞，会给我国的社会主义事业带来灾难性后果，西方和平演变的图谋将会实现。从西方政要们和平演变中国的策略中，可以得到一些警示。尼克松在其《透视世界》一书中讲，“在经济方面，中国朝自由市场制度前进的过程已经走了一半，现在它的两种经济——一种私有，一种公有——正在进行殊死的竞争”，而且“战斗远没有结束”。只要美国“继续介入中国的经济，就能在帮助私营经济，逐步销蚀国营经济方面扮演重要的角色”。美国驻华大使馆新闻处2000年9月的《背景材料》中提及克林顿的讲话：要在中国推行美国的“价值观念”，使中国“加速大型国有企业的衰亡”，“私营企业取而代之”，可以“为人权和法制而奋斗的人们增添力量”。可见，西方政要和平演变我国的重要策略之一，就是支持以私有制经济“销蚀”公有制经济特别是国有经济，新自由主义在我国会起什么作用和起了什么作用，与国外势力的期待和怂恿联系起来看，就更清楚了。

硬说批判新自由主义就是否定和反对改革，也对！不过否定和反对的是全盘私有化的新自由主义的改革，而不是社会主义自我完善、自我发展的改革！

## 二、高尚全会长的一些重要的深层次观点没有划清与新自由主义的界限

### （一）高尚全会长变异了“中国特色社会主义”的理论和实践

我国实行中国特色社会主义，需要首先把握中国特色社会主义制度的重要支柱是什么。党的十八届三中全会提出：“公有制为主体、多种所有制经济共同发展的基本经济制度，是中国特色社会主义的重要支柱，也是社会主义市场经济体制的根基……必须毫不动摇地巩固和发展公有制经济，坚持公有制主体地位，发挥国有经济主导作用，不断增强国有经济的活力、控制力、影响力。”当然，也必须毫不动摇地鼓励、支持、引导非公有制经济发展。这一理论指导贯穿于改革开放以来有关的中央文件中。

然而，高会长提出了中国特色社会主义的另外模式和特点。他与曹思源

一样，也把我国社会主义区分为两类：一类是“国家社会主义”，即由政府控制和配置资源的经济，是指计划经济，特指国有经济；另一类是“人民社会主义”，即民营经济（非公有经济）。2006 年 11 月 13 日《学习时报》刊发了他在一个论坛的发言，提出：“中国特色社会主义，简而言之也可以说是人民社会主义。判断社会主义的标准是‘三个有利于’，而不是国有经济在国民经济中的比重，恩格斯早就批判过那种把国有化直接等同于社会主义的观点。中国特色社会主义即人民社会主义有五个特征，即以民为本、市场经济、共同富裕、民主政治和中华文化。……人民社会主义区别于国家社会主义，人民社会主义是以民为本、以社会为本。”高先生的这一观点，反复地在许多报刊和研讨会中提及。他把人民社会主义又称之为“民本经济”。“什么是民本经济呢？就是以民为本，立足于民，民有、民营、民享的经济……民本经济是相对于官本经济而言的。民本经济的四个重要特点就是：社会投资以民间投资为主，经济形式以民营为主，社会事业以民办为主，政府管理以创造环境为主。”[①] 他用“民本经济”否定“官本经济”即由国家投资的国有经济。

让我们分析一下高会长的这个重要观点。

第一，事实上全盘否定了我国改革前新中国的社会主义事业。他撇开生产资料公有制是社会主义制度的经济基础这一科学社会主义和中国特色社会主义的核心理论，来评价和判断社会主义，事实上把我国改革前的社会主义否定了，也把改革以来国有经济的地位和作用否定了，颠倒了国有经济和私有经济“姓社”、“姓资”的关系。他把“三个有利于”作为判断社会主义的标准，是错解了邓小平的三个“是否有利于”的判断标准，这个问题且留后面讨论。按高先生的逻辑，改革开放前，公有制一统天下，搞“国家社会主义”即恩格斯批判的“冒牌社会主义”，不符合“三个有利于”，因此，不是社会主义。改革开放以来，发展非公经济，符合“三个有利于”，才有了“民本经济”，即“人民社会主义”，只是还存在非社会主义性质的国有经济，即“官本经济”。因此，“下一步改革的突破点在于民本经济”[②]。“经济体制转轨的过程，本质上也就是由原来的官本经济转向民本经济的过

① 高尚全：“中国特色社会主义也是人民社会主义”，《当代世界与社会主义》2007 年第 3 期。

② 高尚全：“中国特色社会主义也是人民社会主义”，《当代世界与社会主义》2007 年第 3 期。

程”。显然。这与“国退民进”的改革方案是一回事。只是换了个说法而已。在高先生看来，改革开放前，我国没有“人民社会主义”，只有“国家社会主义”，即恩格斯否认的“冒牌社会主义”，改革开放以来，非公经济即“人民社会主义”在发展，但还有“官本经济”即国有经济存在。以“民本经济”取代“官本经济”，即由“人民社会主义”取代“国家社会主义”，就是改革的“突破点”。

高尚全会长的理论观点，完全颠倒了不同经济成分的社会性质，在我国，国有经济和集体经济是社会主义经济，私营、外资经济是资本主义经济，个体经济没有独特的社会经济性质，可存在和依附于多个社会经济制度中。尽管改革前我国由于“左”风的干扰，对社会主义事业造成了损害，但不能否认，我国确立了社会主义制度。改革开放前，国有经济和集体经济保证了我国经济以年均6% 到7% 的速度发展，远远超过了私有制的旧中国的发展，也远远超过了许多私有制的资本主义国家。我国建立了独立的工业体系，各方面的建设都获得了巨大成就，为改革开放奠定了理论、物质、经济、社会制度等基础。十八大报告对此予以充分肯定：“以毛泽东同志为核心的党的第一代中央领导集体带领全党全国各族人民……确立了社会主义基本制度，成功实现了中国历史上最深刻最伟大的社会变革，为当代中国一切发展进步奠定了根本政治前提和制度基础。在探索过程中，虽然经历了严重曲折，但党在社会主义建设中取得的独创性理论成果和巨大成就，为新的历史时期开创中国特色社会主义提供了宝贵经验、理论准备、物质基础。”从经济建设的角度讲，离开当时的以国有经济为主导的公有制经济，什么成就都谈不上。

第二，高尚全会长设计的“中国特色社会主义”，难以与资本主义区别开来。分析一下他的“中国特色社会主义”即“人民社会主义”的五个特征，其中排除了我国宪法规定的国有经济为主导、公有制为基础或为主体的社会主义经济制度。其第一个特征是“以民为本”。这里所讲的“民”不是“全民所有制”的“民”，而主要是指“民营经济”，即私营经济，或泛指私有制经济。其第二个特征是“市场经济”，显然，发达资本主义国家的市场经济发展比我国更久远，更成熟。市场经济并不是社会主义区别于资本主义的特点。其第三个特征是“共同富裕”。问题在于私有制的市场经济必然产生两极分化，不可能真正实现共同富裕，发达资本主义市场经济国家的现实已证明这一点。美国“占领华尔街”运动的99%与1%的对抗是明显事例。其第四个特征是“民主政治”。众所周知，西方国家大讲“民主政治”，“民主政治”是资本主义政治优越于封建制度的特点，社会主义也应有“民主政治”，但抽象的“民主政治”不是社会主义区别于资本主义的特征。其第五个特征是“中华文化”。中华民族具有5000年的灿烂文化，历经多种社会经济制度，社会主义要继承和发扬中华文化，但它构不成社会主义内涵。

总之，高会长另起炉灶，提出的中国特色社会主义，是与邓小平的中国特色社会主义以及党中央所论述的中国特色社会主义根本不同的。其实，什么是中国特色社会主义经济，什么是中国特色社会主义政治、文化等，党的十五大报告已有系统论述。其中关于中国特色社会主义经济的首要特征“就是坚持和完善社会主义公有制为主体，多种所有制经济共同发展的基本经济制度”。高会长偏离这些明确的指导思想，另搞一套，显然是有自己的特定目的的。通过前面分析可以看出，高会长所主张的中国特色社会主义是全盘私有化的“社会主义”，是难以与资本主义区别开来的“中国特色社会主义”。

再看高会长所主张的“民本经济”的具体内容。“什么是民本经济呢？就是以民为本，立足于民，民有、民营、民享的经济……其主要特点就是：社会投资以民间投资为主，经济形式以民营为主，社会事业以民办为主，政府管理以创造环境为主。”① 高会长笔下的“民”，不是劳动人民的“民”，而是“民营经济”，即私人资本经济的“民”。这就是说，我国的经济形式、社会投资、社会事业，都要以私有、私营为主。国有经济、集体经济都被排除在外了。政府的职能主要是为发展私有制经济创造环境！彻底私有化的主张跃然纸上！

“民有、民营、民享。”这个口号式的提法似曾相识，人们不难想起美国第16任总统林肯于1863年11月19日在葛底斯堡发表的著名演说。其中的重要一句是“民有、民治、民享的政府将永世长存”。高先生曾就读于圣约翰大学，对此是耳熟能详的，他只将其中的“民治”换成“民营”，构成“新三民”，但高先生的“三民”与林肯的“三民”难以区别。其本义可表述为：民营经济自有、民有经济自营、民有民营经济自享。这依然是主张全

① “高尚全阐释发展民本经济：民有、民营、民享”，《中华工商时报》2002年3月13日。

盘私有化，建设以私企为统治的“人民社会主义”。

排除以国有经济为主导的公有制经济，实行民营经济即私有经济一统天下的“民本经济”即“人民社会主义”，这就是高会长不断提倡的“中国特色社会主义”！这究竟是社会主义还是别的什么“主义”，读者自会辨别清楚！

**（二）错解邓小平三个“是否有利于”的判断标准，颠倒“资”与“社”的经济性质**

高会长在许多论著中一再提到判断社会主义的标准是“三个有利于”。例如，在《学习时报》2006年11月13日刊登的他的讲话中说：“判断社会主义的标准是‘三个有利于’，而并不是国有经济在国民经济中的比重。”《北京日报》2008年12月29日的理论周刊上发表了高会长的《改革需要最大限度地营造社会共识》一文，其中讲：“邓小平同志提出，判断改革开放‘姓社’、‘姓资’，标准应该主要看是否有利于发展社会主义生产力（应是社会主义社会生产力—— 引者），是否有利于增强社会主义国家的综合国力，是否有利于提高人民的生活水平。”

高会长没有准确把握邓小平的“三个是否有利于”的判断标准，将其错解为判断“姓社”、“姓资”的标准，在高会长看来，凡有利于我国生产力发展的事物统统“姓社”，具有社会主义性质，反之，统统“姓资”，是资本主义。于是，私营、外资、个体经济，都有利于发展我国生产力，便都是社会主义经济。这正是高会长将我国私有制经济定位为“人民社会主义”理论的重要根据。而且高会长还要求人们与他一样如此理解，以便“最大限度地营造社会共识”！如此“营造共识”，会损害社会主义事业。然而，错解邓小平三个“是否有利于”判断标准的，大有人在。这个理论是非应当辨别清楚。

有必要说明，邓小平南方谈话提出判断的主要标准，是三个“是否有利于”的观点，并没有及时获得正确解读。1992年3月9—10日，在中共中央政治局召开会议讨论我国改革和发展的若干重大问题的公报中，曾提出“判断姓‘社’姓‘资’，应该主要看是否有利于发展社会主义社会的生产力，是否有利于增强社会主义国家的综合实力，是否有利于提高人民的生活水平”[①]。但是，人们很快认识到这种解读存在问题。在相隔10天的3月20日的政府工作报告中，将三个“是否有利于”的标准定位为判断“改革开放得失成败”的标准。在1992年10月党的十四大报告中，又将其作为“判断各方面工作是非得失”的标准。在1993年11月《中共中央关于建立社会主义市场经济体制若干问题的决定》中也提出：要始终坚持以三个“是否有利于”作为决定各项改革措施取舍和检验其得失的根本标准。以后的有关中央文件中也是将其作为判断一切工作是非得失的标准。2002年，党的十六大通过的党章《总纲》中，也将三个“有利于”作为检验“各项工作”的“总的出发点和检验标准”。高尚全会长不会看不到一系列中央文件中这些正确的说明，却依然坚持将三个“是否有利于”作为判断姓“资”姓“社”的标准。因为只有这样，才能据此将私有制经济断定为社会主义——“人民社会主义”。

只引证中央文件难以说服高会长，他可以认为自己的解读更正确，还需要通过理论分析来判断是非。

为什么不能将三个“是否有利于”作为判断“社”与“资”的标准呢？

第一，有一些事物不管它是否符合三个“有利于”，其自身并不具有姓“社”姓“资”的性质。我国由传统计划经济转轨为社会主义市场经济，符合三个“有利于”，但不能由此判断市场经济姓“社”，计划经济姓“资”。过去把市场经济看作资本主义，把计划经济看作社会主义。邓小平否定了这种传统看法，不能反过来说市场经济是社会主义，计划经济是资本主义。再如，利用先进科学技术、现代管理制度，实现工业化、信息化、城镇化和农业现代化，符合三个“有利于”，但不能由此判断他们自身具有社会主义属性，所有这些，发达资本主义国家比我们实现得更早，只有赋予其社会主义内容，才会具有社会主义特点。

第二，不能认为凡姓“资”的东西都不符合三个“有利于”。我国引进外资，就是让外国资本家来我国开办企业。外资企业是资本主义经济，邓小平也明确提及。但为了发展社会主义，可以利用外国资本主义。也可以利用本国资本主义经济——私营经济。要弄清一个逻辑关系：不是根据三个“有利于”标准判断私企、外企姓“社”，而是根据发展私企、外企符合三

① 《十三大以来重要文献选编》（下），人民出版社1993年版，第1971页。

个“有利于”标准，所以要在公有制为主体条件下，利用中外资本主义经济。不能颠倒判断的标准！

第三，社会主义经济体制改革是不断推进和深化的过程。改革无止境，生产力的不断发展要求生产关系适时与其相适应。所有制的实现形式，分配制度的实现形式，经济增长与发展的方式，会不断创新。不能认为，凡符合三个“有利于”的新的形式姓“社”，不断被取代的旧形式姓“资”。如国有企业的两权分离取代了国有国营的两权统一，股份制取代了承包制，不能说被取代的姓“资”，取代的姓“社”。

针对高尚全会长发表于《北京日报》2008年12月29日的《改革需要最大限度地营造社会共识》一文中对邓小平判断标准的误解、错解，卫兴华于2009年2月18日在《北京日报》发表《对“三个有利于”标准怎样理解更准确些》一文，进行争鸣，提出五点论证，说明高会长的解读不符合邓小平原意，其理论观点不能成立。我们注意到，此后在高先生发表的文章中，没有再讲三个“是否有利于”是判断姓“社”姓“资”的标准的观点。由此推断，高先生还是能听取不同意见的，这是我们的一个主观设想，也是又写此文与高会长进一步进行讨论的动因之一。

### （三）借错解恩格斯批评“冒牌社会主义”来否定我国国有经济是社会主义，是社会主义制度的经济基础

长期以来，高尚全会长在多篇文章中不断引证恩格斯在《反杜林论》中的一段话，作为否定我国国有经济是社会主义经济的根据。在前引《学习时报》刊发的高先生的发言中，也讲“恩格斯早就批评过那种把国有化直接等同于社会主义的观点”。在《南方周末》2007年5月17日刊载的《搞清楚社会主义究竟是什么——首届全国社会主义论坛追述》一文中，又摘发了高会长的这段讲话。《人民论坛》2010年第1期刊发了高会长的《“国进民退”的问题不在进退》一文。其中提出：有人认为“国有的是社会主义的，这种意识形态现在还存在。国有经济是不是中国共产党的执政基础，是不是社会主义制度的经济基础？对于这个问题我有三点质疑：第一，苏联垮台的时候，它强大的国有经济没有支撑苏联共产党继续执政，也没有支持苏联社会主义制度，这是为什么？第二，1972年，主要资本主义国家国有经济比例都比较高，有的达到30%甚至35%，但没有人说这些国家是

社会主义国家。第三，过去国内沿海投资比较少，所以国有经济比重比较低，主要靠民营经济，但是你不能就此说沿海地区不是搞社会主义。我过去的文章里多次引用恩格斯曾经讲过的一句话，'自俾斯麦致力于国有化以来，出现了一种冒牌社会主义'，我认为中国共产党执政的基础不是国有经济比重的高低，而是三个'民'（民生、民心、民营），得民心者得天下。所以三个'民'就是中国共产党执政的基础"。直到2012年党的十八大召开，高会长继续坚持借恩格斯的话否定我国国有经济的社会主义性质。2012年12月6日《深圳特区报》，在解读十八大报告的专栏中刊发了高先生的《改革攻坚，必须坚持"三个不动摇"》，其中第二个"不动摇"是"坚持国有经济的定位不动摇"。本来，马、恩、列、毛的理论和中国特色社会主义理论以及中国宪法，对劳动人民掌握政权条件下的国有经济早有明确的定位，那就是：国有经济是归全民所有的社会主义经济，是社会主义经济制度的基础。而高先生竟否定这一定位。他的"定位不动摇"是反其道而行之，否定我国国有经济是社会主义经济。他说"不能简单地把国有化和社会主义等同起来"。"国有经济如何定位，目前争议较大。有些人认为，国有经济是我们党的执政基础……从历史的实践来看，这种'基础论'也是站不住脚的。"高先生否定了国有经济是社会主义经济，当然也就会否定它是共产党的执政基础。高先生竟然以解读十八大精神的名义，与十八大唱对台戏。十八大系统论述了中国特色社会主义道路、理论体系和制度。其中强调"公有制为主体、多种所有制共同发展的基本经济制度"的基础性作用；并且提出：深化重要领域的改革，"要加快完善社会主义市场经济体系，完善公有制为主体、多种所有制经济共同发展的基本经济制度"；还特别论述了改革与发展国有企业的问题："要毫不动摇地发展公有制经济，推行公有制多种实现形式，深化国有企业改革，完善各类国有资产管理体制，推动国有资本更多投向关系国家安全和国民经济命脉的重要行业和关键性领域，不断增强国有经济活力、控制力、影响力。"对比一下十八大关于公有制和国有企业的地位和作用的论述同高会长的解读，可以明确判断高会长的观点是对是错。

高先生否定我国国有经济的社会主义性质，有他的"理论根据"和"事实根据"。其理论根据就是恩格斯在《反杜林论》中的一段话，高先生在《深圳特区报》上做了大段引证："自从俾斯麦致力于国有化以来，出现了一种冒牌的社会主义，它有时甚至堕落为某些奴才气，无条件地把任何一种国有化，甚至俾斯麦的国有化都说成是社会主义的。显然，如果烟草公司是社会主义的，那么拿破仑和梅特涅也应该算入社会主义创始人之列了。”“俾斯麦并非考虑经济上的必要性，而是为了使铁路能够更好地适用于战时，只是为了把铁路官员训练成政府的投票家畜，主要是为了取得一种不依赖于议会决定的新的收入来源，而把普鲁士的铁路干线收归国有，这无论如何不是社会主义的步骤，既不是直接的，也不是间接的，既不是自觉的，也不是不自觉的。否则，皇家海外贸易公司、皇家陶瓷厂，甚至陆军被服厂，以致30年代弗里德里希·威廉三世时期由一个聪明人一本正经地建议过的妓院国营，也都是社会主义的设施了。”①

高会长引证这一大段话后接着说：“但时至今日，仍有人认为，国有化就是社会主义……简单地把国有化和社会主义等同起来。”“国内外的实践经验证明，党的执政基础，不在于国有经济比重高低，而根本的是三个‘民’，‘民心、民生、民意’，民心是核心问题，‘得民心者得天下’，古今中外都说明这个问题：为了得民心……就要尊重民意，使老百姓有话语权，有参与权，有监督权，有尊严。”

高会长的上述言论，涉及重要理论是非和事实真相，需要进行一些评析。

第一，用恩格斯批评将俾斯麦的国有化看作社会主义来否定我国的国有经济的社会主义性质，这是张冠李戴、文不对题之论。为什么恩格斯要将其斥之为“冒牌的社会主义”呢？首先，普鲁士的“铁血宰相”俾斯麦搞某些国有化措施，“并非考虑经济上的必要性”，并不是要将生产资料私有制变为社会所有制，他把铁路国有化，是为了“适用于战时”的需要，是为了获得“不依赖于议会决定的收入来源”，这与社会主义无关。在生产资料资本主义私有制的基础上搞“烟草国营”，也与社会主义所要求的生产资料社会所有制无关。

第二，更为重要的是，在资产阶级掌握政权，以生产资料资本主义私有制为基础的社会制度下，实行某些国有化措施，是从资产阶级的整体利益考虑的。恩格斯在《反杜林论》中已经明确地回答了为什么要批评“冒牌的

---

① 《马克思恩格斯全集》第19卷，人民出版社1963年版，第239页。

社会主义”的道理。他指出，在资本主义国家，“无论转化为股份公司，还是转化为国家财产，都没有消除生产力的资本属性。……现代国家，不管它的形式如何，本质上都是资本主义的机器，资本家的国家，理想的总资本家。……工人仍然是雇佣劳动者、无产者，资本关系没有被消灭，反而被推到了顶点”①。

当代资本主义国家国有化与私有化交替出现的现象，超出马克思、恩格斯所见到的情况。不过，现代资本主义国家的国有经济，无论占比重多大，依然不是社会主义经济，学术界称之为国家垄断资本主义，是资本主义发展的新阶段，但不会改变其资本主义的性质。

第三，马克思、恩格斯反复说明，建立社会主义，必须首先把生产资料掌握在代表劳动人民的国家手中，在劳动人民掌权的条件下，国有经济就是社会主义。《共产党宣言》明确提出：无产阶级将把全部资本，把一切生产工具掌握在国家手中。马克思在《论土地国有化》一文中也指出：“生产资料的全国性集中将成为自由平等的生产者的各联合体所构成的社会的全国性的基础。”这表明，马克思把生产资料国有化视作社会主义“联合体”的“全国性的基础”。恩格斯在《反杜林论》中同样指出：“无产阶级将取得国家政权，并且首先把生产资料变为国家财产。”② 这两句话所用黑体字都是原文标明的。

马克思、恩格斯这些明确的论述，驳斥了所谓国有经济是来源于希特勒的国家社会主义的胡说。其实，科学社会主义运动，始终是把实行生产资料公有制首先是国有化作为运动的中心任务的。

第四，在马克思、恩格斯以后，从列宁、毛泽东到中国特色社会主义理论，都强调国有经济在社会主义经济政治中的基础作用。

列宁指出：无产阶级当政时的基本任务是“把一切工厂、铁路、银行、船队以及其他生产资料和流通手段转归苏维埃共和国所有”③。无论在新民主主义革命时期或社会主义时期，我国始终把国有（或国营）经济定位为社会主义经济。毛泽东在《新民主主义论》中指出：“无产阶级领导下的新民主主义共和国的国营经济是社会主义的性质，是整个国民经济的领导力

① 《马克思恩格斯选集》第3卷，人民出版社1995年版，第629页。

② 《马克思恩格斯选集》第3卷，人民出版社1995年版，第630页。

③ 《列宁全集》第36卷，人民出版社1985年版，第81页。

量。”也在《论联合政府》中又提出：“无产阶级领导下的国营经济和合作社经济是社会主义的因素。”新中国成立前夕的全国政协《共同纲领》中也强调说明：“国营经济为社会主义性质的经济。凡属有关国家经济命脉和足以操纵国民生计的事业，均应由国家统一经营。”

宪法是国人必须遵守的根本大法，《宪法》规定：“中华人民共和国的社会主义经济制度的基础是生产资料的社会主义公有制，即全民所有制和劳动群众集体所有制。”“国有经济，即社会主义全民所有制经济，是国民经济的主导力量，国家保障国有经济的巩固和发展。”

党章、党纲是党员必须坚守的言行准则。党的十六大通过的党章的“总纲”规定：“坚持马克思列宁主义的基本原理”，“必须坚持和完善公有制为主体多种所有制共同发展的基本经济制度”。中国共产党是以马列主义、毛泽东思想和中国特色社会主义理论为指导的党。我国的改革与发展，必须在这一指导思想下推进。党员更要遵守党的准则。高尚全会长是党的高级领导干部，竟漠视和排斥马列主义、毛泽东思想和中国特色社会主义对社会主义国有经济地位和作用的明确定位，从错搬恩格斯的一段话中得出否定国有经济的社会主义性质的结论，否定国有经济为主导的公有制经济是社会主义制度的经济基础，将其贬之为“国家社会主义”，主张由非公经济即所谓“人民社会主义”取而代之，与马列主义、毛泽东思想和中国特色社会主义理论和实践相对立，甚至与曹思源一样，将我国社会主义的国有经济与希特勒的“国家社会主义”相挂钩。他说：“希特勒也搞过国家社会主义，把德意志工人党改名为德国国家社会主义工人党，即纳粹党，把国家社会主义作为执政纲领，并通过国家的力量把企业和托拉斯国有化。”[①] 高先生时而将我国的国有经济与俾斯麦的国有化相比拟，时而与希特勒的国有化相比拟，用以贬损我国国有经济，否定其社会主义性质，为全力发展私有制经济、全面推行私有化制造舆论。仅从学术标准来看，也是与科学社会主义和中国特色社会主义风马牛不相及的理论失真和逻辑失范！

### （四）否定社会主义国有经济是共产党的执政基础

高尚全会长一再否定将社会主义国有经济视作党的执政基础的观点。他

① 高尚全：“中国特色社会主义也是人民社会主义”，《当代世界与社会主义》2007年第3期。

在前述《人民论坛》和《深圳特区报》发表的文章中说：国内外的实践证明，党的执政基础不在于国有经济的比重高低，而根本的是三个“民”：“民心、民生、民意”，“得民心者得天下”。这是什么意思呢？这表明，高尚全会长认为，我国国有经济与“民心、民生、民意”相悖，是不得民心的。只有“人民社会主义”即非公有制经济才符合“三民”要求，才是得民心的。然而，这与事实不符。前几年，吉林省的“通钢事件”，表明国有钢厂的职工不愿转制为私企，乃至群情激愤，祸及私企主管。媒体报道说，这是职工具有“国有经济情结”所致！近些年来，分配不公、工资恶意拖欠，劳资矛盾凸显，群体事件频发，也多与私营、外资企业有关。假冒伪劣、坑蒙拐骗、非法传销、非法行医、非法集资等，又多来自私人。前些年媒体不断揭露私营企业严重侵犯职工权益的事实，有些报道触目惊心。这符合什么“三民”？符合什么“民心”？据统计，国有企业职工的年薪远高于私企职工。国企职工的工作和生活比私企更有保证。固然，国企还存在不少问题，需要通过深化改革和加强管理改进，但对于保证国家和人民的利益来说，国企胜于私企、外企。国内发生强烈地震等自然灾害、国外发生动乱需祖国援助侨民时，是国有企业及时发挥作用。如果“民心、民生、民意”，是指民营企业之“民”，指“人民社会主义”之“民”，那么，由私有经济取代国有经济，由所谓“国家社会主义”改制为“人民社会主义”，那确实是得“民”心的，是得私人资本之心，而非得劳动人民之心。

否定以国有经济为主导的公有制经济是共产党的执政基础，也是为了削弱和否定国有经济的地位和作用。然而，《共产党宣言》和“共产党”的名称就表明，共产党是致力于共产主义事业的，是要求“共”生产资料之“产”的。搞公有制的本意，是为了更好地发展生产力，消除两极分化，走共同富裕道路。搞私有制必然产生两极分化。社会主义国有经济和整个公有制经济的兴衰成败，标志着社会主义事业的兴衰成败，共产党执政事业的兴衰成败。如果搞全面私有化，用不着共产党，也与共产党的名称和职责相悖。以国有经济为主导的公有制经济，是社会主义经济制度的基础，如果这个基础垮了，已建立的社会主义也随之垮了，就标志着共产党从事和执政的事业失败了。经济基础决定上层建筑，共产党执政的基础和共产党的命运是紧密相关的，苏联解体和亡党的历史教训应当记取。

在这个问题上，党中央和历届中央领导同志认识是清醒的。中国共产党第十五届中央委员会第四次全体会议通过的《关于国有企业改革和发展若干重大问题的决定》中指出，我们要增强国家的经济实力、国防实力和民族凝聚力，就必须不断促进国有经济的发展壮大。包括国有经济在内的公有制经济，是我国社会主义制度的经济基础，是实现广大人民群众根本利益和共同富裕的重要保证。江泽民同志在《巩固和加强社会主义的经济基础》的讲话中明确指出："新中国成立以来不断发展壮大的国有经济，是我们社会主义国家政权的重要基础。我国国有经济的发展，不仅对保证国民经济稳定发展、增强综合国力、实现最广大人民的根本利益具有重大意义，而且对巩固和发展社会主义制度、加强全国各族人民的大团结、保证党和国家长治久安具有重大意义。没有国有经济为核心的公有制经济，就没有社会主义的经济基础，也就没有我们共产党执政以及整个社会主义上层建筑的经济基础和强大物质手段。这一点，各级领导干部特别是高级干部必须有清醒的深刻的认识。"重视搞好国有企业，"就是要不断巩固和加强我们党执政和我们社会主义国家政权的经济基础"，因此，"搞好国有企业改革和发展，不仅是一个重大的经济问题，而且是一个重大的政治问题"①。江泽民在这段掷地有声的讲话中连续论述了国有经济的四个"基础"作用：是我国"社会主义的经济基础"，是"我们社会主义国家政权的经济基础"，是"共产党执政的经济基础"，是"整个社会主义上层建筑的经济基础"。他特别提醒各级领导干部特别是高级干部对此要有"清醒和深刻的认识"。高尚全会长作为高级干部，否定国有经济是社会主义、是社会主义制度的基础、是共产党的执政基础，要求以非公有经济取而代之，这与中央的理论认识和指导思想完全相对立，是不是应该"清醒"一点了呢?!

高尚全会长还提出否定国有经济是党的执政基础的四点"实践"根据，同样站不住脚。他在前引《深圳特区报》中说："从历史实践来看，这种'基础论'也是站不住脚的。""第一，苏联垮台的时候，一统天下的国有经济为什么没有支持苏联共产党继续执政。"这个"实践"论据不符事实。首先，苏联解体、国破党亡，正是在实行新自由主义的改革方案，搞全面私有化的进程中同步出现的；其次，肯定以国有经济为核心的公有制经济是社会主义经济制度和共产党的执政基础，并不等于说党的执政地位单由国有经济

① 《江泽民文选》第3卷，人民出版社2006年版，第71页。

保证。如果党犯了自我毁灭的错误，自然会失去其执政权力。

高会长说："第二，20 世纪 70 年代初，一些发达资本主义国家国有经济比重都是比较高的，英国为 29% ，法国为 33% ……但，那个时代，没有哪一个人说它们是搞社会主义。"应当了解，资本主义国家搞国有经济，是服从于资产阶级整体利益需要的，时而国有化，时而私有化，都不会改变其资本主义性质。恩格斯在《反杜林论》中对俾斯麦的国有化的评论，对资本主义国有经济总的评论，我们在前面的论述中已经引证过，不能用资本主义国家的国有经济不是社会主义，来证明我国的国有经济也不是社会主义，这本是恩格斯已讲清楚了的问题。关键在于要看是资产阶级手中的国有经济，还是劳动人民手中的国有经济。

高先生又说："第三，从我们浙江的现象看，浙江地处沿海，国家投资少，当然国有经济比重低了。……但经济发展很快，与国有经济相比，老百姓富裕程度很高。"高先生是要证明，私有制经济与国有经济相比"发展更快，老百姓富裕程度很高"。这样的论断未免简单了点。需弄清几点：第一，改革开放前，沿海经济发展就快于内地，发展程度也高。1956 年毛泽东发表的《论十大关系》中，专设一节讲"沿海工业和内地工业的关系"。当时，如毛泽东所述，"我国全部轻工业和重工业都有约百分之七十在沿海"。三大改造后，都为国有经济。改革开放前的浙江省的工业比内地发达，显然，国有经济比内地要强。改革开放以来，浙江省的国有经济所剩无多，非公有经济发展很快，占更大比重。高先生没有提供数字说明，改革前原有的国有经济一统天下的局面是如何变化的，是否在"国退民进"的改制中付出了有利于非公经济发展的巨大成本？第二，旧中国是多种私有制经济存在的社会，经济长期停滞不前，新中国成立后，在改革前的近 30 年中，国民经济的发展速度远远超过新中国成立前，国有经济的利税率 1957 年达 34.7% ，1965 年达 29.8% 。毛泽东在《论十大关系》中讲，轻工业中的国有企业，"全部投产后，四年之内，除了收回本厂的投资以外，还可以赚回三个厂、两个厂、一个厂，至少半个厂"。后来，国有经济尽管受"左"的干扰，也还显示出其比私有制经济的优越性。第三，苏联建立社会主义公有制的几十年中，虽经过战争破坏，但迅速缩短了沙俄时代与美国经济的巨大差距，成为可与美国抗衡的超级大国。苏联解体、实行私有化后，经济十多年停滞不前。其经济规模原来远远大于我国，而现在雄风不再，远远落在我国后面了。

高会长又说："第四，越南的国有经济比重比我们低得多，但没有人说它不是社会主义国家。"这个论据不真实，论者没有提供越南国有经济比重究竟是多少，说"比我们低得多"，毫无根据。我国商务部网站2012年曾根据汇丰银行宣布的有关越南的资料，说越南国有经济占全国GDP的40%，远高于我国。另外，越南也没有说它已经是建成了的社会主义国家，而称作是社会主义走向的社会，或向社会主义过渡的社会。2001年，越共九大提出"社会主义走向的市场经济"。

总之，高会长提出四条"历史实践"理由，用以否定国有经济的重要地位和性质及其马克思主义的"定位"，都是没有根据的。高会长提三个"民"是共产党的执政基础，就是指"民有、民营、民享"的私有制经济是共产党的执政基础。这个建议的实质是什么？将会导致什么结果，无须多说了！

# 为什么要实行和怎样实行混合所有制经济[①]

## 一、弄清“混合所有制经济”与“混合经济”概念的是与非

什么是混合所有制经济？什么是混合经济？两者的内涵是统一的，还是有区别？学界在研究和讨论混合所有制经济问题时，常常碰到对这类概念的不同理解与运用，需要弄清是非，统一认识。

有的学者提出，混合所有制经济有宏观、微观之别。从宏观经济来看，我国实行多种所有制经济共同发展。公有制经济与非公有制经济并存，就是宏观经济领域的混合所有制经济。从微观经济来看，实行公有资本和私人资本交叉持股的股份制，就是当前倡导的混合所有制经济。另有学者，把混合所有制经济，简称为混合经济。我认为，上述这种理解，值得商榷。

首先，我国改革开放以来，实行公有制为主体，多种所有制共同发展，中央文件和学界一贯称之为社会主义初级阶段的基本经济制度。现在提出混合所有制经济，是专指公私资本交叉持股的股份制度。没有必要分散理论与实践焦点另将现阶段基本经济制度改称混合所有制经济。

混合所有制经济是否可以简称为混合经济呢？笔者认为，“混合经济”一词，在西方经济学中已有其公认的内涵。与我国所讲的混合所有制经济不是一回事。西方经济学概念，我国学界多有应用。没有必要在“混合经济”一词上另起炉灶。

西方经济学中的“混合经济”有两种内涵：一是指政府工业和私人工

① 本文原载《山西高等学校社会科学学报》2015年第6期。

业的混合，也就是私有制经济和少数国有经济共存，把共存称作“混合”。二是指市场经济与政府调节的结合，也就是“看得见的手”和“看不见的手”的结合。在西方的经济词典和教材中，对“混合经济”一词都有明确的解读。兹举几例。美国格林沃尔主编的《现代经济词典》（商务印书馆出版）中这样解释：“在混合经济制度中，国家机构和私人机构都实行一定的经济控制。在大多数自由世界的工业国家的经济中，都存在着不同程度的政府工业和私营工业的混合。”它把邮政局由政府经营管理，公共交通设施由政府所有和经营，将政府的管理机构对私人企业的控制和限制，都纳入“混合经济”的内容之中。在萨缪尔森和诺德豪斯所著的《经济学》中也讲：“美国经济的现实是私人组织和政府机构都实施经济控制的‘混合经济’：私有制度通过市场机制的无形指令发生作用，政府机构的作用则通过调节性的命令和财政刺激得以实现。”[①] 在胡代光和高鸿业主编的《现代西方经济辞典》中，介绍了“混合经济”的思想：凯恩斯在《通论》中提出的“混合经济”的内容是“让国家之权威与私人之策动力量互相合作”。汉森发展了凯恩斯的这一思想，提出资本主义已不是纯粹的私人资本主义经济，而是私人经济与公共经济共处的双重经济。“双重经济”就是“混合经济”[②]。

中国的经济学词典中，对“混合经济”和“混合经济论”也有说明。如刘树成主编、凤凰出版社和江苏人民出版社共同出版的《现代经济词典》中，就收入了这两个词条。在“混合经济论”一词中这样讲：“西方经济学中有关私人经济与公共经济共存，市场机制与国家干预结合的一种理论。”

西方经济学中之所以要提出“混合经济”一词，是为了区别亚当·斯密所阐述的自由市场经济时期政府只起守夜人作用的资本主义经济，说明当代资本主义的特点，即政府既调控市场经济，又经管国有经济。我国实行混合所有制经济，与西方讲的“混合经济”不是一回事。不要将两者等同。我国实行公有制为主体多种所有制经济共同发展，也不必称之为混合经济。因为我国的社会主义基本经济制度与资本主义国家以私有制为基础的混合经济是不同的。

---

① 萨缪尔森、诺德豪斯：《经济学》第12版，中国发展出版社1992年版，第68页。

② 胡代光、高鸿业：《现代西方经济辞典》，中国社会科学出版社1996年版，第192页。

## 二、为什么要实行混合所有制经济

混合所有制经济的概念，最早是在党的十四届三中全会上提出的，用的是“混合所有的经济”一词。十四届三中全会决定指出：“随着产权的流动和重组，财产混合所有的经济单位越来越多，将会形成新的财产所有结构。”1999 年的十五届四中全会提出，要发展股份制这种混合所有制经济。2002 年十六大报告提出：“积极推行股份制，发展混合所有制经济。”

混合所有制经济，必然采取股份制形式。但股份制不一定是混合所有制经济。多家私营企业可以建立股份制，相互持股；多家国有企业也可以建立股份制，相互持股。这不是混合所有制经济。讲混合所有制经济，是指公有资本同私人资本交叉持股的股份制经济。

为什么要主张发展公私资本交叉持股的混合所有制经济？在改革过程中，先是提出股份制是公有制的实现形式，后又进一步提出股份制是“公有制的主要实现形式”，再后又提出作为混合所有制经济的股份制是“基本经济制度的重要实现形式”。

探寻公有制的有效实现形式，搞股份制和混合所有制，其目的是为了更有效地发展公有制经济，把公有制经济特别是国有经济搞好搞活。十六大报告提出“积极推行股份制，发展混合所有制经济”这句话，是在以“坚持和完善基本经济制度，深化国有资产管理体制改革”为标题的一节中讲的。这表明，搞混合所有制经济，首先是服从于坚持和完善基本经济制度这一任务和目标的。紧接着讲：“必须毫不动摇地巩固和发展公有制经济。发展壮大国有经济，国有经济控制国民经济命脉，对于发挥社会主义制度的优越性，增强我国的经济实力、国防实力和民族凝聚力，具有关键性作用。”此外，也要毫不动摇地发展非公有制经济。可见，发展混合所有制经济是重在巩固和发展公有制经济，壮大国有经济。同时，也是为了更好地发展非公经济。再看十八届三中全会的决定中的有关说明：“积极发展混合所有制经济。国有资本、集体资本、非公有资本等交叉持股、相互融合的混合所有制经济，是基本经济制度的重要实现形式。”这段话是在十八届三中全会决定的第二部分“坚持和完善基本经济制度”的标题下讲的。这表明，实行混合所有制经济，是服从于坚持和完善公有制为主体、多种所有制经济共同发展的基本经济制度的。接下来进一步指出："必须毫不动摇地巩固和发展公有制经济，坚持公有制主体地位，发挥国有经济主导作用，不断增强国有经济活力、控制力、影响力。"这是首要的目的。其次，实行混合所有制经济，也是为了"激发非公有制经济的活力和创造力"。

应当注意到，十八届三中全会提出积极发展混合所有制经济，同以往中央文件中所讲的发展混合所有制经济，在提法上有所区别。以往的提法是使股份制包括公私资本参股的混合所有制经济，"成为公有制的实现形式"或"主要实现形式"，而十八届三中全会的决定中的提法是："混合所有制经济，是基本经济制度的重要实现形式。"基本经济制度，既包括为主体的公有制经济，也包括非公经济。就是说，混合所有制经济不只是公有制的实现形式或主要实现形式，也是非公经济的重要实现形式。这有利于公私经济共同发展。十八届三中全会决定指出"搞混合所有制改革，有利于国有资本放大功能、保值增值、提高竞争力"。同时，"有利于各种所有制资本取长补短、相互促进、共同发展"。

从中央有关文件的说明，可以清楚地看出，搞混合所有制经济，绝不是为了削弱公有经济特别是国有经济，搞什么"国退民进"。相反，是为了更好地发展国有经济，放大其功能，使其更有活力、控制力和竞争力，同时也有利于非公经济的发展。

## 三、怎样实行混合所有制经济

为什么要实行混合所有制经济和怎样搞好混合所有制经济，学界议论纷纷，见解不一。地方部门，也各持己见，各行其是。应当引起注意的，是有些学者所宣传的理论观点，偏离中央指导方针，与十八届三中全会的有关理论精神相悖。

《人民日报》下属的一家有影响的刊物《国家治理周刊》，在 2015 年 2 月 27 日发表了北京大学一位教授的论文《混合所有制改革助推产权结构优化》，主张"国退民进"。文中提出："混合所有制改革的一个要点是大幅降低国有股比重"，"'混合所有制'改革成功的一个必要条件是，在绝大多数行业，国家应放弃对企业的绝对控股权"。在竞争性行业，"都应尽可能降低国有股比重，甚至考虑完全退出"。"混合所有制改革涉及国有资产转让，一个不可回避的问题是‘国有资产流失’，定价过高，民间资本不会有兴趣”。“现阶段的‘国退民进’是社会主义初级阶段的选择”。之所以主张“国退民进”，是因为“国有企业中存在人浮于事、官僚作风等不良现象”。国退民进“有利于提高企业效率”。

显然，这种主张，是把混合所有制改革的目的，解读为搞私有化的“产权结构优化”。问题是持这种主张的还大有人在，有的讲得更直接了点。如一位国务院属下的研究所的副所长讲：“混合所有制本来是让民营资本来改造国有企业，慢慢的稀释国有股，……他因之呼吁将13万多中小国有企业彻底民营化”，即“私有化”。①

不知道这些学者和官员是否认真读过中央有关文件，为什么要与中央的改革精神背道而行。中央文件要求国企改革要“保值增值”。“保值”就是指存量资本和资产不能减少；“增值”，就是指增量资本和资产要不断扩大。当然，这是从国企总量或大多数国企来讲的。个别经营不善的国企可另作处理。目前，国有企业还存在这样那样的问题，需要通过深化改革来解决。但实行混改，决不是搞新一轮“国退民进”，削减国企。而是如中央文件所说：要通过改革“发展壮大国有经济”、“增强国有经济活力、控制力、影响力”，是为了“坚持和完善基本经济制度”。目前，关于怎样看待国企之争，是与怎样认识国企在社会主义制度中的地位和作用紧密联系的。只要赞同和遵守我国宪法中的有关规定，认同科学社会主义和中国特色社会主义理论，就不会贬国扬私，搞去国有化。我国《宪法》规定：“国家保障国有经济的巩固和发展”，“中华人民共和国的社会主义经济制度的基础是生产资料的社会主义公有制”。《宪法》的这一规定，是遵从科学社会主义理论的。公有制是社会主义经济制度的基础，这是马列主义、毛泽东思想、邓小平理论和整个中国特色社会主义一以贯之的理论思想。习近平同志在2014年8月18日主持召开的会议上说：“国有企业特别是中央管理企业，在关系国家安全和国民经济命脉的主要行业和关键领域占居支配地位，是国民经济的重要支柱，在我们党执政和我国社会主义国家政权的经济基础中也是起支柱作用的，必须搞好。”这表明，国有企业不仅是国民经济的重要支柱，也是国家政权和共产党执政的基础中的重要支柱。如果搞去国有化，搞全面私有

---

① 转引自陶卫华报道：“混合所有制：热与冷的背后”，《中国民商》2014年5月刊。

化，社会主义经济制度还存在么？还需要共产党执政么？如果以国有经济为核心的公有制，全盘被私营经济和外资企业所取代，必然是转变为资本主义经济制度。苏联东欧剧变的结果就是明证。因此，必须按照中央指导思想搞好国有企业，而且是“必须搞好”。为搞好国有经济就应搞好混合所有制经济。

实行混合所有制经济，应是双向混合，即既有私人资本参股国企，也有国有资本参股私企。国资参股私企，私企可具有绝对控股权或相对控股权，可扩大私资的影响力和竞争力。私资参股国企，不是把国企已做好的大蛋糕进行分割，切一大块分给私资。就是说，不是简单地把原有国有股转让给私资，搞“国退民进”，而是由私资投资国企进行参股，做大蛋糕，共享新增利润。混改中最有意见分歧的是控股权问题，私资参股国企，由谁控股？有的学者和地方官员以及私企老板主张国企在混改中让出控股权，由私资控股，包括绝对控股权或相对控股权。需要认知：如果在混合所有制中由私资控股，国有经济就变为私营经济了。我们一般把私营经济看作是私有制经济，将“私营”与“私有”等同。其实，私营经济既可以是私有私营，也可以是公私资本共同持股由私人资本经营的私营经济。在股份制中，如果国有资本总量多于私人资本，但国资分散在多家手中，私资相对占比高，由私资控股经营，就是私营企业，可以掌握相对控股权。在混改中，国有企业的存量资本，一般不应出让控股权。因特殊情况需要转让的，也只是个别的。在混合所有制经济中，私资在四种情况下可掌握控股权。一是私企引入公有资本，多为绝对控股，少为相对控股；二是国资新投资领域，按项目的性质和国资、私资参股的多少，分别由国资控股或私资控股；三是原有国企在扩建或新建中引入私资参股，扩大增量资本，在这方面，可根据具体情况由国资或私资掌握控股权；四是某些经营不善的中小国企，在双赢的协商条件下，可转归私资控股经营。

实行混合所有制经济，私资参股国企，即使不占有控股权，也可具有话语权和监督权，可提高效率，做大蛋糕，分享利润。事实上，我国实行混合所有制的股份制企业，已有不少先例，表现出有利于提高经营管理水平，获得国资、私资两利的成果。如中国建材集团吸引上千家私企参股，混合搞得很成功。既增强了国企活力，实现了国企的保值增值，又带动了千家私企的发展。

实行混合所有制经济，有些地方容易“闻风而动”，搞一股风，一刀切。有的地方政府，定任务、下指标，限时间，争“先进”，规定国企让出多少“控股权”。这偏离中央混改精神，应引起重视。搞混合所有制改革，既要有顶层设计，又要有细则。要按程序进行，规范运作，加强监督。避免新一轮国资大量流失。有的国企如果在现有体制下搞得很好，也应有权不引入私资，以真正落实“两权分离”下的企业经营自主权。

# 究竟该怎样理解“积极发展混合所有制经济”①

## ——兼析对“混合所有制经济”的几种不同见解

党的十八届三中全会的《决定》提出“积极发展混合所有制经济”。混合所有制经济，“是基本经济制度的重要实现形式”。这个提法与以往中央文件中的有关提法是有所区别的。过去是把作为混合所有制经济的股份制作为“公有制的实现形式”，或“公有制的主要实现形式”，现在超越了单提公有制，是讲“基本经济制度”的重要实现形式。基本经济制度是指公有制为主体、多种所有制共同发展的经济制度。就是说，混合所有制经济既是公有制的主要实现形式，也是非公有制经济的重要实现形式。

然而，社会各界对中央提出的积极发展混合所有制经济的理解与反应是不同的，有多种不同的声音。有非公企业家的多种声音，有地方主管和国企主管的不同回应，也有理论工作者的多种声音。

## 一、社会各界对发展混合所有制经济的不同见解

有些非公企业家鉴于20世纪通过搞“公私合营”的混合所有制，将私营企业改造为国有企业，搞国有化，心存疑虑。民营企业担心混合又是一场把私企消灭的“公私合营”，而国企忧虑的是与民企混合，民企会不会使用“移山大法”造成国有资产流失。有的企业家虽然从理论上赞同通过混合所有制改革国企，做大民企，但持等待观望态度，“在细则明确之前，我不会贸然出击”。有的提出“政府应当拿出国企的优质资产与社会资本重组，而

① 本文发表于《北京日报》2014年12月1日。

不是甩包袱把劣质资源推向市场”。还有一个控股权的问题，有的提出，“不能只是民营企业占小股份，应让民营企业更多控股”。有的直呼“混合所有制是个伪命题”，混合的结果，不是国资侵吞民资，就是民资侵吞国资，混合所有是执行不下去的。另外，关于混合所有制是“国进民退”还是“国退民进”，依然存在不同的意见。

国有企业如中石油、中石化率先对改革作出回应。中石油搭建了六个合作平台，中石化开放下游油品销售企业的30%股权以吸收民资加入。但多数国企按兵不动，处于等待与观望状态。有媒体报道：在博鳌亚洲论坛上，几位国有企业领导人对发展混合所有制表现不积极。

在理论界，关于发展混合所有制的见解也大相径庭。有学者批评两个毫不动摇是一种模糊体制。这种体制“如果导致国企长期做大做强，对中国全体民企造成的福利损失是巨大的”。主张“国有资本至少退出国有控股状态”。另有学者提出：“混合所有制本来是让民营资本来改造国有企业，慢慢稀释国有股。如果搞反了，国企改革就又走回去了”。他呼吁将13万多中小国企彻底“民营化”。

最近，中国经济出版社出版了《国企热点面对面》一书，汇集了有关国有企业改革和发展混合所有制经济的诸多学者的论著，转载了多位学者对混合所有制经济的不同看法。多数的主张是：发展混合所有制必须有利于壮大国有经济。应大力发展社会主义国有经济控股的混合所有制经济，以扩大国有资本的支配范围，巩固公有制的主体地位，加强国有经济的主导作用，引导非公有制经济发展。有的学者提出：资本的实力不在资本存量的多少，而在资本控制力的大小，减持国有股不是国有资产的流失，而是国有资本重新配置的一种方式。有的学者提出：决不能将混合所有制当成国企改革与发展的万能药方和唯一手段。不能陷入“一混就灵”的误区，不能为混合而混合，发展混合所有制经济要坚持在增量上混合。要有利于增强国有经济的主体地位和国有经济的主导作用，绝不能搞国有经济大规模撤退，要坚持防止抛售优质国有资产。还有学者提醒：“去国有化”、“去公有制”违背党的十八届三中全会精神。

从上述种种见解和意见可以看出，各界人士对发展混合所有制的目的和方式各持己见，未能形成统一认识。之所以产生如此多的分歧，一方面是与有的人士没有吃透十八届三中全会决定的精神实质有关。另一方面，有些分歧是在理论认识上与中国特色社会主义理论相悖而形成的。

## 二、不能将目前提倡的混合所有制经济与三大改造时期的“公私合营”相提并论

那时的“公私合营”是作为改造私营企业、消灭私有制，使其转变为国有经济的过渡形式。现在的混合所有制经济，是作为既发展公有制经济也发展非公有制经济、公私两利的实现形式。只要规范施行，取长补短，不存在谁吃掉谁的问题。现在，从大趋势看，用公资销蚀私资是不可能的。从政治趋向看，坚持两个“毫不动摇”，不存在对私资国有化的问题；从经济趋向看，私升公降的比例了然在目。

在改革开放初期，我国国有工业经济在总产值中的比重占80%以上，现在大约不到20%了，低于1949年新中国成立时的25.5%。非公经济已成为不可动摇的市场主体。值得注意的是，与中国特色社会主义相对立的私有化思潮，损害着我国的改革开放与发展事业。如果像某些人士所主张的那样，将我国仅存的十多万国企“民营化”，公有制转为私有制，“改旗易帜”，社会主义经济制度就不存在了，就犯了“颠覆性错误”。

党的十八届三中全会的决定再次明确提出：“公有制为主体、多种所有制经济共同发展的基本经济制度是中国特色社会主义制度的重要支柱，也是社会主义市场经济体制的根基。”“必须毫不动摇巩固和发展公有制经济，坚持公有制的主体地位，发挥国有经济的主导作用，不断增强国有经济的活力、控制力、影响力。”2014年8月18日，习近平同志在中央全面深化改革领导小组第四次会议上的讲话中也指出：“国有企业特别是中央管理企业，在关系国家安全和国民经济命脉的主要行业和关键领域占据支配地位，是国民经济的重要支柱，在我们党执政和我国社会主义国家政权的经济基础中也是起支柱作用的，必须搞好。”这是发展混合所有制经济的应有之义，必须明确认识。明确这一指导思想，就可以进一步明确认识两点：一是主张私有化的新自由主义观点不能成立；二是在发展混合所有制经济中，私资进入国企，就要求掌握控股权，是不现实的。那样会使国有经济变成私营经济。

## 三、回归十八届三中全会“积极发展混合所有制经济”的精神实质

股份制作为混合所有制经济的形式，早在1993年党的十四届三中全会的决定中提了出来，以后的中央文件中不断提出发展股份制这种混合所有制经济。2003年，党的十六届三中全会进一步提出：要大力发展国有资本、集体资本和非公有资本等参股的混合所有制经济，使股份制成为公有制的主要实现形式。经过多年来的改革，在中央企业及其子企业中，引入非公资本形成的混合所有制经济的企业约占总户数的50%。在地方国有企业中，所占比重更高。这种混合所有制的存在和发展表明，公资私资相互参股的股份制的存在，既不是什么伪命题，也不是什么公资侵吞私资或私资侵吞公资的过渡形式。

要看到，十八届三中全会决定进一步提出积极发展混合所有制经济，是具有新意的。既是继续用以深化国企改革，搞活和发展国有经济，又是向发展非公有制经济倾斜，使混合所有制经济成为促使其更好发展的“重要实现形式”。不要忽视十八届三中全会决定中提法的改变：不是重复以前讲的使股份制成为公有制的主要实现形式，而是另提“混合所有制经济是基本经济制度的重要实现形式”，而且还提出“鼓励发展非公有资本控股的混合所有制企业”。要“废除对非公有制经济各种形式的不合理规定，消除各种隐性壁垒，制定非公有制经济进入特许经营领域具体办法”。不要把决定中的“基本经济制度的重要实现形式”，混同于“公有制的主要实现形式”。如果单讲公有制与股份制或混合所有制的关系，那就讲：股份制是公有制的主要实现形式。现在是讲公有制为主体、多种所有制经济共同发展的基本经济制度同混合所有制的关系，那么它既是公有制的主要实现形式，又是非公有制经济的重要实现形式。之所以讲“基本经济制度的重要实现形式”，而不提主要实现形式，是因为私营企业2013年底已达1253万多户，多数为小型企业，不可能大都实行混合所有制，因而不能要求公私资本相互参股的混合所有制成为广大私营企业的主要实现形式。

## 四、控股权是发展混合所有制经济的关键问题

党的十八届三中全会决定提出“鼓励发展非公有资本控股的混合所有制企业”。非公资本可在哪些领域控股呢？某些私营企业在扩大发展中如果吸收国资参股，自然由私资控股，可扩大私企的支配力与影响力。发展混合所有制经济，本应是双向混合，即私资参股国企，国资参股私企。多年前，我在南方参观一家制药的私营企业，由一位博士主管，搞得很好。充分尊重职工权益，效率和利润率及工资都高。但其资本构成是国资占大头，私资占小头。由于国资分散在多家单位，由私资控股，所以是私营企业。一般认为私营企业就是私有私营，其实也可以私资国资混合由私资控股经营。另外，国家新建企业，可吸收私资参股，不涉及国家安全和国民经济命脉的一些行业，可由私资控股。私资参股现有国企，不是减少国企存量资本，代之以私人资本，而是在增量资本中，吸收私资，以“保值增值”。根据国企类型和作用的不同，一般由国有资本绝对控股和相对控股。如果某些国企经营不下去，愿并入私企，通过程序，由私资经营，当然要由私资控股。

需要明确：发展混合所有制的直接目的是为了搞好搞活国有经济；也是为了更好发展非公经济，以更快发展社会生产力，提高人民生活水平。其战略总目标是发展和完善中国特色社会主义。为此，十八届三中全会决定明确指出：发展混合所有制经济首先是“有利于国有资本放大功能、保值增值、提高竞争力”，同时也“有利于各种所有制资本取长补短、相互促进、共同发展”。脱离开这一规定的理论和实践，都是不对的。非公企业家被赋予“社会主义事业建设者”的崇高称号，在发展混合所有制问题上，也应认识和服从于这一社会主义建设事业大局。最后说明一点：发展混合所有制经济不能刮风，不要搞一刀切。要有顶层设计，要有程序和细则，要按程序和细则办事。

# 从理论和实践的结合上弄清和搞好混合所有制经济①

党的十八届三中全会的决定中提出："积极发展混合所有制经济。""国有资本、集体资本、非公有资本等交叉持股、相互融合的混合所有制经济，是基本经济制度的重要实现形式，有利于国有资本放大功能、保值增值、提高竞争力，有利于各种所有制资本取长补短、相互促进、共同发展。允许更多国有经济和其他所有制经济发展成为混合所有制经济。"

发展混合所有制经济，既是老问题，又是新问题。说它是老问题，因为建立和发展作为混合所有制经济主要形式的股份制经济，在我国已经实行多年了。股份制的性质及其与所有制的关系，在学界也曾进行了广泛的讨论与争鸣。现在也存在不同的见解。说它是新问题，因为十八届三中全会的《决定》再次提出"积极发展混合所有制经济"，不仅是在力度上提高了，着力于"更多"地发展，而且提出的角度与过去并不完全相同。过去讲实行股份制或混合所有制经济，是从公有制主要是国有制经济的实现形式着眼的。而十八届三中全会再次提出这一问题，则是从"基本经济制度的重要实现形式"着眼的。"基本经济制度"是指公有制为主体，多种所有制经济共同发展的基本经济制度。要使股份制成为既是公有制的主要实现形式，也是非公有制的重要实现形式，也就是成为公有制和非公有制相结合的重要实现形式。由于非公有制经济很多是中小型的，而且小型企业占更大比重。据统计，截至2013年年底我国私营企业达到1253.86万户，从业人员1.25亿人。众多小型非公有制经济，不能以股份制作为其"主要实现形式"。因

① 本文原载《经济理论与经济管理》2015年第1期，与何召鹏合写。

此，股份制作为基本经济制度的混合所有制经济，只能成为“重要实现形式”，而不提“主要实现形式”。因此，十八届三中全会从新的角度提出混合所有制经济，既是首先为了更好地发展公有制经济，同时也是为了更好地发展非公有制经济。

## 一、首先需要从理论上明确混合所有制的经济性质

所有制和所有制的实现形式是不同的问题。生产资料所有制有两种主要形式：私有制和公有制。这里所讲的“形式”，是指其存在形式，而非实现形式。私有制和公有制又各有多种具体存在形式。就私有制来说，有个体经济、奴隶制经济、封建制经济、资本主义经济。这是私有制的存在形式。私有制也可以有不同的实现形式。如封建主义所有制，都是地主占有土地，其经营形式也就是实现形式可以有多种。或是雇佣多位“长工”来耕种，或是采取劳役地租、实物地租或货币地租的形式来经营，还可采取实物收入分成形式。资本主义所有制的实现形式，经历了自有自营的业主制形式、合伙制形式、股份制形式等。

公有制经济也有多种存在形式，如原始社会公有制、社会主义公有制、共产主义公有制等。公有制又可有多种具体存在形式，如社会主义公有制，可以有国家所有制、集体所有制或其他合作制经济。社会主义公有制的实现形式也有多种：可以是国有国营的形式，也可以是所有权与经营权两权分离的形式。两权分离的形式又可分国家所有、企业自主经营，承包制，租赁制，股份制等。分清所有制的存在形式和所有制的实现形式，才能更好地认识和把握股份制或混合所有制性质及其作用。

我国对股份制和混合所有制的认识，对所有制和所有制的实现形式关系的认识，经历了不断探索的曲折过程。先是对股份制的认识有个思想解放的过程。解放后，消除了股份制经济。改革开放前和初期，认为股份制是资本主义的东西。在改革开放推进中要不要和可不可实行股份制，产生过意见的对立和争论。

改革开放以来，党中央的有关文件中提出要探寻公有制的有效实现形式。党的十四届三中全会通过的中共中央《关于建立社会主义市场经济体制若干问题的决定》（以下简称《决定》）提出：“国有企业实行公司制，是

建立现代企业制度的有益探索。规范的公司，能够有效地实现出资者所有权与企业法人财产权的分离，有利于政企分开，转换经营机制，企业摆脱对行政关系的依赖，国家解除对企业承担的无限责任，也有利于筹集资金，分散风险。”同时提出了：公司可以有不同的类型。如独资公司、有限责任公司或股份有限公司。上市的股份有限公司只能是少数。《决定》还提出“混合所有的经济”概念。“随着产权的流动和重组，财产混合所有的经济单位越来越多，将会形成新的财产所有结构。”1997 年，党的十五大报告明确提出股份制是公有制的一种实现形式。“公有制实现形式可以而且应当多样化，要努力寻找能够极大促进生产力发展的公有制实现形式。股份制是现代企业的一种资本组织形式，……资本主义可以用，社会主义也可以用。”1999 年，党的十五届四中全会决定提出要发展股份制这种混合所有制经济。“国有大中型企业尤其是优势企业，宜于实行股份制的，要通过规范上市、中外合资和企业相互参股等形式，改为股份制企业，发展混合所有制经济。”以后的中央文件中，进一步提高了股份制、混合所有制经济在公有制主要是国有企业改革中的地位和作用。2002 年，党的十六大报告提出：“除极少数必须由国家独资经营的企业外，积极推行股份制，发展混合所有制经济。”2003 年，党的十六届三中全会提出：要“大力发展国有资本、集体资本和非公有资本等参股的混合所有制经济，……使股份制成为公有制的主要实现形式”。

从以上中央文件的说明中可以看出两点：一是对于股份制和混合所有制改革思路的提出、认识和实行，是经历了一个不断深化和提高的过程，股份制大门越开越大；二是以上一系列关于股份制和混合所有制的理论认识和推行，主要是从改革和搞活公有制经济主要是国有经济的角度着眼的。

中央决定实行股份制后，反对搞股份制的声音逐渐退出了论坛，但股份制的性质问题又从另一个方面出现认识分歧了。有的学者认为，在我国一切股份制都是公有制。私有资本和公有资本参股的股份制是社会主义公有制性质，完全由私人资本建立的股份公司也是社会主义公有性质。有的学者甚至提出资本主义国家股份制也是社会主义公有制。这种观点显然是不对的，我写过多篇论文进行辨析。另外，有的学者认为，国有企业实行股份制是走向私有化的途径。如果将国有股转让给私人资本，国有制则变为私有制了。有的学者辩驳说：将国有股和企业卖掉，即使卖给私人，只是资本形式的转换，是将国有经济的实物形式转换为货币形式了，还是国家所有！这种辩驳是没有说服力的。公有制还是私有制，是从企业或经济单位的所有制来看的，不能从国家的财政收入来判断公有制。任何国家都有财政收入，美国的财政收入很大，并不意味着其公有制规模大。

肯定地说，我国实行股份制，并不是为了便于通过出卖国有股实行私有化。

关于我国股份制的性质问题，曾有过“姓公”、“姓私”的争论。其实，股份制作为现代企业的一种资本组织形式，本身并不具有特定的社会经济性质。它的性质取决于股份资本是私有还是公有。党的十五大报告正确地回答了这个问题：“不能笼统地说股份制是公有还是私有，关键看控股权掌握在谁手中。国家和集体控股，具有明显的公有性，有利于扩大公有资本的支配范围，增强公有制的主体作用。”这里只讲“具有明显的公有性”，没有讲就是公有制。因为入股的私人资本，仍属私有，不能充公。反过来，如果由私人资本控股，就具有明显的私有性。不能说就是私有制，因为公有资本依然“姓公”，不能变私。

2003 年 10 月 14 日，党的十六届三中全会提出“使股份制成为公有制的主要形式”。不少学者、官员和媒体对这一新提法的解读与宣传，出现了偏误。

中央一家大报的记者在该报的 2003 年 10 月 27 日的《公有制经济发展的新动力》一文中讲：“党的十六届三中全会突破了把公有制主要实现形式定位于国有经济和集体经济的传统观点，强调‘股份制成为公有制的主要实现形式’，这意味着……已经完全摆脱了计划经济条件下对公有制的理解，为公有制经济的实现形式开辟了新的道路。”这是把国有经济和集体经济看作是计划经济时代公有制的实现形式。现在要予以突破，让股份制取代国有经济和集体经济，成为公有制的主要实现形式。这种宣传是将公有制自身的存在形式混同于公有制的实现形式了。《深圳特区报》2003 年 11 月 10 日发表了深圳市原市委书记的《公有制主体地位越走越宽》一文，认为提出使股份制成为公有制的主要实现形式，就是由以往的“全民所有制（或称国家所有制）和集体所有制的实现形式，发展到股份制为主的实现形式”。

另一家大报 2003 年 10 月 13 日，在十六届三中全会开幕前夕发表了中央党校邓小平理论研究中心的《混合经济究竟姓什么》一文。文中讲：“传统的国有制经济、集体（合作）所有制经济……肯定是公有制的实现形式。”“我们认为以股份制、股份合作制等为载体的混合所有制经济理所当然应该姓‘公’，……并成为公有制的主要实现形式。”还有其他地方报刊同样宣传这种观点。都把公有制的存在形式混同于公有制的实现形式。错认为过去将国有经济和集体经济作为公有制的实现形式，现在要转变理论认识，要将股份制作为公有制的主要实现形式。这完全错解了中央文件的精神实质。

必须明确：股份制从来不是一种独立的所有制形式，而是一种企业组织方式。它既不改变入股资本的原有性质，也不改变所有制的存在形式。

## 二、弄清发展混合所有制的目的

有的论著中将混合所有制经济简称混合经济。应当将两个概念区分开来。因为在西方经济学中已有区别于混合所有制经济的混合经济的概念。萨缪尔森等的《经济学》中，专门阐述了混合经济的含义：“现代社会的经济制度，没有一个是其中的一种纯粹形式。相反，所有的社会都带有市场和命令的混合经济。从来没有一个百分之百的市场经济（尽管19世纪的英国很接近于此）。在今天的美国，大多数经济决策是在市场上作出的。但是，政府在修正市场的功能方面起到了重要作用；政府制定管制经济生活的法律和规则，提供教育和安全服务，管制污染和企业。”①

西方经济学中，还有一种更广义的混合经济概念。既指社会经济由“国家机构和私人机构都实行一定程度的经济控制”，又指资本主义国家政府工业与私营工业并存的情况。“即便是在自由经营统治着经济制度的美国，也能找到政府经营和直接控制的多种不同形式。”②

我国提出了混合所有制经济，专指不同所有制经济特别是公有制与私有制在生产与流通等经营过程内部的混合，需要弄清混合所有制经济“是公有制的主要实现形式”同“是基本经济制度的重要实现形式”的关系与区别。十八届三中全会决定中是讲“基本经济制度的重要实现形式”。这里所

---

① 萨缪尔森等：《经济学》第14版，北京经济学院出版社，第38页。

② 格林沃尔德主编：《现代经济词典》，商务印书馆1981年版。

讲的“基本经济制度”，是“社会主义初级阶段基本经济制度”的简称。既包括作为主体的公有制经济，也包括非主体的多种非公有制经济。有的论著中对这个问题理解和阐述得不准确。如有的论文中讲：“混合所有制是社会主义市场经济的主要实现形式。”又讲“混合所有制是社会主义基本经济制度的重要实现形式”①。市场经济讲不讲实现形式问题，好像没有人提出过。中央文件中历来所讲的是“公有制的实现形式”或“基本经济制度的实现形式”。这是社会制度性范畴。而市场经济是经济体制性范畴，不能将两者混同。

另外，不能把“社会主义初级阶段的基本经济制度”混同于“社会主义基本经济制度”。社会主义基本经济制度只以公有制为基础，不包括私有制经济；而社会主义初级阶段的基本经济制度则除公有制为主体外，还包括多种私有制经济。中央文件中讲“基本经济制度”，就是专讲社会主义初级阶段的基本经济制度。在我国宪法中，社会主义经济制度和社会主义初级阶段的基本经济制度，是作为两个独立的概念论述的。如果把十八届三中全会决定中讲的“混合所有制经济是基本经济制度的重要实现形式”解读为社会主义基本经济制度的重要实现形式，就等于说是公有制的重要实现形式，退回到以前的提法了，即由原来的“主要实现形式”退为“重要实现形式”了。

发展多种所有制经济和混合所有制经济，要遵循既定的目的。既有直接的具体目的，又有总的战略性目的。更为重要的是不能偏离作为指导思想的战略性目的。由于提出要使混合所有制成为基本经济制度的实现形式，即既是公有制的“主要实现形式”，又是非公有制的“重要实现形式”。而且提出“鼓励非公有制企业参与国有企业改革，鼓励发展非公有资本控股的混合所有制企业”，要“废除对非公有制经济各种形式的不合理规定，消除各种隐性壁垒”，显示出强调“更多”发展混合所有制经济向非公有制经济倾斜的政策，容易使一些学者和实际工作者忽视或忘记发展多种所有制经济和混合所有制经济的根本目的。甚而将其错解为“国退民进”、削弱和消蚀国有制经济的改革部署，从而引起人们担忧：是不是会发生新一轮国有经济大

① 高明华等：“关于发展混合所有制经济的若干问题”，《政治经济学评论》2014 年第 4 期，第 122 页。

量流失、化公为私的流弊？

发展混合所有制经济同发展多种所有制经济的根本目的是相同的。需要首先弄清发展多种所有制经济同发展混合所有制的关系与区别。

公有制为主体，多种所有制经济共同发展，是不同所有制经济各自作为市场经济主体独立发展，是不同所有制经济在各自体制中发展。而实行混合所有制，是不同所有制主要是公有制与非公有制在同一体制内的共同发展。

多种所有制经济在各自体制中共同发展和在同一体制内的共同发展，都服从于共同的目的。这与我国的国情是相联系的。我国是在生产力落后的半殖民地、半封建制度的基础上建立社会主义制度的。这一国情决定了我国不能实行单一的公有制度。在旧中国“三座大山”的压迫下，我国的民族资本主义和个体工商业并没有获得充分发展，它们仍有较广阔的发展余地。因此，我国建立的社会主义只能是初级阶段的社会主义。需要在公有制为主体的条件下，多种所有制经济共同发展。

多种所有制经济在体制外和体制内共同发展的直接目的，是为了充分利用各种资源更好更快地发展我国的生产力，消除“短缺经济”，满足人民的生活需要，解决我国面临的主要矛盾：人民日益增长的物质文化需要与落后的社会生产的矛盾。

发展股份制经济，使其成为公有制的实现形式或主要实现形式，是为了搞活国有经济，增强国有经济的影响力、控制力。如果国有资本控股，无论绝对控股或是相对控股，吸收私人资本参股，都会增大资本总量，放大国有资本的功能，有利于生产力的发展。

使混合所有制经济成为“基本经济制度的重要实现形式”，除“有利于国有资本放大功能，保值增值、提高竞争力”外，还“有利于各种所有制资本取长补短、相互促进、共同发展”。可见，使混合所有制成为基本经济制度的实现形式，其具体目的，既是为了更好地发展公有制经济，也是为了更好地发展非公有制经济。

不应忽视和忘记：多种所有制经济共同发展和混合所有制经济更多发展的具体和直接目的，是服从于发展社会主义的总的战略目的的。中国特色社会主义，不能背离科学社会主义，中国社会主义要由初级阶段走向中级阶段和高级阶段。中央明确指出：既不搞单一的公有制，又不搞私有化。既不走封闭僵化的老路，又不走改旗易帜的邪路。发展非公有制经济，不能以私害公，走全盘私有化的邪路。发展混合所有制经济，不会是提供一个让私有制侵蚀和排斥公有制、取代公有制的平台，要警惕主张全盘私有化的人借机会这样做；也防范某些国企和地方管理人员由于理解和认识上的偏误而走上歧途。

我国的改革与发展，要坚持和发展马克思主义和中国特色社会主义。一切改革包括发展混合所有制经济，只能有利于和服从这一总的目标。国有经济为主导、公有制为主体，多种所有制经济共同发展的基本经济制度，是中国特色社会主义制度的经济基础，也是走中国特色社会主义道路的主要标志。我国宪法是全民应遵守的根本大法，它明确规定："中华人民共和国的社会主义经济制度的基础是生产资料的社会主义公有制，即全民所有制和劳动群众集体所有制。"又规定"国有经济，即社会主义全民所有制经济，是国民经济中的主导力量。国家保障国有经济的巩固和发展"。党的十八大报告中指出"必须坚定不移走中国特色社会主义道路，道路关乎党的命脉，关乎国家前途、民族命运、人民幸福"。"中国特色社会主义道路，中国特色社会主义理论体系，中国特色社会主义制度，……必须倍加珍惜、始终坚持不断发展"。党的十八届三中全会的决定，同样强调这方面的内容。这些方面的规定和总的指导方针，是一切改革与发展必须遵从的原则，也是发展多种所有制经济和发展混合所有制经济所应遵从的总的、战略性目的。也就是说，当我们进行混合所有制的改革时，在思想和理论认识上要事先明确和遵从这一原则和根本目的，才不至于在认识和实践中发生偏离、出现扭曲。

## 三、怎样发展混合所有制经济

党的十八届三中全会提出积极发展混合所有制经济，是将其作为公有制和非公有制多种所有制的重要实现形式。"允许更多国有经济和其他所有制经济发展成为混合所有制经济"，也就是要形成国有资本、集体资本、非公有资本交叉持股、相互融资的混合所有制经济。

目前，人们讨论发展混合所有制经济，重在国有经济放开门户，让非公有资本进入。国有企业引入私人资本，相互混合，这是一种单向混合。其实，从公有制经济和非公有制经济共同发展的思路来考虑，在理论上和实践上应是双向混合。即私人资本可进入国有企业持股；同样，国有资本和集体资本也可进入私营企业持股，这才真正成为“交叉持股”。但从目前一般的认知来看，国有资本进入私营企业是个敏感区，容易被渲染为“国进民退”，或是与“三大改造”时期的公私合营相比拟。其实，私营企业吸收国有资本入股的事例早已存在。多年前我到南方参观一家私营制药企业，企业主管是一位博士，经营得很好，重视保障职工权益，利润率很高。经过了解，这个企业的国有资本占大头，为什么是私营企业呢？因为国有资本是分散的，私人资本相对控股，私人经营，故称私营企业。我国现有私营企业1200万多家，有些企业资金短缺，贷款难，有的求助于高利贷，如果吸收一些国有或集体资本入股，私人资本掌握控股权，绝对控股或相对控股，可以放大私人资本的功能，是私人资本管控公有资本，有利于非公有制经济的发展。这与“三大改造”时的公私合营企业不同。当时的公私合营企业称作国家资本主义，是国有资本管控私人资本，最后要吃掉私人资本。现在私营企业吸收国有资本入股，是发展壮大自己的途径，是国进民进，国小进、民大进。请注意：十八届三中全会的决定中提出：“鼓励发展非公有资本控股的混合所有制经济”。私人资本怎样取得控股权？主要不是进入国有企业取得控股权。主要途径应是私营企业引进公有资本，掌握控股权。当然，也不排除私人资本参股公有制经济的某种条件下由私资控股。

积极发展混合所有制经济，重点依然在国有经济。国有企业怎样吸收私人资本参股？是减少国有存量资本、增加和增大私人资本，搞“国退民进”，还是在国有资本保值增值的前提下，在增量资本中增添私人资本。十八届三中全会的《决定》中明确指出：发展混合所有制经济，“有利于国有资本放大功能、保值增值”。也就是说，不是国有经济将自己做好的大“蛋糕”切一块让给私人资本，而是引进私人资本将“蛋糕”做得更大，将增大的这块“蛋糕”公私分成。

国有经济发展混合所有制经济，涉及两方面的情况：一方面是新投资项目的资本安排；另一方面是原有国企引入私资的安排。国家的某些新投资项目可由国有资本和私人资本共同参与。十八届三中全会的《决定》中讲：“国有资本投资项目允许非国有资本参股。”这种新投资项目一般是新兴高科技产业和战略性产业，或与国计民生相关的产业，一般要由国有资本控股，某些项目也可由民营资本控股。

需要着重研究的是原有国企怎样改革为混合所有制经济。根据国务院国资委副主任黄淑和的说明和国务院国资研究中心副主任彭建国的解答，提出了中央国企实现混合所有制经济的四种路径：一是涉及国家安全的少数国有企业和国有资本投资公司、国有资本运营公司，可以采用国有独资形式；二是涉及国民经济命脉的重要行业和关键领域的国有企业，可保持国有企业的绝对控股；三是涉及支柱产业和高新技术产业等行业的重要国有企业，可保持国有相对控股；四是国有资本不需要控股并可以由社会资本控股的国有企业，可采取国有参股形式或者可以全部退出。彭建国提出："混合所有制企业逐步降低国有股权比重"、"在增量产权多元化的新设混合所有制经济中，国有资本是否控股、参股或不参与，可以参照存量产权多元化的做法"。他还提出，实行混合所有制经济，"要打破所有制界限"，即打破"公有制与非公有制的界限"。①

在混合所有制经济中，控股问题，是个关键问题。如果是私营企业吸收公有资本参股，肯定是由私人资本控股，而且大都为绝对控股。如果把控股权让给国有资本，那就真是"国进民退"了。私人资本不会允许，除非是某些经营困难，继续不下去的私营企业，愿交给国有资本控股。至于国有企业引入私人资本参股，控股权应归国有资本，原有国企的国有资本要保值增值，国有资本在混合所有制经济中应占较大比例，因此，应是绝对控股。新建企业和扩建企业，实行混合所有制，视公私资本各自参股量的比重大小，确定由国资控股还是私资控股，是绝对控股还是相对控股。

在混合所有制的改制中，不要忘记改制的总的目的。改革是社会主义的自我发展与完善，要坚持和发展中国特色社会主义，就必须坚持和发展国有经济为主导，公有制经济为主体。如果国企改制中放弃了国有资本的控股权，转由私资控股，那就成了私营经济了，国企还能发挥主导作用么？我国的国有经济比重，改革以来已大幅度降低。在改革开放初期，国有工业在工业总产值中的比重占80%以上。根据国家统计局的资料，1997年国有工业在工业总产值中的比重降为25.5%。现在没有官方统计数字，国有工业比重大约不到20%了，低于1949年新中国成立时的26.2%。不要再通过混合所有制改革削减国有经济了。因此，轻易提出"在国家不需要控股的企业，

---

① 人民日报记者白天亮："国企四种路径实现混合所有制"，《人民日报》2013年12月20日。彭建国："积极发展混合所有制经济"，《人民日报》2014年9月15日。

实行国有参股或全部退出”，不知是根据什么？哪些国企不需要控股或应全部退出？如果是好端端的国有企业，在改制中要求转归私资控股，变成私营企业，或者“全部退出”会是什么结果？“全部退出”就是要关闭和出售给私人，化公为私，这有悖于改革的总目的。如果是一些经营不善、濒临倒闭的国企，私人资本可以兼并或参股取得控股权。值得考虑的是，笼统地提出国家不需要控股的国有企业，可由私资控股或全部退出，没有明确界限，容易被利用来搞新一轮国有资产流失。

事实上，我国混合所有制经济的改革已经多年了。股份制公司数量也已很多。2012 年，我国已有 2494 个境内上市公司，股票市值达 23 万亿元，占当年国内生产总值的 43%。其中既有国有资本也有私人资本参股或控股，是先行的混合所有制经济。现在是要一步打开国企大门，更多地积极发展混合所有制经济。2013 年 9 月 6 日，国务院常务会议提出：尽快在金融、石油、电力、铁路、电信、资源开发、公用事业等领域向民营资本推出一批符合产业导向、有利于转型升级的项目，形成示范带效应，并在推进结构改革中发展混合所有制经济。也就是过去私人资本不进入的某些产业，现在也可进入了。

现在需要注意的是，搞混合所有制改革，不要又来刮风，既要积极，又要稳妥。目前有些地方把实行混合所有制企业的比例作为改革考核的目标。有的省的国资委要求两年到三年内完成 70% 以上二级企业的股权多元化改革任务；有的要求 2017 年混合所有制的企业户数比重超过 60%。下指标，定任务，急于求成向上邀功，是我国一些地方政府历来惯用的手段，但往往会产生一些不好的后果。需要有科学的有效的顶层设计，需要有规范的实施细则。习近平同志反复强调，关键是细则，成败也在细则，数量和指标不是重点。要进行试点，制定规则和程序，要在改革的总目标和法律框架下进行运作。

面对积极发展混合所有制的改革，不同的社会成员会从不同的角度发出自己的声音。有五种声音：党和政府文件中的声音；国有企业主管的声音；私营企业主的声音；坚持新自由主义学者的声音；马克思主义和中国特色社会主义理论工作者的声音。党和政府的有关文件是从自己认知的改革需要制定指导思想和政策的。国企主管和私资业主是从各自的利益领会和考虑中央的改革精神的。新自由主义学者是主张通过混合所有制让私有制消蚀公有制，全盘私有化。马克思主义和中国特色社会主义理论工作者是从坚持和发展社会主义事业大局和改革总目的提出意见的。因此，难以形成统一的共识，声音杂乱，势所必然。马克思主义理论工作者要对各种不同的声音进行辨别与评析，澄清是非，减少摩擦。

我国的国有企业情况不同。有的国有企业，目前经营得很好，效率高、利润高，社会效益也高，如果不愿意私人资本进入，切去一块“蛋糕”，似乎没有必要搞一刀切，强制其实行混合所有制。国资委高管的改革设计未必完全科学和符合根本目的，也可提出不同意见。私营企业家，有的心中无数或心存疑虑，等待观望，有的提出自己的见解和要求。有些问题是可以讲清楚的。比如，有的认为，积极搞混合所有制，是不是与“三大改造”时的公私合营一样，要用国有资本吞并掉私人资本？其实这是完全两回事，目的不同，进程不同。公私合营虽然也可算作一种混合所有制经济，但那是以消灭私人资本为目的的一种经营形式。是要通过公私合营变私人资本主义经济为社会主义国营经济。现在发展作为“基本经济制度”重要实现形式的混合所有制经济，其目的是要既搞活国企，又发展私企。让国资和私资联合，取长补短，相互促进，共同发展。

有的私营企业要求私人资本参股国企时，取得控股权。如果是国家某些新建项目，国有资本吸收私人资本共建，根据项目的性质，有的应由国资控股，有的可由私资控股。但原有的国企实行混合所有制，私人资本要求控股是不现实的。正如国有资本参股私人公司时，不能要求国资控股一样。私营企业家被称为社会主义事业建设者，不能一切都从一己私利出发行事，还应考虑为社会主义事业发展做贡献。参股国有公司，献计献策，提高效率，做大蛋糕，双方共赢，增加收益，是三利的事情：有利于国资，有利于私资，有利于国家。

我国已经存在国企改革引进私企资本发展混合所有制的成功经验。中国建材集团与上千家民营企业融合，将国企与民企的混合优势发挥得淋漓尽致。使其从一个营业额只有20亿元的企业，发展为营业额超过2500亿元全球第二大建材企业。既确保国有资本保值增值，又带动了私企资本的发展。它的成功经验是一个公式和十六字原则。一个公式是：“央企的实力＋民企的活力＝企业的竞争力。”十六字原则是：“规范运作、互利共赢、相互尊重、长期合作。”这具有发展混合所有制的示范效应。了解这一发展混合所有制成功的典型，可以起到对人们疑虑的释疑解惑的作用。

# 马克思主义经典作家的“剥削”观与我国现实[①]

近来，理论界在讨论劳动价值理论的问题中，涉及“剥削”问题，见解很不一致。有人说：剥削“指的是一种应当否定的负面社会现象，尤其是在我国，确认某人存在剥削，几乎等于宣判了该人政治上的死刑”。有人说：过去认为“一切非劳动的报酬都是对劳动所创造的价值的剥削，因而是不道德的，应当受到谴责。可是按照生产要素创造价值论，就不能说存在剥削”。有的虽承认剥削，只是指在劳动力价值以下给付工资或以其他非法手段获取收入。有的学者持相反意见。讨论中事实上涉及马克思主义经典作家怎样看待“剥削”问题和怎样认识我国现实经济中的实际情况。

## 一、马克思恩格斯关于“剥削”的基本观点

什么是“剥削”？马克思主义经典作家认为，凭借生产资料所有权无偿占有劳动者的剩余劳动（或剩余产品、剩余价值）就是剥削。“凡是社会上一部分人享有生产资料垄断权的地方，劳动者，无论是自由的或不自由的，都必须在维持自身生活所必需的劳动时间以外，追加超额的劳动时间来为生产资料的所有者生产生活资料。”[②] 奴隶主直接剥削奴隶的剩余劳动，农奴主以劳役地租或实物地租的形式剥削农民的剩余劳动或剩余产品，资本家则以货币形式剥削雇佣工人的剩余价值，“无偿劳动的占有是资本主义生产方式和通过这种生产方式对工人进行剥削的基本形式”。[③] 马克思和恩格斯讲

---

① 本文主要部分发表于《经济学动态》2002 年第 3 期。

② 《马克思恩格斯选集》第 2 卷，人民出版社 1995 年版，第 197 页。

③ 《马克思恩格斯选集》第 3 卷，人民出版社 1995 年版，第 365 页。

资本主义剥削，不是指资本家压低工资、在劳动力价值以下购买劳动力商品，而是指通过等价交换，按价值购买劳动力，劳动力使用中创造的价值大于劳动力的价值，形成剩余价值，以资本价值增值的形式出现，为资本家无偿占有。将工资压低到劳动力价值以下或以其他手段压榨雇佣工人，是超越正常范围的剥削。

在社会主义革命过程中，强调要消灭剥削制度和剥削阶级，因而一讲“剥削”或讲“资本主义剥削”，人们就会很自然地认为是应铲除的坏事。而且很容易从道义的角度，即从公道不公道、正义不正义、道德不道德的角度，持批判态度，甚至将其与罪过罪恶联系起来。其实，马克思主义经典作家没有也不会从道义的原则出发去抨击和否定剥削制度或剥削现象。他们是严格地以历史唯物主义的观点去看待和评析剥削问题的。在这个问题上应研究和把握经典作家的以下有关观点：

（1）马克思认为：“社会经济形态的发展是一种自然历史过程。”所谓“自然历史过程”，就是客观的必然的历史发展过程。剥削制度的产生、存在与发展，一种剥削方式被另一种剥削方式所取代，剥削制度和剥削现象的最终被消灭，没有剥削关系的新社会制度的产生与发展，都不是出于人们主观愿望的结果，不能从人们的思想意识和道义观中去寻找其原因。而应从生产力的发展和生产力与生产关系的相互作用中去探求其根源。应从社会经济形态发展的客观规律性即“自然历史过程”中予以说明。既然剥削的存在和剥削方式的更替，是不依人的意志为转移的自然历史过程，因此，马克思强调说明：“同其他任何观点比起来，我的观点更是不能要个人对这些关系负责的。”① 就是说，不要资本主义社会的“资本家和地主”个人对资本主义剥削关系负责。恩格斯在《英国工人阶级状况》一书中也说：“英国的社会主义（即共产主义）正是从不归咎于个别人的原则出发的。”

（2）剥削的产生是生产力发展到一定程度的产物，剥削的存在又是生产力发展不够的结果。在原始氏族社会的两三百万年中，由于生产力极端低下，没有剩余产品，因而没有产生剥削的物质基础。在原始社会末期，生产力发展到一定程度，出现了占比重很少的剩余产品，才有了产生私有制、阶级和剥削的可能。于是出现了奴隶制度。由奴隶制度到封建制度，再到资本

① 《马克思恩格斯全集》第23卷，人民出版社1972年版，第12页。

主义制度，不同剥削方式的发展和更替，都是适应生产力发展要求的客观过程。剥削制度和剥削现象的消灭，需要生产力的高度发展。恩格斯在《卡尔·马克思》一文中指出：新的历史观说明了，剥削阶级的存在，“这只是因为在人类发展的以前一切阶段上，生产还很不发达，以致历史的发展只能在这种对立形式中进行。”在《反杜林论》中又说：剥削阶级和被剥削阶级“到现在为止的一切历史对立，都可以从人的劳动的这种相对不发展的生产率中得到说明”。正因为这样，马克思设想，社会主义革命将首先是在几个生产力发达的资本主义国家取得胜利。然而，实际发展的结果是，在特殊历史条件下，一些生产力落后的国家取得了革命胜利。根据历史唯物主义原理，这类国家不能急于消灭一切私有制和剥削现象。毛泽东的新民主主义理论和他的“红色资本家”的称谓（曾误作为刘少奇的提法进行批判），就是在这种历史背景下提出的。我国过早地超越新民主主义制度，急于消灭个体经济和资本主义经济成分，要让资本主义在中国绝种。实践证明，这不利于生产力和社会经济的发展，造成了长远的消极后果。我国确认社会主义初级阶段的现实国情，实行公有制为主体、多种所有制共同发展的基本经济制度，也首先是从我国生产力的现状出发的。生产力决定生产关系的历史唯物主义原理，在社会主义社会依然适用。

（3）不应抽象地、孤立地评判私有制与公有制、剥削与非剥削的是非好坏。正因马克思主义经典作家不是从道义原则而是从生产力原则出发作为评判社会制度与阶级行为好坏的标准，所以他们没有也不会抽象地、孤立地讲私有制绝对坏，公有制绝对好，剥削绝对坏，没有剥削绝对好。否则，奴隶制度取代原始氏族制度（私有制取代公有制，剥削制度取代无剥削的平等制度）就成为道义上应受谴责的历史倒退了。且听听恩格斯怎样评价奴隶制度的出现吧：“讲一些泛泛的空话来痛骂奴隶制和其他类似的现象，对这些可耻的现象发泄高尚的义愤，这是最容易不过的事情……但是，这种制度是怎样产生的，它为什么存在，它在历史上起了什么作用，关于这些问题，我们并没有因此而得到任何说明。如果我们深入地研究一下这些问题，我们就不得不说——尽管听起来是多么矛盾和离奇——在当时的情况下，采用奴隶制是一个巨大的进步。”[①] 采用奴隶制的巨大进步表现在哪里呢？恩

① 《马克思恩格斯选集》第3卷，人民出版社1995年版，第524页。

格斯说：只有奴隶制才使农业和工业之间的更大规模的分工成为可能，才有古代世界的繁荣和希腊文化的发展。没有奴隶制就没有罗马帝国，没有现代的欧洲。从一定意义上说，“没有古代的奴隶制，就没有现代的社会主义”。这就是马克思主义创始人从生产力原则出发，作出的判断和得出的结论。

（4）剥削方式也有先进落后之分。人类社会发展史上，出现过奴隶制、封建制和资本主义三种不同的剥削方式。三种剥削方式究其内容，都是无偿占有劳动者的剩余劳动，但所采取的方式各有特点。奴隶制是最残酷最野蛮的剥削方式，其劳动秩序和纪律是用皮鞭棍棒来维持的。封建制剥削方式比奴隶制要进步一些，因为超经济强制或人身依附的锁链稍宽松了一些。农民有自己的经济领域，在这个领域中的劳动会具有主动性和积极性。资本主义剥削方式基本上是建立在经济强制基础之上的。摆脱了超经济强制的束缚，劳动者的人身具有了自由。因此，资本主义剥削方式，比起奴隶制和封建制的超经济强制的剥削方式来，具有鲜明的进步性。马克思指出：“资本的文明面之一是，它榨取剩余劳动的方式和条件，同以前的奴隶制、农奴制等形式相比，都更有利于生产力的发展，有利于社会关系的发展，有利于更高级的新形态的各种要素的创造。”① 奴隶制和封建制的剥削与被剥削关系，固然也是人类社会发展必经的“自然历史过程”。但对现代社会说来，已是过时的不利于生产力发展和社会进步的剥削方式，因此，从总体上被消灭了。我国在社会主义现阶段，允许和鼓励多种所有制经济共同发展，绝不包括也不允许奴隶制和封建制的所有制经济的存在与发展，但中外资本主义经济成分，在相当长的时期内还有容纳生产力发展的广阔余地。

在我国新民主主义革命时期，在消灭官僚资本和封建土地所有制过程中，一直强调要保护民族工商业或民族资本主义。尽管认为资本主义要获取剩余价值，存在剥削，但只要在合法范围内，就允许并予以保护。新中国成立前夕，刘少奇在天津市与工商业家座谈会上的讲话中，曾讲过一段后来受到指责与批判的话：“现在好些人怕说剥削，但剥削是一个事实……你是代表股东、代表资方在工人身上剥削剩余价值的，一块钱也是剥削。有这个事实，只好承认。但是，认为‘剥削多，罪恶大……’因而苦闷，这种想法是错误的。今天在我国资本主义的剥削不但没有罪恶，而且有功劳。封建剥

① 《马克思恩格斯选集》第25卷，人民出版社1995年版，第925—926页。

削除走以后，资本主义剥削是有进步性的。今天不是工厂开得太多，剥削工人太多，而是太少了。你们有本事多开工厂多剥削一些工人，对国家人民都有利，大家赞成……今天资本主义剥削是合法的，愈多愈好。”① 尽管“剥削有功”的提法不大科学，但他肯定新中国需要资本主义经济成分有一个发展阶段，从稳定工商业家的思想认识出发，既承认其剥削事实，又否定剥削是“罪恶”，指出资本主义剥削方式有进步性，是合法的。这是将马克思主义的剩余价值理论与中国的实际结合起来，是马克思主义的中国化。

## 二、怎样认识我国私营企业中的劳动收入与非劳动收入？

我国目前的私营企业已有180多万户②，还在继续发展与扩大。它们是在党的政策鼓励下发展起来的。怎样看私营企业主的劳动与收入？首先，私营企业的发展，符合“三个有利于”的标准，即使百亿富翁，也要依法保护。其次，私营企业主的管理劳动或指挥劳动，也具有生产劳动性质的一面，同样创造价值。他们如果参与科技工作，科技劳动同样创造价值。而且，高层管理劳动与高科技劳动，是高级复杂劳动，比一般劳动会创造更大的价值。因此，私营企业的这种收入，是劳动收入，而非剥削收入。另外，经营管理好，从而经济效益好，发展很快的企业，往往还得益于获得机会收入。由于熟悉市场状况，掌握信息及时，应对竞争和市场变化有效，商品实现的价值，可以大于其生产的价值。

但是，不少私营企业会有巨额利润收入，有的成为亿万富翁，几十亿、几百亿富翁，这不能都归之于企业主的劳动收入和机会收入。很大部分是资本收入，是资本价值增值的结果，这属于非劳动收入。只要这种非劳动收入是合法的，就会得到保护。因为它属于通过“诚实劳动和合法经营”先富起来的范畴。

我国日益增多的私营企业，其素质参差不齐。有一部分私营企业，文明管理，奉公守法，要求自己和家人严格；热心于社会公益事业，扶危济困，报效社会。并尊重和关注企业职工的权益。应该得到更多的鼓励和赞誉。

---

① 《刘少奇论新中国经济建设》，中央文献出版社1993年版，第107页。

② 根据国家工商总局提供的数据，至2013年，我国私营企业达到1253.86万户。

但是，也应看到，不少私营企业存在这样那样的不正当的或违法谋利行为。偷税漏税、制假售假、坑蒙拐骗、违法开矿、严重侵犯雇工权益等现象，大量存在，特别是有些私营和外资企业野蛮管理、严重侵犯工人权益的事实，虽时有披露，还未引起应有的重视。

私营企业有没有剥削？这是目前人们所关注并且议论纷纷的一个十分敏感的论题，它已经不限于一个学术问题。有的学者已发表论著明确认为不存在剥削。如果像有的学者那样，认为资本、土地以及各种生产资料，作为生产要素都各自创造价值，当然，只要不违法违规，就不存在剥削了。有的学者论证我国社会主义现阶段不存在剥削的理论思路是："马克思所分析论述的剩余价值和剥削，是有历史前提的。这是指，在资产阶级绝对占有生产资料和工人阶级只能出卖劳动力历史前提下，整个社会生产过程发生的一般情况，是一个阶级对另一个阶级进行剥削剩余价值的过程。当这个历史前提不再存在，工人阶级成为国家领导阶级的时候，再把剩余价值及其剥削作为整个社会生产过程中发生的一般情况，就是背理的了。"① 这个理论见解值得商讨，第一，马克思"所分析论述的剩余价值和剥削"，并没有上文所讲的那种"历史前提"。如果认为，只有资产阶级在全社会绝对占有生产资料，是"整个社会生产过程发生的一般情况"，才有资本主义剥削，那么，当资本主义经济已在封建社会内部产生与发展，但资产阶级还未在全社会绝对占有生产资料时，资本主义企业难道就是没有剩余价值和剥削？旧中国的民族资产阶级，还没有在全社会"绝对占有生产资料"，是否也不存在剩余价值与剥削？马克思恰恰认为，只要存在资本主义企业，不管它在全社会是占统治地位，还是只占少数，都存在剩余价值生产。马克思指出，资本主义生产是"劳动过程与价值增值过程的统一"。价值增值就是剩余价值生产。哪怕只存在少数乃至个别资本主义企业，也同样如此。第二，认为只要"工人阶级成为国家的领导阶级"，就不再有剩余价值和剥削的观点也难证实。按此见解，新中国一成立，工人阶级成为国家的领导阶级，民族资产阶级的企业中就不存在剩余价值与剥削了。若果如此，刘少奇为什么还要在天津座谈会上肯定剥削是事实，提出"剥削有功论"呢？如果作者的本意是指新中国不再存在"整个社会生产过程"的剩余价值和剥削情况，那就离开了讨

① "用实践和科学的态度发展马克思劳动价值论"，《光明日报》2001年11月6日。

论的前提。讨论的前提本来就是我国目前未成为“整个社会生产过程的一般情况”或未占统治地位的私营企业的非劳动收入的来源问题。私营企业的非劳动收入，是不是剩余价值？是否来源于雇佣工人的剩余劳动？如果不是，来源于什么？应正面回答这个问题。第三，断言私营企业不存在剥削，与有目共睹的事实不符。且撇开是否存在正常的合法的剥削问题不谈，非正常的违反劳动法严重侵犯雇工权益的野蛮剥削行为，难道就视而不见？让我们举几个报刊上公开报道的事例。《光明日报》2001 年 6 月 14 日以《私营企业职工盼望“工会保护”》的报道：某市 800 来家私营企业，建工会的只有 8 家。“私营企业主不执行劳动法，不签订或不履行劳动合同……工人在试用期内工资很低，试用期到了，用谁不用谁，全凭业主一句话……由于没有签订合同，企业主可以逃避劳动合同规定的责任。”“职工劳动时间长，劳动强度大，工资低，缺乏必要的安全保护措施，是私营企业普遍存在的问题……职工每人每天工作 10—12 小时的现象较为普遍，许多私营职工根本没有休息日，有的私营企业非法雇用童工。不少私营企业不重视安全生产，工伤事故频繁。女工在怀孕和哺乳期，工作定额也不能减少。女工生育带薪休假的待遇，在大多数私营企业得不到执行。”《工人日报》2001 年 7 月 19 日报道：浙江有 516 家私营企业严重违法用工，两月来整治“周扒皮”，为 8 万职工讨回了被拖欠、克扣的血汗钱 6415.6 万元。《香港商报》（深圳办的报纸）2001 年 8 月 14 日以“私企奴役劳工现象严重”的标题报道说：“随着中国大陆私营企业的迅猛发展及流动人口的增加，奴役劳工现象正在上升。非法的强迫劳动多发生在农村及私营企业发达地区”，“同拐卖妇女不同，买卖年轻男人的问题几乎没有出现在官方媒体上”，“河北省定州四面村，有一个肮脏的农村工厂，生产建筑砖块。最近一年多来，这个工厂却控制了 27 个‘奴隶’，这些人被迫在高温下劳动 12 个小时。没有工资，也不准离开。住在塑料布的棚子里。当其中一个人逃到附近麦田里时，砖厂经理骑摩托车追上，用绳子把他拖回工棚，当着其他人的面把他打死”。还以《汉正街“童工作坊”暗无天日》的标题，报道了武汉市汉正街一些私人作坊对男女童工的残酷剥削，工作和生活条件十分恶劣，有的作坊的童工一天劳动 15 小时，“两年未得分文工钱”。这些报道只是冰山的一角。但已可以看出，在当前的理论宣传中，硬说私营企业没有剩余价值剥削，多么不符合事实。

当然，我们不能因噎废食，不能以偏概全。上述现象既不能代表私营企业的全部，也不影响我们多种所有制经济共同发展的基本制度和方针政策。它只是说明，我们应面对事实，加强对一些私营企业的引导、教育、管理和监督，保护职工的合法权益。不要无原则地简单宣传私营企业没有剩余价值剥削。否则，上述现象更会不被人们重视与关注，不但不会减少和消除，还会为患更烈。

笔者也曾调查参观过一些搞得很好的私营企业，有的企业主的事迹相当感人。没有必要讲他们是剥削者，对他们为社会作出的贡献应充分肯定和予以鼓励。

总之，众多的私营企业的素质不同，层次不同。既需要有一视同仁、平等竞争的统一政策，又应根据良莠不齐的差异，区别对待。不要说好都好，说坏都坏。

笔者认为，从我国社会主义初级阶段的现实出发，根据“三个有利于”的标准，正面鼓励非公有制经济的发展是必要的。为此，在一般情况下，理论与宣传工作可不张扬私营企业的剩余价值剥削问题。只要合法经营，只要承认其资本或生产资料所有权，他们就应得到合理的回报。既然生产使用价值和价值离不开资本、土地等生产要素，这类生产要素又具有稀缺性，并被特定的经济主体所占有，就不能无偿使用。即使是国有企业，国家也要凭借所有权，从企业获得除一般税收以外的经济收入。因此，资本要获得收入，在国有经济中也存在，只不过是不凸显罢了。马克思主义创始人的观点是：当资本主义剥削制度已经不适合生产力进一步发展的时候，用社会主义公有制取代资本主义私有制和一切私有制，使生产要素完全归社会或劳动人民所有，剩余产品不再被私人占有，剥削现象不再存在。然而我国的社会经济发展水平，还没有达到这个地步。

关于资本主义私营企业有无剥削的问题，即使是西方经济学著作中也并不是一概否认。例如，在西方具有权威性的《新帕尔格雷夫经济大辞典》中列有“剥削”一条，其中在“资本主义与剥削”一节中，讲了这样的内容：资本主义社会“是一种阶级社会，其中资本家阶级的统治建立在对大量社会生产资料的占有和控制基础之上……工人阶级，他们不得不依靠为资本家阶级劳动而生活。马克思精辟地指出这种关系的生产的一般社会条件是整个工人阶级被使唤从事剩余劳动，因为这种剩余劳动构成资本家利润的基础，而这种利润使得资本家阶级乐于并得以继续雇佣工人……资本主义有它的历史特点，这就是它的剥削关系几乎完全被交换关系的表面现象所掩盖”。“为玄妙的生产函数、完全竞争和一般均衡理论所团团围住的正统经济学，往往力图回避这些问题。事实上它主要关心的是构筑和美化一个理想化的资本主义形象……企业使用称为资本和劳动的‘生产要素’制造产品并按计算出来的对总产品所增加的贡献（即边际产值）向每一要素付酬”。“应该注意的是，这种概念把物（资本）和人的力量（劳动）置于平等的地位，都称之为生产要素……从而得以否认在资本家和工人之间存在任何阶级差别的事实……最后，由于资本和劳动都是物，就不能说它们受到剥削。只有在某些生产要素的报酬与其边际产值不相等的情况下，这一要素的所有者才可称之为被剥削。在这一意义上，剥削的定义是‘要素报酬’的实际价值和理论价值的差距。更为重要的是，按上述剥削定义，原则上可同样适用于利润和工资两方面。这样，资本主义就成了资本家也可能像工人被资本家剥削那样被工人所剥削。至此剥削的概念就被降到完全没有意义的地步。”这里之所以大段引证《大辞典》中的论述，是为了可以从这里清楚地看出，某些学者关于私营企业乃至所有资本主义经济不存在剥削，有的话，只是“要素报酬”超过了其“边际价值”，并声称工人也会剥削资本家的理论见解，只不过是重复连《帕尔格雷夫经济大辞典》也不赞成和予以否定的、西方早已存在的一种理论观点而已。

在我国具体现实情况下，不公开强调宣传“剥削论”，有利于非公有制经济的发展，但如果理论和宣传工作突出宣扬“生产要素价值论”和“无剥削论”，否定劳动价值论与剩余价值论，则会产生深远的严重的政治上自我否定的消极后果。不仅马克思主义经济学和科学社会主义会被彻底否定，中国共产党领导的消灭地主阶级的民主革命和进行三大改造的社会主义革命，以及搞公有制为基础或为主体的有中国特色的社会主义，乃至共产党的建立和发展本身，都失去了原有的理论支持，成为多余的不应有的事情了。共产党人应十分严肃地对待这个问题。

# 第三编

# 由计划经济转向社会主义市场经济的理论与实践问题

# 关于社会主义市场经济理论与实践的历史回顾与评析①

有关社会主义市场经济的论文、专著、典籍、读本等已有成千上万，但是我感到有几个比较重要的问题还没有完全讲清楚。从理论研究和科学探讨的精神出发，对我国社会主义市场经济理论与实践所经历的曲折复杂过程，实事求是地作一些历史回顾与评析，并非是多余的。这里扼要讲三个问题。

## 一、为什么我国长时期中认为社会主义不能完全实行市场经济

这既有理论背景，也有历史背景，还有现实背景。

所谓理论背景是：

（1）社会主义实践虽然突破了以往社会主义非商品经济论的理论认识，所有社会主义国家都肯定了发展商品经济的必要性；但是，关于“市场经济”的问题，从概念到理论，中外社会主义国家在改革以前，有些国家直至改革前期，都没有提出和展开过讨论。在这个问题上，人们不能不注意到列宁的一个有关论断。列宁在1906年的《土地问题和争取自由的斗争》一文中明确提出：“只要还存在着市场经济……世界上任何法律都无法消灭不平等和剥削。”列宁将市场经济与计划经济看作是两种对立的制度。他说：“只有建立起大规模的社会化的计划经济”，将生产资料转归劳动者阶级所有，“才可能消灭一切剥削”。

（2）在市场经济问题上，西方国家的主流思想在长时期中都把市场经

① 本文原载《高校理论战线》2000年第1期。

济与私有制相联系，乃至与资本主义相联系。早在20世纪20年代和30年代进行的经济大论战中，西方经济学家就把市场经济与社会主义对立起来。1922年维也纳大学教授米塞斯发表论文，认为在社会主义公有制度下不可能存在真正的市场和合理的经济计算，也不可能有有效率的资源配置。他认为，市场和价格的形成功能同生产资料私有制的社会分不开，而“市场是资本主义社会制度的核心，是资本主义的本质”。他把市场经济与社会主义看作是两种对立的社会制度，最后的结论是，“两者必居其一，要么是社会主义，要么是市场经济”。[①] 就是说，要社会主义就不可能有市场经济；要市场经济就得放弃社会主义。

西方的重要经济学著作和有关文献，乃至新闻媒体和政要言论，一直把市场经济与私有制、与资本主义相联系。如我国出版的《现代日本经济事典》中所提出的市场经济制度的三个基本原则，第一条就是“私有财产制度”，并强调说“私有财产制度是市场经济制度中最具有代表性的制度”。[②] 在西方具有权威性的《简明不列颠百科全书》，在“资本主义”一条开宗明义地讲，资本主义“亦即自由市场经济”。在西方著作中，也有将市场经济看作是运行方式或组织方式的，即完全由供求关系或市场机制调节经济。但从多数西方发达国家来看，其一般均以私有制或资本主义为既定前提。

（3）马克思主义和科学社会主义在长时期中认为，资本主义经济完全由市场机制或价值规律自发调节，导致生产无政府状态和周期性经济危机。社会主义经济应由计划来调节，而计划是以社会需求为根据的。恩格斯讲：在社会主义社会中，“社会的生产无政府状态就让位于按照社会总体和每个成员的需要对生产进行的社会的有计划的调节”[③]。马克思列宁主义创始人认为，自觉的计划调节比自发的市场调节可以更合理地利用和配置资源，有效实现国民经济各部门间的比例关系。后来实践中的社会主义和社会主义经济理论，是以此作为指导思想的。

所谓历史背景是：资本主义的产生与发展，始终离不开市场机制，离开市场就不会有资本主义。直到二战前的四五百年中，资本主义经济就是实行没有国家经济计划的市场经济（尽管在企业内部特别是股份公司和托拉斯

---

① 《现代外国经济学论文选》第9辑，商务印书馆1986年版，第63—67页。

② 《现代日本经济事典》，中国社会科学出版社1982年版，第61页。

③ 《马克思恩格斯选集》第3卷，人民出版社1995年版，第630页。

内部是有组织有计划的）。二战后，许多资本主义国家才开始实行经济计划，以弥补市场经济的不足。而苏联和随后的其他社会主义国家，都实行公有制基础上的计划经济。计划经济也确曾显示过它的优越性。苏联在二战前的几个五年计划时期内，走过了其他经济发达国家在100年内才走完的工业发展道路。特别在1929—1933年资本主义世界发生经济大危机期间，苏联经济却蓬勃发展，形成了鲜明的对比。在二战中遭受严重损失和破坏的苏联，战后迅速恢复和发展了经济，并成为可与美国抗衡的超级大国。我国在社会主义建设的前期阶段，计划经济也曾起过重大作用。我们应该历史地看待和分析这个问题。历史事实是，资本主义国家实行了几百年的市场经济，而社会主义国家则在长时期中实行计划经济。即使1984年中共中央《关于经济体制改革的决定》肯定我国实行公有制基础上的有计划的商品经济，也还同时强调计划经济与商品经济的统一；提出“社会主义计划经济……是在公有制基础上的有计划的商品经济”，这一论断被看作是社会主义经济理论和改革理论的重大突破。《决定》继续强调计划经济，而且专门写了一段讲计划经济优越性的话：“社会主义社会在生产资料公有制的基础上实行计划经济，可以避免资本主义社会生产的无政府状态和周期性危机，使生产符合不断满足人民日益增长的物质文化生活需要的目的，这是社会主义经济优越于资本主义经济的根本标志之一。”

由此可见，把市场经济与资本主义相联系，把计划经济与社会主义相联系，不仅有东西方一致的理论认识上的原因，也还有长期历史发展事实的原因。在一定意义上说，市场经济与社会主义计划经济相对立的理论，正是资本主义国家和社会主义国家历史发展事实的反映。

所谓现实背景是：

（1）自社会主义国家进行经济体制和政治体制改革以来，西方国家试图通过鼓励和支持社会主义国家实行市场经济和民主政治（政治多元化）以达到其和平演变的目的。例如，1988年8月11日的《华尔街日报》在题为《战略转变：美国重新确定安全政策》一文中，提出“共产主义作为一种意识形态正在衰败”，在此形势下，美国“新的安全政策……的目的是促进积极的变化，诸如在第三世界甚至在东方集团内扩展民主概念和市场经济”。西方国家提出援助苏东，进行经济合作的条件，就首先包括实行市场经济和多党政治。根据法新社巴黎1989年7月16日电，美国总统在七国首脑会议结束后举行的记者招待会上讲：尽管戈尔巴乔夫表示准备进行经济合作，参加发达工业化国家的首脑会议，但美国“考虑这种意见之前，苏联应发生‘许多事’，特别是向市场经济变化”。据国外媒体报道：1990 年 6 月 27 日，美国总统在同记者谈话时说，只有在莫斯科作出转向市场经济的“彻底的改革努力之后”，才能向苏联提供数十亿美元。并说，在苏联经济变成市场经济之前，美国只向它提供技术帮助。当戈尔巴乔夫肯定“向市场经济过渡是毋庸置疑的”并付诸实施之后，1990 年 7 月，西德总理科尔说：“西德政府已答应为苏联向市场经济过渡提供 31 亿美元的贷款。”根据 1990 年 5 月 2 日路透社布鲁塞尔电，欧共体执委会公布一项计划，允许最富有的国家帮助东欧 5 国转向市场经济。“24 国集团的主张是向需要援助的国家提供紧急食品援助，并帮助它们建立和实行市场经济。”

西方国家之所以援助原社会主义国家实行市场经济，是因为它们把市场经济与私有制联系在一起。世界银行在考察了苏联、东欧各国从中央计划经济转向市场经济的改革后，同样认为转向市场经济实践中要求私有化，但它主张“在改革顺序上，大规模私有化不会放在前面。但是，为了解决延误私有化的风险，就需要尽早在法律上作出承诺……即保证在适当时机实行私有制”①。

正因为中共中央认识到西方国家鼓励社会主义国家废弃计划经济、完全实行市场经济的图谋所在，因而，当 1987 年 3 月美国国务卿舒尔茨来华向中央提出废除计划经济、实行市场经济的建议时，被断然拒绝了。外电公开报道了这一事实，并引证了李先念主席的讲话。李先念的讲话发表在 1987 年 3 月 4 日的《人民日报》等媒体上。他说：“外国有人希望我们完全放弃计划经济，只搞市场经济，搞资本主义，全盘西化，这种想法是要落空的。”

（2）苏东社会主义国家开始向市场经济转变时，在领导层有过激烈的争论。而它们在按西方设计的模式向市场经济转变中，实际上放弃了社会主义，转向私有化和资本主义。

1991 年 8 月，俄共第一书记波洛兹科夫因反对实行市场经济而辞职。在俄共中央全会上，他批评苏共领导人：“真正的反对派是那些把国家推向

---

① 世界银行：《1991 年世界发展报告》，中国财政经济出版社 1992 年版，第 146 页。

失控的市场经济、使私有制占主导地位的人。他们通过自己的愚蠢活动，把国家引向毁灭。”

又如，根据《新德意志报》1989年5月9日报道，民主德国中央政治局委员哈格在战胜法西斯44周年纪念会上，批评了“那些不是为了加强社会主义，而是为了消灭社会主义的势力也插手改革”。“绝不允许……让所谓的‘社会市场经济’代替社会主义的计划经济，让资本主义谋取利润的剥削制度代替社会主义”。

当时的苏共中央书记利加乔夫是极力反对实行市场经济的人。早在1988年8月5日，他就改革中的重大问题发表谈话时说：“不能绝对按市场经济规律来发展经济”，“要发展社会主义经济中的商品货币关系和市场机制……模仿以私有制为基础的西方市场经济对于以公有制为基础的社会主义经济管理体制来说，原则上是不能接受的”。[①] 他在同年6月还讲过：“让我们的经济转入西方市场经济的轨道，社会主义就一无所有了。”

在改革过程中的苏东国家，无论是反对市场经济或是主张市场经济的，都把市场经济与私有化相联系，而没有像我国那样，提出和实行以公有制为主体的社会主义市场经济。正因为这样，苏东国家按照西方的要求和设计，将经济市场化同政治多元化、经济私有化、国家非社会主义化结合在一起，导致社会主义的全面蜕变和最终解体。

## 二、中国认识和实践社会主义市场经济经历了曲折复杂的过程

有些关于中国市场经济理论与实践的“全书”、典籍之类的著作，完全避开了我国从理论上认识市场经济和社会主义市场经济的曲折、复杂的历史过程，只简单罗列式地复述一遍邓小平同志关于社会主义也可以搞市场经济的有关论述以及党的十四大关于社会主义市场经济体制的提出。其实，单从十一届三中全会以来关于经济体制改革与市场经济的关系问题看，我们就经历了多种不同的认识与提法。而且，从总体上说，直到1991年以前，多位主要领导人的讲话和中央有关文件，是否定我国完全（全面）实行市场经

① 《人民日报》1988年8月8日、8月16日。

济的。

正如我们没有也不应隐晦马克思主义创始人曾否定社会主义会存在商品经济，不隐晦列宁直到“十月革命”后的苏维埃政权初期还认为社会主义要消灭商品货币关系一样，也不应隐晦我国在探寻新的经济体制目标模式中曾经历对市场经济从总体上由否定到半肯定、到完全肯定的过程。这不仅是因为隐晦、回避历史真实就不是实事求是，不利于社会主义经济理论研究的发展；而且也因为这不利于如实地把握邓小平同志关于社会主义市场经济的思想。

人们会思考和提出这样一个问题：既然邓小平同志从1979年11月起就一再提出社会主义为什么不可以搞市场经济，为什么直到1992年他在南方谈话后，党中央才在十四大报告中提出建立社会主义市场经济体制问题？为什么中央有关文件和多位主要领导人讲话一再从总体上否定实行或完全实行市场经济呢？直到近来还有论著解释或批评说，邓小平同志关于市场经济的讲话没有引起应有的注意；有的说，邓小平同志以他伟大政治家的胸怀，当自己的思想认识别人还跟不上来的时候，他可以等待。显然，这种解释没有说服力。

回顾1991年以前，之所以存在否定社会主义从总体上实行或完全实行市场经济的理论观点，与对市场经济内涵的传统理解和界定有关。综合起来有三种界定：

（1）市场经济是完全由价值规律自发调节即由市场机制自发调节的经济。这一界定适用于社会主义公有制经济。1979年2月，李先念在一次会上说：“我同陈云同志谈，他同意，在计划经济前提下，搞点市场经济作补充，不是小补充，而是大补充。”[①] 在同年3月8日陈云写的《计划与市场问题》提纲中，将“市场经济”“市场调节”作为内涵相同的概念通用。他指出传统计划经济的弊端是只有“有计划按比例”这一条，而没有在社会主义制度下还必须实行“市场调节”这一条。陈云对“市场调节”的内涵作了这样的界定：“所谓市场调节，就是按价值规律调节，在经济生活的某些方面可以用‘无政府’、‘盲目’生产的办法来加以调节。”在另一处解释“市场调节部分”说，这是指“不作计划，只根据市场供求的变化进行生产，即带有盲目性调节的部分”。陈云当时讲的市场经济和市场调节，是指

① 《陈云年谱》下卷2015年版，第265页。

公有制范围内从属的部分，而计划经济是主要部分。这是后来曾作为经济体制改革的指导思想的“计划经济为主，市场调节为辅”的理论来源，也是市场取向改革的起步。

值得重视的两点是：第一，陈云讲的计划经济条件下的市场经济或市场调节，指的是计划经济以外的完全由市场机制自发调节、具有所谓“无政府”、“盲目”性的部分。这个含义上的市场调节同市场经济是相同的。因此，后来讲的“计划经济为主，市场调节为辅”，实际上也就是市场经济为辅。这是局部范围内由市场配置资源的市场经济部分。第二，这里讲的市场经济，已经摆脱了与私有制或资本主义的联系。因为指的是社会主义公有制内部计划经济外的市场经济（市场调节）部分。当时，非公有制经济特别是私营企业还没怎么发展起来。待非公有制经济发展起来后，它本身就是私有制为基础的市场经济，这样，市场经济的范围就扩大了。一部分是公有制内部的市场经济，另一部分是私有制的市场经济。

由于还存在着对市场经济的与私有制或资本主义相联系的理解，所以，陈云和李先念等在公开发表讲话或文章时，尽量避免用“市场经济”一词，而改用“市场调节”一词。

由于把市场经济或市场调节只理解为完全由市场自发调节、盲目生产的经济，所以必然会认为社会主义社会不可能在全部国民经济范围内实行市场经济。认为可以部分实行市场经济，但不能完全实行市场经济的思想已经可以从这里看出来了。

1979 年 4 月 5 日，李先念同志代表中央作《在中央工作会议上的讲话》，正式提出：“在我们的整个国民经济中，以计划经济为主，同时充分重视发挥市场调节的辅助作用。”将此作为经济体制改革的新模式，并在此后的多年中，作为我国经济体制改革的统一的指导思想，在改革的理论与实践中予以贯彻。1984 年 9 月 9 日，当时的国务院总理赵紫阳写给邓小平等几位中央领导人的信《关于经济体制改革中三个问题的意见》，获得邓小平等的一致同意并公开发表。其中强调：“中国实行计划经济，不是市场经济。”这封信的观点，是为同年 10 月召开的十二届三中全会通过的中共中央《关于经济体制改革的决定》提供理论准备的。决定中说：“第一，就总体说，我国实行的是计划经济，即有计划的商品经济，不是那种完全由市场调节的市场经济。”对决定的这段话，需要把握两点：第一，这并不是简单肯定计划经济、否定市场经济，而是“就总体”上说的。整体上不实行市场经济，但局部可以实行。第二，这里所讲的市场经济，同样与私有制和资本主义无关，只是从“完全由市场调节”的角度着眼的。这种市场经济与计划经济的结合，只能是“板块结合”，而不可能有机结合，但它又是必要的。决定继续讲：“第二，完全由市场调节的生产和交换，主要是部分农副产品、日用小商品和服务修理行业的劳务活动，它们在国民经济中起辅助的但不可缺少的作用。”这就把起辅助部分的市场经济或市场调节的范围具体规定出来了。

1992年以后，有人在多处刊发的关于市场经济问题的资料性述评中，无理指责中央领导人在国庆40周年大会上的讲话，说什么“1989年政治风波以后，由于有的领导人明确讲过：中国不实行市场经济，因而开始出现了批判社会主义市场经济的热潮”①。领导人（江泽民）的有关讲话是：要“坚持计划经济与市场调节相结合”；这是复述小平同志的提法。接下来是：“如果一味削弱乃至全盘否定计划经济，企图完全实行市场经济，在中国是行不通的，必将导致经济生活和整个社会生活的混乱。”这段话的本意并非完全否定市场经济，而是说不能“完全实行”即全面实行。因为既然邓小平同志在1989年政治风波以后强调“继续坚持计划经济与市场调节相结合，这个不能改”。当然不能“全盘否定计划经济”，只单一地“完全”实行市场经济。这个讲话的精神，并未离开邓小平同志当时的有关理论观点，即既要实行计划经济，也要有市场经济。而且，这种理论思想，在政治风波以前就一再提出。李先念同志在1987年同外宾谈话中也讲：“改革、开放，决不是全盘西化，当然不是取消计划经济，只搞市场经济。”②

（2）把市场经济与私有制联系在一起。当国内外有人认为我们搞改革就是搞私有制的市场经济时，中央领导人就断然否定这种意义上的市场经济。例如，李鹏同志1989年2月1日在国家体改委讲话时说：“国内外有一种议论……因为要改革，就要搞市场经济，搞市场经济就要搞私有制，否则中国的改革就没有出路。这是对社会主义制度的根本否定。”③ 又如李鹏总理在同年10月与尼克松谈市场经济与计划经济问题时讲：“西方某些人认

① 参看《经济研究资料》1992年第15期，第9页。

② 《李先念文选》，人民出版社1989年版，第486页。

③ 《中国经济体制改革》1989年第2期。

为，中国的改革就是搞市场经济，把公有制逐步变成私有制。这不准确，是误解了中国的经济政策。中国既不搞完全的计划经济，也不搞完全的市场经济。”[①] 他既否定搞私有制的市场经济，又肯定在公有制经济内计划经济与市场经济相结合。1990 年 1 月初，李鹏再次讲到改革与市场经济问题，他说：“有一件事情要说：就是中国的改革意味着什么？现在世界上有一些经济学家，他们这样看：中国的改革如果走到市场经济，那就是改革前进了，如果不是搞市场经济，那就是后退了。这是一种误解。中国不能完全实行市场经济，因为完全是市场经济，在中国必然造成经济上的混乱。但也不能像过去一样，完全实行计划经济。”[②] 外国一些经济学家要中国实行的市场经济，是私有制的市场经济。中国已经发展起来的私有制经济是市场经济，但不能全面或完全实行这种私有制市场经济。当时认为，中国实行的只是一部分私有制市场经济，一部分公有制中不作计划完全由市场调节的市场经济。在 1990 年印发全国供全党和全国干部学习的《关于社会主义若干问题学习纲要》中，对市场经济下了这样一个定义：“所谓市场经济，就是以私有制为基础，一切经济活动经过市场，由价值规律自发调节的经济。”并把究竟是“坚持计划经济与市场调节相结合，还是实行完全的市场经济”，作为两种对立的改革观的表现。这个关于市场经济的定义，不能包括公有制内部完全由市场调节的那部分市场经济，因而不够全面。

（3）把市场经济与资本主义联系起来。针对这种含义上的理解，1981 年的《政府工作报告》就强调说：我们是要建立“这样一种管理体制，既不同于过去我们那种统得过死的体制，更不同于资本主义那样的市场经济”。另外，如前所述，李先念公开发表讲话，说外国有人希望我们完全放弃计划经济，只搞市场经济，搞资本主义，全盘西化，这种想法是要落空的。我国实行改革开放以来直到 1991 年以前，中央一贯否定实行资本主义市场经济，也否定完全实行市场经济即放弃计划经济的单一的市场经济。

由于在长时期中，直至邓小平在南方谈话以前，社会主义实行计划经济被认为是天经地义的事情，认为只要实行计划经济，就不可能全面或完全实行市场经济。邓小平南方谈话以后，不再把计划经济作为社会主义的特点，

---

① 《人民日报》1989 年 10 月 31 日。

② 《人民日报》1990 年 1 月 4 日。

不再作为社会主义经济制度的内容。他说，计划经济不等于社会主义，市场经济不等于资本主义。从此，一个传统的观点被扭转了，社会主义市场经济的理论与实践，在中国全面推行起来。

## 三、进一步学习和研究邓小平的市场经济思想

应弄清这样三个问题：（1）邓小平在改革开放以来的前一时期中，是赞同和支持计划经济为主、发挥市场调节的辅助作用的指导思想的。（2）邓小平的市场经济思想也是有一个发展过程的，因此，需要用发展的观点去理解与把握。（3）邓小平把市场经济区分为两种，一种是与资本主义经济相结合的市场经济；另一种是与社会主义经济相结合的市场经济，即社会主义市场经济。

关于第一个问题。在邓小平主持起草、1981 年 6 月通过的中共中央《关于建国以来党的若干历史问题的决议》中，写上了“必须在公有制基础上实行计划经济，同时发挥市场调节的辅助作用”。这一改革的指导思想，同样写入了 1981 年的《政府工作报告》和 1982 年通过的我国《宪法》之中。党的十二大报告进一步明确提出“计划经济为主、市场调节为辅”的原则，并强调正确贯彻这一原则“是经济体制改革中的一个根本性问题”。这一“为主”、“为辅”的原则，在十二大以后的包括 1984 年的《政府工作报告》中都被继续强调。这些重要文献都是在作为党中央第二代领导核心的邓小平同志的领导和指导下完成的。现在，经常被引用来作为邓小平最早提出社会主义市场经济的谈话，即 1979 年 11 月 26 日会见外宾时的谈话，其实也是在计划经济为主、发挥市场调节的辅助作用的总框架中阐述市场经济问题的。邓小平讲：“社会主义为什么不可以搞市场经济，这个不能说是资本主义。我们是计划经济为主，也结合市场经济。”这里同样强调“计划经济为主”，而且当时指的是指令性计划经济为主。在占主体地位的指令性计划经济中，是难以实行现在这样的市场经济的。谈话中讲的“社会主义为什么不可以搞市场经济”，实际上指的是发挥辅助作用的市场调节。我们在前面讲过，不作计划、由市场自发调节的那部分经济，就是起“辅助”作用的市场经济，是社会主义公有制内部的市场经济即社会主义市场经济，因而与中央其他领导同志和中央有关文件中的认识是一致的。

还有一个佐证：邓小平同志在1980年1月的讲话——《目前的形势和任务》中有一个提法即“计划调节和市场调节相结合”，在1983年出版《邓小平文选》（1975—1982年）时，修改为“在计划经济指导下发挥市场调节的辅助作用”。显然这是为了与中央的统一提法相衔接。1994年出版《邓小平文选》第2卷时，又将这句话改了回来。

关于第二个问题。邓小平同志关于计划经济与市场经济问题的思想，也是有个发展过程的，先是赞同“计划经济为主”、发挥市场调节的辅助作用的提法。1987年2月，邓小平同几位中央负责同志谈话时讲：“我们以前是学苏联的，搞计划经济。后来又讲计划经济为主，现在不要再讲这个了。”循此指导，同年召开的党的十三大报告中，不再提计划经济为主及其优越性。再者，在长时期中，马克思主义理论和社会主义国家的认识，一直把计划经济作为社会主义经济的特点和制度性内容。1978年10月11日，邓小平在《工人阶级要为实现四个现代化作出优异贡献》一文中，曾批评“四人帮”扶持的“一批坏人”，“反对社会主义的计划经济，反对各尽所能、按劳分配的原则……”同样把计划经济与社会主义联系在一起。邓小平高度评价和完全肯定的中共中央《关于经济体制改革的决定》，将计划经济作为社会主义经济制度的属性来强调，认为计划经济“是社会主义优越于资本主义经济的根本标志之一”。1990年至1992年，邓小平突破传统认识，提出计划经济与市场经济“都是手段”，特别是在1992年南方谈话中指出，计划经济不等于社会主义，市场经济不等于资本主义。由于不再提“计划经济为主”，不再把计划经济作为社会主义制度的特点，就为扩大市场经济的范围、实行社会主义市场经济体制，提供了理论支持。

随着“计划经济为主”的提法被放弃，市场经济（或市场调节）为辅的认识自然也会改变。邓小平在1989年政治风波后的讲话中，提出“我们要继续坚持计划经济与市场调节相结合”，原来讲话是“计划经济与市场经济相结合”。此前也这样内部讲过，已经提高了市场经济的地位。计划经济与市场调节不再是“为主为辅”的板块式结合，而是有机结合了。

关于第三个问题。邓小平同志在1979年11月26日同外宾谈及市场经济问题时，实际上讲了两种市场经济：一种是资本主义经济意义上的市场经济；一种是市场调节意义上的社会主义市场经济。先是美国吉布尼提问：“是不是可能在将来某个时候，虽然中国仍是个社会主义国家，但在中国社会主义制度范围之内，在继续中国社会主义经济的同时，也发展某种形式的市场经济?”客人的提问，显然是指与社会主义公有制经济不同的，当时还不存在，“将来某个时候”可能出现的非社会主义经济的市场经济。邓小平顺着这个提问回答说：“这个只能是表现在外资这一方面。就我们国内来说，不存在这个问题。我们国内还是全民所有制，或者集体所有制。也可能包括一部分华侨的投资，这部分也可能是资本主义经济的形式……。外资是资本主义经济，在中国占有它的地位。但是外资所占的份额也是有限的，改变不了中国的社会制度。”也就是说，邓小平认为，非社会主义经济的市场经济“只能是表现在外资这一方面”，而“外资是资本主义经济”。也可能还有一部分华侨投资的市场经济，这也可能是资本主义经济。当时我国还没有什么私营经济，所以邓小平说就国内来说“不存在这个问题”，即不存在资本主义经济的市场经济。这种含义上的市场经济，中国国内显然不能全面推行。正因为如此，所以中央文件和领导人的有关讲话一直否定中国会完全实行资本主义经济的市场经济。

至于市场调节含义上的非资本主义经济的市场经济，中国已经实行。因此，当加拿大客人林达光从另一个角度提问：“您是不是认为过去中国犯了一个错误，过早地限制了非资本主义的市场经济，这方面限制得太快，现在就需要在社会主义计划经济的指导下，扩大非资本主义的市场经济作用?”客人提问的“非资本主义的市场经济”，显然指的是我国在计划经济中开始引入的市场机制调节的作用。顺着客人的提问，邓小平回答说：“社会主义为什么不可以搞市场经济，这个不能说是资本主义。我们是计划经济为主，也结合市场经济，但这是社会主义的市场经济。”由此可见，邓小平在这次谈话中讲了两种不同的市场经济，一种是资本主义经济意义上的市场经济；另一种是非资本主义经济的即社会主义经济的市场经济。

只有既如实理解和把握邓小平的市场经济思想及其发展过程，又如实理解和把握中央有关重要文献和一些主要领导人关于市场经济的讲话，才能正确理解我国社会主义市场经济理论和实践发展过程的曲折性与复杂性，才不至于把邓小平的有关思想同中央文件和其他领导人的有关思想对立起来。

正因为对市场经济的内涵有多种界定，有的界定与私有制和资本主义联系起来，所以，当中央文件和某些主要领导人的讲话从与私有制和资本主义相联系的意义上否定我国实行市场经济或完全实行市场经济时，邓小平同志并不表示异议，有时还正面表示同意。而当涉及我国应充分发挥市场调节的作用，实行社会主义市场经济时，邓小平同志是积极倡导和支持的。我们现在实行的社会主义市场经济，是对市场经济作了新的界定的，既超越了与私有制或资本主义联系的理解，也超越了原来的完全由价值规律自发调节、“无政府”、“盲目性”生产的理解。市场经济是通过市场调节作用由市场机制配置资源的社会经济。社会主义市场经济，是在社会主义条件下的市场经济，即社会主义基本制度与市场经济相结合的经济。这样的市场经济自然可以从总体上实行了。

最后，还补充说明一个情况。正因为在市场经济的界定上，存在着与私有制或资本主义相联系的国际性的传统观点，改革开放以来的长时期中，在中央有关文献和领导人的讲话中，一般避免公开报道和论述社会主义实行市场经济问题。邓小平同志几次提出有关社会主义市场经济问题，有两次（1985 年 10 月和 1989 年 11 月）是在与外宾内部谈话中讲的，没有公开报道。1990 年的一次是与几位中央负责同志内部谈话中提及的，也未公开报道。1991 年 1 月的一次是同上海负责同志谈话时提到的，未公开报道，只是上海的媒体有所反映。直到 1992 年南方谈话公开报道后，社会主义市场经济问题才在全国作为重要理论与实践问题肯定下来。在此以前，“市场经济”一词是尽量避免在媒体上使用的，而且有些曲折的事例。事例之一是，前面提到过，陈云和李先念在 1979 年 2 月的一次会议上提出要以“市场经济作补充”，但在 3 月公开发表的文章中，改用市场调节概念。事例之二是，1982 年 1 月 25 日，陈云副主席约请国家计委几位负责同志谈话时，提出“我今天要讲的是怎样坚持以计划经济为主，市场经济为辅的问题”，用了“市场经济”一词，新华社作了公开报道，《人民日报》发表于 1982 年 1 月 26 日第 1 版。当时大家不理解怎么讲起“市场经济”了。不久，在正式发表的陈云同志的这次讲话——《加强和改进经济计划工作》一文中，将“市场经济”一词改成“市场调节”一词。事例之三是，1989 年 1 月 26 日，中共中央总书记赵紫阳会见马里共和国总统特拉奥雷时，讲了这样一段话：改革 10 年，有较大的发展，也出现了一些困难。主要原因“……二是改革从原来的集中计划经济过渡到商品市场的经济……”这里讲的“商品市场的经济”，容易被理解为“市场经济”。接着第二天（1 月 28 日）《人民日报》在头版刊登“更正”：将“过渡到商品市场的经济”，改为“过渡到商品经济”。事例之四是，1989年6月9日，邓小平在接见首都戒严部队军以上干部时的讲话，原先讲的是“我们要继续坚持计划经济与市场经济相结合，这个不能改”。而正式公开发表时，邓小平同志自己将“市场经济”一词改为“市场调节”。这些事例，反映了中央主要领导同志在公开使用“市场经济”一词时的慎重态度。也表明，在对“市场经济”概念的内涵作出统一的新的界定以前，在社会主义市场经济理论与实践发展过程中的曲折和复杂的情况。这看起来似乎只是个概念问题，实际上涉及重大的社会主义经济理论与实际问题。

# 向社会主义市场经济转变的理论轨迹[①]

［摘要］改革开放以来，我国一直推进市场取向的改革。后期的改革理论指导是以前期的改革理论指导为铺垫和基础的。改革初期的计划经济为主，市场调节（市场经济）为辅，是市场取向改革的出发点，它对传统计划经济体制打开了一个缺口，是社会主义经济理论发展史中一次重大的突破。随着改革理论和实践的发展，这一缺口越来越扩大，最终完成了向社会主义市场经济体制的根本性转变。

## 一、社会主义经济是公有制基础上的有计划的商品经济理论的确立

社会主义国家要对原有的计划经济体制进行改革，必然会提出怎样评价商品经济在社会主义经济制度中的地位和作用问题。新中国成立以后的一段时期中，在商品经济问题上，理论界存在各种不同的观点，有社会主义非商品经济论，有生产资料非商品论，有商品逐渐褪色论，也有社会主义、共产主义商品经济论，等等。改革开放以后，对商品经济的地位和作用的认识逐步深化，但怎样界定社会主义经济与商品经济的关系，直到20世纪80年代初期，学界还进行争论，有的主张社会主义经济是商品经济，有的则认为社会主义经济是计划经济，有的主张社会主义经济既是计划经济，又是商品经济。如果当时能分清是从本质属性还是从经济体制和运行机制的角度界定社会主义经济，争论的理论是非就容易分清了。从两个不同的角度进行界定，

① 本文原载《教学与研究》2008年第9期。

结论是不同的。不赞同将社会主义经济界定为商品经济的学者，所持的理由是：商品经济是几个社会共有的，不是社会主义区别于资本主义的特征；而主张社会主义经济是商品经济的学者，其观点的内涵也不相同，有人是从社会主义经济的本质属性上界定社会主义经济是商品经济的，并强调说明，如果不把商品经济作为社会主义经济的本质属性，就是主张商品经济外壳论。而有的学者强调社会主义经济是商品经济，则是从自然经济、商品经济、产品交换经济[①]的分类角度提出的。社会主义经济不是自然经济，也不是马克思、恩格斯曾设想的消除了商品价值关系的产品交换经济，而依然是商品经济。我认为后一种论断是科学的。如果从本质属性上讲社会主义经济，我们可以说：社会主义经济是以公有制为基础的经济，也可以说，社会主义经济是快速发展生产力、消灭剥削、消除两极分化，实现共同富裕的经济。商品经济存在于几个不同的社会经济形态中，它不能规定也不能表明任何一种社会经济制度本质关系，我们可以说：手工业经济是商品经济，资本主义经济是商品经济，社会主义经济是商品经济。但三种经济的本质属性或内在经济关系是不同的。发达资本主义国家的商品经济获得了充分发展，但也不能用商品经济去规定和表示资本主义的经济本质。马克思一再批评詹姆斯·穆勒用商品经济去说明资本主义经济的错误。他指出：穆勒作为资本主义辩护士，企图把资本主义关系归结为商品经济的关系，但“商品生产和商品流通是极不相同的生产方式都具有的现象，尽管它们在范围和作用方面各不相同。因此，只知道这些生产方式所共有的抽象的商品流通的范畴，还是根本不能了解这些生产方式的不同特征，也不能对这些生产方式作出判断”。[②]尽管资本主义经济与商品经济有如鱼水关系，却不能用商品经济去说明资本主义经济的本质属性，不言而喻，更不能用商品经济来规定和说明社会主义经济的本质属性。

但是，强调社会主义经济是商品经济，具有重要的理论和现实意义。它既是针对社会主义非商品经济论的，是侧重于从经济体制和经济运行机制的

① 学界流行着自然经济—商品经济—产品经济的分类。我认为用“产品交换经济”取代“产品经济”概念更科学一些，更符合经典作家的有关观点。“产品经济”与自然经济难以区分，也常为学界混用。而“产品交换经济”既与自然经济区别开来，前者有交换而后者无交换；也与“商品经济”区分开来，产品交换不与价值关系相联系，而商品交换需通过价值关系实现。

② 《马克思恩格斯全集》第23卷，人民出版社1972年版，第133页。

角度进行界定的，更是要肯定商品经济在社会主义经济中的重要地位和作用。商品经济虽然不是社会主义经济的本质属性，但它是社会主义经济的内在属性。大力发展商品经济是搞活和繁荣社会主义经济的重要环节，是满足人民物质文化需要的不可或缺的经济形式。搞经济体制改革，就要更多地发挥市场机制的作用，就要强调商品经济和价值规律的地位和作用。因此，提出社会主义商品经济论，否定社会主义经济非商品经济论，是为改革开放提供理论支持的。强调商品经济的地位和作用，实质上是要求重视市场在经济运行中的地位和作用。1984 年党的十二届三中全会通过的作为城市经济体制改革纲领的《中共中央关于经济体制改革的决定》（以下简称《决定》）中指出，传统经济体制的弊端之一，就是“忽视商品生产、价值规律和市场的作用”。并提出：改革计划机制，首先要突破把计划经济同商品经济对立起来的传统观念，计划经济“是在公有制基础上的有计划的商品经济”，《决定》将计划经济与商品经济统一起来，既主张计划经济，又强调商品经济，不过侧重点落在强调商品经济上。后来从《决定》中的论述延伸出即改提为“社会主义经济是公有制基础上的有计划商品经济”，也是合乎逻辑的。这也是对传统理论的突破。党的十四大报告回顾党的十二届三中全会的《决定》的重要意义时指出：它“提出我国社会主义经济是公有制基础上的有计划商品经济……是对马克思主义政治经济学的新发展，为全面经济体制改革提供了新的理论指导”。《决定》并提出一个重要论断：“商品经济的充分发展，是社会经济发展的不可逾越的阶段。”旧中国生产力落后，商品经济没有获得充分发展，社会主义新中国要补上这一课。充分发展商品经济，意味着要充分发挥市场机制的作用，为市场取向的改革提供了理论支持。

有必要说明，《决定》重视商品经济和市场的作用，但没有把“商品经济”与“市场经济”等同起来，是将其作为两个不同的概念看待的。它指出：“就总体说，我国实行的是……有计划的商品经济，而不是那种完全由市场调节的市场经济。”

在中央公开的正式文件中，在一个较长时期中讲商品生产、商品经济、市场调节多，而不讲或少讲市场经济。这是因为，第一，无论从马克思主义经济理论还是从西方经济理论来看，传统的理论观点都认为资本主义经济是市场经济，而社会主义经济是计划经济。在西方经济学论著中，把私有制作为市场经济的核心内容。第二，从经济实践来看，资本主义发展的几百年中，都是实行以私有制为基础的市场经济的，而自十月革命以后的所有社会主义国家，都实行以公有制为基础的计划经济。

从我国社会主义经济的发展历史过程来看，商品经济与市场经济是两个既相互联系又有区别的概念，不能因为商品经济要经过市场就断定它是市场经济。这是因为，第一，我国在改革开放前的计划经济条件下，也存在商品经济，存在市场。但不能认为我国在那时就已实行市场经济，否则，我国改革开放的新时期，提出实行社会主义市场经济，就不具有理论突破性的新的意义了。第二，改革开放前，虽然存在商品经济与市场，但调节经济的是计划，而非市场。实行市场经济，意味着由市场机制调节价格，调节企业的生产经营活动，调节供求关系，起资源配置作用。在传统计划体制下，市场起不了这种调节作用，因而也起不了资源配置作用。这是因为传统体制下的商品经济还不是完全意义上的商品经济。第三，《决定》中强调商品经济充分发展的必要性，强调社会主义经济是商品经济，但依然把商品经济与市场经济区别开来。尽管如此，我国转向社会主义市场经济，是以首先转向社会主义商品经济为理论前提和理论铺垫的。市场取向改革的发展，会进一步迈向市场经济的改革。

## 二、社会主义市场经济理论的提出和发展

在我国由计划经济转向社会主义市场经济问题上，有必要弄清两个问题，其一是社会主义也要搞市场经济的思想，在中央决策层最初是怎样提出来的？其二是邓小平 1979 年 11 月 26 日与外宾谈话时提出社会主义也可以搞市场经济，是不是现在实行的与计划经济相对立的社会主义市场经济？邓小平的市场经济思想是否也有一个发展过程？

邓小平是我国改革开放的总设计师，由传统计划经济转向社会主义市场经济的理论指导，是由邓小平于 1991—1992 年南方讲话最终确立的。但是，有必要明确：我国经济体制改革的理论思想，特别是社会主义经济也需要搞市场调节和市场经济改革思想的提出和实行，是邓小平和陈云、李先念等相互支持和共同推动的成果，胡锦涛等中央领导同志完全肯定了这一点。

胡锦涛同志于 2005 年 6 月 13 日《在陈云同志诞辰 100 周年纪念大会上的讲话》指出：陈云同志“明确提出，在社会主义制度下，只有有计划按

比例还不行，还必须有市场调节。他的这个重要认识，对我们突破高度集中的计划经济体制的束缚，曾经产生过广泛而深刻的影响。”又说：“陈云同志积极支持和推动邓小平同志倡导的改革开放，并以自己长期领导经济工作的丰富经验，提出了许多影响深远的重要思想。”李长春同志也于6月12日在纪念大会的开幕式上的讲话中指出：“陈云同志经过对社会主义国家普遍实行的高度集中的计划经济体制的经验教训的深刻反思，提出只有‘有计划按比例’还不行，还必须有市场调节这一条。这一重要论断的提出，是社会主义现代化建设经济理论上的一个突破，使人们对计划和市场的关系在认识上大大推进了一步，为后来逐步确立我国社会主义市场经济的改革目标作了重要的历史铺垫。”

传统经济理论，无论是马克思主义经济学还是西方经济学，都长期认为，计划调节、计划经济是社会主义的经济制度属性，而市场调节、市场经济，是资本主义的经济制度属性。在我国中央决策层，最早突破这一传统认识和阐述传统计划经济弊端，主张引入市场调节机制的，是陈云同志。陈云同志在1979年3月8日写的《计划与市场问题》一文中指出：我们没有根据已经建立社会主义经济制度的经验，对马克思的有计划按比例原理加以发展，导致经济工作中出现的缺点是，只有有计划按比例这一条，没有在社会主义制度下还必须有市场调节这一条。在陈云同志的论著中，以及相关的邓小平和李先念的论著中，“市场调节”和“市场经济”是同义的，因为完全由计划调节的经济是计划经济，而完全由市场调节的经济就是市场经济。因此在他们的著作中，“市场调节”和“市场经济”两个概念是通用的，就从陈云的《计划与市场问题》一文来看，原文中既用“市场调节”，也用“市场经济”。该文的最后部分提出了这样一个观点：在今后的经济调整和经济体制改革中，怎样调整计划经济和市场经济这两部分的比例，将是一个工作中占很大比重的问题。不一定计划经济部分愈增加，市场经济部分所占绝对数额就愈缩小，可能是相应地增加。在公开发表时，为与中央文件中公开的提法（市场调节）相一致，根据编辑部门的建议，将“市场经济”改为“市场调节”。在改革开放以来的一个时期中，在邓小平和陈云的内部谈话或行文中，往往使用“市场经济”一词，而公开正式发表时一般改为市场调节。直到1995年出版《陈云文选》第二版时，才又按原文改回“市场经济”。

其实，陈云提出计划经济与市场经济相结合的思想，早于《计划与市场问题》一文。有资料表明，1978 年 9 月，李先念在国务院务虚会上讲话时，就根据陈云的意见，提出“计划经济与市场经济相结合”。[①] 5 个月后，即 1979 年 2 月，李先念在一个会议上又进一步说：“我同陈云同志谈，他同意，在计划经济前提下，搞点市场经济作为补充，计划经济与市场经济相结合，以计划经济为主；市场经济是个补充，不是小补充，是大补充。”[②]

陈云关于计划与市场的思想，实际上是他在 1956 年党的八大会议所提三个主体、三个补充在新形势下的发展。那时就提出了“计划生产”是主体，“自由生产”是补充；“国家市场”是主体，“自由市场”是补充。但是很遗憾，没有得到应有的认同，特别是在随后的“左”的形势下，更难以实行。在 1978 年以来的新的历史时期，陈云进一步提出计划经济为主，市场调节（市场经济）为辅的改革思想，得到了邓小平、李先念等决策层的一致赞同与支持，因而成为党中央在改革前期的指导思想。在 1979 年 4 月 5 日的中央工作会议上，李先念在代表中央的讲话中正式提出：“在我们的整个国民经济中，以计划经济为主，同时充分发挥市场调节的辅助作用。”这是第一次以中央决策的形式公开发表的经济体制改革中计划与市场关系的指导思想。邓小平在 1982 年 4 月 3 日的一次讲话中讲：“最重要的，还是陈云同志说的，公有制基础上的计划经济，市场调节为辅。”[③] 正因为这一改革的思想得到邓小平同志的认同与支持，所以写入一系列的中央文件中。例如，1981 年由邓小平主持制定的中共中央《关于建国以来党的若干历史问题的决议》中讲：必须在公有制基础上实行计划经济，同时发挥市场调节辅助作用。“为主”、“为辅”的改革思想，还写入党的十二大报告中，写入宪法中。

邓小平同志和中央决策层关于转向社会主义市场经济的理论思想，经历了三个发展阶段。第一阶段，主张计划经济与市场经济相结合，具体为计划经济为主，市场调节（市场经济）为辅。邓小平同志 1979 年 11 月 26 日与外宾谈话中讲：“说市场经济只存在于资本主义社会，只有资本主义的市场经济，这肯定是不正确的。社会主义为什么不可以搞市场经济……我们是计

---

① 朱佳木：“谈谈陈云对计划与市场关系问题的思考”，《党的文献》2000 年第 3 期。

② 《陈云年谱》下卷，中央文献出版社 2000 年版，第 236 页。

③ 《陈云年谱》下卷，中央文献出版社 2000 年版，第 293 页。

划经济为主，也结合市场经济。”[1] 这里所讲的市场经济，是“市场调节为辅”意义上的市场经济，而不是现在实行的否定计划经济、全面实行的社会主义市场经济。因为第一，这里还是讲“计划经济为主”的条件下的市场经济；第二，如前所述，邓小平和陈云等都把“市场调节”和“市场经济”作为含义相同的概念通用；第三，在此后的中央文件中，直到1987年党的十三大以前，中央文件和中央领导人的公开讲话，都是在计划经济的框架内阐述计划与市场问题的。例如，获得邓小平完全肯定和赞扬的1984年《中共中央关于经济体制改革的决定》（以下简称《决定》）中，还继续讲计划经济的优越性。并且强调说明：“就整体说，我们国家实行的是计划经济，而不是那种完全由市场调节的市场经济。”“就整体说”不实行市场经济，并不否定国民经济的一部分可以实行市场经济。《决定》中提出：社会主义经济中的一部分生产和交换，可以“完全由市场调节”。而完全由市场调节的经济，就是指市场经济。《决定》对计划经济也赋予了新的内涵：缩小指令性计划的范围，扩大指导性计划。指令性计划也要运用价值规律，国有企业实行所有权与经营权两权分离，扩大国有企业的多项自主权。《决定》作为城市经济体制改革的纲领，虽然仍在计划经济的框架内强调发挥市场调节的作用，但对计划体制的改革指导思想已向前推进了。《决定》强调指导性计划经济也要发挥市场调节的作用；逐步缩小的指令性计划也要引入市场机制，发挥价值规律的作用。计划经济与市场调节（市场经济）相结合的思想，已经突破了原来只是板块式结合的模式。因此，《决定》没有再讲“市场调节为辅”。固然也没有再直接讲“计划经济为主”，但逐步缩小的指令性计划经济和扩大的指导性计划经济仍占主体地位。“就总体说”实行的是计划经济。

转向社会主义市场经济的第二个阶段，是自1987年2月到1992年初。邓小平于1987年2月6日与中央几位领导人谈话中提出：“我们以前是学苏联的，搞计划经济。后来又讲计划经济为主，现在不要再讲这个了。”[2] 这次谈话是为党的十三大召开提供理论指导的。这段话的本意是：既不要像过去那样学苏联的，只搞计划经济，不要市场调节（市场经济）；也不要再讲

---

① 《邓小平文选》第2卷，人民出版社1994年版，第236页。

② 《邓小平文选》第3卷，人民出版社1993年版，第203页。

"计划经济为主"了。也就是要扩大市场调节（市场经济）的范围，完全放弃改革前期的"为主"、"为辅"的模式，实行计划经济与市场经济相结合的新的结构。根据邓小平的指导思想，1987年10月党的十三大报告中，没有再提计划经济为主，连计划经济一词也没有用。报告中新的提法是"社会主义有计划商品经济的体制，应该是计划与市场内在统一的体制"，"计划和市场的作用范围都是覆盖全社会的。新的经济运行机制，总体上来说应当是'国家调节市场，市场引导企业'的机制"。这里虽然没有运用"市场经济"概念，但全面实行社会主义市场经济的模式已经呼之欲出了。"国家调节市场"，就是国家运用宏观调控手段调节市场机制；"市场引导企业"就是由市场机制直接调节企业的经营活动。这既可以是指导性计划经济的运行机制，也可以是市场经济的运行机制。

1989年"政治风波"后，有人对市场调节提出质疑，邓小平在6月9日接见首都戒严部队军以上干部的讲话中明确指出："我们要继续坚持计划经济与市场经济相结合，这个不能改。"正式发表时，将"市场经济"改为"市场调节"。这里所讲的计划经济，主要是指导性计划经济。讲计划经济与市场调节相结合，不再是"为主"、"为辅"的结合模式，它与党的十三大报告中所讲的计划与市场是内在统一的，都是覆盖全社会的，是相同的含义，已经完全超越板块式结合方式，而是内在的有机结合了。

转向社会主义市场经济的第三个阶段，是从邓小平1991—1992年的南方谈话开始直到现在的继续发展与完善。邓小平在南方谈话中提出了令人瞩目的新论断："计划经济不等于社会主义"，"市场经济不等于资本主义"。"计划和市场都是经济手段"。完全超越了计划经济和市场经济是两种对立的社会经济制度范畴的传统观念，并提出判断改革开放措施是否正确的三条"是否有利于"的标准。

为了落实邓小平关于市场经济的指导思想，江泽民同志1992年6月9日在中央党校的讲话中，提出了"关于在我国建立社会主义市场经济体制"的建议，他从资源配置的角度界定市场经济："市场是配置资源和提高激励的有效方式"，"它通过竞争和价格杠杆把稀缺物资配置到能创造最好效益的环节中去"。同时指出：市场不是万能的，它有"自身的明显弱点和局限性"。在同年召开的党的十四大报告中，根据邓小平的指导思想和江泽民的讲话，提出了建立社会主义市场经济体制的目标模式，并将其界定为："就是要使市场在国家宏观调控下对资源配置起基础性作用。”并强调说明，社会主义市场经济就是市场经济与社会主义基本制度相结合。社会主义市场经济理论的提出和这一体制的确立，完全突破了将市场经济与私有制和资本主义相联系的传统观念，为社会主义经济的发展，开辟了一条新的途径。

1993年11月14日，党的十四届三中全会通过的《中共中央关于建立社会主义市场经济体制若干问题的决定》中指出：“以邓小平同志1992年年初重要谈话和党的十四大为标志，我国改革开放和现代化建设事业进入了一个新的发展阶段。”要求在20世纪末“初步建立起新的经济体制”，提出建立“产权清晰、责权明确、政企分开、管理科学的现代企业制度”，国有企业实行股份制，建立全国统一开放的市场体系，发展金融市场、劳动力市场、房地产市场、技术市场和信息市场等。

党的十六大以来，以胡锦涛同志为总书记的党中央进一步推动社会主义市场经济的完善与发展。2003年10月14日，党的十六届三中全会通过了《中共中央关于完善社会主义市场经济体制若干问题的决定》，提出大力发展国有资本、集体资本和非公有资本等参股的混合所有制经济，“使股份制成为公有制的主要实现形式”，“建立归属清晰、责权明确、保护严格、流转顺畅的现代产权制度”。同时提出要完善市场体系、规范市场秩序，加快转变政府职能，完善财税体制、深化金融改革，深化涉外经济体制改革，推进就业和分配体制改革，深化行政管理体制改革等。

在党的十七大报告中，胡锦涛同志总结了我国在改革开放的历史进程中，作为发展中大国，摆脱贫困、加快实现现代化、巩固和发展社会主义的十大“宝贵经验”，其中重要的一条就是“把坚持社会主义基本制度同发展市场经济结合起来”。就是强调说明：我国实行的市场经济是与社会主义基本制度首先是公有制度相结合的。既要坚持社主义基本制度，又要发展和完善市场经济。

我国已初步建立起社会主义市场经济体制，还需要进一步完善和发展。30年来，我国一直推进市场取向的改革。后期的改革理论指导是以前期的改革理论指导为铺垫和基础的。改革初期的计划经济为主，市场调节（市场经济）为辅是市场取向改革的出发点，它对传统计划经济体制打开了一个缺口，是社会主义经济理论发展史中一次重大的突破。随着改革理论和实践的发展，这一缺口越来越扩大，最终完成了向社会主义市场经济体制的根本性转变。

# 更加尊重市场规律，更好发挥政府作用[①]

## ——学习习近平同志引领十八届三中全会的一个重要观点

习近平同志在2013年3月6日参加十二届全国人大一次会议上海代表团审议时强调指出：我国改革已经进入攻坚期和深水区。要“更加尊重市场规律，更好发挥政府作用”。在党的十八届三中全会关于《中共中央关于全面深化改革若干重大问题的决定》（以下简称《决定》）的说明中，又强调说：“使市场在资源配置中起决定性作用和更好发挥政府作用。……经济体制改革的核心问题仍然是处理好政府和市场的关系。”这一重要观点，已写入三中全会的《决定》中。以上前后两处的改革理论思想是相互衔接和一致的。市场规律，是在商品经济中发生作用的规律，包括诸如供求规律、竞争规律、价值规律、货币流通规律等。在人类社会发展中，自然经济逐渐被商品经济所取代。马克思主义经济学提出，商品经济的基本规律是价值规律。因为商品经济中的生产与流通是由价值规律调节的。在这个问题上，马克思主义经济学与西方经济学的观点，基本上是一致的，只是用语上的区别。马克思主义政治经济学讲，价值规律在商品经济中的作用是：（1）促进生产力的发展；（2）自发地将生产要素（生产资料和劳动力）分配于不同的企业和部门，也就是西方经济学所讲的市场配置资源的作用；（3）市场竞争，优胜劣汰，产生经济分化。按西方经济学的话语讲：实行市场经济，由市场配置资源会更有效率，更有利于生产力的发展。所谓由市场配置资源，就是由市场价格决定人力、物力资源（生产要素）在不同企业和部门间的分配。而市场价格的变动，是由供求关系和竞争关系调节的。各企业

① 本文原载《光明日报》2013年12月13日。

和部门，生产什么，生产多少，不是像计划经济那样，根据政府下达的指令性计划指标来安排。而是根据作为市场供求信号的市场价格来安排。因此，讲市场配置资源，实质上是市场价格配置资源。

在以前的中央文件中，是讲使市场在资源配置中起“基础性作用”。在这次的三中全会《决定》中，改称使市场在资源配置中起“决定性作用”。习近平同志很重视这一理论观点的提法改变。他指出：“关于使市场在资源配置中起决定作用和更好发挥政府作用。这是这次全会决定提出的一个重大理论观点。”“经济体制改革的核心问题仍然是处理好政府和市场的关系。”过去讲市场的“基础性作用”，其含义缺乏透明度，容易被理解为“初步性”或“打好基础”之意。这给某些地方政府不当干预企业活动留下了空间。改提“决定性”，就提高了明确度和认识度，符合市场经济原理和规律。马克思主义讲价值规律调节生产，就是指起决定生产的作用。同样，讲市场经济，就是由市场调节企业的经营活动，也就是要由市场价格而不是由政府决定企业的生产与销售。

实行市场经济的核心问题，是处理好政府与市场的关系。市场供求关系的变化，会迅速和及时地反映为市场价格的涨落，价格信号及时传递给企业，使企业及时掌握市场需求状况，据以安排适销对路的生产与销售。这就是市场的调节作用，也就是市场在资源配置中的决定性作用。这就表明，实行市场经济，不需要也不应当由政府对企业的正常和正当的经营活动进行干预。明确表明：是由市场决定，不是由政府决定。实践表明，在资源配置中，由市场起决定作用，比起计划经济时期由政府起决定作用，具有灵敏性与效率性，更有利于生产力的发展。

由市场而不是由政府在资源配置中起决定作用，决不是让政府撒手不管，无所作为。习近平同志明确指出：既要“更加尊重市场规律”，又要“更好发挥政府作用”。在关于三中全会《决定》的说明中，也是既讲市场的决定作用，又讲“更好发挥政府作用”。核心问题是处理好政府与市场的关系。

需要明确指出：讲市场的决定作用，是就市场在资源配置中的作用而言的。决不是说，我国的整个社会主义建设和发展事业，全部改革开放大业，都由市场决定。那样就不存在“更好发挥政府作用”问题了。

更好发挥政府作用，可分两个层次：第一个层次是讲市场在资源配置的决定作用中政府发挥什么作用；第二层次是政府在整个社会主义发展与改革事业中起什么作用。所谓处理好政府和市场的关系，主要是就第一个层次而言的。总的来说，在资源配置中，凡市场能做到和能做好的事，就放给市场去做。政府不要直接干预，不要越位、错位。习近平同志在《说明》中讲："进一步处理好政府和市场关系，实际上就是要处理好在资源配置中市场起决定作用还是政府起决定作用这个问题。"又说："市场在资源配置中起决定作用，并不是起全部作用。"因为政府也要起一定作用。政府要做自己该做和该管的事，而且要做得更好，不应缺位。具体地讲：(1) 政府要监管生产和产品的安全。致力于消除隐患，减少和消弭事故。保障产品的安全，防止和惩治假冒伪劣。(2) 有效监管市场，取缔欺行霸市、市场垄断，惩处假冒和有害商品的销售。(3) 健全和完善市场体系，统一市场规则，维护市场秩序，消除市场封锁与割据，提供公平的市场竞争环境。(4) 防止和处置环境污染、损害生态平衡。(5) 政府运用利率、汇率、税收、信贷等财政金融手段，影响和调节市场，引导企业科学发展。(6) 以效率与公平相统一的理念与政策引导企业，消除两极分化、走共同富裕道路。

重视市场在资源配置中的决定作用，并不是采纳新自由主义市场万能、否定政府调控的观点。市场并不是万能的，存在市场失灵，存在市场调节的自发性、盲目性和滞后性。在认识和肯定市场正面的主要作用的同时，不要忽视市场的负面效应。当代发达资本主义国家是成熟的市场经济国家，鉴于自由市场经济的负面效应，也放弃早期市场经济中政府只做"守夜人"的角色的理念，先后提出和进行国家干预、政府调节。二战后，法、日、韩等资本主义国家实行经济计划，德国实行"社会市场经济"，都在用"看得见的手"，引导"看不见的手"。用政府的作用弥补市场失灵及其负面效应。我国作为社会主义国家，应更有效和更好地发挥政府在市场经济中的宏观调控作用。科学的政府宏观调控，有效的政府治理，运用更有力、更完善、更有效的"看得见的手"与"看不见的手"相结合，是社会主义市场经济应有之义。也是习近平同志所讲的，"是发挥社会主义市场经济体制优势的内在要求"。

习近平同志强调指出："我国实行的是社会主义市场经济体制，我们仍然要坚持发挥我国社会主义制度的优越性，发挥党和政府的积极作用。""发展社会主义市场经济，既要发挥市场作用，也要发挥政府作用。"当然这两种作用是不同的。因此，要全面准确解读三中全会的《决定》和习近平同志关于《决定》的说明。决不能用新自由主义的观点解读市场在资源配置中的决定作用。

更好地发挥政府的作用的第二个层次是，在社会主义经济、社会、政治、文化、生态文明五位一体的建设与发展及其改革中，在创新社会治理体制中，在国防与军队的建设与改革中，需要坚持党的领导和政府的主导作用。不是由市场起决定作用。比如，教育的发展与改革，图书馆、博物馆的建设与发展，社会保障事业的完善与发展，科学发展观的实现，国家的发展战略规划，坚持改革的社会主义方向，坚持发展和完善社会主义经济制度，扶贫事业的完善与发展，消除两极分化、逐步实现共同富裕，等等，都不是由市场起决定作用。

讲政府职能和宏观调控，既包括市场在资源配置中的作用，也包括对整个经济社会发展中的作用。三中全会的《决定》中关于后一方面的作用也做了说明：宏观调控的主要任务是保持经济总量平衡，促进重大经济结构协调和生产力布局优化，减缓经济周期波动影响，防范区域性、系统性风险，实现经济持续健康发展。健全以国家发展战略和规划为导向的宏观调控体系，增强宏观调控前瞻性、针对性、协同性。形成参与国际宏观经济政策协调的机制，推动国际经济治理结构完善。政府要加强发展战略、规划、政策、标准等制定和实施，加强地方政府公共服务、市场监管、社会管理、环境保护等职责。所有这些都是需要政府去办和办好的事情。

全面了解和把握习近平同志和三中全会《决定》中关于处理好政府与市场的关系的理论思想和精神实质，就可以一方面防止借讲市场起“决定作用”而作出新自由主义的解读；另一方面消除一种由于误解产生的疑虑：以为讲市场的决定作用，就是市场取代党和政府的作用，去“决定”我国社会主义事业的发展。

# 关于坚持社会主义市场经济的改革方向问题[①]

[摘要] 党的十八大和十八届三中全会强调“坚持社会主义市场经济改革的方向”，比过去单讲“坚持改革的方向”或“坚持市场经济改革方向”，含义更明确，不容作出偏离社会主义大方向的解读和改革选择。社会主义市场经济体制包括三层不可分割的内容：由市场配置资源，排除由国家计划配置；市场经济与社会主义经济制度相结合；市场经济在国家宏观调控下运行。应正确解读和把握十八届三中全会提出的“使市场在资源配置中起决定性作用和更好发挥政府作用”。

党的十八届三中全会通过的《中共中央关于全面深化改革若干重大问题的决定》（以下简称《决定》）将过去一直讲的市场在资源配置中的“基础性”作用，改变为“决定性”作用，是一个突出的新提法。学界的解读存在差异。笔者认为，不能将市场决定资源配置的新提法作出新自由主义的解读和宣传，应坚持社会主义的改革方向。

## 一、改革的方向：建立和完善社会主义市场经济体制

有三种关于改革方向的提法，需要正确理解与把握。

### （一）坚持改革的方向，倒退是没有出路的

对这一提法，应按其本意正确理解。那就是要改革僵化保守的不利于生产力发展的旧体制，建立有活力有效率的新体制。改革与不改革，是两种方

① 本文原载《毛泽东邓小平理论研究》2014 年第 2 期。

向，应取前者而舍后者。但是，有人高调讲“坚持改革的方向”另有其取向。例如，一再宣称“国退民进”是改革的方向，他们主张国有企业退出经济领域，由私人经济取而代之，又大力宣传国有企业退出竞争性领域。诚然，改革开放以来，实行公有制为主体、多种所有制经济共同发展的基本经济制度，国有经济一统天下的局面会被打破。国有经济的绝对量和比重减少、非公有制经济的绝对量和比重增加，是必然趋势。我国现有的国有经济还存在这样那样的问题，需要进一步深化改革，党的十八届三中全会已提出了改革的部署。但需要明确：我国是社会主义国家，应当坚持《中华人民共和国宪法》规定的国有经济为主导、公有制为主体的根本制度。“国有经济即社会主义全民所有制经济，是国民经济中的主导力量。国家保障国有经济的巩固和发展。”《中华人民共和国宪法》的这一规定不容否定。我国的国有经济的绝对量和相对量已缩小很多。如果继续宣传“国退民进”、“国有经济从竞争领域退出”的主张，就离开了社会主义自我完善与发展的改革方向。国有经济大多是竞争性行业，市场经济是竞争性经济，为什么不允许国有经济参与竞争呢？如果让在国有经济中占多数的竞争性企业全部退出，由私人经济取而代之，让私有制经济一统天下，搞全面私有化，那就变成资本主义经济制度了。

### （二）坚持市场化的改革方向或坚持市场经济的改革方向

这一提法本身是可以成立的，但存在正确解读和偏离本意的解读问题。正确的解读应是指坚持社会主义的市场化改革方向或社会主义市场经济的改革方向。而有人高调宣传坚持市场化改革方向或市场经济改革方向，是将其与社会主义制度相分离和相对立。他们否定国有经济的重要地位和作用，否定公有制是社会主义制度的经济基础。有时，他们也讲社会主义，但讲的是另一回事。有人讲国有经济不是社会主义，私营经济是人民社会主义。有人不断写文章引证恩格斯《反杜林论》中批评“冒牌社会主义”的话来否定我国国有经济的社会主义性质。这完全曲解了恩格斯的话，恩格斯批评“冒牌社会主义”，是指有人把镇压工人运动的“铁血宰相”俾斯麦的某些国有化措施称作社会主义，当然是错误的，“冒牌的”。资本主义国家的国有经济被学界称作国家垄断资本主义，没有改变资本的性质。恩格斯之所以将其批评为“冒牌社会主义”，是因为“现代国家”即资本主义国家，“不管它的形式如何，本质上都是资本主义的机器，资本家的国家，理想的总资本家”。即使搞国有化，“转化为国家财产，都没有消除生产力的资本属性”。而人民掌握政权下的国有经济，就是社会主义。恩格斯强调指出：“无产阶级将取得国家政权，并且首先把生产资料变为国家财产。”这种生产资料国有制，是社会主义经济制度的基础。[①]

### （三）坚持社会主义市场经济的改革方向

这是党的十八大报告中强调的。《决定》再次强调这一提法。这一提法比前两种提法更明确、更完整。前两种提法只强调要坚持改革方向或市场化改革方向，容易被另有所图者接过去另搞一套。讲改革，必须弄清改什么、怎样改、举什么旗、走什么路，存在一个改革的大方向问题。改革，就是既不走封闭僵化的老路，又不走改旗易帜的邪路，是要改革不利于社会主义经济发展的传统体制，创立有利于社会主义经济发展的新经济体制，即社会主义市场经济体制。我国改革开放过程中，认识到了传统计划经济日益显露出的弊端，进行了市场取向改革的探索。最终，突破了市场经济姓“资”、计划经济姓“社”的理论框架，找到完全创新的改革模式。

## 二、从社会主义商品经济到社会主义市场经济

不要将市场经济与商品经济画等号。我国在传统计划经济体制下，也存在商品经济，是社会主义商品经济。党的十二届三中全会和中央其他文件中还提出，社会主义经济是公有制基础上的有计划的商品经济，将创建和发展有计划的商品经济体制作为改革的取向。有商品经济就有市场，但在传统计划经济体制下，市场不起调节经济的作用。在经济发展中起配置资源作用的是指令性计划，而不是市场。有些西方国家的词典中没有商品经济概念，只有市场经济概念，因而不存在市场经济与商品经济的异同问题。我国的特殊历史发展条件，造成商品经济与市场经济两个概念既相联系又有区别的情况。只有当市场机制能起调节生产的作用，从而成为资源配置者时，这种商品经济才是市场经济。因此，可以说，市场经济是通过市场调节起资源配置

① 《马克思恩格斯选集》第3卷，人民出版社1995年版，第629—630页。

作用的商品经济。市场经济作为一种经济体制和资源配置方式，它自身不存在“姓资”“姓社”问题，但它又不能脱离开一定的社会经济制度而独立存在。它可以与资本主义制度相结合，形成资本主义市场经济，也可以与社会主义经济制度相结合，形成社会主义市场经济。

有人借口市场经济是中性的，不存在“姓资”“姓社”问题，因而反对讲社会主义市场经济。然而，当前世界上只有两种市场经济，反对讲社会主义市场经济，必然转向资本主义市场经济。这里存在一个思维逻辑问题：“商品经济”概念也是中性的，但我国区分“资本主义商品经济”和“社会主义商品经济”，没有人提出反对意见，形成共识。为什么一讲社会主义市场经济就要反对呢？其真实意图是反对与社会主义公有制相结合的市场经济。

我国对社会主义市场经济提出界定的是党的十四大。十四大报告指出：“我们要建立的社会主义市场经济体制，是同社会主义基本制度结合在一起的，是要使市场在社会主义国家的宏观调控下对资源配置起基础性作用。”① 这里所讲的资源配置，也就是马克思主义经济学所讲的通过价值规律的作用调节生产与流通，将生产资料和劳动力分配到各个经济部门。可以看出社会主义市场经济包括三层含义：一是市场经济是由市场机制（供求机制、竞争机制、利率机制、价格机制等）调节资源配置的经济体制；二是社会主义市场经济是市场经济与社会主义基本制度相结合的经济，是以公有制为基础或为主体、以共同富裕为根本目的的；三是社会主义市场经济，不是完全自发的自由市场经济，而是在社会主义国家宏观调控下运行的市场经济。国家要运用经济政策、经济法规、计划指导和必要的行政管理和法律手段，引导市场健康发展。

社会主义市场经济的根本特点，在于将社会主义基本制度的优越性同市场经济的灵活性、效率性结合起来。市场经济是竞争经济。市场鼓励强者而不怜悯弱者。市场规律会形成一种激励机制和创新机制，促进经济的发展。同时也要看到，市场调节经济具有自发性、盲目性和滞后性，存在市场失灵。当代资本主义的市场经济也已不是政府只起“守夜人”作用的自由市场经济，也要实行政府干预。二战后，许多资本主义国家如日、法、韩等国

---

① 《十四大以来重要文献选编》上，人民出版社 1996 年版，第 19 页。

实行的经济计划，包括短期计划和长期计划，用“看得见的手”引导“看不见的手”。德国实行“社会市场经济”，也是将政府的作用与市场的作用结合起来。我国是社会主义国家，公有制的主体地位和国家的宏观调控制约着市场经济的负面效应，可以避免和削弱资本主义市场经济必然产生的经济震荡和经济危机。

我国已经初步建立了社会主义市场经济体制。取消了指令性计划，放开了市场。商品价格的市场化率已达98%，企业的生产经营活动不再由国家计划规定任务指标，基本上是根据市场供求和价格状况安排生产结构和规模。消费者可以自由进入市场，按市场规则自由选择商品。“计划供应”、“短缺经济”成为历史。卖方市场转为买方市场，这正是市场经济的特点。但我国初步建立起的社会主义市场经济还不完善，需要进一步深化改革。

党的十八大报告提出要全面深化经济体制改革。“经济体制改革的核心问题是处理好政府和市场的关系，必须更加尊重市场规律，更好发挥政府作用。”又指出：“要加快完善社会主义市场经济体制，更大程度更广范围发挥市场在资源配置中的基础性作用，完善宏观调控体系。”①

党的十八届三中全会通过的《决定》既是全面落实十八大提出的改革任务，又将各项任务具体化，并提出了新的理论指导与部署。怎样更加尊重市场规律？怎样更大程度更广范围发挥市场在资源配置中的作用？怎样处理好政府和市场的关系？《决定》提供了指导意见。

## 三、为什么《决定》强调提出使市场在资源配置中起“决定性”作用

《决定》关于深化经济体制改革的一个引人注目的新提法是：“使市场在资源配置中起决定性作用和更好发挥政府作用。”② 将多年来所讲的市场配置资源的“基础性”作用，改变为“决定性”作用。显然，从行文上看，强化和扩大了市场配置资源的作用。习近平指出：这是这次全会决定提出的一个重大理论观点。

---

① 胡锦涛：《坚定不移沿着中国特色社会主义道路前进 为全面建成小康社会而奋斗》，人民出版社2012年版，第18—20页。

② “中共中央关于全面深化改革若干重大问题的决定”，《人民日报》2013年11月16日。

之所以强调提出市场在资源配置中的“决定性”作用，根据《决定》和习近平关于《决定》的说明，可以概括为以下几点：

### （一）市场决定资源配置是市场经济的一般规律

市场经济本质上就是市场决定资源配置的经济，健全社会主义市场经济体制必须遵循这条规律。可以说，由“基础性”作用改变为“决定性”作用，是回归市场经济的本质规定和要求，是遵循市场经济规律。我们知道，市场经济和计划经济是两种不同的资源配置方式。在传统计划经济时代，国民经济完全受指令性计划调节，生产什么、生产多少、产品提供到何处，完全根据计划指标安排，企业没有生产经营自主权。因此，生产资料和劳动力等资源怎样分配到不同的部门和企业，完全由政府计划调节。因此，实行计划经济，发挥计划调节作用，就是国家计划在资源配置中起决定性作用。这是计划经济的本质要求。改革开放以来，我国实行市场取向的渐进改革，最终确立了社会主义市场经济体制模式。市场经济就是由市场机制调节即决定企业的生产和销售活动。但政府不是从此撒手不管，而是要更好发挥自己应尽的责任。应当注意到，《决定》提出“使市场在资源配置中起决定性作用”，是与“更好发挥政府作用”连在一起作为不可分割的一句话来阐述的。政府起什么作用，《决定》也做了简要说明。

### （二）过去一直提市场配置资源的“基础性”作用，而现在改提“决定性”作用，有一个条件成熟因素

从1992年党的十四大提出我国经济体制改革的目标是建立社会主义市场经济体制，要使市场在国家宏观调控下对资源配置起基础性作用，到十八大的20年来，没有提市场配置资源的“决定性”作用，只提“基础性”作用，现在改提“决定性”作用，表示改提使市场在资源配置中起决定性作用已具备成熟的条件。按照历史事实和习近平的说明，大体有两方面的成熟条件：其一是认识上的条件；其二是实践所提供的条件。长期以来，马克思主义经济学和西方经济学都认为，市场经济是资本主义的，计划经济是社会主义的。而且从历史事实来看，资本主义国家都一直实行市场经济，而社会主义国家曾一直践行计划经济。我国由计划经济转向市场经济，经历了市场取向改革的不同阶段。大体上有：计划经济为主，市场调节（市场经济）

为辅；社会主义有计划的商品经济体制（更大范围发挥市场作用）；计划和市场是覆盖全社会的；计划经济与市场调节（市场经济）相结合；最后统一了认识，建立了社会主义市场经济体制。这是逐步推进社会主义经济市场化的改革过程，也是逐步推进思想解放的过程。突破市场经济“姓资”、计划经济“姓社”的传统认识已不容易，如果再直接提出西方所宣传和践行的市场配置资源的决定性作用，仍会有认识上的障碍，不如提“基础性”作用更平稳。而目前之所以改提“决定性”作用，是由于如习近平所说：“考虑各方面的意见和现实发展要求，经过反复讨论和研究，中央认为对这个问题从理论上作出新的表述，条件已经成熟。”这表明，以前不提“决定性”作用，是条件还不成熟。讲条件成熟，还有另一方面的条件即实践条件。习近平指出：“现在，我国社会主义市场经济体制已经初步建立，市场化程度大幅度提高，我们对市场规律的认识和驾驭能力，不断提高，宏观调控体系更为健全，主客观条件具备，我们应该在完善社会主义市场经济体制上迈出新的步伐。”① 就是说，在新的条件下，党和政府对市场规律的认识和驾驭市场的能力不断提高。因此，从理论认识和实践过程两方面看，提高和扩大市场配置资源作用的主客观条件都已成熟。主观条件是理论认识条件；客观条件是现实实践条件。据此，可以而且有必要将市场配置资源的“基础性”作用，改变为“决定性”作用。

所谓市场配置资源的“基础性”作用，一直没有人解释其含义。其实，“基础性”作用并非与“决定性”作用相排斥，也可以作出相一致的解读。有时，讲基础作用，就是决定作用。例如，讲经济是基础，决定上层建筑。讲生产资料所有制是生产关系体系基础，就是指所有制决定生产关系体系。另外，市场配置资源的基础性作用，也可以理解为基础层次的作用，即在政府、市场、企业的关系中，政府在宏观层次起作用，市场在基础层次起作用，并不排斥其决定性作用。不过，“基础性”作用的提法毕竟不够透明，会模糊其含义，容易被理解为“初步性”或“打基础”的作用，为地方官员不合理干预提供了空间。

---

① 习近平：“关于《中共中央关于全面深化改革若干重大问题的决定》的说明”，《人民日报》2013年11月16日。

### （三）强调提出市场配置资源的决定性作用，是深化经济体制改革的需要

我国虽然初步建立了社会主义市场经济体制，“但仍存在不少问题，主要是市场秩序不规范，以不正当手段谋取经济利益的现象广泛存在；生产要素市场发展滞后”；市场规则不统一，存在部门保护主义和地方保护主义；市场竞争不充分，阻碍优胜劣汰和结构调整，等等。习近平指出：遵循市场决定资源配置规律，是要“着力解决市场体系不完善，政府干预过多和监管不到位问题”。并且指出，有利于“抑制消极腐败现象”。事实证明，有些政府人员不当干预，与腐败行为相关。

## 四、市场决定资源配置要求更好发挥政府作用

习近平在关于《决定》的说明中指出：我国实行的是社会主义市场经济体制，我们仍然要坚持发挥我国社会主义制度的优越性，发挥党和政府的积极作用。“市场在资源配置中起决定性作用，并不是起全部作用。”这表明，某些特定行业和企业的资源配置，并不由市场决定。例如，发展国防军事工业，国家创建和发展战略性新兴产业，进行基础设施建设和公共服务体系建设，开创和发展航天工程事业，建立社会保障性事业等，这些方面的资源配置不会都交给市场决定，而主要由政府决定。

在市场经济运行中，政府的一个重要职责是市场监管。市场配置资源的决定作用越大，范围越广，政府监管市场的职责也越大，越需要“更好发挥政府作用”。习近平在关于《决定》的说明中指出：健全社会主义市场经济体制，既要着力解决“政府干预过多”的问题，又要着力解决“市场体系不完善”和“监管不到位问题”。解决后两方面的问题，正是政府的职责所在和宏观调控的任务。所谓政府干预“过多”，表明并不否定不“过多”的、必要的、正当的政府干预。“过多的干预”是不当干预，不是政府职责所在，也不是宏观调控任务。政府监管职责主要是针对诸如制假售假、生产和销售有毒食品、非法集资和传销、黄赌毒市场、欺行霸市、市场垄断、不正当竞争、虚假广告、环境污染，等等。这种政府干预是必要的。政府还要监管生产安全和职工权益保障。连西方经济学的权威著作萨缪尔森的《经济学》也概括了资本主义市场经济中的政府四项职能：为市场确立法律框

架，确定市场准则；影响资源配置以改善经济效率，“帮助按社会需要进行资源配置”，“有时候，政府作出的选择凌驾于市场供给和需求的配置之上”，如“控制污染物的排放”；制定改善收入分配的计划。“看不见的手可能惊人地有效率，但它同时也带来非常不平等的收入分配”，“收入再分配是政府的第二个主要经济职能”；通过宏观经济政策来稳定经济。以上四种政府职能表明“政府应进行干预以增进市场经济的功能和公正”。[①] 这里讲的是资本主义市场经济中的政府职能和必要干预。我国实行社会主义市场经济，应在更大程度上更好地发挥政府的职能。政府的职能除前面所讲的监管与促进作用外，还有完善市场经济体系的职责。要统一市场规则，维护市场秩序，消除市场封锁与割据，打破市场垄断，提供公平的市场竞争环境；防止和处置环境污染和损害生态平衡的行为；运用利率、税收、信贷等财政金融手段，影响和调节市场，引导企业科学发展；以效率和公平相统一的理念与政策，缩小收入分配过大差距、消除贫富分化、走共同富裕道路。

## 五、分清两个层面的政府职能和宏观调控作用

处理好政府和市场的关系，让市场起决定性作用，是就市场经济运行中市场在资源配置中的作用而言的。在这个层面，是市场起决定作用，政府起监管和促进作用。这是市场经济运行中基础层面的关系，另一个是宏观层面的关系，即在整个经济社会发展中政府的作用。不应把市场的“决定性作用”泛化和扩展到第二个层面，我们讲“宏观调控”，有两层含义：一是在政府、市场、企业的三者关系中，政府处于宏观层次，即居高层次，市场处于中间层次，企业处于基础层次。在这个层面讲政府职能和宏观调控，就是指在市场起决定资源配置的前提下，政府在宏观层次上对市场和企业进行必要的、科学的监管和引导，并促进市场体系的完善和发展，促进企业的科学发展。宏观调控的另一层含义，是政府对宏观经济的调控。宏观经济是指整个国民经济的各种经济活动的总称。根据《决定》和习近平关于《决定》的说明，在资源配置和宏观经济发展中，政府职能和宏观调控的主要任务是：保持经济总量平衡，促进重大经济结构协调和生产力布局优化，减缓经

---

① 萨缪尔森：《经济学》第14版上，北京经济学院出版社1996年版，第552—555页。

济周期波动影响，防范区域性系统性风险，稳定市场预期，实现经济持续健康发展，健全以国家发展战略和规划为导向、以财政政策和货币政策为主要手段的宏观调控体系，增强宏观调控前瞻性、针对性、协同性。形成参与国际宏观经济政策协调的机制，推动国际经济治理结构完善。政府要加强发展战略、规划、政策、标准等制定和实施，加强地方政府公共服务、社会管理、市场监管、环境保护等职责。所有这些都需要政府去办而且应办得更好的事情。

使市场在资源配置中起决定性作用，处理好政府与市场的关系，市场能办到和办好的事，就让市场去起决定作用，政府不要过多干预，政府应做好自己能办而市场办不了和办不好的事。这是深化社会主义市场经济体制改革中的应有之义。

2014 年 1 月 1 日，《人民日报》等媒体发表了习近平的《切实把思想统一到党的十八届三中全会精神上来》一文。其中指出："使市场在资源配置中发挥决定性作用，主要涉及经济体制改革，但必然会影响到政治、文化、社会、生态文明和党的建设等各个领域。要使各方面体制改革朝着建立完善的社会主义市场经济体制这一方向协同推进，同时也使各方面自身相关环节适应社会主义市场经济发展提出的新要求。"要适应经济体制改革的需要转变政府职能，党和政府要提高驾驭市场经济的能力，要为深化经济体制改革提供理论指导与实践决策。

全面深化改革的总目标是完善和发展中国特色社会主义制度，推进国家治理体系和治理能力现代化。要坚持社会主义市场经济的改革方向，以促进社会公平正义、增进人民福祉为出发点和落脚点。需要明确"坚持社会主义市场经济的改革方向"，就表示不应单强调市场化改革，而与社会主义制度相脱离。离开社会主义的市场化改革，必然导向资本主义市场经济。《决定》在提出"紧紧围绕市场在资源配置中起决定作用"的后面，紧接着讲"坚持和完善基本经济制度"，并要求加快完善宏观调控体系。而坚持和完善基本经济制度，首先要求坚持国有经济为主导、公有制为主体。所有上述这些方面，都离不开党的领导和政府的推进。

## 六、泛化市场决定作用的解读偏离《决定》精神

有的学者出于泛化市场决定作用的误解，质疑市场配置资源的决定性作用的新提法。认为这只适用于资本主义市场经济，而不适用于社会主义市场经济。其实，讲市场配置资源的决定作用，与马克思主义经济学讲价值规律调节生产即自发地将生产资料和劳动力（资源）分配于不同的部门，是一样的道理。价值规律调节生产，也就是企业生产什么、生产多少，由反映供求关系和竞争关系的价格来决定，价值规律决定同市场决定是一回事。讲价值规律决定资源配置或市场决定资源配置，涉及三个方面的“决定”事项：一是价格的决定。在市场经济中，市场价格不再由政府决定，而是在价值基础上由竞争机制和供求机制决定。二是企业的生产经营活动，包括其生产规模与结构的安排，不再由政府指令性计划决定，而是由反映市场供求关系的市场信号决定。三是消费需求的选择与决定。不再是“短缺经济”和“卖方市场”下的凭票供应、排队抢购，购买者没有选择权和决定权的状况，而是在市场经济中的供求规律与竞争规律作用下，消费者有权决定自己的需求选择，也就是《决定》中所说的“消费者自由选择、自主消费”。弄清这些方面的理论与实际情况，弄清价值规律决定和市场决定资源配置的本意，就不会对社会主义市场经济中由市场决定资源配置的理论与实践产生质疑。

有些读者和学者，由于没有分清不同领域政府和市场的不同作用，也没有弄清政府职能和宏观调控在不同层面的作用，误以为强调市场的决定作用涵盖了我国整个经济社会的发展，从而产生疑虑。

目前存在的一个问题是，有的主流媒体也出现了泛化市场决定作用的解读，这会误导读者。例如，2013 年 11 月 15 日，《人民日报》刊发了《中央财经领导小组办公室负责人详解十八届三中全会亮点：句句是改革、字字有力度——权威访谈·学习十八届三中全会精神》一文，受访者是中央宣讲团成员。他解读说：“市场的作用从‘基础’变为‘决定’……是深化经济体制改革以及引领其他领域改革的基本方针。”“提出市场起决定性作用，就是改革的突破口和路线图，基本经济制度、市场体系、政府职能和宏观调控、财政金融、土地制度、生态文明等方面的改革，都要以此为标尺。”这里竟然将市场的决定作用泛化到整个经济社会、生态文明等不同领域，甚至

泛化到由市场决定基本经济制度。然而，国有经济为主导、公有制为基础的社会主义经济制度，或者公有制为主体、多种所有制经济共同发展的社会主义初级阶段基本经济制度，没有党和政府的引导与推进，能由市场决定其形成、存在和发展吗？竟然连政府职能和宏观调控也要由市场决定！颠倒了关系！应是由政府职能监管市场，由宏观调控调节市场运行，而不是反过来由市场决定政府的监管和宏观调控作用。对于这种解读，中国社会科学院的一个课题组已在《对三中全会精神的一些“权威解读”值得商榷》一文中进行了评论。①

另外，有的学者以新自由主义的理念或欧美市场经济模式的理念为依据，对市场决定资源配置的作用也做了泛化的解读。如有的学者在解读中淡化和否定政府在市场决定资源配置中的宏观调控作用，说什么“是市场起决定作用，不是宏观调控”。公然忽视和否定《决定》中强调宏观调控作用的有关论述。另外，有的学者认为中央提出市场的决定作用，就是要弱化政府的职能，是否定“强势政府”，否定政府对市场的“驾驭”和对市场及社会经济生活的监管，否定国有经济的作用。认为自己的一套新自由主义观点，被三中全会采纳，争论见了分晓。这种解读和宣传，完全不符合《决定》的本意和精神，也会影响和加重一些读者和学者对市场决定资源配置新提法的疑虑。应正本清源，按照《决定》的精神，澄清理论是非。

习近平在关于《决定》的说明中，明确提到“我们对市场经济规律的认识和驾驭能力不断提高”。指出：实行社会主义市场经济，要“发挥党和政府的积极作用”，“强调科学的宏观调控、有效的政府管理，是发挥社会主义市场经济体制优越性的内在要求”。而且，“全会决定强调必须毫不动摇巩固和发展公有制经济，坚持公有制为主体地位，发挥国有经济主导作用，不断增强国有经济的活力、控制力、影响力”。可见，《决定》和习近平关于《决定》的说明，是与新自由主义的“教义”完全对立的。

---

① 见《思想理论情况反映》2012 年 11 月 28 日。

# 论社会主义市场经济中的宏观调控[①]

党的十四大把建立社会主义市场经济体制作为我国经济体制改革的目标模式。在新的体制中，市场调节的作用将得到充分发挥，在资源配置中起基础性作用。但是，我们要建立的社会主义市场经济体制，是要使市场在国家宏观调控下对资源配置起基础性作用，而不是排斥国家计划和宏观调控的自由市场经济。在社会主义市场经济体制中，宏观调控的内容是什么以及如何有效地实行宏观调控，是需要深入研究的重要问题。

## 一、宏观调控的两种情况

从宏观调控承担的主要任务来看，在社会主义市场经济体制中，宏观调控自身又有两种情况，即一般情况下的宏观调控与特殊情况下的宏观调控。

### （一）一般情况下的宏观调控

一般情况下的宏观调控，是指由于市场调节的内在功能缺陷或局限性而存在着“市场失灵”，需要国家采取一定的手段来进行的宏观调控。这时的宏观调控主要是为了解决市场办不了的事情和“市场失灵”问题，为市场机制作用的发挥创造必要的环境和条件，从而保证宏观经济目标顺利实现，其作用主要表现为以下几个方面：

1. 弥补市场机制不足。一方面，市场机制的作用有利于经济结构的优化和经济效益的提高，有利于加快经济发展的速度，增强企业参与国际竞争的能力。另一方面，市场机制并不是万能的，存在着功能缺陷和不足。西方

① 本文原载《求是》杂志1994年第11期，与王元龙合写。

福利经济学有一个著名定理，即在完全竞争市场条件下，市场机制的自发调节作用可以达到“帕累托最优”——资源最佳配置状态。在这种资源配置状态下，任何生产要素的重新组合都不可能在不减少一些人的福利的条件下使其他人的福利增加。这一定理，一方面说明市场机制具有达到资源最优配置的可能性；另一方面说明，由于完全竞争的市场条件只是一种理想化的纯理论假设，在现实中是不存在的，因而市场机制本身并非万能，只靠市场机制不能实现资源的最佳配置。

即便假定存在完全竞争的市场条件，依然存在着“市场失灵”。第一，市场机制不能解决整个国民经济的宏观平衡问题。在市场机制调节情况下，企业是从企业利益出发进行决策的，与宏观平衡的要求不一定相符合。因而，市场机制对于调节国民经济总供给与总需求的平衡、引导国民经济宏观运动方向等方面不是有效的。第二，市场机制诱发短期行为。市场价格通常只能反映现有的生产结构和需求结构，由于受短期利益的支配，企业根据市场价格信号作出的决策不一定反映国民经济发展的长远目标和结构。第三，市场机制不能解决外部效用问题。外部效用包括外部经济与不经济。外部经济是指某些经济单位的生产和经营活动可以提高别的某些当事人的效益，例如养蜂人的蜜蜂传授花粉可使附近的农民受益；外部不经济是指某些经济单位的生产和经营活动，降低了别的某些当事人的效益，例如由于河流上游的造纸厂向河里排放污水，河水的污染减少了下游的捕鱼量，使渔民受到损失。由此可见，一个企业的生产经营活动会对其他当事人产生正效应或负效应。由于企业成本与社会成本之间存在差异，外部效用无法通过市场价格来表现，市场机制调节对外部效用无能为力，往往导致产生诸如环境污染等外部不经济，甚至阻碍能为社会带来巨大效益的事业的发展。第四，市场机制不能调节公共产品的供给。公共产品是指它的供给能为大家所利用而不需要花费额外成本。公共产品在使用上具有非排他性。例如，国防、消防、公共基础设施、环境保护等提供的就是公共产品。由于公共产品无利或少利，很少有人自愿提供，因而难以通过市场调节来实现供求平衡，需要政府实行宏观调控，有计划地安排和提供。

2. 减少市场价格调节引发的自发性和盲目性。任何社会化生产都必须按照社会需要的一定比例来分配社会劳动、优化资源配置，社会主义社会的生产当然也不例外。然而，在市场机制作用下，使经济主体多元化和经济决策分散化，生产者和经营者在从事生产经营活动时都从自己的利益出发，根据价格的波动作出决策，这样，必然造成经济活动的自发性和盲目性。第一，市场信号有可能失真，不能有效地引导企业的生产经营活动，使社会生产按比例发展。第二，即使市场信号不失真，个别生产者和经营者也不可能了解全部市场情况和其他经济主体的决策，在这种情况下，其决策就不可避免地出现自发性和盲目性。第三，市场上价格的波动，只能反映商品供求的短期动态，而不可能准确反映商品供求的长期动态，分散的生产者和经营者根据市场信号作出的决策也就难免带有盲目性。此外，市场信号具有滞后性，即从市场价格的变动到信号反馈到生产者，再到生产者作出决策，存在着一定的时间间隔，也会造成微观决策的盲目性。第四，市场调节属于事后调节。尽管它可以通过自身机制的作用来纠正已出现的偏差和失衡，但它无法预防偏差和失衡的发生。市场调节所引起的经济活动的自发性和盲目性，必然造成社会资源的浪费。由于市场价格调节存在上述自发性与盲目性，需要宏观调控的制约与缓解。

另外，在单纯的市场调节下无法实现公平的收入分配。尽管公平和等价交换是市场交易的基本原则，但是市场经济又要承认市场分配结果的不公平。市场经济是根据投入生产的要素的贡献来分配收益的。由于不同要素所有者所拥有的要素的数量和质量不同、竞争机会不均等，他们的收入必然会差距很大，出现分配的不公平。对市场分配不公不加限制，会导致两极分化，不仅会损害广大劳动群众的生产积极性、降低市场效率，还会引发社会矛盾。实现公平的收入分配，也需要政府的宏观调控。

3. 维护市场秩序。市场竞争的结果会产生两方面的效应：一方面是积极效应，促进经济发展和社会进步；另一方面，是消极效应，即容易在不同程度上带来经济秩序的某种紊乱现象和走向垄断。由于在市场经济条件下市场主体以追求自身利益的最大化为目标，他们受局部利益驱动，其市场活动容易和社会整体利益发生冲突，使竞争机制不能正常发挥作用，甚至发生扰乱市场经济秩序的违法活动。例如，假冒商标、侵犯专利、虚假广告、商业贿赂、侵犯商业秘密、欺行霸市等不正当竞争行为，以及生产和销售假冒伪劣产品等。这些不仅会损害消费者利益，还会导致市场紊乱，妨碍市场机制作用的有效发挥，甚至对整个国民经济的正常运行带来消极后果。在这种情况下，单靠市场调节自身的功能不能解决问题。

自由竞争会导致垄断。在现代市场经济条件下，由于存在着使厂商及其资源无法自由进出行业市场的障碍，如产品差异、成本优势、规模经济效益等，以及法制与行政上的障碍，会造成市场垄断。垄断的存在，使得垄断企业可以凭借其优势地位操纵市场和价格，获取垄断利润。垄断会造成社会的效率损失、阻碍技术进步和创新。在我国，不仅存在着自由竞争形成的垄断，而且还存在着一种特殊的垄断，即凭借各种经济特权和非经济特权对生产要素的人为垄断以及行业、部门与地区之间的市场封锁。垄断不利于市场机制的正常作用，使市场调节的效果受到影响。因而，为了能够使市场实现和保持符合规则的有序运行，政府必须制定相应的法规和制度，实施宏观调控；那些垄断性的行业如公共部门，则应由国家直接经营。

### （二）特殊情况下的宏观调控

这是指在特定时期的特殊情况下，对市场经济运行中出现的突出问题和矛盾进行的宏观调控。这时的宏观调控并非是针对市场经济本身的功能缺陷或局限性而进行的，也并非是经常存在的，通常多采用特殊的调控手段。

当前和今后的一个时期中，这种宏观调控主要是针对由于特殊情况引起的经济生活中的波动。这里所指的造成经济波动的特殊情况，从我国现阶段来看主要有以下几个方面：

1. 双重经济体制并存引发的问题。我国目前处于向社会主义市场经济转变的过程中，一方面是新经济体制尚未完全形成；另一方面是旧经济体制还在经济生活中起着一定的作用。由于旧体制的弊端还没有完全克服，缺乏有效的约束机制和风险机制，特别是在金融体制、投资体制、财政体制等方面的改革还没有完成，政府职能尚未有效转变的情况下，很容易出现盲目扩大投资规模、竞相攀比速度等现象，导致投资需求失控、消费需求失控、货币投放失控以及信贷失控，致使产业结构失调，引发通货膨胀，出现经济生活中的较大波动。对此，只有通过深化改革、加强和改善宏观调控来解决。这时的宏观调控主要应采取经济手段和法律手段，但也并不排除使用行政手段。对于主要是由于行政行为而引起的某些经济秩序混乱的问题，更需要采取必要的行政手段来进行调控。

2. 预期与心理因素。预期通常是指对经济变量未来变化趋势的信念或看法。预期和心理因素的影响，也会引起经济生活中的波动。例如，如果人们预计明年的通货膨胀率会更高，就会作出提取银行存款，抢购商品的反应，从而引起经济的波动。1993 年 11 月下旬在我国一些地区出现的粮食涨价幅度大和少数城市居民抢购家用电器等消费品的情况，就是主要由暂时的、包括心理因素在内的一些因素推动起来的。为了确保市场稳定，政府迅速采取了宏观调控措施，如动用国家库存，向市场抛售粮食，对市场销售采取限价措施，向缺粮地区迅速调运粮食，广泛宣传粮食政策以安定人心，促使粮价降到了合理水平。这些干预措施都属于特殊情况下的宏观调控。

这两种宏观调控既相区别，又相统一。特殊情况下的宏观调控由于是为了解决特定时期经济生活中的突出矛盾与问题，因而调控措施具有应急的性质，必然带有程度不同的行政色彩。但总的来说，两种宏观调控的基本手段与目标是统一的。在正常情况下，一般宏观调控机制越完善和越健全，市场经济运行便越顺利、越健康，从而特殊情况下的宏观调控就可越减少，就越有利于国民经济的持续、快速与健康发展。因此，在宏观调控问题上，更重要的是健全、完善与加强宏观调控体系，避免突发性的经济波动。

## 二、宏观调控的模式

国家的宏观调控和市场机制是社会主义市场经济体制条件下配置资源的两种手段，是相辅相成的，即国家宏观调控建立在市场机制基础之上，而市场则在国家宏观调控之下运行。与这种经济运行机制相适应，经济调控的模式应该是国家在宏观层次上调节市场，而市场在微观层次上调节企业，或者说是国家引导市场，市场引导企业。这样，既可以充分发挥市场机制对资源配置的基础性作用，又能够充分发挥国家对市场的导向作用。因此，我国宏观调控的目标模式和基本方式应主要包括以下两个方面：

第一，间接宏观调控为主。在传统的集中计划经济体制下，对企业的宏观管理方式是以直接调控为主，国家对企业下达指令性计划指标，规定企业的经济活动范围、干预企业内部的生产经营决策。而在社会主义市场经济中，国家主要运用间接宏观调控方式，即主要使用经济手段，通过市场机制引导企业的经济活动并能使之大致符合国家宏观经济发展的目标。但这种间接调控方式并不排斥在一定范围内与直接调控方式的结合。例如，对于关系国计民生的基础设施企业、自然垄断企业以及某些特殊企业，可实行必要的直接调控。对企业的管理，只要是市场机制能够解决的问题，国家就不再进行干预。在宏观间接调控中，市场机制处于轴心的地位，通过市场将宏观调控的意图传导给企业，并通过市场配置资源。这样，企业不仅成为市场和资源配置的主体，同时也成为宏观调控能动的微观基础，即真正做到自主经营、自负盈亏、自我约束、自我发展。

第二，运用各种经济参数进行调节。在宏观调控中，国家并不直接规定和调节市场信号如市场价格、市场利息率、汇率等，而是根据宏观经济调控的要求，运用国家所掌握的经济参数来影响社会总供给和总需求，通过供求关系的变化去调节市场信号，从而对企业经营活动进行调节。经济参数也就是可控经济变量，它并不是单一的，而是由一系列参数所构成的完整体系，如财政收支、税种和税率、货币供应量、再贴现率、存款准备金率、公开市场业务、外汇储备量、国家直接投资额、重要商品和物资的储备量等等。参数调节就是指国家通过这类经济参数调节市场，达到国民经济发展目标的过程。这一过程是这样进行的：市场处于国家与企业之间的轴心地位，国家利用经济参数调节市场，市场机制如供求、价格、利率等受到调节后，其变动必然要反映国家宏观调控的意图；当企业接受市场机制的调节，根据市场机制的变化安排经营活动时，也就会大体上符合国家宏观调控的要求。这种调节过程一般需要多次才能完成，国家必须根据市场机制或经济参数的输入值（如货币供应量、税收结构、中央银行利率等）与输出值（如价格、利率及其总水平等）的比较，来调整调节参数，从而使市场机制的输出值符合国家的宏观调控意图和目标。显然，这一过程不仅不会破坏和干扰市场机制的正常运行，而且是以市场机制的正常运行为基础的。

## 三、建立健全的宏观调控体系

社会主义市场经济离不开健全的宏观调控体系。所谓健全的宏观调控体系，就是指这一体系具有统一协调性、权威性和高效率性。建立健全的宏观调控体系，需要解决以下几个问题：

1. 宏观调控的组织体系。为了实现宏观调控的主要任务，国家的宏观经济调控权必须集中统一。目前我国宏观调控的各种手段分散在政府各职能机构中，而且在职能上相互交叉，不利于宏观调控的实施和有效性。因此，有必要建立具有统一协调性、高度权威性和高效率的宏观调控的组织体系。该体系可分为两个层次：第一个层次是在中央政府设立宏观经济调控委员会，由政府总理或副总理以及政府各主要职能部门的负责人参加，定期或不定期召开会议，分析研究宏观经济运行的形势，主要是依据经全国人大常委会批准通过的国民经济发展计划以及财政预算，对宏观调控进行决策和指挥，协调中央银行、财政部以及其他职能部门的调控活动。第二个层次是由计划、金融、财政等部门组成的具体实施宏观调控的权力机构。在这一层次上，形成计划、金融、财政之间相互配合和制约的机制，以加强对经济运行的综合协调。

在宏观调控体系中，地方政府起什么作用，如何界定其职责，是一个值得研究的问题。现行的宏观经济调控是中央和地方两级调控，从而使地方政府具有了双重身份：既是调控者，又是被调控者。地方政府在宏观调控中的双重身份，往往会导致宏观调控失效。例如，它可能出于地方利益的考虑而各自为政，消极对待、甚至抵制中央宏观调控的实施。另一方面，由于我国地域辽阔、人口众多，各地区之间经济发展很不平衡，又需要赋予地方政府必要的经济管理权力，使其在发展地区经济中能够起更大的作用。为了解决这一矛盾，就必须合理划分中央与地方之间的经济管理权限，恰当地确定各自的调控职责。宏观经济的重要调控权必须集中于中央，如货币的发行、基准利率的确定、汇率的调节和重要税种税率的调整等。而地方政府则应在国家法律、法规和中央宏观政策的指导下，在保证中央宏观调控实施的前提下，负责确定区域经济发展政策和区域内基础设施的建设，在中央赋予的权限内运用经济杠杆对区城内的经济活动进行调控。

2. 重视计划调控的作用。计划、金融、财政是宏观调控的三大支柱。没有强有力的计划调控，我国的社会主义市场经济就不能正常进行，这是因为：

首先，发展社会化大生产，要求社会总供求保持平衡，使国民经济按合理的比例协调发展，保证社会各个部门和社会再生产各个环节顺利进行，这就要求经济有一定的计划性。一些以私有制为基础的资本主义国家，为了适应社会化大生产的客观要求，在20世纪30年代以后对国民经济实行了国家干预，二次大战后还采用了计划调控手段，使经济的运行带有一定的计划性。我国是以公有制为主体的社会主义国家，为包括计划调控在内的宏观调控提供了客观可能性。因此，我国不仅不应放弃计划手段对国民经济的调控，而且在这方面应当比资本主义国家搞得更好。这里讲的计划手段与计划经济中的计划手段不是一回事。邓小平讲：计划与市场都是手段。资本主义也有计划。经济计划与计划经济是不同的概念。

其次，宏观调控同计划调控是统一的。广义地说，整个宏观调控过程和措施，都是有计划地实行的，因而宏观调控实际上也就是计划调控。从特定意义上说，计划是宏观调控的重要手段之一。计划调控作为宏观调控的重要手段，其作用主要表现在两个方面：一是直接调控宏观经济，重点是合理确定国民经济和社会发展的战略目标和产业政策，搞好经济发展预测和总量平衡以及重要结构平衡，搞好生产布局包括不同地区发展布局，保证基础设施和基础产业的建设，保证重点建设等；二是直接调节市场，并通过调节市场对企业的生产经营活动进行间接的调控。

需要指出的是，作为社会主义市场经济宏观调控重要手段的计划调控，已不同于传统计划经济体制中的计划调控。在社会主义市场经济的宏观调控中，计划调控要从过去主要调控国有经济转向调控全社会的多种所有制经济；从注重生产和投资计划管理转向重视对经济运行全过程的宏观调节；从编制和实施短期计划为主转向以中长期计划和社会发展战略规划为主；从注重实物形态管理转向重视价值形态管理；从以指令性计划调控手段为主转向以指导性计划和政策性计划调控为主，等等。

3. 宏观调控的力度与有效性。一般来说，把握宏观调控的力度应遵循这样一些原则：一是要合理搭配使用宏观调控手段，对财政政策和货币政策的配套及其效应应当予以特别重视；二是根据经济运行的实际情况，选择使用调控手段，并使各种调控手段的力度有效搭配，防止调控不足或调控过度，尽可能避免因调控不当而造成经济大起大落或伤筋动骨；三是在确定调控力度时应考虑对经济发展产生的影响，既要分析近期效应，又要研究远期效应；四是合理确定宏观调控的数量指标，根据经济运行的实际情况和经济发展的要求，来确定某一时期衡量调控力度的指标，如经济增长率、投资率、贷款增长率、货币供应量增长率、通货膨胀率、偿债率、负债率、失业率、居民收入增长率、财政赤字额等。

# 关于市场配置资源理论与实践值得反思的一些问题①

［摘要］市场决定资源配置是市场经济的本质和一般规律。因此，我国由计划经济完全转向市场经济起，市场决定资源配置的规律就已发挥作用。从实践上看，价格的高低，企业生产什么、生产多少的安排，产品消费的抉择，都根据市场机制的信号决定。因此，过去讲市场在资源配置中起基础性作用，并不排斥其决定性作用，不应将两者对立起来，应克服当前理论宣传中一些逻辑上的矛盾。社会主义市场经济中的资源配置理论不应照搬西方理论。市场决定资源配置限于微观经济，社会主义宏观经济的内容与西方不完全相同。社会主义宏观经济的资源配置不是由市场决定，而是由党和政府决策决定。

我国由计划经济转向社会主义市场经济以来，资源由计划配置转为由市场配置。对于市场配置资源的确切内涵究竟是什么，我国学界至今没有形成共识。市场配置资源的理论是在西方市场经济几百年实践的基础上创立和发展起来的。然而，纵览西方经济学论著，他们对市场经济的宣传力度和广度，对其作用宣扬的高度，远逊于我国的情况。对市场配置资源的理论在认识上的差异与争论，我国学界也远胜于西方国家。这既有客观必然性的一面，又有因某些人士对西方市场经济盲目崇拜、认识缺失、过分迷信市场作用有关。我国引进西方市场配置资源理论是必要的，但不要照搬，需要结合我国的社会主义经济实际加以运用和发展。

① 本文原载《经济纵横》2015年第1期。

## 一、弄清市场配置资源的内涵，对比中西方认知和宣传上的差异

当代社会经济发展中，存在两种资源配置方式：计划配置与市场配置。由计划配置构成计划经济；由市场配置构成市场经济。计划经济是指政府主要依靠指令性计划全面管理经济。商品价格由政府制定，即“计划价格”；企业生产什么、生产多少由政府下达指令性计划，限期完成；企业所需生产资料、居民所需消费资料都由政府计划供应，消费品凭票证购买。可见，实行计划经济就是由政府计划决定资源配置。实行市场经济就是由市场机制决定配置资源。市场机制主要包括供求机制、竞争机制、价格机制等。市场经济区别于计划经济的特点，是商品价格由市场供求规律和竞争规律决定。马克思指出，市场竞争在三个方面进行：生产者或供给者与需求者之间的竞争，即卖方与买方的竞争；生产者或供给者即卖方内部的竞争；需求者即买方内部的竞争。当商品供过于求时，卖方内部竞争加强，买方内部竞争减弱，价格下落。当商品供不应求时，卖方内部竞争减弱，甚至停止竞争、一致对外，而买方争相购买，内部竞争加强，引致价格提高。市场配置资源是指各经济部门，包括生产部门和流通部门对所需的资源进行有效、合理的分配。这也就是马克思主义政治经济学所讲的“价值规律”调节生产和流通，即自发地将生产资料和劳动力分配于不同的部门。各经济部门和企业有效利用资源的根据，就是反映供求关系和竞争关系的市场价格信号。在市场经济中，资本追求最大利润。某种商品价格上涨，意味着经营该商品的利润率提高，更多资本就会转到该商品的生产，从而扩大商品的供给量。反之，则会减少供给量。市场经济就是在市场竞争和供求的不断变动、从而价格的不断变动中实现市场均衡。从以上说明可以看出，讲市场经济就是指由市场决定资源配置。讲市场配置资源，一般着眼于生产部门的资源配置，容易将资源配置等同于生产要素配置。其实，在实际经济生活中，流通部门也有流通要素合理配置问题，在消费领域也有消费资源公平配置问题。当然，生产领域的资源配置是决定性环节。

我国由计划经济转向市场经济以来，社会主义市场经济的理论与实践问题，一直是学界和实际部门研究和议论的热点问题。中央文件中也不断提出

新的理论指导，着眼于扩大和增强市场经济在发展社会主义经济中的作用。学界出版了大量有关市场经济的论著，这与资本主义国家的有关情况形成鲜明反差。发达资本主义国家很少有专门研究和阐述市场经济的论著，包括专著和论文。所以我国不断翻译出版了大量西方经济学的书籍和论文，但很难看到专论资本主义市场经济的译著。有些西方权威性经济学词典中，连市场经济的词条都没有。例如，以学术性强、权威性高著称的《简明不列颠百科全书》中，就只有"市场"一词而无"市场经济"条目。在"市场"条目中只简略提及资源配置问题："亚当·斯密早在18世纪就预见到现代工业是依靠其产品市场的广泛而发展的。……19世纪晚期的经济理论注意资源的分配使用，瓦尔拉提出了一般均衡论。经济学家们认为各种市场力量的自发发挥，可带来充分就业和资源的最佳分配。正当凯恩斯抨击市场均衡概念之际，除了传统的'完全竞争'理论外，又有'不完全竞争'理论的出现。不过两者都被讥为不符合于经济现实的。"[①]《简明不列颠百科全书》对市场配置资源的作用论述得很简略，而且对资源配置的市场均衡理论以及"完全竞争"与"不完全竞争"中的经济理论也都表示不认同。

还有个值得思考的问题：西方国家的经济学著作包括教科书，涉及市场经济问题时，除正面论述其作用外，还往往专门讲述其负面效应，特别是着眼于分配不公形成的贫富分化问题。有的还特别提出，市场配置资源并不包括全部生产领域。例如，一本少见的设有"市场经济"词条的词典——美国《现代经济词典》中，对市场经济的解释非常简括："一种经济组织方式，在这种方式下，生产什么样的商品、采用什么方法生产以及生产出来以后谁将得到它们等问题，都依靠供求力量来解决。……美国基本上是一种市场经济。然而，美国仍有许多不受市场指导的活动，如许多农产品的产量，就是由政府规定的种植面积和所支持的价格决定的。"[②] 它特别指出，美国"仍有许多"经济领域"不受市场指导"，而是"由政府规定"或"决定"。

具有国际影响的美国经济学家斯蒂格利茨，在其《经济学》一书中指出，现代经济是混合经济，即市场与政府混合作用的经济。该书专设一节讲"混合经济中的市场与政府"，其中阐述了市场和市场经济，"经济学中的市

---

① 《简明不列颠百科全书》第7册，中国大百科全书出版社1985年版，第321—322页。

② D. 格林沃尔德：《现代经济词典》，商务印书馆1981年版，第275—276页。

场概念是指任何可以进行交换的场合。……所有这些交易都包括在市场和市场经济这两个概念中”。关于市场经济的内涵，斯蒂格利茨进一步论述：“在充满竞争的市场中，个人做出反映他们自己意愿的选择。厂商做出使利润最大化的选择；为此，它必须生产消费者需要的产品，……当厂商之间为了追求利润而竞争时，消费者既从他们出产的产品获益，也从供给商品的价格中获益。”同时，斯蒂格利茨又把问题转向另一方面：总的来讲，市场经济提供的答案是“能够保证效率，但是在某些领域内，这些答案都是显得很不够。可能有太多污染，太多不平等，或对教育、卫生和安全关心太少。当人们感到市场运行得不好时，就会转向政府”。“在市场经济中，政府起着重要的作用。”[①] 该书还专设一节讲“市场失灵与政府的作用”，区分了两种经济学家，即“自由市场经济学家”和“不完全市场经济学家”。前者包括米尔顿·弗里德曼和已故的乔治·斯蒂格勒，他们不赞同政府干预，确信政府不加干预的市场是实现经济效率的途径。后者主张政府干预，怀疑放任自流的市场会在经济上产生有效率的结果。斯蒂格利茨是主张政府干预的，认为“政府在促进竞争和限制滥用市场势力方面发挥着积极的作用”；[②] 提出“滥用市场势力”的问题，政府要对之进行限制。他讲的“自由市场经济学家”就是当前世界范围内受到批判的新自由主义经济学家。

萨缪尔森的《经济学》教材，既正面论述了市场配置资源的效率性，又揭示了它的诸多负面效应，并主张“政府应进行干预以增进市场经济的功能和公平”。萨缪尔森特别指出，市场经济会带来收入分配不公和贫富分化，即使在具备完全竞争的理想条件的市场经济中，也“没有理由认为，在自由放任条件下，收入能被公平地加以分配。结果将是，收入和财富上存在着巨大的不平等，而这种不平等会长期在一代代人中存在下去”。萨缪尔森进一步指出：“在市场经济中，财富分配不平等远远大于收入分配的不平等。”[③] 该书还通过对“看不见的手”的学说的实效考察，提出不要迷恋于市场经济的美妙，“在这个时候来讨论市场失灵的情况，是为了将我们对市场的热情稍稍降温，对‘看不见的手’有所了解之后，我们一定不要过分迷恋于市场机制的美妙——认为它本身完美无缺，和谐一致，非人力所能望

① 斯蒂格利茨：《经济学》第2版，中国人民大学出版社2005年版，第13页。

② 斯蒂格利茨：《经济学》第2版，中国人民大学出版社2005年版，第359页。

③ 萨缪尔森：《经济学》第14版，北京经济学院出版社1996年版，第544、657页。

其项背”。“‘看不见的手’有时会引导经济走上错误的道路。”①

总之，从西方经济学关于发展市场经济、优化资源配置的重要论著看，有几个值得关注的要点：其一，西方经济学讲市场经济，就是讲由市场配置资源及怎样配置资源，就是要说明生产什么、生产多少、为谁生产、怎样生产都由市场引导。讲资源由市场配置，不言而喻，就是指市场决定资源配置。但无论萨缪尔森的《经济学》，还是斯蒂格利茨的《经济学》或其他西方学者的经济学论著，都没有专门讲，在市场经济中市场配置资源的作用是“基础性”作用，还是“决定性”作用。而我们却在这类问题上认识各异，讨论不休。其二，发达资本主义国家的市场经济已实行几百年，是成熟的市场经济，但从西方权威的经济学教材和词典中，更多看到的是对市场经济正反两方面效应的总结性阐述，而且讲正面效应比较简略，讲市场失灵、负面效应则具体而突出。我们在讨论和宣传社会主义市场经济时，往往突出其正面效应（这是必要的），甚至西方经济学作为负面效应论述的事实，我国重要媒体竟作为正面效应加以宣传。例如，前引西方权威经济学教材中明确指出，市场经济会导致分配不公、贫富分化，这完全符合资本主义市场经济几百年的发展历史。法国学者皮凯蒂新出版的《21 世纪资本论》一书，热销西方国家，也引起我国学界关注，他就用统计数字分析和阐述了西方资本主义几百年发展中贫富分化的历史事实。而我国有的重要媒体却发表论文，主张通过深化发展市场经济、市场化分配，来缩小贫富分化，认为市场化可以解决一切问题。其三，西方权威经济学著作反对新自由主义的市场万能论，具体论述了政府在发展市场经济中的重要作用。而我国竟有人用新自由主义观点来解读党的十八届三中全会《中共中央关于全面深化改革若干重大问题的决定》（以下简称《决定》）的精神，认为新提市场“决定”资源配置就是回到了他们所主张的市场决定一切，应削弱和排斥政府作用。也有学者不理解或不赞同将市场在资源配置中起“基础性”作用改提“决定性”作用，担心讲“决定性”作用会与新自由主义混同，或与资本主义市场经济混同。更多的学者和宣传部门，在改提“决定性”作用问题上高调、大做文章，认为这是理论的重大创新和发展，是认识上的重大突破等。其实，如前所论，讲“市场配置资源”，其实际内涵就是由市场决定资源配置，西方

---

① 萨缪尔森：《经济学》第 12 版，中国发展出版社 1992 年版，第 78 页。

经济学论著讲市场经济虽然一般不刻意提“决定”一词，但无论从理论上讲还是从实践上看，市场在资源配置中就是在起决定作用。党的十八届三中全会《决定》中明确指出，“市场决定资源配置是市场经济的一般规律”。这一规律既适用于资本主义市场经济，也适用于社会主义市场经济。既然我国由计划经济转向市场经济，也就是由计划决定资源配置转向由市场决定资源配置。应当明确，讲市场决定资源配置，不能绝对化地理解。并不是经济发展的各个方面都由市场决定，有些经济领域的发展不能由市场决定。而且市场决定的力度越大、越广，就越需要更好地发挥政府的作用。有效市场需要有效政府的调控，强市场需要有强政府的匹配。

需要思考一个问题：为什么西方经济学论著对市场经济作用的阐述和宣传比我国更平易和平实？我国的有关讨论和争论为什么那么热烈和激烈？为什么意见分歧又那么多而大？其实，这有其客观原因。资本主义与市场经济可以说是鱼水关系。资本主义在其全部产生与发展的历史中，始终在市场经济中求生存、求发展，建立了成熟的市场经济。西方国家是先有市场经济的实践，后有市场经济的概念和理论。直到20世纪，资本主义市场经济已发展了几百年，才出现、发展并流行市场经济概念与理论。长期生活在资本主义市场经济体制中的人们，具有对市场经济的感性认识，并且很熟悉、很丰富。即使没有市场经济概念和理论的引导，他们也能熟知市场经济的实践内容。西方是将长期的市场经济实践上升为西方经济学的有关概念和理论。他们吃透了市场经济的长处和短处，正面效应和负面效应，逐渐认识到政府在发展市场经济中的重要作用。从亚当·斯密时期政府只做守夜人的自由市场经济，到20世纪30年代大危机后的凯恩斯国家干预理论和罗斯福新政，到借鉴社会主义国家实行计划调节的举措、制定和实行经济计划（二战后，日、法等许多国家实行经济计划，德国也搞社会市场经济），将“看不见的手”与“看得见的手”结合、统一起来，用“看得见的手”引导“看不见的手”，促进了资本主义战后的创新发展。因此，西方经济学家在写给西方读者的教材和论著中，不需要对市场经济的内涵和怎样搞市场经济做过多的描述。我国是由计划经济转向市场经济的，无论政界、学界还是实际经济工作者，都对什么是市场经济和怎样搞市场经济很不熟悉，需要从头学起，需要向西方学习。长期以来，无论西方的或东方的政要和学者，在计划经济和市场经济问题上，曾经形成了完全一致的看法：市场经济等于资本主义；计划经济等于社会主义。的确，资本主义一直实行市场经济，社会主义曾长期实行计划经济，这也是历史事实。社会主义国家转为市场经济，是缺乏理论准备和实践经验的巨大变革。社会主义市场经济在实践中摸索着前进，在理论上探索着发展。不同的人按照各自的理论偏好和价值取向，汲取西方不同历史时期的市场经济理论观点。有的主张市场经济只能建立在私有制基础上，不认同“社会主义市场经济”；有的主张亚当·斯密时期的自由市场经济，认为政府不要干预；有的赞同新自由主义的观点，即私有化、自由化、全面市场化。马克思主义理论工作者大都认同和坚持邓小平和党中央提出的社会主义市场经济改革方向，反对新自由主义的观点。这就呈现出中国学界在市场经济理论认识上远胜于西方的分歧和争论。

## 二、市场配置资源理论需要发展，不能照搬西方观点

关于资源配置问题，长期以来马克思主义政治经济学是讲价值规律的调节作用。市场配置资源的概念和理论是从西方引进的。但应考虑，我国是社会主义国家，实行的是社会主义市场经济，与资本主义市场经济有共同的一面，也有制度性差异的一面。我国理论界对这两方面的认识都存在不足。对共同的一面认识不足表现在两方面：其一是有的学者认为，市场决定资源配置是资本主义市场经济的特点，社会主义市场经济中的资源配置不应由市场“决定”。因为讲市场“决定”似乎就是排斥党和政府的领导作用。其实，正如党的十八届三中全会《决定》所指出的：“市场决定资源配置是市场经济的一般规律。”习近平同志在《关于〈中共中央关于全面深化改革若干重大问题的决定〉的说明》（以下简称《说明》）中指出：“市场经济本质上就是市场决定资源配置的经济。”前面也已说明，实行计划经济就是由政府计划决定资源配置，实行市场经济就是由市场决定资源配置。因此，市场决定资源配置，这是资本主义市场经济与社会主义市场经济根本性的共同点。需要在理论上认同：不让市场决定资源配置，就只能由政府决定，那就不是市场经济。其二是：对党的十八届三中全会将以往所讲的使市场在资源配置中起“基础性”作用，改为“使市场在资源配置中起决定性作用”，进行理论逻辑上自相矛盾的浮夸性的解读与宣传，认为将“基础性”作用改为“决定性”作用，是理论上的重大创新与发展。特别是一家中央大报在2014

年8月22日转载的一篇指导性解读文章中这样讲：将“基础性”改为“决定性”，是“认识上的一个新突破”，“两字之改是全会《决定》一大亮点，是我国社会主义市场经济内涵的‘质’的提升”。试问，“新的突破”突破了什么？“质的提升”提升了什么？既然市场经济的规律和本质就是市场决定资源配置，我国从计划经济转向市场经济体制起，就事实上由市场决定资源配置了。难道我国实行市场经济几十年，市场没有起决定资源配置的作用，只是到党的十八届三中全会改提由市场起“决定性”作用，才开始起决定性作用吗？这与市场经济的规律和本质岂不存在理论逻辑上的矛盾？我国已经建立了社会主义市场经济，市场决定资源配置的规律就会突破障碍、开辟道路、发挥作用。

过去讲市场在资源配置中起基础性作用，没有看到有谁对“基础性作用”作出说明，是否“基础性”排斥“决定性”？对西方学者和政界人士来说，只讲由市场配置资源，也明白就是指由市场决定资源配置。我国对市场经济的认识在逐步深化，明确讲清市场配置资源的“决定性”作用，可以减少和制约政府对市场和企业的不当干预，有其积极意义。但不要把“决定性作用”与“基础性作用”对立起来，两者只是文字表述上的差异，不存在内涵上的区别。盖高楼要打好基础，基础的好坏决定大楼的质量高低。生产资料所有制是生产关系的基础，所有制起决定作用。经济关系是基础，并决定上层建筑。治学要打好理论基础。所有这些讲“基础”的地方，都不排斥“决定”意义。

习近平同志在《说明》中讲到：“关于市场在资源配置中起决定性作用和更好发挥政府作用。这是这次全会决定提出的一个重大理论观点。”这样表述符合实际，没有张扬之词。这不只表示市场决定资源配置是重大理论观点，而且包括“更好发挥政府作用”、将市场和政府的作用更好统一起来“是一个重大理论观点”。习近平同志也讲到“理论突破”，但讲的是由计划经济转向市场经济的“突破”。他说：“党的十四大提出了我国经济体制改革的目标是建立社会主义市场经济，提出要使市场在国家宏观调控下对资源配置起基础性作用，这一重大理论突破，对我国改革开放和经济社会发展发挥了极为重要的作用。”社会主义国家放弃计划经济，转向市场经济，这在马克思主义发展历史和社会经济发展史上确实是开创性的重大理论突破，但党的十八届三中全会将市场配置资源的“基础性”作用改为“决定性”作用，不能与此类比。

我国是社会主义国家，实行社会主义市场经济，在市场配置资源问题上，从本质和规律性上看，有其共同的一面，但也有不同的方面。讲资源配置应区分两个层面：一是市场主体的经营管理层面；二是市场主体的投资取向层面。资本主义国家以私有制为基础，因而这两个层面的资源配置都由私人资本决策。我国实行的是以公有制为主体、多种所有制经济共同发展的经济制度。截至2013年底，我国私营企业已达1253.9万户，外商投资企业也约45万户，个体工商户达4436.3万户。这样广大的私有制市场主体，经营管理和投资取向这两个层面都由私人自己决策，就是说都由市场决定其资源配置。但社会主义国有经济和集体经济，应区分这两个层面中存在的差异。撇开国防军事工业、航天工程、基础设施建设等领域的资源配置在两个层面都不由市场决定外，就一般的公有制经济来说，由市场决定资源配置，主要是指经济管理层面：公有制产品的价格与私有制产品一样都由市场决定，企业生产什么、生产多少也根据市场信号决定。但在投资取向层面上，国有经济建立新企业、资本投向哪里不是主要根据市场价格的高低和盈利多少来安排，而是根据国家和社会的需要决策的。新的铁路特别是高铁建设、高速公路的扩展、新兴高科技产业的建设等等是这样，其他各领域国有资本的新投资也是这样。

社会主义市场经济在资源配置问题上与资本主义市场经济的更大差别，是在宏观经济领域的资源配置上。

前些时候，刘国光同志提出，社会主义市场经济中由市场决定资源配置应限于微观经济领域，宏观经济领域应由政府配置。当时我想，这个观点在西方经济中不存在，在我国中央文件和学界也未提出，会不会与西方经济学原理、与中央文件指导思想相抵触。经过从理论与实践的结合上深入思考后，我认为，不能照搬西方经济学的观点，中国的资源配置理论需要发展。中国特色社会主义经济制度决定了不同于西方的中国特色社会主义市场经济的资源配置。无论西方还是我国，市场决定资源配置都是指微观经济领域，宏观经济领域的资源配置问题，西方经济学没有专门论述。西方经济学主要讲宏观经济政策目标，如总产出与总消费的增长、高就业、价格水平的稳定（低通胀）、进出口的平衡等。这类宏观经济政策目标对我国也适用。这些目标是通过政府的作用实现的。但这方面的政策既不属于市场决定资源配置，也不属于政府决定资源配置，它只是通过政府实施财政政策、货币政策及国际经济政策（如外汇市场管理）等去影响微观经济领域的资源配置。

但在宏观经济政策上，有必要明确：我国作为社会主义国家，其经济职能要多于资本主义国家。南水北调、西电东输、西部大开发、振兴东北老工业基地、科学发展、生产力合理布局、建设新农村和农业现代化，等等，都涉及宏观经济领域资源配置问题。西部大开发意味着促使资源配置向西部倾斜，建设新农村和农业现代化需要有资源支持农村和农业发展。这类宏观经济领域的资源配置显然不是也不能由市场决定，而是由政府决定。此外，西方经济学中的宏观经济政策目标，主要属于经济增长和发展的任务，即属于发展生产力的范围，而不涉及经济制度即生产关系的范围。社会主义国家的宏观经济内容，不只包括国内产出与消费总量、价格总水平、就业失业总量、进出口总量等，而且包括公有制经济与私有制经济的消长状况、不同所有制经济的发展状况等，也就是不仅存在生产力总量和结构的发展变化问题，还存在不同所有制的发展与变化问题。

不同所有制的发展变化同样涉及资源配置问题。我国实行国有经济为主导、公有制经济为主体、多种所有制经济共同发展的基本经济制度。党的十八届三中全会指出：公有制为主体、多种所有制经济共同发展的基本经济制度，是中国特色社会主义制度的重要支柱，也是社会主义市场经济体制的根基，是我国经济社会发展的重要基础。必须毫不动摇巩固和发展公有制经济，坚持公有制的主体地位，发挥国有经济的主导作用，不断增强国有经济活力、控制力、影响力。我国实行社会主义市场经济的出发点和落脚点，是“促进社会公平正义，增进人民福祉”。我国深化改革的总目标是“完善和发展中国特色社会主义制度，推进国家治理体制治理能力现代化”。我国的经济发展是以人为本全面协调可持续的科学发展。社会主义的根本原则是实现共同富裕，社会主义的本质要求消除两极分化。这些内容不属于微观经济而属于宏观经济范围。我国实行的是社会主义市场经济，需要坚持改革的社会主义方向。这种坚持不是西方经济学所讲的“看不见的手”所能完成的，而是需要党和政府的有效领导及经济实践的自觉推进才能获得效果。这就需要发挥政府在宏观经济领域的资源配置职能。坚持发展和完善社会主义经济制度，就要坚持发展和完善包括国有经济和集体经济的公有制经济，资源配置就应保证国有经济为主导、公有制经济为基础或为主体的制度安排。这种资源配置不能靠市场，只能靠政府。此外，消灭剥削、消除两极分化、实现共同富裕也与资源配置相关，这些同样不能依靠市场，只能依靠党和政府的领导与安排。

根据以上分析，可以得出结论：我国实行社会主义市场经济，市场要起决定资源配置的作用，但主要是微观经济领域的决定作用。在社会主义宏观经济领域，不能由市场决定资源配置，而主要依靠党的领导和政府的决策。

# 改革以来我国市场功能与政府功能组合关系的演变①

党的十一届三中全会以来我国选择以市场为取向的经济体制改革，就是要逐步弱化指令性计划的功能，强化市场的功能。既要逐步扩大市场机制作用的范围，又要加重市场调节经济活动的份量。显然，没有高层领导的理论指导和决策，这种改革是难以推进的。但是，市场取向或市场化的改革，包括对计划与市场关系的认识与处理，不是直线推进的，而是走过了一段曲折的、复杂的道路。

## 一、对传统计划经济弊端的初步认识：缺少市场调节

在20世纪70年代末改革一开始，就针对排斥市场调节作用的传统计划经济体制的弊端，提出了发挥市场调节作用的理论。

1979年3月8日，陈云同志在一份讲话提纲《计划与市场问题》中，对计划经济及其缺点以及改革的对策提出了自己的评论和建议。他说：苏联和中国按照马克思所说的有计划按比例的理论办事，实行计划经济，当时是完全对的。“但是没有根据已经建立社会主义经济制度的经验，对马克思的原理（有计划按比例）加以发展，这就导致现在计划经济中出现的缺点。”他指出：缺点是“只有有计划按比例这一条，没有在社会主义制度下必须实行市场调节这一条”。按陈云同志当时的理解，市场调节“就是按价值规律调节，也就是经济生活中的某些方面可以用‘无政府’、‘盲目’生产的

① 本文原载《特区理论与实践》1998年第4期。

办法来加以调节”。他批评现在的计划太死，包括的东西太多，必然出现缺少市场自动调节的部分。因此生产不能丰富多彩，人民所需日用品十分单调。他提出的改革建议是：整个社会主义时期的经济必须有两个部分：（1）计划经济部分；（2）市场调节部分（即不作计划，让它根据市场供求的变化进行生产，即带有“盲目”调节部分）。第一部分是主要的；第二部分是从属的次要的，但又是必须的。他认为这两部分经济在不同部门应有不同的比例。由于“直到现在我们还不是有意识地认识到这两部分经济同时并存的必然性和必要性”，结果是，该严的不严（必须按比例的），该宽的不宽（非计划部分）。而忽视市场调节的另一后果是，对价值规律忽视，思想上没有“利润”概念。

对陈云同志的上述意见，需要进行历史的、实事求是的评析。第一，从现在已达到的理论高度来看，这一意见当然是有局限性的。但也应肯定，在中央决策层，陈云首次指出了传统计划经济体制的缺点是没有市场调节，改革就必须发挥市场调节作用，这具有理论和实践的突破性意义。市场取向的改革就是由此起步的，而且成为我国改革前期阶段中央的统一指导思想。第二，由于对市场调节概念，是从典型的或传统的含义上去理解，认为市场调节必然是也只能是由价值规律盲目地、“无政府”地去调节。因而，市场调节与计划调节便难以有机结合，市场调节只能在计划外的经济中起作用。这种模式中的计划与市场的功能，就成为所谓“板块式”的组合关系。第三，陈云同志将计划经济概念的含义，解释为“有计划按比例”。这是一种宽口径的解释。这里没有把计划经济只限定在指令性计划范围内，他反而批评“现在的计划太死，包括的东西太多”。但这又是以指令性计划经济的存在为背景的。此外，还有什么别的计划方法实现“有计划按比例”，当时还没有明确提出来，因此，在他看来，既然社会主义经济的发展，其主要方面或主要部分，不应是“盲目”的、“无政府”的，而应是“有计划按比例”的。因此，计划与市场的组合模式就是计划经济为主、市场调节为辅了。第四，陈云曾把“市场调节”与“市场经济”作为含义上相同的概念使用。在内部讲问题时，用过“市场经济”概念，但公开正式发表时，一般用“市场调节”概念。在早于《计划与市场问题》一文的前一月，即1979年2月，李先念在一次会上说：“我同陈云同志谈，他同意，在计划经济前提下，搞点市场经济作补充。”“计划经济与市场经济相结合，以计划经济为主。市场经济是补充，不是小补充，而是大补充。”在同年3月公开发表的《计划与市场问题》一文中，不用“市场经济”而改用“市场调节”了。1982年1月26日，《人民日报》报道了25日陈云在同国家计委几位负责同志春节座谈会上的讲话要点，提出“怎样坚持计划经济为主，市场经济为辅的问题”。他讲计划经济为主，主要是指：“我们办企业更要加强计划性，要讲究产品有没有销路，原材料从哪里来，经营怎样搞。现在我们有些地方，不那么讲究这些问题。”他讲的“市场经济为辅”，其实就是市场调节为辅。当时，传统理论否定社会主义可以实行市场经济，所以对《人民日报》报道的陈云同志关于“市场经济”的提法感到意外。此后，新闻媒体的报道中，又将其改回到“市场调节为辅”的提法上来。在正式发表的陈云同志谈话即《加强计划经济》一文中，“市场经济为辅”改成了“市场调节为辅”。这表明，在公开和正式发表意见时，陈云同志尽量避讳使用“市场经济”一词，而代之以“市场调节”概念。在1979年以后的中央文件中，计划经济为主，发挥市场调节辅助作用，被规定为经济体制改革的方向。1979年4月，李先念在中央工作会议的讲话中，提出了改革经济管理体制的原则和方向。其中第一条就是：“在我们的整个国民经济中，以计划经济为主，同时充分发挥市场调节的辅助作用。”并对此做了说明：可以考虑对关系到国计民生的重要产品由国家统一计划，统一规定价格，其他产品由企业根据市场的供求情况自行确定生产数量，允许自产自销，价格有的由国家规定，有的根据市场供求关系允许在一定幅度内浮动，企业之间可以进行竞争。在我国社会主义经济理论与实践中，第一次提出了企业间进行竞争的指导思想。

发挥市场调节辅助作用的改革思路，写进了邓小平同志主持起草、1981年6月十一届六中全会通过的中共中央《关于建国以来党的若干历史问题的决议》之中：“必须在公有制基础上实行计划经济，同时发挥市场调节的辅助作用。”写入了1981年的政府工作报告之中：“我国经济体制改革的基本方向应当是：在坚持实行社会主义计划经济的前提下，发挥市场调节的辅助作用。”也写入了1982年12月通过的我国《宪法》之中：“国家在社会主义公有制基础上实行计划经济。国家通过经济计划的综合平衡和市场调节的辅助作用，保证国民经济按比例地协调发展。”在1982年9月党的十二大报告中，把计划经济与市场调节的关系确定为“计划经济为主、市场调节为辅”的原则，并强调正确贯彻这一原则“是经济体制改革中的一个根本性问题。”十二大报告提出要正确划分指令性计划、指导性计划和市场调节各自的范围和界限。对国有经济中关系国计民生的生产资料和消费资料的生产和分配，尤其是对于关系全局的骨干企业，必须实行指令性计划。对于集体所有制经济也要按需要下达一些具有指令性的指标，如对粮食和其他重要农副产品的征购派购。十二大报告中还强调“实行指令性计划，这是我国社会主义全民所有制在生产的组织和管理上的重要体现”。除指令性计划外，对许多产品和企业要实行主要运用经济杠杆以保证其实现的指导性计划。至于各种各样的小商品，产值小，品种多，国家不必也不可能用计划把它们都管起来。这类小商品，可让企业根据市场供求变化自行安排生产。

关于计划经济和市场调节的范围和界限的这种划分，事实上表明了市场功能与政府功能在不同层次上的差异。在指令性计划范围内，依然是政府功能起决定作用。但是如十二大报告所指出的，实行指令性计划，也要“经常研究市场供需状况的变化，自觉利用价值规律，运用价格、税收、信贷等经济杠杆引导实现国家计划的要求，给企业以不同程度的机动权”。就是说，指令性计划不能违背而是要符合市场供求规律和价值规律的客观要求。因而市场功能在这里是在较低的程度上起着作用。但市场机制在这里不能起调节经济和配置资源的作用。在指导性计划范围内，市场与政府的功能怎样组合，虽然当时对指导性计划的具体形式和操作过程还缺乏清晰的研究和论述，只是一般地提出运用经济杠杆保证其实现，但实行指导性计划，理应是计划调节与市场调节相结合。市场调节是基础性调节，计划调节是导向性调节。运用经济杠杆，包括价格、信贷、利率等杠杆，应更充分体现市场功能。因此，与指令性计划相比，指导性计划，应是弱化政府功能，强化市场功能。至于不纳入国家计划的小商品，则完全由市场自发调节，充分发挥市场功能；政府的功能则只表现在：国家通过政策法令和工商行政工作加强管理，并协助它们解决某些重要原料的供应，引导其沿着正确的轨道发展。

如果在理论上明确指导性计划也要发挥市场调节的作用，那么，把计划管理体制改革的模式划分为指令性计划、指导性计划、市场调节这样三块，就值得斟酌了。因为按此规定划分，便是表明：只有在那些计划外的小商品范围内才有市场调节，指导性计划范围内没有市场调节，这是讲不通的。但是如果肯定指导性计划范围内也有市场调节，那么，“计划经济为主、市场调节为辅”的公式就得改变了。因为指令性计划范围缩小、指导性计划范围扩大，就意味着市场调节的范围扩大。计划经济与市场调节就不再是一种简单的为主为辅的板块组合关系。然而，在改革前期的一段时间里，对指导性计划的认识还比较抽象与笼统，似乎经济计划与市场调节不能存在于同一范围，从而指导性计划经济中也不存在市场调节。市场调节只能存在于国家不作计划的次要的、小商品的范围。这样就适合“计划经济为主，市场调节为辅”的公式了。

十二大以后的几年中，总的改革框架依然是坚持“为主”“为辅”的原则，但市场取向的力度在总体上逐渐增加。

1982 年 11 月的《政府工作报告》，在再次强调“必须正确贯彻执行计划经济为主、市场调节为辅的原则”的同时，提出“大的方面用计划管住，小的方面放开”的方针。所谓小的方面放开，实际上就是放给市场。1983 年 6 月的《政府工作报告》中进一步提出：按照社会化大生产的要求组织生产和流通，发展统一的社会主义市场。打破地区间、部门间、城乡间的分割。开辟多种流通渠道，减少流通环节，做到货畅其流。1984 年 5 月的《政府工作报告》中提出：必须按照“为主”、“为辅”的原则，适应大力发展社会主义商品生产和商品交换的要求，把原有的按行政区划、行政层次统一收购和供应商品的流通体制，改变为开放式、多渠道、少环节的流通体制，形成城乡畅通、地区交流、纵横交错、四通八达的流通网络，形成社会主义统一的市场。

## 二、对商品经济在社会主义经济中的地位和作用的再认识

进行经济体制改革，要发挥市场调节的作用，必然要涉及商品经济在社会主义经济中的地位和作用问题。传统经济体制的弊端，重要的一条是没有市场调节。而没有市场调节是不重视商品经济及其规律作用的结果。1979 年 6 月的《政府工作报告》中指出：传统经济体制的要害问题，是“在生产和流通领域中忽视了商品生产的价值法则”。这样，就需要从理论与实践的结合上对商品经济进行重新认识和评价。在我国，有的学者曾拘守马克思 100 多年前的观点，主张社会主义非商品经济论；或全民所有制非商品经济论；或生产资料非商品论；人民币非货币论等。特别在“左”的理论与政

策盛行的岁月，曾把商品经济与资本主义相混淆。所谓“堵不住资本主义的路，就迈不开社会主义的步”。实际上，堵的是发展商品经济的路。党的十一届三中全会以后，随着改革开放的推进，理论界对社会主义制度下的商品经济问题再次展开了更为广泛的讨论。绝大多数学者肯定社会主义制度下发展商品经济的必要性及其重要作用。但在社会主义经济是计划经济还是商品经济的问题上，存在着不同观点的争论。有的认为社会主义要实行商品经济，但商品经济存在于几个不同的社会形态，不是社会主义经济的特征，因此不能把社会主义经济归结为一个商品经济，社会主义经济的特点是计划经济。有的则相反，认为社会主义经济就是商品经济。但宣传这一观点的人中，其具体理解又有差别。有的是从这一角度得出判断：社会主义经济不是自然经济，也不是马克思曾预计的产品交换经济，而是商品经济。这里不涉及对社会主义经济的本质判断。我们赞同这种理解。但有的则是从社会主义经济的特征或本质的角度作出社会主义经济是商品经济的判断。我们认为，商品经济构不成任何社会经济的本质。它既不是资本主义经济的本质，不能表明资本主义经济的特征；更不是社会主义经济的本质，不能表明社会主义经济的特征。因此，如果讲社会主义经济是商品经济，或者讲社会主义经济是有计划的商品经济，这不是给社会主义经济下定义，而是将其既与自然经济区别开来，又与产品交换经济区别开来。资本主义经济是商品经济，社会主义经济是商品经济，进入市场的个体经济也是商品经济（小商品经济）。就其具有商品经济的属性来说，它们有共同性。但就其各自的社会经济性质来说，它们具有质的差异。有一位研究人员强调，商品经济是社会主义经济的本质。他说：如果不承认商品经济是社会主义经济的本质，那商品经济就是外壳了。这是逻辑上的混乱！难道非本质的东西都是外壳？比如，人是生物，但生物不是人的本质，因为各种动植物都是生物。难道能由此论断，生物是外壳吗？用这种观点论证社会主义经济是商品经济，是一种缺乏正确思维逻辑的论断。过去曾争论过社会主义经济中的生产资料是实质上的商品还是只具有商品的外壳，这倒可以说是一种非此即彼的判断。但讨论社会主义经济的本质是不是商品经济，则是另外一个完全不同的问题。

关于商品经济在社会主义经济中的地位和作用问题，发展商品经济与经济体制改革的关系问题，在后来的中央文件中，不断作出了明确的阐述。

1994 年 10 月，党的十二届三中全会通过的中共中央《关于经济体制改革的决定》（以下简称《决定》），作为城市经济体制改革的纲领性文件，对计划经济与商品经济的关系及商品经济的历史地位，提出了新的论断，并规定了改革方向、性质、任务和基本方针政策。《决定》一方面强调了实行计划经济是社会主义经济优越于资本主义经济的根本标志之一，但同时又指出，社会主义计划体制应是统一性与灵活性相结合的体制。这种体制不能单纯依靠行政命令加以实施，不能忽视经济杠杆和市场调节的重要作用。

《决定》提出了一系列新的理论观点。指出：改革计划体制，首先要突破把计划经济同商品经济对立起来的传统观念，明确认识社会主义计划经济是在公有制基础上的有计划的商品经济。商品经济的充分发展，是社会经济发展不可逾越的阶段。《决定》还强调指出：只有充分发展商品经济，才能把经济真正搞活，促使各个企业提高效率，灵活经营，灵敏地适应复杂多变的社会需要，而这是单纯依靠行政手段和指令性计划所不能做到的。实行计划经济同运用价值规律、发展商品经济，不是互相排斥的，而是统一的，把它们对立起来是错误的。

将计划经济与商品经济统一起来，从经济运行机制来看，就是将计划调节与市场调节结合起来。

## 三、市场取向改革的新发展

《决定》没有再提“计划经济为主，市场调节为辅”的公式。在计划与市场的功能组合关系上，提出和阐述了以下几点新的思想：（1）“计划经济即有计划的商品经济。”将计划经济与商品经济内在地统一起来，也就意味着将计划与市场的功能内在地统一起来。但《决定》把商品经济与市场经济区别开来，提出“就总体说，我国实行的是计划经济，……而不是那种完全由市场调节的市场经济”。（2）“实行计划经济不等于指令性计划为主，指令性计划和指导性计划都是计划经济的具体形式。”改变了以往讲计划经济就是指令性计划经济或指令性计划为主的传统观点。（3）虽然总体上不实行“完全由市场调节的市场经济”，但并不排除在局部范围内实行。“完全由市场调节的生产和交换，主要是部分农副产品、日用小商品和服务修理行业的劳务活动。”《决定》事实上把市场调节分成两类：一类是“完全由市场调节”的生产与交换，这就是市场经济，它在国民经济中起辅助的但不可缺少的作用。这部分市场经济，是指公有制经济中不作计划的经济部分。开始突破了市场经济与私有制相联系乃至与资本主义相联系的传统观念。另一类不是完全由市场调节的经济，事实上包括指导性计划经济。不完全由市场调节，意味着计划与市场都起调节作用。

市场取向的改革，通过改革实践的发展和改革理论的推进，改革的思路和方针也日益具体化和明确化。1985 年 9 月，党的全国代表会议通过的《中共中央关于制定国民经济和社会发展第七个五年计划的建议》中，对经济体制改革，提出了一些新的思想和措施。认为建立新型的社会主义经济体制，主要抓三个方面：一是使全民所有制企业真正成为相对独立的、自主经营、自负盈亏的商品生产者和经营者；二是进一步发展社会主义有计划的商品市场，逐步完善市场体系；三是国家对企业的管理逐步由直接控制为主转向以间接控制为主。为搞活企业，要逐步减少指令性计划任务。逐步减少国家分配调拨生产资料的种类和数量，扩大生产资料市场。还要开辟和发展资金市场、技术市场，并同时促进劳动力的合理流动。当时还避讳提“劳动力市场”概念，只是提“合理流动”。为扩大和发挥市场功能，以适应市场化改革的要求，提出：“逐步形成少数商品和劳务实行计划价格，多数实行浮动价格和自由价格的统一性与灵活性相结合的价格体系。”我们知道要充分发挥市场调节作用，就必须逐步放开价格。但当时价格改革还不可能很快到位，因为价格体系和体制的改革，是涉及各部门生产、流通和广大群众生活状况的敏感问题，不能急于求成。要充分考虑国家、企业和人民群众的承受能力，要尽可能保持价格总水平的基本稳定，避免引起或促进严重的通货膨胀，引起大的社会震动。因此，在 1979 年到 1984 年期间，是以国家调整价格为主，重点是农产品购销价格的改革。1979 年大幅提高了 18 种主要农产品价格和 8 种主要副食品的销售价格，也提高了一些工业产品和铁路短途货运及水运价格，调低了手表和涤棉布的价格，还对部分产品实行浮动价格，并放开了一批小商品的价格。实行了“调放结合，以调为主”的价格改革。1985 年以后，价格改革的步伐加快。虽然在一个时期内，仍实行“放调结合”的方针，但“放”的比重在逐步增加。1985 年，取消粮棉统购，改为合同定购。除粮食、食用植物油的合同定购部分及棉花、烤烟、糖料等少数农产品由国家定价外，绝大部分农副产品价格放开，并放开了少数工业消费品价格。对生产资料，实行计划外部分加价和部分实行议价的办法。

1987 年 2 月 6 日，邓小平同志在同几位中央领导人的谈话中，明确否定了“计划经济为主”的提法，他说：“我们以前是学苏联的，搞计划经济。后来又讲计划经济为主，现在不要再讲这个了。”因此，十三大报告中既没有再提“计划经济为主”，也没有再提“计划经济”的优越性。1987 年 10 月的十三大报告，从理论指导上将市场取向的改革向前推进了一大步。报告指示：传统体制下的许多做法，如直接向企业下达过多的指令性指标，实行统购统销和供给制式分配，有的是在新中国成立初期国内国际环境中为加快奠定工业化基础而采取的，有的是从革命战争年代沿袭下来的，并不是社会主义制度必然要求的固定不变的东西。报告提出新的经济体制是社会主义有计划的商品经济体制，即计划与市场内在统一的体制，这种新的体制特点是：第一，建立在公有制基础上的社会主义商品经济体制，通过运用计划调节和市场调节两种形式和手段，保持国民经济的协调发展。第二，必须把计划工作建立在商品交换和价值规律的基础上。以指令性计划为主的直接管理方式，不能适应社会主义商品经济发展的要求，不能把计划调节同指令性计划等同起来，要逐步缩小指令性计划范围。第三，新的经济运行机制，总体上来说应当是“国家调节市场，市场引导企业”的机制。报告还指出：“发展生产资料市场、金融市场、技术市场和劳务市场，发行债券、股票都是伴随社会化大生产和商品经济的发展必然出现的，……社会主义可以而且应当利用它们为自己服务。”这里扩大了市场体系的范围，提出股票可以为社会主义利用，并且用“劳务市场”取代了“劳动力合理流动”的提法。

十三大报告在理论上扩大了市场调节的范围和功能，市场机制不再是充当辅助的角色，而是要在总体上直接调节企业，计划体制转为指导性计划为主。“国家调节市场，市场引导企业”，是一种二层次的纵向调节机制：“市场引导企业”，是基础层次的调节，也可以说让市场在资源配置中起基础性作用；“国家调节市场”，是指国家在宏观层次上调节市场机制，以克服和减少市场的盲目性和自发性，增加经济运行的计划性与自觉性，保持国民经济的协调发展。十三大报告也不再把经济体制模式划分为指令性计划、指导性计划、市场调节这样三块。因为在占主要比重的指导性计划范围内，市场也发挥着直接调节企业的作用。即使指令性计划，也要建立在符合价值规律和市场需求的基础上。

## 四、市场取向改革的理论和实践在曲折道路中推进

要发挥市场直接调节企业的作用，就必须理顺价格体系。扭曲的价格是难以正常发挥调节企业作用的，为此，就需要改革价格体系和体制，主要由市场形成价格。但放开价格的改革，需要一定的环境和条件。首要条件是：不存在总需求超过总供给的巨大差额，不存在严重的通货膨胀。

然而，1988 年在对价格改革的环境和条件缺乏分析和研究的情况下，突出地也是突然地强调要立即进行放开价格的改革，大张旗鼓地宣传和准备出台新的价格改革措施，认为具备了物价改革的条件，要搞价格改革闯关。这种决策是非科学的，是脱离实际的。1988 年，存在着总需求超过总供给的巨大差额。1984—1987 年，4 年累计总供求差额为 3000 亿元，而 1988 年同 1987 年相比，总供求差率从 13.6% 扩大到 16.2%。出现了较为严重的通货膨胀。在此条件下是不宜出台放开价格措施的。

同年 8 月，中央政治局在北戴河会议上通过了价格改革的初步方案，提出“绝大多数商品价格放开，由市场调节，以转换价格形成机制”。由于 7 月放开了名酒名烟的价格后价格猛涨了几倍，造成了放开价格就意味着价格猛涨的群众恐慌心理。于是，北戴河会议的价格改革方案一传播，便发生了全国大规模的提取存款抢购商品的风潮，给已有的严重通货膨胀火上加油。在此情况下，中央不得不迅速改变决策，推迟价格改革措施，并在 9 月召开的十三届三中全会上确定了今后两年治理经济环境和整顿经济秩序的任务。1989 年的《政府工作报告》中也指出了上年价格改革工作的失误。

在治理整顿期间市场化的改革放慢了，政府的功能必然增强。1989 年，又发生了“6·4 风波”，政府功能进一步增强。理论界有人错误地把市场化改革和强调市场调节作为资产阶级自由化来批。邓小平同志在 6 月 9 日的讲话中指出：“我们要继续坚持计划经济与市场调节相结合，这个不能改。实际工作中，在调整时期，我们可以加强或者多一点计划性，而在另一个时候多一点市场调节，搞得更灵活一些。以后还是计划经济与市场调节相结合。”这段论述实质上是强调不能放弃市场调节，不能改变市场取向改革的方向。这里只是指出了“计划经济与市场调节相结合”的根本原则。至于采取何种方式相结合，需要进一步探讨。江泽民同志在 9 月 29 日国庆 40 周

年讲话中就此发表了意见："我们要在实践中不断探索，努力创造一种适合中国情况的、把计划经济与市场调节有机结合起来的社会主义商品经济运行机制。计划经济和市场调节结合的程度、方式和范围，要经常根据实际情况进行调整和改进。这是一个重大的理论问题和实践问题。希望全党同志特别是经济工作者要为此而付出艰苦努力，以求得这个问题的逐步解决。"讲话表明计划经济与市场调节应是一种"有机"结合。结合的具体方式和范围等，还未在理论上和实践中解决，有待于通过艰苦努力逐步解决。

在实行治理整顿期间和"6·4"风波以后，理论和实际工作中强调计划的声音多起来了。而且十三大提出的"国家调节市场，市场引导企业"的经济运行机制模式也被否定了，在经济理论的论著中成了禁区，似乎讲"市场引导企业"是犯忌的、错误的。其实，这一新的经济运行模式没有错，这是市场化改革中政府功能与市场功能相组合的有效模式，也是计划与市场有机结合的有效形式。经济体制改革，要求企业进入市场，由市场引导和调节企业的经营活动，否则就谈不上市场调节，而且，离开这一新的经济运行机制，也就无法实现国家对企业的间接管理。至于"国家调节市场"，更是必要的，如果没有"国家调节市场"，市场会乱，会盲目运行，企业也难以有序发展。

1990年的《政府工作报告》中，将计划经济与市场调节相结合，分为三种形式：一是指令性计划；二是指导性计划；三是市场调节。这又回到了过去三分法的结合关系中。报告还具体说明："对全民所有制大中型企业的重要经济活动实行指令性计划或指导性计划管理为主；对城乡集体经济主要实行指导性计划或市场调节，对个体经济、私营经济和外资企业实行市场调节。"按此说明，国有大中型企业不实行或少实行市场调节了，实行市场调节的范围主要是集体经济和私有制经济，而且把指导性计划与市场调节看作是并列的关系。然而，市场取向的改革，发挥市场调节作用，应首先是针对全民所有制企业的传统体制的，改革的中心环节是要通过处理好计划与市场的关系把全民所有制企业搞好搞活。怎样实现市场功能与政府功能的有效组合，也主要在于全民所有制即国有企业。

## 五、邓小平同志南方谈话后“社会主义市场经济体制”模式的确立

1992年邓小平同志在南方谈话中，提出了“计划经济不等于社会主义，资本主义也有计划；市场经济不等于资本主义，社会主义也有市场。计划和市场都是经济手段”。

一石激起千层浪。邓小平同志的南方谈话对改革的理论与实践产生了极大的影响，突破了对市场经济的传统看法。

根据邓小平南方谈话的精神，江泽民同志1992年6月9日在中央党校的讲话中初步提出“社会主义市场经济体制”的模式，并说明这种新经济体制的特点是：“在经济运行机制上，把市场经济和计划经济的长处有机结合起来，充分发挥各自的优势作用，促进资源优化配置。”

在十四大报告中明确提出：我国经济体制改革的目标是建立社会主义市场经济体制，也就是“要使市场在社会主义国家宏观调控下对资源配置起基础性作用”。

社会主义市场经济中的市场功能与政府功能的组合关系是：第一，在对企业的关系上，市场在基础层次上直接调节企业的经济活动，而政府（国家）在宏观层次上通过调节市场间接调节企业的行为。第二，政府通过税收、信贷、利率等经济杠杆调节微观经济，还通过一定措施如“菜篮子工程”等，调节某种产品的供给。第三，市场功能是政府功能的基础，宏观层次的调控措施，要与市场运行机制相适应。第四，政府在宏观经济领域起着调节作用。如涉及国民经济全局的一系列重点项目的安排与建设；实现总量平衡；实行经济结构和地区结构的调整；对国民经济的治理整顿包括对严重通货膨胀的防制与治理；实施再就业工程；经济社会发展战略目标的制定等，都要进行直接调控。目前流行“宏观调控”概念。但对“宏观调控”可以有两种理解：一是对宏观经济进行调控；二是在宏观层次上对国民经济包括微观经济进行调控。如果把“宏观调控”概念改换为“政府调控”，含义会更明确和确定。政府调控既包括调控宏观经济，也包括调控微观经济（一般为间接调控，也有某些方面的直接调控。如在纺织行业压缩和淘汰1000万锭棉纺锭，以保护价格收购粮食等）。

实行市场经济，要求依次具有两个条件：一条是首先放开价格即由市场机制形成价格；二是最终废除指令性计划体制。

实行改革开放以来，逐步放开了商品的价格。不过，1992 年以前，放开价格的过程比较缓慢。1992 年提出实行社会主义市场经济体制后，价格改革进入新阶段。1992 年，较大幅度地放开了各类商品的价格。

**表 1　　1990—1993 年政府管理商品价格比重表**

| 品　名 | 价格形式 | 1990 年 | 1991 年 | 1992 年 | 1993 年 |
|---|---|---|---|---|---|
| 社会商品零售总额 | 政府定价 | 29.8 | 20.9 | 5.9 | 4.8 |
| | 政府指导价 | 17.2 | 10.3 | 1.1 | 1.4 |
| | 市场调节价 | 53 | 68.8 | 93 | 93.8 |
| 农副产品收购总额 | 政府定价 | 25 | 22.2 | 12.5 | 10.4 |
| | 政府指导价 | 23.4 | 20 | 5.7 | 2.1 |
| | 市场调节价 | 51.6 | 57.8 | 81.8 | 87.5 |
| 生产资料销售总额 | 政府定价 | 44.6 | 36 | 18.7 | 13.8 |
| | 政府指导价 | 19 | 18.3 | 7.5 | 5.1 |
| | 市场调节价 | 36.4 | 45.7 | 73.8 | 81.1 |

资料来源：摘引自《经济日报》1998 年 1 月 25 日。

从表 1 可以看出，我国绝大部分的商品价格已经放开，由市场直接调节了。此时，市场机制调节价格、调节企业，从而调节供给和需求，已经确立，改革的市场“取向”成为现实。市场的功能加强和扩大了。政府功能的作用范围相应缩小。但政府的调控功能，或是现在一般所说的宏观调控的功能，不是要削弱，而是要完善。

市场经济根本原则的实现，并不等于社会主义市场经济体制已经完全建立。我国存在多种所有制经济。非公有制经济是天生的市场经济派，它们一产生，就在市场中求生存、求发展，不需要国家鞭策和推动它们去进入市场。而公有制经济特别是国有企业，同市场经济接轨，远不如私有制经济同市场经济接轨那样容易。尽管一再强调和宣传把企业推向市场，让国有企业在市场竞争中显身手，求发展，但迄今问题仍未解决。原有的国有企业实现形式难以适应市场经济的需要。两者存在一定的矛盾。原因固然是多方面的，但最根本的一条，是国有企业只能负盈，而不能负亏，亏损最后还是落在国家身上。因此，要真正建立社会主义市场经济体制，还需要探索公有制特别是国有经济的实现形式。

1997年党的十五大报告强调“要坚持社会主义市场经济的改革方向，使改革在一些重大方面取得新的突破”。提出公有制实现形式可以而且应当多样化。提出股份制是现代企业的一种资本组织形式，资本主义可以用，社会主义也可以用。并指出劳动者的劳动联合和劳动者的资本联合为主的集体经济，尤其提倡和鼓励。

由国家和集体控股的股份制，可以成为公有制的实现形式之一，股份合作制也可以成为集体经济的一种实现形式，两者都有利于市场化改革的推进。但搞股份制和股份合作制，应因地制宜、因企制宜，从实际条件出发，不能刮风，搞一刀切，不能靠行政命令手段由上往下压指标、限期完成任务。那样会把事情搞乱，出现市场功能失灵、政府功能也失灵的局面，这会给社会主义市场经济体制的建立造成消极后果。

# 社会主义市场经济要在法治轨道上运行[①]

［摘要］党的十八届四中全会通过了“中共中央关于全面推进依法治国若干重大问题的决定”，适应了中国经济社会进一步发展和社会主义市场经济规范化和完善化的要求。提出“社会主义市场经济本质上是法治经济”。也就是市场经济要在法治的轨道上运行，受法治的制约。法治是防范和消除市场腐败的重要手段。而且，市场经济与法治具有内在的契合性，法的产生与商品市场关系有联系。法治是市场经济发展的必然要求与条件，让改革在法治轨道上运行可以激发各类市场主体活力，规范市场秩序，减弭市场弊端。宪法是国家根本大法，准确宣传和树立宪法权威是全面推进依法治国的基础，也是发展和完善社会主义市场经济的依据。要以十八届四中全会作出的全面依法治国部署为契机，进一步完善社会主义市场经济法律制度和法治体系。

备受瞩目的党的十八届四中全会通过了《中共中央关于全面推进依法治国若干重大问题的决定》（以下简称《决定》），明确提出全面推进依法治国，总目标是建设中国特色社会法治体系，建设社会主义法治国家。社会主义市场经济本质是法治经济。在当前建设和完善社会主义市场经济的新形势下，用法治来为改革发展提供引导和保障，是保障社会主义市场经济健康发展的必要条件，必将为中国经济的改革和发展注入新动力。从社会主义市场经济的角度而言，为了有效处理好政府与市场的关系，推进经济转型，转变政府职能，更好发挥市场在资源配置中的决定性作用和更好发挥政府作用，都需要加快建设法治的市场经济。只有法治的市场经济，才能有效适应和促

① 本文原载《经济学动态》2015 年第 1 期，与黄林合写。

进国家治理体系和治理能力的现代化。

## 一、社会主义市场经济是法治经济

党的十八届四中全会的决定中指出："社会主义市场经济本质上是法治经济。使市场在资源配置中起决定性作用和更好发挥政府作用，必须以保护产权、维护契约、统一市场、平等交换、公平竞争、有效监管为基本导向，完善社会主义市场经济法律制度。"

当代市场经济，无论资本主义市场经济还是社会主义市场经济，都不再是政府只做"守夜人"的自由市场经济，而是要受到两个方面的制约：一是政府的调控；二是法治的监管。固然，法治监管也可作为宏观调控的手段，但两者又具有相对独立的作用。有些法规如劳动法、反垄断法等本身就是宏观调控的法律手段。但惩治官员和央企高管贪污腐败，惩治官商勾结、权钱交易、权色交易，损害市场经济健康运行和人民利益的行为，就需要独立的法规。一般来说，宏观调控具有随机的一面，而法治则具有客观规律性。社会主义市场经济在这两方面所受到的制约应大于资本主义市场经济。因为在资本主义私有制下，私有主都会全力保护和发展自己的资产，维护自己的产权，即使没有政府的发力，资本主义私有制度也会内在地自生与发展。加上"私有财产神圣不可侵犯"的法治，资本主义经济制度与市场经济如鱼水关系，是完全融合、互相促进的。而社会主义经济制度的基础，如宪法所规定：是"生产资料的社会主义公有制，即全民所有制和劳动群众集体所有制"，"国有经济即社会主义全民所有制经济，是国民经济中的主导力量，国家保障国有经济的巩固和发展"。社会主义公有制不会自发地建立、发展和巩固。没有政府的推动、投资与支持，社会主义国有经济不可能自发发展与巩固。已经建立和发展的国有经济和集体经济，离开了政府的监管与法治的制约，也容易被侵蚀、盗取，化公为私。资本主义市场经济离开了上述两方面的制约，虽会导致市场秩序和社会秩序的混乱、矛盾的深化，但不会导致资本主义经济制度的消亡。而社会主义市场经济如果没有两方面的制约，使公有制经济任人侵蚀、化公为私，搞全面私有化，社会主义经济制度将不复存在。

市场经济必然是法治经济。因为市场经济是竞争经济，而不是道德经济。作为市场经济主体的企业，追求利润最大化，就要进行竞争。市场不同情眼泪，不怜悯弱者，而是优胜劣败和劣汰。在追求利润最大化的竞争中，有些唯利是图的市场主体会做一些损人利己、损公肥私的事情。诸如假冒伪劣商品泛滥，有毒食品层出不穷，黄赌毒为害，废水污染河流，欺行霸市，不正当竞争，官商勾结，盗窃国有资产，损害职工权益，等等。如果没有政府调控和法治监管，社会主义市场经济是难以建立和完善的。

使市场在资源配置中起决定性作用和更好发挥政府作用，也需法治作为市场与政府关系的平衡器。政府调控市场也要依法实行，政府对市场的正常监管一定要到位，不正当干预一定要消除。权钱交易、寻租谋私，更要有法治的监管与处置。

新华社 2014 年 11 月 4 日发布消息：公布了中央巡视组第二轮巡视反馈情况。“官商勾结在这轮巡视的地方和单位普遍存在。一些官员在与商人交往过程中勾肩搭背、不分彼此、为权钱交易、权色交易等腐败问题埋下了隐患。”并具体讲到，江苏一些领导干部与老板之间保持相对稳定的关系圈子，进行封闭式权钱交易。河北省个别领导干部与企业老板结成利益纽带。黑龙江一些领导干部官商勾结，权钱权色交易问题较为突出。

根据新华社 10 月 18 日提供的信息：齐齐哈尔市原市委书记杨信因涉嫌严重违纪违法被立案调查，人们关注到他与女富豪刘迎霞的关系。2003 年，齐齐哈尔市打着改革的幌子，将赢利的自来水市公司列入“国退民进”改制名单，被刘迎霞的私营企业翔鹰集团股份有限公司收购控股。改制后公司为降低成本，偷偷进行了管网改造，并私自改变自来水的消毒过滤技术，发生水源混浊现象。同时却大幅度提高水价，只收取不投入，引起市民不满。齐齐哈尔市政府掏腰包补偿，让公司每吨降价 1 元，然后市政府补给公司。

以上事例说明，国企进行改制，建立和发展市场经济，一定要严格地在法治轨道上进行，不能以权代法，搞权钱交易、权色交易，损害国家和人民利益。中央巡视组查办和揭露官商勾结、贪腐事例，可起震慑作用。同时表明，我们的法治还不健全，存在无法可依、有法不依、执法不严的情况。正如十八届四中全会决定所指出的：有法不依、执法不严、违法不究现象比较严重，一些国家工作人员特别是领导干部依法办事的观念不强，能力不足，知法犯法、以言代法、以权压法、徇私枉法现象依然存在。这些问题，违背社会主义法治原则，损害人民群众利益，妨碍党和国家事业发展，必须下大气力加以解决。四中全会的《决定》提出了制约性的决策。

用法治规范社会主义市场经济，还需要依法解决市场经济关系中必然会出现的利益纠纷与矛盾。在这方面，同样需要“科学立法，严格执法，公正司法，全民守法”。习近平同志在关于《中共中央关于全面推进依法治国若干重大问题的决定》的说明中指出：“随着社会主义市场经济深入发展和行政诉讼出现，跨行政区划乃至跨境案件越来越多，涉案金额越来越大。”更需要健全法制，维护法律公正，平等保护当事人合法权益。

实行市场经济，会产生收入分配的不公平和财富分配的不公平，所有资本主义市场经济国家，都存在分配不公平的现象。无论马克思主义政治经济学或西方经济学都指出了这一点。政治经济学说明：价值规律具有积极作用，它自发地分配生产资料和劳动力于不同的经济部门，它促进生产力的发展。但价值规律又有消极作用，它会导致两极分化。西方经济学也讲，市场经济会产生分配不公平。萨缪尔森的《经济学》对此讲的很明确、很深刻。

2013 年 9 月，法国出版了托马斯·皮凯蒂的《21 世纪资本论》，用系统和详实的数据揭示了自 18 世纪以来欧洲和北美资本主义贫富差距扩大的总趋势，在世界范围引起广泛关注，迅速成为畅销书，引起人们对资本主义制度的反思。该书作者指出：2010 年以来，在大多数欧洲国家，尤其是在法国、德国、英国和意大利，最富裕的 10% 的人群占有国民财富的 60%，在所有这些社会里，半数人口几乎一无所有：最贫穷的 50% 的人群占有的国民财富一律低于 10%，一般不到 5%。在美国，最上层 10% 的人群占有全国财富的 72%，而底层的半数人口仅占有 2%。皮凯蒂认为，财富分配不公平的原因，是发达国家私人资本的回报率比经济增长率高。怎样解决这必然引发政治和社会冲突的财富分配不公？作者批评“一些国家的观念仍然是市场可以解决问题，特别是在富裕国家，这种思潮已经有些过度”①，作者提出的缩小财富分配不公的办法是用法治规范财富分配，即实行资本税。认为这是较温和且更为有效的解决方案。作者主张对私有财富征收累进税，以普遍利益的名义重新控制资本主义，巨额财富的累进税可以非常大。这是法治政府对资本回报率高于经济增长率的资本所实行的民主方案。

我国实行多种所有制经济共同发展的社会主义市场经济，也出现了收入

① 《资本主义怎么了》，学习出版社 2014 年版，第 74—95 页。

差距过大和财富分配不公的问题。据北京大学中国社会科学调查中心所发布的《中国民生发展报告2014》提供的统计资料："中国财产不平等程度迅速上升"，1995年我国财产的基尼系数为0.45，2002年为0.55，2012年我国家庭净财产的基尼系数达到0.73。顶端1%的家庭占有全国1/3以上的财产，低端25%的家庭拥有的财产总量仅为1%左右。中国的财产不平等程度明显高于收入不平等。社会主义的本质要求消除两极分化，实行共同富裕，更需要有消除分配不公的法治。十八届四中全会的决定中对此也有规定："加快保障和改善民生"，包括依法加强和规范公共服务，完善教育、就业、收入分配、社会保障、医疗卫生、扶贫、慈善、社会救助等方面的法律法规。强调"维护社会公平正义、促进共同富裕"。同时也需要考虑通过加强和改善税收法制以缩小收入和财富的过大差距。

## 二、市场经济与法治具有内在契合性

市场和法治被称为是现代文明的两大基石。一般认为，市场经济具有平等性、竞争性、法治性和开放性等特征，是适应社会化大生产，推动整个经济社会发展的有效机制。

### （一）市场经济与法治的内在联系

法律作为维护国家和社会稳定的行为规则，虽然在自然经济、封建经济和计划经济等形态下也已存在，但大体上可以认同：在商品交换和市场经济条件下，才形成了具有法治特征的法律制度。经济的市场化要求社会的法治化，也就是说，市场经济越发达，法治也就越发展。马克思认为："先有交易，后来才由交易发展为法制。……这种通过交换和在交换中才产生的实际关系，后来获得了契约这样的法的形式。"① 这深刻的说明了法律产生于市场交换的实践，并随着市场交易实践的发展而不断发展和创新。恩格斯指出："在社会发展某个很早的阶段，产生了这样的一种需要：把每天重复着的生产、分配和交换产品的行为用一个共同规则概括起来，设法使个人服从

① 《马克思恩格斯全集》第19卷，人民出版社1974年版，第423页。

生产和交换的一般条件。这个规则首先表现为习惯，后来便成了法律。[①] 由此可以看出，生产、分配和交换的经济行为及其发展形态的市场经济，是法治经济得以产生和发展的基础。在自然经济条件下，对各种社会关系的调整主要依靠诸如血亲关系、宗法关系、宗教戒律、传统习惯和道德伦理来约束，法律是维护统治阶级权力和社会治安秩序的工具。在计划经济条件下，虽然社会化大生产程度很高，但没有独立的市场主体，政府利用行政权力来管理经济，配置资源。而在商品经济和市场经济条件下，随着商品生产、交换的规模越来越大，交换过程中产生的纠纷已经超出血亲、种族、道德伦理和行政权力等调整的范围，就需要有专门的权威的行为规则来约束和规范经济社会活动。可以说，市场经济的法律是以市场经济主体的权利与义务为核心的规律性法律体系。虽然在市场经济条件下，政府也要利用法律来实施控制和干预，但政府本身的权力也受到了法律的严格限定。自党的十四大提出建立社会主义市场经济体制以来，我国的社会主义法制建设就进入了一个新的阶段，开始朝着经济社会活动法治化的方向发展。

### （二）法治是市场经济发展的内在要求

市场经济的有效有序运行，法治是基本条件。首先，市场主体地位的确立需要法治。市场经济是自主性经济，承认生产资料归不同的经济主体所有是建立市场经济的前提条件。在市场经济体制下，市场主体的资格要得到法律的确认，明确产权、充分尊重和平等保护各类市场主体的财产权，要求企业是自主经营、自负盈亏的独立的市场主体，可以在市场上按照市场规律自主表达经济利益需求。法律保证市场主体对其合法拥有的物质财富享有支配、使用和处置的权利。市场主体的独立性又与平等性相联系、相统一。市场主体的平等地位是交换正常进行的前提，“参加交换的个人就已经默认彼此是平等的个人，是他们用来交换的购物的所有者”[②]，因此，法律确认参与市场交换的所有人的平等地位。其次，市场经济公平竞争规则的形成需要法治。市场经济是公平竞争的契约经济，竞争性是市场经济的特征之一，也是市场经济正常运行的推动力。马克思说：“社会分工则使独立的商品生产

---

① 《马克思恩格斯全集》第18卷，人民出版社1974年版，第347页。
② 《马克思恩格斯全集》第19卷，人民出版社1974年版，第423页。

者相互独立，他们不承认任何别的权威，只承认竞争的权威，只承认互相利益的压力加在他们身上的强制。”[①] 通过竞争形成优胜劣汰，达到合理配置资源的目的，是市场经济的特点，也是其优越性之所在。但是，各市场主体在竞争中为了追求和实现自身的经济利益，如前所述，会采取一些不规范的市场行为，如欺诈、虚假广告、违约、制假售假、不正当竞争等，这势必会妨碍市场竞争的正常进行，使市场活动陷入混乱无序的状态。只有通过法律形式构建法治经济，才能建立公平竞争的规则和秩序，市场交换中的合同和信用关系也只有得到法律上的确认，才能成为一种受法律保护的契约关系，才能防止权力对市场的不正当干预，保障市场经济活动的正常运行。再次，法治是对市场经济进行宏观调控的重要手段。市场调节存在一定缺陷，存在市场失灵。市场机制有效作用的发挥离不开政府宏观调控的正确引导，但多年来的经济实践证明，对政府的宏观调控行为如果不加以规范，就会诱发对市场主体的不当行为，出现政府为了自身的一定利益，对市场经济活动进行不当干预，侵犯企业和个人的权利和利益。法律作为具有普遍、明确、稳定和强制特征的行为规范，把宏观调控纳入法治轨道，有利于提高国家宏观调控政策的科学性和客观性，保证市场经济的正常运行和健康发展。再者，社会主义法治既要确认市场经济的公平，又要确认社会主义消除两极分化逐步实现共同富裕的公平。需要将这两种公平既区别开来，又衔接起来。在市场经济条件下，确认每个市场主体的地位是平等的，而且主张机会公平、规则公平。但市场经济的公平，是等量资本取得等量利润的公平，是按生产要素分配的公平。这实质上是资本所要求的公平，而不是劳动的公平，更不是社会主义所要求的消除两极分化、共同富裕的公平。市场经济是在价值规律自发作用下的发展过程，不同市场主体由于占有的要素资源不同，必然形成资本强势、劳动弱势从而产生资本高收入和劳动低收入的悬殊差别和分化。市场经济不仅承认这种差别，而且会自发地扩大这种差别。因此，这种分配差别是无法通过市场机制来调整的。需要国家依靠法治手段建立公平的社会主义收入分配机制和社会保障制度，自觉调节和缩小收入差距过大的趋势，否则，收入和财富分配的不公平必然会继续扩大，影响经济社会稳定和可持续发展，也影响社会主义制度的发展与完善。

---

① 《马克思恩格斯全集》第23卷，人民出版社1974年版，第394页。

## 三、在宪法规定的经济制度下发展社会主义市场经济

《决定》提出，要“完善以宪法为核心的中国特色社会主义法律体系，加强宪法实施”，“坚持宪法的最高法律地位和最高法律效力”，又讲：“坚持依法治国首先要坚持依宪治国，坚持依法执政首先要坚持依宪执政。……必须以宪法为根本的活动准则，并且负有维护宪法尊严保证宪法实施的职责。一切违反宪法的行为都必须予以追究和纠正。”可以说，在我国深化经济体制改革、发展和完善社会主义市场经济的过程中，宪法起着根本性的法律规范作用。

我国建立和发展社会主义市场经济，必须在宪法规定的社会经济制度下运行。

### （一）弄清宪法对“社会主义经济制度”和“社会主义初级阶段基本经济制度”的不同规定

我国《宪法》规定：“中华人民共和国的社会主义经济制度的基础是生产资料的社会主义公有制，即全民所有制和劳动群众集体所有制。”又规定：“国家在社会主义初级阶段，坚持公有制为主体、多种所有制经济共同发展的基本经济制度。”这里，“社会主义经济制度”和“社会主义初级阶段的基本经济制度”是作为两个并立的规定提出的。但在理论界和实际部门中，不少人将两者相混同，把公有制和非公有制都作为“社会主义经济制度”的内容。其实，宪法明确规定，“社会主义经济制度”只以公有制为基础，包括国有经济即全民所有制经济与集体经济，不包括非公经济。社会主义经济制度存在于社会主义初级阶段、中级阶段和高级阶段，是不断发展与完善的过程。“初级阶段的基本经济制度”则既包括作为主体的社会主义公有制经济，也包括非社会主义性质的非公有制经济在内。

社会主义社会制度以社会主义经济制度为基础。而社会主义经济制度以公有制为基础。宪法又规定：“国有经济，即全民所有制经济，是国民经济的主导力量，国家保障国有经济的巩固和发展。”

宪法规定，我国“实行社会主义市场经济”。也就是与社会主义经济制度相结合的市场经济，就是以国有经济为主导、公有制为基础或为主体的社

会主义市场经济。实行和发展市场经济，应以坚持和发展社会主义经济制度和社会主义初级阶段的基本经济制度为条件。也就是应有利于“国家保障国有经济的巩固和发展”，而不是相反。应有利于巩固和促进公有制的基础和主体地位及其发展与完善，而不是相反。

### （二）偏离宪法的一切私有化理论观点是错误的

然而多年来，有人借口市场经济不存在“姓社”“姓资”的性质，反对在市场经济前面冠以社会主义一词，然而，当今世界只有两种市场经济：一是与资本主义经济制度相结合的市场经济即资本主义市场经济；二是与社会主义经济制度相结合的市场经济即社会主义市场经济。反对提“社会主义”市场经济，必然走向资本主义市场经济。市场经济本身固然没有“姓社”“姓资”属性，但它只能与“资”或“社”的经济制度相结合，存在“资”与“社”的不同。有人主张市场经济的微观基础只能是私有制。然而，私有制的市场经济只能是资本主义市场经济。宪法明确规定我国实行的是“社会主义市场经济”。中国共产党党章也规定：“中国共产党领导人民发展社会主义市场经济。”主张去“社会主义”的市场经济或以私有制为基础的市场经济，显然是违背宪法与党章的。

更有甚者，有的学者断言：我国国有经济不是社会主义经济，而非公有制经济才是社会主义经济。他们将国有经济与希特勒的国家社会主义工人党相联系，称之为国家社会主义，而将私有制经济称作人民社会主义。主张去国家社会主义，搞人民社会主义。有的学者错解恩格斯在《反杜林论》中批判“冒牌社会主义”的论述作为依据，否定我国国有经济的社会主义性质。恩格斯曾批判有人把俾斯麦的某些国有化措施称作社会主义，将其斥之为冒牌社会主义，当然是正确的。因为资本主义国家的某些国有经济是国家垄断资本主义。俾斯麦为了军事需要将铁路国有化，当然不是搞社会主义。而劳动人民掌握政权的社会主义国家的国有经济就是社会主义经济。这是从马列主义到毛泽东思想、到中国特色社会主义理论，到我国宪法和党章一以贯之的理论共识。四中全会决定中也强调“加强对国有、集体资产所有权、经营权和各类企业法人财产权的保护”。

我国宪法将“社会主义经济制度”同“社会主义初级阶段的基本经济制度”两种规定并列提出、区别开来，就是表明：以国有经济为主导的公有制经济是社会主义经济，而非公有制经济是非社会主义经济。因此，讲“社会主义经济制度”，只讲公有制经济；讲“基本经济制度”要强调公有制为主体。因为坚持公有制为主体才能保证社会主义经济制度和社会主义市场经济的存在。如果私有制经济也是社会主义性质的经济，就不需要强调公有制为主体了。有人把“非公有制经济是社会主义市场经济的重要组成部分”，理解为也是“社会主义经济的重要组成部分”，同样是误解和错解。“社会主义经济”是制度范畴；“社会主义市场经济”是体制范畴，不应混同。市场是统一的，不能按不同的经济成分分割为多种市场和市场经济。例如，外资企业是资本主义经济，而非社会主义经济，但也可成为我国社会主义市场经济的组成部分。这要以公有制经济即社会主义经济为主体的存在为条件。分清这些不同的概念和规定，有利于遵守宪法，在公有制为基础或为主体的经济制度下发展社会主义市场经济。

## 四、用法治引领和推动市场经济改革

随着我国传统比较优势弱化，经济发展进入一个新常态。重塑我国经济发展的新优势需要全面深化改革。在全面深化改革的过程中，就需要大力推进法治建设，构建法治的市场经济，就像习近平总书记多次强调的那样“以法治凝聚改革共识”，为市场经济的健康有序发展奠定基础，开辟道路。

### （一）法治化有利于完善现代市场体系，释放市场经济新活力

市场经济既是法治经济，也是规则经济，信用经济。法治是市场经济的基石。在实际经济运行中，还存在无序竞争、信用缺失、审批过多、权利寻租、市场混乱等乱象，存在市场运行的安全风险，不利于各类市场要素活力的迸发。用法治来规范市场秩序，有助于构建统一开放、竞争有序的市场体系，打造规范有序、公平公正的市场环境。可以减少经济生活中的不确定性，从而降低市场经济活动中的交易成本，促进商品和要素的自由流动。

依法推进改革，让改革在法治轨道上进行，是发展和完善社会主义市场经济的必要途径。党的十八届四中全会的《决定》提出要“实现立法和改革决策相衔接，做到重大改革于法有据、立法主动适应改革和经济社会发展需要”。这在一定程度上能有效避免以往改革中先推行再立法或不立法只推

行所带来的法治轨道外的改革造成的损失。如20世纪最后十几年的国有企业改革中，地方官员和企业高管可以随意处置国有资产，自买自卖、半买半卖、名买实送，造成大量国有资产流失，是无法可依的改革的深刻教训。四中全会全面推进依法治国的决定，将根本扭转这种情况。法治的顶层设计将为全面深化改革提供引导和保障，为进入“三期叠加”阶段的中国经济治理和市场经济改革释放新红利和动力。

### （二）创新和完善产权保护制度

产权保护制度是关于产权界定、运营、保护的一系列制度安排，是社会主义市场经济存在和发展的重要条件，是坚持和完善基本经济制度的内在要求。在市场经济中，各个市场主体的资源禀赋不同，在市场竞争机制下，这种资源禀赋的差异可能导致弱势的市场主体包括弱势群体的利益或财富受到侵犯，因此，社会就需要制定一套公平的法律制度来给以保护和支持。虽然《民法通则》、《合同法》、《劳动法》、《担保法》、《物权法》等一系列法律的实施使市场主体的产权和利益的保护有了一定的法律依据，但伴随公有制实现形式的多样化和混合所有制经济的发展，对国家所有权、集体所有权、企业法人财产权、土地承包经营权等各类财产权的法律保护就显得明显滞后。

市场主体的财产权要依靠法治来得到充分的确认和维护。党的十八届三中全会的《决定》指出：公有制经济财产权不可侵犯，非公有制经济财产权同样不可侵犯。国家保护各种所有制经济产权和合法利益。投资主体多元化、多种所有制经济交叉持股的混合所有制经济已成为发展的必然趋势，各类财产权都要求有完善的产权保护制度作为保障。为此，十八届四中全会的《决定》明确表示，要使市场在资源配置中起决定性作用和更好地发挥政府的作用，“必须以保护产权、维护契约为导向”。同时《决定》提出，要健全以公平为核心原则的产权保护制度，加强对各种所有制经济组织和自然人财产权的保护。这充分说明了平等保护不同所有制市场主体的产权的重要性。我国要“创新适应公有制多种实现形式的产权保护制度，加强对国有、集体资产所有权、经营权和各类企业法人财产权的保护”，在独立法人财产权下，“企业有权拒绝任何组织和个人无法律依据的要求”。总之，创新和完善产权保护制度，有利于维护我国公有财产权，巩固公有制经济的主体地位。同时有利于保护私有财产权，促进非公有制经济发展。有利于各类资本的流动和重组，推动混合所有制经济发展；有利于增强各类市场主体创新的动力，推动我国社会主义市场经济的创新和发展。

### （三）法治经济有利于厘清政府与市场关系的边界

法治是现代市场经济有效有序运行的基本条件。尽管经过多年的探索我国的社会主义法律体系已经形成，但在当前经济社会发展过程中，有法不依、执法不严、权大于法、司法不公的现象依然存在，审批过多和监管不力并存，仍有部分地方政府运用行政权力对市场经济进行不合理干预，往往会导致资源错配和经济效率低下，制约了市场配置资源作用的发挥。执法不严让环境污染、生态破坏、有害食品事件频发，腐败问题更是令公众对公权力机关和公职人员的信任度消减，总之，我国经济改革中的诸多问题和矛盾的产生大都与法治缺失有关。

近年来，我国政府在持续推进政府职能转变，消除政府不当干预，让市场在资源配置中起决定性作用中，地方各级政府也在大刀阔斧地进行简政放权，减少审批。我国将持续推进法治经济和法治政府建设，更清晰地界定公权力与私权力的边界，用法定责任整治权力缺位和滥用，以法治精神厘清政府与市场和企业的关系，明确政府在履行政府职能过程中的“权力清单”、“负面清单”和“责任清单”，让政府做好政府的事情，市场遵循经济规律做好市场的事情。十八届四中全会的《决定》还明确指出，要依法全面履行政府职能，行政机关要坚持法定职责必须为、法无授权不可为，坚决纠正不作为、乱作为。推行政府权力清单制度，坚决消除权力设租寻租空间，决不允许任何组织和个人有超越宪法和法律的特权，真正的做到在法治轨道上开展工作。

### （四）完善社会主义市场经济法治体系

我国社会主义市场经济发展已进入历史新阶段，改革进入攻坚期和深水区，依法推进市场化改革，提升国家治理能力显得更加突出。而我国目前的市场经济法律基础仍比较薄弱，法律规范仍不完善，与建设社会主义法治国家和法治市场经济的要求相比还有较大差距。法治建设与体制改革不同步等问题依然存在。例如，十八届三中全会提出发展国有资本、集体资本、非公有资本交叉持股相互融合的混合所有制经济，就需要有顶层设计与实施细则，将其纳入法治轨道，避免各行其是，造成新一轮的国有资产流失。因此，必须加快建设和完善我国社会主义市场经济法治体系。

要实现市场主体同权，就需要阻止和惩治官商勾结、权力与资本结合、搞权钱交易，损害人民利益。“良法”才能“善治”。可以说，完善社会主义市场经济法治体系，是厘清政府与市场关系边界，保障市场经济持续健康运行的现实需要。要让宪法发挥出应有的威力。要加强党对完善社会主义市场经济法律法规制度的领导。《决定》指出“党的领导是中国特色社会主义最本质的特征，是社会主义法治的最根本保证”。在推进依法治国的过程中，坚持党的领导才能确保社会主义市场经济的改革方向，维护好和实现好最广大人民的根本利益。

# 社会主义市场经济呼唤诚信①

［摘要］近年来，我国出现了比较严重的诚信缺失现象，对我国经济和社会发展造成巨大伤害。究其原因，主要是由于体制转轨中出现诸多空隙、政府职能缺位和错位、政府行为不规范、缺乏信用管理制度和相关法规、对失信行为打击力度小，以及历史和文化原因造成的。对其的治理，要转变政府职能，规范政府行为，提高政府公信力，发挥政府的主导作用，建立全国性的信用体系，制订专门的信用法律，积极发展各种行业组织，发挥行业组织的作用，积极引导企业加强内部信用管理，在全国进行诚信道德教育，培养公民信用观念和意识。

改革开放以来，我国的经济和社会发展取得了举世瞩目的巨大成就，但是，随着社会主义市场经济的不断推进，诚信问题日益成为经济和社会生活中的一个被关注的重要话题。特别是，近些年来，出现了比较严重的诚信缺失现象，甚至在一定程度上出现了诚信危机。它不仅影响到我国社会主义市场经济的健康发展，也影响到我国整个经济与社会的稳定与繁荣。因此，诚信缺失，已经成为我国社会主义市场经济建设中迫切需要解决的重大理论和现实问题。

## 一、当前我国诚信缺失的具体表现及其危害

诚信，是诚实守信之意。古人讲："诚者，真实无妄之谓"，"诚者，天之道也。诚之者，人之道也。"信是讲信用、重信诺之意。从文字学来看，

① 本文原载《东南学术》2003 年第 2 期，与焦斌龙合写。

诚与信，都有言字，言之有成乃为诚，人言无妄方为信。总之，说话算数才谈得上诚信。诚信是对行为主体来说的。诚信是获得社会信任与信誉的前提。信任、信誉，是对诚信的肯定与报赏。缺少诚信的个人、企业、中介组织、政府，是得不到世人和社会的信任与信誉的。人无信不立，企无信不振，国无信不兴。个人处世要讲诚信，企业经营要讲诚信，中介组织要讲诚信，政府官员要讲诚信，这多方面的诚信汇合，表现为市场诚信与社会诚信。

诚信，是人际交往中道德体系的基石，是经济与社会健康发展的必要条件，是社会主义市场经济规范运行的基础。因此，研究诚信，既是道德问题，属于道德范畴；又是社会经济问题，属于社会经济范畴。在我国古代，更多地是从道德规范方面重视诚信；而在现代，更多地是从社会经济，特别是目前从社会主义市场经济方面重视诚信。在现实经济生活中，道德意义上的诚信是从属于社会经济意义上的诚信的。

中国自古是礼仪之邦。诚信是中华民族的传统美德。我国历来倡导"一诺千金"、"言必信，行必果"。古人讲每日"三省"其身："为人谋而不忠乎，与朋友交而不信乎，传不习乎"，"己所不欲，勿施于人"，是重诚信的表现。唐代宰相魏征把诚信称作"国之大纲"。过去，一些有声誉的商家也要讲"童叟无欺"、"以义为利"。现在留下来的一些有声誉的老字号如同仁堂等，都是讲诚信、重商德的企业。同仁堂有两句用以自律的名言："炮制虽繁必不敢省人工，品味虽贵必不敢减物力。"也就是不偷工，不减料，诚招天下客。

然而，近些年来，我国出现了比较严重的诚信缺失现象。从表现形式看，我国当前诚信缺失主要表现在：

1. 个人信用失常。个人信用是社会诚信最直接的表现，也是社会诚信的基础。个人信用失常指个人利用合约的不完备性，进行逆向选择和恶意破坏合约的行为。在经济与社会交往中的赖账行为以及信用卡恶意透支、伪造学历和文凭、伪造票据和证件、剽窃别人学术成果、利用各种手段进行诈骗，有的医生竟然为吃回扣，给病人开大剂量处方，甚至造假病历，上述种种行为，都属于个人信用失常的事例。根据有关报道，由于我国假文凭和假学历泛滥，欧洲一些国家对我国留学生的文凭和学历不予承认，要求重新审核。个人信用失常的危害，由此可见一斑。

2. 企业与中介组织信用恶化。企业信用是社会诚信的核心内容，更是社会经济运行的基础。我国企业信用恶化突出表现在：假冒伪劣商品泛滥、恶意逃债、三角债困扰、商业欺诈、财务假账、会计信息失真、偷税漏税、出口骗税、伪造票据、金融诈骗、剽窃专利、搞虚假广告、上市公司过度包装等。如郑百文提供虚假财务报告，在实际亏损情况下虚报盈利8563万元，筹集大量配股资金，造成股东权益损失98%以上的后果。又如，由于我国个别企业造假，使我国对日本的稻草出口被禁止长达9个月之久，直接影响了重达15万吨，货值3000万美元的稻草的出口，相关行业的间接损失高达近亿元。[①] 据专家估计，由于企业信用恶化，我国每年占国民生产总值的10%—20%为无效成本。[②] 特别是号称“经济警察”的会计师事务所、律师事务所、资产评估事务所等各类市场中介组织与企业合谋，提供虚假信息，欺骗公众。如立华为康赛集团出具虚假验资报告，为活力28造假出具审计报告，又为幸福实业虚增资产出具审计报告。银广夏造假是由中天勤为其出具的无保留意见审计报告。

3. 银行信用受损。银行信用是在商业信用基础上发展起来的，它是诚信在现代经济中最集中的表现，一国银行信用的水平成为一国信用水平的标志。银行信用受损来自两方面。一是有的银行以贷谋私，诚信缺失。如前几年媒体披露，有的银行在向企业贷款时索要“台底费”或称“海底费”，也就是在贷款时向银行经办人员悄悄付一笔无任何凭证的现金，有的还搞“利润分成”，事先扣除。第二个方面是，我国银行信用近年来受个人信用失常和企业信用恶化的冲击，严重受损。大量呆坏账的存在使银行陷于困境，银行被迫一方面利用政府信用高额揽存，另一方面极度惜贷，大量资金沉淀在银行。银行信用本有的节约流通中的货币量、降低流通费用、促进交易的功能不能正常发挥。在我国浙江等地出现了企业通过民间融通资金代替银行融资的现象。更值得重视的是，我国有的银行自身已经大面积亏损，依靠持续增长的存款维持运转，随时面临“挤兑”的危险。而持续增长的存款事实上是由政府信用在支撑着，银行信用已经落到完全依靠政府信用支撑的地步。

---

① “稻草出口解禁的思考”，《经济日报》2003年2月5日。

② “重建诚信”，《中国改革报》2002年3月29日。

4. 政府信用降损。政府信用是社会诚信的保障，是信用体系最后的保障线。然而，我国政府信用在近年来受到巨大冲击。集中体现在：由于转轨时期政府政策的不稳定和不连续，使公众对政府政策和承诺的信任度下降。一些地方政府在农业产业化过程中，不履行与农民签定的包销合同。更有甚者，有的地方政府支持、帮助所辖地方企业造假。假冒行为被查处时，搞地方保护主义。由于我国干部管理制度改革不到位，一届政府一套政策，让当地人民无所适从；一些政府官员为了政绩，编造统计数字。更严重的是，有些政府官员买官卖官，贿选捞官。有的利用职务之便敛财、搞腐败等等。这些行为和表现严重破坏了政府的形象，导致政府信用受损，威信下降。而且，一些政府官员缺乏诚信，搞腐败，还会影响社会诚信的败坏。笔者曾经历过这样一件事情：在临街水果摊买了几斤香蕉，回家一称，短一斤多，找去论理，赶快给补上了。问他为何欺骗顾客，他竟振振有辞地说：这算什么，当官的搞腐败，几十万、几百万地捞呢！

5. 道德失范、信仰危机和社会风气败坏。在二十多年的市场化改革过程中，传统的道德规范已经被打破，经济人的理性逐步得到培养，自身利益最大化成为人们追求的目标，这本是市场化改革的必有之意。但是，由于市场经济体制还没有完全有效地建立起来，人们还缺乏现代法律意义上的契约意识，出现了某些企业和个人唯利是图、金钱至上、将追逐金钱作为人生价值标准的现象。与此相对应，传统的信仰在市场经济冲击下显得苍白无力，有些人变得极端自利和短视。见人落水，不去搭救，先讲价钱。专门利己，毫不利人。在极度追求物质财富的同时，精神极度空虚，出现了信仰空白和信仰危机，导致市场秩序混乱，社会风气败坏。

诚信缺失使交易秩序紊乱，有效的市场竞争难以开展，交易成本增加，效率降低；市场配置资源功能受到严重损坏，市场经济秩序被破坏，企业的发展受到抑制。道德失范，社会风气变坏，还影响社会安定，损坏我国经济发展软环境和我国对外开放形象，严重影响了我国社会经济发展和改革开放目标的实现。诚信缺失已经成为众矢之的，成为我国社会主义市场经济的毒瘤。

## 二、我国诚信缺失形成的原因

我国诚信缺失现象的产生，不是偶然的，也不是突然的，而是通过不诚信因素的不断积累与沉淀而形成的。有远期根源，也有近期根源。有制度性原因，也有非制度性原因。

在“大跃进”年代，大刮浮夸风，上边高指标往下压，下面大话假话放开说，天天“放卫星”，“亩产上万斤”。报纸、电台不断造声势宣传假东西。讲真话、重诚信的受批判，讲假话、搞浮夸的受表扬。事实上是鼓励了讲假话、办假事的，打击了讲真话、守诚信的。以后多次政治运动和“大批判”，特别是文革十年，真可谓真假颠倒，是非混淆。诚信人吃亏，虚假者得利。搞假材料、假证据、歪曲事实、编织罪状、制造了大批冤假错案。连夫妻、父子、朋友之间都不能和不敢讲真话，道实情。浮夸风、政治运动和“大批判”造成了巨大损害，事后并没有认真清算，因为根子在上边。结果，这种诚信被严重破坏的后遗症，一直影响到现在。所谓“上极压下级，层层加码，马到成功”；“下级骗上级，级级掺水，水到渠成”，“数字出官，官出数字”，就是极具有讽刺意义的现实写照。诚信缺失固然有施虐者的道德问题，但更重要的是由体制和制度中的问题造成的。如果说，上述改革开放前的诚信缺失现象，主要根源于从上面传下来的“左”的一套，那么，近些年来经济社会生活中凸现的诚信缺失乃至诚信危机，其内涵和根源就有所不同了，它主要表现在市场经济关系中，是在我国由传统指令性计划经济走向市场经济的转轨过程中凸现出来的。

人们常讲：市场经济是信用经济，或者讲，市场经济是道德经济。如果从要求和强调市场经济中的行为人应该讲信用、守道德的意义来说，那是可以的。但有个问题需要明确：市场经济并不内在地必然是信用经济和道德经济，否则，就不会出现信用危机了。讲市场经济是信用经济，只是从要求的意义上来说的，不是从客观必然性来说的。这同讲市场经济是竞争经济，是追求利润最大化的经济不同。市场竞争、追求利润最大化，具有自然必然性，是客观规律性的东西，不存在缺失的问题。市场经济应当守信用、讲道德。但在一定条件下又可能出现无信用、无道德的现象。要知道在追求利润最大化的竞争中，可能有三种获利情况。第一种是通过效率与诚信并重，达到个人利益与社会利益最大化的统一。比如，企业采取改进技术，提高产品质量与性能，提高劳动生产率，降低成本与价格，重视消费者的需要与利益的方法，获得社会信誉，扩大市场份额，实现利润最大化，同时给社会提供了物美价廉质优的商品，增加社会利益。第二种情况是，企业通过合法途径，追求利润，虽利己而不损人，不搞不正当竞争，不搞商业欺诈。第三种情况是，在追求利润最大化的过程中，唯利是图，不讲信用，搞不正当竞争，采取损人利己的方法，牟取利润，其后果是破坏市场秩序，损害社会利益，阻碍社会经济发展。第三种情况表明，市场经济并不内在地必然是信用经济和道德经济，也可能出现信用缺失，甚至爆发信用危机。有人认为，我国诚信缺失现象的产生，是由于市场经济不成熟、不完善。诚然，不成熟、不完善的市场经济为暗箱操作、造假行骗提供了更多空隙，但成熟和发达的市场经济只会减少而难以消除信用危机。例如，美国近期出现的安然公司造假事件、安达信会计师事务所帮助企业造假事件引发的信用危机就是这方面的例子。我国近些年来的诚信缺失乃至诚信危机现象，主要也是由于第三种情况扩大与发展造成的。

对于我国诚信缺失的原因，理论界流行的一种观点认为，我国诚信缺失与市场经济的经济人理性有关，是市场经济对利益的过度强调使人们失去了诚信。我们认为，两者并不存在必然的因果关系。事实上，经济人理性与诚信是一个钱币的两面。正是经济人追求自身利益最大化，而社会经济中存在的专业化和分工使人们不可能自我满足，所以，人与人之间要学会合作，合作就需要诚信。即钱币的一面——追求自身利益最大化，钱币的另一面——只有诚信才能更好地实现经济人利益最大化。如前述第一种情况那样。因此，经济人理性与诚信可以是相辅相成的，并不必然是对立的关系，也就谈不上经济人理性是诚信缺失的原因。

理论界流行的另一种观点认为，信息不对称是诚信缺失的原因。理由是，由于契约是不完备的，合约双方之间存在信息不对称，从而使机会主义行为有机可乘，诚信被破坏。其实，信息不对称是常态，正是因为信息不对称，需要强调诚信，需要通过诚信建立一种交易秩序，克服信息不对称。如果信息是完全的、对称的，没有商业欺诈的空间，也就不会出现严重的诚信缺失现象。但是，信息不对称作为既定的条件，只是为诚信缺失提供了可能，而非必然。否则就只能永远存在信用危机而无法治理了。

在我们看来，我国当前诚信缺失的原因在于以下方面：

1. 体制转轨。与以美国“安然事件”为代表的美国信用危机不同，我国的诚信缺失与我国体制转轨有直接的联系。在传统计划经济下，整个社会的运行是依靠权力维系的。由国家通过指令与服从建立经济秩序，统一对资源进行配置，以克服个体信息不对称带来的交易混乱。诚信体现为对党和国家政治上的忠诚和伦理道德方面的正统，并被强化。这时，不存在竞争，也不能追求利润最大化。搞损人利己、假冒伪劣、破坏信用的空间很小，甚至没有。改革开放以后，发挥市场配置资源的作用成为改革的目标，国家计划逐步让位于市场。市场经济关系要靠契约维系，要遵守契约，就需要诚信。这就需要在经济领域建立与市场相容的诚信秩序，但诚信秩序的建立是一个长期的过程，再加上政府政策的偏颇，从而使经济领域的诚信缺失显得特别突出。同时，在由传统体制向市场经济转轨过程中，由于市场经济还处于不成熟、不发达阶段，市场体系不健全，市场机制不完善，各种相应的法规与制度还未有效建立，政治体制改革还不完全到位，因而弄虚作假、损人利己的空间和机会比较多，失信行为更容易发生。另一方面，体制的转轨客观上需要建立现代意义的伦理、道德规范和文化秩序，以促进社会主义市场经济的诚信秩序建设，但这方面的工作远远落后于体制转轨的进程，从而加剧了整个社会诚信缺失的状况。

2. 政府职能错位和缺位，政府行为不规范。我国体制转轨的性质决定了政府在转轨过程中特殊地位和作用。一方面，体制转轨的政府主导性和强制性决定了制度变迁的方向和进程掌握在政府手中，也决定了政府容易采用计划经济时期惯用的权力手段来打破原有的秩序，建立新的秩序。另一方面，体制转轨的渐进性使得政府在运用权力手段实现自己意愿时，必须考虑市场机制的作用，实现与市场接轨。这就需要政府及时根据市场发展和改革进程转换职能，规范行为。然而，我国却出现了政府职能错位和缺位并存，政府行为不规范现象。这就使本应成为社会主义市场经济诚信秩序建立的主导者的政府，成为诚信缺失的发端者，使作为社会诚信最终保障的国家信用受到损害。首先，政府行为不规范破坏政府信用。某些政府官员利用转轨过程中有关制度建设的不到位以权谋私的腐败行为和弄虚作假等行为，直接损害了政府的形象，使过去清廉政府下人民群众对党和政府的信任遭到破坏；地方政府对假冒伪劣商品生产和销售的纵容和庇护、不履行政府与人民签定的合同、重收费轻服务等行为直接伤害了人民的利益和感情，甚至出现党群关系紧张现象。其次，政府职能错位破坏社会诚信。由于政府习惯于采用行政权力方式推动体制转轨，容易使政策与市场发展脱节，出现大量职能错位现象，损害社会诚信。如在转轨时期，政府职能应该建立适应市场经济需要的信用体系，但是，政府却一方面禁止民间融资的发展，抑制民间信用。另一方面却用国家信用为银行信用担保和实行“债转股”等，助长企业失信行为。又如，政府严格控制企业债券的发行，导致企业为取得资金，利用各种手段到股市“圈钱”，发生了严重的失信行为。此外，政府职能缺位使诚信的建立缺乏政策、法律和制度支持。诚信的建立是一个系统工程，需要政府主导。但是，政府在此方面的职能并没有有效履行。体现于在转轨过程中忽视对诚信的教育，宣传；没有出台关于诚信的专门法律、法规和政策；没有开展建立诚信体系的工作；没有赋予在诚信建立中具有举足轻重地位的行业协会应有的权力等等。

3. 缺乏专门的信用管理制度和法律。诚信的建设和诚信秩序的转变，需要进行政策引导和支持，尤其需要有法律和相应的管理制度进行规范。处于转轨时期的我国，计划经济的诚信秩序已经被打破，需要建立新的、符合市场经济要求的诚信秩序。而且，我国诚信的建设面临更大的难题。我国的社会主义市场经济是由计划经济转轨过来的，是在党与政府的主导下新建起来的，不像资本主义市场经济是自然和自发地产生与发展的。因而，我国的市场主体还存在与市场经济要求不相适应的状况，非诚信的机会与空间较多，这就使制度和法律在诚信建立中的作用显得越发突出。但是，我国自改革开放以来，还没有一部专门的信用管理法律和政策，只是在《合同法》、《担保法》、《贷款通则》等法律和法规中有原则性的个别规定。[①] 对信用管理方面的工作始终没有得到应有的重视，缺少全国性的信用管理体系。即使在对信用要求最为迫切的金融行业，信用管理制度的建设也非常滞后。对信用中介组织的管理，既缺乏政策的支持，更缺乏规范的、指导和管理。

4. 对失信行为的处罚力度小，守信收益小，失信成本低。由于缺乏专门的信用法律和管理制度体系，以及政府职能的缺位和错位，使我国对失信

---

① 国务院发展研究中心市场经济研究所“建立我国社会信用体系的政策研究”课题组：“建立社会信用体系的国际经验与启示”，《经济要参》2002 年第 25 期。

行为的处罚力度小。一方面，大量失信行为得不到惩处，失信成本低。如我国的《破产法》颁布多年，但真正破产的企业很少，即使破产或被吊销执照，也可以很快重新注册登记，有些是搞假破产，真逃债。对假冒伪劣商品的打击，惩处力度也小。另一方面，诚实守信的企业和个人，因为没有客观的信用评级制度，也无法与失信企业区分，守信收益低，导致了严重的“劣币驱良币”、“李鬼打败李逵”的现象，导致有些守信企业和个人也逐步走向失信。

5. 在“大跃进”和“文革”等“左”祸时期造成的对作为社会诚信基础的人格信任的破坏留下的遗毒还在起着作用。二十几年的失信运动形成的人与人之间基本的信任关系被破坏，潜在地助长了新形势下各种失信行为的泛滥。在作为社会诚信基础的人格信任没有得到有效重建，失信可耻、造假有罪的社会风气和环境还没有树立的情况下，我国开始了市场化改革，市场的无序又为这种遗毒提供了施虐的空间。

6. 传统文化道德作用削弱或丧失，新的文化道德体制尚未有效建立。由于种种原因，我们对中国传统文化和道德在社会运行方面的调节和约束作用重视不足，甚至出现过对传统文化和道德严重破坏和试图用政治号召和权力来替代传统文化和道德作用现象。另一方面，传统文化和道德在市场经济下也受到挑战，需要建立与市场经济相适应的文化和道德规范。这种状况使在转轨时期，传统道德规范的约束力已经很弱，但市场经济发展所需要的现代法律意义上的契约意识、信用观念并没有及时培养起来，市场经济的文化和道德规范没有及时形成，出现了较严重的道德失范、文化危机和信仰危机现象，进一步助长了诚信缺失现象泛滥。

## 三、对我国诚信缺失的治理措施

当前，加强诚信缺失的治理，加强诚信体系建设，已是关系到改革与发展的紧迫课题。它是建立和完善社会主义市场经济体制的需要，是积极应对加入世贸组织新形势的客观需要，是提高企业和地区竞争力的需要，是完善和优化投资环境、促进经济和社会发展的需要。

诚信缺失的原因是多方面的，对诚信缺失的治理也需要多管齐下，综合治理。从我国当前的情况看，主要应该注重以下几方面的工作。

1. 转变政府职能，规范政府行为，提高群众对政府的信任度，发挥政府在诚信缺失治理中的主导作用。这包括两方面的任务：一是政府自身的诚信建设。要建立法治政府、廉政政府、高效政府和诚信政府。二是通过政府的主导作用治理企业和个人失信行为，提高社会信用度，使诚实、守信成为社会风气和行为规范。

强调政府在治理诚信缺失中的主导作用，是由于：一方面，我国诚信缺失与政府有直接、间接的联系，"解铃还需系铃人"，政府需要尽快转变职能，减少政府的缺位和错位现象，加强对公务员的管理和监督，加大对腐败行为的打击力度，规范政府行为，提高政府工作效率，增强透明度，依法行政，兑现政府承诺，以实实在在的政绩取信于民等等。只有这样才能真正改变政府形象，提高政府受信任度，才有利于解决诚信缺失问题。另一方面，我国市场的发育还很不成熟，市场机制还没有进入良性循环轨道，主要依靠市场自身难以解决诚信缺失问题。即使是发展成熟的市场经济国家，也会出现信用缺失问题。同时，行业组织在我国的认可度、地位、作用还非常有限，很难成为诚信缺失治理的主要力量。诚信缺失的治理是政府的重要职能之一，政府应该义不容辞地、主动地承担起治理诚信缺失的重担，成为我国诚信缺失治理的主导力量，将诚信重建视为建立社会主义市场经济的重大步骤，通过制度创新、管理创新，构建诚信重建的制度框架；出台一系列的、系统的政策，加强对诚信缺失的治理工作；运用和调动各方面的力量，在全国掀起打击失信行为、建立社会主义市场经济诚信秩序的浪潮。我国有效治理诚信缺失的事例很多，温州是其中之一。温州曾以假冒伪劣商品泛滥而知名于世。1987 年杭州武林门将 5000 双温州皮鞋付之一炬，一些大型订货会拒绝温州货进入。惨痛的教训使温州市政府下决心治理整顿，现在已经有根本性转变，形成了许多名牌商品，并进一步实施"信用温州"建设计划。[①]

2. 建立全国性的信用制度体系。信用管理体系是诚信秩序的制度保障，它包括个人与企业信用管理体系、资信评估体系和社会信用体系等内容。针对我国体制转轨的现实，应该有效发挥政府的作用，由政府牵头，成立专门机构负责信用体系建设的组织与协调，建立个人与企业的征信系统。借鉴西方发达国家信用管理的先进经验，尽快实行个人信用实码制，并逐步扩展个

① "温州凭啥'三级跳'"，《人民日报》2002 年 10 月 21 日。

人基本账户，有序实现社会保障的个人基本账户与税收账户、收入账户、银行账户等并轨，使个人所有信用资料集中于一个固定的编码上[①]。充分利用工商、财政、银行、质检、审计、司法部门的现有资料和已有的系统，出台强制性的数据收集政策，以较低的成本迅速建立技术先进、覆盖面广、可靠性强、权威性高、相对完善的企业和个人公共信息数据库。同时，政府要制定市场准入机制、失信约束和处罚机制、信用评估准则、评估方法和管理办法、数据信息的采集和使用办法等符合市场规律的信用体系“游戏规则”。在信用体系的具体运行方面，可以采取政府特许经营、政府经营和市场经营相结合的方式，充分调动民间力量参与信用体系建设的积极性，鼓励和扶持符合“游戏规则”的、专门从事信用管理的企业发展。将我国信息化建设与信用体系建设结合起来，通过电子政务和电子网络，建立覆盖全国的信息收集、查询网络系统，运用信息化手段加强信用的监督和管理。信用体系建设中的信用信息产品，可以进入市场获得收入。在经济与社会交往关系中，只要查一下有关信息数据库，某个企业或个人的诚信状况一目了然，使守信者道路畅通，失信者寸步难行。这将对诚信体系的建设起激励和鞭策作用。我国有些城市在信用建设方面迈出了步伐。如上海市为健全社会信用体系，初步建立了注册会计师和会计师事务所信用档案，并向社会披露其诚信状况。深圳市建立企业信用信息系统，使16个部门的企业信息实现了互联互通，51万个市场主体的200多万条信息一查便知。深圳市还着手建立个人征信系统，有近70个银行网点能够通过系统查询个人信用状况[②]。各地经验可以相互借鉴与推行。

3. 制订专门的信用管理法律。信用管理体系的建立与运行、诚信秩序的建立，都需要法律的支持。由于我国还没有专门的信用管理法律，从而使信用的管理难以纳入法制化轨道，难以全面展开。因此，我国急需出台一部关于信用管理的“基本法”，对信用管理的方方面面作出原则性的规定，指导有关具体法规和政策的制订和实施。针对我国当前资信评估和信用管理方面遇到的突出问题，在法律中要对以下内容特别予以重视。首先要乱世用重典，对失信行为的惩处作出严格的规定，加大对失信行为的惩处力度，甚至

① 课题组：“社会信用环境综合治理机制研究”，《中南财经政法大学学报》2002年第1期。

② “企业信用信息系统独具特色”，《深圳特区报》2002年11月17日。

追究失信者的刑事责任，使失信者无立足之地，藏身之所，真正起到应有的警示作用。其次，功能完备的数据信息库是信用体系的基础设施，因此，法律对个人和企业信息的采集、使用和共享也要作出规定，既要防止侵犯个人隐私权，侵犯商业秘密，又要防止隐瞒失信行为，为信用数据的采集和使用提供法律依据。再次，作为信用管理中介组织的信用评级机构是信用体系的一支重要力量，我国信用评级机构基本是按市场运作的，但鱼龙混杂，各种不正当竞争时有发生，急需规范，但我国只有《证券法》中对证券评级机构和从业人员作了一些原则性的规定，对市场准入、经营管理等方面并没有政策法规，因此，在法律上要对此有明确的规定。

4. 积极发展各种行业组织，加强行业自律。行业组织是联系政府与企业的中介，世界各国治理诚信缺失，建立社会信用体系的经验表明：行业组织在治理诚信缺失和建立信用体系方面具有举足轻重的地位，它发挥着政府和市场不可替代的作用。我国浙江温州地区在治理温州信用危机、诚信危机，建立"信用温州"的经验也表明，行业组织完全可以在治理我国诚信缺失方面发挥重要作用。然而，长期以来，我国行业组织由于缺乏政策的支持，始终没有达到应有的发展。大多数行业组织挂靠政府，充其量只发挥着行业论坛的功能。行业组织对行业内企业缺乏约束力和号召力，很难对企业失信行为起治理作用。这就需要政府出台相应政策，赋予行业组织治理企业失信行为的权力，培育行业组织独立行使职责的能力。当行业组织承担起治理本行业诚信缺失的职责时，要与工商、税务、技术监督等部门配合和协调，在本行业内部掀起"加强自律、鄙视失信，倡导诚信"的新风；要建立行业内部的惩治失信、鼓励诚信机制，将诚信建设纳入制度轨道；要以行业组织的名义对企业信用水平定期进行评估，公布评估结果，等等。在这里，特别要指出的是，对于市场中介组织，如会计师事务所、律师事务所、资产评估所等，尤其要加强行业自律，通过行业自律和政府的有关法律、法规，建立严格的行业规范和奖惩机制，保证不做假账、不出具虚假报告、不与企业合谋，保证中介组织出具文件的真实性、有效性和合法性。

5. 进行诚信道德教育，培养公民信用观念和意识。治理我国诚信缺失固然需要法律的支持，要以"法治"为主，但法律手段有自身的局限，如法律的制订往往需要较长的时间，法律的制订和执行需要很高的成本，有许多领域法律难以作出明确的规定，等等。道德教育是对心理动机的自律性约束，它是一种无形的力量，往往能够起到“法治”不能起的作用。即使在“法治”发挥作用的领域，道德教育也有利于推动法治的实现。道德教育与“法治”是相互补充、相互促进的关系。[①] 因此，在治理我国诚信缺失过程中，应该“以德治国”与“依法治国”相结合，在全国范围内进行诚信道德教育，将传统道德中的诚信思想继承、改造和发展，使之与市场经济的要求相结合，形成社会主义市场经济的道德规范，并在从基础教育到高等教育的全过程中贯彻落实。通过诚信道德教育，培养公民的信用观念和意识，使诚信道德深入民心。

6. 积极引导企业加强内部信用管理。企业是诚信的执行主体，企业的信用状况是社会诚信水平的标志。因此，治理我国诚信缺失的一个重要环节，就是要积极引导企业加强内部信用管理。要引导企业在生产流程、管理流程、营销流程中实行全过程的信用管理；要实施名牌战略，打造消费者信得过、有竞争力的品牌；要在企业中形成讲信用、重信誉的企业文化；尤其要在产品质量、售后服务、客户管理、营销管理、资金管理、税务管理、公共关系等环节严把信用关；要与银行、税务机构、工商管理部门、经销商、顾客、社会一道，形成有效运转的信用链；要在市场中树立良好的信用形象。

为了提高企业的信用度，可通过专业资信评估机构评出企业的信用等级，信用等级高的企业，可增加社会知名度和守信力，从而增加企业的无形资产价值，有效推动诚信企业的发展。如为了实现诚信纳税，形成“守法纳税光荣，偷逃税款可耻”的社会风气，深圳市进行了纳税信誉等级评定工作。有超过 12 万户的企业被地税局纳入了信誉等级评定系统，分别按照 A、B、C 三个类别进行动态管理，每两年评定一次，等级不同，待遇不同，信誉不同。[②]

上述对诚信短缺的治理措施，可概括为诚信的制度建设与道德文化建设。制度建设是根本性的。制度的激励与约束效应，从一个很有启发的事例中可以看出来。17—18 世纪的英国，许多犯人被遣送到澳大利亚服刑。私营船主接受政府委托承担遣送任务，政府按上船时犯人的人数给船主付费。船主为了牟取暴利，在遣送途中克扣犯人食物，虐待犯人，甚至将犯人活活

---

① 焦国成：“关于诚信的伦理学思考”，《中国人民大学学报》2002 年第 5 期。

② “诚信纳税成深圳人共识”，《深圳特区报》2002 年 11 月 17 日。

扔下海，死亡率很高，最高时达94%。政府为了解决这个问题，改变了制度规则，将付费方式改为按活着到达澳大利亚下船的犯人人数付费。结果，私营船主不仅不虐待犯人，而且，想尽办法让犯人到达澳大利亚，犯人死亡率下降，最低时达到1%。船主还是那些船主，为什么会发生这样大的变化呢？关键在于制度发生了变化。[①]

① 杨瑞龙："关于诚信的制度经济学思考"，《中国人民大学学报》2002年第5期。

# 建立社会主义市场经济体制的几个问题①

## 一、抓住建立社会主义市场经济体制的中心环节

党的十四大报告提出我国经济体制改革的目标是建立社会主义市场经济体制，并指出："转换国有企业特别是大中型企业的经营机制，把企业推向市场，增强它们的活力，提高它们的素质。这是建立社会主义市场经济体制的中心环节。"显然，建立社会主义市场经济体制，必然要求把企业推向市场。把企业推向市场，就是要让企业的生产经营活动由市场机制去直接调节，让企业在市场竞争中求生存、求发展。总的说，是要变政府对企业的直接调控体制为通过市场的间接调控体制，国家不再直接管理、干预和保护企业，企业的生产和经营方向、规模、结构，直接受市场供求、竞争、利率和价格等机制导向和调节。而政府的职能则是按照发展战略、产业政策及经济计划和规划的要求，主动运用经济手段并辅之以其他手段，调节和规范市场机制，完善和规范市场秩序和市场法规。

计划和市场，共同作为经济手段或资源配置方式，是现代商品经济发展的要求。计划多一点或市场多一点，不涉及经济制度问题。在目前深化改革、加快改革步伐的新形势下，需要进一步在更大范围和更深层次上充分发挥市场调节的积极作用。计划作为经济手段，已不再是传统的高度集中的计划体制，而是以指导性计划为主要形式。这种计划为市场导向，即以市场为调节对象；而市场则为企业导向，即以企业为调节对象，由于市场直接调节微观经济活动，首先是在基础层次上充分发挥其作用，因而也可以说市场是

① 本文原载《高校理论战线》1993 年第 1 期。

基础性调节手段，或者说，在经济运行中，市场调节是基础。

把企业推向市场，是建立以市场为枢纽的新的经济运行机制和新的经济体制的关键性环节，它是一个不断推进的过程，而不是通过一次行动就能完成的事情。把企业推向市场的目的，是要通过割断政府对企业的直接支配、干预和“父爱主义”，使企业摆脱对政府的依附与依赖，真正成为自主经营、自负盈亏、自我发展、自我约束的商品生产和经营单位，以搞活企业，解放和发展生产力。

把企业推向市场不是齐头并进的一次行动，因为要充分发挥市场对企业的调节作用，需要做好相互联系的四方面工作，也可以说应积极创建四方面的条件。

### （一）要积极转变政府职能

政企职责要真正分开，政府要由直接干预企业的经营活动，转向依法对企业进行协调和监督，为企业提供有关信息和其他必要的服务。政府要全面落实《全民所有制工业企业转换经营机制条例》（以下简称《条例》）所赋予企业的14项经营自主权。在旧体制下，这些经营权在政府手中，是政府的职能范围，现在要交权和还权给企业。因此，落实企业经营自主权，既是转变企业经营机制的过程，也是转变政府职能的过程。没有这种转变，把企业推向市场就是一句空话。

然而，落实《条例》赋予企业的经营自主权，不是一件容易的事情。即使国务院做了决定，发了文件，进行了宣传，落实经营自主权，依然会遇到种种障碍和困难。企业家们深深体会到这一点。有的主管部门迫于形势，以集团公司的面目出现，继续进行行政式的控制和干预。拒绝摊派权和其他自主权许多企业难以落实。根据中国人民大学工业经济系有关课题组对机电行业国有大中型企业的调查，认为仍然受限制的自主权依次为：拒绝摊派权（占被调查企业的）20%多，劳动用工权16%多，投资权13%多，进出口权13%多，人事管理权11%多。而落实经营自主权受限制的诸原因中，与政府相关的原因所占比重近60%。各级政府的规定仍然较多，对政府及主管部门的权限和责任没有明确规定。看来需要进一步深化管理体制的改革。转变政府职能，需要有政治体制改革相配合。

**（二）企业通过全面转换经营机制，成为接受市场调节的经济主体和微观基础**

把企业推向市场，不是政府的单方面责任和行为。企业能否真正和全面转向市场，进入市场竞争，进入市场海洋的远近和深浅，固然首先取决于政府职能的转换和“放权”行为，也在一定程度上取决于企业的市场行为。企业由传统体制转向市场体制，需要转变观念和经营方针，有一个对市场适应、驾驭和开拓的过程。在传统体制下，企业没有经营自主权，不负经营和盈亏责任，因而经营管理关系也比较简单。企业吃国家的大锅饭，也是吃省心饭。而现在，要把企业推向或逼向市场竞争中去拼搏，企业固然摆脱了“婆婆”的干预和约束，同时也失去了“婆婆”的保护。在新旧体制转换过程中，企业存在对政府和市场的双重依赖，因而它们一只眼盯着市场，一只眼又盯着政府，既想从市场行为中获得利益，又怕承担市场风险，想从国家政府得到保护和照顾。平时嫌“婆婆”干预多，而遇到困难又要找“婆婆”。不少企业独立承受作为商品经济单位的责任和风险的能力还较弱，需要一个增强其承受能力的过程。企业需要适应市场的变化而不断提高其应变能力，需要善于及时捕捉市场信息和把握对市场的预测而适时调整自己的经营活动，调整产品结构和组织结构。企业为了在市场竞争中站住脚、取得优胜，需要不断完善经营管理，提高产品质量，采用先进技术，提高劳动生产率和经济效益。这一切，都不是一次简单的行动可以奏效的。

把企业推向市场，首先是但又不仅是推向国内市场，同时也要促使更多的企业走向国际市场。而企业要打入国际市场并能长期占领和扩大市场阵地，更不是一件容易的事情，需要学会一套涉外的本领。这同样需要有一个过程。

即使国家把经营自主权完全放给了企业，即使企业的自主权都得到落实，也不等于企业就一定很好地进入了市场。如果企业缺少自我约束机制和自我发展机制，负盈而不负亏，倾向于多分配、多消费、少积累，搞短期行为，那么它就不可能有效地进入市场竞争。企业的软预算约束问题到现在还没有很好解决。滥发奖金和实物、乱提工资、相互攀比等在私有制企业中不会存在的现象，在国有企业中则较普遍地发生。在私有制企业中，自主经营、自负盈亏、自我约束、自我发展的机制是天然统一为一体的，而在社会主义国有企业中则缺乏这种统一，需要在国家指导和监督下建立起这种四“自”机制。正因为如此，企业转换经营机制的《条例》规定了有关企业自负盈亏、建立分配约束机制和监督机制、企业应负的各项责任等条文。如果企业只有经营自主权而不负其他责任，没有约束机制，那么就会在本位利益驱动下，不顾乃至损害全民的利益，国有资产和利润会流失和被侵蚀。这样国有企业依然不会有活力和竞争力，难以在市场中拼搏。

### （三）要不断完善市场机制和健全市场体系

残缺不全的市场机制和市场体系，扭曲的市场信号，不能发挥调整企业、调节供求的作用。市场机制越完善，市场体系越健全，市场范围越统一，市场调节的作用便越充分，从而把企业推向市场的效应也就越显著。为此，首先需要转换价格形成机制，放开价格。形式上是由企业定价，实际上是由市场形成价格。然而，放开价格的改革需要依据条件逐步推进。早在1984年中共中央通过的《关于经济体制改革的决定》中就指出：“价格体系的改革是整个经济体制改革成败的关键。”要求建立合理的价格体系。时间已过了8年，价格体系的改革虽获得重大成就，但还没有完成。1988年曾想搞价格改革“闯关”，并未闯过去，是一个经验教训。近年来，出现了进行价格改革的有利时机。转换价格形成机制，建立起合理的价格体系，是建立新经济体制的必要条件。其次，需要打破地区封锁和市场割据这种违反商品经济要求的格局，形成统一的国内市场。否则，会出现既无市场调节又无计划调节的真空和无序状态。例如，几年前，作为纺织业原料的棉花供应紧张，产棉区小土纺织厂林立，由地方利益驱动，封锁棉花运出，结果，有的大城市中担负出口创汇任务的大型现代化纺织厂因原料短缺而开工不足，陷于严重困难境地。这必然劣化资源配置，损害社会经济效益。这种扭曲的市场怎能成为企业的有效的调节者？再者，要发育各类市场，建立和完善市场体系，除消费品市场外，还要发育和完善生产资料市场、“劳务市场”、金融市场、技术市场、信息市场、房地产市场和企业产权转让市场等。比如，把企业推向市场，就应允许企业真正具有劳动用工权，允许它们卸掉相当多的富余人员的包袱，轻装进入市场竞争。在市场竞争中，要落实《破产法》，允许经营不善、亏损严重的企业破产。然而，在目前社会保障制度尚待建立和完善、“劳务市场”还缺乏和不健全、职工正常流动的经济机制未建立的情况下，还只能在有限的范围内辞退职工和实行企业破产。其他各类市场不发育和不健全，也会影响市场调节作用的发挥。再如，在资金、原材料、铁路运输短缺的情况下如果政府不予协调和帮助，只让企业找市场解决，企业就会呼喊："市场在哪里?"因此，为了把企业推向市场，需要政府加快发育和健全市场体系，建立和完善社会保障制度，促进把企业推向市场的条件的形成。最后，还要规范和健全市场秩序和市场规则。在假冒伪劣商品泛滥、靠吃回扣和行贿的诱导而"买贵不买贱，买次不买好"这种市场机制扭曲和市场失序混乱的情况下，缺乏平等的竞争环境，假李逵打败真李逵。行为合法的企业进入这样的市场，难以解决其原有的困难，市场也难以正常发挥其调节企业的作用。

### （四）建立和健全宏观调控体系

越是把企业推向市场，放开微观经济，越是充分地发挥市场调节作用，就越需要健全和加强宏观调控体系。宏观调控同计划调节是相联系的。现在讲计划调节，不再是过去那种高度集权的计划经济体制。那种体制经过改革已经和正在被打破。现在的调控体系和计划机制，需要进一步改革与完善。要真正实现决策的科学化、民主化，消除主观随意性和长官意志的干扰。宏观调控离不开计划调控。当代一些资本主义国家为弥补市场经济的弱点和缺陷，也实行经济计划。我们是社会主义国家，更要发挥计划的宏观调控作用。

我们既要认识到把企业推向市场的必要性和紧迫性，又要认识其复杂性和制约因素。因此，要把企业推向市场，就要积极创造条件，缩短把企业推向市场的过程。而不能是等待条件完全具备时再开始这个过程。我国各个地区和部门的环境与条件不同，把企业推向市场的过程可以有先有后。随着各项条件的逐步成熟，企业走向市场可以是由近及远、由浅入深的过程。

所以要强调把企业推向市场不是一次行动，而是一个不断推进的改革过程，既是为了表明我们应当为此而努力创造条件和加快改革的必要，也是为了提醒要防止一种可能的简单化的理解和倾向。似乎只要国家政府将企业两手一推，把自主权交给企业，企业就会自然地、轻易地进入市场。似乎只要一放权，就能"放"出一个市场来，就能"放"出一个新的经济体制来。把企业推向市场的过程，同社会主义市场经济体制的建立过程是一致的。党的十四大报告中指出："建立和完善社会主义市场经济体制，是一个长期发展的过程，是一项艰巨复杂的系统工程。"把企业推向市场应当先行，但也是一个艰巨而复杂的系统工程。

## 二、建立社会主义市场经济体制的着眼点和"中心环节"是什么？

晓亮同志在《清除"左"的干扰促进私营经济健康发展》一文（载《中国工商管理研究》1992年第2期）中提出，在建立和发展社会主义市场经济中，"私营经济将是一支非常活跃的力量"，"私营经济是发展社会主义市场经济的生力军"，"私营经济在建立和发展社会主义市场经济中可以发挥特殊的作用"，"私营经济在发展社会主义商品经济（市场经济）中，肯定能发挥不可忽视的作用"。在作者看来，不这样看问题，就"是一种形而上学的观点"，就是"左'的干扰"。当然，建立社会主义市场经济，要发挥私营经济的作用，私营经济天然是市场经济。但是，不讲国有企业市场经济取向的改革，单着眼于私有制的市场经济，是否科学？显然，作者认为，我国要建立和发展社会主义市场经济体制，需要依靠私营经济的发展。但是，作者并没有提供什么理论上的分析和论证，他提出的全部理由是这样一段话："我有一个看法，私营经济是最适合商品经济发展的需要，在历史上，私营经济是随着商品经济的发展而发展起来的。这种经济成分从来就是面向市场的；它们的一切经济活动，从来是围着市场这个底盘转的；它的运行机制、经营方式灵活多样，没有什么条条框框的限制；它十分重视效率和效益。"不错，私营企业一开始就是在市场中求生存、求发展。因此，对私营经济（不管是中国的或外国的）来说，不存在由传统计划经济体制转向市场经济的问题。如果按照作者所提供的这个理由来把握我国所要建立的社会主义市场经济体制，那么，国有企业不如私营经济更适应商品经济与市场经济的发展，从而社会主义市场经济的主体应首先是私营经济，而不是国有企业。社会主义市场经济的建立，应重在发展私营企业。

如果说，我国要建立和发展市场经济体系，应包括发展各种经济成分相互联系相互促进的市场经济要素，那是没有问题的。但是，现在所讨论的问题是，中央提出我国经济体制改革的目标模式是建立社会主义市场经济体制。建立社会主义市场经济体制的着眼点究竟是什么？是如晓亮同志那样放在发展私营经济方面呢？还是应放在改革公有制经济特别是国有经济尤其是国有大中型企业的经济体制方面呢？

党的十四大提出建立社会主义市场经济体制，第一，是从经济体制改革的角度着眼的；第二，特别在市场经济前面加上社会主义的定语，不是没有用意的。就第一点来说，我们进行经济体制改革、确定改革的目标，是针对公有制经济特别是国有企业的传统体制的。讲传统经济体制的弊端，也主要是讲国有企业即全民所有制企业的传统计划经济体制的弊端。中共中央《关于经济体制改革的决定》中明确指出："增强企业的活力，特别是增强全民所有制的大中型企业的活力，是以城市为重点的整个经济体制改革的中心环节。"私营经济、个体经济及外资企业这些年来在我国的新发展，也是改革开放政策的结果，但它们毕竟不是我国进行经济体制改革的对象，传统的指令性计划经济体制并没有将它们包括在内。它们一开始就进入市场经济之中，直接受市场的调节。国家不需要去改革私营经济、个体经济及外资企业的经济体制，也没有、将来也不会向它们提出改革经济体制的要求和任务。同样，十四大提出建立社会主义市场经济体制，也是作为公有制经济特别是国有大中型企业的新的经济体制的目标模式。如前所述，十四大报告中明确指出："转换国有企业特别是大中型企业的经济机制，把企业推向市场，增强它们的活力，提高它们的素质。这是建立社会主义市场经济体制的中心环节，是巩固社会主义制度和发挥社会主义优越性的关键所在。"（重点号为引者所加）从以上说明可以清楚地看出：我国进行经济体制改革、建立社会主义市场经济体制的着眼点，不是落在私营经济等私有制经济成分上，而是落在公有制经济，特别是国有企业，尤其是国有大中型企业上。就第二点来说，我国要建立的市场经济体制，是社会主义市场经济体制，即社会主义条件下的或与社会主义基本制度相结合的市场经济体制。所谓社会主义条件，首先是社会主义经济条件或公有制经济条件。也可以说，我国要建立的社会主义市场经济体制，是以公有制为基础或为主体的市场经济体制。而晓亮同志却离开这一基本点把着眼点转向私营经济。片面强调私营经济是建立和"发展社会主义市场经济的生力军"，"可以发挥独特作用"，等等，把发展私营经济同建立和发展社会主义市场经济在一定程度上等同起来。我认为，进一步发展私营经济等非公有制经济成分是必要的，有益的。不能用简单限制非公有制经济发展的办法来保持公有制的主体地位，应当通过公有制自身的完善与发展来保持其主体地位。为此，就需要改革公有制的经济体制。提出建立社会主义市场经济体制，正是服从于这一目的的。如果不首先去改革公有制的经济体制，不去转换国有企业特别是大中型企业的经济机制，不把国有企业推向市场，总之，如果不在全民所有制内部建立市场经济体制，那么，即使放手发展私营经济再多，也不等于建立了社会主义市场经济体制。如果私营经济发展到社会主体地位，公有制经济降为补充的角色，也就谈不上建立社会主义市场经济问题了。有些学者正是宣传：市场经济的微观基础是私有制经济，国有企业不能与市场经济接轨，为私有化提供理论支持。

十四大报告论述了建立社会主义市场经济体制要认真抓好的几个相互联系的重要环节：一是转换国有企业特别是大中型企业的经营机制，把企业推向市场；二是加快市场体系的培育；三是深化分配制度和社会保障制度的改革；四是加快政府职能的转变。这里并没有专门提及发展私营经济对建立社会主义市场经济体制的作用。虽然培育市场不能排斥私营经济的市场运行，但着眼点依然是为改革国有企业培育市场体系。

# 论企业活力与企业行为约束[①]

企业是国民经济的细胞。企业有了活力，国民经济的有机体才会有盎然的生机。我们所讲的增强企业活力，就是增强企业自我改造和自我发展的能力，即增强企业作为商品生产者和经营者的活力，这种活力必须纳入社会主义经济的运行轨道。企业作为商品生产者和经营者所具有的活力，应该是与社会主义生产目的及社会主义国民经济的整体运行协调一致的，是和社会主义的社会利益及社会经济效益相统一的。那种脱离社会主义全局利益和整体效益、通过损害国家和消费者利益而增值起来的“活力”，绝不是我们这里所要增强的企业活力。因此，增强企业活力包括不可分割的两方面内容：一是通过各种途径调动企业的内在积极性和主动性，为企业活动提供良好的运行环境，使企业具有不断增强自身活力的能力和条件；二是通过建立和完善各种约束机制，纠正企业在增强自己活力过程中可能出现的偏差，使企业作为商品生产者和经营者所具有的活力服从于国民经济的整体发展要求，保证国民经济的良性循环。

如何才能使企业增强活力呢？我们认为应该做到如下几点：

## 一、必须使企业有自己相对独立的目标，并允许企业为实现自己的目标而努力

企业活力是在企业追求自己相对独立的目标中发展起来的。企业只有有了自己相对独立的目标，才会千方百计地去追求和增强自己的自我改造和自

① 本文原载《学术月刊》1986年第4期，获孙冶方经济科学奖第2届论文奖。与洪银兴、魏杰合写。

我发展的能力。如果企业只是被动地完成国家规定的目标，那就往往会隐瞒和低报自己的实际生产经营能力，并强调生产经营中的种种困难，向国家要求过度的各种投入。因此，如果不承认企业相对独立的目标，不允许企业努力追求自己的目标，那么增强企业活力就是一句空话。

企业的相对独立的目标由三方面构成：第一，企业利润最大化。在社会主义商品经济条件下，企业具有社会主义企业和商品生产者的双重身份。作为前者，它必须以满足全体劳动者的需要为己任；作为后者，它要谋求自身的商品生产者利益。这样的双重目的可以用利润最大化目标来概括。利润最大化目标体现了社会主义生产目的和商品生产目的的统一。首先，从利润的形成来看，利润总是要由一定的使用价值来承担，只要企业是通过改进技术、降低成本、提高经营管理水平、使产品适销对路等途径谋取最大限度利润，那么利润的增大就为满足社会需要提供了物质基础，意味着社会需要满足程度的提高；其次，从利润的分配来看，国家作为全民的代表参与利润分配，企业利润中的相当部分要形成社会纯收入，企业利润增大意味着企业向社会提供了更多的剩余劳动。因此，利润最大化应该是企业目标的重要组成部分。第二，企业职工收入不断提高。企业活力主要取决于企业全体职工的生产积极性和主动性，而不断地提高企业职工收入，则是调动企业职工生产积极性的重要方式。因为企业范围的联合劳动是结合在企业内部的劳动者的共同谋生手段，劳动者的个人利益要在企业行为中得到满足。不断地提高企业职工收入能促进职工从自身利益上关心企业经营成果，从而迸发出增进企业利益的内在动力。因此，不断地提高企业职工的收入，是企业目标的不可缺少的组成部分。当然，这里所讲的不断提高企业职工收入，并不是指无条件地盲目地增加，而是指在企业经济效益提高的前提下，按照劳动生产率的增长状况适度地提高企业职工的收入。因此，关键是通过工资、奖金、利润分红等形式，将职工收入同企业的经营成果联系起来，使每个劳动者在各自的岗位上以主人姿态进行工作，人人关心企业的经营，人人重视企业的效益，从而增强企业的活力。第三，争取社会赞誉。这是一个非经济性目标，但对企业活力的增强有很大的作用，所以它也应作为企业目标的一个重要方面。一般来说，企业为了谋求社会赞扬并获得先进称号，必然要努力改进经营管理，节约劳动消耗，创优质产品，提供优质服务，关心消费者利益，并不断更新自己的技术和工艺。所有这些，都会使企业的自我改造和自我发展能力不断得到加强。

当然，上述企业目标的三个方面，有时也会和社会公共目标发生矛盾，它们自己之间也有矛盾。但这可以通过一系列方式加以协调，并不妨碍把它们作为企业目标。这里有两个问题要分清：第一，利润最大化等应该作为企业的相对独立目标，它们是增强企业活力的重要力量；第二，以利润最大化等为内容的企业相对独立目标，往往也会和社会公共目标发生矛盾，需要加以调节。在这里，绝不能因为后者而否定前者，也不能因为前者而忽视后者，而是要把两者结合起来，既承认前者，同时又强调后者。只有这样，才能正确理解企业目标问题。

## 二、将日常的经营决策权交给企业，使企业具有增强自己活力的能力

企业没有日常的经营决策权，就不可能增强自己的自我改造和自我发展能力，谈不到增强自己的活力。因此，必须将日常的经营决策权交给企业。现在的问题是，究竟应该将哪些经营决策权交给企业。对于把生产方向和生产规模决策权、经营方式决策权交给企业，理论界的意见基本上是一致的。关键的问题是应该不应该把一部分投资决策权交给企业。我们认为，企业如果没有一定的投资决策权，那么，不仅前面的那几种决策权无法实现，而且也不可能实现重大技术进步，更无法适应市场变化和主动开拓市场，从而就谈不到增强自己的自我改造和自我发展能力。因此，应该将一部分投资决策权交给企业。当然，企业有了投资决策权也会产生某种盲目性，但这可以通过一系列措施加以纠正，不能因此而把应交给企业的那部分投资权抓住不放。应该指出的是，我们不能把近几年出现的投资盲目性归罪于企业有了部分投资权。近几年出现的投资盲目性主要是由价格扭曲、没有由企业承担投资风险的机制、国家未能很好利用一些经济杠杆引导企业投资等多种原因造成的。只要我们将一定的投资权交给企业，并同时加强监督和引导，那就必然会极大地增强企业活力，社会经济发展也就从企业活力中获得裨益。

为了使企业真正具有上述的经营决策权，在实际经济活动中增强自己的活力，那就必须让企业掌握相应的财力。也就是说，企业活力的增强，需要有财力保证。有经营自主权，但无财力保证，回旋余地小，经营自主权就会

落空。企业活力的财力保证，首先是保证企业有自我改造和自我发展的资金。这不但要求企业资金（包括企业自行积累的资金）不能平调，而且还要求允许企业自主地灵活地筹措社会资金，包括向银行贷款，在政策许可范围内引进外资，以及向集体和职工集股等，有效地利用各种经济成分的资金，加速企业的发展。其次，要保证企业有贯彻社会主义物质利益原则的必要财源。企业无论是按照按劳分配原则鼓励和奖励职工，还是发展集体福利事业以调动职工积极性，都要求企业要有一定的财力。为使企业具有增强活力所应有的财力，必须做好两方面的工作：一是国家对企业的税负不宜过重，“欲将取之，必先予之”。根据其他社会主义国家的经验和我国的实践，企业税后留利必须保持在 20% 以上。二是减轻企业的不合理经济负担，杜绝四面八方向企业伸手的不合理摊派。有人担心，企业钱多了会不用于正道，导致宏观失控。其实，这些问题的产生不在于企业可支配的收入的多少，而在于企业对自己的经营状况是否真正承担责任和风险，国家对企业的宏观调节手段是否完善。这两个问题真正解决了，企业的钱多了也就会有利于增强自身的活力。

## 三、建立增强企业活力的激励机制，激发企业自我改造和自我发展的内在动力

增强企业活力的最终目的是充分挖掘潜藏于企业的经济潜力，充分调动其主动性、积极性和创造性。为此，需要在将企业活动放开的同时形成一定的激励机制。这种激励机制包含于社会主义物质利益关系之中，其关键是要承认企业利益。大家知道，社会主义劳动对劳动者来说还主要是谋生的手段，是实现他们的物质利益的手段。现实中每个劳动者如果以生产者的身份出现，那他首先就要和企业直接发生关系，而且通过企业和社会发生经济关系。也就是说，劳动者要从事劳动，就必须首先联合在企业范围内，同企业占有的生产资料相结合。这样，劳动者的劳动就成为企业范围内的总体劳动，企业总体劳动成为联合在企业范围内的劳动者的共同谋生手段。于是，劳动者的收入就不仅取决于本人提供的劳动，而且还取决于企业总体劳动的成果，特别是取决于企业的经营管理状况。由此可见，企业不仅是单纯的生产主体，而且是具有特定利益的利益主体。

承认企业利益相对独立性的现实表现，是企业实行自负盈亏。它同自主经营是一对孪生子。如不实行企业的自负盈亏，企业的自主经营就会落空。自负盈亏意味着企业对自己的经营状况承担全部经济责任和风险。企业之间经营状况不同，彼此实现的企业利益就有差别，这表现为税后留利的差别。其后果是不同企业有生产条件的差别、集体福利事业的差别、劳动者报酬的差别。这样一来，企业内部就会萌发出关心企业经营成果的内在动力和压力。

企业相对独立的经济利益被承认后，接下来的问题是企业的利益在什么样的关系和联系中实现。这对企业来说便是期待联系。期待谁？大致有两个：一个是国家，一个是市场。在过去的体制中，收入往上缴，支出向上要，盈利得不到好处，亏损国家补贴。这是企业共国家产、吃国家“大锅饭”的期待联系。这种期待联系决定了企业缺乏改进技术、改善经营管理、关心社会需要的动力和压力。随着企业活动放开和实行利改税的新体制，企业开始实行自负盈亏，国家的宏观控制也由过去的以直接控制为主转为以间接控制为主。在这种情况下，企业的期待联系应主要是市场。但是，现在企业对国家的不必要的期待联系尚未完全解除。企业能留多少利，能以什么样的比例增加职工收入和奖励职工，能以什么样的比例发展生产，这些都仍然同国家政策规定挂钩。在这样的期待联系中，企业的注意力往往是在国家有关指标中寻找对策。加之各种经济杠杆不配套，监督系统不完善，所以经常出现人们所说的“上有政策，下有对策”的情况。因此，必须切断国家与企业之间的“父子”关系，将企业的期待联系由国家转向市场，将激励机制建立在企业对市场的期待联系中，这是与企业商品生产者地位相适应的激励机制。一旦企业的期待联系转向市场，企业的经济利益同其市场实现成果紧密联系起来，企业的全部活动就被推入市场。市场的等价交换关系客观地承认不同企业之间因劳动成果不同而产生的经济利益差别，默认不同企业间不同等的经营管理水平和技术水平以及不同等的企业积累水平是“天然特权”。只要国家以适当的形式消除了影响企业间利润差别的客观因素（如国家资金分配不均，价格不合理，自然条件有差别等），那么，市场形成的竞争关系这种外在经济压力就会变成企业的内在动力，企业的主动性、积极性和创造性就会充分发挥出来。

## 四、完善市场机制，为增强企业活力创造良好的外部环境和条件

要增强企业活力，就必须完善企业活动的外部环境和条件，其中主要是完善对增强企业活力有决定意义的市场的环境和条件。具体来说就是：

第一，为企业创造良好的运行环境和条件。企业的运行环境和条件是：劳动力能够合理流动、适时更替；资金能够灵活融通、迅速周转；生产资料能够及时输入和输出；产品能够自由流通；生产条件能够及时更新；技术能够迅速交流和推广；信息能够及时而迅速传递等等。为了保证企业能够良好运行，增强自己的活力，就要满足企业运行所要求的这些环境和条件。在社会主义商品经济条件下，这些环境和条件是靠完善市场体系来实现和满足的。具体来说，就是要建立和发展生产资料市场、职业“市场”、资金市场和技术与信息商品市场。发展生产资料市场的关键是做好三个方面的工作：搞好生产资料价格体系的改革，实行放、调结合的方针，逐步把生产资料价格理顺；改革现有的物资供应体制，彻底改变企业吃国家“大锅饭”的状况；建立健全生产资料市场的基础设施和有关法令。建立职业“市场”，首先要解决认识问题，不能因为实行社会主义的职业“市场”，就认为劳动力成了商品。职业“市场”只是就业的形式，不具备劳动力转化为商品的实质。其次是确定职业“市场”的形式和原则，保证职业“市场”的正常运行。最后是正确对待和解决在实行职业“市场”过程中出现的实际问题，以体现社会主义制度的优越性。建立资金市场，一是加快银行体制的改革；二是开展多渠道、多层次、多形式的资金运动；三是创建股票、债券、票据等多种金融工具；四是逐步发展多种金融机构。发展技术与信息商品市场，必须制定保证技术与信息商品市场正常运行的有关法令，掌握好技术与信息商品的市场价格，建立健全技术与信息商品市场所需要的独特基础设施。

第二，为企业创造良好的竞争环境和条件。这是增强企业活力的关键一环。为此，必须做到：（1）消除条块分割和封锁，打破“部门所有制”和“地区所有制”所形成的各种阻碍竞争的壁垒；（2）把过去市场中大量存在的那些特殊待遇、种种照顾、“关系”，以及各种保护落后的做法，统统从经济活动中排除掉，以使竞争公平、合理；（3）破除各种各样的垄断，同

一产品和劳务不仅要有足够数量的企业进行生产和经营，而且还要有不同所有制的企业参加生产和经营；（4）市场的各种经济参数（包括价格、利率、汇率等）的形成要有利于竞争的展开，硬性地人为地盲目规定经济参数（如硬性规定畸高或畸低的价格），都是不利于竞争的；（5）取消某些不必要的限制企业进入或退出市场的规定，使企业能够在政策允许范围内，既容易进入市场，又能在需要转产时退出市场；（6）形成买方市场，没有买方市场是不可能开展有效竞争的，因此要力求尽快改变因经常性短缺所形成的卖方对买方具有垄断地位而不利于竞争的状况。

第三，为企业创造良好的反馈环境和条件。企业只有在市场能为自己提供正确的信号并对自己产生足够的强刺激下，才能不断增强自己的活力。这就要求有良好的反馈环境和条件。为此，必须使价格、利率、供求等市场机制很好地发挥作用。价格作为利益范畴和供求关系的指示器，是市场机制的动力要素。发挥价格作用的关键是放活价格，让其能依据劳动生产率和供求关系的变化，围绕着价值上下波动。这就要求我们必须改变现行的价格体系。在还不完全具备改革整个价格体系的条件下，应该实行固定价格和浮动价格相结合的价格体系，并扩大浮动价格的范围，一直到最后把价格完全放开。利率是重要的市场机制要素，它对于企业的生产方向和规模、投资的方向和规模，有着重要的制约作用。因此，要使企业增强活力，就必须完善利率这个市场机制要素，既使利率能反映资金的稀缺程度，又使它的变化能调节企业对资金的需求和运用。发挥供求这个市场机制要素的作用的关键，是争取供求大体平衡，并使供给略大于需求，以防止出现供不应求的紧张局面。这就要求对需求有适当的抑制，如“楼堂馆所”的过多建设等。社会分配过程是需求形成的最终根源，因此，对需求的控制应以对社会分配过程的宏观控制为主。

我们在分析了如何增强企业活力之后，还需要进一步说明如何使企业活力符合国民经济发展的总体要求。

使企业活力符合国民经济发展的总体要求的关键，是要建立企业行为约束机制。企业行为约束机制主要包括两个方面：一方面是企业的可支配收入和资金所形成的预算约束，这是企业内部的约束条件；另一方面是在企业活动放开后，国家通过各种途径造就约束条件，以形成企业行为的自动控制机制。具体来说，企业行为约束机制主要有：

1. 市场约束。市场约束就是市场实现条件的约束。这是企业在 W—G 的致命跳跃中的风险。大家知道，企业进入市场后会遇到三个方面的竞争：一是同消费者竞争，其产品要受到消费者的检验和选择；二是同生产同种产品的生产者竞争，主要是争夺销售市场；三是同生产不同产品的生产者竞争，在替代关系方面争夺市场。这些竞争集中表现为市场价格和利率的变动。由于价格和利率直接影响销售收入，从而影响企业利润，所以企业的自主经营便不能随心所欲，而是必须自动地服从市场价格信号和利率信号的调节，按照价格比例和差别、利率变动，决定自己的投资方向和生产方向，按照价格总水平和利率总水平变动决定自己的投资规模和生产规模。在企业行为受市场约束之后，国家调节就把主要力量集中在调节市场上，通过和借用市场约束力来实现自己的设计意图。也就是说，计划通过调节市场而约束企业行为，使企业活动符合国民经济的总体发展要求。因此，社会主义的市场约束，实际上就是政府控制下的市场约束。

2. 预算约束。预算约束就是以预期收入控制支出。微观经济学在分析企业及家庭经济活动时，提出了预算线的概念，即：家庭或企业在选择甲乙两种商品时，可以根据自己收入多寡和甲乙两种商品的相对价格高低划出一条预算线，在预算线内的是可以实现的购买，在预算线外的是不能实现的购买。对家庭或企业来说，这种供给（收入）对需求（支出）的约束，不是事后结算，而是事前的行为约束。在企业活动放开后，国家对企业只要有较硬的预算约束，企业的扩张冲动和过度增加职工收入的消费欲望，就会受到有效的约束。哪些商品该买而哪些商品不该买，扩大投资规模还是缩小投资规模，哪些钱该发而哪些钱不该发，均取决于企业自己能够支配的收入的大小，价格和利率的信号，以及自己对借款的偿还能力等。由此便形成企业自我约束和自我控制的机制。这里需要指出的是，较硬的预算约束不是指企业可支配的收入越少越好，而是指以较硬的税收、财政、银行信贷制度，保证企业严格按照自己的资金和收入安排支出，有多少钱办多少事。我们过去的体制实际上是软预算约束，名目繁多的财政补贴，动辄减免税收，利用税前利润归还贷款，低利息率等等。企业支出即使超过预算收入，也无关紧要，有国家财政和银行这两家“保险公司”兜着。由于企业扩张冲动欲望没有约束，所以，固定资产投资规模失控便在所难免。企业活动放开后，倘若这种软预算约束不硬化，不仅固定资产投资失控的旧病会复发，而且还会产生由消费欲望无法遏制所引起的消费基金失控的新病。在这种状况下，当然谈不到增强企业活力。因此，由软预算变为硬预算是增强企业活力的重要保证。

## 三、法律约束

法律约束是保证社会主义经济正常运行的条件。企业活动越是放开，越要强化法律约束。法律约束大致包括下述几个方面：一是通过经济法规惩办企业弄虚作假损害消费者利益的经济行为，保证企业的社会主义经营方向；二是通过经济法规保证市场经济机制所无法解决的公共利益问题，如通过环境保护法防止环境污染等；三是通过经济法规保证社会主义各经济单位之间的正常联系，如通过经济合同法维护各企业的正常联系等；四是通过经济法规如成本法、会计法、统计法、银行法等，使企业不能随意突破预算约束。

总之，在将企业活动放开，增强企业活力的同时，必须在企业激励机制和行为约束机制方面实行配套改革，以使其相互间能够协调运行。这样，不但企业活力有了保证，而且宏观控制也有了基础，最终可消除困扰我们几十年的“一放就乱，一管就死”的恶性循环，从而使微观经济和宏观经济协调发展，使整个国民经济机体充满活力。

# 经济体制的改革和公有企业间的竞争问题[①]

## 一

经济竞争，即经济当事人或经济单位间的竞争，是商品经济所特有的社会现象，因而是一种历史范畴。不应当离开商品经济简单地说竞争是私有制的产物。竞争和私有制并不是必然相联系的。如果不是商品经济，即使是私有制经济，也不存在经济竞争。例如，在不发生商品关系的封建主和农奴之间，或是在他们各自内部，并不存在经济竞争。

经济竞争之所以与商品经济相联系，这是因为商品经济的内在规律，诸如供求规律、价值规律、劳动生产力同商品价值成反比例的规律，等等，都是通过竞争实现其作用的。这种竞争包括商品生产者之间的竞争；商品购买者之间的竞争；商品生产者同商品购买者之间的竞争。价值由社会必要劳动时间决定，不过是三方面的竞争力量共同作用而达到的一种平衡点。马克思说："不同的个别价值，必须平均化为一个社会价值，即上述市场价值，为此就需要在同种商品的生产者之间有一种竞争，并且需要有一个可供他们共同出售自己商品的市场。"[②]

由社会必要劳动时间决定的社会价值，取决于何种生产条件呢？是平均生产条件呢？还是劣等或优等生产条件？这也要由竞争来决定。我们一般讲社会价值取决于平均生产条件下所耗费的劳动时间，那是以这样的假定为前提的：现有的各种生产条件下所生产的商品都为社会所需要，而且供求关系

---

① 本文原载《经济科学》1980 年第 1 期。在国内较早论述了公有企业的竞争理论。

② 《资本论》，《马克思恩格斯全集》第 25 卷，人民出版社 1975 年版，第 201、202 页。

是一致的。在这样的前提下，竞争便形成了由平均生产条件所决定的社会价值。至于价值规律的实现，正如恩格斯所说："只有通过竞争的波动从而通过商品价格的波动，商品生产的价值规律才能得到贯彻，社会必要劳动时间决定商品价值这一点才能成为现实。"①

在不同的社会关系中，竞争可以有不同的具体性质，产生不同的社会后果。在小商品经济中，竞争的范围和程度是比较小的，它固然会促使生产者分化，但在很长的历史时期中，竞争并没有导致资本主义产生，更没有带来经济危机。在资本主义社会，商品经济发展到很高阶段，与商品经济相联系的竞争也表现得更为激烈。它一方面推动资本家不断改进经营管理，采用先进技术设备，不断提高劳动生产力，同时也促进了资本主义矛盾的不断加深。

## 二

马克思和恩格斯都生活在资本主义时代，他们所看到和熟悉的经济竞争，就是资本主义竞争。因此，他们在阐述问题时，经常将竞争同资本主义商品经济连在一起，把商品经济同私有制联系在一起，认为消灭了私有制，就消灭了商品经济以及与之相联系的竞争。他们关于社会主义社会将消灭竞争的话，实际上指的是将消灭私有制商品经济特别是资本主义经济中的那种竞争。

马克思和恩格斯还讲过一种同小商品经济和资本主义经济无关的竞争。例如，人们在共同劳动或其他活动中形成的竞争。马克思分析协作劳动比单独劳动可提高生产力时，曾指出："在大多数生产劳动中，单是社会接触就会引起竞争心和特有的精力振奋，从而提高每个人的个人工作效率。"② 在共同劳动中，劳动者暗自或公开地争高低。这种竞争不管在私有制下或公有制下都存在。它对于任何社会都没有什么害处，而是有着积极的意义。当然把这种竞争称作竞赛也可以。我们引证这段话不过是用以表明，不能一讲竞争就认为这是资本主义的东西。

---

① 《马克思和洛贝尔图斯》，《马克思恩格斯全集》第 21 卷，人民出版社 1965 年版，第 215 页。

② 《资本论》，《马克思恩格斯全集》第 23 卷，人民出版社 1972 年版，第 362—363 页。

恩格斯还讲过与竞争的资本主义方式相区别的“竞争的实质”。在资本主义制度被消灭以后，竞争的资本主义方式随之消灭，但竞争的实质不会消灭。“竞争的实质就是消费力对生产力的关系。在一个和人类本性相称的社会制度下，除此之外，就不会有另外的竞争。”[①] 这里所说的和人类本性相称的社会制度，就是消灭资本主义以后建立起来的新的社会主义制度。可见，恩格斯并没有认为社会主义社会排除任何竞争。他还说，这种竞争就是傅立叶曾做过一些说明的竞赛。他没有把“竞争”和“竞赛”这两个概念截然对立起来。

列宁也没有把“竞争”和“竞赛”从概念上对立起来。他说，在资本主义制度下，“竞争是资本主义社会所固有的一种特殊形式的竞赛”。这是“兽与兽之间的竞赛。”[②] 与这种竞赛相对立的是社会主义社会“人与人之间的”竞赛。

由此可见，不是竞争同竞赛相对立，而是不同性质、不同方式的竞争相对立，或者说是不同性质、不同方式的竞赛相对立。

在社会主义制度下，是否存在与商品经济相联系的竞争？这个问题在马、恩、列的著作中没有也不可能找到答案。马、恩、列当时所设想的社会主义社会，是没有商品货币关系的社会，因而也不存在与商品经济相联系的竞争。斯大林虽然领导了苏联的社会主义建设实践，而且在后来根据实践肯定了社会主义制度下商品生产和价值规律的存在，但他没有同时肯定与商品经济相联系的竞争的存在。

过去我国理论界虽然肯定了社会主义制度下商品生产存在的必要性，肯定了价值规律的作用，但又否定经济竞争的存在。这不仅是因为受了传统观念的影响，也与我们多年来没有把商品经济真正作为商品经济来对待，没有按商品经济规律的要求办事有关。我们习惯于20世纪50年代从苏联搬来的一套经济管理体制，把这看作是真正社会主义的东西，不得越雷池一步，否则就会被认为是搞修正主义。

目前，大家认识到，我们过去所实行的那套经济管理体制，必须进行改革。在社会主义社会的现阶段，既然还有必要保持商品生产，社会主义的计

---

① 《政治经济学批判大纲》，《马克思恩格斯全集》第1卷，人民出版社2011年版，第615页。

② 《“苏维埃政权的当前任务”一文的初稿》，《列宁全集》第27卷，人民出版社1984年版，第189页。

划经济就需要利用市场，需要重视和利用供求规律和价值规律；尤其在目前进行的经济管理体制的改革中，认识到需要将计划调节同价值规律的调节结合起来，需要扩大企业的自主权，充分发挥企业的主动性和积极性。于是合乎逻辑地就提出了企业间的竞争问题。也可以说，这是我国目前势在必行的经济管理体制改革的客观要求。

有的同志说，提社会主义竞赛就行了，为什么还要另提“搞点竞争”呢？当然，社会主义竞赛应当继续开展。但是我们过去习惯了的那种竞赛，不能完全包括目前所提的竞争的内容。第一，过去的竞赛，并不与商品经济相联系，比如，过去开展的“劳动竞赛”，是企业内部劳动者之间的竞赛，与利用供求规律和价值规律的作用无关。过去某些企业之间也搞过竞赛，那也不是商品经济所要求的。这类竞赛不是普遍的、持久的。它同与商品经济相联系的、经常性的竞争，是不相同的。第二，过去的竞赛，虽然有时也评比，优胜者还给予奖励。但那对企业说不是命运攸关的事。而竞争则是由经济过程自身区分优劣胜败，它把经济利益（不是上级给予的奖励）、经济责任同企业的经营状况直接结合起来，是一种加压力于企业的经济强制力量，因而对企业说，竞争的胜败，是命运攸关的事情。第三，过去的竞赛，不是经济规律作用的外在表现。也不是管理经济的一般经济手段。它是通过政治号召激发劳动者的热情而“开展”起来的，而且常常是作为有时间性的群众运动“掀”起来的。运动来了一阵子，运动过后一切照旧。而竞争则不同。它是商品经济规律作用的必然表现。在供求规律和价值规律展开其作用的条件下，它会自然地推动一切商品关系的当事人参加到竞争活动中来。它会成为一种用经济办法管理经济的经常起作用的强制力量，成为促进企业发展的推动力。把这样的竞争称作竞赛或竞赛的一定形式也可以。但为了表明它与过去所开展的竞赛相比具有新的内容，称之为竞争在概念上会更明确些。

## 三

在社会主义的商品经济中，存在一定的竞争，是有其积极意义的。

第一，在社会主义的商品经济中，由国家有关机关规定下来的相对固定的计划价格，在计划管理中，虽然有其积极作用，但它是否符合价值，是直接显示不出来的。有些商品的价格由于规定得不合理，或是不能正常反映不同生产部门经常变化的劳动耗费状况，违反价值规律的要求，因而不利于社会主义经济的顺利发展。这种状况在过去的那种经济管理体制下，是不可避免的。随着管理体制的改革，在某些部门中，在一定程度上，改变这种状况成为必要和可能。既然要把计划调节和价值规律的调节结合起来，价值规律的调节就不能不通过供求关系和价格的运动来实现。这也就意味着要通过一定的经济竞争来实现。离开了这一点，所谓价值规律对生产的调节作用就是空的。

第二，社会主义企业间有一定的竞争，有利于促进科学技术在生产中的应用和发展，有利于生产力的不断提高，从而也有利于产品质量的不断改进和花色品种的不断增加。

在社会主义条件下，由于国家兴建企业时投资状况的不同而产生的企业间的技术水平的差别，不应当成为不同企业及其职工间物质利益差别的依据。但在既定条件相同的情况下，不同企业由于各自努力而利用科学技术的状况不同所形成的先进和落后的差别，应当与各企业和职工间的物质利益的差别联系起来。竞争能力的大小与采用科学技术的状况和生产力的高低相一致，竞争会很快地把这方面的差别实现为经济利益上的差别。因而会提高各企业尽量采用先进科学技术和大力发展生产力的积极性。

第三，企业间有一定的竞争，有利于改进经营管理，克服官工、官商作风，不断提高工作效率和服务水平，降低成本，提高经济效益。

在原有的管理体制下，不管企业经营好坏，产品都由商业部门统购包销，财政上统收统支，亏了国家补给，赚了上缴国家。加之，由于产销不直接见面，用户对产品特别是对生产资料没有选择的余地，只能分配什么要什么。也就使购买者对生产者不能展开竞争。从而生产者之间也就不必进行竞争。这样，经营不善、质次价高的企业，照常生产，照常混日子。如果企业具有一定的自主权，生产者和购买者可以按商品经济关系打交道，允许用户向经营好的企业直接订货，那就会形成商品生产者同商品购买者之间的竞争。那些经营不善的企业就难以继续混日子，它们也被迫进入竞争关系中来。这样，生产者同购买者之间和生产者之间的竞争，会促使一切企业去不断改进经营管理。

商品经济中的竞争，本来是在三个方面进行的。不允许有商品生产者之间的竞争以及购买者和生产者之间的竞争，那就必然只留下了一种畸形化了的竞争，即商品购买者之间的竞争。这种竞争越激烈，“皇帝女儿”就越“不愁嫁”，对于企业经营管理的改进和生产力的发展就越不利。

第四，企业间有一定的竞争，有利于形成生气蓬勃和丰富多彩的经济生活局面。

我们讲企业间的竞争，不限于生产单位之间的竞争，也包括生产和销售之间、销售单位相互之间、服务性行业各单位之间的竞争。不限于国营企业间的竞争，也包括集体所有制企业之间以及国营企业和集体所有制企业之间的竞争。各种经济单位之间的竞争，有利于经济生活各方面的繁荣和发展。

社会主义社会应当为群众提供越来越多的生活方便，日益满足群众不断增加的多方面的需要。然而，这种“应当”在我国没有很好实现。不但许多传统商品没有了，生活日用品短缺了，而且商业和服务行业的网点越合并越少，经营的东西单调化了，特点越来越少，服务质量不高。人们为日常生活而耗费掉很大的精力和时间，给群众带来很多困难。商品越短缺，网点越少，越便于搞独家经营。而独家经营就是垄断，垄断则容易出现停滞和单调趋势。某些地方的国营经济单位，为了维护其独家经营的局面，甚至利用行政手段阻碍和排挤集体单位同它们在同一市场经营。有的还把“集体单位同国营经济搞竞争”，也当作一种罪名。其实竞争有利于打破独家经营的垄断地位，有利于多方面地满足群众的生活需要。

## 四

社会主义企业间的竞争，无论是从它活动的经济条件来看，还是从它的目的、方法以及经济后果来看，都与资本主义竞争有根本性质的不同。

社会主义竞争活动的经济条件，不再是私有制下的商品经济，而是社会主义公有制和社会主义经济规律发生作用的场所，这里，竞争的目的，不是追逐剩余价值或其他私人利益，而是为了国家、集体和个人三者间的统一的利益。它同社会主义生产的目的是一致的。

多年来，社会主义生产的目的停留在理论上、书本上，至多停留在计划部门的考虑上。它没有成为企业和广大职工的自觉的目的和行动。许多企业的产品成本高，质量差，甚至生产不少废品和不对路的产品，大量浪费和积压，与社会主义生产的目的背道而驰。在企业间实行一定的竞争，使每个企业都关心社会和市场的需要，也关心企业内职工的物质利益的增长。把满足社会需要和满足企业职工的需要直接结合起来，使社会主义的物质利益关系和谐发展。这样，企业就有了一种内在的经济动力和外在的经济压力，促使各企业不断改善经营管理，生产出数量和品种更多、质量更高、成本更低的产品来。

社会主义竞争的方法或手段也不同于资本主义竞争。资本主义竞争采用尔虞我诈，损人利己，打垮和吞并对方等各种不道德和投机性的手段，社会主义竞争是排除这种方法的。它是在计划管理的范围内，利用商品经济规律，利用与商品经济有关的一些经济杠杆，利用物质利益原则，来提高劳动生产力、提高商品质量、增加花色品种、降低成本和价格、适合市场需要、扩大商品销路等。

社会主义竞争的后果也不同于以往的竞争。有的同志顾虑，社会主义企业间一搞竞争，就会出现资本主义竞争所带来的那种社会恶果。其实不会这样。当然，既然是竞争，“优胜劣败”的原则也会起作用。那些经营不善，产品质次价高，长期亏损，又不能扭转的企业，会被淘汰，也应该淘汰。社会主义制度的优越性不在于落后的企业不淘汰，多余的职工不精简。而在于被淘汰的企业可以并转，也可以经过整顿后重新安排生产。被淘汰企业的职工和改进经营管理的企业精简下来的职工，社会负责他们的工作安排和生活安排。社会主义经济的发展，是在党和政府的指导和宏观调控下进行的。竞争的作用只能作为实现国民经济按比例发展的一种补充手段。此外，社会主义企业间的竞争，不像资本主义社会那样，漫无限制。不允许这种竞争损害社会主义关系。如果有的企业在竞争中采用一些不正当不道德甚至违法的手段，就应受到经济的和法律的制裁。

总之，社会主义企业间有一定的竞争，是目前改革经济管理体制的要求。它有利于我国四个现代化的实现，有利于社会主义经济建设事业的发展。因此，不应当把它看作是社会主义的异己力量而加以反对。

# 关于市场经济问题讨论的述评不应失去客观、真实、公正[①]

## ——评晓亮先生评述的失真

我国经济学界对社会主义条件下的计划与市场问题，进行了长期的讨论，也经历了曲折的过程。目前，从表面上看来，在大的问题上已没有什么公开争论，但认识上的分歧并未消除。在一些具体理论和实践问题上，也还存在不同意见的讨论。

我认为，本着百家争鸣、学术自由的精神，在经济理论和学术是非问题上应允许各抒已见。可以形成不同的学派，但学派不是宗派，不要以宗派的态度对待、评价和处理学术见解上的是非，更不要把学术观点政治化，随便给别人扣上右呀“左”呀的帽子。

在这里，没有必要系统地阐述自己的有关看法和想法。只想就学术资料评述的客观性、真实性、准确性和公正性讲一点意见。

在计划与市场、计划经济与市场经济问题上，从中央指导思想到理论界的观点，都经历了较为曲折的复杂的过程。按照传统的观点，无论马克思主义还是西方的观点，都长期认为，计划经济是社会主义的特点，市场经济是资本主义的特点。远的不讲，仅就改革开放以来直到 1992 年以前的情况说，公开发表的中央文献和主要领导人讲话，都是坚持计划经济和否定完全即全盘实行市场经济的。这里讲几个例子：1981 年的《政府工作报告》就提出，我们所要建立的管理体制“不同于资本主义那样的市场经济”。1984 年 9 月

① 本文原载《商业银行发展论坛》1999 年第 1 期，系该刊所载《改革二十年来经济理论与实践发展的回顾与评析》的一部分。

9日，国务院总理赵紫阳写给“耀邦、小平、先念、陈云同志”的《关于经济体制改革中的三个问题的意见》（获得同意并公开发表）中，强调指出“（一）中国实行计划经济，不是市场经济”。“可以把中国的经济体制既同资本主义市场经济模式相区别，又不与旧的模式雷同。”1987年3—6月，李先念同志在《改革、开放政策符合中国国情》的几次谈话中，也特别指出：“改革、开放，决不是全盘西化，当然不是取消计划经济，去搞市场经济。”他也同时强调要发展商品经济，特别是“发展有计划的商品经济”。又把商品经济与市场经济区别开来，江泽民同志在1989年国庆40周年大会上的讲话又强调提出：“如果一味削弱乃至全盘否定计划经济，企图完全实行市场经济，在中国是行不通的，必将导致经济生活和整个社全生活的混乱。”

在关于计划经济和市场经济认识上的上述大背景下，更扩展点说：从列宁远在1906年就首先提出计划经济与市场经济概念并将两者作为对立的社会经济制度范畴，主张要消灭市场经济、建立计划经济，到20世纪90年代的马克思主义和科学社会主义；从东方社会主义国家的指导思想，到西方资本主义国家的主流思想，到把计划经济与社会主义相联系，把市场经济与资本主义相联系。在这种历史背景和现实背景下，我国经济学界的不少论著中讲一些相同的和类似的观点，也是很自然的事情。

但是，有的研究人员如晓亮先生，在1992年以后，在一些报刊和书籍中，比如在《经济研究资料》以及转载于志远先生《社会主义市场经济的理论与实践》一书中的《国内学者关于社会主义市场经济的论点和争论》一文（以下简称《争论》），一再发表不真实、不准确、不公正的资料性述评，宗派性地选择我国一些经济学家，进行排队，谁曾肯定市场经济，谁曾否定市场经济，以此分派，进行褒扬和贬抑。然而，第一，他完全不顾上述关于市场经济认识上的历史背景和现实背景，特别不顾我国1992年以前中央的一贯指导思想，孤立地贬抑与中央相一致的理论认识。第二，有些学者，后来积极主张我国实行市场经济，但他们在20世纪80年代初有的甚至在1991年还是市场经济的积极批判者和否定者。我讲这点，绝不包含任何褒贬之意。社会主义本身是一种全新的事业，社会主义实行市场经济更是全新的事情，需要经历理论探索阶段。因此，有的学者在探索中改变了自己的观点，包括根本性的改变，也是可以理解的（1992年以后，中央关于市场经济的指导思想不是也有了根本性转变吗）。从学术资料应求真、求实的角度出发，不应隐讳这种情况。然而在晓亮的资料性评述中，在其第一部分“（一）1979年前后”（包括1984年前），则故意隐晦了1980年初关于计划经济与市场经济的一次争论（实际上被批判者没有机会“争”）。当时，有位大学教师发表文章，认为我国目前还不具备实行计划经济的物质基础和条件，主张实行和扩大市场经济。我们所尊敬的老前辈薛暮桥同志和很有思想见地和理论勇气的吴敬琏同志，对此观点进行了严厉的批判。薛老在1982年5月4日一个报告中说：“我们看到也确实有个别同志提出了一些错误观点。例如，有一个大学经济系的一位学者，写了一篇文章说：我国目前还不具备实行国家集中统一计划经济的任何物质条件；出路是逐步地全面地有节奏地扩大市场经济。像这样的观点，绝大多数同志都会是反对的。持这种观点的只是个别人，起不了多大作用，但这也表明，在理论界确实存在有混乱现象，我们应当保持清醒的头脑。”① 显然，薛暮桥同志和其他“绝大多数同志”是反对否定计划经济、全面实行市场经济的。1983年第9期的《工业经济管理丛刊》刊载了吴敬琏和另一位同志合写的《论社会主义经济的计划经济属性和商品经济属性》的论文，批判了我国经济学界“个别人”主张“从计划经济改变为市场经济”的观点。它说：“反对计划经济属性的是极其个别的。然而，由于他们所持的观点对马克思主义政治经济学早已确立的原则提出了异议，可能在一部分缺少理论修养和实际经验的人中产生影响，仍有加以评论的必要。”“有一位作者……否认国家集中统一领导下的计划经济有任何优越性，……出路何在呢？文章认为唯一的出路是实行资本主义的经济措施，实现‘从计划经济改变为市场经济’的‘较深刻的社会经济变革’。”论文对此观点展开了批驳，说它同二三十年代社会主义论战中以米塞斯和哈耶克为代表的“反社会主义派”的观点相似。显然，作者认为，主张“从计划经济改变为市场经济”，就是要“实行资本主义的经济措施”。这与传统的观点是一致的。

然而，在晓亮的《争论》一文中，在“1979年前后”（至1984年以前）一节，所引述的都是这几位学者主张实行市场经济的语录。几位学者最早起来批判市场经济的观点，只字不提。连那位最早否定计划经济、主张

① 薛暮桥：《我国国民经济的调整和改革》，人民出版社1982年版，第106页。

转为市场经济的大学教师，也避而不提，好像根本没有发生过这次争论。而《争论》一文对吴敬琏同志后来转为主张实行市场经济的观点则收录了很多，从而失去了历史性和真实性。

晓亮的《争论》一文，还有“（二）1984 年以后”和“（三）1989 年‘6·4’以后”。然而，在此期间的另一些有影响的经济学家的有关论点，他同样避而不提。例如，在《马洪选集》中收入在 1984 年一个研究报告。其中讲：有必要把商品经济和市场经济区分开来，……所谓市场经济，是一种不论宏观决策还是微观决策都完全由市场机制和市场原则支配的经济。市场经济一般是在私有制的商品经济发展到高度成熟的阶段即资本主义阶段时形成的，因此人们往往把它看作资本主义经济的同义语。……我们不能用市场经济模式来改革经济体制。”又如，在刘国光同志主编的《经济大辞典，计划卷》（上海辞书出版社，1990 年）中，将计划经济与市场经济都作为经济制度看待。它对市场经济的解释，同西方著作和辞典中的解释是相吻合的：“‘市场经济’是通过自发的市场调节实现国民经济各部门、各地区和社会再生产各环节之间经济联系的经济制度。”“西方资本主义即是建立在生产资料私有制基础上的市场经济。”此外，直至 1991 年，《沿海经济》第 10 期和其他报刊上发表的刘国光同志的文章《改革的市场导向问题》还这样讲：市场取向“不是取向到无政府主义的盲目的市场经济中去，而是取向到有计划指导和宏观调控的市场体系中去”。“所谓完全的、纯粹的市场经济，根本不是我们市场取向的改革方向，……提出完全市场化的改革主张，撇开意识形态方面不说，至少也是一种幼稚的想法。”并强调说：“我们要坚持计划经济。”

《争论》隐晦了刘国光同志上述 20 世纪 90 年代的观点，却引用他 1979 年发表于《经济研究参考资料》第 32 期的一篇文章的几句话：“南斯拉夫经济不像是资本主义制度下那样分散的、盲目的、无政府的市场经济，而是在以社会所有制为基础的社会主义自治制度下的一种特殊的市场经济。”以此将作者归入市场经济派。

上述两位学者，都是我所尊敬的严肃的经济学家。我之所以这样引证，是为了说明《争论》一文对我国“争论”历史的评述，多么不真实，不客观！

第三，在有关市场经济问题的讨论中，肯定市场经济的不同学者，其具体观点并不相同。有的是从资源配置方式转换的角度提出的；有的则是从商品经济就是市场经济的角度提出的；有的把“计划经济为主”下的商品经济或“市场调节为辅”看作是市场经济，有的则是从缩小指令性计划扩大市场调节范围的体制改革方面提出市场经济。而在《争论》一文中，眉毛胡子一把抓，只要谁提“市场经济”一词，不管它与十四大以来所确立的社会主义市场经济体制是否吻合甚至是否挨边，都归在一堆，搞鱼目混珠。

比如，晓亮自己主张商品经济就是市场经济，所提理由很简单：“因为商品经济是离不开市场的。”商品经济离不开市场，这是连小学生都知道的事情。用这种低层次的常识为依据，主张我国既然有社会主义商品经济，也就有社会主义市场经济。他在自己的《争论》一文中以此进行自我标榜，标榜他早在1986年就提出社会主义市场经济了。我一贯不赞同他的这种论点和逻辑。因为改革以前的传统体制下，也存在商品经济和市场，但传统指令性计划经济，是排斥市场调节的，指令性计划是资源配置者，市场的功能微弱，不起资源配置的作用，因而谈不上市场经济。因此，在评论十四大以前有关市场经济的“争论”时，应分清两种情况：一种是从资源配置的角度主张实行市场经济的，如吴敬琏同志在1988年以后的论点就是这样。这是较高层次的思路。另一种是从“商品经济离不开市场”的角度肯定市场经济，如晓亮自己。这是低层次的思路。我过去认为商品经济不等于市场经济，现在依然认为不能将两者划等号。只有市场能发挥调节价格、调节企业经营活动、调节需求，从而起资源配置作用的商品经济，才是市场经济。晓亮的商品经济等于市场经济论，有如土豆等于山药蛋论一样没有任何理论与实际意义。同一内涵的事物，有的人只称商品经济不称市场经济，有的则既称商品经济又称市场经济，这样，只要肯定了商品经济就等于肯定了市场经济。这除了概念称谓上区别外，究竟有什么实质上的不同？而且，晓亮的商品经济等于市场经济论，对于建立社会主义市场经济体制，同样没有任何意义。因为按此论点和逻辑，在传统计划体制下，也有商品经济和市场，就已经在实行市场经济了。1984年中共中央关于经济体制的改革决定中就明确提出和宣传社会主义商品经济，是否就等于在实行社会主义市场经济了？干什么在1992年还要再把社会主义市场经济确立为改革的目标呢？人们只要把商品经济称作市场经济，不就一切都有了？还需要什么新的改革措施呢？晓亮把主张“商品经济就是市场经济”的学者特别是他自己，划入市场经济派，点名褒扬，而把不赞成商品经济就是市场经济的学者，归入非市场经济派，点名或不点名地进行贬抑，似乎后者连“商品经济离不开市场”的道理也不懂！其实，只要晓亮告诉他们这个简单道理，让他们把商品经济称作市场经济，问题和分歧不就全解决了？还有什么可争论的？

第四，在当时的历史背景和现实背景下，特别在当时中央的指导思想下，按统一口径，主张坚持计划经济、否定完全实行市场经济的论著大量存在。而晓亮不顾这点，只选择少数学者服从他的排队需要，改变了主流与非主流的真实情况。而且，被《争论》一文划入非市场经济派的学者，又分为两类：一类是不点名的；一类是点名的，这视与晓亮的远近亲疏和作者的学术地位而定。谁批评过晓亮的观点特别是其学风，他就狠点谁的名，借以泄恨。然而，他引用别人的观点，又充满了断章取义、歪曲原意之处。我在别的报刊上多次对此做过评论，这里就不再展开论述了。

# 第四编

## 中国特色社会主义的收入分配理论与实践问题

# 我国现阶段收入分配制度的理论与实践问题①

## 一、我国现阶段收入分配制度的提法问题

我国在改革开放以前，消灭了一切私有制经济，实行单一的公有制经济。非劳动生产要素即生产资料完全掌握在国家或集体手中，每个社会成员不可能再凭非劳动要素获得收入。他们只能向社会提供劳动，以劳动为尺度获得个人收入。这样，在社会主义公有制中所实行的分配制度就只能是单一的按劳分配。在实际经济生活中，存在着平均主义分配情况，但在理论上是始终反对的，方针上也是不断批评和纠正的。在理论上都认为，社会主义社会的分配原则，就是按劳分配。而且还讲按劳分配是社会主义的经济规律。

改革开放以来，在实行社会主义市场经济条件下，实行公有制为主体、多种所有制经济共同发展的基本经济制度。所谓多种所有制经济，就是除公有制外还有多种私有制经济，包括私营经济、外资经济和个体经济。在私有制经济中，并不实行按劳分配制度。在私营和外资企业中，企业主凭借自己所有的资本获得利润，这是一种合法的非劳动收入。在个体经济中，凭自己的劳动并与自己所有的生产资料相结合，获得个体劳动收入，于是打破了单一的按劳分配格局。只是在公有制经济即国有经济和集体经济中，继续实行按劳分配制度。这样就形成了按劳分配和非按劳分配方式并存的多种分配方式。

随着改革和发展的不断推进，我国的个人收入分配制度也在理论与实践上不断发展与具体化。中央有关文件对于分配制度的论述与规定，既反映这

① 本文原载《经济学动态》2004年第4期。

种变化，又从理论指导和政策层面上不断推进分配制度的改革与完善。

在党的十三大报告中，在肯定个体经济和私营经济及外资企业的积极作用的基础上，提出“社会主义初级阶段的分配方式不可能是单一的。我们必须坚持的原则是，以按劳分配为主体，其他分配方式为补充”。十四大报告的提法与此相一致：“在分配制度上，以按劳分配为主体，其他分配方式为补充。”十五大报告中不再提“补充”，提法较具体了：“坚持按劳分配为主体，多种分配方式并存的分配制度。把按劳分配与按生产要素分配结合起来。”十五届三中全会关于“十五”计划的建议中，提法更具体了，在十五大所提分配制度的后面，加了一句“鼓励资本、技术等生产要素参与分配”。十六大报告中增添了生产要素中劳动与管理的内容，其新的提法是：“确立劳动、资本、技术和管理等生产要素按贡献参与分配的原则，完善按劳分配为主体，多种分配方式并存的分配制度。”这里提出了生产要素按“贡献”参与分配，引起了理论界的关注和不同理解。有人认为，提出生产要素按贡献分配，就是肯定资本等非劳动要素也是价值的源泉。笔者认为，这种理解不符合十六大精神的本意。再者，由于十六大报告将劳动作为生产要素的首要因素，而且将生产要素按贡献参与分配的原则放在分配制度的首要地位，人们容易理解为我国现阶段的分配制度主要是或者就是按生产要素贡献分配。认为劳动既然也是生产要素，而且占首要地位，按劳分配也就是按劳动这一生产要素进行分配。既然按生产要素分配包括了按劳动要素分配，那么再提按劳分配岂非多余的累赘。有的学者不赞成再讲按劳分配，分别从两个不同的角度提出：一是认为按劳分配就是按劳动这一生产要素分配，因而单提按生产要素贡献分配就够了，它已包括了按劳分配；二是从根本上否定按劳分配，认为无论计划经济也好，市场经济也好，都不可能实行按劳分配，我国社会主义现阶段的分配制度就是按生产要素分配。笔者认为，这两种理解并不正确。特别是后一种理解，完全是一种武断的说法，没有提出任何论证和理由，因而是站不住脚的。关于前一种理解，需要结合中央有关文件进行一些分析。

从中央有关文件和十六届三中全会的《决定》关于收入分配制度的论述来看，我国社会主义现阶段的收入分配制度，概括地说就是按劳分配为主体，多种分配方式并存。也就是作为主体的按劳分配方式与非按劳分配方式并存。非按劳分配方式，主要是指按生产要素所有权分配的方式。所谓

"按生产要素分配"或"确立劳动、资本、技术和管理等生产要素按贡献参与分配的原则"，都是对非按劳分配方式的具体说明，并不是提出新的、凌驾于按劳分配方式之上将按劳分配包括其中的独立的分配方式。"按生产要素分配"或"生产要素按贡献分配"，只是多种分配方式中的一种，并不能取代按劳分配方式。

应当明确，按劳分配同劳动作为生产要素参与分配，不是一回事。按劳分配是社会主义的分配原则，要以社会主义公有制的存在为前提。它意味着劳动者是以主人的身份而不是仅仅作为劳动要素提供者的身份参与公有制经济中的生产与分配的。而按生产要素（包括劳动要素）分配，在资本主义社会就普遍实行，也存在于我国外资企业和私营企业中，它意味着劳动者不是企业的主人，而只是雇佣劳动者，他们只能作为劳动要素的提供者参与生产和分配。这种按劳动要素分配的收入，不同于按劳分配收入。两种收入所体现的生产关系和分配关系是不同的。需要明确，按劳分配是由社会主义生产方式决定的社会主义分配方式；而按生产要素分配，适用于与特定的私有制经济相联系的分配方式。"社会主义分配方式"同"社会主义初级阶段的分配方式"，并不是同一概念，不能将两者混同起来。

我国现阶段的收入分配制度的确立，是以现阶段的所有制结构为基础的。公有制为主体、多种所有制经济共同发展的所有制结构，决定了按劳分配为主体、多种分配方式并存的分配制度。现在流行的观点是：只将所有制结构看作"基本经济制度"。其实，全面地讲，分配制度也属于"基本经济制度"范畴。所有制只是经济制度的基础，而不是其全部。党的十五大报告中讲："公有制为主体、多种所有制经济共同发展，是我国社会主义初级阶段的一项基本经济制度。"讲的是"一项"基本经济制度。而且特意说明，我国之所以实行公有制为主体，是因为"我国是社会主义国家，必须坚持公有制作为社会主义经济制度的基础"。我国《宪法》也规定："中华人民共和国的社会主义经济制度的基础是生产资料的社会主义公有制。"这些都表明一定的所有制，是一定经济制度的"基础"，而不是经济制度的全部。还应注意到，我国现阶段存在两个不同层面的经济制度范畴：一个是"社会主义初级阶段的基本经济制度"；另一个是"社会主义经济制度"。以公有制为基础的社会主义经济制度，应包括按劳分配制度和消灭剥削、共同富裕等。按劳分配是"社会主义经济制度"的组成部分，是社会主义公有制经济实行的分配原则。我国《宪法》规定："社会主义公有制消灭人剥削人的制度，实行各尽所能、按劳动分配的原则。"表明按劳分配只是在公有制内部实行的。而我国"社会主义初级阶段基本经济制度"的基础是公有制为主体，多种所有制经济共同发展。在这种所有制结构基础上必然和只能实行按劳分配为主体、多种分配方式并存的分配制度。综合中央有关文件的论述，可以清楚地看出，不应将我国现阶段的收入分配制度概括为"按生产要素分配"或"按生产要素贡献分配"，以此取代和否定按劳分配。根据生产方式决定分配方式的原理，以公有制为基础的社会主义生产方式所决定的分配方式应是按劳分配。如果把社会主义的分配方式概括为按生产要素贡献分配，那与资本主义社会的分配方式还有什么区别？难道分配方式可以脱离所有制性质和整个生产方式的制约与规定而孤立存在和无所区别吗？

在我国改革开放发展的不同阶段，按劳分配与按生产要素分配相结合或并存的情况也有所变化。在改革开放的前期阶段，非公有制经济还处于"补充"地位。公有制经济还未实现投资多元化，混合所有制经济还未发展。多种所有制经济共同发展，表现为板块式并存与发展，在此基础上，按劳分配与按生产要素分配相结合，也表现为板块式结合，即公有制经济中实行按劳分配，私营和外资企业中，实行按生产要素分配。随着改革的深入，国有企业和集体企业实行投资多元化，股份制和股份合作制发展起来，在混合所有制经济的同一公司内部，公有资本和私有资本混合存在。在此条件下，按劳分配与按生产要素分配相结合，既有板块式结合，又发展了混合所有制经济中的渗透式结合。在混合所有制经济中，如果由公有资本绝对控股，按劳分配便处于主体地位；如果由私人资本控股，则基本上实行按生产要素所有权分配。

在党政部门和国家事业单位，如学校、医院、科研、文化等单位，也拥有公有资产。但这里的分配方式只应是按劳分配，不存在按要素分配问题。但这些部门和其中的个人也可以投资于其他公司，如购买债券、股票等，从而由此获得资本收入。但这只是一种外部的收入分配关系，而非内部的关系。

## 二、生产要素“按贡献参与分配”的依据

党的十六大报告和三中全会《决定》，都提出生产要素按贡献参与分配。对这个问题，理论界有不同的理解，这需要弄清几个理论是非问题。

1. 需分清生产要素中的劳动要素与非劳动要素界限。将劳动、资本、技术、管理等要素并列，容易被理解为：技术、管理与资本都是非劳动要素。其实，作为生产要素的技术，分两个层次，一个层次是指技术工作，如工程师、设计师、科技人员的研究与操作，这是一种科技劳动，且属于复杂劳动；另一个层次是指技术成果和技术本身在生产中的应用，这是过去劳动的成果而非现实的劳动。至于管理，是指管理工作。厂长、经理、车间主任等的管理工作也是一种劳动，而且是一种高级的指挥劳动。至于资本则是非劳动要素。表现为生产资料的资本，也只是物化劳动而非现实的活劳动。生产要素中还有重要的一项即土地，虽然中央文件中没有提这一要素，但土地在生产特别在农业生产中的“贡献”是不能忽视的。中央有关文件中之所以不提土地要素，显然是因为在广大农村的集体经济中，土地并不参与分配。而土地与资本一样，也是非劳动要素。

既然科技工作和管理工作也是劳动，为什么还要将其与劳动并列作为独立的生产要素呢？这是因为：第一，这是依存于经济学中关于生产要素内容的发展过程而并列共提的，经济学最初提出生产三要素是：劳动、资本与土地，后来又依次加入管理与技术。其中的劳动是指一般职工的劳动。第二，在现代生产中，技术与管理工作的地位和作用日益重要，因此，将其单独列出有一定现实意义。

2. 生产要素按贡献参与分配，是以要素所有权的存在为前提。如果某种生产要素不被一定的主体所占有，该要素即使“贡献”再大，也不会参与分配。如阳光、雨水，对农作物的生长具有重要作用。风力、水力、太阳能等都会在工农业生产中发挥作用，这是生产的自然要素。由于这类自然要素不被一定的主体所占有，因而并不会按其“贡献”参与分配。

有必要说明，作为生产要素的土地，并不是仅指农业生产中所耕种的土地，而是泛指自然资源。用于耕种的土地也是自然存在，而广义的土地还包括矿藏、森林以及风力、水力、阳光、水分等。马克思指出：“经济学上所

说的土地是指未经人的协作而自然存在的一切劳动对象。"[①] 其实，也包括自然存在的劳动资料。萨伊提出的生产三要素中的土地，也是“自然力”的代名词。他说：在农作物耕种中，起作用的“还有土壤、风、太阳等自然力执行工作。……自然力的这种作用，我叫做自然力的生产作用”[②]。

自然力在生产中的作用，是指生产财富即使用价值的作用。如果某种自然力或自然资源被私人占有，那么，使用这种自然力就得支付报酬。也就是说，凭借对这种自然力的所有权就要参与分配。由此可见，离开生产要素所有权，是难以说明生产要素按贡献参与分配问题的。地租是土地所有权在经济上的实现；利息、利润是资本所有权在经济上的实现。只要承认非劳动生产要素所有权的合法性，它就必然要求在经济上获得实现，就要参与收入分配。我国在改革开放前，消灭一切私有制经济，不承认非劳动生产要素私有权的合法性，因而也就消灭了非劳动生产要素参与分配的制度。改革开放以来，立足于我国社会主义初级阶段的国情，承认非公有制经济存在和发展的合法性，并依法保护其私有权。这样，非劳动生产要素私有权就必然要求在经济上获得实现，因而要参与收益分配。

由此可见，“按生产要素分配”，并不是科学的提法，应是按生产要素所有权分配。在资本主义经济中，按资本所有权获得利润、利息；按土地所有权获得地租；按劳动力所有权获得工资。讲“按生产要素贡献分配”，非劳动要素的贡献指什么？会产生解读上的理论分歧。有人按马克思批判过的“三位一体的公式”解读，宣传“要素价值论”，并不正确。

3. 生产要素所有权，只是生产要素参与分配的前提条件。收益权是所有权内在的一种权能。但是，凭借生产要素所有权参与分配，究竟该分得多少？量的规定如何确定？所有权是无法说明的。

关于生产要素参与分配的量的规定问题，西方经济学和马克思的经济学都有各自的说明。西方经济学是用“边际生产力”、“边际产品”、“边际收益产品”之类的概念和理论去说明的。例如，萨缪尔森等的《经济学》[③] 中专门有一节讲《收入分配和边际生产率理论》。它说：“在公司的边际生产理论中发现了市场经济中收入分配的答案。”然而，无论萨缪尔森的《经济

① 《马克思恩格斯全集》第23卷，人民出版社1972年版，第668页。

② 萨伊：《政治经济学概论》中译本，商务印书馆1963年版，第73页。

③ 萨缪尔森等：《经济学》中译本14版，北京，经济学院出版社1996年版。

学》，还是其他西方经济学，尽管编制了一些生产函数的曲线、图式，但那只是停留在概念上的假设，难以在实际分配关系中应用。而且“边际生产力理论”也难以证明其科学性。萨缪尔森用边际收益递减规律说明：在其他投入不变时，随着工人数量的增加而边际劳动产品和“边际收益产品”递减。工人的工资即“劳动价格”等于其“边际收益产品”，并由此推论其他各种投入要素的“价格”即收入分配也取决其“边际收益产品”。然而，在实际生活中，第一，并不必然是每增加一个工人就使边际产品递减。在其他投入既定的条件下，也可能出现因人手不够收益受损，而增加人手则“边际产品”增加的情况；也存在工人增加时“边际产品”相等增加的可能。第二，退一步说，即使存在边际收益递减现象，为什么工资要由最后新增一人的“边际收益产品”决定，而不是由所有工人“边际收入产品”的平均值决定呢？在实际经济生活中，一个大企业或公司，也不可能是一个工人、一个工人地分时段雇人，而是同时成百上千地进人，是无法计量每个工人的“边际产品”的。第三，根据《经济学》一书第 420 页的图式所示，非劳动要素的收入分配如地租，要靠劳动的边际收益递减形成，第一个雇工的“边际产品”最大，没有非劳动要素的收入的空间，劳动要素收入越是递减，非劳动要素收入便越高。非劳动要素收入没有自己形成的边界与规律。第四，所雇工人数量越多，边际产品越是减少，由“边际收益产品”决定的工资率也会随之越少。就是说，每增加一位工人，全体工人的工资就得降低一次，这与实际不相符合。第五，全社会的工资水平不能由某一企业最后新增的一位工人的边际生产率决定，工资水平和一切非劳动要素收入水平的形成，是取决于社会行为，而非取决于某一企业雇工是多是少的个别行为。

总之，西方经济学中的边际生产力、边际产品等概念和理论，不能科学说明各生产要素参与收入分配的量的具体规定。

马克思的经济学对工资率，利润率、利息率、地租率等的量的界限做过说明，这种说明比“边际生产力理论”科学。商品价值 = c + v + m。其中 c + v 是成本利润、利息、地租都是 m 部分的分配、利息只是利润的一部分，等等。但也难以作出具体的量的规定。

在市场经济条件下，生产要素以所有权为前提参与收入分配，其收入量以产出量为前提。蛋糕越大，所分配的收入随之越大。在产出既定的条件下，各种收入的具体规定，主要由市场供求机制、竞争机制和价格机制确定。利息率虽受央行调控，也要受到市场状况的制约，不能随意提高和降低。

4. 生产要素按贡献参与分配，要以不同生产要素掌握在不同主体手中为前提。如果各种生产要素为同一主体所有，无论是私有制还是公有制，都不会存在按生产要素分配的问题。先从私有制来看，奴隶制经济中，生产要素包括奴隶人身归奴隶主所有，奴隶主凭借自己的全部要素的所有权获得奴隶生产的全部收入，不存在利润、地租、工资等要素收入，奴隶获得维持生存的最低生活资料，等于主人喂牛马一点草料一样，并不属于按劳动要素分配的关系。在个体农民的小私有制经济中，全部生产要素归农民个人所有，他的收入全部表现为个体劳动收入，也不存在按劳动、资本、土地、技术和管理进行分配的问题。

再从公有制来看：原始氏族社会公有制中，收入分配是按人头平均分配，不存在按生产要素分配的问题。在我国社会主义公有制经济中，比如在集体经济中，尽管不同核算单位由于生产资料的多少好坏不同，导致各生产单位收入多少不同，劳动报酬高低有别，但每个集体经济的全部收入，除其中一部分作为社会扣除外，都以按劳分配方式分配给劳动者个人，成为其劳动收入，同样不存在按生产要素贡献分配问题。在社会主义国有企业中，非劳动生产要素归国家（代表全民）所有，企业职工也是所有者，他们以主人的身份参与生产，又以主人的身份通过按劳分配方式获得劳动收入。企业上缴国家的税收；是一种再分配，不属于按要素所有权分配，即使私营企业也要缴税。以往国有企业上缴国家一部分利润，形式上是国家所有权的收入，但它实质上是马克思在《哥达纲领批判》中所说的“社会扣除”。它依然属于全民所有，用于全民利益。这是从理论上应是如此的角度讲的。至于现实生活中腐败现象的存在，职工权益受损情况的存在，是另外的问题。

由此可见，任何社会生产都需要生产要素，但并不是任何社会都存在按生产要素所有权分配的关系，也不是任何私有制经济都实行按生产要素所有权分配。

5. 生产要素按贡献参与分配的“贡献”是指什么？首先不能退回到萨伊、克拉克等的“生产要素价值论”中去。所谓生产要素的“贡献”，分两类情况。一类是一般职工的劳动、科技人员和管理工作的劳动，这类生产要素的贡献，是通过生产劳动既创造作为使用价值的财富，也创造出凝结于产品中的价值。而另一类是作为非劳动生产要素的资本等。资本无论以货币资本形式存在，还是以生产资本即生产资料的形式存在，都是劳动创造财富和价值的必要条件。如果没有劳动对象和劳动资料，劳动者两手空空，无法进行劳动，创造不出一个使用价值原子和价值原子。讲劳动创造财富，劳动创造价值，都是以劳动与生产资料相结合为条件的。所谓非劳动生产要素的“贡献”，就是指它们在劳动创造财富和价值中的作用，是劳动运用非劳动要素创造了财富和价值。但应分清两个问题：按照马克思的劳动价值论，非劳动要素不是价值的源泉，只有劳动才是价值的源泉；但劳动并不是财富即使用价值的唯一源泉。马克思和恩格斯一再强调，劳动和自然界（或自然物质）一起共同构成财富的源泉。资本或生产资料在使用价值生产与价值生产中的作用是有所不同的。其不同主要表现为两方面。一方面是劳动生产率的高低与产出的使用价值的多少成正比，而与单位商品的价值成反比。利用先进工具和技术设备，提高劳动生产率，产品可以几倍、几十倍地增加。但价值则不会同比增加，社会劳动生产率越高，单位商品价值越低。就以我国近几年来家用电器及汽车等产品的产量和价格的关系来看，由于生产的工艺和技术设备不断改进，劳动生产率不断提高，产量随之大幅度增加，产品的质量和技术含量也在提高，但其价格则不断降低。这表明，资本或生产资料，在促进产量即使用价值量增加中的作用，同在新价值创造中的作用是不同的。如果资本或生产资料同劳动一样，也有创造新价值的功能，为什么在资本、机器设备不断扩大和创新、使用价值大幅度增加的同时，产品的价值和价格反而不断降低了呢？

另一方面，要把非劳动生产要素在生产财富即使用价值中的作用，同非劳动要素是否财富的源泉这两个问题区别开来。生产资料，无论劳动对象或劳动资料，对于财富的生产都起重要作用。劳动运用劳动资料加工于劳动对象——原材料，才能生产出财富来。但资本或劳动资料并不构成财富的源泉。在这个问题上存在着一种误解，即认为非劳动生产要素虽不是价值的源泉，但它是财富的源泉。并以为这是马克思的观点。其实，马克思从来没有讲过资本或生产资料是财富的源泉。我们讲构成财富源泉的因素，就是讲构成财富实体的因素。光有劳动构不成财富的实体。比如，一件棉布上衣，其实体是由裁缝劳动和棉布直接构成的；而棉布是由织布劳动和棉纱构成的；

棉纱是由纺纱劳动和棉花构成的；而棉花是由棉农的劳动和自然因素（土地肥力、阳光、水分等）构成的。因此，棉布上衣归根到底是由多重劳动和自然物质构成的。马克思说："上衣、麻布等等使用价值，简言之，种种商品体，是自然物质和劳动这两种要素的结合，如果把上衣麻布等等包含的各种不同的有用劳动的总和除外，总还剩有一种不借人力而天然存在的物质基础。……因此，劳动不是它所生产的使用价值的唯一源泉。正像威廉·配第所说，劳动是财富之父，土地是财富之母。"① 在《哥达纲领批判》中，马克思讲："劳动不是一切财富的源泉，自然界同劳动一样也是使用价值（而物质财富就是由使用价值构成的）的源泉。"恩格斯也说："政治经济学家说：劳动是一切财富的源泉。其实，劳动和自然界在一起它才是一切财富的源泉，自然界为劳动提供材料，劳动把材料转变为财富。"② 显然，马克思和恩格斯讲构成财富的最终源泉或实体的是劳动和自然界，直接构成财富实体的非劳动要素是原材料（可最后分解为劳动和自然界），财富的源泉或实体并不包括厂房、设备、机器、工具等劳动资料，也不包括货币资本。可见，不能笼统地说，资本或生产资料与劳动一起是财富的源泉。

通过以上分析，可以清楚地看出：资本等非劳动生产要素按贡献参与分配的"贡献"是什么了。第一，作为资本的生产资料被劳动运用于生产，可促进产品即使用价值量的增加，它在劳动创造财富中起着重要作用；第二，作为非劳动要素的原材料，与劳动一起直接形成财富的实体，归根到底，自然界与劳动是财富的源泉；第三，资本或生产资料，虽不是构成价值实体的部分，不是价值的源泉，但它是劳动创造价值的必要条件。从这个意义上讲，它在生产价值的过程中也起了作用。

## 三、改革和完善分配制度问题

党的十六届三中全会的《决定》提出，要推进收入分配制度的改革，"整顿和规范分配秩序，加大收入分配调节力度，重视解决部分社会成员收入差距过分扩大问题"。

---

① 《马克思恩格斯全集》第23卷，人民出版社1972年版，第56—57页。

② 《马克思恩格斯选集》第4卷，人民出版社1995年版，第373页。

改革开放以来，发展多种所有制经济，非劳动生产要素参与收入分配，由传统计划经济体制转轨为社会主义市场经济体系，必然会产生收入差距的扩大现象。针对过去实际存在的平均主义与体脑收入倒挂的不合理现象，适当拉开收入差距，让每个人的收入与其业绩和贡献相适应，同时，充分调动和利用各种资源包括非劳动生产要素在社会生产中的作用，有利于提高生产效率和经济效益，促进社会生产力的发展。特别在现代生产中，科技工作和管理工作的地位和作用日益重要，要提高他们的劳动和业绩收入，需要建立和健全收入分配的激励机制和约束机制，以有效调动各种要素投入的积极性和创造性。

但是，也要看到，我国目前出现了部分社会成员收入差距过分扩大的情况，需要加强政府对收入分配的调节职能，以缩小和缓解收入差距过分扩大的情况。

改革和完善分配制度，首先应在公有制经济中认真贯彻按劳分配原则，既消除平均主义，也调节过大收入差距。充分体现奖勤罚懒、奖优罚劣，充分体现多劳多得、少劳少得，体现脑力劳动和体力劳动、熟练劳动和非熟练劳动、简单劳动与复杂劳动、一般劳动与高科技劳动之间的差别。有些国有企业的高管收入高低悬殊，有的收入偏低，影响其积极性的发挥。只要真正实行按劳分配，探求按劳分配的有效实现形式，就能够把效率与公平统一在一起，不会在公有制内部产生收入差距过大问题。要重视处理和解决国有企业、事业单位和党政部门中的灰色收入和黑色收入及其他一切不正当的收入问题。

共同富裕，是社会主义的本质内容和根本目标。但不能通过“劫富济贫”、“添平补齐”的途径实现。亿万富翁、百亿富翁，只要是合法收入，都会受到国家的保护。改革与完善分配制度的根本途径，是扩大中等收入者比重，提高低收入者水平，形成一种橄榄形的收入分配格局，即中间大、两头小的分配模式，而不是金字塔型，即穷困人口作为塔底的地盘大，而少数富豪高居于塔尖。

对于过高的收入要进行调节。如果是合法的过高收入，应通过税收制度进行调节，应放宽个人所得税的起征点，加大高收入的累进税。调节收入分配，既包括调节差距过大的收入，也包括取缔非法收入，还包括对垄断行业分配的监管。目前，垄断行业存在分配失控问题，它容易凭借其垄断地位获取高额收入。有些垄断行业即使严重亏损，其职工的收入和福利待遇依然追求高水平，也有的垄断行业存在收入分配中的平均主义。十六届三中全会《决定》指出：要“加强对垄断行业收入分配的监管”。需要加快电信、铁路、民航、邮政、金融、电力及其他公用事业等行业的分配体制改革，收入分配应与其业绩相联系，不能主要靠涨价来维持其高收入。应打破垄断、引入竞争机制，使收入分配与市场机制接轨。事业单位如学校、医药等部门的收入分配相当不规范。高等院校之间、同一高校的不同院系之间，“创收”不同，收入分配差距很大。既谈不上规范的按劳分配，也不是规范的市场机制分配。十六届三中全会《决定》提出“推进事业单位分配制度的改革”，应当认真落实。《决定》还提出“规范职务消费，加快福利待遇货币化”，也很有针对性。目前，公款消费问题还很严重，甚至有的与腐败相关。国有单位的领导干部，在住房、交通、请客、招待、出差出境游览、礼品馈赠等方面的费用，应规范管理，严格标准。改变职务消费过多过滥的现象。仅就交通一项来说，我国目前公有小车数目庞大，且日益增多，耗费国家大量财政支出，而公车私用的现象很普遍。可试行和逐步推广职务消费的交通待遇货币化，纳入工资范围，以杜绝流弊。前不久新闻媒体报道了一则消息：意大利锡耶纳市现任市长布赞卡，因其妻子于1995年搭乘其时任省长的公务专车违法，被最高法院裁定判刑6个月。事由是省长乘车接送其妻子到巴厘市码头，而且往返的汽油费是省长自付的。这是资本主义国家的法规。我国是社会主义国家，各级官员是人民的“公仆”，该怎样在职务消费上自律与他律呢?

改革和完善我国收入分配制度，是完善社会主义市场经济体制的需要。市场型分配体制，也是市场经济体制的组成部分。在对待和处理收入分配问题时，应在重视效率的前提下，重视分配的公平。而且分配的公平合理也有利于促进效率的提高。这也是全面建设小康社会的需要，最终是实现社会主义共同富裕目标的需要。

# 缓解贫富分化，促进分配公平[①]

**［摘要］**我国居民收入差距显现不断扩大的趋势，出现了贫富分化的现象。但不是“富者愈富，穷者愈穷”的绝对两极分化，而是相对两极分化。为什么会产生贫富两极分化？理论界众说纷纭，有些观点是错误的。考察两极分化的产生，应分清根本性原因和非根本性原因、主要原因和非主要原因，分清制度内、体制内问题与制度外、体制外问题，参照十八大和十八届三中全会决定的精神统一思想认识，采取有针对性的行之有效的战略和政策措施，缓解贫富分化，走向共同富裕。

贫富分化是我国国计民生中一个比较突出的问题。对这个问题应该怎么看？它产生的原因是什么？应该怎样缓解这个矛盾？这是本文的基本思路所在。

## 一、贫富分化的产生及其原因

### （一）贫富分化概说

自20世纪90年代中期以来，我国居民收入差距显现不断扩大的趋势，出现了贫富分化现象。根据国家统计局提供的数据，反映我国居民收入差距的基尼系数，2003年至2008年的6年间，依次为0.479，0.473，0.485，0.487，0.484，0.491。2009年至2012年的4年间，分别为0.490，0.481，0.477，0.474。有统计资料表明，一般发达国家的基尼系数在0.24—0.36之间。

① 本文原载于《华南理工大学学报》2014年第5期。

国家统计局公布的基尼系数，在社会上引起议论。因为与社会研究机构提供的数字有较大差异。如中国西南财经大学与中国人民银行总行金融研究所共同成立的研究中心所发布的基尼系数大于国家统计局公布的数字：2010年的数字是0.61。

鉴于国内外学者对我国统计局提供的基尼系数有异议，《人民日报》于2013年2月5日发表了由几位记者撰写的《哪个基尼系数更靠谱》一文，对有关争议问题进行了分析和说明。讲的比较客观和实际。笔者认为，2010年的基尼系数是0.481，还是0.61，虽有较大差异，但不影响对我国贫富分化本质关系的理论分析。

基尼系数反映的收入差别是抽象的。具体的、感性的贫富分化状况可从现金收入差别和财富占有差别表现出来。近些年来，我国百万美元的富翁和拥有1亿元以上人民币的富豪人数，每年都在以几万几千的数字增加。根据胡润研究院提供的数字，2013年，中国百万美元的富翁增加了10万人，达到290万人，而“超级富豪”——至少拥有1亿元人民币增加了2500人，达到6.7万人，少数高收入者占有了国民收入很大比例。从近几年的统计资料看，总人口中20%的最低收入群占收入份额的4.7%，而占总人口20%的最高收入群，却占总收入份额的50%。从个人现金收入的绝对差距看，不少大企业主年收入几亿元。根据2010年胡润富豪榜推算，2009年，我国前1000名富豪年均收入10亿元。而全国城镇居民年均可支配收入为17175元，农村居民年均收入为5153元，差距分别为几万倍和10多万倍。而城乡居民平均收入还掩盖了最低收入层。另外，演艺界的“明星”人物年收入数百万、数千万元的大有人在，有的上亿元。《深圳特区报》2011年4月6日登刊报道，指名道姓地讲某海派清口相声演员一年收入8000万元。某些“明星”的电视剧片酬近年来暴涨。过去一集片酬两三万元，现涨到20万—30万元。有的喊出50万元甚至70万元的高价。这表示：一位“明星”出演一部30集的电视剧，两三个月时间，可赚到600万—900万元或以上，高过香港、台湾的片酬。《深圳特区报》2013年4月25日刊载福布斯中国名人榜新榜单。所谓“名人榜”专指文化界名人。其中有名有姓的17位演员、歌唱家，最低年收入者为4070万元，最高收入的一位名演员为11500万元。另一方面，有不少劳动者一月只有2000元左右的收入。我国农村和城市，还有数千万需要救助的困难群体。还应注意到，考察贫富分化，既要考察流量收入差距，即年收入差距，更要考察存量收入差距，即已有财富占有收入差距。有统计资料表明，近年来，我国的富豪数量，只比美国少些，居世界第2位。2012年9月，胡润公布了中国1000位顶级富豪名单，其平均财富达8.6亿美元。《深圳特区报》2013年3月1日发布了胡润全球富豪榜华人前10名中内地的宗庆后家族（娃哈哈公司）的财富为820亿元、王健林（万达公司）为780亿元、蔡衍明（旺旺公司）为600亿元。前两人的财富超过100亿美元。1956年，周恩来总理做报告时讲，中国最大的资本家荣毅仁的财富有1亿美元。近60年来，即使计入美元贬值，中国大陆多位顶级富豪的财富也超过当年荣毅仁的10多倍。有1000多位富豪的财富超过了荣毅仁。另一方面，中国有些农村的贫困户“家徒四壁”，没有财富积累。根据10年前国家发改委、国家统计局和中国社科院等编写的《中国居民收入分配年度报告》披露：我国最高收入10%的富裕家庭所占有的财产总额，占全部居民财产的45%，而最低收入的10%的家庭只占有1.4%，贫富收入差距为32倍。这是10年前的统计数据，现在的差距更扩大了。

### （二）对贫富分化原因的不同认识

社会主义的中国，为什么会产生贫富分化现象？理论界有不同的回答。刘国光等学者认为，主要是产生于所有制结构的变化。刘国光发表多篇文章，强调关于收入差距过大趋势的产生“还需要从所有制结构，从财产制度上直面这一问题。”并引证邓小平讲过的话：只要我国经济中公有制占主体地位，就可以避免两极分化。程恩富和余斌认为：“当前，中国在经济结构转型中强调更多地发展私有制经济和对外招商引资，现存的国有和集体企业也大量被股份私有化，必然会导致劳动报酬占比的下降。”“劳动报酬占比下降，是公有制的比重在中国经济中的比重下降、政府和工会未能在市场经济中发挥作用的客观结果。”

吴宣恭讲的更直率和尖锐：“私营企业主收入与普通劳动者收入的惊人的差距，才是我国收入分配不公的主要矛盾。因此，其原因只能从所有制的变革和工作失误去说明，即在鼓励私人资本主义经济发展的同时，对其引导和监管不力，造成资本过度剥削，资本积累过快而导致劳动大众相对贫困。”“资本主义私有制又在我国重新发展起来，并且形成比社会主义改造前还要强大百倍的资产阶级，雇佣劳动和剥削已经在数量上占社会多数的资本主义企业中普遍存在，许多地方剥削和压迫十分严重。”

胡钧持不同的观点。他不赞同“把公平正义作为依据来判断我国现阶段的个人收入差别”。他把现阶段我国形成“收入差距的原因”归纳为五个方面：一是劳动贡献的差别；二是生产要素占有上的差别；三是垄断行业职工的收入高于非垄断行业；四是灰色收入；五是贪污腐败和不法行为的非法收入。他认为私营外资企业靠“资本量获取收入……应视为公平的、正义的、应当坚持的”。显然，他的观点，与用所有制结构的变化即资本主义私有制比重的扩大来说明贫富分化的观点，是相对立的。

杨宜勇认为，造成收入分配差距扩大的原因，“既有自然因素、历史因素，又有市场、制度和政策因素”。各地自然条件差异大，是造成不同地区发展水平和居民收入不同的原因之一。从历史发展看，不同行业发展快慢不同，收入水平就不同。从市场机制看，资本的逐利本性和投机行为会拉大收入差距。制度规则不完善，监管不到位，会影响分配收入。

郭飞认为，中国当前个人收入分配存在四大问题：权力寻租较为猖獗，黑色收入屡打不绝；部分垄断行业不合理的高收入问题相当突出；利润侵蚀工资，劳动报酬在国民收入初次分配中占比过低；个人收入差距持续显著扩大，部分社会成员贫富悬殊。其实，笔者认为，后一项是前三项的结果，不是并列的单独问题。

吴敬琏认为，收入分配不公平的原因，主要是垄断与腐败。“资本主要掌握在国有企业手中，……形成了政府、企业和居民三者中，政府和企业特别是国有企业收入在国民收入中的占比愈来愈高。”“对初次分配造成的扭曲的原因还有从不受约束的权力为背景的地方行政垄断、寻租腐败。”

李稻葵认为：“当前中国的收入分配不均，很大程度上是腐败以及滥用公权力的后果，这其中也包括一些国有企业出现的管理、治理上的重要问题。”“腐败的核心是政府权力过大。”其次，是中国当前发展阶段，存在着不同人力资本的市场回报率之间巨大的差距。一方面，数额巨大的劳务工，工资率很低；另一方面，中国又奇缺技能高端化人才。这一巨大反差，带来了不同技能的人力资本之间收入回报的巨大差距。

### （三）从理论和实践的结合上分析贫富分化原因

究竟该怎样认识我国收入差距过分扩大，出现贫富分化的原因呢？需要从理论与实践的结合上进行分析，并对不同观点进行评析。

首先，应该肯定，从所有制结构的变化上说明贫富分化的原因，是有根据的。从理论根据来看，马克思主义认为，生产资料所有制是经济关系的基础，生产方式决定分配方式。生产条件的分配决定个人收入的分配，分配关系是生产关系的背面。社会主义公有制实行按劳分配，劳动差别决定分配差别，这种差别不会很大，因而不会产生两极分化。从历史上看，贫富分化现象都与生产资料私有制相关。资本支配雇佣劳动的资本主义生产方式，必然实行以按资（本）分配为核心的按生产要素所有权分配。按资分配的收入远远大于出售劳动力的价值收入，因而会产生贫富分化。凡实行私有制度的地方，必然产生贫富分化。奴隶制、封建制、资本主义制度的实践证明了这一原理。凡实行公有制的社会不会有两极分化，或是共同贫穷，如原始社会。我国改革开放前也可说是另一层次的共同贫穷。或是共同富裕，如江苏华西村和河南刘庄的公有制，走向共同富裕。从全社会来看，我国正为之创造条件，努力以赴的成熟的社会主义社会和未来共产主义社会，将实现共同富裕。无论共同贫穷或共同富裕，都没有两极分化，但共同贫穷不是社会主义，我们要的是没有两极分化、消灭贫穷、共同富裕的社会主义。邓小平讲：只要我国经济中公有制占主体地位，就可以避免两极分化，也是从所有制判断两极分化问题的。

两极分化中富人或富豪的产生，有两种不同情况：一种是凭借私人占有大量非劳动生产要素或销售资源而获得巨额非劳动收入。我国目前出现的富豪，都是大私营企业主。另一种情况是凭借自己的演艺获得巨额收入，如前面所讲的演艺界的情况。他们的演艺收入拉得过高大了，远远超过自然科学家和社会科学家的劳动收入。这种情况的产生，与实行市场经济有关，这又与各种庆典请名角的铺张浪费有关。市场经济有其正面效应，也有其负面效应，这一问题后面会讲到。

考察两极分化的产生，应分清根本性原因和非根本性原因、主要原因和非主要原因。所谓贫富两极分化，是指在同一经济运行过程中，一方面出现了富人，另一方面出现了穷人。对贫富分化又要分清绝对两极分化和相对两极分化。绝对两极分化，是指富者愈富，穷者愈穷或恒穷。相对分化是指富者愈富，但穷者并不更穷和恒穷，而是穷者的收入和生活水平也在提高，只是与富者更富的差距拉得更大了。我国目前出现的贫富分化是相对的而不是绝对的贫富分化。这是笔者根据我国实际情况提出的新的概念。邓小平讲两极分化，也是从“富的越富，贫的越贫”意义上讲的。应肯定，从总体上说，改革开放30多年来，随着经济的快速发展，全国人民的个人收入和生活水平总体上说显著提高了，虽然还有温饱问题有待解决的贫困人口，但数量大为减少。而且贫困人口都获得政府和社会救助，即使在私营外资企业中，存在利润与工资的对立，利润侵蚀工资，但农民工的低收入比他们原在农村中务农的收入还是提高了。劳资收入差距的扩大在一定程度上是城乡收入差距扩大的反映。

同时，也应看到，我国公有制为主体地位的削弱和私有制经济比重的扩大，导致约80%以上的城镇职工在非公有制经济中就业。撇开黑砖窑、黑煤矿等违规私建的黑企业不说，对制假售假损害国家和人民利益的无良私商行为也撇开不说，在1200多万家私营企业和45万多户外资企业中，存在着资本主义固有的劳资矛盾。即使再撇开不少企业违反劳动法、侵犯职工权益、恶意克扣和拖欠职工工资之类不说，尽量压低工资以提高利润的行为较普遍存在。根据国家统计局2010年公布的数字，2009年，私营企业职工的年平均工资为18199元，只及国企职工的52%。私企的平均工资背后，存在着众多低于平均工资的低收入者。而另一方面，不少私营外资企业利润滚滚、资产迅速增加。日益增多的几十亿、几百亿元的我国富豪，都是从私企中发展起来的。

因而，考察贫富分化的根源，如果无视所有制的决定作用，无视公有私有两种所有制消长变化导致的后果，就会在理论上犯马克思在《哥达纲领批判》中所批评的错误：离开所有制，就分配谈分配，抽象空谈“平等权利”、“公平分配”等拉萨尔主义观点。

因此，不能同意胡钧的观点。他错解马克思、恩格斯有关公平正义的某些论述，认为我国存在个人收入过大差距是一种客观必然，他不赞同把实现社会公平作为社会主义的原则，并用分配公平评判收入差距的扩大。但他自己又认为私营外资企业中的收入差别“应视为是公平的、正义的”，因为符合我国现阶段的基本经济制度。并且认为，“生产要素的所有者按其投入社会中的有益的活动的资本量获取收入，是适合现阶段生产力发展需要的。尽管还包含剥削关系，也应视为是公平的、正义的，应当坚持的”。否认私营外资企业存在分配不公，否认应关注劳资收入差距不断扩大趋势，而且断言，存在剥削关系，也是公平的、正义的。按此逻辑，奴隶制度、封建制度、资本主义制度中的剥削关系，都是公平的、正义的了。这是对马克思主义理论的根本背离！恩格斯将这种观点斥之为“有产阶级胡说”、“虚伪的空话”。恩格斯在批评资产阶级及其学者宣扬资本主义正义、平等的胡说时指出：“现代资本家，也像奴隶主或剥削徭役劳动的封建主一样，是靠占有他人无酬劳动发财致富的，……只在于占有这种无酬劳动的方式，有所不同罢了。这样一来，有产阶级胡说现代社会制度盛行公道、正义、权力平等、义务平等和利益普遍和谐这一类虚伪的空话，就失去了最后的立足之地。”在另一处又说：“对现存社会制度（指资本主义制度——引者）的不合理性和不公平……的日益觉醒的认识，只是一种征兆。”马克思在《资本论》中也深刻地揭示了资本主义剥削“狼一般的贪欲、无限制的压榨”的残酷事实和阶级对抗关系。而胡钧竟宣传资本主义剥削是公平的、正义的，不会造成收入差距的过大现象。既与马、恩理论相悖，也与历史事实相左。

我国收入差距扩大的原因，还有其他方面。如城乡收入差距的扩大，与农牧业生产力的发展慢于城市经济的发展有关。当然也与长期对三农问题的重视不够有关。不同行业之间的收入差距扩大，有的与对劳动的素质要求和技术水平差距相关。如 2005 年和 2009 年，航空运输业的年平均工资分别为 49610 元和 79880 元。远高于全国平均工资，更高于低收入行业平均工资的好多倍。这种收入差距不能说不合理、不公平。但有的收入差距过大，并非取决于劳动贡献的差别。如金融、证券等行业的过高收入就不大合理。我认识的一个外地教授，年收入近 10 万元，但到北京某银行挂职几年，年收入百万元以上，相差 10 倍。演艺界明星的高收入、国有企业高管的过高收入，也不完全合理。至于搞腐败的贪官获得高收入、其他黑色收入，是非法的犯罪行为，不会计入和提高基尼系数，破案后赃款没收，不属于分配关系不合理造成的贫富分化之列。还有一部分发横财的人，是靠钻我国改革开放前期的空子致富的，如利用当时的价格双轨制和特殊关系，当“倒爷”而成为富翁。上述高收入群体，都成为贫富分化的富方，为收入差距扩大增添了比重。但在考察贫富分化产生的原因时，除了要弄清富人群体怎样产生外，还应弄清穷人群体是怎样形成的。尽管可以把国企高管和明星们的高收入纳入收入差距过大的范围，但他们的高收入并不是造成低收入群体的原因。形成低收入或穷困群体的原因，撇开因天灾人祸、生老病死等因素使某些居民陷入困境不计，主要是两个方面。一方面，也是主要方面，是私营外资企业的发展占有了全国经济70%左右的比重，80%的城镇职工在非公经济中就业。从分配关系的倾向看，劳动收入所占比重减少，而资本所占比重增大，劳资收入差距不断拉大。这正是不少学者从所有制结构变化论述贫富分化形成原因的根据。另一方面，国企改革中的不规范操作，造成大量国有资产流失。有些原国企主管内外勾结自买自卖、虚卖实送、化公为私，而使国企职工失去保障，成为雇佣劳动者，或是被解雇，陷入困境。另外，搞“减员增效”，大量国企职工下岗，有的夫妻都下岗，导致生活无着落。

我主张别把收入差距扩大与贫富分化划等号。两者可以相合，也可以不相合，如企业高管收入和演艺界的高收入即使高于院士和教授10倍、20倍，也难说是贫富分化。因为院士、教授也是较高收入者。我将两个概念分别使用，是出此考虑。

通过以上分析可以看出：我国形成收入差距过大，出现贫富分化的原因，是多方面的。有主要原因，有次要原因，有长期原因，有短期原因，这都是客观事实。但客观事实的形成，有无从主观方面值得总结经验教训的地方？我们在理论指导、政策措施等方面着力于发展生产力——这是必要的。但对邓小平强调的防止两极分化，走共同富裕道路，是否给予了同等的重视？有些地方官员引进外资，发展非公有经济，往往重资本、轻劳动，甚至官商勾结，侵犯工人、农民权益。从理论指导上说，在我国已经出现收入差距扩大趋势的背景下，放弃十三大、十四大提出的分配政策中的效率与公平统一和兼顾的原则，改提“效率优先，兼顾公平”，进一步又提“初次分配注重效率，再分配注重公平”，即重效率、轻公平，初次分配可以不注重或不顾公平。然而，贫富分化正是从初次分配中形成的，无法从再分配取得公平，何况我国的再分配机制还很不健全和完善。近些年来，中央重视并着力缓解收入差距过大的趋势，强调和致力于保障和改善民生，将其提到一个很高的地位，强调改革与发展的成果惠及广大人民。2004年十六届四中全会放弃了“优先、兼顾”的原则，十七大提出“初次分配和再分配都要处理好效率和公平的关系，再分配更加注重公平”。并且将“把提高效率同促进社会公平结合起来”，作为我国改革与发展十大经验之一。十八大再提“初次分配和再分配都要兼顾效率和公平，再分配更加注重公平”。强调共同富裕是社会主义的根本原则，并提出了缩小收入差距，实现社会公平和共同富裕的途径和政策措施。十八届三中全会提出：要“形成合理有序的分配格局”。按照十八大和十八届三中全会指引的方向和道路前进，中国特色社会主义必将取得重大胜利。

## 二、遵循共同富裕的原则促进分配公平

我国是社会主义国家，出现贫富分化是与共同富裕的根本原则相悖的。必须着力于缩小收入过大差距，缓解贫富分化矛盾。为此，需要改革分配制度，促进分配公平。但在怎样缩小收入差距，促进分配公平问题上，学界存在认识上的分歧。

### （一）能否靠市场化改革实现分配公平？

有些学者主张可以通过市场化改革实现分配公平。一家大报于2013年1月21日发表了《以市场化改革推进分配公平》一文，值得商榷。这与有的学者认为贫富分化是发展市场经济的必然结果正相对立。该文认为：“推进收入分配体制改革中，杠杆的支点选取至关重要，这个支点在很大程度上，是公平的市场，……只有大力推进市场化改革，重塑公平，只有靠市场化的自由竞争，市场化才能激发效率与公平，缩小收入差距。”但有的学者的见解与此相反，认为“市场机制配置资源，会造成收入与财富分配不公，并会形成富者愈富、穷者愈穷的马太效应”，需要矫正。笔者认为，无论从马克思主义经济学还是西方经济学，无论从发达资本主义国家市场经济的发展实际，还是从我国的经济发展实际来看，市场化改革不可能实现分配公平。

实行社会主义市场经济，让市场在资源配置中起决定性作用。企业之间展开竞争，竞争可以促进效率的提高，优化资源配置，激发企业活力，打破垄断。但是，市场不同情弱者，不怜悯眼泪。市场竞争，优胜劣汰，会产生分化，不会自发地形成社会公平，更不会自发地形成居民收入分配的公平，消除贫富分化。西方发达资本主义国家，是充分发展的市场经济制度，但没有实现分配公平和社会公平，随着经济的发展和财富的增加，贫富分化反而更加扩大了。美国总统奥巴马在2012年的“国情咨文”中也指出，经济不平等现象正在危及中产阶级与“美国的价值”。根据《人民日报》2014年6

月 17 日发表的《两极分化动摇美国人逐梦信心》一文所提供数字：美国最富有的人口占有了全国 40% 的财富，而 80% 的人口仅拥有大约 7% 的财富。根据《纽约时报》2011 年底的调查，认为美国的经济不平等现象严重，1% 最富的美国人的税后收入自 1979 年以来增加了两倍，而 80% 的美国人同期收入只增长 1/3。美国企业主管与普通工人的收入差距，由以前的 30 倍增加到 300 倍。“占领华尔街”的运动，就是 99% 与 1% 的对抗。

2012 年，德国联邦劳工和社会事务部提交了德国第四次贫富报告《德国生活状况》表明，2008 年，德国最富有的 10% 的人口拥有德国净资产的 53%，这一比例比 10 年前增加了 8%，最不富裕的 50% 的家庭财产总和占德国私人资产的比例仅为 1%，比 1998 年下降了 4%。

西方学者认为，市场经济承认分配的不公平。在市场配置资源的运行中，既会促进效率的提高，又会产生分配的不公平。诺贝尔经济学奖获得者萨缪尔森也讲：“市场并不一定产生一种被认为是社会公平或平等的收入分配。一个完全自由放任的市场经济可能产生不可接受的、极大的、在收入与消费上的不平等。”又说：即使具备有效率的完全市场竞争的理想条件，“我们没有理由认为，……收入能被公平地加以分配。结果将是，收入和财富上存在着巨大的不平等，而这种不平等会长期在一代代人中存在下去。”马克思主义政治经济学的常识也告诉我们：在私有制商品经济、市场经济中，价值规律的自发作用，既可促进生产力的发展，实现资源配置，同时会造成两极分化。传统的社会主义理论认为，实行社会主义商品经济不会产生两极分化和资本主义。那是以单一的公有制和计划经济的存在为条件的。我国改革开放以来的实践证明，在多种所有制并存的市场经济中，外资、私营企业中存在收入差距过大的情况。即使公有制单位也会出现不同行业、不同主体收入差距过大的趋势。

实现社会主义市场经济，要让市场在资源配置中起决定性作用，包括人力资源配置。但是作为社会主义国家，个人收入分配不能完全靠市场调节，需要将市场调节与政府调节结合起来。政府的宏观调控是必要的，需要完善和加强而不是否定和不断削弱。

### （二）分清贫富分化认识上的是非问题促进分配公平

缩小收入过大差距，消除贫富分化，是一个系统工程，需要从多方面着手。而且需要分清几个认识上的是非。第一，消除两极分化，是要消除与业绩和贡献相脱离的过大的收入差距，而不是消除合理合法的收入的差距。讲分配公平，不是分配均等，不是平均主义。社会主义的分配原则是按劳分配、多劳多得、少劳少得、奖勤罚懒、奖优罚劣。与劳动贡献相一致的收入差距是公平的、合理的。第二，我国处于社会主义初级阶段，实行按劳分配为主和多种分配方式并存。允许非劳动要素参与分配。私人资本参与分配，会扩大收入差距，出现贫富分化。但这是如何按社会主义要求缩小差距、处理和调整好劳资分配关系问题，不是反对和压制资本参与分配。第三，同行业的不同企业之间，由于管理水平、科技水平和整体劳动水平的差别，导致企业收入和职工收入有较大差距，也是合理的、公平的。因为收入的差距与贡献的差距相一致。这正是社会主义市场经济应有之义，改变了传统体制下，企业吃国家大锅饭的格局。第四，某些方面的个人收入即使有较大差距，也不能说差距“过大”，不属于贫富分化范畴，如有些重大创造发明的科学家获得重奖，他们的工资收入也高于一般低收入者 10 多倍。不能说分配不公平，因为他们对国家和人类作出了重大贡献。第五，不同区域之间由于自然条件不同和发展状况不同，导致或低或高的收入差距，也不能一概纳入贫富分化范畴，这不是分配不公造成的。第六，即使某些个人间收入差距不是很大，但如果这种差距与贡献差距相悖，虽不属于两极分化，也属于分配不公平。

由此可见，讲缩小收入差距、消除两极分化、实现分配公平，要首先分清一系列有关的认识上的是非问题。以避免在实际工作中产生是非不清，带来消极后果的情况。

那么，缓解和消除收入差距过大、消除两极分化、促进分配公平，应是指向哪些方面呢？有的学者强调治理官员腐败、寻租，有的指向贪污受贿、灰色收入、黑色收入、非法收入等。有必要弄清，靠这类手段发财，不是分配不公的结果，也不能靠促进分配公平来解决。这些方面的问题属于违法犯罪范畴，要依党纪国法处置。它违反按劳分配原则，也违反按生产要素贡献分配原则。因而不属于改革分配制度范畴。我们讲缩小收入差距、促进分配公平、消除两极分化，主要是从制度内和体制内着眼和着手的。就是说，是着重解决我国实行多种所有制经济和多种分配方式并存的经济制度下，实行社会主义市场经济条件下，所出现的收入分配不公和两极分化问题。官员腐败、贪污受贿、非法牟利等，是属于制度外和体制外的问题。

因此，讨论缩小收入差距、消除两极分化，应回到我国现行制度内和体制内来。制度内的问题，是实行公有制为主体多种所有制共同发展中出现的问题。体制内问题是实行社会主义市场经济体制中出现的问题。这样提出问题，会涉及一个敏感问题：是不是在质疑和指向我国的基本经济制度和社会主义市场经济呢？确实，在单一的公有制经济和传统计划经济条件下，不会出现收入差距过大和两极分化问题。也有些学者据此质疑我国现行经济制度和经济体制，主张回到计划经济去。应当肯定，30 多年来的改革开放，使我国经济获得前所未有的快速发展，全国人民的收入和生活水平显著提高，证明我国的现行制度和体制是有效的、必要的。这里，是在肯定我国现行制度和体制下，解决必然会出现和本可以不出现的问题。

我国实行公有制为主体、多种所有制经济共同发展，既不搞单一的公有制，又不搞私有化，在理论和实践上符合我国的国情，符合邓小平提出的三个“有利于”的标准。如果坚守这一制度，不会出现全社会的两极分化现象，问题是：结果出现了两极分化，原因是什么呢？有理论认识上的原因，有实际工作中的问题。

应当明确，在私营、外资企业中，存在着资本主义经济固有的矛盾，存在着劳资矛盾和利润与工资的对立，因而存在着贫富分化的根源。大企业主凭借资本的占有，年收入利润几千万、几亿元。而不少雇佣工人年收入只约两万元。有些私企的高管，拿高额薪金。有媒体报道，房地产商万科集团 12 名高管 2007 年平均年薪 390 万元，董事长 691 万元，是普通职工的几百倍。煤老板动辄几亿元收入，几年暴富，而煤矿工人收入微薄，矿难频发，被称作“带血的 GDP”。

再从资本与劳动收入的占比来看，我国目前劳动关系中“最大的一个问题是劳动收入占比不断下降，目前已严重偏低。根据发达国家的经验，在国民收入分配中劳动收入的占比是不断提高的。……我国最近 30 多年来，人力资本不断增加，但劳动收入占 GDP 的比重不断降低，从 1984 年最高时的 54% 下降到 2007 年的 41%”。劳动收入占比下降，主要是私营外资企业。因为我国目前城镇职工 80% 在非公有制经济中就业。至于国有企业的劳动收入占比是否一样下降，没看到专门统计资料。但需要分析几点：（1）国企职工的收入较高（平均收入为私营企业的近两倍），还受到一些学者的诟病，批评为垄断收入。无疑，国企职工的地位与待遇高于私营企业。因此，国企内部的分配不是贫富分化的根源。（2）无论国有企业的利润收入占比多高，其收入除上缴国家一部分外，大部分用于积累，依然归国家所有，不会像私企、外企那样，全部装入老板私人口袋。（3）不同国企高管之间的收入也有不小差别，有些国企高管收入偏高，年收入几十万、几百万甚至上千万的都有。2013 年 1 月 26 日人民网报道——《国资委：近年央企高管年薪约 70 万元》，与职工同样存在收入差距过大问题。与社会低收入弱势群体相比，同样属于贫富分化范畴。（4）中央国企只 117 家，地方国企高管收入低于央企。全国国企比重已大为缩小，因此，国企高管收入在拉大基尼系数中的权数也很小。

我们这里着重讨论的是由于收入分配不公平所形成的收入差距过大和财富占比差距过大，造成贫富分化问题。城乡间的收入差距扩大，主要不是由于个人收入分配制度不公平造成的。在很大程度上是由于农业生产力落后形成的。根据前些年的统计资料，我国一个农民一年创造的财富，只等于美国一个农民创造财富的百分之一。新中国成立以来，农业经济有很大发展，但慢于工业和城市经济的发展。这有历史条件的原因，也有政策的原因。国家正通过一系列的强农、惠农、富农的倾斜政策提高农民收入，是属于“三农”整体问题，有别于个人收入分配问题。

区域间的收入差距扩大，与地区间的自然条件，历史发展状况和政策倾斜等因素有关。同样不是由于个人收入分配制度不公平造成的。需要国家通过促进区域平衡发展的大政策来解决问题。

金融、证券业和演艺界的各类明星的高收入，不是形成弱势群体或低收入者的根源，因为贫困群体不是由于他们的高收入造成的。但他们的高收入放大了全社会收入差距扩大趋势和加重了贫富分化的砝码，因而，缩小过大收入差距，消除两极分化，也应涉及这方面的高收入。

文教界也存在收入差距扩大、分配制度不尽合理问题。例如，不同重点高校，除国家规定的工资外，因存在体制外收入差别，教师的岗位津贴、科研经费、讲课收入等也有较大差别。同一所高校，因不同院所“创收”收入不同，教师收入也有很大差别。有的高校，法学院、商学院的教师收入，可以是其他院所教师收入的两倍或更多。这里没有贫富分化，但存在不尽合理的收入差距。这与专业差别相关，与教师水平与贡献无关。有的教授收入渠道多，占有财富千万元以上的不是个别的。研究部门的人员，也有高收入者。这都是拉大收入差距的因素。

### （三）缩小收入差距过大趋势、消除贫富分化的途径

从政府深化收入分配制度改革的意见来看，包括的范围较广。如缩小城乡、区域之间的收入差距较大问题，取缔非法收入问题，规范隐性收入问题，提高劳动者职业技能问题，多渠道增加居民财产性收入问题，加大促进教育公平力度问题，改革和完善房地产税问题，健全全民医保问题，等等。这是国家从宏观调控角度考虑深入分配制度改革涉及的方方面面的问题。

缩小收入过大差距，消除贫富分化，在理论认识上要统一到十七大、十八大和十八届三中全会的中央指导思想上来。

首先，要正确认识和处理好收入分配中的效率与公平问题。从十六届四中全会起，中央已放弃了“效率优先，兼顾公平”、“初次分配注重效率，再分配注重公平”的原则。生产重效率，分配重公平，是社会主义应有之义。要把分配关系中的效率与公平统一和结合起来，两者并重。十七大提出“把提高效率同促进公平统一起来”。十八大提出“推动经济更有效率、更加公平”。目前，理论界的认识与把握仍有分歧。有的仍坚持“优先、兼顾”原则；有的提出“不妨公平优先，兼顾效率”；有的把“优先、兼顾”看作是两者优化结合的一种方式。这些认识和观点都不符合中央新提法的精神。

其次，要全面理解和把握邓小平提出的社会主义本质理论和中央精神。既要快速发展生产力，又要消除两极分化和实现共同富裕。十八大在缩小收入差距，实现共同富裕方面，进行了全面系统的论述。中国特色社会主义制度，要“逐步实现全体人民的共同富裕”，“必须坚持走共同富裕道路。共同富裕是中国特色社会主义的根本原则”。要“朝着共同富裕的方向稳步前进”，要“着力保障和改善民生，促进社会公平正义”。把保障和改善民生放在一个更高和更突出的位置。在理论上认同和遵循中央提出的这两大观点，才能正确地着力于缩小过大收入差距，消除贫富分化。

产生贫富分化的重要根源，即在所有制结构的逆势消长上，就要重视公有制为主体的坚持和完善，重视基本经济制度的完善和发展。十八大报告反复强调了基本经济制度问题。在一处讲，要“完善公有制为主体、多种所

有制经济共同发展的基本经济制度”。在另一处又讲：要“毫不动摇巩固和发展公有制经济，推行公有制多种实现形式，深化国有企业改革”。要“不断增强国有经济活力、控制力、影响力”。同时要毫不动摇鼓励、支持、引导非公有制经济的发展。

不能由于所有制结构的逆向变动是收入差距过大的重要根源，就限制私有制经济的发展。也不能劫富济贫和限制私营外资企业利润的增加。更不可能回到单一的公有制经济去。从缩小收入分配过大差距的途径来看，可从两方面着手：一方面，要毫不动摇地巩固和发展公有制经济，增强国有经济的活力。按照宪法规定，坚持公有制为主体，国有经济为主导，加强国有经济的发展。公有制经济的发展壮大，可以遏制贫富分化趋势。

国有经济也存在这样那样的问题，需要通过深化改革，搞好搞活国有企业。第一，要防止和清除国有企业的腐败。国企出现有些高管贪污受贿、化公为私、过度职务消费等，与缺乏有效制约、监督机制有关，需要加强和完善管理制度。第二，部分国企高管薪酬过高。他们不应与外企、私企高管的高收入相比，据以评判收入高低。因为你是由政府任命搞社会主义事业的。但降低国企高管高收入，不能采取简单措施，要有个过程，要有切实可行、几方赞同的具体措施。第三，对国企收入和利润的分配，怎样才算公平合理，需要有认识上的共识和制度上的合理安排。在实行市场经济体制下，国企的发展不再像计划经济时那样由国家拨款，而是需向银行贷款。私营和个体经济贷款发展所得利润，还贷付息后全部归私人所有。而国企还贷付息后，所得利润除上缴国家一部分外，大都用于积累和公益事业，仍归国家所有。因此，国企职工的收入高于私企、外企近一倍，并无不公平处。是私企外企的工人收入过低，而不是国企工人收入过高。在实体经济的公有制经济中，劳动者的收入随着生产的发展而不断提高，是好事，是社会主义本质的要求，不应有所非议。不同行业国企间的效益和收入不同，如工商企业和金融行业的收入情况大有差别。银行靠存贷利率差额获得高额利润，员工一律高收入并不完全公平合理。国企属全民所有制，所有国企高利润收入和分配应体现全民利益，应有更多点的比例上缴国家，用作社会保障基金。

另一方面，从私营企业来看，企业规模和经营状况不同，收益不同。年收入亿万利润的大中企业应更多地提高职工工资，提高工资与利润分割中的占比。外资企业同样应如此。我国在短时期内出现日益增多的富豪，超过许多发达资本主义国家长期形成的富豪数量，表明在初次分配中，企业主利润所占比重过高，而职工工资比重过低。外资企业中的情况同样如此。有资料表明，发达国家的劳动报酬占比在55%以上，企业占比在20%左右，其余为折旧、税收等。而我国劳动报酬偏低，并呈下降趋势。从全国来看，亦是如此。十八大报告提出：在深化收入分配制度改革中，要“努力实现居民收入增长和经济发展同步，劳动报酬增长和劳动生产率提高同步，提高居民收入在国民收入分配中的比重，提高劳动报酬在初次分配中的比重”。十八届三中全会重申这一规定，并提出：“健全工资决定和正常增长机制，完善最低工资和工资支付保障制度，完善工资集体协商制度，改革机关事业单位工资和津贴补贴制度。”另外，所有私营外资企业都应遵守劳动法，尊重和维护职工的合法权益。任意加班加点而不付或少付加班费，随意克扣工资和拖欠工资，劳动时间过长，粗暴压制职工合法要求，增大了劳资对立，也是社会主义制度所不允许的。

形成收入分配差距过大的多种原因包括主要原因和次要原因，形成了一个人数日益增多的高收入富人阶层，包括部分富豪；又形成一个人数众多的低收入群体；还有一个中等收入阶层。富人可以继续富，但穷人不应继续穷。富人阶层，包括不同所有制，不同行业的富人阶层，应多关心一点弱势群众，多缴一点税收，多做一些公益事，多回报一些社会。由金字塔式的收入分配结构，转为橄榄型的结构。十八大报告指出：要使“收入分配差距缩小，中等收入群体持续扩大，扶贫对象大幅减少”，也是此意。为此，国家可以考虑出台征收遗产税、高额累进税等调节过高收入政策措施。

缩小分配差距，促进分配公平的工作重点，应是提高低收入群体特别是生活困难群众的收入水平和生活水平。有人提出：当前收入分配政策改革的重点是提高农民、城乡困难居民、企业退休人员和低收入工薪劳动者四种人的收入，言之有理。十八大提出，要在经济社会发展的基础上，加紧建设对保障社会公平正义具有重大作用的制度，要建立社会公平保障体系。要推动实现更高质量的就业。要实现“学有所教、劳有所得、病有所医、老有所养、住有所居”，“努力让人民过上更好生活”的目标。显然，这一切目标和措施是针对低收入困难群体的。这些目标的实现，需要有一个努力以赴的过程。这些事情办到了，就会走到共同富裕的入口处。

**参考文献：**

[1] 刘国光："改革开放新时期的收入分配问题"，《百年潮》2010年第4期，第13—18页。

[2] 程恩富、余斌："关于当前劳动收入分配问题释疑"，《管理学刊》2010年第1期，第1—3页。

[3] 吴宣恭："再谈分配不公的主要矛盾和根源——兼答何炼成教授"，《当代经济研究》2011年第8期，第61—67页。

[4] 胡钧："转变经济发展方式与国民收入分配结构调整"，《改革与战略》2010年第26期，第32—35页。

[5] 杨宜勇："努力扭转收入差距扩大趋势"，《人民日报》2011年2月1日。

[6] 郭飞、王飞："中国个人收入分配改革：成就，问题与对策"，《马克思主义研究》2010年第3期，第27—40页。

[7] 吴敬琏："缩小收入差距不能单靠再分配"，《IT时代周刊》2011年第15期，第14—14页。

[8] 李稻葵："国民收入分配问题的本质"，《人民论坛》2010年第31期，第24—25页。

[9]《马克思恩格斯选集》第3卷，人民出版社1995年版。

[10] 萨缪尔逊：《经济学（第14版）》，胡代光译，北京经济学院出版社1996年版。

[11] 赖德胜："和谐劳动关系助圆中国梦"，《人民日报》2013年7月5日。

[12] 苏海南："当前收入分配政策改革的重点"，《人民论坛》2010年第31期，第25页。

# 改善收入分配　促进人的发展[①]

加快经济发展方式转变，是深入贯彻落实科学发展观重要目标的战略举措。以人为本是科学发展观的核心。可以说，加快经济发展方式转变归根到底是为了更好地满足人民日益增长的物质文化需要，促进人的全面发展。从目前我国经济社会发展面临的突出矛盾和问题来看，推进收入分配及相关领域的改革，更加重视和努力促进人的全面发展，是加快经济发展方式转变的重要内容和关键环节。

## 一、转变经济发展方式，必须坚持以人为本

在重视经济发展的同时重视人的全面发展，把经济发展与人的全面发展统一起来，具有重要意义。一方面，劳动者是生产力的主动因素，是经济发展的主导性力量，劳动者物质文化生活水平的提高、科技知识和思想道德等素质的提高，有利于经济发展和发展方式转变；另一方面，如马克思所说，社会主义社会要"以每个人的全面而自由的发展为基本原则"，而每个人的全面而自由发展要以体面劳动、体面生活为基础，以教育公平、分配公平为条件。社会主义社会发展生产的目的是满足人民日益增长的物质文化需要，社会主义劳动者应该享受到与经济发展水平相协调的物质文化生活。邓小平同志指出，社会主义的本质是"解放生产力，发展生产力，消灭剥削，消除两极分化，最终达到共同富裕"。其中，"解放生产力，发展生产力"，是讲生产力标准；"消灭剥削，消除两极分化，最终达到共同富裕"，是讲价值标准。也就是说，社会主义的本质要求我们把生产力标准与价值标准统一

① 本文原载《人民日报》2010年9月9日，与孙咏梅合写。

起来，把经济发展与人的全面发展统一起来。

改革开放30多年来，我国经济快速发展，人民生活水平显著提高，总体上达到了小康。但也不能忽视在经济社会生活中出现的一些与人的全面发展相悖的现象，如不惜牺牲资源环境追求GDP增长、收入差距过大、腐败问题严重等。这些虽然只是经济社会快速发展大潮中的支流，但已严重制约我国经济发展方式转变和人的全面发展，损害我国经济社会持续健康发展。仅就收入分配来说，一方面，居民收入占国民收入分配的比重不断下降；另一方面，收入差距持续拉大，高收入者年收入数百万元甚至更高，而低收入者年收入只有一两万元。

从某种意义上说，正是由于居民收入增长赶不上GDP增长，同时收入差距持续拉大，众多的中低收入者购买力低下，才导致了我国的经济增长主要靠投资和出口拉动。出口依存度过高，是我国经济在国际金融危机中受到严重冲击的重要原因。而我国之所以能够在世界上率先走出危机、实现经济企稳向好，重要原因就在于我们强调加快转变经济发展方式，着力扩大国内消费需求。但也应看到，要充分发挥我国国内市场潜力大的优势，形成与大国经济发展相匹配的强大内生动力，必须进一步深化收入分配及相关领域改革，尽快调整和优化收入分配格局。

国民收入分配结构不合理、收入分配差距拉大的原因是多方面的，但从思想认识来说，对人的全面发展重视不够、在经济发展中见物不见人是一个重要原因。现实生活中存在的资本利润侵蚀劳动报酬，教育、医疗、社保等社会事业发展相对滞后等问题，都与此直接相关。因此，深入贯彻落实科学发展观，加快经济发展方式转变，必须坚持以人为本，把经济发展与人的全面发展统一起来。

## 二、完善收入分配机制，提高居民收入水平

促进人的全面发展，首先要提高人的收入水平，使人们有能力发展自己、提高自己。收入分配结构的改善以及随之而来的消费市场的扩大，将为经济发展和人的全面发展提供源源不断的内生动力。因此，调整收入分配结构，提高居民收入水平，是加快经济发展方式转变的必然要求。

形成居民、企业、政府收入协调增长机制，提高居民收入在国民收入分配中的比重。随着我国经济总量越来越大，居民、企业和财政收入都实现了快速增长，但长期以来财政收入、企业利润的增长速度远快于劳动报酬的增长速度。扩大消费需求，实现经济社会良性发展，迫切需要通过深化改革，在继续做大“蛋糕”的同时分好“蛋糕”，使发展的成果更多地直接惠及广大人民群众。

形成企业收益和劳动报酬合理分配机制，提高劳动报酬在初次分配中的比重。应引导和鼓励企业通过节约资源、技术进步、改进管理而不是压低劳动报酬来降低成本、提高产品竞争力；规范地方政府招商引资等行为，避免为了发展经济而付出过大的资源环境成本，甚至忽视人力资源培育和劳动者权益保护。应引导地方政府从只关注，GDP 增长转向同时关注民生和扩大消费；引导和鼓励企业把市场竞争力建立在科技进步和劳动者素质提高而不是劳动力价格低廉的基础上；推动形成企业职工工资集体协商谈判机制，同时随着经济发展不断提高最低工资标准。

形成有助于增加居民财产性收入的机制，拓展居民收入来源。目前，我国居民的财产性收入较低，分布也不平衡。由于财产性收入是以收入存量的累积为基础的，因而高收入群体的财产性收入也较高。所以，增加居民财产性收入，重点是提高中低收入群体的财产性收入。应大力推进农村土地制度改革创新，建立健全土地承包经营权流转市场，让更多农民获得集体土地的增值收益；促进资本市场健康发展，鼓励金融创新，为居民获得更多财富创造更多的金融工具；避免物价尤其是资产价格的大起大落，防止中低收入者因为房地产、股市等价格的剧烈波动而遭受重大损失。

形成向中低收入群体倾斜的收入再分配机制，弥补初次分配形成的过大差距。收入再分配是由政府主导的，政府可以通过用好财税金融杠杆和国有资源，弥补初次分配中形成的过大差距。应改革和调整税制结构，形成有利于企业提高劳动报酬的税收激励机制；深化个人所得税改革，完善征管制度，使其真正成为调节过高收入、缓解收入过大差距的杠杆；进一步完善转移支付，更好地支持落后地区和困难群体。同时，采取利润分红等方式，把一些国有企业凭借占用大量国有资源和市场垄断地位所获得的超额利润，通过财政转移支付补充到民生领域，使居民更好地分享国有资源的收益。

## 三、健全社会保障体系，保障人的基本生活

促进人的全面发展，还要打造社会安全网，保障人的基本生活和发展需要。解除人们失业、上学、医疗、养老等方面的后顾之忧，也有利于人们减少预防性储蓄，增加即期消费。所以，健全社会保障体系，保障人的基本生活，是加快经济发展方式转变的必要条件。

近年来，我国社会保障体系建设取得了突破性进展，但社会保障改革和制度建设任务还远未完成。应根据“广覆盖、保基本、多层次、可持续”的原则，加快完善社会保障体系。

加快社会保障法制建设，完善社会保障制度。通过加快立新法、修旧法，形成健全的社会保障法律体系，做到社会保障有法可依、执法必严。同时，依据社会保障法律法规，进一步完善相应制度，包括扩大社会保障覆盖范围，鼓励个体工商业者和中小企业就业人员参保，完善企业职工社会保障制度；加快事业单位改革，完善事业单位职工社会保障制度；适应城镇化发展的需要，加快进城农民社保制度建设；根据农村实际情况，建立适合我国国情的农村社保制度。

加大财政投入与转移支付力度，拓展社保筹资渠道。我国社会保障的发展仍处于初级阶段，资金缺口巨大，财政支付仍是社保资金的主要来源。各级政府应调整支出结构，并通过改革控制行政管理费用的过快增长，把节省的支出转移到社会保障领域。也可以通过划拨部分国有资产、国有股转持、发行福利彩票以及考虑开征社会保障税等措施，拓展资金来源渠道。

统筹城乡发展，改变社会保障建设重城市、轻农村的局面。农村人口多，经济相对落后，社保资金来源不稳定，尤需加大财政支付的力度。在资源有限的情况下，应优先发展覆盖面广的最低生活保障、医疗卫生保障和基本养老保障，鼓励有条件的地区在此基础上进一步提高农民社会保障标准。同时，完善社会救助和社会福利制度，保障困难群众的基本生存权和发展权。

## 四、加快政府职能转变，维护社会公平正义

加快经济发展方式转变，政府是主导。在现代社会，普惠的基本公共服务是促进人的全面发展的必要条件，在经济社会发展中贯彻公平正义理念是改善收入分配、转变经济发展方式的重要保障。因此，政府除了制定实施法规政策、加强和改善宏观调控并以财税和金融杠杆推动经济发展方式转变，还要加快自身转型、加快建设服务型政府，促进和维护以合理的收入分配为基础的社会公平正义。

强化政府的公共服务职能。在我国经济规模不断扩大、社会主义市场经济体制逐步完善的情况下，政府应相应和相对减弱经济建设职能，强化为市场主体和居民服务的职能。一方面，转变政府运作理念，强化宏观调控和公共服务职能；改革政绩考核评价体系，改变简单以GDP论英雄的做法，把民生改善和社会进步作为政绩考核的重要方面。另一方面，适当减少政府层级，加快大部门制改革，提高政府服务的水平和效率。

强化政府维护社会公平正义的职能。把公平与效率有机统一起来，是社会主义市场经济体制的内在要求。实现效率与公平的统一，需要政府和市场“两只手”各司其职、互为补充。政府的价值取向应重在维护社会公平正义、消除两极分化、促进共同富裕，同时维护市场领域的公平竞争。应进一步深化改革，使各种政策措施和体制机制更好地体现维护和促进社会公平的理念，进而发挥市场机制的最大效率。特别要引导和约束国有企业以及非公有制企业改善收入分配，缩小高管与一般职工收入的过大差距，改变利润侵蚀工资的不良现象，从而减少矛盾、调动职工积极性，在提高企业效率的同时维护社会公平。

# 应重视我国现阶段的分配公平问题[①]

## ——兼评《公平与分配不能联姻》一文的观点

个人收入分配问题，是涉及社会成员切身利益的大问题。因而分配的公平与否，历来是全社会所关心的经济问题。什么是分配中的公平理念？不同的阶级、不同的社会制度、不同历史时期，有关公平的观点、理论与实践是不同的。社会主义的公平观与资本主义的公平观并不相同。资本主义实行私有制，资本支配雇佣劳动，只能实行以按资分配为核心的按生产要素所有权分配，并认为这是公平分配。科学社会主义所要求的公平，是首先实行生产资料公有制，人们在生产资料占有面前人人平等，在公有制的基础上，通过发展生产力，消灭分配关系中的剥削与两极分化，实现共同富裕。需要肯定的是，在社会主义经济制度中，按劳分配作为新的分配关系，多劳多得，少劳少得，等量劳动领取等量报酬，消除了剥削，是社会主义阶段合乎逻辑的公平分配制度。

我国还不是社会主义的成熟阶段，而是处于其初级阶段。只能实行按劳分配为主体、多种分配方式并存的分配制度。凭借非劳动要素所有权也要参与分配。生产方式决定分配方式。既然我国在所有制上实行公有制为主体、多种所有制并存的制度，在分配制度上就必然只能实行多种分配方式并存的制度。而且不能不承认，在我国现阶段，从有利于发展生产力的角度出发，这种分配方式在形式上是“公平”的。但是，从马克思主义的观点来看，如果按劳分配是形式上的平等、还存在事实上的不平等的话，那么，按非劳动要素所有权参与分配更是形式上的“公平”，事实上的不公平。除了制度

① 本文原载《理论前沿》2006 年第 1 期。

内的收入分配外，还存在制度外的收入分配。非劳动收入，包括制度内的和制度外的，有合法的和非法的两种；即使是合法的非劳动收入，有的不具有剥削性质，有的还具有剥削性质。此外，还有体制外的灰色、黑色收入，它连形式上的公平分配也不具备。即使是劳动收入，无论脑力劳动还是体力劳动，在市场经济条件下，也存在劳动收入上的种种不公平现象。由于不同单位具体分配方式或分配体制的差别，造成同等劳动收入差距很大。此外，还存在垄断性收入。这种收入差别的不公平，既是事实上的不公平，也是显著的形式上的不公平。

随着我国经济社会的发展，收入分配差距过大的情况有着继续扩大的趋势。分配领域的公平与不公平问题，成为社会关注的热点问题。因此中央也从社会实际出发强调应重视社会公平。特别是十六届五中全会的《建议》提出“合理调节收入分配”，强调应“注重社会公平，特别要关注就业机会和分配过程的公平”。这是对社会主义公平分配理念和原则的重要发展，是推进社会主义和谐社会建设的必要和重要内容。

然而，当中央和理论界强调更加注重社会公平，关注分配过程的公平情况时，竟有人反对讲分配的公平。《理论前沿》2005 年第 21 期发表的《公平与分配不能联姻》（以下简称《联姻》）一文就是如此。它认为公平分配从来没有实现过，也无法实现，这“在理论和实践上早有定论”。“公平的标准弹性很大，在评价时很难掌握”，“将公平作为分配标准的提法是不科学的”，“公平与分配是属于两个领域的不同范畴，分配无法遵从公平，以公平要求分配只能引起思想混乱”。这种观点值得商榷。第一，强调重视分配的公平，并不是把公平作为分配的“标准”。比如，按劳分配所依据的标准是劳动贡献，而不是“公平”。要把分配的标准同衡量分配公平不公平的标准区别开来，不应将两者混淆。即使讲“标准”，也不能将其作为称斤论两的秤。公平是一种原则，分配公平是一种经济关系。假如要求像衡量重量、长度那样有一个准确的衡量标准，那不是哲学社会科学的思维方式。如讲“生产力标准”，“实践是检验真理的唯一标准”，也不能用秤杆秤砣那样去具体衡量。但并不能因此就否定这种标准的存在。第二，断言分配是否公平不能衡量，也有悖于理论和实践的事实。现在，国际上通行的基尼系数就是一种衡量标准。我国的基尼系数已经达到 0.45 以上，突破了 0.4 的安全警戒线，进入了国际公认的收入分配严重不公的警戒区。还有，城乡居民收入差距的警戒线为1∶3，超过1∶3就意味着社会安全存在重大风险。我国已经超过了这一警戒线。2003年，我国农村人口的平均收入和城镇人口的平均可支配收入分别是2662.2元和8472.2元，收入差距比为1∶3.23。这还是在新的中央领导集体重视“三农”问题，在当年采取一些有效措施、遏制城乡居民收入差距急剧扩大的结果。

反对公平与分配“联姻”，是否主张分配不公平呢？是否承认我国存在分配的不公平呢？恐怕不会有人公开主张分配不公平。但既然主张“分配无法遵从公平”，就只能主张放任其不公平。或者，既然否定分配与公平的“联姻”，必然会无视和否定分配中不公平事实的存在。即使撇开基尼系数和人均GDP等衡量指标，人们在实际经济生活中，也可从多方面看出目前分配领域不公平的存在。从农民工工资状况看：据国家统计局对24个城市的调查表明，农民工平均工资为660元。浙、苏、闽、粤四省农民工对当地GDP的贡献高达25%。与10年前相比，当地人的收入提高了一倍以上，而农民工的工资却停留在10年前的水平。而且许多地方的农民工一天劳动10小时以上，基本没有休息日。更有甚者，不少地方长期拖欠农民工工资，虽已引起政府关注，但仍有数千亿元的农民工工资拖欠着。一方面，有的农民工讨欠，还受到侮辱与欺压，引发暴力事件时有所闻。前不久媒体报导的农民工王斌余因讨欠反受侮辱与欺凌，愤而连杀4人的事件是其典型事例。另一方面，有些地方和行业，官商勾结敛财。例如，不少地方的煤矿行业，矿主与一些党政干部勾结，有的主管干部入股甚至是入干股，保护矿主的非法利益，不顾矿工的利益和生命安全。矿工工资低、劳动条件差，而矿主的收入动辄几百万、上千万元，“入股”的官员也跟着发财。2005年9月26日，《人民日报》报道：湖南省娄底市新化县官煤勾结，“挟权入股，法理不容”，其肮脏交易，令人发指。面对这些现象，只要是有正常思维和良知的人，恐怕用不着秤称尺量，都可以判断这是分配领域的严重不公平。

反对公平与分配“联姻”的作者，还提出另一个根本站不住脚的理由：“要求公平分配实际上是平均主义的分配。……在改革开放之前，这种公平分配理论就控制了我们几十年。”他把过去“干和不干一个样”，造成效率低下、消费品匮乏，归结为“这都是公平分配所造成的结果”。这种见解既违背经济学常识，也违背历史事实。首先，“公平”不等于“平均”。提出重视分配中的公平，并不是主张退回到平均主义分配中去。在社会主义社会，平均主义分配是一种不公平的分配。然而，这竟成为《联姻》一文作者心目中的“公平”。于是，反对平均主义分配就变成了反对重视公平分配。其次，断言改革开放前，平均主义的“公平分配理论就控制了我们几十年”，这是危言耸听、言过其实之词。请作者指出，党中央哪号文件或哪位理论“权威”提出并主张实行平均主义的“公平分配理论”？这一“理论”怎样控制了我国几十年？我国的指导思想是马克思主义，马克思主义理论是一贯反对社会主义社会搞平均主义的。应当分清楚：平均主义在现实中存在是一回事，是否存在平均主义的“公平分配理论”是另一回事。而且，无论我们党中央的指导思想还是在具体的社会实践中，都是不断批评和纠正现实社会生活中的平均主义现象。即使在某些政策上存在着某种平均主义的倾向，也不能以偏概全，把平均主义混同为“公平分配理论”控制我国几十年。

《联姻》一文的另一个观点同样站不住脚。这就是“公平是一个法权概念，属于上层建筑；分配是经济范畴，属于经济基础，是生产关系的内容。经济基础决定上层建筑，上层建筑不能决定经济基础”。如前所说，不同的阶级、制度，有不同的公平观，公平观属于理论、思想、认识范畴，是上层建筑。但分配领域的公平不公平则属于经济关系，即属于经济基础的范畴。重视分配中的公平，扯不到上层建筑决定经济基础的问题。而且，上层建筑也会反作用于经济基础。

《联姻》一文引证了许多马克思的言论，为自己的观点佐证。但它完全错解了马克思的原意。比如，马克思在《哥达纲领批判》中批评了《哥达纲领》抽象地谈论“公平分配”。《联姻》一文竟认为马克思反对讲分配的公平。其实，马克思是主张应具体分析不同所有制和生产条件下的分配公平问题。他在这里分析了按劳分配的公平与不公平。并批评了《哥达纲领》提出实行“不折不扣的劳动所得”，并将其作为工人阶级政党所追求的公平分配原则，指出：社会主义的按劳分配也不能“不折不扣”地全部分配，而是要首先进行必要的社会扣除。马克思认为社会扣除并不是不公平，而是社会生产和社会消费的需要。

# 缩小收入差距五策[①]

党的十七大报告提出："实现社会公平正义是中国共产党人的一贯主张，是发展中国特色社会主义的重大任务。"为此，就需要深化分配制度改革，处理好效率和公平的关系。那么，缩小和扭转收入差距扩大的途径应是什么呢？

第一，十七大报告指出：应"提高劳动报酬在初次分配中的比重"。目前，我国资本收入在 GDP 中所占比重偏高，且呈上升趋势。某些富者在短时期内拥有的资本迅速达到百亿千亿元，与此有关。而劳动收入所占比重偏低。我国工资占 GDP 的比重，30 多年来呈下降趋势。1989 年所占比重为 16%，而 2003 年下降为 12%，比发达国家工资占 GDP 的比重低得多。

第二，不同劳动者的劳动收入差距很大。十七大报告提出：应"着力提高低收入者的收入"。由北京市劳动保障局编辑出版的《2007 年北京市劳动力市场指导价位与企业人工成本状况》一书提供的资料表明：中式烹调师月工资低位数是 12587 元，企业管理者的平均年薪为 25 万元，而一般工人的工资则低得多。北京市 2006 年 7 月实行的最低月工资标准为 640 元，这还是提高后的标准。2006 年北京市的年平均工资为 36097 元，但有 60.7% 职工达不到这个平均数，较高平均工资是由人数占少数的高收入阶层的权数拉起的。如果从全国来看，我国 2002 年至 2004 年的 3 年中，职工工资低于当地社会平均工资的人数占 81.8%。

第三，要"逐步提高扶贫标准和最低工资标准"。最低工资标准已多次调整，但目前还显得偏低。过低的工资，连再生产劳动力的正常需要都达不到，特别是要关注解决私营外资企业中压低、克扣、拖欠职工工资的行为。

① 本文原载《北京日报》2008 年 1 月 7 日。

据《人民日报》2007年1月26日报道："广西向拖欠农民工工资亮出问责利剑"，出台相关政策，以彻底解决拖欠工资行为。只要采取有效政策措施，就可以解决问题。

第四，"打破经营垄断，创造机会公平"。垄断行业存在垄断性收入，这些行业的工资远远高于一般行业的工资水平。其高收入并不是来源于经营管理水平高，生产效率高，而只是靠垄断地位取得的。这种收入分配上的不公平，来自于机会的不公平。我们重视公平，既要重视机会公平，也要重视分配结果的公平。两者是相互联系和相互促进的关系。机会不公平会导致分配结果的不公平；同样，收入分配的不公平会导致机会的不公平。比如，教育机会不公平，受教育程度不同，就业机会也就不同，收入分配也难以公平。反过来，收入分配不公平，穷人的孩子上不起学，受教育的机会就不可能公平。

第五，"调节过高收入，取缔非法收入"。十七大报告强调更加重视分配公平、社会公平，主张效率与公平结合，并不是要否定收入差距。合理的收入差距是必要的，实行按劳分配，应保持与劳动贡献差距相一致的收入差距，才有助于鼓励劳动积极性和创造性。同样，按非劳动生产要素分配，保持与企业经营管理水平和资本效率差距相一致的私营和外资企业的收入差距，有利于发挥和提高资源利用效率。只要是合法收入，不管多高，都会依法保护。但是，"过高的收入"，即使都是合法取得的，也应通过累进税予以调节。连资本主义国家的高额收入都实行高额累进税，我国作为社会主义国家，通过税收对高额收入予以调节，扩大转移支付，缩小收入过大差距，是合法和合理的。至于"非法收入"，要坚决取缔。贪污受贿、制假售假、搞黄赌毒等，属于违法行为，要依法处置。

# 把握共同富裕的几个问题①

共同富裕是中国特色社会主义的根本原则。在我国发展的新阶段，应着力解决收入分配差距较大问题，使发展成果更多更公平惠及全体人民，朝着共同富裕方向稳步前进。更好地理解共同富裕，需要在理论和实践中把握关于共同富裕的几个问题。

走共同富裕道路与实现共同富裕目标。我国目前讲共同富裕，主要是指走共同富裕道路，向共同富裕目标不断迈进。目标实现过程的长短，要看生产力发展和财富增加的状况。走共同富裕道路，需要着力保障和改善民生，在把“蛋糕”不断做大的同时分好“蛋糕”，使发展成果惠及广大人民。在这个问题上人们存在不同见解：有人认为，生产决定分配与消费，先生产、后消费，因此重在发展生产、做大“蛋糕”；有人认为，社会主义的根本目的是实现共同富裕，特别是在当前收入差距较大的情况下，应重在公平分配、分好“蛋糕”；还有人认为，实行市场经济，市场调节收入分配，必然会出现收入差距，这是正常的，不必大惊小怪；也有人根据倒U型分配理论认为，一个国家在经济起飞过程中，先产生收入差距扩大趋势，发展到一定阶段收入差距就会缩小。笔者认为，应当既重视做大“蛋糕”，又重视分好“蛋糕”，把两者统一起来。从顺序来说，只有先做大“蛋糕”，才谈得上分好“蛋糕”；但从两者的关系来讲，做大“蛋糕”的目的是服从于通过分好“蛋糕”满足人们的消费需要。因此，应将做大的“蛋糕”及时进行公平分配。公平分配“蛋糕”，有利于调动劳动者的积极性，把“蛋糕”做得更大更好。做“蛋糕”，不仅是大小问题，还有质量高低问题。

共同富裕与均等富裕。即使消灭了剥削和贫富分化，人们都凭劳动和贡

① 本文原载《人民日报》2013年3月1日。

献获得收入，并且随着生产力的发展和财富的增加，收入都不断增加，逐渐实现共同富裕了，但富裕的程度也是有差别的。住房面积的大小、位置的优劣会有差别，汽车的大小与质量的高低不会划一，衣食的质量、品味也会不同。能力强、才智高、贡献大的会更富裕一些，这是合理的。奖勤罚懒、奖优罚劣、按劳分配、按对国家和社会的贡献分配，依然是社会主义的原则。

全面建成小康社会与实现共同富裕。生产力的高度发展，财富的大幅增加，表现为 GDP 总量的迅速扩大，有利于共同富裕的实现。目前，我国人均 GDP 超过 5000 美元，正在向全面小康社会迈进。到 2020 年全面建成小康社会，人均 GDP 翻一番，达到 1 万美元以上，是否就会达到共同富裕呢？应当指出，不能简单以人均 GDP 多少作为衡量共同富裕的标准。美国是全球最富的国家之一，人均 GDP 大约是中国的 9 倍。但美国仍然存在严重的两极分化，存在 1% 与 99% 的对抗，人均 GDP 的高水平掩盖着两极分化和贫富差别。我国改革开放 30 多年来，经济快速增长，经济总量大幅提高，但衡量收入分配状况的基尼系数也出现了扩大趋势。到 2020 年人均 GDP 达到 1 万多美元时，人们的绝对收入水平和生活水平会普遍提高。届时，如果基尼系数显著缩小，贫困人口基本消除，虽然收入和生活水平可能还有较大差距（缩小收入差距是一个长期过程），但由于绝对水平都提高了，原来过大的收入差距缩小了，就可以说初步进入共同富裕阶段。否则，即使在经济总量和人均量上可以说建成全面小康社会，也难以说进入共同富裕阶段。

# 论社会主义共同富裕[①]

[摘要] 党的十八大报告指出：“共同富裕是中国特色社会主义的根本原则。”正确理解和把握这一问题，需要首先弄清为什么要搞社会主义、什么是社会主义和怎样建设社会主义。提出和强调这一问题，是针对新中国成立之前和改革开放前的社会主义理论宣传与建设实践，没有从社会本质上把握共同富裕是马克思主义科学社会主义的本质要求和根本目的。加快发展生产力是共同富裕的物质手段，公有制为基础或为主体是共同富裕的制度保证。本文着重和全面论述了共同富裕是一个相对概念而不是绝对概念，并分别从六个方面剖析共同富裕不同层次的含义、实现共同富裕的途径以及由初级共同富裕向高级共同富裕发展的步骤与过程。

## 一、共同富裕是社会主义最本质的规定

党的十八大报告（以下简称《报告》），全面、系统、深入地阐述了中国特色社会主义和科学发展观的内容与要求。《报告》给人的鲜明感受，是党中央高度关心人民的利益，将保障和改善民生提到一个很高的位置。《报告》指出：“任何时候都要把人民利益放在第一位”；“把以人为本作为深入贯彻落实科学发展观的核心立场，始终把实现好、维护好、发展好最广大人民根本利益作为党和国家一切工作的出发点和落脚点”，“保障人民各项权益，不断在实现发展成果由人民共享、促进人的全面发展上取得新成效”；提出“加强社会建设，必须以保障和改善民生为重点”；要“在中国共产党

① 本文原载《经济纵横》2013 年第 1 期。

成立一百年时全面建成小康社会”；在2020年实现国内生产总值和城乡居民人均收入比2010年翻一番，“使我国人民生活水平快速提高起来”。所有这一切，都围绕社会主义的一个本质规定和根本目的：共同富裕。《报告》指出：“必须坚持走共同富裕的道路。共同富裕是中国特色社会主义的根本原则。”走中国特色社会主义道路，以经济建设为中心，坚持改革开放，解放和发展生产力，建设社会主义市场经济，建设社会主义生态文明，是为了“促进人的全面发展，逐步实现全体人民共同富裕，建设富强民主文明和谐的社会主义现代化国家”。共同富裕是中国特色社会主义的重要内容和根本目的，是社会主义最本质的规定，是建设富强民主文明和谐的社会主义现代化国家的条件和要求。

《报告》强调提出：在新的历史条件下夺取中国特色社会主义的新胜利，“必须牢牢把握”的八项基本要求，其中“必须坚持走共同富裕道路”是最核心的一项。将共同富裕确定为“中国特色社会主义的根本原则”，要使发展成果“更多更公平惠及全体人民，朝着共同富裕方向稳步前进”。其他七项基本要求虽与“必须坚持共同富裕道路”并列，也都与共同富裕密切相关，都是实现共同富裕的条件和保证。

“必须坚持人民主体地位。”就是必须坚持人民当家作主，发挥主人翁精神。让人民有话语权、参与权、管理权、监督权。只有人民当家作主，积极从事发展与改革事业，才能保证“朝着共同富裕方向稳步前进”。“必须坚持和发展社会生产力”。这是中国特色社会主义的根本任务，是实现共同富裕的物质条件。共同富裕只能建立在生产力高度发展的基础上。“必须坚持推进改革开放。”推进改革开放、坚持社会主义市场经济的改革方向，是为了更好更快地发展生产力，是提高人民的物质文化生活水平、走向共同富裕的必由之路。“必须坚持维护社会公平正义”，这是中国特色社会主义的内在要求。坚持社会公平正义，有利于缩小收入分配差距，有利于消除两极分化和逐步实现全体人民的共同富裕。“必须坚持促进社会和谐”，“要把保障和改善民生放在更加突出的位置”。民生为重，民生为上，高度重视保障和改善民生，是走向共同富裕的必要措施。贫富分化，凸显社会矛盾，不利于社会和谐。走共同富裕道路，是促进社会和谐的根本途径。而社会和谐，减少和缓解社会矛盾，也有利于在共同富裕的道路上胜利前进。“必须坚持和平发展。”不仅重视国内和谐发展，也重视国际和平发展。坚持改革开放的发展、合作的发展、共赢的发展，争取在国际和平环境中发展自己，才能有利于中国特色社会主义建设事业的顺利发展，有利于全面小康社会的建成，有利于共同富裕的逐步实现。“必须坚持党的领导。”中国共产党是以马克思主义为指导的中国特色社会主义事业的领导核心，只有坚持中国共产党的坚强和正确领导，才能保证马克思主义科学社会主义和中国特色社会主义事业不断发展。作为社会主义的本质规定和中国特色社会主义根本原则的共同富裕，才能稳步实现。如此强调保障和改善民生，如此关注谋取和保障广大人民的根本利益，如此从理论与实践的结合上着力于全体人民的共同富裕，在以往的中央文件里并不多见。

怎样认识和看待社会主义共同富裕的理论和实践？共同富裕是不是马克思主义科学社会主义的最本质规定和根本目的？是否确认共同富裕是中国特色社会主义的根本原则？还需要用马克思主义理论进行一些分析。这里存在一个理论问题：邓小平强调共同富裕是社会主义的本质规定，十八大报告强调共同富裕是中国特色社会主义的根本原则。其理论背景是要与改革开放前搞贫穷的社会主义进行区别呢，还是在回归和发展经典马克思主义，是科学社会主义和中国特色社会主义应有之义，是社会主义的根本目的和根本原则呢？可以回答说：两者兼有。

在改革开放前“左”的形势下，是不讲也不能讲社会主义的本质规定和根本目的是共同富裕。那时宣传的是穷革命、富则修（修正主义），宁要贫穷的社会主义，不要富裕的资本主义；把重视发展生产力诬之为“唯生产力论”，把关心人民生活水平的提高批之为“经济主义”、“福利主义”。那时讲社会主义就是强调三条：公有制、按劳分配、国民经济有计划按比例发展（计划经济）。于是，建设和发展社会主义就是提高公有制水平，扩大公有制范围，追求“一大二公三纯”的共有制度。讲按劳分配往往成为吃大锅饭的平均主义，而且只能靠在公有制经济中做工、种田获得劳动收入。长途贩运是投机倒把，个体经济是资本主义，农民在庭院中种点玉米、南瓜，也被当做搞资本主义。只能讲工人“为革命而做工”，农民“为革命而种田”，不能讲为发家致富而发展生产。把农民搞点土特产、发展点商品经济看做是走资本主义道路，进行堵截。所谓“堵不住资本主义的路，就迈不开社会主义的步”，就是在堵塞发展商品经济提高生活水平的路。实行指令性计划经济，企业没有经营自主权，农民也没有经营自主权。搞经济不重视经济效益，重视“政治账”，而忽视“经济账”。社会主义生产的目的被模糊了。把某些有利于发展生产力、改善人民生活的经济行为作为资本主义道路批判，其结果是普遍贫穷的社会主义。但“贫穷不是社会主义”。

实行公有制、按劳分配、计划调节的目的是什么？或者概括为一个问题：搞社会主义是为了什么？难道是为社会主义而搞社会主义，为公有制而搞公有制？只有先弄清为什么要搞社会主义，才能搞清什么是社会主义，怎样建设社会主义。

改革开放以来，邓小平总结新中国成立后社会主义建设中正反两方面的经验与教训，一再提出：什么是社会主义，怎样建设社会主义，在认识上不是很清楚的。他一再强调提出社会主义的根本任务是发展生产力。在1980年4月到5月的谈话中，强调“首先要发展生产力”，“经济长期处于停滞状态总不能叫社会主义。人民生活长期停止在很低的水平总不能叫社会主义”。① 1986年又讲：“我们要发展社会生产力，……是为了最终达到共同富裕，所以要防止两极分化。这就叫社会主义。”② 既强调发展生产力，又强调共同富裕。前者是手段，后者是目的。在1992年的南方谈话中，邓小平概括地提出了“社会主义的本质，是解放生产力，发展生产力，消灭剥削，消除两极分化，最终达到共同富裕”。③ 这里事实上是抓住了建设社会主义本质的两大环节：一是解放和发展生产力；二是实现共同富裕。至于消灭剥削和消除两极分化，与共同富裕的内涵是一致的，是实现共同富裕的社会条件。共同富裕就意味着剥削和两极分化的消灭。

把解放与发展生产力同共同富裕作为社会主义的本质规定和根本原则强调提出，在中国共产党的理论发展史中是第一次。有必要说明：在1953年12月16日的《中共中央关于发展农业生产合作社的决议》中，使用过“共同富裕”概念。但当时还没有建立社会主义制度，也不是作为社会主义的本质规定提出的。④ 实践证明，我国农业社会主义改造，无论建立农业生产

---

① 《邓小平文选》第2卷，人民出版社1993年版，第312页。

② 《邓小平文选》第3卷，人民出版社1995年版，第195页。

③ 《邓小平文选》第3卷，人民出版社1995年版，第373页。

④ 《中共中央关于发展农业生产合作社的决议》指出，“党在农村工作中的最根本的任务，就是要善于用最明白易懂而为农民所能够接受的道理和办法，去教育和促进农民群众逐步联合组织起来，逐步实行农业的社会主义改造，……并使农民能够逐步完全摆脱贫困的状况而取得共同富裕和普遍繁荣的生活。”参见：中共中央文献研究室编：《建国以来重要文献选编》第四册，中央文献出版社1993年版，第661—662页。

合作社还是搞人民公社化，没有给农民带来“共同富裕和普遍繁荣的生活”。在毛泽东著作中，也用过“共同富裕”这一概念，但也不是从社会主义的本质和根本目的的规定上提出的。邓小平关于社会主义本质问题的提出，首先是针对改革开放前“左”风时期，以“阶级斗争为纲”，忽视快速发展生产力和人民生活水平的提高，搞贫穷的社会主义而讲的。但放远点来看，从中国共产党建党起的长时期中，宣传社会主义和共产主义就着重于讲消灭私有制、建立公有制、消灭剥削制度和阶级对立、建立无产阶级专政，一般不宣传社会主义要通过快速发展生产力，实现全体人民的共同富裕。没有将其作为社会主义的本质和共产党所追求的目的。在革命战争年代，致力于革命斗争，没有社会主义的实践，对未来社会主义的具体内容，或者说什么是社会主义、怎样建设社会主义并不完全清楚，而且也不是当时摆在面前的现实问题；只知道通过革命斗争取得政权、消灭私有制和阶级剥削。虽然在苏区的实际工作中曾搞过“打土豪，分田地”，在抗日战争年代曾提倡自己动手、发展生产、丰衣足食，但这些都不属于社会主义的理论与实践。

翻阅一下自1921年起中国共产党历届代表大会的文献或党章的总纲，就可以看到对什么是社会主义的认识的发展过程：1921年中共第一次全国代表大会通过了《中国共产党第一个纲领》和《中国共产党第一个决议》，提出了三条主张：一是推翻资产阶级，由劳动阶级重建国家，直至消灭阶级差别。二是采用无产阶级专政，以达到阶级斗争的目的——消灭阶级。三是废除资本家私有制，没收一切生产资料，如机器、土地、厂房、半成品等，归社会所有。1922年7月中共第二次全国代表大会通过的“大会宣言”中，提出党的最高纲领是：组织无产阶级，用阶级斗争的手段，建立劳农专政的政治，铲除私有财产制度，渐次达到一个共产主义社会。但从第二次全国代表大会到1928年7月的第六次全国代表大会，在修改的党章中都没有设置党的总纲，因而没有在党章中提出建设社会主义和共产主义的宗旨和目的。1945年6月中共第七次全国代表大会通过的党章中，增加了党章的总纲部分，提出中国共产党的“最终目的，是在中国实现共产主义制度”，但是未提具体内容。

1956年9月召开的中共第八次全国代表大会，是在党已取得政权，进行社会主义建设事业已有7年经验的情况下召开的。这时学习的是苏联的社会主义建设经验。斯大林于1952年发表了《苏联社会主义经济问题》，提出社会主义基本经济规律的主要特点和要求。[1] 这事实上涉及了社会主义的本质问题：社会主义的根本目的是“最大限度地满足”人民的物质文化需要，根本任务和手段是“在高度技术基础上”发展和完善社会主义生产。由于我国当时提倡“土洋并举”、“两条腿走路”，所以难以做到“高度技术基础”。但是根据我国国情，中央文件把发展生产、最大限度地满足人民需要作为党的工作的宗旨。因此，中共八大党章中的总纲中讲：党的“目的是在中国实现社会主义和共产主义”。“党的一切工作的根本目的，是最大限度地满足人民的物质生活和文化生活的需要，因此，必须在生产发展的基础上，逐步地和不断地改善人民的生活状况”。应当肯定，1957 年“反右”运动以前，我国的经济发展和人民生活水平的提高还是显著的。但自 1956 年苏共二十大揭露和批判斯大林的错误后，斯大林的论著不再像以前那样被人重视，“社会主义基本经济规律”的内容也逐渐退出我国社会主义论著和教材。“反右”运动后，“左”的空气日益膨胀。“大跃进”、“人民公社化”受挫折后，转向抓“阶级斗争为纲”。快速发展生产力、最大限度满足人民需要的宗旨逐渐淡出。

1969 年中共第九次全国代表大会是在文化大革命高潮中召开的，党章总纲中讲：“党的最终目的是实现共产主义。”不再提满足人民的需要，着重提社会主义始终存在两个阶级、两条道路的斗争。1973 年中共第十次全国代表大会的党章总纲中也只讲“党的最终目的是实现共产主义”，不提发展生产和满足人民的需要。1977 年中共第十一次全国代表大会的党章总纲中讲：“逐步消灭资产阶级和一切剥削阶级，用社会主义战胜资本主义。党的最终目的，是实现共产主义。”并提出于 20 世纪末实现四个现代化的目标。1978 年 12 月十一届三中全会公报提出：“全党工作的着重点应该从一九七九年转移到社会主义现代化建设上来。”要求大幅度提高生产力，“城乡人民的生活必须在生产发展的基础上逐步改善”。重视发展生产力和改善人民生活的宗旨又回到中央有关文件的指导思想中来。

在邓小平理论指导下，从 1982 年中共第十二次全国代表大会起，代表大会的报告和中央有关文件都强调以经济建设为中心，发展生产力，满足人

---

① 即“用在高度技术基础上使社会主义生产不断增长和不断完善的办法，来保证最大限度地满足整个社会经常增长的物质和文化的需要”。参见斯大林：《苏联社会主义经济问题》，人民出版社 1980 年版。

民物质文化生活需要。如，十二大报告中提出："促进社会主义经济的全面高涨"，"不断满足人民日益增长的物质文化需要是社会主义生产和建设的根本目的。"

前面提出，邓小平提出的社会主义本质，是抓住发展社会主义的两大环节，即快速发展生产力和实现共同富裕。将其作为社会主义的本质规定这是党的理论发展历史上的首倡。但不能说是马克思主义发展史上的首倡，应当说邓小平的社会主义本质论与马克思主义之间是继承与发展的关系。指出这一点，是为了消除有关的两种误解。其一是误解和错解马克思主义原理，以为马克思主义只是革命斗争的理论，不是社会主义建设的理论，已经过时；认为邓小平提出的社会主义本质论，是不同于马克思、恩格斯、列宁的一种全新的社会主义理论。其二是同样误解错解了马克思、恩格斯、列宁的理论，或明或暗地质疑目前的社会主义本质论和中国特色社会主义理论是否改旗易帜。党的十八大《报告》明确指出：中国特色社会主义"既不走封闭僵化的老路、也不走改旗易帜的邪路"。从根本上说，坚持发展中国特色社会主义，也是坚持和发展马克思主义的科学社会主义。因为中国特色社会主义，如《报告》所说，是"把马克思主义基本原理同中国实际和时代特征结合起来"，"中国特色社会主义，既坚持了科学社会主义基本原则，又根据时代条件赋予其鲜明的中国特色"，是源与流的关系。

邓小平所讲的社会主义本质论和中国特色社会主义理论，强调快速发展生产力、民生为重、共同富裕，正是马克思主义的科学社会主义旗帜上写明的东西，马、恩、列有明确的论述。

马克思、恩格斯在《共产党宣言》中指出："无产阶级将利用自己的政治统治，一步一步地夺取资产阶级的全部资本，把一切生产工具集中在国家即组织成为统治阶级的无产阶级手里，并且尽可能快地增加生产力的总量。"这是"丰富和提高工人的生活的一种手段"。[①] 马克思在1857—1858年的《经济学手稿》中指出：在未来的社会主义制度中，"社会生产力的发展将如此迅速，……生产将以所有人的富裕为目的"。[②] 恩格斯讲：在社会主义制度下，"通过有计划地组织全部生产，使社会生产力及其成果不断增

① 《马克思恩格斯选集》第1卷，人民出版社1995年版，第293、287页。

② 《马克思恩格斯全集》第46卷下，人民出版社1980年版，第222页。

长，足以保证每个人的一切合理的需要在越来越大的程度上得到满足”。在《反杜林论》中恩格斯又说：社会主义“通过社会生产，不仅可能保证一切社会成员有富足的和一天比一天充裕的物质生活，而且还可能保证他们的体力和智力获得充分的自由的发展和运用”。[①] 列宁指出：社会主义要创造出高于资本主义的劳动生产率，要通过发展生产力使劳动者过美好的生活。他说：“只有社会主义才可能广泛推行和真正支配根据科学原则进行的产品的社会生产和分配，以便使所有劳动者过最美好的、最幸福的生活。只有社会主义才能实现这一点。”[②]

社会主义要实现全体劳动人民的共同富裕，让所有劳动者过最美好最幸福的生活，这是社会主义区别于以往一切社会制度的本质所在。原始社会没有私有制，没有阶级剥削与对立，实行平均分配，没有收入分配上的不公平，但由于生产力极端落后，不可能有共同富裕和美好的生活。奴隶制度、封建制度、资本主义制度都存在阶级剥削与对立，存在贫富两极分化，不可能共同富裕。因此，中国特色社会主义强调以经济建设为中心，快速发展生产力，保障和改善民生，走共同富裕道路，完全符合马克思、恩格斯、列宁的理论指导，没有改马克思主义之旗，易科学社会主义之帜。

又好又快地发展生产力，是实现社会主义共同富裕的物质条件。实行公有制为基础或为主体，是实现共同富裕的制度保证。私有化必然导致两极分化，不可能实现共同富裕。因此，中国特色社会主义必须坚持实行公有制为主体。只有在公有制为主体的前提下发展非公有制经济，才能保证我国的社会主义性质。

## 二、分清理解共同富裕的六个层次

共同富裕是一个相对概念而不是绝对概念，因为难以提出一个衡量共同富裕的绝对标准。需要分清把握共同富裕的六个不同层次。

### （一）将走共同富裕道路同共同富裕目标的实现区别开来

当一个生产力落后的国家，在特殊条件下建立了社会主义制度时，即使

① 《马克思恩格斯选集》第3卷，人民出版社1995年版，第336、633页。

② 《列宁选集》第3卷，人民出版社1995年版，第546页。

实行了公有制，共同富裕也只能是作为发展的目的去努力实现。如果是发达资本主义国家建立了社会主义制度，由原来的贫富两极分化转向共同富裕，也有一个逐步实现的过程，只不过转变过程可以缩短一些而已。就我国来说，目前讲共同富裕，主要是指走共同富裕道路，向着共同富裕目标不断迈进。目标实现时间的长短，要看生产力发展的状况和财富不断增长的状况。走共同富裕的道路，就需要采取一系列的保障和改善民生的措施，在把"蛋糕"不断做大的同时，重视分好"蛋糕"，将发展的成果惠及广大人民。在这个问题上，存在不同的见解：有的认为，生产决定分配与消费，先生产，后消费，因此重在发展生产、做大"蛋糕"上。另一种意见认为，社会主义的根本目的是共同富裕，特别在当前收入差距过大的发展趋势下，应重在公平分配、分好"蛋糕"上。还有人认为，实行市场经济，由市场调节收入分配，必然会产生收入差距扩大，这是正常的，不必大惊小怪。另有人认为，一个国家在起飞过程中，根据倒U型分配理论，先产生收入差距扩大趋势，发展到一定阶段，差距就会缩小。笔者认为，既要重视做大"蛋糕"，又要重视分好"蛋糕"，应把两者统一起来。从过程的顺序来说，只有先做好、做大"蛋糕"，才谈得上分好和分大"蛋糕"。但从两者的关系上来讲，应将做好、做大的"蛋糕"及时进行公平分配。公平分配"蛋糕"，有利于调动劳动积极性，把"蛋糕"做得更大更好。而"蛋糕"不光有大小的问题，还有质量高低好坏的问题。

### （二）共同富裕不是均等富裕

即使消灭了剥削和贫富分化，所有人都凭劳动和贡献获得收入，并且随着生产力的快速发展和财富的相应扩大，大家的收入都不断增加，逐渐实现了富裕，但富裕的程度也是有差别的，住房面积的大小、档次的高低会有区别，汽车的大小与质量不会划一，衣食的质量、品位也会不同，银行存款的多少会有差异。能力大、才智高、贡献大的会更富裕一些，这是合理的。奖勤罚懒、奖优罚劣、按劳分配、按对社会的贡献分配，依然是社会主义的分配原则。

### （三）全面建成小康社会不是共同富裕的判断标准

生产力的高度发展、财富的大幅增长表现为GDP总量的迅速扩大，有利于共同富裕的实现。我国目前的经济总量已居世界第2位。根据《中国统计年鉴2011》数据计算，2010年我国人均GDP达到4415美元，正在向全面小康社会迈进。到2020年，要全面建成小康社会，按照《报告》提出的GDP比2010年翻一番目标，如果剔除人口数量的变化因素，人均GDP也将翻一番，达到8830美元。这时是否达到了共同富裕呢？应当肯定，不能简单以人均GDP多少作为衡量共同富裕的标准。2010年，美国媒体排名全球最富国家，美国排名第6，人均GDP为47702美元，即使其年均增长2%，绝对增长量就达954美元，2011年人均GDP也达到48656美元，是中国的近9倍。但美国作为最富的资本主义国家，存在严重的两极分化，存在1%与99%的对抗。人均GDP的高水平掩盖着两极分化的贫富差别。美国的"蛋糕"已经做得很大，但由于分配不公平，增大的"蛋糕"份额大都落入富人的口袋。我国改革开放30多年来，经济快速增长，经济总量也大幅提高，GDP由1980年的2000亿美元增加到2010年的近60000亿美元，人均GDP从1980年的约200美元增长到2001年的约1000美元，到2011年达到5430美元。但收入分配差距也不断扩大，基尼系数由1978年的0.3093增加到1993年的0.4080，再到2003年的0.4599、2009年的0.4636，目前达到0.5左右。到2020年，当人均GDP达到1万多美元时，人们的绝对收入水平和生活水平总的来说会普遍提高，全面建成了小康社会。这时，如果基尼系数不是继续扩大而是显著缩小，生活贫困人口基本消除，人们的实际生活水平已远超温饱线，虽然收入和生活水平还有较大差距（目前过大的收入差距和贫富分化难以在几年内完全消除），但由于绝对水平都提高了，原来过大的收入差距缩小了，可以说此时初步进入共同富裕阶段。如果届时基尼系数仍然过大，没有缩小或缩小很少，依然存在相对两极分化（不是富者愈富、穷者愈穷的绝对两极分化，而是消灭贫困过程中的相对两极分化），即使可以建成全面小康社会，也难以判断是否进入共同富裕阶段。

**（四）怎样把握党的十八大报告强调"共同富裕是中国特色社会主义的根本原则"的重要意义和走向**

《报告》强调"共同富裕是中国特色社会主义的根本原则"，这一规定具有重要的理论和现实意义。坚持走共同富裕的道路，就是坚持走社会主义道路。为了实现共同富裕，就需要有一系列的战略和政策措施。概括起来，依然是狠抓建设社会主义的两大环节：一是以经济建设为中心，又好又快地发展生产力，夯实共同富裕的物质基础。二是巩固和完善基本经济制度，坚持两个“毫不动摇”，搞活、搞好和发展公有制经济，夯实共同富裕的制度保证。《报告》的总题目为“坚定不移沿着中国特色社会主义道路前进　为全面建成小康社会而奋斗”，阐述的有关经济社会建设的内容，都是以发展为手段，以实现共同富裕为目的。《报告》的第一部分概括地提出，必须清醒地看到我们经济社会生活中存在的亟待解决的困难。其论述的前一段是概述发展生产力中存在的需要解决的困难问题，后一段是概述在保障和解决民生问题、走共同富裕道路中所存在的亟待解决的困难问题。

《报告》将坚持走共同富裕的道路同坚持社会主义经济制度和分配制度紧密联系在一起。为了坚持走共同富裕道路，就“要坚持社会主义基本经济制度和分配制度”。什么是“社会主义基本经济制度”？我国宪法中明确规定：“中华人民共和国的社会主义经济制度的基础是生产资料的社会主义公有制，即全民所有制和劳动群众集体所有制。社会主义公有制消灭人剥削人的制度，实行各尽所能、按劳分配的原则。”宪法中将“社会主义经济制度”同“社会主义初级阶段的基本经济制度”作为既有联系又有区别的两个概念并列提出。后者的内容是：“国家在社会主义初级阶段，坚持公有制为主体、多种所有制经济共同发展的基本经济制度。”初级阶段的分配制度是：“按劳分配为主体，多种分配方式并存的分配制度。”只有坚持社会主义公有制经济制度和社会主义按劳分配制度，才能坚持公有制为主体、多种所有制经济共同发展的基本经济制度和按劳分配为主体、多种所有分配方式并存的分配制度。邓小平同志明确告诉我们：“我们在改革中坚持了两条，一条是公有制经济始终占主体地位，一条是发展经济要走共同富裕的道路，……只要我国经济中公有制占主体地位，就可以避免两极分化。”① 离开了公有制为基础或为主体，搞私有化，就必然是两极分化，不可能实现共同富裕。

**（五）共同富裕作为一个相对概念，是社会主义和共产主义由低到高的不断推进过程**

从全社会人民之间的收入和生活水平来看，即使达到了共同富裕的水平，富裕的层次也会有区别，而且不同人们之间的富裕层次也不会固定不

① 《邓小平文选》第3卷，人民出版社1993年版，第149页。

变，会有交叉和转化。从经济社会发展的过程来看，在现实社会主义社会和未来共产主义社会中，共同富裕的水平依然是一个随着生产发展和财富增加而不断提高的过程。可以初步判断，我国会经历一个由初级共同富裕到中级共同富裕再到高级共同富裕的历史过程，实现初级共同富裕，不需要达到目前发达国家的人均GDP5万美元以上的标准，只要缓和乃至消除两极分化，实现分配公平，按照目前的购买力水平，人均收入达到1.5万到2万美元就可以进入初级共同富裕阶段。

### （六）实现共同富裕的难点是什么

在中国特色社会主义的建设和科学发展过程中，会碰到这样那样的障碍和困难，需要不断克服。转变经济增长和发展方式，调整经济结构，全面协调可持续发展等等，都不是摆着平坦大道可任你顺利前进的事情。实现共同富裕，除了要解决发展方面的难题，更重要的是会碰到怎样坚持和发展公有制为主体和按劳分配为主体的制度性难题。当前，我国私营经济和外资经济已占国民经济的很大比重，城镇80%的职工在非公经济中就业。私营和外资企业是非公有制经济，资本利润与雇佣劳动力的收入是天然对立的。根据近几年的统计资料，私营和外资企业工人的平均工资收入，只及国有企业职工收入的一半多，不少私营和外资企业存在侵犯职工正当权益的问题。当然，也有一些私营企业奉公执法，关心和维护职工权益，热心于公益和慈善事业，值得肯定和赞许。但一般说来，非公有制经济会产生贫富分化问题，难以实现社会主义所要求的共同富裕。而我国是社会主义国家，走中国特色社会主义道路，不能放弃作为社会主义本质规定和根本原则的共同富裕。所以，在一定历史阶段，只能实现中国特色的社会主义共同富裕。对于非公有制经济中产生的富豪，需要依法保护其财产，也不能限制其人数增加和财富的进一步扩大，只能从两方面致力于共同富裕：一方面也是主要方面，重在保障和改善低收入劳动者的生活状况，特别是解决困难群体的民生问题。加大惠民政策力度，让广大劳动人民衣食住行的基本生活条件获得保证，无后顾之忧，而且能享受到人的全面发展所需的生活资料、发展资料和享受资料，生活水平不断提高。另一方面，对富人阶层而言，应多交点税收，多行点善举，多承担点社会责任，多关心点困难群体。特别是私营和外资企业，应多给职工提高点工资和多谋点福利，保障职工权益。这样，初级层次的共同富裕也基本可以达到。

最后，需要补充一点意见：重视和强调走共同富裕道路，本是科学社会主义和中国特色社会主义应有之义。面对当前收入分配差距过大的问题，强调和着力于共同富裕，更具有重要的理论和现实意义。但是，在着力于保障和改善民生，提高人民收入和生活水平，全面建成小康社会，让人民过上好生活，描绘出未来共同富裕的美好愿景时，不要在宣传中形成一种激励广大群众不切实际地片面期待与需求，忽视另一个重要方面，即广大劳动人民群众应为建设社会主义和美好家园“各尽所能”，齐心奋斗，为社会多做贡献。从长远的发展趋势来看，劳动者应主要靠提高文化知识和科技水平，靠自己更多更好的劳动和才智贡献，获得更多的收入。在齐心协力做大蛋糕的同时，每人分得更多一些。这也是社会主义应有之义。

# 做大"蛋糕"与分好"蛋糕"是辩证统一的关系①

社会主义制度的优越性应表现在两方面：一是快速发展社会生产力；二是发展成果惠及广大人民，走共同富裕道路。这是社会主义本质的要求和体现。快速发展社会生产力，就是致力于尽快把"蛋糕"做大；让广大人民共享发展成果，消除两极分化，逐步实现共同富裕，就是要在做大"蛋糕"的同时分好"蛋糕"，实现社会公平正义。

当前中央强调和重视分配公平、缩小收入差距、实现共同富裕，特别是把民生问题提到一个新的高度，就是要求更加重视分好"蛋糕"。但这丝毫不意味着只重分好"蛋糕"而轻做大"蛋糕"。马克思主义认为，在社会经济发展的生产、分配、交换、消费诸环节中，生产起决定作用。就生产和分配的关系来讲，生产什么才能分配什么，生产多少才能分配多少。而且，生产方式决定分配方式，决定按照什么方式、什么原则去分"蛋糕"。这就是说，首先要做"蛋糕"，才谈得上分"蛋糕"；"蛋糕"做得越大，人们分得的"蛋糕"才能越大。马克思主义又认为，分配对生产有反作用，在一定意义上也有决定作用。"蛋糕"分得公平合理，可以调动劳动者和要素所有者的积极性、主动性、创造性，促进经济发展，把"蛋糕"做得更大更好。

在社会主义制度下，应当也能够把做大"蛋糕"与分好"蛋糕"统一起来，也就是在做大"蛋糕"的同时分好"蛋糕"，在分好"蛋糕"的同时促进"蛋糕"做得更大更好。但国际国内发展实践表明，做大"蛋糕"与分好"蛋糕"并不是天然统一的：既不是只要把"蛋糕"做大，收入差距就会自动缩小；也不是收入差距扩大一段时间后，就会自动趋于缩小。如果没有政府的自觉调控，收入差距是不可能自动缩小的。即使从发达资本主义

① 本文原载《人民日报》2011年10月11日。

国家几百年的发展历程看，也不存在做大“蛋糕”与分好“蛋糕”天然统一的情况。在当代，有些发达资本主义国家也重视分好“蛋糕”的问题，它们通过高额累进税、遗产税、慈善事业等来制约收入分配和财产占有上的差距扩大，通过较为成熟和有效的社会保障制度来保障低收入者的生活水平、缩小初次分配中形成的过大差距。我国是社会主义国家，应该既重视把“蛋糕”做大做好，又重视把“蛋糕”切好分好。无论只重做大“蛋糕”而轻分好“蛋糕”，还是只重分好“蛋糕”而轻做大“蛋糕”，都是偏离社会主义本质要求的。

什么叫分好“蛋糕”？怎么分好“蛋糕”？第一，分好“蛋糕”不是搞平均主义、人人分得相等的一块，而应是根据各自在做“蛋糕”中的贡献分得相应的一块；第二，缩小收入差距不是不要差距，合理的、与贡献差距相一致的收入差距是必要的；第三，在公有制经济中分好“蛋糕”，就要贯彻实行按劳分配原则，多劳多得、少劳少得，奖勤罚懒、奖优罚劣，随着劳动生产率的提高适时增加职工收入，规范国有企业高管的收入；第四，在私营和外资企业中分好“蛋糕”，就要确保工人的合法权益不受损害，处理好企业利润与工资的分配关系；第五，从总的框架来讲，要把“蛋糕”切分为三大块——企业一块、职工（劳动报酬）一块、国家一块，现在的问题是职工的一块偏小，所以应提高劳动报酬在初次分配中的比重，提高居民收入在国民收入分配中的比重；第六，提高劳动报酬不能“刮风”，不能一哄而上，不能只重行政命令，而应根据不同经济成分、不同类型企业的具体状况，提出统一性和差别性相结合的指导方针，并把市场调节与政府调控结合起来；第七，分好“蛋糕”重在提高低收入者的收入水平，而对低收入者来说应重在通过提高技术水平、知识水平、专业水平和劳动绩效来增加收入，不能仅仅在不变的劳动绩效和既有的“蛋糕”存量上不断增大自己的一块；第八，做大“蛋糕”和分好“蛋糕”，要求坚持和完善社会主义初级阶段基本经济制度、坚持和完善公有制为主体和按劳分配为主体，实行多种所有制经济共同发展和多种分配方式并存。

# 按要素贡献参与分配的“贡献”是指什么①

为了准确理解和科学把握党的十六大报告提出的“确立劳动、资本、技术和管理等生产要素按贡献参与分配的原则”，需要弄清一个理论问题。生产要素按贡献参与分配，这里的贡献是指什么？有人认为是指各种要素都创造价值，都作为价值源泉所作出的贡献；并把报告中关于“放手让一切劳动、知识、技术、管理和资本的活力竞相迸发，让一切创造财富的源泉充分涌流”的论述，理解为劳动和非劳动要素都创造价值，都是价值的源泉。我认为这种认识是不对的。

生产要素中的劳动，包括科技工作者和经营管理者的劳动，既创造财富，也创造价值，因而是财富与价值的源泉。技术、知识本身以及资本尽管是生产财富和价值的必要条件，以原材料形式存在的资本还与劳动共同构成财富的内容，但它们并不是价值的源泉。应当明确，十六大报告并没有用要素价值论取代劳动价值论。在马克思主义的文献中，财富的源泉是指使用价值的源泉，与价值的源泉是不同的概念，两者不能相互混淆或取代。从十六大报告中可以清楚地看出，生产要素按贡献参与分配，是指按生产要素在生产财富即使用价值中的贡献分配。报告中讲到“放手让一切劳动、知识、技术、管理和资本的活力竞相迸发，让一切创造财富的源泉充分涌流”时，是把生产要素与“创造财富”联系在一起的，而且运用的是马克思主义原理。如果由此认为，劳动、知识、技术、管理和资本都创造价值，那就把创造财富与创造价值、把财富的源泉与价值的源泉混淆起来了。马克思在《哥达纲领批判》中认为，共产主义社会商品生产消亡了，从而作为价格基础的价值不再存在，劳动不再成为价值的源泉，但劳动和自然界一起依然构

① 本文原载《人民日报》2003年2月18日。

成财富的源泉。他说：在共产主义社会高级阶段，“随着个人的全面发展，他们的生产力也增长起来，而集体财富的一切源泉都充分涌流”。

马克思、恩格斯一再强调，劳动是价值的唯一源泉，但不是财富的唯一源泉。马克思在《资本论》第1卷第1章中就讲：“劳动并不是它所生产的使用价值即物质财富的唯一源泉。”“上衣、麻布等等使用价值……是自然物质和劳动这两种要素的结合。”他还特意引证了威廉·配第的话：劳动是财富之父，土地是财富之母。在《哥达纲领批判》中，针对哥达纲领所宣称的“劳动是一切财富和一切文化的源泉”的说法，马克思强调指出：“劳动不是一切财富的源泉。自然界同劳动一样也是使用价值（而物质财富就是由使用价值构成的！）的源泉。”恩格斯在《劳动在从猿到人的转变中的作用》中也讲：“政治经济学家说：劳动是一切财富的源泉。其实，劳动和自然界在一起它才是一切财富的源泉，自然界为劳动提供材料，劳动把材料转变为财富。”比如，棉布服装是由裁缝的劳动对棉布进行加工制成的，而棉布是由纺织工人的劳动将棉花纺成纱、将纱织成布的，而棉花是通过棉农的劳动在土地上种出来的，与自然界的作用相联系。自然界的土地阳光、雨水等对生产棉花的使用价值有贡献，但不创造价值。依此类推，最后将棉布做成服装。制衣劳动与棉布是服装的构成要素，劳动与棉布都在生产服装这一财富中作出了贡献，但创造新价值的只是劳动，棉布这个要素除将旧价值转移为成本外，不会将自己的价值增大。再如，木制家具是由木工加工木材形成的，而木材是自然界提供的。木材在创造木器财富中是不可缺少的要素，但木材本身不会创造新价值，只是把原有的价值转移到木器制品中。木器制品的价值源泉是劳动，包括其中的伐木劳动、运木劳动、锯木劳动、生产木器制品的劳动等，并不包括自然界。但作为木制品使用价值源泉即财富源泉的不只是劳动，还有自然界或自然物质。

由此可见，财富的源泉同价值的源泉虽有联系，但不是同一概念。生产要素按贡献参与分配中的贡献，是指生产要素在生产财富即使用价值中的贡献，而不是指它们在创造价值中的贡献。确立生产要素按贡献参与分配的原则，并不否定马克思劳动价值论。

# 关于公平与效率关系之我见①

［摘要］效率和公平问题，存在于经济社会生活的各个方面。学界之所以普遍关注这一问题，因为它既是一个涉及经济发展和社会主义生产关系完善的重要理论问题，也是一个关系到和谐社会建设、公平与正义有效实现的实际问题。尽管从十六届四中全会起，中央已放弃了“效率优先，兼顾公平”的提法，但理论界的争论一直没有停止。近两年来，特别是2006年，争论达到了高潮。理论界有关效率与公平的不同意见，可以概括为，效率与公平并重论，效率与公平统一论，市场管效率、政府管公平论，坚持“效率优先、兼顾公平”论。

效率问题和公平问题，存在于经济社会生活的各个方面。这里所讲的效率与公平的关系，是指生产效率和资源配置效率与分配公平的关系。这个问题，中外经济学界长期进行讨论与交锋，存在多种不同的意见。我国学界的有关讨论或争论，往往与中央作为指导性意见的关于效率与公平关系的提法相交织。

与分配相关的效率与公平的关系问题，中央的提法有多次改变。学界之所以普遍关注这一问题，因为它既是一个涉及经济发展和社会主义生产关系完善的重要理论问题，也是一个关系到和谐社会建设、公平与正义有效实现的实际问题。而中央有关提法的演变，又是与改革的推进和经济社会发展的不同历史阶段的特点相联系的。

① 本文原载《经济学动态》2007年第5期。

## 一、对中央有关效率与公平的几种提法演变的解析

1987 年 10 月党的十三大报告提出："我们的分配政策，既要有利于善于经营的企业和诚实劳动的个人先富起来，合理拉开收入差距，又要防止贫富悬殊，坚持共同富裕的方向，在促进效率提高的前提下体现社会公平。"这一分配政策将"先富"与"共富"统一起来。允许和鼓励善于经营的企业（包括公私企业）和诚实劳动的个人先富起来，合理拉开收入差距，是针对以往和当时经济生活中的平均主义分配倾向的。同时强调防止贫富悬殊，坚持共同富裕的方向，就是要坚持分配关系中社会主义方向。而为了实现"先富"与"共富"的统一，就需要正确处理效率与公平的关系。即既要重视效率，又要重视公平，将两者统一起来。"在促进效率提高的前提下体现社会公平"，这一提法中不存在公平与效率孰重孰轻的问题。社会主义的根本任务是发展生产力，而发展生产力应重在提高经济效率。发展生产力和提高效率的根本目的，是要实现社会主义本质所要求的共同富裕。实现共同富裕，就需要遵循分配公平的原则。分配公平有利于促进效率的提高，而在效率的提高中又要"体现社会公平"，防止贫富分化。平均主义既无公平也无效率，党的十三大关于效率与公平关系的提法，直接针对平均主义的弊端是很明确的。它接着指出："当前分配中的主要倾向，仍然是吃大锅饭，搞平均主义，互相攀比，必须继续在思想上和实际工作中加以克服。"

既要反对平均主义，允许和鼓励一部分人先富起来，合理拉开收入差距，又要体现社会公平，避免贫富悬殊。为此，十三大报告提出："对过高的个人收入，要采取有效措施进行调节；对以非法手段牟取暴利的，要依法严厉制裁。"

1992 年党的十四大报告中提出：在分配制度上，"兼顾效率与公平"。这一新的提法，与上述十三大报告的提法相比，并无内容上的质的差别，兼顾效率与公平，也不存在孰重孰轻的差别。兼顾两者，与两者并重意思相近。十四大报告进一步提出，重视效率的措施是"运用包括市场在内的各种调节手段"，"鼓励先进，促进效率"。而重视公平，体现在"合理拉开收入差距，又防止两极分化，逐步实现共同富裕"。合理拉开收入差距，是效率与公平的连接点，既有利于促进效率，又体现了分配公平。

1993年11月党的十四届三中全会通过的《中共中央关于建立社会主义市场经济体制若干问题的决定》（以下简称《决定》）中，关于效率与公平的提法，有了改变。《决定》提出：个人收入分配要“体现效率优先，兼顾公平的原则”。其具体说明中没有再提前述中央文件中所规定的“防止贫富悬殊”或“防止两极分化”。这里所强调的“效率优先”，是相对于分配公平来讲的，就是说，效率要优先于分配公平，分配公平只处于“兼顾”的地位。这里所讲的“兼顾公平”的“兼顾”，与党的十四大所提的“兼顾效率与公平”的“兼顾”，其内涵已不同了。后者的“兼顾”，是将效率与公平放在同等的地位上，不存在谁优先于谁的问题。而“效率优先，兼顾公平”，则意味着将分配公平放在一个次要地位，只是兼顾一下而已。不管原来提出“优先……兼顾”的本意是什么，但从提法的文字表述来看，必然和只能做这样的理解。

有些学者认为，强调“效率优先，兼顾公平”，是针对平均主义的，似乎平均主义分配只重公平而忽视效率，所以要强调效率优先。这样理解存在两个问题：首先，如前所述，平均主义既无公平，也无效率。正因为平均主义不公平，干不干一个样，干多干少、干好干坏一个样，从而干得少的和差的占有了干得多的和好的一部分劳动成果，会挫伤人们的劳动积极性和主动性，损害劳动效率和生产效率。其次，如前所述，党的十三大报告中提出的“在促进效率提高的前提下体现社会公平”，就是直接针对平均主义的。十四大讲“兼顾效率与公平”也与平均主义不相容。讲“效率优先，兼顾公平”，虽然也要否定平均主义，但三中全会之所以要改变提法，并不是由于以前十三大和十四大的提法没有针对平均主义，不是只有强调效率优先，看轻分配公平，才能否定平均主义。可以这样判断：提出“效率优先，兼顾公平”的原则，是与建立社会主义市场经济体制的理论认识相联系的。它是在《决定》中提出的。由传统计划经济转向市场经济，就是为了使市场配置资源的效率高于指令性计划配置，市场经济是竞争经济。十四届三中全会的《决定》中在提出“体现效率优先，兼顾公平”的后面，紧接着讲“劳动者的个人劳动报酬要引入竞争机制”。而市场竞争机制，既包括劳动者之间的竞争，也包括企业间的竞争，还包括资本与劳动之间的竞争。通过市场竞争形成的市场分配，必然会出现收入分配差距扩大的格局。所以，西方经济学一般把市场经济与分配不公联系在一起。如《现代日本经济事典》

中讲，市场经济以承认分配不公为前提。① 西方有一派经济学家强调在市场经济条件下，效率绝对优先，不赞同政府人为地去干预分配结果的公平，认为由市场竞争形成的要素收入差距是公平的。我国经济学界也有人提出，实行市场经济，在分配关系上应是效率优先、兼顾公平。正是在这种背景下，三中全会改变了以往关于公平与效率关系的提法。

"优先"与"兼顾"的提法，从1993年十四届三中全会起，到1997年十五大报告，到2002年的十六大报告，再到十六届三中全会，延续讲了十几年。十六大报告讲得更为具体。除讲"坚持效率优先，兼顾公平"外，还进一步说明："初次分配注重效率，发挥市场的作用，……再分配注重公平，加强政府对收入分配的调节职能，调节收入差距过大。"显然，这里具体提出通过"发挥市场的作用"，实现效率优先，是从市场配置资源的角度讲的。

值得研究的一个问题是：在十六大前的2001年9月，中共中央印发了《公民道德建设实施纲要》。其中关于效率与公平的关系有个新的提法："坚持注重效率与维护社会公平相协调，要把效率与公平的统一作为社会主义道德建设的重要目标。在全社会形成注重效率、维护公平的价值观念，把效率与公平结合起来。"显然，这里强调的是效率与公平的"协调"、"统一"与"结合"。十六大报告重提"坚持效率优先，兼顾公平"，可以认为，文件起草专家与高层领导在效率与公平关系的问题上，是有过理论认识上的反思和反复的。

随着我国改革开放的推进和经济的快速发展，出现新的经济社会矛盾，特别是收入差距过分扩大、形成贫富分化、社会不公现象凸显，引起社会的关注。中央从实际出发，在强调以人为本、科学发展观、建设和谐社会的同时，顺应民心民意，一再提出要注重社会公平。于是对效率与公平关系的提法，进行了调整，即放弃了"效率优先，兼顾公平"这一多年的提法，着力于缩小收入差距的过分扩大，重视分配的公平。

2004年党的十六届四中全会强调提出："注重社会公平，合理调整国民收入分配格局，切实采取有力措施解决地区之间和部分社会成员收入差距过大的问题，逐步实现全体人员的共同富裕。"这里讲的三条都是公平问题，

① 《现代日本经济事典》，中国社会科学出版社1982年版，第151—152页。

一是注重社会公平；二是解决收入差距过大问题；三是实现共同富裕。在分配关系上不再提效率优先。公平不再处于“兼顾”地位，而是作为重要关注点予以强调。

2005年10月党的十六届五中全会提出：“注重社会公平，特别要关注就业机会和分配过程的公平，加大调节收入分配的力度，强化对收入分配结果的监管。在经济发展的基础上逐步提高最低生活保障和最低工资标准，认真解决低收入群众的住房、医疗和子女就学等困难问题。”并提出要“着力提高低收入者收入水平，逐步扩大中等收入者比重，有效调节过高收入，……努力缓解地区之间和部分社会成员收入分配差距扩大的趋势”。显然，这里所讲的全部内容，都是强调公平问题。既从理论认识上，强调“注重”和“关注”包括分配公平的社会公平，又提出具体政策措施，以缓解收入差距扩大趋势，实现收入分配的社会主义公平原则。

特别应该注意到的是十六届六中全会通过的《中共中央关于构建社会主义和谐社会若干重大问题的决定》中的有关提法：“在经济发展的基础上，更加注重社会公平，着力提高低收入者收入水平，逐步扩大中等收入者比重，有效调节过高收入，坚决取缔非法收入，促进共同富裕。”这里继续强调注重社会公平，而且加重语气，再次强调“更加注重”社会公平。显然，这与“兼顾公平”的提法是不同的，也与效率优先于公平相对立。

怎样理解“在经济发展的基础上，更加注重社会公平”？首先，它表示我国改革开放近30年来，经济快速发展，但出现了贫富差距不断扩大的趋势。因此，需要在经济发展的同时，更加注重社会公平，而且在已有的经济发展的基础上，可以运用更加雄厚的物力财力，去解决收入差距过大的问题。其次，缩小收入差距，促进共同富裕，应是在大力发展经济的基础上实现，不能再搞普遍贫穷的社会公平。

在分配问题上不再讲“效率优先”，并不意味着在发展生产和经济建设中可以不重视效率。生产重效率，分配重公平，是社会主义应有之义。所放弃的是将效率优先于分配公平，将公平降为次要地位的思路。

理论研究和新闻媒体应理性理解中央关于效率与公平问题提法的改变，用科学的理论与社会主义实践相结合的思路研究新情况和新问题，认同中央一再强调的“注重”和“更加注重”社会公平的新思路。社会公平包括机会公平、权利公平、规则公平与分配公平，而落脚点是分配公平。

## 二、对近年来关于效率与公平问题不同意见的评析

尽管从十六届四中全会起，中央已放弃了“效率优先，兼顾公平”的提法，但理论界的争论一直没有停止。近两年来，特别是2006年，争论达到了高潮。有些学者的争鸣超出了学术讨论的范围，变成了情绪化、政治化的东西。

理论界有关效率与公平的不同意见，可以概括为以下几种：

（1）效率与公平并重论，又分两种具体见解。有的学者认为，“效率优先，兼顾公平”的原则只适用于一定历史时期，而不是固定不变的原则。在新的历史时期，在收入分配差距扩大凸显、影响社会稳定的情况下，按照科学发展观的要求，效率与公平的天平，应向公平倾斜，不应继续坚持“优先……兼顾”原则。而另一些学者则认为，效率与公平并重，应是一个普遍的原则，不赞同以往“优先……兼顾”的提法。

（2）效率与公平统一论。“统一论”与上述“并重论”，在有的学者那里是一致的，而在另一些学者那里又是不完全一致的。因为“并重论”有两种看法：其一是认为两者是相互促进的互补关系，不存在此消彼长的矛盾；其二是认为两者存在矛盾。对两者并重或兼顾，就是怎样以最小的不公平换取最大的效率，或是以最小的效率的损失换取最大的公平。而“统一论”则认为，在市场经济条件下，不管效率与公平是否客观上存在内在统一的关系，在理论指导与政策措施层面应将两者统一起来，既不应以牺牲公平换取效率，也不应以牺牲效率换取公平。

（3）市场管效率，政府管公平论。认为实行市场经济，就是要提高资源配置效率，而市场经济是竞争经济，必然会出现收入分配的不公平，差距扩大。这就需要政府进行调控，缩小收入差距，实现相对公平。政府强调效率优先，是一种错位。

（4）公平优先，兼顾效率论，认为社会主义国家应首先重视公平。只有在实现收入分配公平的条件下，才能逐步实现共同富裕。而且，分配公平才能促进效率，分配不公平会挫伤劳动和工作的积极性，损害效率。

（5）坚持“效率优先，兼顾公平”论。又分多种不同的理由。其一是认为效率属于生产力范畴，发展生产力永远是第一位的，所以应是效率优

先。有的学者说："效率优先的本质是发展第一，这在任何时候都不会错。"其二是认为，效率优先就是要把"蛋糕"做大，只有把"蛋糕"做大才能解决分配公平问题。不坚持"效率优先，兼顾公平"，就是要退回到旧体制的平均主义去，让大家捆在一起穷。其三是认为生产决定分配，生产占第一位，分配只能是第二位，所以效率要优先于分配公平。其四是反对讲分配公平，认为公平与分配"不能联姻"。讲分配公平，就是要把公平作为分配的标准。而公平是难以作为衡量分配的标准的，不像用秤称东西那样有个定盘星，有个秤砣，能准确衡量重量。世上没有公平分配，马克思的《哥达纲领批判》中的公平分配观，强调分配公平，是拉萨尔的机会主义观点，是要搞平均主义。其五是认为讲效率优先，更重要的是指资源配置效率，讲公平，应强调机会均等，只要赞同机会均等，就得赞同效率优先。这是市场经济体制的效率与公平关系。持此见解的作者尖锐批评质疑"效率优先，兼顾公平"的言论："有一些人否定这个原则，是与否定改革方向，否定市场经济，否定邓小平理论的一些基本观点联系在一起的。"

我们讲效率是指生产效率、经济效率，因而是属于生产领域、经济领域的事。讲分配公平是指个人收入分配的公平，是分配领域的事。社会主义的根本任务是发展生产力，而发展生产力应重视效率，效率表现为劳动生产率和经济效益。强调重视效率，永远不会过时，永远是正确的。另一方面，讲分配公平，不同的阶级，不同的社会经济制度，不同的历史时期，会有不同的内涵。而且公平只能是相对的，没有绝对的公平。社会主义的分配公平是与社会主义经济制度特别是社会主义本质相联系的。实行公有制，人们在生产资料面前是平等的。在公有制基础上解放生产力、发展生产力，消灭剥削、消除两极分化，逐步实现共同富裕，这体现了社会主义的社会公平，也是社会主义所要求的分配公平。由于我国还处于社会主义初级阶段，还存在多种所有制共同发展，存在多种分配方式，分配公平的内涵就不是单一的了。但作为社会主义国家，无论实行按劳分配还是"按生产要素贡献"分配，都应该重视和强调分配公平。从生产重效率、分配重公平的角度说，主张分配领域效率与公平并重论或统一论，是可以认同的。

主张市场管效率，政府管公平的见解，是从市场配置资源的角度讲的，有其合理性。但我们讲效率，不应仅限于资源配置效率。我们重视资本效率，也要重视劳动效率。作为社会主义国家，更应重视发挥劳动者的主动性、积极性与创造性，以提高劳动效率。从这一角度讲，更应重视劳动收入分配的公平。分配公平才能促进效率。因此，单讲资源配置效率与分配公平是不够全面的。

讲公平优先、兼顾效率，也难以认同。如果赞同生产重效率，分配重公平，那就得承认两者不存在谁优先谁兼顾的关系。生产效率既不应也不会优先于分配公平，反过来，分配公平也不应和不会优先于生产效率。讲“优先”，不仅指顺序在先，而且是指其地位更为重要，即效率重于公平或公平重于效率。既不能把分配公平放在一个仅仅兼顾一下的次要地位，也不能反过来把生产效率放在一个兼顾的次要地位。

坚持“效率优先，兼顾公平”的见解，所持论据是难以成立的。不错，生产效率、经济效率是属于生产力的范畴。社会主义要大力发展生产力，发展是硬道理，是执政党执政兴国的第一要务。但是，第一，强调发展，强调生产力的作用，并不存在轻视或不重视分配公平的理由或内在联系。既强调发展生产力，又强调分配公平，有什么不可以的道理呢？第二，强调发展，重视生产力，并不是为发展而发展，为生产力而生产力。发展生产力，发展经济，是服从于消费需要的，是为逐步实现社会主义所要求的共同富裕提供必要条件的。如果在发展的同时，忽视分配公平，甚至像有人那样反对讲分配公平，那么，发展的结果必然是两极分化，不可能走向共同富裕。第三，不能把效率同发展生产力、发展经济，简单划等号。发展，可以是高效率的，也可以是低效率的，还可以是无效率甚至负效率的。强调生产重效率，就是要求又好又快又省地发展，由粗放型增长方式转变为集约型增长方式。而片面追求速度和 GDP 的发展，高投入、高消耗、高污染，低产出、低质量、低效益的发展，不应继续下去，更不能使这种发展处于“优先”地位。

至于将不赞同“效率优先，兼顾公平”而主张重视分配公平的观点，批评为要倒退到旧体制的平均主义分配去，是错把平均主义当作公平分配了。其实，如前所述，平均主义是马克思主义历来反对的小资产阶级的公平观。平均主义既无公平，也无效率。目前强调分配公平，首先是要缓解收入差距过分扩大的趋势，制止贫富分化，与平均主义无关。

认为在分配关系上强调效率优先，就是主张把“蛋糕”做大。只有把“蛋糕”做大，才能解决分配公平问题，否则只能共同贫穷。这一理由也不完全符合实际。我国改革开放近 30 年来，经济快速增长，“蛋糕”做大了多少倍，而正是这时收入差距扩大的问题突出地显现出来。从国外发展中国家和发达国家来看，也并不是“蛋糕”做大就一定会带来分配的公平。世界银行的有关官员远在1973年就根据实际材料指出：“尽管发展中国家的GDP有了十年的空前增加，可是它们人口中最穷困的部分，只得到较少的好处，……他们正处于绝对意义上的贫困。”“在经济迅速增长的十年中，伴随而来的是许多发展中国家收入分配的更大不均。”① 据英国《观察家报》2006年6月8日在题为《醒醒吧，美国梦已经结束》一文中提供的资料称：“在1980年到2004年间，美国的国内生产总值增长了近2/3，但它没有使所有人的生活都得到改善，而只是让这个国家的一部分人变得更加富裕，另一部分则陷入更深的劳苦贫困的黑洞。”任何国家，在发展私有制商品经济和市场经济中，如果离开政府的有效调节，蛋糕做得再大，也不会自发地缩小收入差距，实现分配公平。

至于反对讲分配公平，宣传什么“公平与分配不能联姻”，是中外学界少见的奇特观点。说什么“公平不能成为分配的标准”，谁说过要把公平作为分配标准呢？是作者自己概念混乱。要区分不同分配制度所依据的分配标准同衡量分配公平不公平所依据的标准。比如，按劳分配所依据的标准是劳动贡献，多劳多得，少劳少得。衡量分配公平不公平的国际标准是基尼系数。我国的基尼系数已达到0.45至0.46了，超过了国际警戒线，也超过了发达资本主义国家。在实际生活中也可感受到贫富差距的扩大。至于提出分配没有称斤论两的衡量公平的标准，所以应否定讲分配公平，这不是理论研究语言和思维方式。按此说来，讲社会公平、教育公平、机会公平、权利公平等等，都应当反对了，因为都没有称斤论两的衡量标准。反对讲分配公平的另一个理由是马克思在《哥达纲领批判》中批判过哥达纲领中的“公平分配”观，这是误解与错解。马克思所批判的是离开具体的社会制度、历史条件，特别是离开一定的生产资料所有制度，而抽象地空谈“平等权利”、“公平分配”。难道资产阶级不是也认为资本主义的分配是公平的吗？马克思认为，社会主义的公平分配只能是按劳分配，而共产主义高级阶段的按需分配，才是形式上和实际上相统一的公平分配。

---

① 查尔斯·K. 威尔伯主编：《发达与不发达问题的政治经济学》，中国社会科学出版社1984年版，第12—13页。

强烈坚持“效率优先，兼顾公平”，高调批判质疑和否定这一提法的，是周为民先生。他斥责质疑和主张改变这一提法的言论是“热衷于一些空泛浮躁偏颇庸俗的议论，甚至似乎只有那些放言否定改革的基本方向和重大原则，否定市场经济发展，而空谈平等，随意美化旧体制的言论才是为穷人代言。”① 直到2006年，周先生还在《中国改革》第9期上发表《“效率优先，兼顾公平”原则的回顾与思考一〈学习时报〉总编辑周为民教授访谈录》。他猛烈抨击对方的言论：“近一段时间以来否定效率优先，兼顾公平的各种文章、言论，客观上造成的后果是不好的，添乱的。”还进一步说：有一些人否定这个原则，是在否定改革方向，否定市场经济，否定邓小平理论的一些基本观点。他批判“高喊公平”，说公平“是一个具有社会鼓励性或者煽（煽应为煽——引者）动性的口号，古今中外，从来都是在野党、反对派才把这个笼统的口号叫得最响”。

周先生强调的是机会均等，而非分配公平。他说：我们“强调提出机会均等作为效率原则的重要性，一定要用机会均等来代替传统的那种平等观”。周先生应该知道，哈耶克、弗里德曼等西方新自由主义学者，是从维护资本主义自由市场经济出发，提出市场配置资源效率绝对优先论，他们不赞成通过政府调控干预分配公平。他们强调机会公平而不重视分配公平。他们强调的效率，是资本效率。他们所追求的公平，是资本权利的“公平”。市场配置资源的效率越高，资本的效率越高，占有资本和其他非劳动要素越多，收入报酬也越多，这正是他们所强调的市场经济的公平。在他们看来，搞分配结果的公平，就是均等化的公平，会损害市场经济效率。周先生的观点与此基本相同。我国作为社会主义国家，应首先着眼于劳动的效率和劳动收入的公平。当然，在社会主义初级阶段要同时发展多种所有制经济，也要重视资本的效率和资本分配的“公平”。但如果只重视资本配置效率，片面强调效率优先，而忽视收入分配的公平，特别忽视劳动效率和劳动收入的公平，乃至忽视整个社会主义社会的公平，就必然会产生两极分化，损害社会主义制度。我国实行的是社会主义市场经济体制，不能用哈耶克等维护资本主义市场经济的观点，指导我国的改革，何况哈耶克等的观点，也受到西方经济学中主张公平优先和主张效率与公平并重的学者的否定。

---

① 周为民：“收入差距：怎么看，怎么办?”《学习时报》2005年12月26日。

周先生批判主张改变“优先……兼顾”提法的学者是否定改革、否定市场经济、否定邓小平理论，完全超出了实事求是的学术讨论和理论研究的范围，是非理性的、情绪化与政治化的东西，是我们在“文革”中听惯了的“大批判开路”的东西，并不能增加任何理论真理性的分量，其效果适得其反。试问：我国实行社会主义市场经济，就一定需要让效率优先于公平吗？生产重效率，分配重公平，两者并重和统一，怎么就否定了改革和市场经济呢？试问：西方反对效率优先忽视公平的学者，难道是反对资本主义市场经济吗？至于扣上反对邓小平理论的罪名，更是出于虚构与罗织，请问邓小平什么时候讲过要坚持“效率优先，兼顾公平”呢？他一再强调的是共同富裕，先富带后富，防止两极分化。怎么能如此不讲道理，一身霸气地给对方乱扣政治帽子和乱打政治棍子呢？

周先生张扬地讲，是他最早提出“效率优先，兼顾公平”原则的。周先生竭力维护他的观点可以，即使中央已经放弃了这一提法，本着学术自由的原则，依然可以坚持自己的见解。但不应先验地肯定自己的“创新”绝对正确，要中央和理论界听从，将其作为我国改革和实行市场经济必须遵守的原则。别人也有权利提出不同看法。

周先生反对“高喊公平”，说从来是在野党和反对派把这个煽动性的口号叫得最响，这就让人莫名其妙了。大家知道，正是作为执政党的中国共产党，近几年来，一再提出和强调重视公平与正义，更加重视社会公平，重视分配公平。怎么能说历来是反对派和在野党高喊的煽动性口号呢？即使是主张向公平倾斜、强调重视社会公平与分配公平的学者，也多是忠于马克思主义和科学社会主义，忠于共产党，愿为党献计献策的共产党人，能把他们归之为在野党和反对派吗？他们重视和强调与党中央指导思想一致的公平与正义，关注社会公平与分配公平，符合民心民意，怎么成了煽动性的口号呢？

## 三、我为什么不认同“效率优先，兼顾公平”而主张两者并重和统一？

尽管在以往十几年中，我国报刊图书广泛宣传“效率优先，兼顾公平”的理论与政策，但我一直没有写过这方面的东西。本着不惟上、不惟书、不惟风、求真求实的治学精神，我只写自己认知的见解。例如，在 1988 年中国人民大学出版社出版的《探索·改革·振兴》一书中，我讲“在促进效率的前提下努力实现社会公平”（第21页）。用什么促进效率，自然首先是分配公平。2003年，我在《新视野》第5期发表的《怎样认识和把握我国现阶段的个人收入分配制度》中，提出两者并重：“在处理个人收入分配关系上，应着眼于有利于生产力的发展和共同富裕的实现。为此，既要重视效率，又要重视公平。”在《宏观经济研究》第12期发表的《我国现阶段收入分配制度若干问题辨析》一文中讲：“只要真正实行按劳分配，探求按劳分配的有效实现形式，就能够把效率与公平统一起来。”在我主编的《政治经济学原理》教材（经济科学出版社2004年版）中专门设了一题《公平分配与提高效率》，强调说明“效率原则与公平原则是一致的，两者必须并重”。“效率原则不会自然地实现分配公平，处理不当会背离共同富裕的目标。”在《中国特色社会主义研究》2005年第2期发表的《关于提高驾驭社会主义市场经济能力的几个问题》中，我讲：我国作为社会主义国家，“在重视发展生产力、提高效率的同时，要重视收入分配的公平”。2006年我在《光明日报》9月11日发表的题为《实现分配过程公平与效率的统一》一文中，针对该报8月21日刊发的《更加注重公平与强调效率优先并没有本质上的冲突》中继续坚持效率优先、兼顾公平的观点，提出不同意见，主张两者的统一。

我为什么不认同“优先……兼顾”的提法、主张两者并重和统一呢？

第一，某种事物的重要性，并不一定要在战略和政策上赋予其“优先”地位，还同时降低其他事物的存在地位。比如，改革、发展与稳定，都很重要，但并没有也不能强调哪个优先，哪个兼顾，更不能都讲优先。某种事物的优先地位，分两种情况：一种是客观存在的、符合规律性的“优先”，另一种是政策性选择的“优先”。比如，在扩大再生产条件下生产资料生产优先增长，这是具有客观必然性的、规律性的优先，因而会长期起作用。而重工业优先发展，就是政策选择性的优先。中国和其他社会主义国家，曾把重工业优先发展误认作长期起作用的经济规律，将其混同于生产资料优先增长，结果延缓了农业和轻工业的发展。如果说，社会主义国家在其前期一定阶段上，根据国情需要，优先发展重工业是必要的政策选择，那么，将其作为长期不变的原则，使重工业的发展固定地优先于农业和轻工业，就会产生阻碍经济整体统筹发展的消极后果。因此，不要把政策选择性的优先，当作和宣传为规律性优先。而且，对某一事物作出政策选择性的优先，一定要慎重，权衡其利弊得失，而且要从战略性、长远性考虑其效应和后果。

第二，强调什么优先，一般要有个优先的相对面，即优先于什么？对谁优先？比如，生产资料优先增长，是相对于消费资料增长的；优先发展重工业，是相对于农业、轻工业等发展的。那么，讲“效率优先”其相对面是什么？这里又可提出两个问题讨论。其一是，发展生产，发展经济，应重视效率，重视效益，重视劳动生产率，重视科技进步，重视自主创新。为什么对其他方面的重要性都不提“优先”，而单提效率优先呢？我国与发达国家相比，效率确实低下，应当强调提高效率。其实，工作效率、学习效率、销售效率等各方面的效率都应提高。试问，重视和强调效率的提高，是否一定要讲效率优先呢？难道不讲优先，就是不重视了么？固然在经济社会生活的许多方面，应重视效率，但不能一律提出效率优先。比如，公检法办案，也要讲求办案效率，但不应讲“效率优先”，更不能讲“效率优先，兼顾公平”，办案应重在公正、公平。效率应服从于公平。在分配系上提出效率优先，应首先弄清楚其来龙去脉，是针对什么提出的？是中国的创新，还是来自国外？国外的原来含义又是什么？在这一点上，似乎还没有完全讲清楚。其二，如果要强调效率优先，应明确它的相对面是什么？如果其相对面是片面追求速度和数量，搞粗放式增长，那么，强调转向集约型增长，强调效率优先是可以的。但也不需要再提“兼顾”什么。比如，兼顾速度和数量，或兼顾粗放式增长等，那会流于奇谈。

如果把效率优先的相对面定位于分配公平，则会产生几个问题。其一是人们一般讲分配公平不公平，合理不合理，并不讲分配效率高或低，因此，不存在分配效率优先于分配公平问题。讲效率与公平的关系，是指生产效率或经济效率与分配公平的关系。经济效率可分两个不同层次，即企业生产效率和资源配置效率。从企业生产效率看，可细分为劳动效率、管理效率、资源利用效率、科技进步效率等。要提高这些方面的效率，首先需要调动广大工人、科技人员、管理人员的劳动积极性、主动性和创造性。而调动的重要途径是公平合理的分配制度。因此，不存在劳动效率、生产效率优先于分配公平的问题，反而是与劳动贡献相符的公平分配制度能够有效地促进劳动效率和生产效率的提高。

如果讲的是资源配置效率和分配公平的关系，那么，在实行市场经济条件下，实现资源配置效率是市场的功能，而非政府的功能。固然，规范市场秩序，健全市场体系，完善市场机制，需要借助于政府行为，市场运行也需要有政府调控。但是，市场配置资源效率的高低，取决于市场运行机制及其规律，而非取决于政府的理论指导与行政安排。市场经济是竞争经济，是企业追求利润最大化、个人追求市场收入最大化的经济，必然会产生收入差距的扩大。政府的责任，特别是社会主义国家政府的责任，恰恰是应关注和缩小由市场配置资源形成的收入差距的扩大和分配的不公平，而不是把注意力和政策取向的重点放在已不属于政府职能、政府已管不了的资源配置效率上，而将分配公平降于一个兼顾的次要地位。这确实存在政府职能错位问题。

第三，在收入分配关系上，强调效率优先，并不是我国的创新。西方经济学中的新自由主义学派哈耶克、弗里德曼等就是主张效率绝对优先，反对政府干预分配公平。他们是站在大资本的立场上，为资本主义自由市场经济的分配制度辩护的。他们主张效率绝对优先的理由是，市场配置资源的前提是自由经营、自由竞争和生产要素的自由转移。而追求分配公平，通过政府干预再分配，是要使收入分配均等化，这会牺牲自由。自由、平等只有在自由市场经济制度下实现，公平可以通过市场自发形成，主张用“看不见的手”调节经济，认为政府人为地干预分配，实际上是把一部分人的收入转移给另一部分人，这是最大的不公平。他们强调的是机会公平，就是说，谁占有的资本等要素越多，利用效率越高，竞争优势越强，谁获得的市场分配收入便越多，这正是市场配置资源中的公平分配。弗里德曼说：“在过去一个世纪里，流行着一种神话，说自由市场资本主义，即我们所说的机会均等，加深了这种不平等，……没有比这更荒谬的说法了。凡是容许自由市场起作用的地方，凡是存在着机会均等的地方，老百姓的生活都能达到过去做梦也不曾想到的水平。”“一个社会把平等——即所谓结果的均等——放在自由之上，其结果是既得不到平等，也得不到自由。”[①] 他们把分配公平，诠释为结果的“均等”即平均。其实，公平不等于均等。弗里德曼断言资本主义自由市场经济的机会均等，使老百姓的生活达到了梦想不到的高水平，是不顾资本主义自由市场经济两极分化的事实的武断说法，如果将

---

① 弗里德曼：《自由选择》，商务印书馆1982年版，第149、150、152页。

"老百姓"一词改为资本家，那倒符合实际情况。

值得注意的是，哈耶克、弗里德曼等所强调的效率绝对优先、反对干预分配结果公平的理论主张，并没有得到发达资本主义国家政府的采纳。西方发达国家通过建立比较完善的社会保障制度或"福利制度"，通过征收高额累进税、遗产税等，也是要缓解收入分配的不公平。现代资本主义市场经济，已不是新自由主义学派迷恋的以往的自由市场经济，也在运用政府调节这只"看得见的手"，去引导和制约"看不见的手"。

不仅如此，西方经济学界反对新自由主义学派在分配关系上片面强调效率优先的大有人在，国家干预学派主张将公平作为优先考虑的目标。如罗尔斯、勒纳及罗宾逊夫人等就主张重视公平、公平优先。并从道义和经济两方面予以说明，认为公平是"天赋权利"。市场竞争中所引起的收入分配的不公平，是对"天赋权利"的侵犯。分配不公平会损害工作热情，降低效率。美国哈佛大学教授罗尔斯认为：分配不公，损害竞争中处于劣势的人们的工作热情，从而损害效率。追求效率会造成分配的进一步不公平，导致两极分化，引起社会动荡，反过来损害效率。新剑桥学派的罗宾逊夫人认为，追求效率的结果是使分配越来越不平等，反过来阻碍效率和经济增长。这是资本主义社会的症结。提倡政府干预，实现收入公平，主张效率与公平兼顾或并重的，有凯恩斯、萨缪尔森、奥肯等人，奥肯强调：平等与效率，双方都有价值，没有先后次序，其中的一方对另一方没有绝对的优先权。

如果说，强调分配关系中的效率优先，只是西方新自由主义学派的观点，遭到了西方其他学派的反对，而且当代资本主义国家政府也未实行他们的主张。我国作为社会主义国家，更不应追随西方新自由主义的主张。相反，应更加重视社会公平、分配公平。固然，对"公平"含义的理解和说明，不同的阶级，不同的社会制度，不同的历史时期，是存在各自差别的。但从整体上来说，社会主义的公平，已体现于邓小平指出的社会主义本质内容，即通过解放生产力，发展生产力，消灭剥削，消除两极分化，达到共同富裕。而实现社会主义的公平，又必须坚持社会主义经济制度，坚持公有制这一社会主义经济制度的基础。在公有制经济中，人们在生产资料面前人人平等，也只有在公有制基础上，才能实现消灭剥削、消除两极分化，最终达到共同富裕的公平。

第四，"强调效率优先，兼顾公平"，在实际经济生活中，会产生某些与原先意图不一致的负面效应。在私营外资企业中，“效率优先”成了利润率优先，“兼顾公平”，成了可以轻视乃至忽视对待雇佣工人的公平。某些企业违反劳动法，严重损害职工权益。如随意延长劳动时间，超额加班加点而不付或少付加班费，压低和拖欠工资，甚至侵犯工人人身自由。而某些地方行政人员也睁一只眼闭一只眼，漠视职工的权益受损，同时又容忍和保护企业主的不正当利益。台湾《联合报》2006 年 8 月 31 日报道：“许多台商表示，在广东经营企业，员工没有不超时工作的。如何避免法令规定，各厂商都有一套办法，……劳工主管部门都会睁一只眼闭一只眼。”在他们心目中，“效率优先”，就是如某些学者所讲的发展生产优先；“兼顾公平”就是公平与发展生产相比，是次要的事情。某些县乡基层干部，为满足开发商的需要，随意廉价夺取农民的土地。这也可以在借口发展生产第一，公平第二的理念下进行。目前，强调公平、正义，强调社会公平，强调就业和分配公平，强调缩小过大的收入差距，应当成为从中央到地方，到基层，到公私企业的共同理念。需要有效的理论宣传和政策措施，才能改变近些年在我国经济社会中公平、正义、诚信等理念和行为缺失的状况。

第五，笔者主张效率与公平并重和统一。所谓并重，就是在生产和经济领域，要重视效率，在分配领域要重视公平。与发达国家相比，我国的生产效率还很低，差距很大。据有关资料显示，几年前我国的 GDP 占世界总量的 4%多（目前占 5%），而消耗的煤炭占全世界消耗的 31%，消耗的铁矿石占 30%，消耗的钢材占 27%，消耗的水泥占 40%以上。根据 2004 年的资料，我国创造 1 美元所消耗的能源是美国的 4.3 倍、德国和法国的 7.7 倍、日本的 11.5 倍。有关资料表明：根据对 15 个较发达国家的综合评估，平均每个农业劳动力生产谷物为 25 吨，是我国农业劳动力平均水平的 20 倍。如果计算每个农业劳动力的平均总产出，美国一个农民平均创造的财富，相当于我国 100 个农民的产出。所以，我国重视发展生产，不应片面重视 GDP 和速度，而更应重视效率。但生产重效率，并不需要轻视分配公平。

我国作为社会主义国家，绝不能忽视包括分配公平的社会公平。社会主义公平，应是超过资本主义形式公平的更高的、惠及全体劳动人民的公平。既要重视和处理好体现社会主义本质的整体框架的公平，即消灭剥削，消除两极分化，逐步实现共同富裕，也要重视和处理好在多种所有制并存的现实经济中具体分配关系中的公平。不仅要重视国有经济和集体经济中的分配公平，也要重视私营和外资经济中的分配公平，尽管这两种分配公平的内涵是有所区别的。

效率与公平有无矛盾？我国实行公有制为主体、多种所有制共同发展；按劳分配为主体、多种分配方式并存的经济制度。在公有制中，只要真正实行按劳分配，多劳多得，少劳少得，奖勤罚懒，奖优罚劣，既体现了公平，又可以有效促进效率。而效率的提高，使财富增加，劳动收入增加，可在新的更高的收入分配水平上，贯彻按劳分配，从而进一步激励劳动的积极性和创造性，提高生产效率。因此，实行社会主义按劳分配原则，可以把效率与公平统一起来，两者并不存在此消彼长的矛盾，两者的统一，不是人为的，而是客观的、内在的统一。而理论与政策措施，又可以促进和完善这种统一。

在私营和外资企业中，实行按生产要素所有权分配和市场分配，存在着劳资矛盾、利润与工资分配份额的矛盾。既然鼓励私有企业的发展，就得认可资本追求效率和合法收入的“公平”。但不应由此忽视劳动的效率和劳动收入的公平。在这里，资本的效率与劳动收入的公平不存在内在的统一关系。资本收入与劳动收入也不存在内在的统一关系。从这方面说，不存在效率与公平的内在统一。但就职工的劳动效率与其劳动收入的关系来看，又存在统一关系。凡是尊重职工权益、劳动收入比较合理和公平的企业，职工的劳动效率也高，企业经营得也比较好。而有些企业，不尊重民工权益，工资被压到劳动力价值以下，随意延长劳动时间，没有休息日，还拖欠和无理克扣工资。劳资纠纷不断，挫伤职工劳动积极性与主动性，影响民工的劳动效率与企业生产效率。近几年来，珠江三角洲等经济快速发展地区，出现了“民工荒”，在很大程度上，就是资方对待民工不公平的后果。显然，这对企业的效率只能形成负面效应。

在私营外资企业中，劳资分配关系存在矛盾，效率与公平从整体上说不存在内在的统一关系。但是作为社会主义国家，应该重视维护职工的权益，应该要求分配的相对公平。也就是从理论指导和政策措施层面上要求效率与公平的外在统一。对资方说，应是合法经营，遵守劳动法，获得公平的管理劳动收入和合法的剩余价值收入。对劳方说，他的劳动力作为商品，应获得等价交换的“公平”权利，因而其劳动收入应不低于劳动力的价值。应当看到，近些年来，压低和拖欠民工工资的现象很突出，许多民工的收入达不到劳动力的价值。据2005年3月27日《人民日报》报道，国家统计局对24个城市的调查表明，农民工工资平均660元。有的省份农民工中近25%的人月工资在300—500元之间。这样低水平的收入，达不到工人及其家属维持正常生存所需要的生活资料的价值，即低于劳动力的价值。浙、苏、闽、粤四省，农民工对当地的GDP贡献率为25%，但10年中经济快速发展，人均GDP增长一倍以上，而民工的工资则没有改变。这种不公平现象，不利于和谐社会的建设。近年来，中央强调更加重视社会公平，并采取了一系列针对性措施，是有其事实根据和理论根据的。改革开放的成果，应惠及广大劳动人民，不应使作为党的阶级基础的工人和农民群众成为“弱势群体”。从这方面说，也不应再坚持“效率优先，兼顾公平”的原则。

主张效率与公平并重和统一，就需要同时放弃所谓初次分配注重效率、再分配注重公平的提法。分配显著不公平乃至贫富分化，主要是初次分配形成的。由初次分配不公平造成的收入差距过分扩大，很难通过再分配实现公平，何况我国的社会保障制度还不完善和不健全，覆盖面不普及，缩小收入差距的经济手段还薄弱或欠缺。所谓“再分配注重公平”，只能起有限的作用，不能只靠再分配实现分配公平。

主张效率与公平统一，重视社会公平，并不是要劫富济贫，把矛头指向富人，也不应有仇富心理。富人可以继续富乃至更富，但穷人不要继续再穷或更穷。十六届六中全会的《决定》没有再提效率问题，并不等于忽视和否定效率。它在“完善收入分配制度，规范收入分配秩序”一节中，着重强调“更加重视社会公平”。实现的途径是：通过加强收入分配宏观调节，着力提高低收入者收入水平，扩大中等收入者的比重，调节过高收入，取缔非法收入，实现共同富裕。这里的着眼点是缩小收入差距。其中所讲的“调节过高收入”，并非要取缔或限制过高收入，而只是进行合理调节。调节的手段主要是税收，当代发达资本主义国家，为了调节收入分配差距，也要进行政府调节，如征收高额累进税，有些国家还征收高额遗产税。日本对高收入群体的税率，最高达50%。瑞典的国民赋税负担率达49.9%。而瑞典的高赋税收入用于社会保障和社会福利。如从上小学到大学都免交费用，重视教育公平。

当代发达资本主义国家，也在重视缩小收入差距，采取一些有利于社会公平的制度和政策。我国作为社会主义国家，在社会公平问题上应比资本主义国家做得更好。

社会主义的根本任务是发展生产力，根本目的是实现共同富裕。这都需要在包括分配公平的社会公平中实现。社会公平应是社会主义的重要特点，应是社会主义优越于资本主义的一个重要方面。

# 实现分配过程中公平与效率的统一①

**[编者按]** 公平与效率问题多年来一直是人们议论的焦点话题，尤其是在中国经济发展进入新的历史阶段，收入差距继续拉大的大背景下，如何在发展市场经济的同时“更加关注社会公平”，再次成为人们谈论的热点。本刊8月21日刊发《更加注重公平与强调效率优先并没有本质上的冲突》一文后，读者反响强烈，赞同者有之，反对者有之，商榷者有之。著名经济学家卫兴华教授也撰写文章对前文的观点提出不同意见，本刊今日特全文刊发。作为学术探讨，我们欢迎广大读者就此问题进一步展开争鸣。

针对近些年来我国经济社会生活中出现的新问题和新矛盾，特别是收入差距的过分扩大，党中央多次强调提出应更加重视社会公平。党的十六届五中全会提出“注重社会公平，特别要关注就业机会和分配过程的公平”。现在强调注重和关注社会公平特别是分配公平，显然与此前所主张的“兼顾公平”即把分配公平放在一个次要地位是不同的。有人提出“更加注重公平与强调效率优先并没有本质上的冲突”，我认为，这种提法是不准确的。如果在分配关系上继续讲效率优先，那还是主张兼顾公平，这与更加注重社会公平和分配公平是存在“冲突”的。如果讲生产重视效率或效率优先，分配注重公平，那是可以的和正确的。但本来讲的是分配关系中的效率和公平问题，这里强调效率优先，就是一种错位。

① 本文原载《光明日报》2006年9月11日。

## 一

公平与效率问题，是国内外学者所关注和长期讨论的一个问题。什么是公平，什么是效率，由于理解的不同，对两者关系的把握与阐述也就互有差异。而且，讲公平与效率的关系，应分清是从什么角度、什么领域讲的。如果从生产和工作领域来讲，强调效率，讲效率优先，是毋庸置疑的。从微观层面说，应重视劳动效率、管理效率、生产效率、资源利用效率、企业整体效率。任何工作岗位都应重视提高工作效率。特别是作为发展中国家的我国，生产力还相对落后，与发达国家相比，生产效率差距很大。因此，在我国发展生产力是根本任务的当前，重视和强调效率是天经地义的。从宏观层面讲，要强调资源配置效率。我国由传统计划经济转向社会主义市场经济，就是由传统指令性计划配置资源转向由市场机制配置资源。实践证明，由市场在资源配置中起基础性作用，比起由指令性计划配置资源来，效率会更高一些。但不能迷信市场万能，那种完全自发的、不受约束的市场，会导致经济的周期性震荡，造成资源浪费。需要将政府调节和市场调节统一起来。由“看得见的手”引导“看不见的手”，才能发挥和提高市场配置资源的效率。

社会生活的各方面都存在效率问题。有些方面的效率高低与公平并无关系。从近年来讨论公平与效率的关系的角度看，这里的效率是指经济效率，是从社会经济关系考察的公平与效率的关系。经济效率的高低会表现为经济效益和生产效率的高低。但其内涵又不完全相同。经济效益侧重于投入与产出的关系。低投入、高产出就是高效益，可以不涉及速度。发展生产应以经济效益为中心，而不应片面追求高速度，要改变高速度、低效益的发展路径。劳动生产率侧重于劳动耗费和产量的关系，同量劳动生产的产量越多，表明劳动生产率越高。而经济效率，既包含经济效益和劳动生产率的内涵，也与速度和质量相关。提高经济效率，要求降低耗费、提高质量、增加数量、加快速度。

然而，当我们从收入分配的角度来考察公平与效率的关系时，作为社会主义国家，就应强调和重视社会公平和分配公平。社会主义最大的社会公平，是消灭剥削，消除两极分化，逐步实现共同富裕。从长远发展趋势来看，提高生产效率，有利于实现社会主义的这种公平。但讲分配关系中的效率是指什么？一般来讲，分配自身不存在效率高低问题。人们常讲的是分配公平不公平，合理不合理，并不讲分配效率是高还是低。从分配角度考察的公平与效率的关系，不是指分配公平与分配效率的关系，而是指分配公平与不公平会影响到劳动效率、生产效率的高低。分配中既不存在分配自身的效率优先于分配公平的问题，也不存在劳动效率优先于分配公平问题。恰恰相反，分配公平合理有利于促进劳动和生产效率的提高，而分配不公，会挫伤人们的劳动积极性和创造性，不利于效率的提高。而且，在分配关系上讲效率优先，兼顾公平，实际上就是轻公平，把公平放在一个次要的地位。这样，所谓效率优先也会落空。

过去曾讲“兼顾效率与公平”，这里的“兼顾”是同等看待的意思，没有优先与次要的区别，在理论与逻辑上还说得过去，但有个问题没有表明，两者究竟是对立的关系人为地去“兼顾”呢，还是统一的关系顺其自然而“兼顾”？

## 二

怎样正确把握分配关系中的公平与效率问题，事实上胡锦涛总书记已经做出了回答。据新华社报道，胡锦涛同志于今年6月22日在美国耶鲁大学的演讲中，特别提出我国要“实现物质和精神、民主和法制、公平和效率、活力和秩序的有机统一”。显然，中央强调提出的更加重视社会公平和分配过程公平，公平与效率的有机统一，同原来流行的“效率优先，兼顾公平”是不能并存的。

有人坚持“效率优先、兼顾公平”的提法，概括起来其理由主要是三条：一是认为强调效率优先就是强调发展生产力，发展生产力就要强调效率；二是认为只有重视效率优先，把“蛋糕”作大，才能解决分配不公平问题；三是认为强调分配公平而不强调效率，是要退回到平均主义的分配体制中去。这三条理由都难以成立。

首先，认为放弃“效率优先，兼顾公平”的提法违背发展生产力是根本任务的道理，是放弃发展生产要重视效率的原则，放弃生产的首要地位和决定作用的规定性。这种认识是一种误解。为了更好更快地发展生产力，就需要调动广大劳动者包括科技和管理人员的劳动积极性和创造性，为此，就需要完善分配制度，改革分配体制，更加重视社会公平和分配公平。应当明确：放弃分配关系中的“效率优先，兼顾公平”的原有提法，并不是放弃发展生产和经济建设中重视效率的原则。大家知道，生产与分配、消费相比，生产是第一位的，先有生产，才能有分配和消费，而且生产具有决定作用；生产什么才能分配和消费什么，生产多少才能分配和消费多少；再者，生产方式决定着分配方式。社会主义生产方式决定了社会主义的个人收入分配方式是按劳分配。但是，我们不能从这一马克思主义的科学原理中引申出这样一个提法：生产优先，兼顾分配与消费。这在理论逻辑上是讲不通的，也不符合社会经济生活实际。因为生产的目的就是通过分配进行消费，是服从于消费需要的，分配是中间环节。生产的首要地位和决定作用，并不导致分配和消费的“兼顾”地位，它们之间是相互统一的关系。处理好分配关系和消费关系，对于促进生产发展也具有重要的作用。同理，不能用重视生产效率，把分配公平放在一个“兼顾”地位。

其次，认为只有强调“效率优先，兼顾公平”才会把“蛋糕”做大，以解决分配不公平问题。这种认识既缺乏逻辑上的必然因果关系，也无充分的实际例证，只是一种抽象的推理。也许在某一发展阶段，“蛋糕”做大了，有利于收入差距缩小。但从历史与现实来看，并不必然存在这种关系。英国产业革命后，发展了机器大工业，劳动生产率和经济效益大幅提高，财富总量迅速增长，但雇佣工人的劳动条件和生活状况并没有随之改善。劳动时间反而延长，剥削程度同时提高。“蛋糕”做大并未带来分配的公平。这一情况在《资本论》中有丰富的说明。

根据查尔斯·K. 威尔伯主编的《发达与不发达问题的政治经济学》(中国社会科学出版社）提供的资料说明：“在经济迅速增长的十年中，伴随而来的是许多发展中国家收入分配的更大不均，而这个问题在农村地区更为严重。”同书中还讲：世界银行的麦克纳马拉远在1973年就指出：“尽管发展中国家的GDP有了十年的空前增加，可是它们人口中最贫困的部分，只得到较少的好处，……它们正处于绝对意义上的贫困。”

从我国的实际情况来看，并不是随着经济增长、蛋糕做大，收入分配便趋向公平。收入分配不公平分两个层次：一是在微观层次上的不公平。比如，某些工人工资收入偏低，没有随着经济增长而增长，而另一些人的收入偏高，并不断膨胀。二是在宏观层次上的不公平。从全社会看，有收入差距过大的趋势。我国改革开放20多年来，经济快速增长，“蛋糕”做大了好多倍，而恰恰这时收入差距过大、分配不公的问题凸显出来。中外资料都表明：经济发展、“蛋糕”做大，并未带来分配公平或不公平的缩小，反而不公平的差距扩大了。需要采取有效措施，加强和完善宏观调节，制定相应的方针政策，更加重视社会公平和分配公平，才能缓解收入差距过分扩大的趋势。党中央关于公平与效率的新提法和一系列相应的政策措施，正是为了解决这一问题。

再次，认为强调更加重视分配过程公平，就是要退回到平均主义分配的旧体制去，这完全是一种误解。搞平均主义，多劳不多得，少劳不少得，少劳者占有多劳者的一部分劳动成果，这是明显的分配不公平。搞平均主义，既无公平也无效率。这是马克思主义一贯反对的小资产阶级的平均主义分配观。

更加重视分配过程的公平，并不需要倒过来提出什么“公平优先，兼顾效率”。这种提法在理论逻辑上也是不通的。只要做到分配公平，自然会有利于促进效率。重视公平，不能轻视效率，两者本来就不存在谁优先、谁兼顾的问题。

有的学者将公平与效率的关系概括为“市场管效率、政府管公平”。本来，实行市场经济，就是要通过市场提高资源配置效率，而市场调节经济，就会自发地导致收入差距的扩大，所以政府应通过宏观调控致力于分配公平。从这个意义上说，确实存在市场管效率，政府管公平问题。但是，我们讲分配关系中的公平与效率问题，并不是专指也不是侧重指资源配置效率，而是侧重指劳动效率、管理效率、生产效率、企业对资源的利用效率等。分配公与不公，一般说来，与市场配置资源有相关联系，但与资源配置效率无直接内在联系。除非出现对工人待遇不公的特殊情况，工人起来罢工，或是如近年来，南方一些地方出现的“民工荒”。工厂不能开工，人力资源不能利用，非人力资源也会闲置，资源配置效率自然也就谈不上了。

## 三

公平与效率是否存在此消彼长的对立关系？能否统一和怎样统一？应当肯定，在社会主义公有制经济中，实行按劳分配，公平与效率可以实现内在的有机统一。只要真正贯彻实行按劳分配，多劳多得，少劳少得，奖勤罚懒，奖优罚劣，劳动收入既会拉开差距，又不会出现收入差距过大，而且会直接促进效率的提高。而效率的提高反过来又会提高收入，两者相互促进，有机统一。

在外资企业和私营企业中，公平和效率的关系既存在对立面，又存在统一面。一般来说，私有制企业主追求的是高利润率。利润率的高低代表企业效率的高低。企业主的素质和管理水平参差不齐，有的科学管理、遵守劳动法；但有些企业主为了提高利润率，容易采取一些损害工人权益的措施，诸如延长劳动时间、过度加班而不按规定支付加班费、压低和拖欠工资，还搞一些有损工人人格尊严和人身自由的不合法的规定，等等。今年9月1日，上海劳动保障监察部门曝光22家“抠门”企业，这些企业支付给劳动者的工资低于该市的最低工资标准，而且差额较大。此外，今年1—8月，上海有关部门收到不付最低工资的举报投诉647件，查处支付工资低于最低工资标准案件907件。作为发达城市的上海还如此，一些边远和落后地区的情况可想而知。这类企业，因损害劳动者的合法权益，自然会挫伤其劳动积极性和劳动效率。需要通过政府和其他有关单位进行引导和监督，制定相关的章法，保证劳动者的合法权益不受侵害，并获得“公平”的劳动环境和工资收入，同时要求和引导企业主遵守劳动法，正确处理在收入分配方面的公平与效率的关系，以提高劳动者的认同感，从而提高劳动效率。需要通过相关的政策措施和体制建设，以实现公平和效率外在的相对统一。

# 把提高效率与促进社会公平结合起来①

## 一、调整对效率与公平关系的理论认识是落实科学发展观的要求

党的十七大报告中提出了我国摆脱贫困、加快实现现代化、巩固和发展社会主义的十大“宝贵经验”，其中“把提高效率同促进社会公平结合起来”是宝贵经验之一。正确认识和处理好效率和公平的关系问题，是党中央和全国人民所关注的一个重要的理论和实际问题。它是中国特色社会主义理论体系中有关怎样发展社会主义经济、怎样正确对待和处理人民群众自身利益的原则性问题。

我国是社会主义国家，而且是具有十多亿人口的发展中大国，根本任务是解放生产力和发展生产力。而发展生产力应做到低投入高产出，提高劳动生产率和经济效益，也就是要提高生产效率。提高效率是增加社会财富的有效途径。而财富的增加，为提高收入分配提供了物质基础。也就是人们常说的把“蛋糕”做大了，每个人所分到的一份才能增大。但是，能否实现这个理念或关系，取决于收入分配制度是否公平合理。我们看到，无论是资本主义国家还是社会主义国家，都存在这样的事实：生产力快速发展了，社会财富大幅度增加了，但随之出现了财富向比例较小的家庭集中、贫富差距扩大的趋势。资本主义国家，无论“蛋糕”做得多大，也不能消灭剥削和贫富分化的现象。而我国作为社会主义国家，要防止两极分化，缓解和消除近些年来收入差距不断和过于扩大的趋势，要使我国改革和发展的成果惠及广

① 本文原载《经济理论与经济管理》2007 年第 12 期。

大人民。社会主义国家应当做到也能够做到这一点。这就需要有正确的、科学的理论指导，并采取有效的政策措施。在理论指导和发展方针上，强调更加重视社会公平，重视分配公平是其必要的一环。在十七大报告中，关于效率与公平关系的论述，应当看作是对这几年来我国学界对这一问题不断争论的总结。它体现了马克思主义的科学观点，也是落实科学发展观和构建社会主义和谐社会的必然要求。

十七大报告既提出“把提高效率同促进社会公平结合起来”，又指出“初次分配和再分配都要处理好效率和公平的关系，再分配更加注重公平”。显然，这是对流行多年的“效率优先，兼顾公平”、“初次分配注重效率，再分配注重公平”提法的重要调整。笔者认为，对这种调整是必要的、正确的。我一直不认同流行多年的“优先”与“兼顾”的提法。在我发表的论著中，始终主张效率与公平并重和统一，坚持生产重效率，分配重公平的观点。

我之所以不认同关于“效率优先，兼顾公平”的提法，是出于下述理论和实际的思考：

第一，发展生产，发展经济，应重视效率，这是天经地义的事情。但不能因为重视效率就忽视或轻视社会公平、分配公平。特别是我国作为社会主义国家，社会主义的本质要求消除两极分化和逐步实现共同富裕。而要实现这一要求，要以实现社会公平、分配公平为必要条件。公平正义是人类美好的追求，更应是社会主义的本质体现。

第二，重视效率，不一定要强调效率优先。正如同我国现在强调“更加重视社会公平”，并不需要提出“公平优先”的原则。而且，如果讲“优先”，首先要弄清优先于什么，对谁优先。如果讲发展经济应使效率优先于片面追求速度、产值或 GDP，那是可以的。而原来讲“效率优先”，是指优先于公平，把公平放在一个“兼顾”一下的次要地位。也就是说，把“效率优先”不是放在生产领域、经济领域，而是放在了分配领域，结果使其成为我国社会主义分配只重效率而不重公平，甚至借口效率优先损害公平的潜规则，这不符合社会主义的本质要求。

第三，在分配领域强调效率优先于公平，不重视公平，必然会弱化对收入差距不合理扩大趋势的关注，淡化对弱势群体民生问题的关注与解决，使我国改革和发展的成果不能惠及广大劳动群众，不符合科学发展观和构建社会主义和谐社会的要求。

第四，强调效率优先于公平，有利于资本而不利于劳动。主张效率优先、淡化分配公平的理论思想，是西方新自由主义学派如哈耶克、弗里德曼等人的主张。他们所强调的效率只是市场配置资源的效率，所重视的实质上是资本的效率。他们所讲的公平，实质上是资本获取利润的公平。因此，他们只强调机会公平而反对政府干预分配公平。按照他们的理论见解，资本越大，资本效率越高，利润总量越大。这种通过“机会公平”取得的高额利润收入被认为是公平的。如果政府对此进行干预，通过缩小收入差距实现结果的公平即收入分配的公平，被认为是会损害公平的分配均等化。他们主张收入分配应完全由市场决定。然而，这种理论思想，既受到重视分配公平的西方学者的否定，也没有被西方有关政府采纳。

第五，强调效率优先于公平，会给我国实际经济生活带来某些不利于劳动者特别是弱势群体的负面效应。在外资和私营企业主那里，效率优先就是利润率优先，既然效率重于和优先于公平，他们就会漠视甚至有的严重侵犯职工应有的权益，如违反劳动法，压低并克扣和拖欠工资，延长劳动时间，随意加班加点而不付合理报酬，甚至剥夺工人人身自由。受雇工人失去了劳动和收入的公平权利，也失去对公平诉求的权利。某些地方官员和开发商联手低价强取农民土地，中饱私囊，使成千上万农民失去生活所系的土地。效率优先被扭曲为开发商利益优先，漠视和侵犯农民的公平经济权益。当然，不应把这种霸权现象简单归咎于“优先”“兼顾”的提法。但由于可以通过各自的理解乃至错解，使它成为被利用于损害弱势群体权益的理论支持和借口。

第六，我们讲效率，重视效率，既包括资源配置的宏观经济效率，也包括经济单位的微观经济效率，如劳动效率、管理效率、科技创新效率、资源利用效率等。应重视资源配置效率，而提高资源配置效率主要靠市场机制作用，提高经济单位的效率就需要通过分配公平来促进。平均主义的分配，既失去公平，也损害效率。收入高低悬殊的不公平分配，职工得不到公平合理的与其贡献相适应的报酬，也会损害其劳动和工作的积极性、主动性和创造性，从而损害经济效率。轻视、漠视分配公平，会使“效率优先”转向反面。

第七，过去将“效率优先，兼顾公平”具体阐述为“初次分配注重效率”、“再分配注重公平”。然而，收入差距不断扩大趋势和贫富分化的出现，正是初次分配不公平的结果，靠再分配是无法扭转这种趋势真正实现分配公平的。何况我国的社会保障制度还不健全，不完善。对广大低收入的困难群体来说，通过再分配所得到的弥补只能是杯水车薪，难以从根本上解决问题。因此，初次分配就应重视公平，以公平促进效率，以效率带动公平。再分配也存在效率与公平的关系问题，但其主要功能是关注弱势群体，更加注重社会公平。十七大报告提出“初次分配和再分配都要处理好效率和公平的关系，再分配更加注重公平”，是一种科学的理论指导，符合中国特色社会主义实际情况和需要。

## 二、结合我国实际情况，理性理解对效率与公平关系认识的调整

怎样认识和处理好经济发展中的效率和公平关系问题，是改革开放以来为人们所关注的事情，是在放弃“以阶级斗争为纲”，提出以经济建设为中心条件下才受到重视的理论和实际问题。

在那强调算政治账不算经济账，宁要贫穷的社会主义不要富裕的资本主义，并大批“唯生产力论”的以阶级斗争为纲的年代，是不讲经济效益、经济效率的。党的十一届三中全会以来，中央提出社会主义的根本任务是发展生产力，根本目标是实现共同富裕，贫穷不是社会主义，要以经济建设为中心，于是经济学界展开了对“经济效果”的讨论，后来又讲“经济效益”。中央文件也提出发展要“以经济效益为中心”。

在新的历史时期，发展社会主义经济，需要解决和处理好历史积累下来的两个问题：一是改变过去在生产上不讲经济效率和效益，以政治冲击经济的经济发展方式；二是要改变在分配上不讲贡献大小，报酬一致，从而多干少干、干好干坏一个样的平均主义倾向。也就是说，要正确认识和重视效率与公平及其关系问题。然而理论界和领导层对这一问题的认识是有个发展过程的。中央文件的有关理论指导也经历了具有曲折和几经变化的特点。而这种变化又是与我国发展与改革实践中不同阶段的具体情况和特点相联系的。

1987 年 10 月党的十三大报告提出：“我们的分配政策，既要有利于善于经营的企业和诚实劳动的个人先富起来，合理拉开收入差距，又要防止贫

富悬殊，坚持共同富裕的方向，在促进效率提高的前提下体现社会公平。”当时针对改革前的平均主义倾向和共同贫穷现象，提出通过诚实劳动与合法经营让一部分人先富起来，需要拉开合理的收入差距。但又要以共同富裕为目标，防止贫富分化。这一分配政策既体现了重视效率，又体现了重视公平。以合理的收入差距和公平分配促进效率，又在效率的提高中体现公平。

1992 年党的十四大报告中提出：在分配制度上“兼顾效率与公平”。两者兼顾等于两者并重，无孰重孰轻之别。它继续强调“防止两极分化，逐步实现共同富裕”。与十三大报告相比，在表面提法上虽有不同，但其内涵精神是一致的。

但在 1993 年 11 月党的十四届三中全会通过的有关决定中，对效率与公平关系的提法，做了根本性的改变：个人收入分配要“体现效率优先，兼顾公平的原则”。没有再提“防止贫富悬殊”或“防止两极分化”。确立这一分配“原则”的社会经济历史背景是：我国出台实行和推进社会主义市场经济体制的具体政策措施，通过《中共中央关于建立社会主义市场经济体制若干问题的决定》。由计划经济转向市场经济，就是要让市场在资源配置中起基础性作用，也就是要提高资源配置效率。市场经济是竞争经济，竞争就会优胜劣汰，就会出现经济利益上的分化。因此，中外有些学者容易据此主张：实行市场经济应强调机会公平而不应强调分配结果的公平，应强调效率优先。因此，提出“效率优先，兼顾公平”的原则也是有其时代背景和历史特点的。不少学者将其理解为是针对平均主义分配的。其实，此前有关效率与公平并重的提法，已经否定平均主义了。新的提法原是想反映社会主义市场经济体制下收入分配特点的。这一提法流行了 10 多年。1997 年的十五大报告和 2002 年的十六大报告，再到十六届三中全会，都一再重申这一“原则”。十六大报告还将其具体化为“初次分配重视效率”，“再分配注重公平”。

随着我国社会主义经济实践的发展，收入差距扩大的趋势日益凸显。理论界对究竟该怎样认识和对待分配关系中的效率与公平的关系，进行了热烈的讨论，提出了多种不同的见解，不少学者从各自角度主张调整“效率优先，兼顾公平”的原则。

值得注意的是：2001 年 9 月，中共中央印发了《公民道德建设实施纲要》。其中提出“坚持注重效率与维护公平相协调，要把效率与公平的统一作为社会主义道德建设的重要目标。在全社会形成注重效率、维护公平的价值观念，把效率与公平结合起来"。这里所强调的是效率与公平的"协调"、"统一"和"结合"，不再讲"优先"与"兼顾"。

但真正从理论认识和指导思想上实现对"优先"与"兼顾"原则的调整，是从十六届四中全会开始的。中央对此的调整既是从我国社会经济发展的实际情况出发，又是依据以人为本的科学发展观和构建社会主义和谐社会的理论认识和客观要求提出的。

2004年召开的十六届四中全会强调提出：要注重社会公平，合理调整国民收入分配格局，切实采取有力措施解决地区之间和部分社会成员之间收入差距过大的问题，逐步实现全体人民的共同富裕，不再提"效率优先"，单独强调社会公平和分配公平。2005年党的十六届五中全会又强调提出："注重社会公平，特别要关注就业机会和分配过程的公平"，"努力化解地区之间和部分社会成员之间收入差距扩大的趋势"，又是专门强调公平问题。2006年5月26日，中共中央政治局召开会议，专门研究改革收入分配制度和规范收入分配秩序问题。会议强调"在经济发展的基础上，更加注重社会公平"。2006年党的十六届六中全会，再次强调："在经济发展的基础上，更加重视社会公平。"

以上三次中央全会和政治局会议都强调在分配制度中要注重社会公平或"更加注重社会公平"，而没有说明怎样认识和对待效率和公平的关系。

2006年4月21日胡锦涛总书记在美国耶鲁大学的讲话中提及公平和效率的统一问题。据新华社报道的讲话内容中提出：我国"要实现物质和精神、民主和法制、公平和效率、活力和秩序的有机统一。"讲公平和效率的统一，就不存在谁"优先"谁"兼顾"的问题。

尽管中央在分配关系上的指导思想已如此明确，但理论界在效率与公平关系上的争论，直到十七大以前一直没有停止过。有些学者依然强调应坚持"效率优先，兼顾公平"的原则。有的提出：强调公平是要退回到计划经济的平均主义去，把分配公平理解为搞平均主义。有的学者还尖锐批驳主张改变"效率优先，兼顾公平"提法的意见，说这种意见是与其否定改革、否定市场经济、否定邓小平理论相联系的。有的说："更加重视公平"与"效率优先"并无根本矛盾。在此问题上持不同见解乃至争论不休的各方，都在期待党的十七大报告对效率与公平关系的明确说明。现在，十七大报告明确提出“把提高效率同促进社会公平结合起来”。“初次分配和再分配都要处理好效率和公平的关系，再分配更加注重公平”。并且指出“合理的收入分配制度是社会公平的重要体现。”

笔者认为，十七大报告中关于效率与公平关系的新提法，在理论上是科学的，在实践上是符合现实实际的。理论界对此问题的认识与讨论，应统一到十七大报告的理论认识上来。要知道这不是一个纯理论问题，而是涉及广大劳动群众的切身利益问题，也是我国社会主义本质能否具体实现的问题，同时是落实科学发展观、构建社会主义和谐社会内容的重要组成部分。

研究和把握十七大报告中关于效率与公平关系的新提法，一定要联系我国当前的经济现实状况，特别是收入分配差距不断扩大的趋势和弱势群体的民生问题，十七大报告对效率与公平问题理论认识的调整，既不是仅仅从纯理论的推导中得出的，也不是仅仅因为接纳了有关讨论中的某一派意见，更主要的是从对我国现实经济发展中出现的问题特别是贫富差距过大会影响社会稳定，并影响改革与发展顺利进行考虑的。怎样正确认识和对待这种情况和问题，又与十六大以来的理论创新的指导思想相联系，即以人为本，科学发展观，全面、协调、可持续发展，构建社会主义和谐社会，高举中国特色社会主义旗帜等。用这种新的理论理念审视经济发展和收入分配中凸现的问题，就会做出新的理论思考和政策选择，就会强调更加重视社会公平。

## 三、深化收入分配制度改革，扭转收入差距过大趋势

毋庸置疑，我国改革开放以来，国民经济快速发展，社会财富大幅增长，人民生活水平总体上得到了提高。但同时随之出现了收入分配不公平、贫富差距悬殊、财产向少数人群集中的不符合社会主义本质要求的情况。十七大报告中突出地显示出关注民生、关心困难群体的特点。它反复指出：“部分低收入群众生活比较困难”，“城市贫困人口和低收入人口还有相当数量”，“完善面向所有困难群众的就业援助制度，及时帮助零就业家庭解决就业困难”，“整顿分配秩序，逐步扭转收入分配差距扩大趋势”。为此，十七大报告专门设一节强调“加快推进以改善民生为重点的社会建设”，并提出“深化收入分配制度改革，增加城乡居民收入”。

为了更好地理解和把握十七大报告中提出的有关扭转收入分配差距扩大

趋势，更加重视分配公平、深化分配制度改革、效率与公平相结合的经济理论和政策措施，有必要用具体资料表明我国当前收入分配差距不断扩大、贫富悬殊的实际情况。这正是中央强调更加注重公平、调整原有的有关理论指导和政策选择的现实依据。

收入差距不断扩大的趋势，表现在多个方面。无论城乡收入差距、行业收入差距、个人收入差距都在不断过分扩大。从城乡收入差距看：据《人民政协报》2007年9月14日报道，农业部常务副部长尹成杰在2007年9月13日的发布会上讲：城乡居民收入增长的相对差距和绝对差距在继续扩大。2004年和2005年城乡居民收入比分别为3.21∶1和3.22∶1，2006年扩大到3.28∶1。绝对额的收入差距达到8172.5元。

从行业收入差距看：据《光明日报》2007年9月23日摘登的资料，2005年全国19个行业门类中在岗职工工资最高的是信息传输、计算机服务和软件业，平均工资收入达到40558元。收入最低的是农林牧渔业，平均工资收入为8309元，与2003年和2004年比差距逐年扩大。

从地区收入差距看：据《光明日报》2007年9月23日摘登的资料，2005年东部地区城镇居民人均可支配收入为12884元，中部地区为8690元，西部地区为9633元。农村居民人均纯收入东部地区为5123元，中部地区为2815元，西部地区为2509元，也比往年的差距扩大。

从不同省市2006年的最低月工资标准来看：据《人民日报》2007年10月4日报道，广东的五档最低工资标准中，第一档为780元，第五档为450元。甘肃的四档最低工资标准中，第一档为430元，第四档为320元。上海与北京只设一档最低工资标准，分别为750元和640元。①

再从国际通用的基尼系数来看：有关统计资料显示：我国基尼系数在不断扩大。1985年为0.24，1995年为4.34，2000年上升为4.58。据世界银行测算，我国基尼系数2004年达到了0.469，既超过了印度、印度尼西亚等发展中国家，也超过了美、英、德等发达国家，并超过了俄罗斯。

从财富的分布与集中情况来看：根据国家统计局2002年对城镇居民家庭抽样调查：10%的最低收入家庭的财产总额，仅占全部城镇居民财产的1.4%，而10%的富裕家庭财产总额所占比重达45%。5年来更为扩大。据

① 朱剑红："城市社会经济全面协调发展"，《人民日报》2007年10月4日。

《中国青年报》2006 年 10 月 18 日报道，中国内地 0.4% 的家庭占有全国财产的 70%，估计是夸大了差距。如果将 0.4% 的家庭改为 10%，是可以相信的。[①] 这些年，私人财富飞快增长。几年前我国最大的富豪个人拥有财富为 100 多亿元，现在已增至 1000 亿元以上。

从个人收入差距看：据《中国证券报》2007 年 4 月 27 日的报道披露，公布 2006 年年报的 1254 家上市公司中，高管个人平均年薪为 16.28 万元，比上年增长近 18%。某公司常务副总经理年薪高达 1710 万元以上。而我们知道，前几年有些农民工的工资只有 300 多元，有的六七百元。《人民日报》2005 年 3 月 27 日报道，国家统计局对 24 个城市的调查表明，农民工平均月工资为 660 元。浙、苏、闽、粤四省农民工的工资停留在 10 年前的水平。[②] 另据《人民日报》2006 年 10 月 21 日报道：国家统计局专项调查显示，农民工工作环境和生活条件普遍较差，劳动强度大，生活开销大，社会保障低，技能培训少。平均每周工作 6.29 天，平均每天工作近 9 小时，半数以上的农民工月收入在 800 元以下，其中月收入在 500 元以下的占近 20%。

尽管我国各省市规定了最低工资线，但不少地方许多工人的收入低于最低工资。据《人民日报》2006 年 6 月 22 日报道：河北省四成企业的工资比当地最低工资还低。754 家非公企业中，达不到当地最低工资的占 51%。而工人劳动时间长，“有的职工甚至每天工作 12 小时”。“76% 的职工在节假日加班未享受到国家规定的加班工资”。

我国农村还有 2000 多万人温饱问题没有解决，城市也有 2000 多万失业、下岗贫困人员，对这部分困难群体，应给予特别的关注。

十七大报告指出：“合理的收入分配制度是社会公平的重要体现。”“实现社会公平正义是中国共产党人的一贯主张，是发展中国特色社会主义的重大任务。”为此，就需要深入分配制度改革，处理好效率和公平的关系。

从上述收入分配制度差距扩大趋势的具体资料中可以看出，缩小和扭转收入差距扩大的途径应是什么。

第一，十七大报告指出：应“提高劳动报酬在初次分配中的比重”。目

---

① 王冲：“中国最富的 150 万个家庭占有 70% 的财富”，《中国青年报》2006 年 10 月 18 日。

② 姬业成：“农民工工资不能原地踏步”，《人民日报》2005 年 3 月 27 日。

前，我国资本收入在 GDP 中所占比重偏高，且呈上升趋势。某些富豪在短时期内拥有的资本迅速达到百亿千亿元，与此有关。而劳动收入所占比重偏低。我国工资占 GDP 的比重，30 多年来呈下降趋势。1989 年所占比重为 16%，而 2003 年下降为 12%，比发达国家工资占 GDP 的比重低得多。

第二，不同劳动者的劳动收入差距很大。十七大报告提出：应“着力提高低收入者的收入”。由北京市劳动保障局编辑出版的《2007 年北京市劳动力市场指导价位与企业人工成本状况》一书提供的资料表明：中式烹调师月工资低位数是 12587 元，高位数是 67565 元，企业管理者平均年薪为 25 万元，而一般工人的工资则低得多。北京市 2006 年 7 月实行的最低月工资标准为 640 元，这还是提高后的标准。2006 年北京市的年平均工资为 36097 元，但有 60.7% 的职工达不到这个平均数，较高的平均工资是由人数占少数的高收入层的权数拉起的。[①] 如果从全国来看，我国 2002 年至 2004 年的三年中，职工工资低于当地社会平均工资的人数占 81.8%。

第三，要“逐步提高扶贫标准和最低工资标准”。最低工资标准已多次调整，但目前还显得偏低。过低的工资，连再生产劳动力的正常需要都达不到，特别是要关注解决私营和外资企业中压低、克扣、拖欠职工工资的行为。据《人民日报》2007 年 1 月 26 日报道：“广西向拖欠农民工工资亮出问责利剑”，出台相关政策，以彻底解决拖欠工资行为。只要采取有效政策措施，就可以解决问题。

第四，“打破经营垄断，创造机会公平”。垄断行业存在垄断性收入，这些行业的工资远远高于一般行业的工资水平，其高收入并不是来源于经营管理水平高，生产效率高，而只是靠垄断地位取得的。这种收入分配上的不公平，来自于机会的不公平。我们重视公平，既要重视机会公平，也要重视分配结果的公平，两者是相互联系和相互促进的关系。机会不公平会导致分配结果的不公平；同样，收入分配的不公平会导致机会的不公平。比如，教育机会不公平，受教育程度不同，就业机会也就不同，收入分配也难以公平。反过来，收入分配不公平，穷人的孩子上不起学，受教育的机会就不可能公平。

第五，“调节过高收入，取缔非法收入”。十七大报告强调更加重视分

---

① 田莉莉：“2006 年北京 6 成职工工资低于平均数 36097 元”，《北京日报》2007 年 3 月 28 日。

配公平、社会公平，主张效率与公平结合，并不是要否定收入差距。合理的收入差距是必要的，实行按劳分配，应保持与劳动贡献差距相一致的收入差距，才有助于鼓励提高劳动者的劳动积极性和创造性。同样，按非劳动生产要素分配，保持与企业经营管理水平和资本效率差距相一致的私营和外资企业的收入差距，有利于发挥和提高资源利用效率。只要是合法收入，不管多高，都应依法保护。但是，“过高的收入”，即使都是合法取得的，也应通过累进税予以调节。连资本主义国家的高额收入都实行高额累进税，我国作为社会主义国家，通过税收对高额收入予以调节，扩大转移支付，缩小收入过大差距，是合法和合理的。至于“非法收入”，要坚决取缔。贪污受贿、制假售假、搞黄赌毒等，属于违法行为，要依法处置。

对深化分配制度改革，缩小过大的收入差距，实现分配公平，应有以下的共识：

第一，强调分配公平、社会公平，缩小差距，绝不是要回到平均主义分配去，不能把平均主义看作公平，将两者混淆。平均主义是干得少的、差的，无偿占有干得多、干得好的人所创造的一部分财富，是极不公平的。合理的收入差距是必要的。

第二，强调分配公平，不是要“劫富济贫”，更不是什么“仇富”、“向富人开枪”、“向智者开枪”。它并不限制高收入的继续增长，富人可以继续富乃至更富，但穷人不能继续穷乃至更穷。应使改革与发展的成果惠及广大人民。

第三，深化分配制度改革，实现分配公平，重在提高低收入者的收入水平。同时，逐步扩大中等收入者的比重，调节过高收入，扩大就业，建立农民增收长效机制，促进走向共同富裕。应改变金字塔形的收入分配模型，即少数高收入层的富人居于塔尖，多数低收入群体居于塔底。应形成橄榄型的收入模型，即中间大——中等收入者占较大比重，两头小——高收入者和低收入者都占较小的比重。

近几年来，中央在逐渐出台一系列关注民生、为弱势群体解困纾难的政策措施，这正是强调公平正义、调整对效率与公平关系的理论指导，“把提高效率与促进社会公平结合起来”，贯彻落实科学发展观的结果。随着我国经济社会的进一步发展和十七大报告精神的贯彻落实，我国将会出现经济社会繁荣昌盛、人民的生活福利水平普遍提高的新局面。

# 近年来关于效率与公平关系的不同解读和观点评析[①]

关于效率与公平的关系问题，是中外学者长期关注和议论的理论与实际问题。中共中央有关文件中的提法也变更几次。在我国改革开放获得巨大成就、经济总量快速增长的情况下，出现了收入差距过分扩大的趋势。党和政府将保障和改善民生提到一个更高的地位，强调社会主义公平正义，关注弱势群体利益，致力于走共同富裕的道路，让改革与发展的成果惠及广大人民群众。在此社会历史背景下，中共中央调整了宣传多年的“效率优先，兼顾公平”的原则性提法。在党的十七大报告中提出：合理的收入分配制度是社会公平的重要体现。“初次分配和再分配都要处理好效率和公平的关系，再分配更加注重公平。”十七大报告的这一新的原则性提法，总的来说，统一了思想认识：要重视作为社会公平重要内容的分配公平，要缩小和消除贫富分化的现象，要逐步实现作为社会主义本质要求的共同富裕。

但是，从新闻媒体报道和学界发表的论著来看，在怎样处理好效率与公平的关系问题上，在怎样准确理解和把握中共中央文件的有关提法上，在怎样评析中共中央有关提法的演变上，依然存在理论认识上的差异。

## 一、怎样准确把握中央有关提法的演变与内涵问题

最近看到一篇专门讲公平与效率的文章，其中这样论述：“众所周知，改革开放之初，基于中国落后的经济发展现实，我们提出了‘效率优先原

① 原文发表于《教学与研究》2013年第7期，与胡若痴合写。

则’，强调发展才是硬道理。要把‘蛋糕’做大，因为落后就要挨打。在改革进入中期，党中央提出了‘效率优先，兼顾公平’的发展新思路，力求实现效率与公平的优化结合。”① 作者的认识逻辑是：改革开放之初，只强调“效率优先”，不讲公平，后来改提“效率优先，兼顾公平”。加入“兼顾公平”，因而是两者“优化结合”的新思路。接着又说：在中共十八大报告中，提及公平达20多处，又提出了三个公平即权利公平、机会公平、规则公平。为“把公平正义放在首要的突出的位置”，“不妨倡导公平优先，兼顾效率”（以下简称《不妨》一文）。

首先，上述论述没有准确理解和把握中共中央文件中关于效率与公平提法的演变史实。

讨论效率与公平问题，应区分两个不同的层次：其一是分配领域中的效率与公平关系；其二是经济社会整体领域中的效率与公平的关系。改革开放以来的一个长时期中，中共中央文件中的有关论述和理论界的讨论，主要是从第一个层次即分配领域层次上着眼的。后来拓宽了领域，特别是党的十八大报告更为明确地拓宽了效率与公平关系的范围，既着眼于从分配领域的层次上处理好效率与公平的关系，也着眼于从整个经济社会的发展上处理好两者的关系。

党的十七大以前关于效率与公平的提法和讨论，主要是从分配领域来讲的。前面引述的《不妨》一文中讲“改革开放之初……提出了‘效率优先’原则”，并不符合历史事实，作者也没有提供出处。“改革开放之初”的源头是1978年12月中共十一届三中全会，全会提出党的工作着重点转移到社会主义现代化建设上来，对经济管理体制进行改革，认真执行按劳分配原则，克服平均主义，“城乡人民生活必须在生产发展的基础上逐步改善”。这里没有提出效率与公平概念及其关系，但可以认知，实行按劳分配、克服平均主义，是体现社会主义效率与公平关系统一的。在生产发展的基础上改善人民生活，就是把做大“蛋糕”和分好“蛋糕”统一起来。

最先明确提出分配关系中的效率和公平关系原则的中共中央文件是1987年十三大报告：“我们的分配政策，既要合理拉开收入差距，又要防止贫富悬殊，坚持共同富裕的方向，在促进效率提高的前提下体现社会公

① 邹广文：“不妨公平优先，兼顾效率”，《人民论坛》2013年第1期。

平。”这一分配原则是将重视效率与重视公平统一起来。“合理拉开收入差距”，多劳多得，奖优罚劣，反对平均主义，有利于提高效率，把“蛋糕”做大。“防止贫富悬殊，坚持共同富裕的方向”，就是防止两极分化，坚持走社会主义共同富裕的道路，体现了作为社会公平重要内容的分配公平。

1992年党的十四大报告提出：在分配制度上，“兼顾效率与公平”。这一提法与十三大的提法无实质性的区别。兼顾两者，就是两者统一与并重，不存在孰轻孰重的问题。如果说，十三大关于“在促进效率提高的前提下”一词容易被误解为“效率优先”的话，十四大报告的提法就把这一可能的误解也消除了。

由此可见，断言“改革开放之初”“提出了效率优先原则”而不提公平是没有根据的。1993年以前，中共中央文件中没有提出效率优先的分配原则，而且，既然讲的是分配领域中效率与公平的关系，不可能只提“效率优先”，不提“公平”概念！

其次，《不妨》一文对有关提法的解读不准确，它说：“在进入改革中期，党中央提出了‘效率优先，兼顾公平’的新思路，力求实现效率与公平的优化结合。”我们知道，1993年11月，中共十四届三中全会提出个人收入分配要“体现效率优先，兼顾公平的原则”，改变了此前效率与公平统一和结合的提法。《不妨》一文把“优先”与“兼顾”理解为“效率与公平的优化结合”是不准确的。所谓“效率优先”，就是效率优先于公平，重于公平。“兼顾公平”就是附带地兼顾一下而已，是重效率，不重公平，把分配公平放在一个次要地位。这一思路在十六大报告中做了更明确的说明：“坚持效率优先，兼顾公平”，“初次分配注重效率，发挥市场的作用……再分配注重公平，加强政府对收入分配的调节职能，调节差距过大的收入。”就是说，政府在初次分配中只注重效率，不注重或不管公平。要通过市场发挥提高效率和调节初次分配收入的作用。由于市场调节初次分配收入会形成收入“差距过大”的情况，可由政府通过再分配发挥调节职能。

从上述“效率优先，兼顾公平”的具体说明来看，这并不是《不妨》一文所解读的“力求实现效率与公平的优化结合”。该文没有注意到，在出现收入分配差距过大、贫富分化的趋势日益显著、社会矛盾随之凸显的情况下，不少学者提出应调整或放弃收入分配关系中“效率优先，兼顾公平”的原则性提法。2004年9月，中共十六届四中全会的决定中，放弃了此前宣传多年“优先、兼顾”的这一提法，强调指出：要“注重社会公平，合理调整国民收入分配格局，切实采取有力措施解决地区之间和部分社会成员收入差距过大的问题，逐步实现全体人民共同富裕”。

2005年2月19日，胡锦涛同志在中共中央举办的省部级主要领导干部提高构建社会主义和谐社会能力专题研讨班的讲话中指出：“在促进发展的同时，把维护社会公平放在更加突出的位置，逐步建立起以权利公平、机会公平、规则公平、分配公平为主要内容的社会公平保障体系。”同年10月，中共十六届五中全会再次强调“注重社会公平，特别要关注就业机会和分配过程的公平”。

不再提“效率优先”，强调关注社会公平，还没有解决效率与公平究竟是怎样的关系问题。应当明确两点：第一，中共中央文件中只是放弃了分配关系中效率优先于公平的原则。如果是生产和经济领域，强调重视效率，让效率优先于产值，优先于GDP是完全正确的。第二，放弃分配关系中的“效率优先”，不是说可以不讲效率，不重视效率，而是放弃重效率，轻公平，初次分配只注重效率，不注重或不管公平的原有思路。

处理社会主义分配关系中效率与公平关系的“新思路”是什么？胡锦涛同志在2006年6月22日在美国耶鲁大学的演讲中提出“公平和效率的有机统一”。

党的十七大报告指出：“合理的收入分配制度是社会公平的重要体现。”“初次分配和再分配都要处理好效率和公平的关系，再分配更加注重公平。”怎样处理好效率与公平的关系呢？有的学者沿用“效率优先，兼顾公平”的思路来解读党的十七大提出的处理好两者的关系，是一种误解。十七大的新提法的本意是，无论初次分配还是再分配，都要既重视效率，又重视公平，而再分配则“更加重视公平”。十七大报告中总结我国改革与发展的十大经验中，“把提高效率同促进公平结合起来”作为其中的一条。这表明：效率与公平的关系，不再是“优先”与“兼顾”的关系，而是提高效率与促进公平相结合的关系。

《不妨》一文论述效率与公平关系理论的演变，不符合历史过程，对“优先”与“兼顾”的解读也不准确，而且对中共中央文件指导思想的调整和改变史实，特别是十七大报告中的新提法只字未提。竟将中央文件放弃的“优先、兼顾”原则，当做“效率与公平优化结合的新思路”。似乎现在还未改变“效率优先，兼顾公平”的提法，于是，根据十八大报告中强调公平正义，提及“公平”20多处，并强调三个“公平”，就推断说：社会公平“不仅仅是一个‘兼顾’的位置”。竟然不知“优先，兼顾”之说早已放弃，继而提出：“不妨‘公平优先，兼顾效率’”。其实，中共中央文件强调公平，并未忽视效率，并不是转向重公平，轻效率，主张公平优先于效率。目前，公平与效率关系的指导思想是两者的结合与统一，是两者的并重。由于前一个时期，重效率，轻公平，经济快速增长了，我国的经济总量已占世界第2位，“蛋糕”确实做大了，但由于没有同时致力于分配公平，出现了居民收入差距过大、贫富分化的趋势，表明没有分好“蛋糕”。正因为如此，近些年来，强调社会公平和分配公平。按理说，社会主义制度下，生产重效率，分配重公平，天经地义。分配公平，有利于促进劳动效率、生产效率和管理效率、科技效率的提高，把“蛋糕”做大。而效率的提高，“蛋糕”做大做好，可以分得更多更好。而增大分配的份额，有利于实现更高层次的公平。在效率与公平关系的讨论中，有的强调生产决定分配，所以重在做大“蛋糕”；有的强调分配公平，否则，“蛋糕”做大了，产生贫富两极分化，为了消除两极分化，实现共同富裕，应重在分好“蛋糕”。其实，应全面认识这个问题。从经济运行过程来看，先生产，后分配与消费；生产什么，生产多少，才能分配和消费什么，分配和消费多少。但从生产与分配和消费的内在关系来看，生产是服从于消费需要的，不是为生产而生产。生产的成果是要通过分配满足人民物质文化生活的需要，而分配与消费就有个公平与不公平的问题。不能用先生产、后分配的过程得出重生产效率，轻分配公平的认识。而且，先生产，后分配的顺序，不能决定和回答分配公平或不公平的问题。反过来，也不能因为生产服从于消费需要，服从于社会主义共同富裕的目的，就重公平，轻效率，改提“公平优先，兼顾效率”。要知道，普遍贫穷的公平不是社会主义。有的学者提出，鉴于目前收入差距过分扩大，出现贫富分化，公平与效率关系的天平，应向公平倾斜。这个意见是合理的，也是目前大力强调和推进惠民生政策的根据之一。但是，这只能是阶段性的政策倾斜。从社会主义经济社会发展的整体过程考察，效率和公平并重与统一，“蛋糕”做大和分好，应是社会主义本质所要求的长期的根本原则。

因此，提出“公平优先，兼顾效率”的主张是不正确的。同样，个别学者目前还坚守“效率优先，兼顾公平”的观点也是有悖于科学理论和实际情况的。

## 二、分配公平能靠市场化改革实现吗？

缩小和消除目前收入差距过分扩大、已出现的贫富分化现象，需要进行什么样的改革，采取什么样的政策措施？有人撰文主张“以市场化改革推进分配公平”（以下简称《市场化》），[①] 这值得商榷。首先，它与中共中央提出的进行分配制度改革的思路相背离，也不符合经济实际。党的十七大报告中提出：要“整顿分配秩序，逐步扭转收入分配差距扩大的趋势”。为此，需要“深化收入分配制度改革，增加城乡居民收入”。而改革分配制度，实现社会公平的路径是什么？十七大报告中指出：初次分配和再分配都要处理好效率和公平的关系，再分配更加注重公平。逐步提高居民收入在国民收入分配中的比重，提高劳动报酬在初次分配中的比重，着力提高低收入者的收入，逐步提高扶贫标准和最低工资标准，建立企业职工工资正常增长机制和支付保障机制。同时，要扩大转移支付，强化税收调节，打破经营垄断，创造机会公平。可以看出，上述一系列的改革措施，并不是“市场化”的行为，也不可能由“市场化”来实现。十八大报告提出：“共同富裕是中国特色社会主义的根本原则，要坚持社会主义基本经济制度和分配制度，调整国民收入分配格局，加大再分配调节力度，着力解决收入分配差距较大问题，使发展成果更多更公平惠及全体人民。”并指出：要通过改革与发展，“推动经济更有效率、更加公平”。这表明，解决收入分配不公、收入差距扩大问题，首先要坚持社会主义的根本原则和社会主义经济制度。坚持社会主义共同富裕的根本原则，可以防止和消除两极分化。反过来说，贫富分化是偏离共同富裕的社会主义根本原则的。怎样坚持和实现共同富裕的原则？从根本上说，要靠十八大指出的“坚持社会主义基本经济制度和分配制度”。我国宪法对“社会主义经济制度”和“社会主义初级阶段的基本经济制度”分别做了规定：“中华人民共和国社会主义经济制度的基础是生产资料的社会主义公有制，即全民所有制和劳动群众集体所有制。社会主义公有

---

① 周人杰：“以市场化改革推进分配公平”，《人民日报》2013年1月21日。

制消灭了人剥削人的制度，实行各尽所能、按劳分配的原则。”实行社会主义公有制和按劳分配，是不会产生全社会的两极分化的。邓小平指出：“社会主义原则，第一是发展生产，第二是共同致富。……正因为如此，所以我们的政策是不使社会导致两极分化。”① 宪法又做了社会主义初级阶段基本经济制度的规定：“公有制为主体，多种所有制经济共同发展。”公有制为主体，就是既不搞单一的公有制，又不搞私有化。如果离开社会主义经济制度和根本原则，包括公有制、按劳分配和共同富裕，依靠“市场化改革”推进分配公平是不现实的。

其次，党的十八大报告指出，全面建成小康社会，进一步改革与发展，要“推动经济更有效率，更加公平”。这又涉及效率与公平的关系。同样是效率与公平并重，而且加了“更”字，使两者更重。

《市场化》一文提出：“提低、限高、扩中”的收入分配改革，“要从‘更加公平的市场’上着力，只有培育市场公平，才能更好地鼓励各类企业平等竞争，为‘收入倍增’打下坚实的基础”。又说：“推进收入分配体制改革中，杠杆的支点选取至关重要。这个支点在很大程度上，是公平的市场……只有大力推进市场化改革，让自由竞争激发效率，重塑公平，改革方能牵一发而动全身，收入差距才能逐步缩小。”显然，在《市场化》一文作者看来，推进收入分配体制改革，重塑公平，只有靠市场化的自由竞争，市场化才能激发效率与公平，实现“收入倍增计划”，缩小收入差距。

我国实行社会主义市场经济，要让市场在资源配置中起基础性作用。企业之间要展开竞争，竞争可以促进效率的提高，优化资源配置，激发企业活力，打破垄断。但是，市场不同情弱者，不怜悯眼泪。市场竞争，优胜劣汰，会产生分化，不会自发地形成社会公平，更不会自发地形成居民收入分配的公平，消除贫富分化。西方发达资本主义国家，是充分发展的市场经济制度，但没有实现分配公平和社会公平，随着经济的发展和财富的增加，贫富分化反而更加扩大了。美国总统奥巴马在2012年的“国情咨文”中也提出，经济不平等现象正在危及中产阶级与“美国的价值”。根据当时美国的统计，1%的美国富人占有国民收入的1/5和社会财富的1/3。根据《纽约时报》2011年底的调查，认为美国的经济不平等现象严重，1%最富的美国

① 《邓小平文选》第3卷，人民出版社1993年版，第173页。

人的税后收入自1979年以来增加了两倍，而80%的美国人同期收入只增长1/3。美国企业主管的收入与普通工人的收入差距，由以前的30倍增加到300倍。“占领华尔街”运动，就是99%与1%的对抗。

2012年，德国联邦劳工和社会事务部提交的德国第四次贫富报告《德国生活状况》表明，2007年至2012年，“德国私人净资产总额增加1.4万亿欧元，但财富更趋不均，2008年，德国最富有的10%的人口拥有德国净资产的53%，这一比例比10年前增加了8%，最不富裕的50%的家庭财产总和占德国私人资产的比例仅为1%，比1998年下降了4%。”

西方学者认为，市场经济承认分配的不公平。在市场配置资源的运行中，既会促进效率的提高，又会产生分配的不公平。诺贝尔经济学奖获得者萨缪尔森也讲：“市场并不一定产生一种被认为是社会公正或平等的收入分配。一个完全自由放任的市场经济可能产生不可接受的、极大的、在收入与消费上的不平等。”又说：即使具备有效率的完全市场竞争的理想条件，“我们没有理由认为……收入能被公平地加以分配。结果将是，收入和财富上存在着巨大的不平等，而这种不平等会长期在一代代人中存在下去”。[①] 马克思主义政治经济学的常识也告诉我们：在私有制商品经济、市场经济中，价值规律的自发作用，既可促进生产力的发展，实现资源配置，还会造成贫富两极分化。传统的观点认为，社会主义社会中的商品经济不会产生两极分化，那是以单一的公有制和计划经济为前提的。我国的实践证明，在多种所有制并存和实行市场经济的条件下，也会出现收入差距过分扩大的情况，出现贫富差距。可见，无论从马克思主义经济学或西方经济学来看，还是从市场经济国家的经济运行和发展的实际过程来看，靠市场化实现分配公平是不现实的，是没有理论和实际根据的。

缩小收入分配过大差距，实现分配公平，需要根据党的十八大精神，制定相应的制度和政策措施，提出收入分配的具体方案。十八大报告指出：“必须维护社会公平正义。公平正义是中国特色社会主义的内在要求。……加紧建设对保障社会公平正义具有重大作用的制度。”要建立“社会公平保障体系”。这里讲的是全社会的公平正义，当然也包括分配领域的公平正义。这要通过加紧建立“具有重大作用的制度”和“保障体系”来实现。

---

① 萨缪尔森：《经济学》第14版，北京经济学院出版社1996年版，第77、544页。

至于缩小收入分配差距的制度和政策措施，前面根据十七大和十八大的报告已做了说明，总之，要采取具体措施，“把保障和改善民生放在更加突出的地位”。要使“中等收入群体持续扩大，扶贫对象大幅减少。社会保障全民覆盖”，“全面建成小康社会”。所有这一切，都不是市场化行为，而是政府与社会行为。

## 三、怎样评价“效率优先，兼顾公平”的理论和实践

从1993年党的十四届三中全会起，到十五大、十六大报告，再到十六届三中全会，“效率优先，兼顾公平”的原则宣传了十多年。直到2004年9月党的十六届四中全会才放弃这一原则，转而强调注重社会公平，解决收入差距过大的问题，实现共同富裕。现在的问题是，怎样评价“优先，兼顾”的分配关系原则，学界存在不同的看法。目前依然有个别学者主张这一原则，但已不为学界认同，因为它有悖于当前的理论与实践。本文最后会回过来议论这一问题。个别学者将“优先，兼顾”原则理解为两者的优化结合与统一，是一种误解，前面已做过评析。值得讨论的是另外三种不同的见解和评价：一种见解是：当时提出“优先，兼顾”的原则，是针对平均主义的，是必要的，后来出现了收入差距过分扩大的趋势，因此，中共中央对此提法进行了调整。另一种见解是，我国作为社会主义国家，应重视分配公平。社会主义要防止贫富分化，实现共同富裕，这需要通过分配公平来实现。“效率优先，兼顾公平”，初次分配重效率不重公平，不符合社会主义本质要求，因此，提出和宣传这一原则，是对社会主义根本原则的偏离。还有一种观点是，认为自改革开放以来，中共中央一直科学地把握公平与效率的关系，努力实现公平与效率的统一。它把改革开放以来有关效率与公平关系的不同提法及其演变，都纳入“公平与效率统一”的框架中，认为各种提法都有利于效率和公平的提高，促进了经济的发展。

先讨论第一种见解。“效率优先，兼顾公平”，究竟是在什么背景下提出的？是针对什么的？不少学者认为是针对计划经济时期形成的平均主义的。这未必符合实际，需要从历史背景、理论观点和经济实践进行评析。

首先，从理论指导和经济历程的发展过程来看，1978年党的十一届三中全会就明确提出了“克服平均主义”的改革任务。当时，克服平均主义

的主要途径是“认真执行按劳分配原则”。1987年，改革开放已走过近10年的时光，当时的分配状况已与完全的计划经济时期不同了。市场调节发挥着日益增大的作用。分配关系呈现出两种不公平现象：其一是，在工资收入由国家直接调控的部门，平均主义的不公平现象依然存在；其二是，新出现了一种分配不公现象，即收入分配“体脑倒挂”，教育、科技卫生部门的脑力劳动者的收入低于生产和服务部门一般体力劳动者的收入；国有经济内部不同行业之间的个人收入出现差距不合理拉大的分配不公平；国有经济职工收入低于个体、私营经济收入。根据当时北京市统计局对各个行业的调查，建筑业、饮食业和服务业职工的人均月收入为217元，而国家机关、大中小学教师人均月收入为133元。某些行业单项比较，收入差距也很突出。如当时出租汽车司机的收入高于公共汽车司机的两倍左右。

平均主义和收入差距畸形扩大、“体脑倒挂”，都是分配不公，既无效率，又无公平。可以判断，1987年党的十三大报告提出“在促进效率提高的前提下体现社会公平”，是既针对平均主义，又针对分配不公平的。报告中提出的“我们的分配政策，既要有利于善于经营的企业和诚实劳动的人先富起来，合理拉开收入差距”，显然是针对平均主义分配的；而“又要防止贫富悬殊，坚持共同富裕的方向”，显然是针对新出现的分配不公平的。1992年十四大报告关于“兼顾效率与公平”的提法也是既针对平均主义，又针对收入差距畸形扩大的分配不公平的。重视效率，就是要通过各种调节手段，“鼓励先进、促进效率”。而分配公平也是鼓励先进，促进效率的重要手段。重视公平，就是要“合理拉开收入差距，又防止两极分化，逐步实现共同富裕”。可以说，合理拉开收入差距，是效率与公平的联结点。

其次，从理论逻辑来看，1993年11月在十四届三中全会上提出“效率优先，兼顾公平”，固然也会打破平均主义，但很难说是主要针对平均主义的。第一，此前中央文件中的有关提法已经一再否定了平均主义，不需要换个提法来否定。难道是因为用“兼顾效率与公平”否定平均主义的力度不够，需要新出台“优先，兼顾”的新原则么？第二，不能用重效率、轻公平，初次分配只重效率不注重或不管公平来否定平均主义！因为那是用贫富分化的更大的不公平来否定平均主义的不公平。第三，强调效率和公平并重，就可以完全否定平均主义，因为效率与公平并重，是与既无公平又无效率的平均主义相对立的。

再次，从经济发展的实际情况看，随着改革开放以来我国多种所有制经济发展和分配关系的变化，“体脑倒挂”的分配不公平，扭转为新的收入分配不公平。20世纪90年代初期，我国已呈现出收入分配差距扩大的趋势。根据中国社会科学院经济研究所收入分配课题组的调查，1995年的基尼系数已达0.45。可以推断，1993年已达0.4以上，进入显示分配不公平的警戒线。显然，提出“效率优先，兼顾公平”的背景和取向，已经不再是主要指向平均主义。

提出“优先，兼顾”这一原则的中央文件，是十四届三中全会通过的《中共中央关于建立社会主义市场经济体制若干问题的决定》。其中提出：个人收入分配制度，“体现效率优先，兼顾公平的原则。劳动者的劳动报酬要引入竞争机制”。这里没有再接着强调“防止贫富悬殊”、“防止两极分化”。提倡个人劳动报酬引入竞争机制，就是指劳动报酬要由市场供求机制、竞争机制调节。按照市场经济的运行机制，市场起资源配置的作用，市场配置资源的效率高于计划配置。按照西方的市场经济理论与实践，劳动力资源与其他要素资源，都要由与供求机制、竞争机制相结合的价格机制来配置。就是说，个人劳动报酬要由市场形成的劳动力价格来调节，而市场调节劳动报酬的结果是会产生分配不公平的。这种不公平可通过政府主导的再分配来调节。有的学者将其称作“市场管效率，政府管公平”。西方有一派经济学者强调机会公平，不赞同政府干预的分配公平。认为实行市场经济，就是效率优先于分配公平。而且认为，通过市场自由配置资源和机会公平形成的资本—利润、土地—地租、劳动—工资，是合理的、公平的。我国也有学者持此观点。所以，可以认为，十四届三中全会提出“效率优先，兼顾公平”的原则，主要是在“建立社会主义市场经济体制”的背景下提出的，是参照了西方市场经济理论和国内外某些学派的观点提出的。笔者认为，我们是建立社会主义市场经济体制，不能照搬西方市场经济的理论与实践。按劳分配为主体，不可能主要通过由市场调节劳动报酬来实现。私营外资企业按要素所有权分配，要通过市场调节实现，劳动报酬虽不能脱离市场调节作用，但也应受到政府的宏观调控，如规定最低工资线，治理拖欠和克扣工资，要求遵守劳动法，保障职工的合法权益，缩小贫富分化。至于整个社会要消除两极分化、实现共同富裕，更不能依靠市场自由竞争和市场调节来实现。

再讨论第三种见解。有的学者发表文章认为，我国30多年来，一切改革的实践与理论，都是一直坚持公平与效率的统一。他说：改革开放以来，我们党一直“科学地把握公平与效率的关系，努力使两者相互促进。30多年来，我国经济社会政策发展变化的历史和人民生活水平普遍提高的事实充分证明了这一点”。[①] 该文历数农村联产承包责任制、扩大企业自主权、发展个体经营等，都是“既提高了效率，也增进了公平”。对于中共中央文件中关于效率与公平关系的提法演变，认为都是“公平与效率的统一”的不同提法和适时调整。他认为，1993年提出“效率优先，兼顾公平”，“有力推动了经济社会发展”。随着经济社会的发展和收入差距的扩大，十六大报告“针对这种情况”，又提出“初次分配注重效率，发挥市场的作用……再分配注重公平”。认为十六大的这一提法是“针对收入差距扩大”提出的新的效率与公平的统一论。这里存在理解上的偏差。十六大的这一提法，实际上是对“优先、兼顾”的进一步阐述。其本意是初次分配只注重效率，可不注重或不管分配公平。分配公平由再分配去调整。重效率、不重公平的思路更突出了。这一原则不是针对收入差距扩大，也无助于缩小收入差距。要知道，我国收入差距过大并导致贫富分化，正是由初次分配不公平形成的。我国的再分配机制——主要是社会保障制度和转移支付制度，还不健全和完善，不可能通过再分配实现分配公平。该文把中央后来强调的“更加注重公平”，党的十七大报告提出的“初次分配和再分配都要处理好效率和公平的关系，再分配更加注重公平”（该文引文错为“初次分配和再分配都要注意公平”），看做是“优先、兼顾”、“初次分配注重效率，再分配注重公平”的连接与延伸，是原有效率与公平相统一的提法的新发展。其实，讲公平与效率的统一和结合，是指两者并重，并无“优先”、“兼顾”之分。十七大讲初次分配和再分配都要处理好效率和公平的关系，是指“把提高效率同促进社会公平结合起来”，既重视效率，又重视公平。讲“再分配更加注重公平”，表明初次分配也要重视公平，再分配则要“更加注重”。十八大讲“推动经济更有效率，更加公平”，两者都加一“更”字，更表明是对“优先，兼顾”即重效率、不重公平的放弃，并无连接和延续的关系。

---

① 赵周贤：“坚持公平与效率的统一”，《光明日报》2012年9月14日。

最后，讨论第二种见解。这种见解认为“优先、兼顾”的提法本身存在着理论上的偏误。但不同学者在具体阐述上又存在非本质性的差异。有的学者出于某种考虑或理解，认为整体上说“优先，兼顾”的原则是错误的，但在一定的历史时期有其积极意义。而有的则认为，从总体上说，这一原则是偏离社会主义本质要求的。前者如，有的学者从其论文的标题看，是认为“优先，兼顾”的提法是错误的，是要说明“错在哪里”？但其内容是先讲在特定的“时代背景下，‘效率优先，兼顾公平’的提法具有一定的历史合理性和积极的现实意义”，并阐述了其历史意义和现实意义是什么，接着提出：这一提法自身包含着一些明显的局限和负面效应，并用主要的篇幅论述了这种局限性和负面效应的表现。诸如：同以人为本的基本理论相抵触；与和谐社会建设格格不入；政府重要职能错位；不利于经济社会制度的建设；不利于公正合理的社会结构的形成；等等。总之，提出一系列不赞同和否定“效率优先，兼顾公平”提法的理由。①

有的学者直接质疑“优先，兼顾”提法的科学性。笔者持这种见解，理由是：

（1）分配方式由生产方式决定，作为生产方式基础的所有制关系决定分配关系，社会主义生产资料公有制是与一切私有制相比最公平的所有制，它所决定的分配关系，应是比一切剥削制度下的分配关系更公平的，社会主义要消灭剥削、消除两极分化，就体现着和要求分配公平，而且，社会主义要求通过按劳分配或按劳分配为主体的分配公平实现共同富裕。如果重效率、轻公平，使效率优先于公平，公平处于次要地位，乃至初次分配只注重效率，不注重或不管公平，就会出现收入差距过分扩大，形成两极分化现象，偏离共同富裕的根本目的。

（2）重效率、轻公平，初次分配只重效率，不讲公平，会导致效率与公平双缺失。因为分配不公，不利于调动劳动和生产的积极性，不利于劳动效率、生产效率和管理效率的提高。效率的高低，与产量和GDP的多少不能画等号。可以是高投入、高污染、低质量、低效益的产量和GDP的粗放型经济增长，也可以是相反的高效益、高质量的节约型增长。这就反映了效

① 吴忠民：“‘效率优先、兼顾公平’究竟错在哪里”，《北京工业大学学报（社科版）》2007年第1期。

率的差别。离开分配公平，单强调效率，效率未必会提高，但忽视公平和初次分配不讲公平，必然会助长收入差距扩大，助长贫富分化的不公平。

（3）强调“效率优先，兼顾公平”，宣传初次分配只注重效率，忽视公平，会有利于资本，而不利于劳动。对私营、外资企业来说，效率高低，表现为利润率高低，重效率，变成重利润率。轻视和不讲分配公平，会转变成压低、拖欠、克扣工人工资和侵犯工人权益的实际行为，助长资本利润和劳动工资的对立。地方官员为引进外资，同样重资本利益，轻劳动利益。发达资本主义国家所不允许的某些严重侵犯职工权益的行为，在我国私营、外资企业大量存在。

（4）社会主义的公平、正义，是社会主义的本质属性。讲以人为本，讲保障和改善民生，讲一切以人民的利益为出发点和落脚点，讲发展与改革的成果惠及广大人民，讲共同富裕是社会主义的根本原则，就必须重视包括分配公平在内的社会公平，并需要通过分配公平和社会公平来实现。如果把分配公平放在一个次要的不注重的地位，上述一切都会成为空谈。

（5）社会主义市场经济与资本主义市场经济不能画等号。两者既有市场经济一般性和共同点，又有产生于社会制度不同的根本性的差异点。劳动者的收入不能完全由市场自发调节。资本主义市场经济与两极分化是相伴随的。社会主义市场经济要以公有制为主体和按劳分配为主体，消除两极分化，效率与公平并重，走向共同富裕。

（6）效率与公平的关系，西方国家的学者，存在三种不同的见解：强调效率优先于公平，如新自由主义学派哈耶克、弗里德曼等就持这种观点。另一派学者反对片面强调效率优先，主张将公平作为优先考虑的目标，如罗尔斯、勒纳、罗宾逊夫人等。他们认为，分配不公会损害工作热情，损害效率，导致两极分化。还有一派主张兼顾效率与公平，如萨缪尔森、凯恩斯、奥肯等。萨缪尔森认为，没有政府干预，市场经济自发形成的收入分配可能过分不平等，既要效率又要公平的途径，是通过政府干预来修补市场机制这只“看不见的手”。这讲的是资本主义国家。我国作为社会主义国家，更应重视这一问题。

哈耶克等的效率优先于公平的观点，不仅遭到西方其他学派学者的反对，连西方政府也没有采纳他们的主张。我国是社会主义国家，不能将西方新自由主义的效率优先于公平的主张，作为处理社会主义分配关系的原则。

因此，在笔者自己的论著和所编教材中，始终没有认同和宣传这种观点，而是一直讲效率与公平并重，讲两者的结合与统一。中央后来强调更加注重公平，党的十七大将效率与公平的结合作为改革开放历程中的宝贵经验之一，就表明已经否定了“优先，兼顾”和初次分配只重效率的历史有效性。

# 有关收入分配几个理论是非界限的探讨①

## 一、劳动要素收入与按劳分配收入不是一回事

中共中央“十五”计划建议中提出：“把按劳分配与按生产要素分配结合起来。”党的十六大报告中进一步提出：“确立劳动、资本、技术和管理等生产要素按贡献参与分配的原则，完善按劳分配为主体、多种分配方式并存的分配制度。”

有人经常提出这样一个问题：既然生产要素中包括了劳动，按生产要素分配便包括了劳动要素参与分配，为什么还要另外再讲按劳分配？有的学者认为，我国社会主义社会的分配原则，只讲按生产要素贡献分配就够了，不必再讲按劳分配或按劳分配为主体。因为按生产要素分配已包括了按劳分配，再讲按劳分配是多余的事情。

如果仅从经济现象来看，劳动要素收入和按劳分配收入，都是劳动收入。劳动作为生产要素参与分配，看来与按劳分配一样，也是多劳多得、少劳少得。因此，容易把劳动要素收入与按劳分配收入看作是一回事。其实，如从经济理论和经济关系的内涵来分析，两者并不是一回事。分配制度或分配方式是由生产制度或生产方式决定的。按劳分配作为社会主义的分配原则，是以社会主义所有制及其与劳动者的结合方式为前提条件的。就是说，在社会主义公有制经济中，劳动者是生产资料的主人，他们不是仅仅以劳动要素的提供者，而首先是以主人的身份参与生产与分配的。打个比方，一个个体农民，他是自己的生产资料和产品的所有者，他以主人的身份进行生产

① 本文原载《红旗文稿》2003 年第 6 期。

劳动，占有自己的劳动产品。而并非仅仅作为劳动要素参与生产、获得劳动要素收入。个体经济不存在劳动要素收入和非劳动要素收入之分。社会主义公有制是放大了的劳动者的“个人所有制”，马克思称之为“联合起来的社会个人所有制”。这里的劳动产品或国民收入除必要的社会扣除外，全部以劳动为尺度分配给劳动者，包括脑力劳动者和体力劳动者。由于在完全的公有制经济内部，不存在按非劳动要素分配问题，按劳分配也不等于按劳动要素参与分配。

按生产要素分配，要以私有经济的存在和生产要素掌握在不同主体手中为前提条件。例如，在资本主义私有制经济中，全面实行以按资分配为核心的按生产要素所有权分配，劳动者不是企业的主人，而是雇佣劳动者，只是生产要素之一即劳动的提供者。由于各种生产要素归不同的人所有，要素所有权就要求在经济上得到实现，即获得回报。由此才有按生产要素所有权分配的原则和制度。

我国在改革开放以前，公有制一统天下，非劳动生产要素全部归国家或集体所有，也就不存在按私人所有的非劳动要素进行分配的问题，只实行以劳动为尺度进行分配的按劳分配原则。改革开放以来，调整所有制结构，允许和鼓励非公有制经济发展，确立以公有制为主体、多种所有制经济共同发展的经济制度。在私营和外资企业中，劳动者不是企业的主人，他们与生产资料结合的方式表现为资本与雇佣劳动的关系。劳动者仅仅是以劳动力的出卖者和生产要素——劳动的提供者的身份参与生产，他的劳动收入，是劳动力的价值或价格，是劳动要素收入，不等于按劳分配收入。个体生产者的劳动收入，既无必要称之为要素收入，也不属于按劳分配收入。因为按劳分配是公有制经济中以劳动为尺度分配给劳动者的收入，而个体经济中，不存在社会对个人的分配关系。

按劳分配是社会主义的分配原则。而按生产要素分配，在社会主义社会以前就存在。如果在理论上不再讲社会主义按劳分配，而只讲按生产要素贡献分配，那么，社会主义的分配原则或分配关系，与资本主义就没有任何区别了。生产方式决定分配方式的基本原理也就被否定了。我们现在讲按劳分配为主体，多种分配方式并存；或是讲按劳分配与按生产要素分配相结合；或是十六大关于分配方式的新阐述，都与生产方式决定分配方式的原理相符合。与公有制为主体相适应，决定了按劳分配为主体；与多种所有制经济共同发展相适应，决定了多种分配方式并存。在非公有制经济的私营外资企业中，实行按生产要素所有权分配。在完全的公有制经济中，实行按劳分配。在混合所有制经济中，公有制与私有制相结合。如果公有成分为主体或控股，决定了按劳分配为主体、按劳分配与按生产要素所有权分配相结合；如果私有制成分占主体，就基本上实行按生产要素所有权分配了。

## 二、科学与管理等生产要素收入与非劳动收入不是一回事

生产要素包括的内容，随着社会生产的发展而逐步拓展。但归根到底，可分为劳动要素和非劳动要素两类。这里所讲的劳动要素是指活劳动要素，不包括物化劳动要素。而作为生产要素的劳动，又有狭义广义之分。一般讲作为生产要素之一的劳动，是指狭义的劳动即一般工人农民的劳动。而广义的劳动，还包括科技工作和经营管理以及设计检验等的劳动。马克思主义的劳动概念既包括体力劳动，也包括脑力劳动；既包括简单劳动，也包括复杂劳动；既包括工农大众的劳动，也包括科技劳动和管理劳动。马克思将这多种劳动总合概括为“总体劳动”概念。生产要素中的非劳动要素，主要指资本、土地等。经济学上的“土地”一词，包括农业和建筑用地，还包括其他自然资源。由此可知，按生产要素分配的收入，并不都是非劳动收入。生产要素收入，包括劳动收入和非劳动收入两类。与此相联系，马克思主义劳动价值论的着眼点，是“总体劳动”价值论。因为劳动价值论和剩余价值论，主要是用以分析资本主义商品生产和各种经济收入来源的。有的学者断言：马克思的劳动价值论，只承认体力劳动和简单劳动创造价值，排除了科技工作和经营管理。这是一种误解和错解。

从马克思主义的劳动与劳动价值论可以看出，劳动价值论与“要素价值论”的区别或对立点，集中于资本土地等非劳动要素是否创造价值。至于生产要素中的劳动、科技工作和管理工作，作为“总体劳动”的构成部分，都属于马克思主义劳动和劳动价值论的范围。把科技与管理工作视为非劳动要素是不对的。

## 三、财富的源泉与价值的源泉不是一回事

各种生产要素所有者获得回报，表现为要素收入。各要素的价值收入，是否都是由各该要素创造的？存在两种不同的看法。一种意见主张“要素价值论”，认为各种要素的价值收入，是由各该要素创造的，各种要素都是价值的源泉。两百年前的西方学者萨伊就创立了这种理论。他的所谓“三位一体”的公式，就是劳动、资本、土地（自然）共同创造价值。劳动创造了相当于工资的价值，资本创造了利息、利润，土地创造了地租。另一种意见是马克思的劳动价值理论，主张劳动是价值的唯一源泉。认为价值创造与价值分配是既相联系又有区别的两回事。但劳动不是财富的唯一源泉，劳动与自然界共同构成财富的源泉。

在现代社会生产中，无论生产使用价值或价值，既离不开劳动要素，也离不开非劳动要素。只有劳动，没有资本、土地和其他自然资源等要素，两手空空，什么也生产不出来，连一个价值原子都不会产生。但不能由此断言，非劳动要素也是价值的源泉。非劳动要素有三类，一类是自然存在的，而且未被垄断占有，如阳光、雨露、风力、水力等。在生产中使用这种自然要素可以不付代价，因而不进入成本，尽管它们是生产财富和价值的必要条件，但不是价值的源泉。第二类是属于自然存在的资源，但由于是稀缺资源，又被垄断占有，不能在生产中任意使用，如土地、矿藏等。如果这类资源归私人所有，租用者必须付出代价，即交付地租。如果属于国家所有，也不能任意无偿使用。它们不但是创造财富与价值的必要条件，而且会成为财富的源泉之一，即财富的构成部分。如煤矿与采煤劳动是煤这一财富的源泉；铁矿是生产钢铁、机器等财富的自然源泉。但天然煤矿、铁矿自身并不创造新价值，不是价值的源泉，只是财富的一种源泉。第三类非劳动要素是经过劳动与自然物质相结合而形成的生产资料，在现代生产中作为资本存在。它们是劳动的产物，是物化劳动，具有价值，因而在商品生产中参与价值形成过程，即会将自己的价值转移到新产品中。原材料作为生产资本，与劳动一起是财富的源泉，或财富的构成要素。如铁矿是机器财富的构成要素，棉花是棉布、棉衣财富的构成要素，都与劳动一起，构成财富的源泉。但钢铁与棉花本身不会创造新价值，只是将原有价值转移到新产品中。可

见，价值的源泉与财富的源泉不是一回事。也就是说，按生产要素所有权分配，并不表明各种生产要素都创造新价值。十六大报告中提出确立“生产要素按贡献参与分配的原则”，是指在生产财富中的贡献，也是创造新价值的条件，但不是价值的源泉。有人认为，十六大报告肯定了资本、土地等非劳动要素在价值生产中的贡献。有的说，传统经济学否定非劳动要素是财富的源泉。这都是误解。十六大报告并未用“要素价值论”取代劳动价值论。价值的创造与价值的分配也是两回事，因而从要素参与分配引不出“要素价值论”。十六大报告明确指出：“放手让一切劳动、知识、技术、管理和资本的活力竞相迸发，让一切创造财富的源泉充分涌流”，讲的是“财富的源泉”，而非价值的源泉。

## 四、非劳动收入与剥削收入不是一回事

人们参与生产和其他经济活动，要获得收入。个人收入可分为两大类：劳动收入与非劳动收入。劳动收入与非劳动收入还可细分为：合法的劳动收入与合法的非劳动收入；非法的劳动收入与非法的非劳动收入。一切正当的劳动收入包括私人企业的管理劳动和科技劳动收入是合法的，而不正当的劳动收入如生产假冒伪劣商品、搞盗版、制造假证件、生产与贩运毒品等的收入，就是非法的。非法的非劳动收入，如贪污受贿、偷盗抢劫、欺诈行骗等的收入。非劳动收入又可从另一角度分为两类：有剥削性质的非劳动收入与非剥削性质的非劳动收入。如地主收取农民的地租，资本家无偿占有雇佣工人的剩余价值，就是剥削性质的非劳动收入。而广大劳动者获得存款利息、债券利息、中奖收入、股票收入、社会保障性收入等，就是非剥削性质的非劳动收入。剥削收入也有合法非法之分。如奴隶主与封建主的剥削收入，在奴隶制社会与封建制社会中是合法的，但在我国社会主义社会则是早已被消灭的东西。不过，在我国社会主义初级阶段，还允许资本主义经济成分存在与发展。在外资企业和私营企业中，存在私人资本与雇佣劳动关系，企业主占有雇佣工人的剩余价值，就具有剥削性质。但只要合法与正当经营，这种资本主义剥削性质的非劳动收入便是合法的，会受到保护。我国“三大改造”前的民族资本主义经济，大家都肯定其存在剥削，但只要不违法便是允许的。刘少奇当时讲“剥削有功”，曾受到后来文革中的批判。尽管提法

上不大科学，但其用意和出发点是有积极意义的。如果将“剥削有功”换成“剥削合法”就比较恰当了。民族资本家虽有剥削，但在发展生产力，繁荣经济，扩大就业，增加税收等方面起了积极作用，做了贡献，从这方面说其“有功”是可以的。但对其非法的“五毒”行为，曾进行了“五反”斗争。

我国的中外私有制雇工企业日益增多。它们的管理水平和状况参差不齐。有的企业文明管理，尊重职工权益，但有的企业违反劳动法，任意损害职工权益，劳动时间很长，频繁加班加点而不付加班费，克扣、拖欠、骗走职工工资，侵犯职工人身自由，获取非法剥削收入。因此，不要不顾事实简单否定我国存在剥削现象。我们应该依法保护合法的非劳动收入，包括某些合法的剥削性质的收入，应重视监督和处理非法剥削收入。十六大报告中讲：要“依法加强监督和管理，促进非公有制经济健康发展”，实际上已包括了对非法剥削收入监督与管理。在西方国家具有权威性的《新帕尔格雷夫经济大辞典》，也肯定了资本主义经济中存在剥削。它说“资本主义有它的历史特点，这就是它的剥削关系几乎完全被交换关系的表面现象所掩盖”。西方有些学者的论著中，也突出地强调资本主义经济存在剥削关系。我们是社会主义国家，简单否定剥削会带来理论和政治上的严重消极后果。

## 五、剥削与罪过或罪恶不是一回事

过去在“左”的形势下，一讲“剥削”，就会被认为是不道德、有罪过或罪恶的事情，就要谴责之，剥夺之，消灭之。有人说，根据劳动价值论，一切非劳动收入都是剥削，是罪过，与我国现实不相符合。所以，应以要素价值论取代劳动价值论。按照生产要素创造价值论，就不能说存在剥削。有人自己把非劳动收入与剥削混淆起来，又把剥削与不道德、罪过等同起来，并将其归罪于劳动价值论，并说劳动价值论是“左”的根源，借以否定这一理论，宣传资本、土地等都是价值的源泉。

马克思的劳动价值论，并不存在一切非劳动收入都是剥削的逻辑。而且，根据历史唯物主义的原理与方法，马克思主义创始人也没有简单否定和抨击剥削的产生与存在。他们不是仅仅从道义的原则，而首先是从生产力原则评价剥削关系的。他们认为，剥削现象和制度的产生和更替，是社会历史发展的“自然历史过程”，是符合社会发展规律的，不是道义的缺失。奴隶制是一种最野蛮、最无人道的剥削制度，但它取代没有剥削与压迫的原始氏族制度，不是历史的错误与倒退。恩格斯在《反杜林论》中指出：“在当时的情况下，采用奴隶制是一个巨大的进步。”当然，一切应以历史条件为转移。在现代社会中，奴隶和农奴制剥削就是一种反动，是罪过，因为它已妨碍生产力的发展，也违反现代社会的人权要求。

马克思主义创始人主张用社会主义取代资本主义，也不是仅仅根据什么道义原则，仅仅根据资本对劳动的剥削，根据什么剥削有罪的观点提出的，而是根据当时所看到的资本主义内在矛盾，及其所表现的频繁的经济危机和阶级矛盾的激化，以及工人运动蓬勃发展，资本主义生产关系阻碍着生产力的发展而提出的。

剥削的产生，是生产力发展到一定程度的结果，剥削的存在又是生产力发展不够高的结果。它不依人的主观意志为转移。当某种经济制度或经济成分还有容纳生产力发展的较大空间时，它是不会灭亡的。因此，马克思的观点是，既然资本主义的产生与发展，是适应生产力发展要求的自然历史过程，就“不能要个人对这种关系负责”，就是说，不能要资本主义社会的“资本家和地主”个人对资本主义剥削关系负责。

马克思对资本与资本主义剥削是一分为二地看待的。既讲它的消极面，又讲它的积极面。他指出，资本的文明面之一是，它榨取剩余劳动的方式和条件，同以前的奴隶制、农奴制等形式相比，都更有利于生产力的发展，有利于社会关系的发展，有利于更高级的新形态的各种要素的创造。我国是生产力发展还很落后的社会主义国家，还需要发展非公有制经济。根据“三个有利于”的标准，有必要发展资本主义经济成分。即使存在一些剥削关系，只要合法经营，就是允许的、合法的。不要一讲剥削，就谈虎变色、大惊小怪，就要反对之、消灭之。

当然，如果用不正当的非法的手段，用超经济的野蛮办法，严重侵犯职工权益进行剥削，就是违法的罪恶行为。这方面的问题，也不能忽视。

# 第五编

# 科学发展与转变经济增长方式和发展方式问题

# 关于经济发展与转变发展方式的几个理论是非问题①

［摘要］需要弄清转变经济增长方式与转变发展方式的关系。提出转变经济发展方式并不否定转变经济增长方式，前者是以后者为前提的。经济发展方式转变所包括的内容要更多。经济增长与经济发展的方向可以有机统一，也可能产生矛盾。转变经济发展方式，意味着消除两者间的矛盾，实现相互一致和统一。粗放型与集约型增长的概念，随着经济社会的发展，其内涵亦有变异。由粗放型转向集约型是社会经济发展的必经过程，与计划经济和市场经济无关。在当前经济发展方式转变中，不能将粗放型与集约型同外延型与内涵型的含义相等同。创建高新技术产业是外延型扩大，但其经营与增长方式是集约型。

## 一、经济增长方式与经济发展方式的关系问题

党的十七大报告指出：要加快转变经济发展方式，这是关系国民经济全面紧迫而重大的战略任务。党的十七届五中全会进一步把加快转变经济发展方式作为“十二五”时期我国经济社会发展的主线，并指出加快转变经济发展方式是我国经济社会领域的一场深刻社会变革，必须贯穿经济社会发展全过程和各领域，提高发展的全面性、协调性、可持续性。而在过去的一个时期，我们着重讲转变经济增长方式。1995 年制定“九五”计划时，中央

---

① 本文原载《毛泽东邓小平理论研究》2011 年第 3 期。

首次提出要从根本上转变经济增长方式。2005 年中共中央关于制定“十一五”规划的建议，再次强调转变经济增长方式。那么，经济发展方式与经济增长方式这两个概念以及相应的两种转变是什么关系呢？究竟是统一和并存的关系，还是要用后者取代和舍弃前者？学界有不同的理解。有的学者认为，中央提出转变经济发展方式，意味着放弃了原来转变经济增长方式的提法。笔者认为，这种理解并不准确，并不符合提出转变经济发展方式的本意。

大家知道，在国内外的经济学论著中，曾将经济增长与经济发展当作内涵相同的概念理解。但后来从经济实践中看到，有些国家 GDP 增长了，经济社会却并未相应发展，结果出现了环境污染、生态平衡破坏、资源浪费、教育与医疗卫生事业发展滞后、贫富分化、社会矛盾加剧等问题。从而出现“有增长而无发展”的情况。于是将经济增长与经济发展作为既相联系，又有区别的两个概念区分开来。

可以说，经济增长是经济发展的基础和前提。从而经济增长方式的转变是经济发展方式转变的基础和前提。中央提出和强调转变经济发展方式，并不是取代更不是否定转变经济增长方式问题。经济增长方式不转变，经济发展方式也不可能转变。只是经济发展方式转变的内容比经济增长方式转变的内容要更广阔一些。中央有关文件是两个概念并提的。党的十七大报告既讲转变发展方式，也提及转变增长方式。特别指出：我国“粗放型增长方式尚未根本改变”，“经济增长的资源环境代价过大”。显然，由粗放型增长方式转变为集约型增长方式，减少经济增长的资源与环境代价的任务还需继续完成。

讲经济增长，主要是从生产力发展的角度而言的。经济增长方式的转变，概括地说，就是由高投入、高消耗、高污染，低产出、低质量、低效益，转向低投入、低消耗、低污染，高产出、高质量、高效益。这种转变与否既不依存于也不会导致生产关系性质的改变。

经济发展及其发展方式的转变，则包括更多的经济社会生活内容。如果说经济增长及其增长方式转变主要是从生产力发展的角度看的话，经济发展方式及其转变就要从生产力发展和社会发展的统一的角度来看了。不言而喻，转变发展方式，首先要促进生产力发展途径与方式的转变，如经济结构调整、产业结构优化升级、科技进步与创新、管理创新、发展高新技术产业和新型战略产业，提高劳动者素质，一、二、三产业协同带动转变，实现可持续发展，等等，这些内容当然是重要的。但只重视这方面的内容是不够的，转变发展方式还包括社会发展和社会经济关系发展的内容。社会经济关系又可以区分为两类：一类是不具有特定社会性质的关系，如教育的发展与普及状况、社会保障制度状况、居民医疗保健状况等；不管资本主义制度还是社会主义制度，经济社会的发展应包括这些方面的发展。另一类是具有特定社会性质的关系，社会主义制度下的经济发展及其发展方式的转变，应体现社会主义关系的发展，要防止和消除收入差距过分扩大，出现两极分化，重视人的全面发展，走共同富裕的道路。从中央的指导思想来看，转变发展方式就是要走科学发展的道路。而科学发展的核心是以人为本。要统筹兼顾，全面协调可持续发展。要重视社会公平正义，关注民生。应特别关注弱势群体的利益，缩小收入差距过分扩大的趋势，改革和完善分配制度，发展的成果要惠及广大人民。

要处理好经济增长与经济发展的关系，从而处理好两者转变的关系。两者既可以形成内在统一的关系，如集约型增长方式与科学发展方式相统一；两者也可以存在矛盾，如粗放型增长与科学发展相矛盾。再者，调整经济结构有利于加快经济增长，也是转变经济发展方式的重要内容。但过高的经济增长速度，不利于调整经济结构和结构优化。而调整结构，就要淘汰落后和过剩的产能，会降低经济增长速度。两者的矛盾还表现在：粗放型增长方式，也可以依靠高投入、高消耗实现经济高增长，但高消耗、高排放、高污染却不利于经济社会可持续发展。在农业生产中也可以投入大量人力物力提高亩产，使经济增长，突出的例子如：改革开放前的一个时期，曾追求《农业发展纲要》中规定的“过黄河，跨长江”、亩产千斤的农业生产指标。有些县社，不算经济账，只算“政治账”，不计成本，使投入高于产出。粮食产量虽然达到了亩产千斤，但其产值低于成本，于是出现了高产穷社、高产穷县，越高产越穷。这种经济增长与经济发展脱节了，失去了统一，出现了矛盾，会导致有增长而无发展。即使是产出大于投入，或是如我国改革开放30多年来，经济年均9.8%的速度快速增长，总体上说，人民生活水平提高了，文化、教育、卫生等社会事业发展了，但出现了经济社会发展多方面的不平衡：诸如产业结构失衡、地区协调发展失衡、内需与外需失衡、人与自然协调发展失衡、收入分配失衡、社会和谐发展失衡，等等。党的十七大报告中，在肯定我国经济社会发展的巨大成就时，也明确地指出：在看到成绩的同时，也要清醒的认识到，与人民的期待还存在不少的差距，“经济社会仍然不平衡”。突出的问题包括：经济增长的资源环境代价太大；城乡、区域、经济社会发展仍然不平衡；劳动就业、社会保障、收入分配、教育卫生、居民住房、安全生产、司法和社会治安等方面关系群众切身利益的问题仍然较多，部分低收入群众生活比较困难；奢侈浪费、消极腐败现象仍然比较严重。这表明，尽管经济快速增长的成就举世瞩目，但经济社会还存在诸多问题和矛盾。目前，一再强调加快转变经济发展方式，就是要解决经济快速增长与经济社会发展出现的这种不一致与矛盾。有必要指出：我国是社会主义国家，讲经济发展及其方式的转变，是社会主义经济发展及其方式的转变。转变经济发展方式，既是实现科学发展，也应是邓小平提出的社会主义本质的实现与发展；既要解放和发展生产力，又要消灭剥削、消除两极分化、逐步实现共同富裕。社会主义经济社会的发展，应是生产力发展与社会主义经济关系发展的统一。判断社会主义经济社会发展得失成败的标准，应是生产力标准与社会主义生产关系标准的统一。

当前，收入分配失衡，出现贫富分化，社会矛盾凸显，影响社会稳定与安全，是应特别关注的一个重要问题。重视改革与完善我国的分配制度，缩小收入差别，是加快转变经济发展方式的重要内容之一。

2010 年 10 月党的十七届五中全会通过的第十二个五年规划的建议中提出：我国的经济发展要顺应各族人民过上更好生活的期待，以科学发展为主题，以加快转变发展方式为主线，深化改革开放，保障和改善民生。还提出坚持科学发展的四个“更加注重”。一是要更加注重以人为本；二是更加注重全面协调可持续发展；三是更加注重统筹兼顾；四是更加注重保障和改善民生，促进社会公平正义。可以看出：我国发展经济、转变发展方式，面对当前的经济社会形势，已把关注人民过上更好生活的期待，更加注重以人为本、保障和改善民生、实现公平正义，提到了经济发展的指导思想的高度。

## 二、粗放型与集约型的内涵变迁及其同计划经济与市场经济有无内在联系？

有的论著中说，粗放型经济增长是计划经济的特点，集约型增长是市场经济的特点，这是一种想当然的不符合实际的说法。资本主义在其发展的几百年中，也经历了由粗放型向集约型转变的历史过程。粗放耕作、集约耕作，原本是用于农业耕作方式的概念。《资本论》中讲资本主义农业和地租问题时就用过这两个概念，现在将粗放型、集约型扩展到一切经济部门。由粗放型增长向集约型增长转变，是任何国家经济发展会经历的不同阶段，与社会经济制度无关，与计划经济或市场经济也无关。西方学者论述资本主义经济的增长过程也要划分为不同的阶段。

西方学者如波特，论述了经济增长的四个阶段及其特征。一是要素驱动阶段，经济增长主要依靠生产要素推动。劳动密集型产业是主导产业；二是投资驱动阶段，资本密集型产业为主导产业；三是创新驱动阶段，由技术创新推动，知识密集型产业为主导产业；四是财富驱动阶段，第三产业分化发展，人的全面发展和财富的消费驱动经济增长，精神产业、社会产业成为主导产业。可以认为，其中前两个阶段是粗放型阶段，后两个阶段是集约型阶段。

粗放型和集约型概念的内涵，随着社会经济的发展，也发生了变化。现在讲粗放型，意味着经济效率和效益低下，讲集约型意味着效率和效益提高。但最初在农业耕作中，讲粗放化耕作和集约化耕作，并不具有这种固定的含义。粗放化耕作意味着扩大耕地面积增加产量，当一个国家或地区存在大量未被占有和未开垦的土地时，可以通过扩大耕地增加收入。由于新耕作土地的好坏不同，收益也有差别。如果新耕作土地肥沃程度更高，则是高效益的粗放型耕作，即便新耕作土地不更肥沃，也可由广种多收获得更高收益。现在讲粗放型耕作，往往与“刀耕火种”、“广种薄收”等相联系。但最初的粗放型耕作并未固定为这种内容。马克思说，那些新近开垦、相对不肥沃的土地，在气候不坏的条件下，“至少已在土壤表层积累了许多易溶解的植物养料，以致无需使用肥料，甚至只须粗放耕作，也能长期获得收成。”粗放耕作，投入低，成本小，即使亩产较低，但因耕作面积大，总产量可以很大。“一个家庭可以粗放耕作比如说 100 英亩，每英亩的产量虽然不大，但 100 英亩将提供相当多的剩余产品。”而集约化耕作，原来是指在同一块土地上增加投资提高产量。马克思说：“所谓集约化耕作，无非是指资本集中在同一块土地上，而不是分散在若干毗连的土地上。”① 至于追加投资的效益高低，并无固定关联。现在将粗放型与集约型概念拓展和适用到整个经济增长与发展中来，其内涵也发生了变化。如前所说，我国在改革开放前的一个时期，为了增加亩产，不计成本大量投入人力物力，搞粗放型耕作。现在增加亩产，重在集约耕作。而集约耕作的内涵发生了变化，重在低投入高产出，精耕细作，培育和使用优良品种，改进管理，以提高单位面积产量。而“粗放型”、“集约型”概念扩展到整个经济的增长与发展中来，其内涵也变化为与有无经济效率和效益以及效率和效益的高低相联系的经济范畴。

## 三、粗放型与集约型同外延型与内涵型是什么关系?

在研究与讨论经济增长与发展问题中，还有两对相关的概念和原理，需要澄清对其理解上的偏误。长期以来，对粗放型与集约型同外延型与内涵型的关系问题存在不同看法。不少学者将粗放型与外延型的含义相等同，又将集约型与内涵型的含义相等同。其主要根据：一是在外文中粗放型与外延型是同一个字，而集约型与内涵型也是同一个字。在英语中，“粗放的”和“外延的”的确是同一个字，即 extensive，而“集约的”和“内涵的”，也是同一个字，即 intensive。但是，经过分析，可以看出，无论从字义和词义上或是从理论上和实践上看，这种等同论的认识是难以成立的。从字义或词义上看：无论外文或中文中，一字多义或一词多义的情况很多。如中文“沽”字，既有卖的含义，也有买的含义。究竟是卖义，还是买义，要看用在什么地方。“待价而沽”就是卖义，提酒壶去沽酒就是买义。决不能因为一个沽字既有卖义也有买义，就由此断言，在中文中，买与卖是同义的，是一回事。同样的道理，哲学上所讲的概念的外延与内涵，决不能转换成概念的粗放和集约。将粗放型、集约型同外延型、内涵型两对概念相等同，是从有影响学者的著作中的理解延伸、扩展开来的，特别是 20 世纪 80 年代初，组织全国学马克思《资本论》第 2 卷（主要是其中的再生产理论），涉及这个问题。由人民出版社和中国社会科学出版社于 1980 年出版的辅导性读物

① 《资本论》第 3 卷，人民出版社 2004 年版，第 756、760 页。

《学习马克思关于再生产的理论》一书的有关解读，由于没有全面把握《资本论》的原意，从而发生某种偏离，产生了较为普遍的学术影响。它这样解释两种扩大再生产："所谓外延的扩大再生产，是指单纯依靠增加生产要素的数量，即增人、增资、增设备、增投料，扩大生产场所来扩大生产规模，这里没有生产技术的进步，没有生产要素质量的变化，没有社会生产效率的提高。所谓内涵的扩大再生产是指生产规模的扩大是依靠生产技术的进步，依靠生产要素质量的改善，依靠提高活劳动和生产资料的效率取得的，……有时也把它叫做'集约的'扩大再生产。而把外延的扩大再生产叫做'粗放的'扩大再生产"（第285—286页）。

从理论的阐述上看，外延的和内涵的扩大再生产概念是马克思提出的，但马克思在《资本论》中是把扩大生产场所和规模，无论是原有的同一企业扩大生产场所还是建立新企业以扩大生产规模，叫做外延的扩大再生产。而在原有场所和企业扩大生产就叫做内涵的扩大再生产。内涵的扩大再生产既可以是通过增加投入改进技术、提高要素质量和生产效率实现；也可以是在原有的生产条件下，单靠增加投入来实现。同样，扩大原企业的场所也好，建设新企业也好，既可以采用原有的技术设备和其他生产条件，也可以采用先进技术，提高效率。而且按常理讲，建立新企业一般要采用新的技术和先进设备条件。我国每年都会有一些重点建设项目，利用先进技术设备。不会都继续采用原有的生产条件，如宝钢建设、高速铁路建设等。

前些年，中央提出转变增长方式问题时，有的学者写文章讲：由粗放型方式转向集约型方式，就是由外延型转向内涵型。从实践上看，我国每年都有新的企业增加，不仅国家要建设新的高新技术企业，而且外资企业、私营企业的数量也在增加。不能限制外延型企业的增加和生产规模的扩大。我们反对乱铺摊子，乱上项目，要求原有企业挖潜改造、提高效率和效益。但不能反对建立和增加新的项目和企业。即不能反对和否定外延的扩大再生产。

有的学者之所以对马克思所讲的外延型扩大再生产和内涵型扩大再生产的解读有误，一是由于没有全面把握马克思的两处有关论述，只引证其中一处的论述；二是对所引证的一处论述做了简单的绝对化的理解。马克思的第一处论述是在《资本论》第二卷阐述资本周转时讲的："固定资本价值中这个转化为货币的部分，可以用来扩大企业，或改良机器以提高机器效率，这样经过一段或长或短的时间，就有了再生产，并且从社会的观点看，是规模扩大的再生产。如果生产场所扩大了，就是在外延上扩大；如果生产资料效率提高了，就是在内涵上扩大。”① 这里讲的是将固定资本的折旧费用于扩大再生产，是从一个企业内部的扩大再生产讲的。引文中所讲的“如果生产场所扩大了，就是在外延上扩大”，容易简单理解为外延型再生产是指没有生产资料效率提高的扩大。其实，生产场所扩大并不排斥同时效率的提高。引文中讲的“如果生产资料效率提高了，就是在内涵上扩大”。这句话自然容易理解为，内涵型扩大再生产就是生产场所不扩大，只是通过生产资料效率的提高来扩大生产规模。但如果一个企业既不扩大生产场所，也不提高生产资料效率，只增加工人来扩大生产，比如将生产一班制改变为两班倒或昼夜三班倒，显然不能将此称作外延型生产，而是可视为没有生产资料效率提高的内涵型扩大。如果读一下马克思的另一处的论述，问题就更清楚了。

关于外延和内涵的含义，马克思还有另一处说明。马克思在《资本论》中《剩余价值的流通》一章中讲：“积累，剩余价值转化为资本，按其实际内容来说，就是规模扩大的再生产过程，而不论这种扩大是从外延方面表现为在旧工厂之外添设新工厂，还是从内涵方面表现为扩充原有的生产规模。”② 这里讲的外延型和内涵型在考察的角度上与前一段话有所不同。其一，前一段论述讲的是固定资本的折旧费用于扩大生产规模，其二是从一个企业内部的进行考察的。后一段论述是讲通过剩余价值资本化扩大生产规模，是从扩充原有旧工厂的生产规模还是添设新工厂来进行划分的。可以看出，这里无论讲添设新工厂还是扩充旧工厂，都没有再提生产资料效率提高或者不提高的问题。可以这样理解：添设新工厂就是外延型扩大，至于是否提高生产资料效率，可以是，也可以不是。同样，将追加资本用于扩充旧工厂，就是内涵型扩大，可以有生产资料质量和效率的提高，也可按原有生产条件扩大生产。如果从本源意义上考察农业的粗放型耕作和集约型耕作，倒是有与外延型与内涵型相重合的情况。但按目前其内涵已发生变迁和发展了的概念——粗放型和集约型来讨论，这对概念已扩展到工业和整个经济部门，已不会与外延型和内涵型相一致了。粗放型和集约型已成为一种经济的

① 《资本论》第2卷，人民出版社2004年版，第192页。
② 《资本论》第2卷，人民出版社2004年版，第355页。

经营方式，与效率和效益的有无和高低不可分离地联系在一起了。

从马克思关于外延与内涵的两处不同的论述来看，可以这样认为，马克思前一处论述，是从微观角度讲一个企业内部通过外延型或内涵型扩大生产规模的。一个企业如果不扩大生产场所、不增加劳动资料和人力，而将折旧费用用于扩大生产，就只有改良机器设备提高其效率，这是内涵型扩大。如果将折旧费用于扩大场所并增加劳动资料，不管有无机器设备的改进和效率的提高，都是外延型扩大生产。马克思的后一处关于外延与内涵的论述，是从宏观角度考察的。把新建和增加新的企业作为外延型扩大，把原企业的积累和追加投入称作内涵型扩大。这里，不管原有企业有无场所的扩大和机器设备效率的提高，只要同一企业的生产扩大了就是内涵型扩大。而新增企业，不管有无先进机器设备的利用和效率的提高，都属于外延型扩大。

当前讲转变经济发展方式，要由粗放型转变为集约型，转变得越全面越彻底越好，但不应简单地说要由外延型全面和完全转向内涵型。当然，也要强调重在提高现有企业的效率与效益，不重在铺新摊子，上新项目，特别要反对低层次重复建设。但创建和增添新的企业的外延型扩大，不能一概否定。新建高新科技产业，是外延型扩大，不能说是粗放型扩大；从经营方式来讲它是集约型方式，是外延型扩大与集约型经营相结合。如前些年新建上海宝钢，是外延型扩大，但决不能说它是粗放型增长，它的经营方式或增长方式是集约型的。因而是将外延型扩大与集约型经营与增长内在地结合在一起了。

# 我国经济结构与发展方式的突出矛盾及缓解途径①

［摘要］总需求结构失衡是我国经济结构不合理的突出表现，反映在经济发展方式上，则表现为经济增长方式的非均衡、不可持续与低效率。这些问题存在并积累的体制原因主要有：分配机制不完善、价格形成机制不完善、政府职能转型滞后、现行财税体制不尽合理。要实现我国国民经济的全面、协调、可持续发展，必须着力深化体制改革，大力进行经济结构调整、切实转变经济发展方式。

2010 年我国经济形势将明显好于 2009 年。经济增速的恢复说明我国正在摆脱金融危机带来的不利影响，但宏观经济运行中暴露出来的问题不容忽视。从长期来看，我国宏观经济所面临的深层次问题是，总需求结构失衡以及与此相联系的经济增长方式不合理，导致经济体系的脆弱性增加，经济增长的自主性不强。美国金融危机爆发后，我国经济增长速度的下滑，虽然是外部冲击触发的，但内部结构失衡，尤其是经济增长的出口依存度过高、国内消费需求不振是其内在原因。要实现国民经济的全面、协调和可持续发展，必须着力深化体制改革，大力进行经济结构调整、切实转变经济发展方式。

## 一、经济结构不合理突出表现为总需求结构的失衡

影响经济结构的因素有很多，如科技水平、宏观经济政策等，但最主要和最直接的是社会对最终产品的需求。我国经济结构的诸多方面都存在着问

① 本文原载《中共中央党校学报》2010 年第 2 期，与武靖州合写。

题，但当前最为突出的结构性问题是总需求结构的失衡。一国的总需求由内部需求和外部需求组成，内需包括投资需求和消费需求，消费需求又由居民消费和政府消费组成。我国总需求的失衡是全方位的，既表现为内需与外需的失衡，也表现为投资需求与消费需求的失衡，还表现为政府消费需求与居民消费需求增长的不协调。外部需求与投资需求中的结构不合理问题也很突出。

从外需与内需的结构看，我国人口众多，潜在消费能力很大，但实际消费能力低下，消费率不高，国内消费市场相对狭小，大量投资带来的产能只能靠外部需求来消化。外贸依存度是外贸进出口总额占 GDP 的比重，它反映的是外贸进出口对一国经济贡献的大小。我国的外贸依存度 20 世纪 90 年代基本保持在 30%—40% 的区间。加入 WTO 后，进入快速增长阶段，2006 年达 67%，2007 年、2008 年有所下降，分别为 65% 和 60%。同期，美国、日本等发达国家的外贸依存度则基本保持在 20% 左右。2009 年我国出口总值为 12016.7 亿美元，虽然比 2008 年下降了 16%，但仍超过了德国，第一次居世界第一位。对外部需求依存度的提高导致我国国际收支资本项目和经常项目的顺差越来越大，巨额外汇储备使得人民币面临越来越大的升值压力。人民币升值的预期，又导致外资的进一步流入，国际收支顺差随之扩大，人民币升值压力进一步增强。可以说，我国已出现严重的长期性内外失衡。

从投资和消费需求的结构看，近年来，我国经济发展的一个显著特征是，在投资大幅增长的情况下，最终消费占 GDP 的比例持续下滑。从改革开放的 1978 年到 1992 年，我国 GDP 中有超过 60% 的比例用于最终消费。1993 年开始低于 60%。1997 年的亚洲金融危机，我国坚持人民币不贬值，使得出口增长减速，最终消费比例一度回升，在 2000 年达到 62.3%，之后一路下滑，2008 年为 48.6%，不仅低于世界平均水平，也低于亚洲国家的平均水平，投资率于 2003 年达到 41%，之后在出口增长的带动下，一直维持在 42% 以上，2008 年达 43.5%。

从政府与居民的消费需求来看，20 世纪 90 年代以来，我国最终消费支出中的居民消费和政府消费呈现出此消彼长的趋势。政府财政收入占 GDP 比重不断增大的同时，居民消费占比不断下降。2008 年居民消费占最终消费支出的比例为 72.7%，比 2000 年下降了 1.8 个百分点，比 1996 年下降了

3.6个百分点，政府消费支出的比例则从1996年的22.7%上升到2008年的27.3%。从世界范围来看，虽然我国政府消费支出所占比例并不算高，但近年来政府消费与居民消费的此消彼长，说明政府支出在一定程度上挤压了居民消费支出。

从外部需求来看，我国出口的迅速扩张是粗放式而非集约型的。虽然出口总值连年大幅增长，出口商品数量跨越式提升，但出口商品结构和盈利能力却很不合理。第一，我国的出口商品的主要优势是价格低廉，中国制造成了廉价商品的代名词。第二，加工贸易是我国出口贸易的主体形式，占整个出口贸易的近一半。加工贸易主要采取来料加工和来件装配的形式，东道国的生产企业从中只收取加工费，所获收益很低。第三，我国高技术产品出口"水分"很大。国家科技部公布的数据显示，2007年我国高技术产品出口占出口总额的近30%，在国际市场上的份额居世界第一位。但我国出口的高技术产品中，绝大部分产品的关键和核心技术并不具有自主知识产权，且三资企业在高技术产品出口中占了很大份额。

从投资需求来看，在全社会固定资产投资中，房地产投资和铁路、公路等基础设施投资的比重较高，而科学研究、环境保护以及直接民生领域的投资比重较低。房地产与基础投资短期内带动经济增长的效果明显，但其带动经济增长的持续效应和就业效应相对较弱。从投资的产业分布来看，近年来有所优化，第一产业和第三产业的增长幅度大于第二产业，但第二产业中投向重化工业的比重过大，加重了产能过剩和重复建设问题。

## 二、经济发展方式不科学突出表现为经济增长方式的非均衡、不可持续与低效率

我国的总需求结构失衡问题，反映在经济发展方式方面，主要表现为经济增长模式的非均衡、不可持续与低效率问题。在需求结构上，经济增长主要依靠投资和出口拉动，国内消费需求不振；在产业结构上，经济增长主要依靠以第二产业的带动，经济社会效益较高的第三产业发展缓慢；在要素投入上，经济增长主要依靠物质资源的消耗，而对经济增长有决定作用的科技创新、劳动者素质提高以及管理创新等要素的作用相对薄弱。

从投资、消费和出口对GDP的贡献和拉动上看，近几年，我国经济增

长的"投资驱动、出口拉动"的特征十分明显。20 世纪 90 年代，我国消费对 GDP 的贡献大部分年份都超过了 60%，21 世纪以来大部分年份为 40% 左右。近两年来，随着国家刺激消费政策的出台，消费贡献率有所回升，但仍低于世界 60% 的平均水平。投资驱动与出口导向的发展战略，导致国内需求尤其是消费需求不断萎缩，给经济的长期持续增长埋下了隐患。

近年来，我国的第二产业一马当先，占 GDP 的比重一直稳定在 45%—50% 的区间内，第三产业则为 40% 左右。我国第三产业占比不仅低于发达国家 70% 左右的水平，也低于印度 50% 的水平。与第二产业相比，发展第三产业对资源、土地等生产要素的要求较低，具有明显的经济效益，同时还具有吸纳就业比例较高等更大的社会效益。此外，由于在第二产业中，高耗能的重化工业发展迅速，制约了经济竞争力的提高，也使我国的资源环境不堪重负。

## 三、总需求结构失衡与经济增长方式不合理的体制性原因分析

我国宏观经济运行中短期内所表现出来的问题，是长期总需求结构失衡和经济增长方式不合理积累的结果，而宏观经济运行中长期存在并积累的矛盾，都有其深层次的体制性因素。

### （一）分配机制不完善导致国民收入分配结构失衡，抑制了居民消费需求的提高

可支配收入是决定居民消费能力的主要因素之一。我国经济转型过程中，由于收入水平总体较低，收入来源渠道狭窄且不稳定，社会保障体系不健全等因素，居民消费支出缺乏快速稳定增长的基础，而国民收入分配格局的不合理又进一步阻碍了消费需求的提升。

从总体来看，我国国民收入分配是向资本和政府倾斜的，企业可支配收入比例不断上升、政府财政收入的比例也持续增加，两者的增加都在压缩着居民可支配收入所占的份额。1992—2007 年间，居民可支配总收入占国民可支配总收入的比重由 69.2% 降至 57.5%。与此同时，企业可支配总收入占比则从 11.6% 上升到 18.4%，政府可支配总收入占比则从 19.2% 上升

到24.1%。

从国民收入的初次分配看，居民的劳动报酬净额和财产性收入占国民初次分配总收入的比例，都呈下降的趋势。在劳动报酬净额当中，政府支付的劳动报酬比例小幅上升，企业支付的劳动报酬比例则大幅下降。这说明，居民在初次分配中收入比重的下降，主要原因是企业支付劳动报酬占比的下降。

从资产收入分配看，我国居民储蓄率居高不下，但投资渠道有限，居民财产性收入占国民初次分配收入比重从1992年的4.6%下降到2007年的3.5%。毋庸置疑，高储蓄率并不意味着拥有较高的消费能力，低收入群体消费需求大而有支付能力的需求小，高储蓄率与他们无关；富裕阶层消费需求已充分满足，不需动用他们的高额储蓄。只有这些高额的储蓄合理地分散到社会成员手中，才具有转化为现实消费的可能。

从再分配情况看，我国居民之间收入分配差距持续拉大的趋势，并没有在再分配中得到校正。1992—2007年，居民收入在国民收入再分配中的比重不断下降，甚至其中的个别年份（如2002年、2003年、2005年），再分配之后居民收入在国民收入中的比重反而低于在初次分配中的居民收入比重。这种现象与我国现行的财税体制的某些环节产生的收入分配逆向调节作用有关。

### （二）价格形成机制不完善导致要素价格扭曲，加剧了产业结构的失衡

生产要素包括资本、劳动、自然资源等。如果这些要素的价格不反映市场供求状况，甚至被人为压低，就会降低投资成本，加速生产扩张。生产扩张所带来的产能不能被低报酬劳动者的购买力所消化，就会产生生产过剩，并引发一系列的结构性矛盾。当前，我国价格形成机制，尤其是资源性要素的价格形成机制，严重偏离市场供求。

资源性生产要素主要包括土地、水、电力、石油、天然气以及其他矿产资源。它们处于生产过程的上游，是生产得以进行的基础。长期以来，我国资源性要素价格并不完全由市场决定，政府起主导作用。政府为了吸引外资、发展经济，往往人为压低要素价格，使得我国工业生产在低成本优势下迅速扩张，有力地推动了我国整体经济水平的提升。但人为压低的要素价格，不能反映市场供求状况和真实的直接或间接成本，不仅不能激励或约束

市场主体按经济规律办事，反而成了低水平扩张、重复建设、盲目投资的主要推动因素。

资本与劳动要素的价格形成机制也有问题。劳动价格偏低，导致劳动报酬在国民收入中所占的比重不断降低，影响了居民的实际消费能力，进而影响到劳动者整体素质的提高，也加速了低水平生产项目的扩张和低端产品的出口。

土地、资源等要素价格过低加剧了产业结构失衡和增长方式粗放的问题。第二产业对土地、资源等要素的投入需求最大，第三产业对土地、资源的需求相对较小而对劳动要素的需求较大。土地、资源等要素价格水平偏低，导致第二产业特别是高耗能的重化工业发展较快。很多地方政府都把重化工业作为本地区的重点产业来推动，加剧了能源短缺和环境的恶化。资源性产品不但价格偏低，而且价格构成不合理，许多资源性产品生产过程中的资源破坏和环境污染的治理成本并没有体现在价格中。再加上政府对环境的监管不到位，因多消费资源造成环境污染的企业，非但没有付出额外的代价和损失，相反还获得了更高的利润。在这种情况下，企业不可能采取得力措施治理环境污染，也不可能采取资源节约型生产方式，致使高耗能、高污染、低效率的增长方式大行其道，整个经济的粗放型增长方式也就难以得到转变。

### （三）政府转型滞后阻碍了经济发展方式转变

经济发展实践表明，政府主导经济发展在特定时期内的确能保持经济的持续快速增长，但随着国内外经济社会的发展和我国改革开放的深入以及社会主义市场经济体制不断完善，我们面临的国内外经济环境发生了很大变化，政府主导经济建设的模式也需要进行调整，政府的职能要进行转型。目前，GDP 规模、投资规模、出口总值、外汇储备的迅速扩张同人民生活水平提高、经济结构优化、自主创新能力和环境保护水平提升不相称，形成反差。经济发展方式不科学、不合理，迫切需要政府通过自身职能的转型引导经济社会体制变革。当然，这些深层次的矛盾问题与我国经济发展所处的特定阶段和特殊国情有关，但离开了政府职能的变革与转型，这些矛盾与问题是难以解决的。

当前，我国政府仍然控制着很多资源的配置权。政府的资源控制、项目审批、价格管制、行政性垄断等权力，会削弱和排斥市场在一些领域的资源配置功能。哪些行政权力是必要的，哪些是可以减少的，应有所调整。特别是某些地方政府滥用行政权力排斥市场配置资源的功能，应当扭转。否则，会出现有些政府部门和垄断行业吃着市场经济体制不完善的“红利”，同时把经济发展失衡的代价转嫁到所有的市场主体和社会成员的情况，也会弱化政府对宏观经济调节、市场监管、社会管理和公共服务的基本职能。维持市场的有序运转、搞好公共服务、追求社会公平，关注民生所需、实现科学发展，应是政府的职能所在。

**（四）现行财税体制不利于经济结构调整、发展方式转变和收入分配的公平**

我国现行的财税体制是从1994年的分税制改革沿袭下来的，它在推动经济社会发展过程中起到了重要作用，其间虽进行了一些局部调整，但总体框架没变。随着经济环境发生变化，现行财税体制的一些问题和矛盾也逐渐暴露出来，突出表现为它在经济结构调整、发展方式转变和收入分配调节中起到了一定程度上的反向作用。

有利于结构调整和发展方式转变的财税体制，应在支持各类企业特别是高新技术企业发展的同时，抑制高耗能的传统产业的扩张；在支持自主创新和商品结构优化的同时，抑制低水平产能的扩大。应有利于维持公平竞争的市场环境，有利于调动地方政府的科学发展积极性而不是引导投资扩张、重复建设的积极性。我国财税体制的某些环节显然是与此相背离的。如：原有的生产型增值税由于不能抵扣购进固定资产所含税款，不利于企业及时进行固定资产更新改造，不利于高科技企业的发展；资源税税率较低，不利于资源的高效利用；重增长、轻结构的出口退税政策则强化了低端产品的出口导向。可见现有的财政分权体制容易使地方政府热衷于引进和发展税收贡献比较大的大项目，从而产生投资扩张的冲动。

财税体制是国民收入再分配的主要杠杆。但我国的财税体制的一些环节却有着反向调节收入分配的问题。比如，包括增值税、营业税等在内的流转税就是偏向于高收入群体的。个人所得税在我国仍是一个小税种，2008年仅占全部税收收入的6.9%。规模小、征管手段落后，导致个人所得税没有很好地起到调节收入分配的作用。从财政支出结构看，与以基础设施建设为主的经济建设支出相比，教育、医疗、社保等民生支出偏低，而真正迫切需要教育、医疗支持和社会保障的正是低收入群体。

## 四、实现经济结构调整与发展方式转变的途径

### （一）调整收入分配格局，提高居民收入水平

扩大居民有支付能力的消费需求是解决总需求结构失衡的关键所在。从长期来看，扩大居民消费需求要从调整收入分配格局与完善社会保障机制着手，一方面提高大多数居民特别是弱势群体的收入水平，另一方面降低居民的预防性储蓄倾向。

调整收入分配格局，第一，逐步形成居民、企业、政府可支配收入协调增长的机制，提高居民可支配收入在国民可支配总收入中的比重。我国的经济总量越来越大，但分配越来越不均衡。长期以来，财政收入、企业利润的增长速度均快于劳动报酬的增长速度。为了扩大消费需求、实现经济社会的良性发展，迫切需要通过改革，在保持“蛋糕”持续做大的同时，使其在各市场主体、各阶层成员之间切分得更加公平。第二，逐步形成劳动报酬与资本回报合理分配企业收益的机制，提高劳动报酬在初次分配中的比例。要引导企业通过节约资源、技术进步、改进管理而不是通过压缩劳动报酬来降低成本、提高产品竞争力；应审视地方政府为了招商引资所进行的减税竞争，避免地方政府为发展经济，付出过大的资源环境成本而忽视对人力资源的吸引和优化配置。未来经济发展的着眼点，应从单方面对资本的优惠逐步转到同时对劳动的优惠上来，逐步转向以劳动者素质的提高而不是以劳动力价格的低下来吸引外资，应以自主创新和技术进步推动经济增长；应调整税收结构，引导地方政府从关注 GDP 增长转向民生领域；通过完善并严格执行劳动保护制度、最低工资标准制度等切实维护劳动者权益。第三，促进有助于增加居民财产性收入的机制的形成。我国居民的财产性收入占总收入的比重较低，分配也不平衡。当前，应重点提高低收入群体的财产性收入。要推进农村土地制度创新，建立健全土地承包经营权流转市场，让更多农民群众获得集体土地的增值收益；要加强和完善资本市场立法，创新金融及其管理制度，为居民获得和拥有更多的财富创造出更多的金融工具；应避免物价，尤其是资产价格的大起大落。房地产价格的猛涨、股市的大起大落，中低收入者受到的损失相对更大。第四，逐步形成向中低收入群体倾斜的经济

机制，在二次分配中提高低收入者收入，扩大中等收入者比重。再分配机制是由政府主导的，政府应逐步加强维护社会公平的职能，通过财税金融杠杆和国有资源，弥补初次分配中过大的差距。通过减免和调整税费让利于民，形成有利于企业提高劳动者报酬的税收激励机制；调整税制结构，避免通过税负转嫁，把企业的税负转给消费者，把发达地区的税负转给落后地区、把城市的税负转给乡村地区；推进和深化个人所得税改革，完善征管制度，使个税真正成为抑制高收入过快增长、扩大中等收入者比重和提高低收入群体收入的杠杆。

**（二）完善社会保障体系，减少居民的预防性储蓄倾向**

我国社会保障改革和制度建设未来将以“广覆盖、保基本、多层次、可持续”为基本方针，加快社会保障改革与制度建设。一是要加快社会保障立法，完善社会保障制度。通过立新法、修旧法、强执法，最终形成健全的社会保障法律体系，真正实现以法治保。二是加大财政投入与转移支付的力度，拓展其他筹资渠道。我国仍处于社会保障发展的初级阶段，资金缺口巨大，仅靠财政支撑社会保障是不够的，政府可通过划拨部分国有资产、国有股转持、福利彩票发行、开征社会保障税等措施，拓展资金来源渠道。三是统筹城乡发展，改变社会保障体系重城市轻农村的局面。在资源有限的情况下，优先发展覆盖面广的最低生活保障、医疗卫生保障和基本养老保障，鼓励有条件的地区在“三基”的基础上进一步提高农民社会保障标准。四是完善社会救助和社会福利制度，关注弱势群体。

**（三）以政府职能转型为先导推进经济发展方式转变**

经济发展方式转变需以政府为主导。政府除了采取宏观调控，以财税和金融杠杆推动发展方式转变外，还要加快自身转型，实现十七大报告提出的“建设服务型政府”的目标。

第一，逐步强化政府的公共服务职能。要把民生改善和社会进步作为政府政绩考核的重要方面，以技术进步和劳动者素质提高在推动经济增长中的贡献大小作为地方政府执政能力的重要指标之一；应适当减少政府层级，加快大部门制改革，把相关的公共服务职能统一到一个部门中，有利于提高服务水平和效率。

第二，弱化政府对效率的片面强调、强化维护社会公平正义的职能。实现社会公平正义，应发挥政府的调控与服务职能。政府和市场两只“手”各司其职，互为补充，才能真正实现效率与公平的统一。政府的价值取向应重在维护社会公平正义，消除两极分化，走向共同富裕，同时维护市场领域的公平竞争。要逐步改革以往依据“效率优先”建立起来的各种政策措施和体制，使之体现公平的理念。有体现社会公平的制度作保障，才能发挥市场机制的最大效率。

第三，既要逐步缩小政府直接以行政权力过多干预市场的范围和力度，又要强化其维护和监管市场的职能。在微观经济领域，政府过多和不必要地参与经济活动是与其维护市场的职能相背离的。应竭力避免地方政府以GDP为中心，用行政手段搞地方保护主义，妨害统一市场的完善与发展。另一方面，政府也存在市场监管不力和缺位问题。因此，要加强政府在这方面的职能，要依法严厉打击扰乱市场竞争秩序的行为。

### （四）深化财税、金融等关键领域改革，进一步完善社会主义市场经济体制

调整经济结构、转变经济发展方式要有实质性进展，必须在深化改革上下工夫。首先需通过资源能源、生产要素、资金等价格改革来重新配置资源，改变资源配置扭曲的现状，而后深层次的金融领域、财税系统、土地制度等改革也有必要依次推开。此外，国有垄断行业、交通运输行业等领域的改革也需同步推进。

财税体制改革方面，要强化财政的公共服务职能，向调结构、保公平、惠民生转变；在政府间财政安排上，通过全面推进省直管县的财政体制，完善地方税收体系，改革财政转移支付制度，理顺中央与地方及地方各级政府间财权事权关系；在税制改革方面，降低总体税负，减轻企业和居民负担，同时调整税收结构，合理分配税负，使税收真正体现“社会公平”的价值取向。

金融体制改革方面，首先应吸取金融危机的教训，完善金融法律法规和基础设施，构建既与国际金融市场接轨又符合我国国情的金融体系；逐步改革汇率制度，并与人民币在国际货币体系中地位的提升相协调；通过完善金融机构的利率定价机制和资本市场建设，推进利率市场化改革；通过发展区域性中小金融企业，解决中小企业直接融资问题；通过发展资本市场，引导

中小企业进行间接融资；通过增加农村资金供给、完善农村社会信用体系，加快建立资本充裕、功能健全、服务完善的农村金融体系。

在要素价格改革方面，当前，应重点推进资源性要素价格形成机制改革，引导市场主体在竞争中节约资源，提高资源利用效率。

由于我国的资源性产品大多为国有垄断企业经营，进行要素价格改革必然要求打破垄断。垄断的存在会扭曲商品市场价格，降低资源配置效率。在我国，垄断行业所产生的大量利润，一方面作为劳动报酬在内部进行分配，导致行业内外劳动报酬差距过多。一部分流向资产市场，推高了房产等资产价格。有鉴于此，必须认真执行《反垄断法》，并在执行过程中依据现实环境进行完善修订，使之真正成为我国的经济“宪法”；继续以政企分开、政资分开为方向，推动垄断国有企业公司制改革；推进垄断行业产权制度改革，通过建立公平的市场竞争环境，提高国有资本运营效率；通过建立独立、专业、职能单一的监管机构，解决垄断行业监管职能交叉、多头监管的问题，加强对垄断行业价格、质量和服务的监管。

要深化国有企业的改革，但不能宣扬所谓“国退民进”。国有企业改革应坚持“有进有退，有所为有所不为”的方针，应警惕有些行业国有资本的“有退无进”。在我国国有资本逐步退出某些行业的同时，民间资本进入的范围和深度并没有相应地扩大和提高，反而是外资控制的范围和领域越来越大，甚至某些行业已经为外资所垄断。“国退民进”的提法本身并不科学，更令人忧虑的是进而演变成了事实上的“内退外进”。我国民间资本弱小是一个不争的事实，国有资本从某些行业退出后，弱小的民间资本并不能与庞大的外资竞争，使得很多行业外国资本的控制力加强。当前，我们不应只关注于国有企业的垄断，也应关注某些行业的外资垄断问题，不应只关注于国有资本的退出或进入，也应关注在如何搞好国有企业的同时，培育和壮大可与外资竞争的民间资本。

# 从生产力标准和社会主义价值标准的统一来研究经济发展方式转变问题[①]

[摘要] 转变经济发展方式要把经济的发展和人的发展统一起来，把经济发展和经济安全统一起来，把发展经济和发展社会主义统一起来。概言之，应从生产力标准和价值标准统一的角度看待转变经济发展方式，既要从生产力的角度尽快地发展生产力，又要从生产关系的角度，从价值标准的角度发展社会主义经济。坚持社会主义，坚持公有制为主体，国有经济为主导，是统领全局的价值标准。

## 一、转变经济发展方式要把经济的发展和人的发展统一起来

我们讨论转变经济发展方式问题，学界的理论研究可以有两种框架，一种是目前的主流框架，主要从生产力发展的角度，从发展的技术层面研究这个问题，如调整经济结构，自主创新，发展高科技产业，由粗放型的方式转变为节约型方式，就是重在从生产力的角度，重在从技术的层面研究这个问题，当然这方面的研究也是必要的。但我觉得还有另外一方面的问题应该引起我们的重视，即把生产力的发展与生产关系的发展统一起来，把经济的发展和人的发展统一起来。所谓人的发展主要是劳动者的发展，我们既要重视经济的发展，也要重视劳动者的发展，就是说要让我们的工农群众，我们的劳动者通过体面的劳动获得体面的收入，能过一个体面的生活。马克思讲社

① 本文原载《河北经贸大学学报》2010 年 11 月，是在一个学术会议上的讲话录音整理稿。

会主义的一个原则是人的全面自由发展。中央文件近些年来也强调人的全面发展。全面发展首先应包括能够满足劳动者的最低生活需要，过一个正常的人需要的生活，而且应该给他相应的人文关怀，在教育、看病、上学诸方面都要解决他的困难。而且随着经济的发展，劳动者的物质文化生活水平也要不断提高，向共同富裕迈进。我们的经济发展不能脱离人的发展，不能脱离开劳动者的发展。而我们现在出现的贫富分化，比如，现在，我们的富豪数量仅仅次于美国，有的企业高管年收入6600万元，有的富豪年收入几亿、几十亿元，而有的民工一个月不到1000元的收入，我们不能在强调经济发展时忽视人的发展，特别是忽视劳动者的发展。要正确把握中央的指导思想：科学发展是以人为本，要让改革与发展的成果惠及广大人民，应避免使工农群众成为弱势群体。

## 二、转变经济发展方式要把经济发展和经济安全统一起来

我们利用外资，利用两个市场、两种资源，这是必要的，它促进了我国的经济发展，但是我们怎么样利用外资，我觉得存在内外两个问题。一个是大量的引进外资，要有个度的界限，要衡量怎么样对我们更有利，要不要注意经济安全？许多外资兼并我们的品牌企业，我们很多的行业、很多的部门，外资企业占优势、占了主导地位，会不会影响到我们的经济安全？在利用国外市场方面，我们的外贸依存度过高，这与国内有支付能力的需求不足有关，我们经济快速发展所生产的大量的产品，由于国内消费需求不旺，只好靠出口，靠外国来消费。但是外贸依存度过高，会带来不利的影响。正如大家看到美国等发达资本主义国家对我们施加种种压力，制造种种摩擦，强迫我们提高人民币的汇率。对内，我觉得理论界，甚至有的高级官员，有些看法值得考虑。前些时候强调说，不要区分什么民族工业和非民族工业，只要是在我们中国的外资企业也是我们的民族企业，我觉得这个话是不对的。这些年来，我们也看到我们的官员、我们的理论家强调说，凡是在中国的外资企业就是中国企业，我觉得这样混淆外资和我们民族资本不利于经济安全，如果这样的话，那就让外资全部吞并我们的民族工业，全部来垄断我们国家的行业也就理所当然了。我们要注重这个经济安全。利用外国资本和外国市场，一要掌握“度”。二要重视质量，使我国的收益最大化、合理化。

三要重视经济安全，防止外国资本的垄断与危害。

## 三、转变经济发展方式要把发展经济和发展社会主义统一起来

我们不能光关注和强调发展生产力、发展经济，我们是社会主义国家，发展的是社会主义经济。社会主义经济怎样发展？发展方式怎么转变？我们看看目前，说公有制为主体，国有经济为主导，强调要坚持基本经济制度，中央也一直在强调，而且十七届四中全会又强调要划清四个界限，其中要划清的一个界限就是坚持公有制为主体，多种所有制经济共同发展，既不搞私有化，也不搞单一的公有制。但是大家已经看到，我们不搞单一的公有制这个问题现在已不成问题，早就成为现实，无论是理论界，还是在实践中没有谁要回到过去单一的公有制去，不存在这个问题。但是，“不搞私有化”，现在究竟如何，是不是一句空话？一家大报发表了一篇文章，题目是《民营经济是富民经济》。文中写道：“民营经济异军突起，已占我国 GDP 总量的 55% 以上，吸纳城镇就业人员的 80% 以上，现在已形成‘国有经济为主导，民营经济为主体，外资企业为辅助’的所有制结构……这是我们中国特色社会主义所创造的所有制结构，在今后的发展中我们仍然要坚持这种结构。”而且要求让民营企业进入垄断行业，什么意思？所谓民营经济，现在一般是私营经济的代名词，如果说民营经济 55%，那再加上外资企业，起码还加个 15%，达到 70% 了。私营企业就是资本主义经济，外资企业——邓小平同志明确讲过外资是资本主义经济，如果私营经济和外资企业占优势，占了 70%，那等于是资本主义经济成为我们的经济主体了。有没有个将经济发展与我们社会主义的安全统一起来的问题？国外，美国这些国家就是想和平演变我们，进行各种的渗透，大家看到，军事的、政治的、经济的，对我们施加压力。而我们自己呢，我们的理论，我们的实践，强调经济发展转变方式是必要的，大力发展生产力是必要的，但我们不能忽视我们社会主义的安全问题，不能忽视社会主义经济制度的巩固、发展与完善问题。

## 四、从生产力标准和价值标准相统一的角度看待转变经济发展方式

我想，评判和总结我们60余年的发展和30余年的改革开放，应将生产力标准和价值标准统一起来。这个问题，过去我零星地提出过，后来我想系统地写写文章，就是“论社会主义生产力标准和价值标准的统一”。过去，我们更多地强调生产力标准，特别是改革开放初期，它有针对性是必要的。因为我们过去搞阶级斗争为纲，搞文化大革命，忽视了生产力的发展，搞贫困的社会主义。但是，我觉得从马克思主义经济理论的角度，不管是马克思、恩格斯、列宁，还是毛主席、邓小平，怎么评价社会主义，怎么搞好社会主义，都是把生产力标准和价值标准统一起来的。所谓价值标准，当然不同的社会、不同的阶级，有它不同的标准，有它不同的内涵。我们讲价值标准，是讲社会主义的、马克思主义的价值标准，那就是评价一个政党，评价一个社会制度是进步还是落后，除生产力标准外，那就考察劳动人民在这个制度下，他的劳动条件怎么样，他的生活状况怎么样，他的人文关怀怎么样，他的受教育程度以及他的整个全面发展的状况如何，社会的公平正义如何，等等。也可以在某种意义上说，是生产关系标准。

从我们60多年的发展来看，我把它划分为四种不同的情况：一种是既重视生产力的标准，又重视价值标准。经济发展非常快，劳动人民的生活水平提高得也快。新中国成立后直到1956年是这样；改革开放前期阶段也是这样。第二种情况，主观上强调发展生产力，强调搞好社会主义，甚至想更快地进入共产主义，好像既重视生产力标准，又重视价值的标准，但是违反生产力发展的规律，搞大跃进，违反生产关系发展的规律，搞“跑步进入共产主义”，搞人民公社化。表面上看起来，重视生产的发展，重视社会主义生产关系，甚至重视早点过渡到共产主义，但是因为违反了规律，搞了主观主义，结果是生产力被破坏，生产关系被破坏，1958年“大跃进”、人民公社化给我们带来了严重的损失，扭曲了生产力的标准，也扭曲了价值标准。第三种情况，因为过去大跃进、人民公社化造成重大损失，后来就不强调发展生产力了，还批判“唯生产力论”，特别是“文化大革命”，宣传宁要社会主义的草，不要资本主义的苗，忽视发展生产力了，片面强调革命，

离开生产力的发展，强调社会主义道路。“堵不住资本主义的路，迈不开社会主义的步”，堵的就是发展商品经济，发展生产力的路。忽视生产力标准，片面地坚持公有制，坚持按劳分配，必然是贫穷的公有制，贫穷的按劳分配。结果，没有生产力的有效发展，社会主义的生产关系也搞不好，价值标准也被扭曲。第四种情况，改革开放以来，我觉得我们的生产力标准和价值标准的天平正逐步向生产力标准倾斜，价值标准被忽视了，收入差距过分扩大，出现贫富分化。现在以胡锦涛同志为总书记的党中央强调公平、正义，强调搞好三农问题，强调农民工的问题，强调缩小收入差距问题，就是想要解决这些问题。我们想想，忽视价值标准，光强调生产力标准，我们过去宣传了多少年，“效率优先，兼顾公平”，初次分配只重视效率，可以不重视公平，社会主义的初次分配可以不重视公平，再分配才重视公平，再分配能解决问题吗？两极分化到这一地步，靠再分配能够解决吗？我们的再分配的社会保障制度很不完善。忽视分配的公平，本身就表明了忽视了社会主义的价值标准，忽视了社会主义的生产关系的发展与完善。

刚才刘国光同志讲到了既要把“蛋糕”做大又要分好“蛋糕”，就是生产力标准和价值标准的统一。我们回头看一下，马克思、恩格斯、列宁、毛泽东、邓小平，他们的理论都是把生产力的标准和价值的标准统一起来的，我们过去反对“左”的一套，强调生产力标准，是必要的和有针对性的。但是我们现在应该既强调生产力标准，又强调价值标准，否则的话，就会走向片面。而更大的价值标准，就是你是不是坚持社会主义，坚持公有制为主体，国有经济为主导，这是个统领全局的价值标准。我们看看马克思的话，马克思这样讲：在未来的社会制度中，“社会生产力的发展将如此迅速，……生产将以所有人的富裕为目的”。邓小平讲的“共同富裕”与马克思讲的是一致的。以所有人的富裕为目的，快速地发展生产力，既是生产力标准又是价值标准，这和小平同志讲社会主义本质，解放生产力，发展生产力，共同富裕是一样的思想。我们再看列宁，列宁既强调社会主义要创造出比资本主义更高的劳动生产率，又讲社会主义要“使所有的劳动者过最美好、最幸福的生活”，我们是不是做到了这一点？过去不重视大力发展生产力，搞“阶级斗争为纲”，结果是大家贫穷。现在生产力发展了，高速发展了，但是两极分化，出现了越来越多的富豪，而广大工农群众沦为弱势群体，没有实现共同富裕，没有让广大劳动群众过最美好、最幸福的生活，而是让少数富豪过最幸福、最美好的生活去了。这不是社会主义的生产关系，不是社会主义的价值标准。我们知道，有时候，我们的领导人想的和讲的很好，但实际过程也会产生偏离，不能完全实现。毛泽东同志既强调了生产力标准，他讲判断一个政党正确还是不正确，就是看它是束缚生产力的还是解放生产力的；他同样关心人民生活，不但讲全心全意为人民服务，而且他过去强调关心群众生活、关心广大群众的切身利益。他说，要解决群众的穿衣问题、吃饭问题、住房问题、柴米油盐问题、疾病医疗问题、婚姻问题。所有的生活问题都关心到了。这既是生产力标准又是价值标准，两者统一起来了。同样，邓小平同志认为社会主义的本质，是解放生产力，发展生产力，这是生产力标准；消灭剥削，消除两极分化，达到共同富裕，这是社会主义的价值标准，也就是把生产力和生产关系标准统一起来了。小平同志讲，判断改革开放得失成败的标准，主要是看是否有利于发展社会主义社会生产力，是否有利于提高社会主义国家的综合国力，是否有利于提高人民的生活水平，这三条标准也是生产力标准和价值标准的统一。

但是我们60多年的实践过程往往偏离两个标准的统一，或者忽视生产力标准，结果是普遍的贫穷。现在强调生产力标准，强调解放生产力，发展生产力，但是在发展过程中，不同程度地忽视了价值标准，忽视了社会主义的生产关系的发展与完善，这是个很大的问题，我们现在上千万户的私营企业，不敢叫资本主义，几百亿一千多亿资本的富翁，不敢叫资本家。“三大改造”之前才有多少私营企业，才有多少资本主义企业啊？我觉得是自己糊弄自己啊。根据目前统计资料，我们公有制为主体好像是停留在文件上，停留在教科书上，停留在口头上，而实际上非公有制经济成为了主体；因为，非公有制占了70%。你讲按劳分配为主体，实际情况怎样？我们现在有许多理论宣传和我们的实际产生了脱节，比如说，按劳分配为主体，多种分配方式并存。按劳分配为主体是与公有制为主体相对应的。公有制经济才实行按劳分配，私营企业、外资企业就是按生产要素所有权分配。就是说有70%或80%的城镇职工在私有制经济中从事劳动，大都靠出卖劳动力获得劳动要素收入，也有一部分个体经济。这不是按劳分配。为什么要按生产要素所有权分配呢？只有各种不同的生产要素掌握在不同的主体手里，才实行这种分配，如果各种生产要素掌握在同一个主体手里，就不存在按要素分配。私有制是这样，公有制也是这样。原始社会有按生产要素分配问题吗？

个体经济有按生产要素分配问题吗？奴隶制度有按生产要素分配问题吗？没有。因为生产要素掌握在同一个主体手里。改革开放以前，我们的国有经济和集体经济也没有按生产要素分配啊！土地公有了，就没有按土地要素分配，生产资料公有了，没有按资本要素分配。真正全面地按生产要素所有权分配的，是在社会化的资本主义经济产生以后，生产要素掌握在不同的主体手里，土地掌握在土地所有者手里，资本家掌握资本这个生产要素，劳动要素掌握在另外一个主体即劳动者手里，需要把这不同的生产要素综合起来，发展生产，所以才有按生产要素分配。所谓按生产要素分配，实际上是按要素所有权来分配，没有所有权的生产要素不参加分配。农业生产离不开自然，离不开阳光、水分，但阳光、水分没有掌握在私人手里，尽管它也是生产要素，但它不参加分配。按生产要素分配，资本强势，劳动弱势，就会产生分配不公。目前，贫富分化也好，社会不公平也好，都会凸显矛盾与摩擦。我们近些年来发生的群体事件很多，有时多达 50 万起，都与我们未能处理好生产力标准和价值标准的统一有关系。

所以，我觉得我们强调发展、转变经济发展方式，既要从生产力的角度尽快地发展生产力，更好地发展生产力；也要考虑到从生产关系的角度，从价值标准的角度来研究它。否则的话，我们的生产力快速发展了，我们的发展方式转变了，我们的经济运行机制也越来越完善了，但是公有制为主体不存在了，还是不是个社会主义国家？你还在强调绝不搞私有化！所以我说，我们“绝不搞私有化”这个宣传和我们的实践有点脱节。什么叫私有化？70% 多已经是私有制了，你说我们不搞私有化，怎么讲？我觉得应是这样：即使我们现在如果真是按照统计 70% 是私有制，还不算农村，农村的大部分都是个体经济，怎么办？不要把它作为改革开放的成果来宣传，现在有人把它作为改革开放的成果来宣传，这不妥当，而是应作为一个应重视的重要的问题，应该提到我们解决问题的议事日程上来。怎么解决？怎么真正坚持公有制为主体，国有经济为主导？不是说我们再去搞三大改造，不是说我们去限制、排斥私有制经济的发展，这个是不可能的，也做不到的，也不应该这样做的。我们不能再回到过去，搞单一的公有制。但是我们应该按照宪法，按照邓小平理论，按照我们中央文件的精神，加强公有制，发展公有制，我们现在不断出台发展非公有制的文件，而不出台怎么样更好地发展国有企业，怎么样更好地发展公有制，多年来没有出台这样的文件。我们应该把搞好国有制企业，搞好公有制经济也作为地方干部的政绩，不要仅仅把引进外资，发展非公有制经济作为政绩。那样他会自发地把公有制经济特别是国有经济的减少作为政绩。实际上把发展非公有制经济、引进外资作为政绩评价，反过来就把减少国有企业，减少公有制经济也作为政绩来评价了。我们看，我们的地方干部能不能把国有企业搞好，能不能使国有经济所占的比重不断地恢复。现在很多问题很不好讲，究竟我们现在社会主义初级阶段和新民主主义有什么区别？和过渡时期有什么区别？过去可以讲：新民主主义和过渡时期，公有制经济没有成为主体，我们现处在初级阶段，公有制经济是主体。你现在还能这样讲吗？三大改造以前，1953 年、1952 年公有制所占的比重比我们现在高，是从比重上来讲，不是从绝对量来看。你怎么能区分社会主义初级阶段和新民主主义，和过渡时期？谁能讲清楚啊？你讲按劳分配为主体，75% 或 80% 的城镇职工在私有制经济干活，你还能讲按劳分配为主体吗？“绝不搞私有化”，但我们现在私有制占主体地位，所以这个理论宣传和实际脱节，给我们的教学和研究带来了很大的困难。学生们不愿意听你这一套，你讲的和实践的不是一回事。为什么我们政治经济学有些学生不愿意听，政治经济学，马克思讲，资本主义剥削，而我们有些理论家讲，我国私营企业没有剥削。我们讲，评价社会主义以前的社会制度，它不可能内在地把生产力标准和价值的标准统一起来，所以评价以往的私有制，奴隶制度、封建制度、资本主义制度主要是从生产力的标准来评价，只辅助地从价值标准来评价，因为它们都存在私有制，都是两极分化，都存在剥削和压迫制度，因而从马克思主义价值标准来看，它不是我们劳动人民所追求的社会制度，主要应从生产力标准评价。另外，马克思也辅之于价值标准，比如说奴隶制度、封建制度，它是一个超经济强制的剥削制度，而资本主义制度它是个经济强制的剥削制度，人身自由了。

我顺便说一下，我们理论界经常看到“超经济剥削”这个提法。我曾看到，郭沫若老先生在《奴隶制时代》一书中也讲“超经济剥削”。“超经济剥削”这个提法不科学。马克思讲的是“超经济强制”，任何剥削都是经济上的剥削，“超经济强制”翻译过来，有人翻译成“非经济强制”或“经济外强制”。哪有非经济的剥削？剥削都是经济上的剥削。靠军事掠夺，外国列强军事掠夺我们中国，或者贪污、盗窃这些东西已经超出了剥削的范围。超经济强制是什么意思呢？是以人身依附关系为特点。奴隶经济是超经济强制，农奴经济、封建制度，超经济强制就放松一点了。从价值标准看，也有它的进步的一面。资本主义没有超经济强制了，它是经济强制。马克思就是把它叫做经济强制。经济强制，人身自由，没有超经济的强制了，但因为他没有生产资料，也就没有生活资料，他只好受经济上的强制，给资本家当雇佣劳动者。社会主义应该是既没有经济强制，更没有超经济强制，它是“自由人的联合体”嘛！劳动者作为主人应该是这样。但看看我们的现实，出现了超经济强制。黑砖窑、黑煤窑、奴役劳动、超经济强制。私营企业、外资企业违反劳动法，加班加点，经常在超时，很多的加班不给加班费，在某些私营外资企业，一定程度的超经济强制依然存在。所以怎么样保护、发展和完善社会主义，怎么样把生产力标准和价值标准统一起来，这是很值得我们很好研究的问题。我们这里讲了些当前存在的实际问题，丝毫没有忽视60多年来特别是改革开放30多年来的重大成就（我在另外的多篇论文中系统地论述了我国60年来的发展和30年来的改革开放获得的巨大成就），也丝毫没有否认或忽视非公有制经济在我国现阶段的重要地位和重大作用。改革开放的巨大成果，包含着非公有制经济的贡献，而且不少私营企业奉公守法，尊重职工权益，热心“光彩事业”。应把宏观上的鼓励、支持、引导与肯定，同微观上的对实际问题的关注与揭示区分开来。两者的目的是一致的。肯定成就，重视和揭示存在的问题，都是为了更好地前进和发展。

（本文根据卫兴华教授2010年9月18日在河北经贸大学举行的“中国经济规律研究会第20届年会暨经济发展方式转变与经济规律理论研讨会”上主题发言录音整理。文章标题及文内标题为编者所加，并经本人审阅修改）

# 从世界范围看中国经济增长和增长方式的转换[①]

## 一、中国经济的落后与跨越

在世界经济发展史上，中国曾经有过处于领先地位的辉煌历史。中国的农业和手工业，特别是纺织、造船、制瓷、造纸、印刷、火药和火器、建筑等行业的成就，都曾为世界各国望尘莫及。中国有过灿烂的古代文化，也有过繁荣的封建经济。直到18世纪末和19世纪初，中国的经济发展水平还在世界经济总量中占有相当的份额。美国学者保罗·肯尼迪在其所著的《大国的兴衰》一书中，引用贝罗克的计算，提供了在1750—1900年间中国的制造业产量在世界制造总量（100）中的相对份额的数据（见表1）

表1　世界制造业产量的相对份额（1750—1900年）

| 年份 | 1750 | 1800 | 1830 | 1860 | 1880 | 1900 |
|---|---|---|---|---|---|---|
| （整个欧洲） | 23.2 | 28.1 | 34.2 | 53.2 | 61.3 | 62.0 |
| 联合王国 | 1.9 | 4.3 | 9.5 | 19.9 | 22.9 | 18.5 |
| 法国 | 4.0 | 4.2 | 5.2 | 7.9 | 7.8 | 6.8 |
| 德意志 | 2.9 | 3.5 | 3.5 | 4.9 | 8.5 | 13.2 |
| 意大利 | 2.4 | 2.5 | 2.3 | 2.5 | 2.5 | 2.5 |
| 俄国 | 5.0 | 5.6 | 5.6 | 7.0 | 7.6 | 8.8 |
| 美国 | 0.1 | 0.8 | 2.4 | 7.2 | 14.7 | 23.6 |
| 日本 | 3.8 | 3.5 | 2.8 | 2.6 | 2.4 | 2.4 |
| 中国 | 32.8 | 33.3 | 29.8 | 19.7 | 12.5 | 6.2 |

① 本文原是作者提供给一个学术会议的论文打印稿，曾被有些报刊自行摘登部分内容，这里发表的是作者修改后的全文。原载《经济理论与经济管理》1996年第3期。

这个数据也许有高估中国的份额之处。但它可表明两点：第一，西方学者也承认中国的经济成就曾在世界经济史上有显著的重要地位。当然，若按人均工业水平计算，中国在1750年就低于英法国家。第二，中国的经济发展从18世纪末到19世纪的100多年中，日益落后于世界总的经济发展水平特别是西方主要国家了。

中国经济发展由领先而走向落后，是由国内外的诸多因素造成的。其中最重要的因素，一是中国封建社会制度的长期延续以及清政府的腐败和闭关锁国政策；二是西方资本主义国家强盛起来以后，对走向落后的中国的侵略与压榨。封建制度的自然经济和保守习惯与资本主义制度的市场经济与开拓精神是相对立的。中国指南针的发明和造船技术的先进，没有用于开拓世界市场和有效发展对外经济文化交流。明清两代曾实行过“海禁”政策。清代的闭关政策严格限制对外贸易，甚至严格限制渔船和商船的规模。而当中国的发明与技术传到西方后，则大显神威，反过来成为开拓世界市场、侵略和掠夺包括中国在内的落后国家、推行殖民政策的工具，阻滞了中国经济的加速发展。这样，中国的古代文明和封建经济的繁荣未能推动中国转向现代经济的加速发展。越落后越受到列强侵略，越侵略越使中国落后。

在20世纪三四十年代，中国在经济上已远远落后于发达国家了。这可以从多方面表现出来。

首先，从主要工业品产量比较（见表2）上可以看出。

**表2　　英美主要工业品产量为中国的倍数（1936年）**

| | 电力 | 原煤 | 生铁 | 钢 | 棉布 |
|---|---|---|---|---|---|
| 英国 | 6 | 5 | 10 | 29 | 0.96 |
| 美国 | 39 | 12 | 39 | 117 | 2.3 |

其次，从人均主要工业品产量来比较，中国更显得落后（见表3）。

**表3　　中、美、英三国的人均主要工业品产量比较（1936年）**

| 产品 | 单位 | 人均产量 | | | 美英为中国的倍数 | |
|---|---|---|---|---|---|---|
| | | 中国 | 美国 | 英国 | 美 | 英 |
| 电力 | 度 | 7.9 | 1144.5 | 314 | 144 | 39.7 |
| 原煤 | 公斤 | 83 | 2495 | 4938 | 30 | 58 |

续表

| 产品 | 单位 | 人均产量 | | | 美英为中国的倍数 | |
|---|---|---|---|---|---|---|
| | | 中国 | 美国 | 英国 | 美 | 英 |
| 生铁 | 公斤 | 1.7 | 244.5 | 165 | 144 | 97 |
| 钢 | 公斤 | 0.9 | 376 | 253 | 418 | 281 |
| 棉布 | 米 | 7.34 | 61.4 | 70.3 | 8.4 | 9.6 |

资料来源：参见范守信《中华人民共和国国民经济恢复史》。

再次，从人均国民生产总值（GNP）来比较（见表4）。

**表4　各国人均国民生产总值比较（1965年美元）**

| 国别 | 人均国民生产总值（美元） | 年代 |
|---|---|---|
| 英 | 227 | 1765—1785年 |
| 法 | 242 | 1831—1840年 |
| 德 | 302 | 1850—1859年 |
| 美 | 474 | 1834—1843年 |
| 意 | 261 | 1861—1869年 |
| 日 | 74 | 1874—1879年 |

资料来源：［美］西蒙·库兹涅茨《各国的经济增长》。

由于计算方法和考虑有关因素的不同，对于人均国民生产总值的统计，在不同学者的著作中，有所差别。在保罗·肯尼迪的《大国的兴衰》一书中对欧洲主要国家人均国民生产总值的统计见表5。

**表5　欧洲列强人均国民生产总值（1960年美元）**

| 年份 | 1830 | 1840 | 1850 | 1860 | 1870 | 1880 | 1890 |
|---|---|---|---|---|---|---|---|
| 英国 | 346 | 394 | 458 | 558 | 628 | 680 | 785 |
| 意大利 | 265 | 270 | 277 | 301 | 312 | 311 | 311 |
| 法国 | 264 | 302 | 333 | 365 | 437 | 464 | 515 |
| 俄国 | 170 | 170 | 175 | 178 | 250 | 224 | 182 |
| 德意志 | 245 | 267 | 308 | 354 | 426 | 443 | 537 |

表4与表5虽然统计数字互有差异，但对于说明各自所要说明的问题还是有意义的。表5是要说明俄国的衰落：俄国的人均GNP一直落后于西欧，且差距愈来愈大。而表4则是用以说明目前发达国家在现代经济增长过程开始时（发端时期）的人均GNP。我们也可以将其看作是进入经济起飞阶段

开始的人均 GNP。不同国家进入现代经济增长的发端时间不同，且人均 GNP 也互异。但近似的统计是：英国在 18 世纪 80 年代在世界上最早开始进入现代经济增长时期时，人均 GNP 为 227 元。法国在 19 世纪 30 年代、美国在 19 世纪 30—40 年代、德国在 19 世纪 50 年代、意大利在 19 世纪 60 年代开始其现代经济增长时期时的人均 GNP，分别为 242、474、302、261 美元。就是说，西方主要国家是在人均 GNP 的 230—300 余美元时开始其经济起飞阶段的。

无论根据表 4 还是表 5，与中国的人均 GNP 比较，都会显示中国经济落后的情况。有资料表明，中国的人均国民收入，直到 1952 年仅为 42 美元。根据世界银行统计，到 1981 年中国大陆的人均 GNP 仅为 310 美元，相当于德国 19 世纪 50 年代的水平，或英国 19 世纪 20 年代的水平。

在世界经济发展中，中国与西方国家的差距越拉越大，一方面，是由于西方主要国家进入资本主义社会特别是产业革命后，劳动生产率大大提高，经济增长速度加快；而中国则在封建制度长期统治下，在连年灾害、兵燹、战乱、外侮的损害下，经济发展缓慢和受到破坏。西方国家的经济增长速度，从纵向历史来看，曾呈加速发展趋势（不是直线式，而是曲线式）。如英国（英格兰和威尔士）国民收入年均增长率 1700—1740 年为 0.3%，1740—1770 年为 0.9%，1770—1800 年为 1.5%，1875—1900 年为 2.5%（见刘伟著：《经济发展与结构转换》）。二次世界大战后至 20 世纪 70 年代初，西方主要资本主义国家出现了经济高速增长时期。据统计，从 1953 年到 1973 年的 21 年中，国民生产总值的年增长率，美国为 3.5%，法国为 5.2%，联邦德国为 5.9%，日本为 9.8%。从人均国民生产总值的年均增长率来看，西方国家也是 20 世纪五六十年代最高，如表 6 所示。

表 6　　西方发达国家人均实际 GNP 年增长率（%）

| 国别 | 1913—1929 年 | 1929—1950 年 | 1950—1964 年 | 1960—1969 年 |
|---|---|---|---|---|
| 美国 | 1.3 | 1.6 | 1.8 | 3.2 |
| 西德（1945 年前为全德） | 0.0 | 0.7 | 5.9 | 3.6 |
| 英国 | 0.3 | 1.2 | 2.4 | 2.1 |
| 法国 | 1.8 | 0.0 | 3.8 | 4.7 |
| 意大利 | 1.2 | 0.3 | 5.2 | 4.9 |
| 日本 | | | 8.7 | 9.9 |

资料来源：［美］维克托·佩洛著《不稳定的经济》。

1965—1973年间，经济增长率之高史无前例。全世界年均经济增长率为5.3%。对于西方资本主义国家经济增长的加速趋势，西蒙·库兹涅茨作过这样的说明："在发达国家中即使最低的按人口平均的产值率也要比现代化以前时期的增长率高得多，……而且要比在以前许多世纪内它们所有的增长率高得多。"(《各国的经济增长》第26页)。经济增长的加速趋势是人类社会历史长河中生产力自身有加速发展趋势的表现。然而，中国在解放前的长时期中，脱离了世界经济加速发展的总趋势。新中国成立以后，本来具有了经济持续、快速、健康发展的社会条件，但由于20世纪50年代末以后的20几年中"左"的错误干扰，国民经济停滞不前，与发达国家经济的空前增长形成明显反差，经济差距拉大。而且在现代经济增长中，科技进步和由此而劳动生产率的提高，具有决定性的作用。如果说，美国劳动生产率的提高在国民收入增长中所占的比重，如统计资料表明，1929—1947年为70%，1947—1953年为81%，那么，经过40多年来的继续发展，现在显然早达90%以上了。而中国，经济增长主要靠高投入、高消耗，必然劳动生产率提高缓慢，经济效益低下。

对新中国的经济增长情况，应采取一分为二的分析态度。一方面，新中国的经济增长速度和成就远远超过了旧中国，从世界范围看新中国的经济增长速度也是处于前列的。1953—1978年的26年中，国民生产总值年均增长6.1%。1978—1994年，即改革开放以来的17年中，经济高速增长，年均增长9.4%。但也应看到问题的另一方面：第一，改革开放以前，年均6.1%的经济增长速度，不算低，也不算高，对我国来说，属于中等速度，如果没有"左"的错误干扰，年均增长率增加两个百分点是完全可以达到的。第二，改革开放以来，经济虽高速增长，成就大于改革前，但与以往一样，不是采取质量效益型的快速增长方式，而主要是采取数量扩张型增长方式。也就是说，是粗放型而非集约型增长方式。结果是高投入、高消耗、高速度，低产出、低质量、低效益。

过去，我们偏重于速度，又偏重于工农业产值速度。因此，在论证社会主义制度的优越性，进行经济增长的横向对比时，往往用工农业产值与外国比较。比如，1950—1978年，我国工业年均增长13.4%，而美国仅为4.5%，西方国家增长最快的日本也低于我国，为11.9%；1951—1978年，我国农业年均增长4%，而美国仅为1.9%，日本为2.1%。这样比较，固然有可比的一面，但又有不全面、不准确的一面。如果对比国民生产总值或国民收入，那么改革前我国国民生产总值的年均增长速度，要比日本 1950—1973 年的年均增长速度（9% 以上）低得多。比亚洲四小龙也低。国民经济不只是工农业两个部门，只比较两个部门特别是只比较其产值增长速度是不够的。而且，侧重于比较产值增长速度，必然是投入和消耗越高，成本越高，产值越大，但效益越低。应重视比较国民经济的增长速度，更应重视比较经济增长的质量和效益，从而看清我们的差距，真正知己知彼，以便心中有数，更好地发展我国经济。

总结我国经济发展的经验教训，在新中国成立以来的 40 多年中，第一，我国的经济发展偏重于铺新摊子、上新项目，重在搞外延的扩大再生产，走粗放型增长的道路。在新中国成立以后的一定阶段，这是必要的。因为旧中国的经济十分落后，经济基础很薄弱，许多重要部门还是空白点，好多产品不能满足社会需要。新中国要建立完整的工业体系，要进行重点项目的建设，需要增加供给总量。在当时的条件下，不可能立即转向内涵和集约型增长方式。问题在于 40 多年来，我国一直延续走粗放型增长道路，不重视和没有向集约型增长方式转变，因而在长时期中我国经济增长的质量和效益不高。第二，脱离我国国情、国力，片面追求经济高速增长，必然损害国民经济持续、协调、健康发展。新中国成立以来经济发展中的周期波动乃至大起大落，很大程度上是人为因素造成的，是与片面追求高速度相联系的。粗放经营，加上人为地追求高速度的消极后果，必然会扩大对经济质量与效益的损害。如果人为追求高速度是在领导偏好和唯意志论下的政治鼓动和政治压力中推进的，如 1958 年掀起的大跃进那样，则往往会给经济发展带来严重的破坏性后果。我国 20 世纪 50 年代后期至 70 年代 20 多年“左”的错误，使国民经济正常发展的秩序被打乱，造成严重破坏，阻滞了我国经济的发展。改革开放以来，经济发展中的“左”的一套受到抑制，但粗放型增长和片面追求高速度的经济增长方式并未根本改变。我认为，增长方式转变，首先要转变片面追求高速增长的政府行为与企业行为，因为脱离国情和超越国力的追求高速度，不仅必然会忽视经济发展的质量与效益，走数量扩张老路，而且连正常的数量扩张过程也会被打乱，被扭曲，损害国民经济的正常发展。人为的突进式的高速增长，往往会损害自然的正常经济增长。

我国社会主义经济建设进行了 40 多年，经济体制改革进行了 17 年，对我国经济增长与发展长处与短处经验与教训已有较深入的认识，改革与发展已为我国经济起飞奠定了基础，我们面临经济快速发展的新的机遇与挑战的今天，党的十四届五中全会突出地提出我国要实现经济增长方式的转变，具有重要意义，我们应抓住新的机遇，争取在21世纪三四十年代完成实现经济起飞和经济跨越。

## 二、对新中国成立以来经济增长状况的评析

中国要在21世纪三四十年代完成实现经济起飞，需要有正确的经济增长与发展的方针与方式。需要切实遵循“持续、快速、健康”的方针发展国民经济，特别要重视经济增长的质量与效益。如果把国民经济比作飞机的机身，那么，快速就是机头，持续与健康（包括质量与效益）便是两翼。根据中国40多年来发展经济中的经验教训，需要首先把握好“快速”的度。何谓“快速”？并无绝对的标准。它是与慢速、低速相对而言的相对概念。不同的国家和地区，在不同的时间，可以有不同的快速标准。需要从现有的具体条件和实际情况出发予以把握。比如，西方国家进入自由竞争的资本主义时代，工业年均增长速度是2%左右，比起以往历史上经济增长速度来，是空前的快速了。进入垄断资本主义以后的几十年时间中，工业年均增长速度是3%，而到20世纪五六十年代，则又提高到6%左右，这是新的、更高位的快速了。若以国内生产总值（GDP）的增长率为考察点，西方发达国家也是以二战后的五六十年代为经济增长的最快时期。在60年代的10年中，GDP的年均增长率，美国为4%，英国3.1%，法国为5.7%，意大利为6.3%，加拿大为5%，日本为12%，联邦德国在1960年竟高达31%多。全世界总计年均增长5%。由于70年代以后西方国家经济增长速度降低，世界总计的GDP年均增长率也随之降低。70年代为3.4%，80年代降为2.9%，90年代进一步降低，1990—1994年的5年中，年均增长速度近2%。

对于美国来说，4%的经济增长速度就是很高的速度了。它1990年的经济增长率为0.8%，1991年为-1.2%，1992年为2.1%，1993年为3.1%，1994年达到近4%就认为有点经济过热了，为防止通货膨胀，连续多次提高利率。

对于中国来说，5%及其以下的经济增长速度是低速或慢速。它远远低于改革开放17年来的经济增长速度，也低于改革开放前29年的年均增长速度。从中国当前的现实情况看，6%到8%是中速度（8%是中高速），9%到11%是高速度，12%以上则是超高速度。

中国经济的快速增长应以何种速度为最佳呢？根据现有的条件和实际情况，根据需要与可能，根据周边国家和地区的经济增长情况，特别根据我国以往的经验教训，目前和今后的较长时期内，既不应低速或中速增长，也不应追求超高速增长，而应保持高速增长势头。“九五”时期的经济增长速度，中央安排为年均8%左右，这是稳妥的和留有余地的快速增长。如果工作做得好，经济发展顺利，“九五”时期以及21世纪的一定时期内，经济增长很有可能达到9%—10%。这是现有条件下，我国经济快速增长的最佳度。

中国的经济建设规模和经济增长速度，不能超越国力和脱离国情。片面追求高速度，急于求成，人为地抬高速度，由于现有条件难以支撑经济超高速增长，因而必然大起会造成大落，造成经济质量和效益低下，必然破坏经济持续、健康发展。

从总结经验教训，探讨我国最佳经济增长速度出发，有必要对新中国成立以来的经济增长与发展状况进行分析。1950—1952年，中国的国民收入增长指数分别为19%、16.7%、22.3%，看起来是超高速增长，但在当时历史条件下是正常的速度。因为这是在国民经济恢复时期，是在经过几十年的战争破坏、经济长期衰退基础上恢复性质的速度。如果把这几年的速度撇开不计，只从第一个五年计划的开始即1953年算起，那么自1953年至1995年的43年中，中国的国民收入（1953—1978年）和国民生产总值（1978年以后）的年增长率，达13%以上的有11年，达12%以上的共13年。只要考察和分析一下出现上述超高速经济增长的历史背景，可以看出，这种速度大都不是在正常发展情况下自然地出现的。说它不正常，是因为：要么脱离国情的超高速增长会导致不正常的低速度或负增长；要么是不正常的低速度或负增长后的恢复性质的超高速增长。

历史事实可以提供这样的经验教训：中国的经济增长与发展，应是尽力而为，量力而行。决不可脱离国情和超越国力去追求超高速增长。根据我国现有条件，直到今后的较长时期内，大陆的经济增长率应保持在9%到10%

为宜。这已是高速度，应切忌人为地将增速抬高到12%到13%以上。

中国持续以9%到10%的经济增速发展，既是必要的，也是可能的。我国经济不能过高增长，也不能低速增长，而是应持续快速增长。这是因为：第一，新中国经济发展的起点低，落后于先进国家的差距很大，加之过去20多年"左"的错误，使差距更拉大了。如果用目前人均GNP对比，1995年，我国为530美元，而西方7个发达国家的人均GNP，1993年，在7国中最低的英国为16400美元，最高的日本为31450美元，美国为24750美元。当然，由于许多因素的差异，人均GNP的对比，并不完全科学和准确。但它又是国际间比较各国经济发展状况的重要资料，对我国也有参考意义。我国为要不断缩短与发达国家的经济差距，为要首先尽快达到中等发达国家水平，消除我国的经济落后状态，就只有加快经济增长速度。

第二，我国是社会主义国家，社会主义制度的优越性，应首先表现在生产力更快更好地发展上。从我国的现实情况来说，增强综合国力，改善人民生活，实现共同富裕；巩固和完善社会主义制度并为过渡到社会主义高级阶段创造条件；维护我国的主权和独立，顶住霸权主义和强权政治的压力；作为社会主义国家跻身于世界现代化强国之林，都离不开经济的快速和健康发展。

第三，我国周边一些国家和地区的经济增长速度相当高。就亚洲"四小龙"来看：新加坡30年来，人均实际经济增长率达8%；韩国1970—1992年国内生产总值（GDP）年均增长9.5%左右；我国的香港在1961—1984年的23年中，GNP年均增长10.3%；台湾在1952—1992年的40年中，GNP年均增长8.66%，其中有许多年增长在11%—13%以上，台湾人均GNP 1970年只有387美元，而1974年则达到913美元，即4年翻了一番，目前已达到12000美元，只用了25年时间。再拿泰国、马来西亚、印度尼西亚、越南等国的经济发展情况来看：泰国1980—1992年为年均8.2%，1989—1992年的4年中，年均增长9.4%。马来西亚自1988年以来，经济一直以超过8%的速度增长。1988—1992年的5年中年均增长约8.8%，近几年来，年均增长9%以上。印度尼西亚1968—1981年的14年中，GDP年均增长8%以上。越南近几年来以8%的年均速度增长。邓小平在1992年视察南方的谈话中说："现在，周边一些国家和地区经济发展比我们快，如果我们不发展或发展太慢，老百姓一比较就有问题了。"中国大陆不应以慢于周边国家和地区的速度发展，这就需要有持续9%到10%的增长速度。

第四，有的发达资本主义国家如日本，在其经济起飞过程中，曾有过持续多年的高速和超高速发展。日本从20世纪50年代中期到1973年不到20年的时间中，通过经济调整和超高速增长，实现了经济起飞，一跃而成为西方国家中仅次于美国的经济强国。在1957—1965年中的9年中，日本GDP年增长16.6%。中国与日本，各自有其特殊的历史条件，不能简单攀比。但上面的事例可以表明，中国大陆持续快速发展经济的紧迫性。

## 三、由数量扩张型快速增长方式转为质量效益型快速增长方式

在中国大陆，经济快速或高速增长，是容易做到的事情。只要一松口，一鼓劲，就会“大干快上”，追求高速或超高速增长。多年来，不是苦于速度上不去，而是苦于超越国力的高速增长，苦于效益低、质量差的高速或超高速。

要真正坚持国民经济持续、快速、健康发展的方针。离开持续和健康发展，快速是没有意义的。而持续、健康地快速发展，就是要求实实在在的、稳定协调的、高质量、高效益的快速增长。

要真正认识和接受经济发展中的经验教训。片面追求高速度的害处，国人早就有认识，并且总结了经验教训，还写到中央的文件中，媒体也宣传过。但中国的事情，往往是认识和实践、说与做不能有机统一起来。被认识了的规律和真理，被否定了的不正确的东西，尽管写到决议中，上到文件中，但情况一变化，便成为一纸空文，不再被人注意，而且会不断反复。关于经济发展速度问题，早在1981年的《政府工作报告》中就指出：“要切实改变长期以来‘左’的思想指导下的一套老的做法，真正从我国实际情况出发，走出一条速度比较实在、经济效益比较好、人民可以得到更多实惠的新路子。”在1983年的《政府工作报告》中又指出：“过去我们在经济建设上发生的几次比较大的曲折，除了其他方面的原因外，都是由于脱离我国的实际，在指导方针上要求过高过急所造成的，牢牢记住历史的经验，……始终不渝地坚持实事求是的原则和稳步前进的方针，是保证当前好形势继续发展而不致重蹈覆辙的首要条件。”1986年《关于第七个五年计划的报告》

中针对1984年以来的经济过热情况强调说明："脱离现实条件的可能，盲目追求过高的速度，即使一时上去了，也难以持久，最终还要掉下来。增长速度上的大起大落对经济发展的危害极大。"鉴于以往的经验教训，一再强调提出经济发展要以经济效益为中心。但批评追求过高速度和总结历史教训，往往是在过高速度造成损害，在调整、整顿情况下讲的，形势一好转，又重蹈覆辙。1989年《中共中央关于进一步治理整顿和深化改革的决定》中，更加尖锐地指出："我国经济发展过程中，脱离国情，超越国力，急于求成，大起大落，是四十年来最重要的教训，这种指导上的失误，严重挫伤群众积极性，往往造成巨大损失，是经济工作中的要害问题。……必须深刻记取这个教训……坚决防止片面追求过高的发展速度，始终把不断提高经济效益放到经济工作的首要位置上来。"言犹在耳，但1991年经济形势刚一好转，又重蹈覆辙，出现了1992年、1993年再次追求过高速度的情况。值得令人深思的是，为什么已经认识并一再强调要记取的深刻教训，一再变成空话呢？而且又一再为历史教训增添份量呢？1989年的中共中央《决定》中还明确讲："党中央、国务院对我国经济生活中出现的困难和问题负有重要责任"，"对经济建设和改革开放的具体指导也有失误。"可见，根子还在指导思想上。指导思想上明确了的是非，为什么正确的东西不能坚持、贯彻，错误的东西不能告别呢？为什么会不断出现反复呢？原因是复杂的和多方面的。但主要是经济体制和政治体制及其运行机制问题，需要通过深化改革形成有效的约束和监督机制予以解决。

经济发展中片面追求高速度，必然产生多方面的弊端：一是高投入、高消耗、高速度，低产出、低效益、低质量。特别在过去追求工农业总产值高速的时期，往往不计成本，不算经济账，必然效益低、收入少、生活水平提高慢。一个简单的道理不去考虑：如果投入100，产出120；再追加投入100，追加产出80。总产值增加了，由120增加为200，速度也提高了。但追加投入100的经济效益是负数，是严重亏损。这种负效益的高速度不是成绩，而是祸害。过去农业生产中出现的高产穷社、高产穷县，越高产越穷的现象，正是这种追求产值高速度发展方式的结果。现在用国民收入和国民生产总值计算增长速度，较科学了，但片面追求高速度，靠多投入支撑高速度，依然会导致低效益。二是造成普遍浪费和紧张。高投入高产出，或高投入低产出，都会造成浪费。资金浪费、原材料浪费、能源浪费……浪费又增加资金和物资紧张。三是出现大起大落。“大起”支撑不下去了，必然“大落”。而大落期间的调整、整顿，会伴之以经济上的损失和困难。四是劣化产业结构和产品结构，“大起”时期的投资需求膨胀和消费需求膨胀，会打乱产业结构和产品结构的优化和合理化过程，优化转为劣化。五是企业造成困难。经济发展中的或热或冷大起大落，财政、货币政策的大松大紧，会造成或增加企业发展中的困难。经济过热时期膨胀起来的低水平的数量扩张，一遇调整、整顿，就会被迫收缩，产品积压滞销。高投入、高消耗，变成企业的高成本、高负担。我国自 1986 年特别自 1989 年以来，国有企业亏损面大幅增加，经济效益大幅下降，就与上述经济增长方式中的问题有关。六是欲速则不达，追求过高速度，大起大落，会延缓和损害经济的发展。例如，从我国内地国民收入指数看，1952 年为 100，1959 年为 202.1，而 1968 年反降低为 200.4，10 年经济没有增长，反而倒退。这是因为自 1960 年至 1968 年经济发展出现了 5 年大落与衰退。即 1960—1962 年、1967—1968 年的经济负增长，而且幅度大。在 20 世纪 60 年代，9 年内出现 5 次负增长，这在世界主要国家中是独一无二的。日本从 1960 年到 1989 年的 30 年中只出现过一次负增长，即石油危机时期的 1974 年。同期，法国只在 1975 年出现过一次负增长，且幅度很小（-0.3%）。韩国在 30 年中也只在 1980 年出现过一次。泰国 1955—1989 年的 45 年中没有出现过负增长。我国要实现国民经济持续、快速、健康发展，就应力求避免出现负增长，特别要避免连续的或短间隔的负增长。如果 1959—1968 年的整整 9 年中不是零增长甚至负增长，而是快速增长，国民生产总值可以翻一番。这样，在 27 年前基数增加一倍的基础上，经过经济继续快速发展，我国今天的经济发展水平和经济总量，会比现有的高出一倍以上。

最后，追求过高速度，必然会带来高通货膨胀率。中国内地改革以来的三次高通胀率（1985 年的 8.8%，1988 年的 18.5%；1993 年的 13.2%，1994 年的 24.1%）都是经济过高增长的结果。

在经济增长与通货膨胀的关系上，可以有四种组合情况：一是高经济增长率，低通货膨胀率；二是高增长率，高通胀率，而高通胀率又可低于、等于或高于增长率；三是低增长率，高通胀率；四是低增长率，低通胀率。第一种情况是最好的，是我们应争取实现的，追求过高的增长率会带来高通胀率，但正常的、自然的高增长率并不一定会伴之以高通胀率。应当寻求经济增长率与通货膨胀率之间的最佳组合点。根据我国的具体条件，有可能也有必要在今后的10年中，使经济增长率达到年均9%到10%，而通货膨胀控制在5%到6%以内。

从世界范围来看，增长率与通胀率的几种组合关系都有事例。新加坡自1965年至1984年的20年中，是高经济增长率与低通胀率相结合。如1968—1972年的5年中，经济增长率（%）分别为13.9、13.7、13.7、12.5、13.4，而通胀率（%）分别为0.5、-0.2、-0.4、1.7、2.3。韩国1962—1976年共15年中，是高增长率与高通胀率并存，而且其中11年高通胀率超过了高增长率。但在20世纪80年代，韩国变为高增长率与低通胀率相结合。南斯拉夫是低增长率高通胀率的例子。1980—1988年期间，经济增长率最高为2.4%，最低为-2%。而通胀率最高为270%，最低为30%。低增长率与低通胀率相结合，是近十多年来西方发达国家存在的现象。如美国，1980—1992年，GDP年均增长2.7%，通胀率年均3.9%；同时期，日本GDP年均增长4.1%，而通胀率只有1.5%；德国则分别为2.6%和2.7%。事实说明，经济增长率与通货膨胀率不是同步的。认为中国高经济增长率必然会有高通货膨胀率的论断，是缺乏理论和事实根据的。大陆和台湾的经济发展史，也能说明这一点。我国大陆经济增长率（%）1978年、1982年、1983年、1984年、1985年分别为11.7、8.8、10.2、14.5、12.9，同期通胀率为0.7、1.9、1.5、2.8、8.8。台湾1961—1972年的12年中，经济增长率年均10.2，而通胀率年均只有3.3。

实现高经济增长率与低通货膨胀率相组合，以经济增长方式的转变为前提。高质量、高效益、高销售的高增长速度，可以避开高通胀率的困扰。

社会主义社会需要大力发展生产力，需要国民经济快速增长。但以往更多地是重视生产力发展和经济增长中的速度，而不强调或不很重视发展生产力和经济快速增长的核心是提高劳动生产率。这种不重视也反映在我国的统计资料中，有的大型统计资料，连劳动生产率的条目都没有。许多经济统计资料没有系统的有关劳动生产率的统计。某些统计资料虽有“全员劳动生产率”一项，但也是从人均产值计算的，而缺乏实际劳动生产率的统计。西方国家通常统计三种劳动生产率，即按实物计量的劳动生产率；按部门（或企业）增加值计算的劳动生产率；按GNP（或GDP）计算的劳动生产率。美国还要计算全部产量与全部劳动和资本的比率。我国在这方面也显得落后与不足。

提高劳动生产率和经济效益，首先要重视科技进步。无论从全国看还是从企业看都是这样。目前，发达国家科技进步在经济增长中的贡献率达60%—80%之间，而我国只达近30%。企业提高经济效益，也要依靠技术改造。根据计算，将与基本建设相同规模的40%的投资，用于技术改造，产出和利税比新建项目高一倍，建设周期会短一半。国家与其将有限的资金主要用于铺新摊子、上新项目，不如将更多点资金用于已有企业的技术改造。企业自己也应少铺摊子，多搞技改，我国有些国有企业效益降低，困难增加，原因固然是多方面的，但技改投资不足甚至下降显然是重要原因之一。我国技改投资在国有单位固定资产投资的比重，自1986年以后总体上是下降趋势。由1985年的35%，下降到1994年的25%。而发达国家在高速发展和稳定增长阶段设备更新改造投资占固定资产投资的50%以上。我国应在今后几年内，争取达到这一水平。

转变经济增长方式，提高经济效益，需要提高职工的文化技术素质。据统计，在工业部门的职工中，初中以下文化程度占68%。全国青年工人约7000万人，其中近70%的人只具有初级技能，高级工只占3%。

重视科技与教育，认真实施科技兴国战略，实现科技教育与经济的紧密结合，是转变经济增长方式的关键所在。

转变经济增长方式，提高经济效益，还需要现代经济结构，包括产业结构、企业结构与产品结构。优化结构中的一个重要问题是形成规模经济效益。我国不少行业，生产极度分散，如汽车生产，整车厂达120多家，超过美国、西欧、日本厂家的总和，但年汽车生产能力只有140多万辆，年产超过1万辆的只有10几家，年产超过10万辆的只有一汽、二汽、上海大众三家，其余年产只几千辆或几百辆。而按目前国际标准，单个汽车企业的最小经济规模，整车为40万—60万辆。美国三大汽车公司集中了全国90%的汽车产量。再如彩电，我国整机整装厂70多家，每家年均产量17万台，而韩国只有6家，每家年均产量为200万台。

实现科学管理，提高企业经营管理水平，是提高经济效益、转变经济增长方式的重要环节。离开有效的经济管理，前述各项提高经济效益的成果便难以落实。加强和改善企业管理，进行管理方式的改革，挖掘企业内部的潜力，是提高经济效益的重要途径，目前不少国有企业管理滑坡，导致企业亏损面扩大。亏损企业中的80%左右根源于管理不善。

企业要建立起适应市场调节的运行机制。目前，一些企业的产品没有稳定的市场销路，积压滞销现象严重，出现了边贷款、边生产、边积压的不良格局。新增贷款相当大的比重增加了积压。据工商银行对4万户生产企业统计，1995年上半年，新增工业流动资金贷款450亿元，而同期内产成品库存占用增加350亿元，即新增贷款中76%变成了仓库积压品。企业生产的产品如果不能在市场上实现，企业劳动生产率再高也不会有好的效益。因此，企业必须把生产管理与营销管理统一起来。

目前，当务之急是扭转企业经济效益不断降低的状况。

我国国有企业的经济效益，自“一五”期间以后，总体上是下降趋势。全民所有制独立核算工业企业，百元资金实现的税利，1957年为34.7元，1965年为29.8元，1980年为24.8元。1985年至今，经济效益继续下降。1985年国有企业百元产值销售利润率为13.9%，而1993年下降到只有3.5%。如果说企业经济效益低，与粗放型增长方式相关，那么，经济效益持续下降，就不能简单地归之于粗放型增长方式了。当然，由数量扩张型增长方式转向质量效益型，有利于扭转效益持续下降趋势。同时还需要有深化改革的措施相配合，需要把改革、改组、改造与加强企业管理统一起来。

# 提高经济增长质量和效益的若干理论与实践问题研究[①]

一般而言，绝大多数发展中国家为经济增长速度的滞缓而苦恼，因此，现代发展理论和各种经济增长模型所关注的主题是如何启动和促进经济的增长速度。然而，中国作为一个发展中的大国，在经济增长方面所存在的主要问题并不是速度的滞缓，相反，在相当多的年份则是受由于经济增长率过高而带来的国民经济波动的烦扰。单纯从速度上看，新中国成立以来，特别是在改革开放的18年中，中国是属于世界上经济增长最快的国家之一，其增长率有不少年份高达13%以上。40余年的经济增长路径表明，中国的经济运行中总潜伏着一股强劲的推动经济高速增长的推动力，但在促进经济增长质量和效益提高的问题上则动力明显不足和缺乏机制保证。因而，如何提高经济增长的质量和效益，是未来中国需要着力解决的突出问题。那么，对于中国的现状而言，符合经济增长质量和效益提高要求的增长方式是什么样的方式？增长方式的转变单纯是指从外延型扩大再生产到内含型扩大再生产方式的转变吗？针对中国的现实，粗放、集约经营是一般概念还是特指概念？在巨大的人口压力下能否或如何实现经济增长方式的转变？本文拟对诸如此类的问题和相关的若干理论与实践问题进行一些探讨。

① 本文原载《学术月刊》1997年第1期，与黄桂田合写。

## 一、粗放和集约型增长方式、扩大再生产的两种方式与经济增长效益的本源关系及其转化

目前，在经济增长方式转变的问题上，存在着众说纷纭的不同理解和见解。我们认为，孤立的单纯概念上的争论是没有多大实际意义的，但对经济增长方式转变的切实内容应当弄清楚，否则，理论认识的不一致和实践行为的不统一，会阻碍经济增长方式的有效转变和经济的有效运行。因此，我国目前提出的经济增长方式由粗放型向集约型转变，既不能从本源含义的“粗放”和“集约”上去把握，也不能简单地将其等同于由外延型向内含型转变。

### （一）粗放、集约经营与效益的相关关系

粗放经营和集约经营，最初是指农业经济中的两种经营方式。粗放经营是通过扩大耕地面积而增加产量。集约经营则是指在原有土地面积上增加投入而提高产量。究竟哪一种经营方式的经济效益高，要视具体情况而论定。

（1）农业粗放经营方式与效益高低的两种情况。对于投资者来说，同量的投入在不同的地块其效益的高低是不同的。如果扩展的土地是更优等的土地，同量投资（或投劳）就会产生更高的效益。若扩展的是更劣的土地，同量投资（包括投劳）就会有较低的效益。广种多收还是广种薄收，是由所扩耕的不同地块的优劣程度而决定的，因而，粗放经营有效益高低的差别。

（2）集约经营与效益高低的两种情况。在同一土地追加投资投劳的效益高低，要视追加投入的劳动生产率的高低而定。如果在原有土地上追加投入，提高了单产量，追加投入的产出高于原投入的产出，那么，就会是高效益的，反之，如果追加投资的生产率低于原有投资则是低效益的。

就粗放经营和集约经营方式来说，在李嘉图看来农业生产是按由优等地向劣等地的耕作顺序发展的（马克思认为是交错发展的），因而，他把级差地租Ⅰ称为粗放地租，而把级差地租Ⅱ称为集约地租。在《新帕尔格雷夫经济学大辞典》中，在解释“粗放地租与集约地租”的条目时，认为“粗放和集约地租的区别在经济思想史中是随着李嘉图著作的问世才泾渭分明

的”。但《大辞典》所引用的李嘉图的著作《政治经济学及赋税原理》是1817年的第1版，而我国出版的中译本是1821年的第3版，其中已无“粗放地租和集约地租”的概念。从《大辞典》转述的李嘉图的观点来看，是把粗放耕作视为低效益经营，把集约耕作视为较高效益的经营。李嘉图写道：“在社会发展中，当次等肥力的土地投入耕种时，头等的土地马上就开始有了地租”，这是粗放地租。在耕种劣等地以前“人们能使资本在已耕的土地上生产出更多的东西来”，这就是集约地租。但事实上，在农业发展中，如马克思所讲的，新进入耕作的土地，有优等地，也有劣等地。当更肥沃的土地进入耕作时，这种粗放经营就具有更高的效益了。

由此可见，粗放经营并不直接与低效益相关，而集约经营一般指在同一土地追加投资比投入中劣等地有更高的效益。在农业发展中的一定阶段，闲置土地还大量存在，农业技术进步缓慢，劳动生产力还比较落后的情况下，扩充耕作面积增加产量的粗放经营便成为主要的经营方式，当然也存在着在原有耕地特别是优等地上追加投资进行集约耕作的情况。相对于人口增长和经济发展的需要来说，土地是一种极度稀缺的资源。由于可耕地扩展的有限性，当人们不能再依靠扩展耕地面积增加产量时，就不得不完全改变耕作方式，在已有耕地上增加有效投入，提高单位面积产量，即从粗放经营为主转向集约经营为主。因此，从本源的意义上讲，是选择粗放型耕作方式还是集约型耕作方式，主要取决于现实的经济条件（主要是可耕地的富余或欠缺和科学技术的利用状况等）。

随着依赖扩展耕地的经营方式的转变，本源意义上的粗放与集约经营的区别就失去了现实意义。在这种情况下，需要延用原有的概念，必须是其内含发生了转化的粗放经营与集约经营概念。因而，在当代意义上的粗放经营，就不再是指过去所理解的依靠扩大耕种面积而提高经营规模，而是指那些不计成本、粗耕劣作、忽视质量和效益的经营方式。而集约经营则是指精耕细作、吸纳先进生产技术和管理、低成本、高效益、高质量的经营方式。我们现在所讲的粗放型和集约型，已不限于原有的农业经营范围，而是扩展为整个国民经济的增长方式。就是说，应该是赋予以当代含义的粗放型与集约型，即粗放经营是指低质低效的增长方式，集约经营则是高质高效的经营方式，而不再以是否扩展了耕地或扩展了企业作为区分的标志。

### （二）两种扩大再生产的方式与效益的关系

外延型扩大再生产与内含型扩大再生产，同粗放型增长和集约型增长是既相联系又有区别的两对概念。在英语中，粗放的、外延的，都是“extensive”这个词，它既可译作农业经营中的“粗放的”，也可译作哲学上的“外延的”。而“集约的”和“内含的”，在英语中是“intensive”这个词，它既可译作农业经营中的“集约的”，也可译作哲学上的“内含的”。那么，是否可以由此认为：“集约 = 内含”，“粗放 = 外延”呢？如果那样，哲学上的概念外延和内含，也可称作为粗放和集约了。恐怕不当。

我国现在使用的外延扩大再生产和内含扩大再生产的概念，主要来源于马克思的著作。从其本源上讲，即从马克思的原意上讲，外延型再生产不一定意味着低效益，而内含型再生产也不必然与科技进步和提高劳动生产力相联系。马克思在《资本论》第 2 卷中，有两处从不同角度阐述了外延和内含的规定性。一处是阐述了固定资本的折旧费用于扩大再生产的两种方式：“固定资本价值中这个转化为货币的部分，可以用来扩大企业，或改良机器，以提高机器效率。……如果生产场所扩大了，就是在外延上扩大；如果生产资料效率提高了，就是在内含上扩大。”① 这是从一个企业的范围着眼的。即在同一企业中，如果扩大和增加新的车间，增加生产资料和劳动力，从而生产场所扩大了，就是外延型扩大。至于这种生产场所的扩大是否会提高劳动生产力，有更高的经济效益，马克思没有说明。生产效益等于或高于原有效益的两种可能都存在。若将折旧费用于扩大生产但不扩大场所，就只能通过提高机器设备和其他生产资料的效率，从而提高劳动生产率来扩大生产规模，就是内含型扩大。这里把内含同更高的生产效率联系了起来。另一处讲：“剩余价值转化为资本，按其实际内容来讲，就是规模扩大的再生产过程，而不论这种扩大是从外延方面表现为在旧工厂之外添设新工厂，还是从内含方面表现为扩充原有的生产规模。”② 这里所阐述的外延型扩大，不再是指在原工厂内的生产场所扩大，而是指建立新工厂。这个新工厂的经济效益，可以相当于也可以高于原工厂。在此所讲的内含型扩大，是指扩充原

---

① 《马克思恩格斯全集》第 24 卷，人民出版社 1972 年版，第 192 页。

② 《马克思恩格斯全集》第 24 卷，人民出版社 1972 年版，第 356 页。

工厂的生产规模。而生产规模的扩大，可以是但并不一定是指提高生产资料的效率。马克思在下面接着说："在工作日不受法律限制的地方，只要追加支出流动资本（在生产材料和工资上面），就足以扩大生产规模，而不需要增加固定资本；这样，固定资本每天使用时间只是延长了，而它的周转期间则相应的缩短了"。就是说，资本主义企业可以靠延长工作日、增加流动资本而扩大生产规模。因而，从马克思的这段话来看，内含扩大也可以是生产效率不变条件下的生产规模的扩大。

从现实的角度看，任何一个国家在任何时期，没有绝对的单纯的停留在低效益水平的外延扩大再生产，也没有单纯的不扩充生产场所的内含扩大再生产。在正常的情况下，不论是企业内部生产场所的扩充，还是外部进行新的投资，这两种外延扩大再生产，一般都会吸收代表当时生产力发展水平（甚至超过）的生产技术、新的管理和要素的新组合状态，以便增进外延或内含扩大再生产的质量和效益。正是在这个意义上，现代经济增长理论包括"哈罗德—多马增长模型"、新古典的"索洛—斯旺增长模型"、新剑桥的"两阶级模式"、库兹涅茨的"结构主义增长模型"，等等．都是以增长（或产出）是有效益的为隐含的分析问题的前提，因而，他们一般不分析产出的质量和效益问题，而关注的主题是如何促进经济增长的速度。有的认为资本生成机制和增加投资是问题的关键，有的认为增加人力资本投入更重要，有的则认为结构调整是核心等。总之，在现代西方经济增长理论中，都是将经济增长看作是纯数量增长的问题。

## 二、中国经济增长方式根本性转变的特定内容

党的十四届五中全会提出："实现'九五'和2010年的奋斗目标，关键是实行两个具有全局意义的根本性转变，一是经济体制从传统的计划经济体制向社会主义市场经济体制转变；二是经济增长方式从粗放型向集约型转变，促进国民经济持续、快速、健康发展和社会全面进步"（着重号引者所加）。这里提出经济增长方式要从粗放型向集约型的根本性转变，并认为这个转变与第一个转变一样，是具有全局意义的转变。

既然是属于根本性转变，那么就不是只让一部分转变，另一部分不转变，不是继续搞"土洋并举"、粗放集约并举。

按照传统延习下来的误识，粗放型增长等于外延型扩大再生产，并且必然是低效益的增长方式和再生产，而集约型增长方式等于内含型扩大再生产，并且必然是属于高效益的增长方式和再生产。那么，按照这种理解进行逻辑推理，经济增长方式的根本性转变就是要将原来的外延型扩大再生产方式从根本上转变到内含型的扩大再生产方式上来。将十四届五中全会提出的经济增长方式的转变，视作是两种扩大再生产方式之间的转换。

问题在于，针对中国的现实条件，能否真正要求外延扩大再生产根本性地转变到内含的扩大再生产方式上来？难道未来的中国就不应该存在外延式的扩大再生产？

有的论者尽管没有沿着他们设定的前提进行这样的推论，但意识到了这种前提所推论的违背现实经济发展要求的后果，于是强调，“不能将粗放与集约截然分开，全盘否定和抛弃粗放型经济增长方式”，“两种扩大再生产的方式不能不分主次”。从学术的角度来说，这是不符合理论逻辑应有的规范的。一篇论文前面在论述转变方式的重要性时，强调非转变不可，要彻底地转变；而在后面则逐渐放弃前提而提出要留有余地的转变。转变多少？仍然是一个模糊的、难以把握其“度”的转变。

有的论者将经济增长方式的转变理解为过去理论界提出的由外延扩大再生产为主转变到以内含扩大再生产为主的道路上夹。但过去的这种提法也值得重新研究。如果我们将外延式的扩大再生产视作不一定是低效益、低质量的再生产，那么，对于中国的现实需要而言，高效益的外延扩大再生产同高效益的内含扩大再生产，两种方式其地位应该是同样重要的，甚至具有平均效益的外延扩大再生产，对某些部门、某些地区来说，是必不可少的。

从中国的现实经济条件来说，能源、交通、通讯、教育等基础产业严重薄弱，产业结构扭曲；区域经济严重不平衡；在相当多的行业其企业规模过小和过于分散，形成不了应有的规模经济，巨大的就业人口压力等等因素都决定了需要通过投资规模的扩充（即外延式的扩大再生产）来解决这些问题。未来的中国在许多方面仍然受资本形成不足、投资短缺之困扰，单从这个意义上说，外延式的扩大再生产也不可能从根本上抛弃、也不能够抛弃。

另外，不能把“外延”同现代含义上的“粗放”相等同。比如，上海的宝钢，是新建的企业，是属外延型的扩大再生产，但它是高效率、高效益的，不能说是粗放型的。新建的京九铁路，各种高速公路，也是外延型的，但不能称之为粗放型的。

那么，经济增长方式从粗放型向集约型的根本性转变，指的是什么呢？

在我们看来，当前提出要从根本上实现经济增长方式的转变，即从粗放型转变成集约型，不是指将外延型扩大再生产方式根本转变到内含型的扩大再生产方式上来，而是指要从根本上克服过去以及目前的经济增长中盲目追求增长数量、忽视甚至放弃经济增长质量和效益的增长方式，将经济增长方式彻底地转变到注重质量和效益的轨道上来。不论是外延型的扩大再生产，还是内含型的扩大再生产，都应比较投入和产出，注重实效。提高经济效益是社会主义经济建设的一个首要的和核心的问题，要围绕这个核心，走出一条速度比较适当，经济效益好，人民能够得到更多实惠的经济建设新路子。

更确切地说，当前意义的粗放型经济增长方式和集约型经济增长方式与本源意义上的农业粗放经营和集约经营在含义上是有重大差别的。

在文章第一部分我们已探讨了本源意义上的粗放经营和集约经营。而当代意义的粗放型增长方式主要是指不计成本、不注重投入要素的质量和效益，忽视内部经营管理、盲目攀比产出数量，忽视产出质量和效益的经济增长方式，反之，则是集约型经济增长方式。

以农业经营为例，中国早就基本上失去了本源定义的粗放经营耕作方式（即依靠不断开垦扩充耕种面积以增加产量的方式）的现实条件，因而，只能是主要从事本源意义上的集约经营，即在原有的土地面积上通过增加有效投入而提高产量。但现在我们仍然提出要转变我国农业的经营方式，即从粗放型向集约型转变。当前提出的这种粗放与集约，就不是本源意义上的以是否扩大耕地面积为区分标志的粗放与集约了。否则就意味着中国农业迄今为止，现实地存在着主要依靠开垦土地扩充耕作面积的农业耕作方式，而事实不是如此。当前提出转变农业增长方式，是从客观存在着低效益、低农业技术、粗劣的耕作方式等意义上的粗放增长的现实状况为出发点的，因而必须转到高效益、高质量、先进耕作方式等意义上的集约增长方式上来。就是说，即使在原有耕地面积上进行耕作，也有粗放、集约之分。过去片面强调亩产千斤、不计投入，结果出现了高产穷社、高产穷县、越高产越穷的增长方式，不属于现代意义上的集约型增长，而属于现代意义上的粗放型增长。

从工业部门来看，粗放型经济增长方式的特征不仅表现在低水平的外延型的扩大再生产过程中，而且在所谓的内含扩大再生产中也反映突出。从外延的扩大再生产看，争投资、争项目、盲目铺新摊子、忽视投资的科学决策、不注重吸纳现有的代表先进生产力水平的科学技术和管理。从内含的扩大再生产来看，相当多的企业尽管没有扩充外延式的规模，但盲目投入生产要素忽视内部挖潜、放松管理、忽视成本和收益的比较，产品不注重质量、品种、规格，不能形成有效的市场供给。这些虽也属于内含再生产，但又是一种粗放型的经济增长方式。尽管有的从表面看来，产量高、产值多、但浪费大、效益低。

总之，不论是外延式的扩大再生产还是内含式的扩大再生产，不论是农业部门还是工业部门，不论是宏观经济运行还是微观经济运行，都要将现有的忽视经济效益和质量的粗放型增长方式根本性地转变到注重效益和质量的集约型经济增长方式上来。这才是中国目前提出的并且是经济发展所需的根本性转变经济增长方式的特定含义和内容。

## 三、就业人口压力、投资效益与经济增长方式的转型

就业人口压力的缓解与经济增长方式的转型之间是否是属两难抉择的命题？经济增长方式的转换与实现充分就业之间是相容还是相斥的关系？

撇开其他约束条件，相对于12亿人口存量，年均净增1500万的人口增量以及城乡隐性与显性的失业人口压力的现实而言，年均10%以上的高经济增长率是可以的。与此相对应的，对于靠投资解决失业问题，填补瓶颈产业供给缺口，以及投资扩张型经济增长机制所要求的投资需求而言，现有的投资总规模也不是过大的。因而，如果仅把经济增长方式的转变解释为投资总规模的控制或缩减，解释成从外延的扩大再生产转变成内含的扩大再生产，那么，缓解就业人口压力与经济增长方式转型之间确实存在着两难抉择的关系，由此而产生的因增长方式的转变带来的失业人口增多的忧虑似乎是有道理的。

然而，这种忧虑显然与对经济增长方式转变的内涵的理解有关。其实，经济增长方式的转变不是指简单的压缩投资规模，也不是仅指从外延的扩大再生产转向内含的扩大再生产。而是要求通过经济增长方式的转变提高经济增长的质量和效益，其中包括提高投资的质量和效益，控制和尽量压缩低效、无效甚至是负效投资的规模，增加质量效益型投资。对于未来的中国来

说，加强基础产业，加快落后地区经济的增长，解决生态失衡问题，提高人民的生活质量和教育程度等等，都需要巨额的投资资金，在未来的每一个经济发展阶段，都需要相当程度的投资规模。

问题在于，什么样的投资才能实现充分就业均衡？

凯恩斯的非均衡前提条件下的充分就业模型揭示了投资与充分就业的正相关关系，认为存在非自愿性失业，即未能达到充分就业均衡的根源，在于有效需求不足。因而解决问题的关键在于刺激有效需求，特别是投资需求。不管凯恩斯模型有无缺陷，从现实的角度看，就业问题的解决始终是与投资直接相关的。问题是低效、无效甚至负效的投资不能从根本上实现充分就业均衡，相反会产生在短期内难以克服的负效应。中国几十年来的经验教训充分地证明了这一点。低质量的投资，包括低效、无效、负效的投资所吸纳的劳动力最终只不过使显性失业转化成隐性失业。因而，这种性质的投资所产生的效应只是失业方式的转换，而不能从根本上解决失业问题，相反，造成了资源的极大浪费。为就业而盲目投资很容易形成另一层意义上的“纳克斯恶性循环陷阱”“即为就业而粗放投资→企业低效益或无效益→人员膨胀→资本形成不足→失业压力仍然不变”的恶性循环。

如果投资是高效率的，经济增长的质量和效益自然也是好的，经济增长的加速必定会带动有效就业水平的提高。国际经验已经充分地证明了这个论断。日本在高速增长时代（1955—1973 年），创造了“高积累、高投资、高经济增长速度、高就业率，低通胀率”的经济奇迹。从投资占国民生产总值的比率看，1955—1960 年间平均为21.2%，1965—1973 年增加到34.4%。经济增长率在 1955—1973 年的 19 年间，年均实际增长率为 9.8%。若从1961—1970 年这 10 年计算，年均增长率高达 11.1%，其中，超过 12% 的年份有 5 年，最高达 14.5%（1961 年）。由于这种高速的增长率是一种高效益高质量的增长，因而，吸纳劳动力的功能不断加强。战后初期日本失业人口达 1300 万，1955 年到 1970 年的 16 年间，日本实际 GNP 增大了 4.18 倍，其间由于不断进行技术革新，劳动生产率迅速提高，就业人口也在增加，全产业就业人口从 1955 年的 4119 万增加到 1970 年的 5094 万，增长了 23.7%，仅 16 年时间就业人数增长近四分之一。尽管经济高速增长，但通胀率却不高，整个 60 年代日本的消费物价平均年增长率为 5.9%（尽管日本人认为相对于收入来说还是较高的)，批发价几乎未变[①]。

韩国曾经走的是一条“高投资、高增长率、失业率大幅下降、高通胀率”的经济高速增长之路。韩国的高速增长是从1963年开始启动的，从投资看，投资占国民生产总值的比率1963年为10%左右，到1986年增加到33.9%，经济增长率（GNP）从1963年到1989年这27年间，年均增长8.7%，其中超过11%的有10年，最高的年份为13.8%。随着经济的高速增长，失业率不断下降，1961年为12.2%，1963年下降到8.2%，1970年为4.5%，到1988年降至2.5%。1977年由劳动力过剩转变为劳动力短缺，出现全国范围的劳动力短缺现象。韩国与日本不同的是，高增长伴随着高通胀，1982年以前的通胀率都在12%以上，其中1974年高达29.5%，1975年为25.7%。从1982年始逐步下降，转向高经济增长、低通货膨胀的轨道，通货膨胀率1982年为6.7%，1986年为2.7%，1988年为4.3%[②]。

日韩经验表明：经济高速、高质、高效益的增长，劳动生产率不断提高，科技不断应用于生产过程的同时，失业人口在不断下降。提高经济增长的质量和效益，不仅不会造成失业的增加，而且有利于实现充分就业均衡。当然，这要以控制人口的增长为既定条件。

需要说明的是，从微观企业来看，劳动力与资本、技术之间存在一定的替代关系。随着资本有机构成的提高和新增企业及原有企业劳动生产率的上升，对劳动力的相对需求会有下降的趋势。但从宏观层次看，由微观企业技术进步，劳动生产率提高带来的总收入增长，会增加社会总资本的积累，转化为投资会创造更多的就业机会，特别是随着科技进步和新科技的发展，会出现许多新的经济部门和行业，吸收更多的劳动力。高新技术的发展，会为商业服务行业即所谓“第三次产业”的发展提供新的需求和条件。随着产业结构的变化，在“第三次产业”中就业的比重在不断提高。因而微观领域的集约增长，在宏观面上的总就业水平不会下降，而是会呈现上升趋势。并且，从日、韩经验看，在提高技术含量和提高劳动生产率与就业增长之间，并不存在时滞关系。

劳动生产率提高从而资本有机构成提高与失业率高低的关系，会受到人

① ［日］林直道著：《现代日本经济》，北京大学出版社1995年版。

② ［韩］宋丙洛著：《韩国经济的崛起》，商务印书馆1994年版。

口增长率的制约。高劳动生产率下的高经济增长率与低人口增长率相组合，就可以出现低失业率，而不是必然有高失业率。

## 四、经济体制的根本性转轨与经济增长方式的根本性转变

一般而言，满足经济增长需求的资源禀赋在世界各国的分布是极度不均衡的。但是，如果我们对世界各国经济发展的状况作一个横向的比较分析，便不难发现，一国经济增长是低速还是高速，是高质高效还是低质低效，并不是由它所拥有的初始的经济资源的多寡和好坏所决定的。一些经济资源特别是自然资源丰厚的国家，并不因为它拥有优良的发展经济的初始条件而富有和较早实现经济起飞，相反，相当多的国家仍处在“富饶的贫穷”之困境而难以自拔。而那些自然资源贫瘠的国家和地区，其经济增长并不为其不利的初始条件所困扰，实现了经济起飞，创造了经济繁荣。对于这种反差，人们尽可以找出众多的缘由来解释，但在我们看来，最根本的原因是经济体制。在某种经济体制下（当然政治体制也是问题的关键，在此不作讨论），可以守着富饶的资源而不去或没能力开发、不去合理有效地利用，甚至造成资源的破坏和极度浪费，而在另一种经济体制下则因原有的资源不足而促使人们去极力寻找资源、引进甚至创造资源。因而欠发达国家的贫困，固然与资本极度短缺、技术水平落后、人们的素质低等相联系，但这不是全部原因，还有一个重要原因是有效率的经济体制的不发育、不发展。从这个意义上说，发展中国家的问题，首先是制度及其相关的经济体制变迁的问题。

再来看形成我国粗放型经济增长方式并长期难以改变的根本性原因。早在1981年五届人大四次会议就提出，要重视提高经济效益，要走出一条经济增长的“新路子”。以后也一再强调经济建设要以经济效益为中心，尤其当经济运行出现巨大波动和问题的时候，就更强调这一点。特别是在1987年的十三大报告中就提出了“要以粗放经营为主逐步转上集约经营为主的轨道”，要求“使经济建设转到依靠科技进步和提高劳动者素质的轨道上来”。然而，直到今天，经济增长方式仍未有大的改观，仍被粗放型经济增长方式所带来的系列问题所困扰。那么，其根源究竟在哪里？

人们已从不同层面、不同角度找出了一系列原因，可否将人为的主观因

素作为问题的本源？当然不能轻视这方面的问题。人为地片面追求高速度而忽视质量与效益的惯性一直在发生作用。但现在看来，将此作为根本原因还未抓住问题的实质。为什么在我国的经济运行中会成为常态地出现人为的主观因素发生巨大作用的情况，而在另一些国家则很少会出现人为因素的重大干扰？究其根本原因，在于经济运行体制本身。

当然，从一定的意义上说，经济体制也是人为选择和构建的结果。但是，若一种体制已经形成并发挥调节作用时，它就成为一种客观存在，会独立于个人、独立于决策者的意志而运行，并调节人们的动机和行为，它可以鼓励和限制人们去干什么。这就是体制的最基本功能。

在原有和现存的体制状态下，各级政府以及企业之所以热衷于铺新摊子，偏爱产值速度，拼能源、拼消耗，忽视管理水平和技术投入的提高及设备改造，投资不计效益等等动机和行为，从根本上来说，是原有和现存体制的一种正常反映。当各级官员的政绩以上了多少新项目、产值速度增长多高为标准来评价时，当对投资的结果缺乏责权利相对称的激励和有效制约机制时，当错误决策、盲目投资甚至是无效负效投资的行为得不到有力惩处时，争投资、争项目、追求这种忽视效益的数量扩张型增长方式，便会成为一种自然趋势。因为靠技改、加强管理、内部控潜、注重效益和质量的增长，相对而言，显得较慢，需费劲费神。因此，粗放型经济增长方式成为一种普遍的搞经济建设的行为方式，是与原有和现存体制直接相关的。粗放式的经营行为，对于全社会经济发展的效绩和资源配置的效益来说，肯定是不合理的，但从各个主体所站的角度来说，则是理性的也是合理的。

只要原有和现存的体制未发生根本性转变，在体制上不能有效约束各种粗放经济增长方式的动机和行为，提高经济效益、转变经济增长方式即使是年年讲、月月讲、天天讲，也是与事无补的。这就是为什么从 1981 年开始强调要以经济效益为中心，而迄今为止仍以产值速度为中心的根本原因之所在。因而，实现经济增长方式的根本性转变，提高经济增长的质量和效益，从根本上来说，有赖于整个经济体制的全面的根本性的转轨。这既是实现经济增长方式根本转变的最基本前提条件，也是经济增长方式转变之后得以长期维持的体制保证。就是说，经济增长方式的转变，归根到底，要由体制推动，而不是单靠行政推动。从体制改革的措施看，较为具体地说：

第一，必须彻底打破预算软约束的资金运行体制，这有赖于资金管理、分配和使用体制的创新和建立。特别是要解脱国有企业对政府在资金和企业运营方面的依赖关系。

第二，在投融资体制方面，彻底改变原有的中央财政管钱袋，行业部门和地方政府管投资，形成百家诸侯争投资、争项目，重复建设，造成低水平扩张，产业在部门和地方间雷同而形成的过度竞争局面。从根本上解决投资的行业部门化和地方行政化的体制，促使投资主体的行为市场化、形成投融资的市场化机制。

第三，切实使经济主体的决策和行为面向市场有效需求，通过市场竞争压力，促使企业重视技改、内部挖潜、加强经营管理、降低消耗、降低成本。尤其改变边生产、边增加库存，生产的流动资金靠贷款、注入的资金转化成积压商品的局面。

第四，彻底打破行业垄断、部门垄断、地区垄断，切实形成统一的竞争型市场，让资源在全国范围内合理流动和有效配置，改变现有的产业结构扭曲，部门、行业、地方经济结构趋同的格局。

第五，彻底改变现有的行政考绩标准和制度以及用人制度，这有赖于与经济体制改革相适应的政治体制改革的启动和深入。

总之，经济增长方式的根本性转变有赖于整个经济体制的全面的根本性转轨，而这需要过程和时间，更需要扎实的改革行动。

# 着力加快经济增长方式的转变[①]

## 一

多年来一再强调要转变经济增长方式，即由粗放型经济增长方式转变为集约型增长方式。从“九五”到“十五”的中央建议和决定，都强调提出转变增长方式的要求。但是转变的过程缓慢，成效不够理想。中央“十一五”规划的建议中，再次提出“必须加快转变经济增长方式”。胡锦涛总书记于今年2月在中共中央政治局第二十九次集体学习时，特别强调要加快转变经济增长方式，以推动我国经济社会又快又好发展。他指出：要把转变经济增长方式作为经济社会发展的重要任务，制定实施规划。要建立健全有利于加快转变经济增长方式的干部政绩考核体系，综合考核投入和产出、速度和效益、经济和社会、发展和环境方面的指标。要形成有利于转变经济增长方式的法制环境。要进一步推进改革，努力形成有利于转变经济增长方式、促进全面协调可持续发展的体制机制。他还论述了加快经济增长方式对我国经济社会发展的重大意义，以及为加快转变经济增长方式，需要重点抓好的几方面工作。总之，对转变经济增长方式问题，胡锦涛同志从理论与实践的结合上，提到了一个新的高度。

## 二

经济增长的两种不同方式，在资本主义社会中就存在。“粗放”或“集

① 本文原载《人民论坛》2006年第3期。

约”，起初是产生于资本主义农业生产中的概念，后来扩大到工业生产和国民经济增长中。马克思在《资本论》中分析资本主义农业中的级差地租时，就阐述了“粗放耕作”和“集约化耕作”两种农业经营方式，也可称作“粗放经营”与“集约经营”。当还有大量未利用土地可供开垦和扩大耕地面积时，即使相对比较不肥沃的土地，“至少已在土壤表层积累了许多溶解的植物养料，以致它无需施用肥料，甚至只要进行粗放耕作，也能长期获得收成”。所谓粗放耕作，就是依靠扩大耕地面积增加产量，每单位土地面积投入的成本相对较少。当耕地面积都被经营垄断时，就需要在原有土地面积上增加投入“精耕细作”，以提高单位面积产量。马克思说：“所谓耕作集约化，无非是指资本集中在同一土地上，而不是分散在若干毗连的土地上”。

弄清了粗放经营与集约经营概念的渊源及其原有含义，便于我们进一步认识国民经济增长中的粗放型和集约型两种方式，有的论著中讲：市场经济实行集约型增长方式，计划经济实行粗放型增长方式。这种论断不符合实际。资本主义市场经济或社会主义市场经济，都存在着两种增长方式。增长方式的不同和转变，与计划经济还是市场经济的区别无关。

## 三

我国在相当长的时期内，特别是改革开放前，经济增长的特点是粗放型增长。表现为单纯数量型扩张，即高投入、高消耗、高排放（高污染），低产出、低质量、低效益。这种增长方式也可以出现高速度甚至超高速度，经济总量随之增长，但经济实惠较低。比如，投入100，产出120；投入200，产出220；投入300，产出310。从总产值看，产出增加了，增长了258%。但第二个100的追加投入是无效益的，第三个100的追加投入是亏损的。改革开放前，尽管受到“左”的损害，经济增长速度还是较快的。但二十几年中，人民的生活水平没有多少提高。改革开放以来，我国经济快速发展，人民生活水平也有显著提高，但我国经济规模与质量，还远远落后于经济发达国家。落后的实质是劳动生产率低，经济效益差。

转变经济增长方式，就是转变为低投入、低消耗、低排放，高产出、高质量、高效益的集约型增长方式，就是由单纯数量扩张型增长，转变为质量效益型增长。粗放型增长方式不仅浪费资源，造成环境污染，损害生态平衡，还不利于经济社会的全面、协调、可持续发展。而集约型增长方式则可以缓解或消除上述弊端，有利于和谐社会的建设，也是科学发展观所要求的重要方面。

## 四

集约型增长方式重在提高劳动生产率、经济效益和经济质量。为此，需要重视科技创新、制度创新、管理创新，需要提高职工的劳动素质，需要推进经济结构调整，需要发展循环经济。

重视科技创新，重在提高自主创新能力。20多年来，我国经济快速增长，经济规模不断扩大，产品远销各国。但存在一个很大的问题，就是自主创新能力薄弱。最近看到2月28日香港《经济日报》的一篇报道说：中国的经济已成为全球第四大经济体系，中国货畅销全球。但是，在“中国制造”的标签后面，不少核心技术仍牢牢掌握在外国人的手上，中国经济表面上风光，但实际上只为外国企业做嫁衣，显示出中国发展自主创新技术的迫切性。

根据有关资料，中国的科技竞争力在可比较的49个国家中，排名第28位，倒数第2。中国对外引进技术的依存度高达60%。但外商带着资金和技术到中国，中国并没有获得人家的先进技术，特别是核心技术。中国赚取的只是固定资产投资、低廉的劳工工资和税收。中国的发明专利授权量只排名第10，而其中近七成的中国专利其实是由外国公司申请的。面对这种情况，我国要特别强调提高自主创新能力，特别是核心技术的创新能力。这样才能提高我国的国际竞争力和抗风险能力，才能有效应对激烈的国际经济和科技竞争。因此，中央提出的建设创新型国家，具有重要和深远的战略性意义。

为了提高我国的科技创新特别是自主创新的能力，需要有相应的制度或体制作保证。要按照建设创新型国家的要求，加快建设国家创新体系，建立以企业为主体、市场为导向、产学研相结合的技术创新体制，着力提高原始创新能力、集成创新能力和引进消化吸收再创新能力，为实现科技创新提供制度支持。

我国引进外资，引进技术设备，不能停留在原有水平的重复利用上，要实行引进、消化、吸收、再创新的方针。如果引进而不能吸收创新，就只能跟着别人的脚印走路。而且由于体制的缺失，管理与技术水平的落后，素质的低下，有些企业引进的先进技术设备，长期搁置无用，反而造成损失。在这方面，可以借鉴日本的经验。日本每引进一项新技术，总会花更多的投入进行消化、吸收和再创新。有人形象地比喻：日本每引进 100 美元的技术，会用 200 美元来进行学习、消化和创新，并且用自行研发的专利赚回 300 美元。日本出口贸易，也重在通过自主创新提高产品的附加价值，以维护和提高自己的竞争力。有资料说明，最早发明电视机、家用录像机及液晶显示技术的并不是日本人。日本引进这些技术后，进行大量技术开发和创新工作，形成了自己的核心技术，发展出自己的家电产业，而且不断研发出新技术、新产品。这使日本的家电产品保持着很高和持久的综合竞争力。

科技创新、制度创新，都与管理创新相结合。制度或体制创新，都需要通过有效的管理来实现。管理混乱，甚至管理层搞腐败经营，什么创新都难以有效实现，转变经济增长方式也会最终落空。加强和提高管理水平，又是提高职工劳动素质的必要条件。目前，我国技术工人匮乏的现象十分严重。在 7000 万产业工人中，高级技工只占 3.5%。与发达国家 40% 的比例相比，相去甚远。提高职工整体素质和技术工人的比例，也需要有相应的制度作保证。要有能够激励职工学技术、提高自己科技和文化水平的晋级晋升制度。

转变经济增长方式，还需要推进经济结构调整和发展循环经济。正如胡锦涛同志所指出的：目前，国际经济正处在产业结构朝着技术、知识、服务密集的方向发展的新的调整时期。我国也需要顺潮流而进。通过结构调整，提高产业的整体技术水平，发展先进制造业和现代服务业。同时要重视发展循环经济，加强资源综合利用，全面推进清洁生产，加大环境保护和生态建设力度，促进建设资源节约型、环境友好型社会。

# 经济全球化与中国经济社会的科学发展[①]

## 一、经济全球化是一把“双刃剑”

经济全球化对我国的经济发展来说，是一把“双刃剑”。我国实行全方位对外开放，利用外资和国外市场，有力地促进了经济快速发展，这是主要的方面。但另一方面，经济全球化也会给我国的经济安全和社会安全带来多种风险。应当认识到，当前的经济全球化，是由美国等发达国家主导的，它们既要通过经济全球化主宰世界，谋取自己的最大利益，又要把自己的意识形态渗透到其他国家。因此，我国在融入经济全球化的过程中，既要充分利用可为我所用的各种国际机制和规则，抓住机遇发展自己，又要重视我国的经济和社会安全。在经济全球化的背景下，无论引进来还是走出去，都是机遇和风险并存的。即使与发展中国家的经济交往，也要有防范风险的战略眼光。这种风险既来自于发展中国家的内部矛盾，更来自于美英等国家争夺各种资源所导致的矛盾。

我国是发展中大国，又是社会主义国家。经过 30 多年的快速发展，我国的经济规模已列世界第二位，综合国力正日益增强。在这样的背景下，我国面对的是更加复杂的国际环境，要应对多方面的挑战。一些发达资本主义国家，既要利用我国快速发展的有利条件，通过经济参与获取最大利益，又怀着敌视社会主义的心态，想遏制我国发展，甚至对我国搞西化、分化战略。对此，我们需要有效应对。还有，我国是美国的最大债权国，一万多亿美元的美国国债，在美国和欧洲金融形势持续恶化的情况下，风险可能日益

① 本文原载《红旗文稿》2011 年第 21 期。

增大。我国引进外资，对经济快速发展和市场繁荣发挥了积极的作用，但也要注意到，外资大量并购我国企业会带来潜在的风险。据统计，在全国最重要的28个产业中，外企有控股权的产业就有21个，而像计算机操作系统行业，95%由外资控制。

我国的外贸依存度较高。人们一般能够注意到我国出口依存度高，但往往忽视了有些产品，如能源特别是原油，我国的进口依存度正变得越来越高。1993年，我国开始成为石油净进口国，当年对外依存度为6%；而2006年突破45%，2009年突破50%，而且还在继续攀升。此外，我国的天然气进口也在不断增长。国外能源市场供给的大幅增长，保证了我国经济快速发展的需要，但依存度高带来的风险也高。我国经济发展不仅受能源供给国政局动荡的影响，还存在着受霸权主义阻挠的风险。美国和日本对石油的进口依存度比我国高，但它们有美国强大的军事力量作后盾和保证，而我国没有这种保证。

在加入经济全球化的条件下，我国社会主义经济与资本主义经济在相互交往中融为一体，资本主义的经济波动，如金融与经济危机的爆发，会直接影响和冲击我国社会主义经济的发展。1929—1933年的资本经济大危机，对苏联社会主义国家没有产生大的冲击。从有关资料来看，如果将1929年各国的工业总产值作为100，到1933年，美国降为64.9，德国降为66.8，而苏联则增加到201.6。为什么苏联经济没有受到这次大危机的影响，反而在4年中工业总产值翻了一倍多？主要原因有两条：其一是国际经济状况与现在不同，当时还没有形成现在这种不同国家之间紧密联系的经济全球化格局；其二是当时存在相互对立的两大世界经济体系，苏联搞社会主义建设，摆脱了资本主义经济体系的链条。我国作为社会主义国家，改革开放前遭到资本主义国家封锁，因而也没有受到资本主义国家历次经济危机的影响。改革开放以来，我国经济逐步加入经济全球化之中，外资企业和私营企业在国民经济中已占有不小的比重，因而国外的经济震荡和危机必然会冲击我国的社会经济。

目前，西方国家的学者，也在讲经济全球化的危害，批评经济全球化是个“怪物”。因为发达国家的债务危机会形成多米诺骨牌效应，波及其他国家。经济全球化对还属于发展中国家的中国来说，又是推进现代化过程、推动经济社会转型、并适时调整内外战略的契机。因而，我们必须主动应对经济全球化。有些国家，如西亚北非的一些国家，由于没有积极主动地应对经济全球化，结果陷入“被全球化”的困境。

## 二、经济全球化与转变经济发展方式

目前，我国在转变经济发展方式中遇到的一系列问题，都直接或间接地与经济全球化相联系。比如，我国出口依存度过高。拉动经济增长的三驾马车，多年来主要依靠投资和出口，转变经济发展方式要求转向依靠国内消费、投资和出口协调拉动。但要实现这一转变，就要改变中国人存钱美国人花、中国人生产美国人用的不平衡格局。目前，美国等西方国家陷入经济困境，要求我国减少出口、增加进口，以促进增加其就业岗位。我国也将扩大内需作为转变经济发展方式的一项内容。从理论上说，通过扩大国内消费需求拉动经济增长，是最稳定和风险最小的，也是最具有可持续性的。我国应在扩大国内消费需求比重的前提下，适当降低出口依存度。但从当前的实践来看，我国的出口依存度难以在短期内实现较大幅度降低。在国内消费需求增长缓慢的情况下，相当部分产品只能依靠出口消化。国内消费需求增长缓慢，与我国收入差距拉大有关。低收入者虽有多方面物质文化需求，但有支付能力的需求不足。即使现在关注困难群体的利益，提高低收入者的收入，但消费需求的增速依然难以加快。这是因为低收入者和贫困人口的家底太薄，他们只会将新增收入的一部分用于解决当前温饱问题，转化为现实消费需求。由于存在住房、看病、子女上学和其他社会负担的后顾之忧，低收入家庭不会将全部新增收入用于即期消费。而高收入者，特别是那些大款、富豪们，已应有尽有，消费倾向低，他们更倾向于到国外购买奢侈品。因此，多年来虽强调消费需求拉动经济增长的作用，但依然主要依靠投资与出口拉动。只有等到广大劳动群众收入持续增长，后顾之忧得以解除后，才会显著提高消费倾向，才可能较大幅度地提高消费需求对经济增长的贡献率。这就迫切需要改革分配制度，更好地促进共同富裕。

我国出现收入差距过大的趋势，原因是多方面的，其中也与外资企业和私营经济所占比重不断扩大有关系。引进外资和发展国内非公有制经济，对我国经济发展起了积极的推动作用，功不可没。但事物的效应需从多角度考查。一方面，一些地方重引进、轻规则，重资本利益、轻劳动利益，造成的结果是私营、外资企业高利润、低工资。在不少私企和外企，工人劳动时间长而工资低，侵犯工人合法权益的事件时有发生。另一方面，目前我国资产几十亿、几百亿的富豪不断增加，资产超过 10 亿元人民币的富人，由 2010 年的 4000 名，增至 2011 年的 7500 名，一年增加 85% 以上。富豪总量已超过除美国以外的其他所有发达国家，居世界第二位。这么多富豪没有一个是从公有制经济出来的，都产生于私营企业。

根据有关数据，我国占总人口 20% 的低收入群，占总收入的份额仅为 4.7%，而占总人口 20% 的最高收入群，占总收入的份额达 50%，后者为前者的 10 倍多。如果从财产占有量来看，我国最富裕的 10% 的人口，占有全国财产的 45%，而最贫穷的 10% 人口，只占有财产的 1.4%，差距为 32 倍以上。可见，我国的收入差距已经相当大，而且这个差距还在扩大。

私营和外资企业作为资本主义性质的经济，其资本和劳动、利润和工资天然是矛盾的。我国目前城镇职工在私有制经济中就业的高达 70% 到 80%。资本利润侵蚀着工资。前几年，有些外资和合资企业，工资仅千元左右，而利润率很高。有关资料显示，1990 年到 2004 年的 15 年中，约 42% 的外资公司在华利润率超过其全球平均利润率，外资从中国汇出的利润达 2506 亿美元。私营企业的情况虽参差不一，但总的看来，工资一般低于劳动力的价值。2008 年，全国城镇私营企业从业人员年均工资为 17071 元，而国有和国有控股企业职工年均工资为 33233 元，相差近一倍。有些学者赞扬私企、外企比国企利润率高，却不去考虑这与利润侵蚀工资有关。房价高涨，使房地产商获得高额利润，而建筑工人的工资依然低下。房地产利润既侵蚀工资，也侵蚀购房者收入。由于城镇职工的 70% 以上在私企和外企中劳动，以按资分配为核心的按要素所有权分配方式成为主体，两极分化不可避免。这正是多年来尽管力求扭转收入差距过分扩大的趋势，但差距却继续扩大的根源；也是多年来力求扩大国内消费需求，但消费需求增长缓慢的一个重要原因。

要从根本上解决问题，必须坚持公有制为主体、多种所有制经济共同发展的基本经济制度，坚持国有经济在国民经济中发挥主导作用。真正搞好公有制经济，就不会产生贫富分化，可以促进共同富裕。“共同富裕”是个相对概念，没有绝对指标。应区分两种情况：一是指致力于缩小、消除两极分化，走共同富裕道路，也就是走向共同富裕；二是指已经实现了共同富裕。

我国有些集体经济，可以说已初步或基本实现共同富裕，并向更高级的共同富裕发展。江苏华西村、河南刘庄等，可以说是走共同富裕道路的典型。在初步实现共同富裕的经济体中，大都是靠发展公有制经济来实现的。当然，从全国来说，非公有制经济在继续发展。富人可以继续富，但穷人不能继续穷了。几十亿、几百亿的富翁可以继续增加，但应通过累进税和社会“光彩事业”等回报社会，更多地承担社会责任。社会应关注发展和壮大国有经济和集体经济，但这不是靠挤压非公有制经济来进行，而是靠深化改革、增强国有和集体经济的活力，在与非公有制经济平等竞争、在自我完善与发展中不断壮大自己。如果公有制经济所占比重继续缩小，而私有制经济特别是私营和外资企业占越来越大的比重，那么不管采取什么措施，缩小过大收入差距恐怕都很难实现。例如，提高个人所得税起征点，提高低收入者的收入等，固然是必要的，但这只是治标而难以治本，高收入者依靠已有的高额存量资产，可以继续获得大量财产性收入，可以年增资本几亿元；而低收入者群体并不能相应地扩大收入。这能从根本上扭转贫富分化格局吗？恐怕难以做出肯定的回答。

讲科学发展，要强调以人为本、关注民生、共同富裕。为此，就需要重视我国所有制结构的科学发展，就是说，科学发展的理论与实践，应将坚持和完善公有制为主体、多种所有制经济共同发展的基本经济制度纳入科学发展的内容和体系中。我国是社会主义国家，科学发展既包括生产力的科学发展，经济结构和经济总量的科学发展，也应包括社会主义经济制度的科学发展，社会主义经济关系和社会关系的科学发展，劳动人民当家作主地位的科学发展。这样才能缓解和最终消除两极分化，减缓日益凸显的社会矛盾，实现经济与社会生活的和谐；才能在经济全球化的过程中，有效防范和抵制西化、分化的图谋，保证我国社会主义事业不断发展与繁荣。

# 转变经济增长方式与自主创新[①]

实现长期稳定的经济增长是国家经济政策的重要目标之一。2006年，我国国民经济呈现出增长速度较快、经济效益较好、物价水平较低的态势，实现了“十一五”时期的良好开局。但在经济快速增长的过程中，还存在着经济结构不合理、增长方式粗放、忽视生态环境保护等问题。不久前召开的中央经济工作会议强调，要着力调整经济结构、转变经济增长方式，着力推进改革开放和自主创新，推动经济社会发展切实转入科学发展的轨道，努力实现国民经济又好又快发展。这是针对当前我国经济发展的现实作出的重要战略部署。调整经济结构、转变经济增长方式，中心环节是增强自主创新能力。

## 一、转变经济增长方式的内涵

经济增长方式，从增长机制看，有粗放型和集约型之分；从增长路径看，有外延型和内涵型之别。当前，我国转变经济增长方式，主要是针对经济增长机制而言的，但也涉及经济增长路径，两者是有机联系的。

从经济增长机制看，粗放型增长主要依赖于生产要素投入的增加，具有低质低效的特征；集约型增长主要依赖于生产要素效率的提高，更加注重科技进步、降低消耗、提高劳动者的素质和管理水平，具有高质高效的特征。随着经济发展水平的提高，经济增长固然需要投入的增加，但提高要素投入的效率更为重要。马克思指出：“随着大工业的发展，现实财富的创造较少地取决于劳动时间和已耗费的劳动量……相反地却取决于一般的科学水平和

① 本文原载《人民日报》2007年2月2日，与孙咏梅合写。

技术进步，或者说取决于科学在生产上的应用。”经济增长的现实也表明，技术进步是提高要素效率的重要前提，其在经济增长中的贡献越来越大。同时，技术进步和增长机制的转变都离不开制度保证，因此还需要重视生产的组织形式和社会形式对经济增长方式转变的重要作用。

从经济增长路径看，经济增长总是表现为生产成果数量的增长，这就需要分析生产要素的投入量和效率对产出的影响。经济增长所依赖的生产能力提高可以通过两种方式达到：一是外延型，即通过铺新摊子、上新项目、建新企业来扩大生产能力；二是内涵型，即提高原生产场所和原企业的生产能力。外延型增长与内涵型增长都可以在生产率提高或不变的两种情况下实现，但外延型增长无疑要占用更多的资源。关注经济增长的质量和内容，必须考虑到资源的有限性，处理好投入和产出的关系。

当今世界，科技创新和技术进步已成为推动经济增长的决定性力量。在集约型增长方式下，生产效率的提高可以不断缓解和克服经济增长的瓶颈。贯彻落实科学发展观，转变经济增长方式，实现又好又快发展，意味着经济增长由主要依靠增加资源投入带动向主要依靠提高资源利用效率带动转变，由主要依靠资金和物质要素投入带动向主要依靠科技进步和人力资本带动转变，也就是由高投入、高消耗、高污染和低产出、低质量、低效益向低投入、低消耗、低污染和高产出、高质量、高效益转变，由单纯数量扩张型向质量效益型转变。

## 二、对我国目前经济增长方式的判断

加快转变经济增长方式，必须对我国目前的经济增长方式作出正确判断，找出我国在经济增长方面的不足与差距。

经济增长过度依赖投入的增加，仍具有较强的粗放型增长的特征。很多产业仍以粗放式经营为主，制约了我国经济的有效增长。目前，我国各项能源消耗均高于世界平均水平，而投入产出比却远低于发达国家。

生产技术水平偏低，劳动者素质结构改善缓慢，导致劳动生产率低下。提高综合要素生产率，必须加大公共教育、基础设施以及研究与开发等领域的投入，我国在这方面还存在明显不足。我国目前的公共教育支出比率还不及东亚国家和地区20世纪60年代的水平，1952—1990年间的综合要素生产率增长率仅为0.02%，远低于发达国家。

经济比例关系没有理顺，产业结构不合理现象仍然突出。尽管我国经济增长速度很快，但国民经济的主要比例关系还没有理顺。一方面，积累与消费的关系不合理；另一方面，部分产业如房地产、钢铁、加工等行业发展过快，拉动了上游能源和原材料价格的快速上涨，使能源、交通和原材料等瓶颈部门更加紧张，而下游的消费类产品供大于求，生产能力明显过剩，生产要素的综合配置效率低下。

马克思社会资本再生产理论所揭示的经济增长内在规律告诉我们，持续稳定的经济增长，不仅要重视价值补偿，更要重视实物补偿。在实物补偿上，应重视对自然环境、土地矿产、重要原料等不可再生资源的保护利用。在价值补偿上，不仅要重视不变资本的补偿，还要重视可变资本的补偿。目前我国部分地区由于农民工的劳动收入被压低而导致“民工荒”现象的出现，说明可变资本的补偿没有和难以完全实现，这很值得我们深思。

## 三、转变经济增长方式势在必行

国际经验表明，靠大量投资支撑的增长，很容易造成产能过剩，造成相关产品的价格下跌与上涨并存、库存上升，使企业经营陷入困境。粗放型增长资金投入大，我国全社会固定资产投资占GDP的份额不断提高，而投资效益趋于下降，为经济持续平稳增长埋下了隐患。粗放型增长能源消耗高，近年来我国能源消费弹性系数呈上升态势，单位产出的能耗和其他资源消耗明显高于国际先进水平。然而，我国的人均耕地、淡水资源和主要矿产资源的占有量却低于世界人均水平。资源的过量消耗加剧了环境污染、破坏了生态平衡，粗放型增长正面临极大的资源压力和不确定性。解决经济增长中的深层次矛盾，必须加快转变经济增长方式。

转变经济增长方式是解决经济发展面临的突出问题的需要。集约型经济增长可以提高经济运行质量；可以改善工业化道路的路径依赖；可以加强农业的基础地位，有助于解决“三农”问题；可以提高产品质量和市场竞争力，增加产品附加值；可以提高我国产业在世界产业分工中的位次，提高我国产品在国际市场上的竞争力；可以减少能源资源消耗，改善生态环境。

转变经济增长方式是构建社会主义和谐社会的需要。目前，我们正在大力构建社会主义和谐社会。切实把经济增长方式由粗放型转向集约型，可以加快构建社会主义和谐社会的进程。集约型增长有利于实现与经济增长相适应的人民群众收入增长，为人民生活质量的提高和和谐社会的构建创造条件。转变经济增长方式，坚持节约发展、清洁发展、安全发展，就能缓解能源资源瓶颈，不断改善生态状况，实现可持续发展，从而为广大人民群众提供适宜的生产生活环境，促进人的全面发展。

## 四、以自主创新推动经济增长方式转变

实现集约型增长，关键在于增强自主创新能力，提高劳动生产率，以科技进步和劳动者素质的提高来推动经济增长由低质低效向高质高效转变。

加大投入，完善体制。推进科技创新，一项基础性的工作是加大国家对教育的投入，逐步提高教育支出占国民收入和国家财政支出的比重，大力提高劳动者的整体素质。国家科研投入应向前沿技术研究和社会公益性技术研究倾斜，集中优势生产要素，启动一批适应国家重大战略需求的科技项目，实现核心技术的突破。在体制上，应大力建设科技支撑体系，特别是建设国家重大科技基础设施，实施知识创新工程，构筑高水平的科学研究和人才培养基地。在科技创新的主体上，加快建立以企业为主体、市场为导向、产学研相结合的技术创新体系，建立企业自主创新的基础支撑平台。为此，应改变科技研发人力资源与企业生产经营相分离的状况，充实企业科技人才队伍，加强企业技术研发中心建设，实现科技要素、经营管理要素和其他生产要素的直接结合。国家对于企业研究开发活动应给予税收等政策上的支持和优惠，鼓励企业开展科技创新活动，提高自主创新能力。

推动科技创新与管理创新相结合。没有有效的管理，科技创新的作用就难以充分发挥，转变经济增长方式就会遇到阻滞。加强和提高管理水平，也是提高职工劳动素质的必要条件。目前，我国技术工人匮乏的现象十分严重，产业工人中高级技工只占3.5%，与发达国家40%的比例相比相去甚远。提高职工整体素质和技术工人的比例，需要有相应的制度特别是企业管理制度作保证。企业应形成激励职工学技术、自觉提高技术和文化水平的晋级晋升制度。

发挥各级政府部门的积极作用。政府应采取有力措施，推进科技创新和

产业结构优化升级。应加快建设国家创新体系，为转变经济增长方式提供强有力的科学技术支撑。对于技术创新领域的市场失灵，政府应发挥职能作用进行弥补。同时，还应加快推进经济结构的战略性调整，推动劳动密集型产业升级，调整优化产品结构、企业组织结构和产业布局，发展先进制造业和现代服务业，为新技术的发展和应用创造良好的产业条件和市场需求。

# 创新驱动与转变发展方式①

## 一、60多年来我国经济发展中的科技因素作用回顾

我国是在落后的生产力基础上建立社会主义制度的。由于旧中国受“三座大山”即帝国主义、封建主义和官僚资本主义的剥削与压迫，束缚了生产力的发展，因此，掀掉“三座大山”，建立新民主主义制度和随后的社会主义制度，起了解放生产力的作用。改革开放前，尽管“左”的错误延缓了我国社会主义优越性的充分发挥，但改革开放前30年的经济增长速度仍处于世界前列，社会主义建设事业获得了巨大成就。但是，在苏联社会主义模式的影响与带动下，排斥市场机制调节的作用，搞单一的指令性计划经济，经济体制日益显示出其僵化的特点。几乎所有的社会主义国家都产生经济生活中供不应求的“短缺经济”现象。匈牙利科尔内的《短缺经济学》曾在我国风行一时。该书作者在中文版前言中讲：“高度集中化，垂直等级管理结构，非价格信号起支配作用，……根据指令性计划指标进行控制——这是一些基本的共同点——与这些关联的是短缺。”而短缺的社会现象是“排队”：买东西排队，去饭馆吃饭排队，理发排队，……卖方市场不仅带来短缺，而且阻滞了经济发展的创新驱动力。因为“皇帝的女儿不愁嫁”，在严重的供不应求的市场体制下，商品销售不需要经历马克思所讲的“惊险的一跳”，低级、次级产品也能卖掉。由此导致许多产品30年一贯制，不求改进、创新，阻碍了经济社会的“生机盎然”的发展。另一方面，在新中国成立后的一个长时期中，由于美国等资本主义国家对我国的敌视与封

① 本文原载《经济纵横》2013年第7期。

锁，难以引进西方的先进技术。由于我国生产力落后，不得不提倡“土法上马”、“土洋结合”，不追求也难以实现多少科技创新。

市场取向的改革，冲破了旧体制的束缚。先是“乡镇企业”发展起来，随之非公有制经济发展起来。长期的短缺经济，为增加市场供给提供了广阔的空间，也就是为非国有和非公有经济的发展提供了广阔的空间。但是，当时新进入市场的经济成分的发展是低技术水平的，是极其粗放的。因为长时期中被“短缺”压抑的需求释放出来，国内市场容量大，低技术水平的产品也有市场需求，因而粗放经营的乡镇企业等曾蓬勃发展起来。

改革开放以来，实现了两大转变：一是由传统计划经济转向了社会主义市场经济；二是由单一的公有制经济，转向公有制为主体，多种所有制经济共同发展。这两项制度促进了我国经济的快速增长。经济的快速增长和经济总量的增加，逐步改变了延续40多年的市场供不应求的卖方市场局面，转为买方市场，由货币追求商品转为商品追求货币。但买方市场的出现，怎样评价？商品供应充足了，花色品种琳琅满目，社会主义是短缺经济的传统观念和事实被打破了。居民购买商品方便了，排队现象消失了。这是好事。但还应看到背后的另一方面的问题。买方市场的出现，意味着国内市场需求饱和，还出现某些商品的积压滞销。这并不意味着国内实际消费需求的满足，而是有购买力的需求低于市场供给。怎样认识这个问题？应当看到：随着经济的快速发展，出现了收入分配差距过分扩大的趋势，形成贫富分化。富人们什么都有了，除奢侈品外，消费倾向低。而广大弱势群体，实际消费需求大而有支付能力的需求小。因此，国内消费需求市场的饱和，不是共同富裕的表现，而是相反，是贫富分化的结果。也是多年来强调扩大国内消费需求拉动经济增长但效果不显著的原因。国内消费需求不足，靠国外需求弥补。我国对外贸易依存度不断提高，多年来更多地依靠投资和出口来拉动经济增长和消化日益增加的产品。目前，国内外的新形势要求我们增大以国内消费需求拉动经济增长的权数，这也是转变经济发展方式的重要内容。同时，也要看到，我国经济增长与发展，已进入一个新的拐点。改革30多年来年均10%左右的增长期，正在转入中高速即年均7%到8%之间的增长期。回顾30多年来我国经济社会发展状况，巨大成就是有目共睹的，但是存在的问题也很多。单从经济增长与发展的问题来说，如十八大报告所指出的，主要是发展中不平衡、不协调、不可持续的问题依然突出；科技创新能力不强；

产业结构不合理；农业基础依然薄弱；资源环境约束加剧；制约科学发展的体制机制障碍较多；转变经济发展方式任务艰巨等。

解决经济增长与发展中的瓶颈问题，关节问题是什么？是创新，是创新驱动发展，包括理论创新、制度创新、体制创新、管理创新、商业模式创新，更重要的科技创新、技术集成创新，需提高自主创新、原创新能力。随着买方市场的形成，卖方的内部竞争增强了，竞争的压力促使企业运用先进技术装备，提高劳动生产力。目前我国的整体科技水平，无论与改革开放前相比，或与改革开放前期相比，有了很大提高。但与发达国家相比，差距很大。科技创新可以带动或有利于许多问题的解决。比如，“农业基础薄弱”与我国农业生产力落后、科技水平低弱有关。我国农业劳动生产率只及美国的1%多，就是说，美国一个农民创造的财富，等于我国近百名农民创造的财富。固然原因是多方面的，但我国农业生产技术落后，延续千百年来的“牛耕田、马曳车”、手工劳作的情况，依然存在，是其主要原因。经济发展不平衡、不协调，地区差距、城乡差距、行业差距的存在，大都与科技差距的存在相关。“资源环境约束加剧”，需要有技术进步、科技创新来缓解。

回顾我国60多年来经济发展，科技因素的作用日益显示其重要性。20世纪五六十年代，搞“土法上马”、“小土群”、“土洋结合”。斯大林提出社会主义基本经济规律是：“用在高度技术基础上使社会主义生产不断增长和不断完善的办法，来保证最大限度地满足整个社会经常增长的物质和文化需要”。虽然国内理论界和政界曾对此理论给予高度重视并展开热烈讨论，但由于当时我国社会生产中的科技因素不高，对“高度技术基础”没有予以重视，觉得离我国实际较远。其实，从发展趋势和要求来说，社会主义的发展最终应建立在高度技术基础上。我国1958年正式提出“超英赶美”的号召，主要要求在钢铁等产量方面首先赶越英国，赶超的办法不是首先重视科技进步与创新，而是在1958年掀起了“全民炼钢运动”，为了完成当年1070万吨钢的指标，全国9000万人上阵，建土高炉数百万座，搞“土法炼钢”的群众运动。结果土高炉、小土炉炼出的300万吨土钢成为废品。1964年12月提出四个现代化的任务，即农业、工业、国防、科技的现代化。但怎样实现现代化，没有在创新特别在科技创新、自主创新上做文章。

我国为发展生产力、繁荣经济，也常讲“科技进步”、“技术革新”。但自己发明与创新少，主要是靠引进国外技术设备。在“文革”时期，引进外国技术设备也被江青等诬之为崇洋媚外。邓小平提出科学是生产力，曾受到质疑和批评，后查证到马克思这样讲过，才算了事。改革开放以后，重视科技在发展生产力中的作用，在更高程度上和更大范围强调“科技进步”、“技术革新”、“技术改造”。但依然重在引进。搞技术改造，也是利用已有的技术，缺少自主创新和创新驱动。

运用科技因素发展生产力，可分几种情况：一是由于自己的科技水平低，主要依靠引进外国先进技术设备；二是引进后吸收、消化、改进；三是由于国内不同行业、不同企业、不同地区间的科技水平有差距，可吸取相对较高的已有的科技因素，提高落后行业、企业和地区的水平。四是自主创新、原始创新、创新驱动。科研工作者要进行科技创新，实际经济工作者和企业也要搞创新驱动发展。既要有高尖端的创新，也要有实用于某些行业和生产环节的具体创新。

## 二、当前创新驱动发展是转变发展方式的核心内容

转变发展方式包括多方面的要求和内容。但从当前的经济社会发展的形势来看，为了解决发展中不平衡、不协调、不可持续问题；为了提高工业化、信息化、城镇化和农业现代化的水平；为了实现十八大报告提出的“使我们国家快速发展起来，使我国人民生活水平快速提高起来”；为了使我国尽快提高综合国力，在国际竞争中获得胜算；也为了使我国社会主义制度不断繁荣富强，尽快实现共同富裕；必须实现创新驱动发展战略。十八大报告中提出：“科技创新是提高社会生产力和综合国力的战略支撑，必须摆在国家发展全局的核心位置。”实行科技创新，既要借鉴国外的创新经验，但更重要的是走中国特色自主创新道路。要提高原始创新、集成创新和引进消化吸收再创新能力，更加注重协同创新。

目前和今后我国的经济社会发展重在创新驱动，特别是科技创新驱动。存在两方面的紧迫性：一方面，我国改革开放30多年来，经济快速发展，在一定程度上是依靠了廉价劳动力和资源过度消耗，依靠粗放经营，目前和今后这种发展模式已难以为继、不可持续。不仅存在资源环境约束瓶颈，也开始出现劳动力约束特别是存在技能劳动力约束。受国际金融危机和经济危机重创，国外经济发展低迷，靠出口拉动经济增长的作用相对降低，需要更

多出口技术含量更高的产品。国际经济竞争，重在科技竞争。国内投资拉动经济增长，过去强调由粗放型转向集约型，但怎样实行集约型？农业生产靠精耕细作，增加单位面积产量，也是节约型。工业生产靠改进管理、节约资源、降低成本、提高劳动生产率，也是集约型。这种集约方式依然需要，但已不够了。集约型增长与发展，将重在依靠科技创新驱动。为了突出这一点，传统的提法也可以发展。比如，可以讲：转变经济发展方式，要求由粗放型增长转向集约型特别是科技型增长，重在科技创新驱动发展。

创新驱区动发展的紧迫性的第二方面是，我国面临新的科技革命和产业革命的浪潮，马克思主义经济学告诉我们，国际经济危机以后，一般会出现新的科技革命。目前，已经显示出新的科技革命的浪潮正在到来。从科技革命的历史来看，总共经历了几次科技革命及其时限，学界看法有异。国内外不少专家学者认为："第六次科技革命与第三次产业革命正在来临。"① 新一轮的科技革命与产业革命相互交织，相伴发展。大国发展的历史经验表明，抓住科技革命的机遇，就能实现赶超跨越，成为世界强国；如错失机遇，就会落后。拉开新的科技差距，也就会进一步拉开经济社会发展的差距，"美国引领了第三、四、五次技术革命，成为世界上最发达的国家"，而"葡萄牙忽视了第一次和第二次科技革命，沦为一个中等发达国家"。"当前，全球抢占未来发展制高点的竞赛已全面展开"，谁能"前瞻谋划和重点部署，谁就很可能在新一轮全球竞争中抢占先机"。②

专家们指出：中国错失了前四次科技革命的机遇，第五次科技革命，中国是一个跟踪者，而且是一个没有取得优良成绩的跟踪者。在新的科技革命和产业革命来临之际，正在致力于实现国家繁荣富强、人民富裕幸福的中华民族复兴梦的我国，不能再错失良机，与新的科学革命失之交臂。讲战略机遇，不能忽视这一重大战略机遇期。面对新的科技革命的来临，中国不能再步履落后，错失机遇。也不能局限于跟随，应力争先机。美国著名经济学

---

① 《人民论坛》"特别策划组"："新科技与产业革命来临"，《人民论坛》2013 年 2 月（下）。

附：六次技术革命主要内容：

第一次（16—17 世纪）近代物理学诞生；第二次（18 世纪中后期）蒸汽机和机械革命（第一次产业革命）；第三次（19 世纪中后期）电力和运输革命（第二次产业革命）；第四次（20 世纪上半叶）相对论和量子论等；第五次（20 世纪中后期）电子技术和自动化、信息技术和网络化；第六次（21 世纪中期）新生物学和再生革命。

② 《人民论坛》"特别策划组"："新科技与产业革命来临"、《人民论坛》2013 年 2 月（下）。

家、前任多位美国总统顾问的里夫金说："如果说美国是20世纪世界经济发展的楷模，中国则最有可能在21世纪担当这一角色。"我们希望这样，但这要取决于我国科技创新驱动发展战略的实际效果能否起引领作用。

第六次科技革命的主要内容是什么？有的学者认为是三大学科的交融结合，即生命科技、信息科技和纳米科技的结合。有的学者说，是信息技术、纳米技术、材料技术和生物技术日趋成熟、相互融合，形成一波新技术浪潮。有的说，一是绿色革命，转变耗用化石能源和自然资源的发展方式；二是网络云计算，实现信息技术的新突破；三是3D打印机，向绿色化、智能化方向发展；四是食品安全，保证食品和生态安全，防止重大流行病；六是宇宙探索，深化人类对宇宙和物质世界的认识。不管怎么说，可以预见到，新的科技革命，将改变我们的未来。经济生活、社会生活、文化生活、家庭生活等各个方面，都会发生前所未有的巨大变革。

近年来，我国科技界不断涌现出新的重大科技创新。在重视和迎接重大科技创新的同时，不要忽视在某些行业和某些生产环节和流通环节的具体创新。农业生产的创新为解决"民以食为先"问题创造了条件。袁隆平作为水稻之父的创新，为国家和世界的水稻大幅增产开创了新的天地。他培育的杂交水稻实现了亩产900公斤的目标。他强调水稻增产中的"良种"、"良法"。"良种"就是稻种创新，"良法"就是管理创新。另外，"中国紧凑型杂交玉米之父"李登海的创新，使玉米亩产由原来亩产一两百公斤增加到亩产1402.86公斤，打破夏玉米的世界纪录。

工业生产创新也有广阔空间。最近，广东溢达纺织有限公司研制出世界最细、高达700英支的纱线，被认定为国际领先水平。新闻媒体是这样总结这项创新成果的：当人口与资源"要素红利"越来越式微，靠低成本劳动力和高耗能为代价的粗放式增长难以为继，特别是国际金融危机爆发后，企业加速从"要素驱动"转向"创新驱动"，以协同创新引领产业转型升级。2013年1月16日，《人民日报》以《中国"徒弟"赶超德国"师傅"》的题目，报道了福建长乐市鑫港纺机有限公司在提花经编机上的研发创新。中国纺织企业的经编机曾一直使用着德国的设备，德国产品曾占据我国80%以上的市场，而鑫港公司进行提花经编机创新后，打破了原有的局面。今天，该公司生产的经编机占据中国市场的90%以上。该公司的创新成果是：2012年，它所研发的提花经编机型的转速，首次超过了920转/分钟的世界速度，提高15%，达到国际领先水平。

建筑部门也大有创新空间。贵州六盘水市是煤都和钢都，每年产生100万吨炼铁废渣和近千万吨的粉煤灰，这种工业垃圾堆成小山丘。当地恒远建材公司进行技术创新，让废渣和煤灰变废为宝，成为建筑墙体的新材料。每建筑一平方米外墙，可用掉3.8吨垃圾，成为建筑绿色住宅的新材料。

改革开放30多年来，我国经济快速发展，经济总量成为世界第二。农业生产连续9年增长。但是也要看到，我国的生产力和经济发展水平与发达国家相比，差距还很大。农业还是我国现代化的短板。根据有关测算，截至2008年，我国农业生产水平比英、美、荷兰等国家落后100多年。我国大量引进外资，引进技术，促进了生产的发展，但核心技术仍掌握在人家手里。美国等科技先进国家对我国又进行技术封锁。因此，在机遇与挑战并存的当前形势下，我国只有重在依靠自己，走自主创新、创新驱动特别是科技创新驱动发展的道路。

# 要处理好我国经济发展中的经济与社会安全问题①

[摘要] 在改革开放过程中，我们要处理好发展内资与外资，利用两种资源和两个市场的关系，将经济发展与经济安全统一起来。在我国经济转型过程中，要维护好金融安全问题，防范金融风险，构建合理有效的金融安全管理框架。为了处理好财富分配关系，缓解和遏制两极分化，我国要坚持和完善基本经济制度，处理好社会安全问题。

## 一、处理好对外开放与经济安全的关系

重视我国的经济安全，要处理好发展内资与外资，利用两种资源和两个市场的关系，将经济发展与经济安全统一起来。

改革开放以来，我国通过引进外资、扩大开放、利用国内国外两种资源和两个市场，促进了经济的快速发展，这是毋庸置疑的，同时也应看到存在的问题。外国资本家来中国投资办企业，其目的不是帮助我国建设社会主义，而是为了利用中国的廉价劳动力和土地等资源获取高于本国的利润率。根据有关资料显示，从 1990 年到 2004 年的 15 年中，外资从中国汇出的利润达 2506 亿美元，约 42% 的外资公司在华利润率超过其全球的平均利润率。引进外资符合三个“有利于”的标准，让他们赚取利润也是合法的，无可非议。但外国资本在中国发展中，不断兼并中国品牌企业，形成垄断地位，就需要引起足够警惕，因为这涉及中国的经济安全问题。有关报道说，近年来跨国公司大举并购我国发展潜力较大的优秀企业，“来势很猛”。

① 本文原载《当代经济研究》2011 年第 2 期，与张福军合写。

如果在理论认识和实践中重外资、轻内资，重引进、轻自创，就会忽视大量民族资本被外资吞并可能带来的不安全后果。前些年有人提出不要再区分民族工业和外资工业，凡在中国的工业都是民族工业。近年来又有人主张在中国的外资企业就是中国企业，并强调外资并购国内企业，没有真正危及国家经济安全，这种认识值得讨论。外国资本与本国资本、外资企业与民族企业的界线不应有意模糊。如果在认识上将其混同的话，那么让外国资本收购和兼并一切国内企业，也就理所当然了。也不能根据某些国内企业被外资兼并后没有即刻危及国家经济安全，也没有立刻形成垄断，就断言将来也不会如此。要从发展的战略眼光审视问题，如果一系列重要行业被外资所控制，到一定时候，在某种境遇下，就会出现危及我国经济安全的事实。从量变到质变有个过程，如任意让外资并购，到一定时候形成垄断，就会损害国内企业和消费者的利益。

利用国内国外两个市场，是发展经济的必然要求，但应处理好两个市场即外需市场和内需市场的关系。我国有支付能力的消费需求不旺，经济快速发展所生产的产品，不能完全由自己消化，需要依靠大量出口来消化。因而我国的外贸依存度过高，高达70%左右，远远高于美、日等国家。从出口依存度来看，我国2006年为36.6%，2007年为36.3%，2009年因受国际金融危机的影响降低为24.5%；而美国和日本的出口依存度，2007年分别为8.4%和18.9%，2009年分别降低为7.5%和11.1%，远远低于我国。出口依存度过高，会带来几方面的消极效应：一是过多依靠出口拉动经济增长，会受国外市场、需求和环境变化的制约，风险变数多，特别会受到国外金融和经济危机的冲击；二是贸易顺差扩大，会带来种种贸易摩擦。某些发达国家会对我国制造种种麻烦和困难，施加人民币升值的压力；三是不利于主要依靠国内市场特别是国内消费需求的扩大来拉动经济增长。

我国对外开放中存在的这些问题，需要我们进一步强调独立自主、自力更生的原则，更好地保证我国的经济安全，具体来说，有这样几个问题值得注意：第一，应该适当降低外贸依存度，改变大进大出的做法，应重在依靠扩大国内需求特别是消费需求来拉动经济增长，把精力主要放在国内市场上。我国的经济发展方式的转变，要由经济增长主要依靠投资、出口拉动，转向依靠消费、投资、出口协调拉动，要由出口导向型向内需拉动型转变。第二，应该提高利用外资的质量，改变“只要引进外资就是政绩”的思维方式，适当降低对引进外资的依赖，按照经济发展的战略要求来利用外资，不能“来者不拒”。必须运用经济的、法律的手段制止跨国公司控制和垄断我国某些行业的行为，保证我国的经济安全。第三，应该加强自主创新，提高研发能力，发展自主品牌，破除对“比较优势”的迷信，不能满足于廉价劳动力的“红利”，不能不顾付出过高的资源与环境的代价，应改变在国际分工体系中长期处于低端的局面。

我国出口贸易中还有一个值得注意的问题，即对某些国际市场上重要的稀缺资源的出口如何统一调控和管理。例如，我国的稀土是可用于制造高科技产品的重要资源，是国际市场上紧缺的资源，因为许多国家没有这种资源储藏，我国储藏量最高，占世界储藏量的30% 多，美国占13%，俄罗斯占19%，澳大利亚占5.5% 。但中国的稀土产量占全球产量的95%，全国各地分散无序开采，竞相压价出口。由于从国际市场上能买到中国的质优价廉的稀土产品，美日等国便都依靠从中国进口，而且西方国家掌握了稀土产品的价格话语权，尽量压低价格，大量采购，牟取高额利益，美国将自己的稀土资源作为战略储备，全部封存，日本也将进口的2/3 用于战略储备，我国对稀土和其他稀缺重要资源的开采与出口的管理与控制，不能再迟延和疏忽了。当前，我国应把调整进出口产品结构、管理好重要稀缺产品的出口，作为转变发展方式、保障经济安全的重要一环。

## 二、处理好经济转型与金融安全的关系

改革开放以来，我国经济经历着两个方面的重大转型，一是经济体制的转型，二是经济增长方式的转型。首先，经济体制改革是中国改革开放最重要的内容之一。新中国成立后的前30 年，中国政府一直推行计划经济体制，工厂按照国家计划生产产品，农村按照国家计划种植农作物，工商部门按照国家计划进货和销售，所有的品种、数量和价格都由计划部门统一制定。这种体制使中国经济能够有计划有目标地稳定发展，但也严重地束缚了其本身的生机活力和发展的速度。1978 年，经济体制改革率先在农村展开，1984年扩展到城市。1992 年，经过十几年改革开放的尝试，中国政府将建立社会主义市场经济体制确立为改革方向和转型的模式。改革开放三十多年来，取得了巨大成就，促进了生产力的飞跃发展。经济质量显著提高，社会全面

发展，改进了社会主义经济运行方式和运行机制，确立了现阶段公有制为主体、多种所有制经济共同发展的基本经济制度，但在金融体制方面仍然存在着不少问题。一方面，国内的金融监管制度有待进一步的完善，对金融风险的防范还有待加强，目前还没有建立起有效的金融安全网；另一方面，我国金融市场开放的时间比较晚，还处于初级发展阶段，总体水平还有待进一步提高，还需要遵循发达国家制定的一些游戏规则，势必会对我国金融安全造成一定影响。

多年以来，我国实行粗放型的增长之路，高投入、高消耗、高污染、低产出、低质量、低效益。虽然增长速度高，但是付出的资源消耗和成本过大，没有带动社会的全面有效发展，导致社会矛盾凸显。这种经济增长和发展模式的负面效应和不可持续性已日益显现。收入差距的过分扩大抑制了国内消费市场的扩展，制造业产能的过度扩张遭遇了资源环境的瓶颈，外贸依存度过高面临着国内外供求失衡的矛盾。还有，经济转型要求经济增长的动力更多地从出口需求转向国内消费需求。但是，我国广大劳动群众实际消费能力低下，消费率不高，国内消费市场相对狭小，大量投资带来的产能要靠外部需求来消化。改革开放初期提出的“社会主义初期阶段的主要矛盾”即日益增长的物质文化需要同落后的社会生产的矛盾，与当前的实际情况已出现差异，短缺经济已成过去，出现产品过剩、消费需求不旺的新矛盾，靠出口拉动经济增长，导致我国国际收支资本项目和经常项目的顺差越来越大，形成巨额外汇储备，使得人民币面临越来越大的升值压力。人民币升值的预期，又导致外资的进一步流入，国际收支顺差进一步扩大，人民币升值压力进一步增强。由于经济运行中一些深层次问题还没有彻底解决，影响了我国经济的整体效率和长期发展，社会经济结构问题的持续恶化，又给中国金融体系的稳定运行带来系统性风险。可以说，在经济转型过程中，我国已出现严重的长期性内外失衡，这对金融体系的稳健运行造成重大隐患。随着经济全球化进程的加快，金融市场包括货币市场与资本市场将更大限度地向外资开放，资本的自由流动给我国经济、金融宏观调控和金融监管带来了更多的难题，金融安全问题在开放的国际环境下显得更加突出。

在我国经济转型过程中，如何维护中国的金融安全，防范金融风险，构建合理有效的金融安全管理框架，一直是长期关注的重大理论和现实问题。为了防范金融风险，完善金融安全战略，从短期看，应把刺激经济发展、扩大内需与维护金融安全有机结合起来；从中期考虑，应继续推进金融业改革，控制国际资本流动的风险，进一步完善金融监管体系以及货币政策和汇率政策；从长期看，应把建设金融强国作为维护金融安全的根本之策。具体来说，需要做到：

1. 维护中国的金融主权，谋求在国际上的话语权。目前在国际的金融体系中，各个国家之间交易的规则，基本上还是由发达国家制定的。由于发达国家掌握游戏规则的话语权，自然会制定出对自己有利的游戏规则。因此，为了维护中国的金融主权，我们积极谋求国际上的话语权，反对各种不公平的游戏规则，抵制各种转嫁金融危机的行为。

2. 加强金融业的监管，进一步完善金融监管制度，构建有效的金融安全网。完善金融监管法律体系，制定涵盖所有业务领域的监管规章和标准；加强商业银行的内部控制，增强其自身的风险监控能力，建立商业银行内部核查制度以及内部监督制约机制，建立有效的内部评估和监测体系。

3. 对资本的跨境流动实施有效调控和监督。金融对外开放和放开资本项目必须适时、稳妥、有序，优化外资结构，应坚持适度开放稳步推进的原则，严格控制资本的非法流出入。

4. 加强对金融衍生产品的风险管理。对于金融机构来说，金融衍生产品可能会产生严重的财务风险和流动性风险，影响资金融通功能，带来金融市场的系统性危机。因此，应对金融衍生品的安全性、流动性和盈利性有充分的认识，并将持有的金融资产的各种可能风险进行甄别。

## 三、处理好财富分配关系，缓解和遏制两极分化

邓小平在我国改革开放过程中，一再强调防止两极分化，实现共同富裕，认为这是体现社会主义生产关系本质的重要原则。他指出："社会主义与资本主义不同的特点就是共同富裕，不搞两极分化"，又说："如果导致两极分化，改革就算失败了。"当他提出让一部分人和一部分地区先富起来时，虽然是将其作为先富带后富、最终实现共同富裕的方法与途径，但他也考虑到改革开放会导致收入差距的扩大，不过不会和不应扩大到两极分化的地步。而且在经济发展和财富增长的一定时期，要采取政策措施，缩小收入差距，走向共同富裕。他曾设想，到 20 世纪末，当我国达到小康水平时，

就应把共同富裕的问题提上日程。他担心出现贫富分化，偏离共同富裕的道路与目标。1990 年 12 月 24 日，邓小平同志同中央几位负责同志谈话时，不无悼虑地说："共同富裕，我们从改革一开始就讲，将来终有一天要成为中心课题，社会主义不是少数人富起来、大多数人穷，不是那个样子。社会主义最大的优越性就是共同富裕，这是体现社会主义本质的一个东西。如果搞两极分化，情况就不同了。"①

邓小平同志讲这些话时，我国还没有全面推行市场经济，而是实行计划经济与市场调节（市场经济）相结合，在多种所有制经济中，公有制所占比重较大，因而设想不会也不应产生两极分化。然而，事物的发展有它自己的内在规律。由于发展中经济与社会条件的变化，人们难以完全预见到和完全把握发展中的变化趋势及其后果，新的经济社会条件会导致收入和财富差距的不断扩大。有四点需要注意到：一是既然允许和鼓励按劳分配收入外，还可凭借非按劳分配收入致富，可以在现有制度和体制外，八仙过海各显神通，个人资源性收入和经营性收入就会不断膨胀，会自发地多渠道地寻找致富门路，产生居民收入差距扩大趋势。二是非公有制经济的发展及其所占比重不断提高，非劳动要素收入所占比重随之不断扩大，私营经济与外资企业是资本主义经济，资本与劳动的利益是天然矛盾的，中国的廉价劳动力使资本收入侵蚀劳动收入。根据统计资料，我国私营企业的年均工资收入远远低于国有企业的收入。2008 年，全国城镇私营企业从业人员年均工资为 17071 元，而国有及国有控股企业职工年均工资为 33233 元，相差近一倍。不少私营企业主的利润快速大幅增长，几十亿几百亿的富豪由此产生。资本主义经济不可能实现共同富裕，外资企业的职工权益也得不到保障，有些外企的一般工人的月工资仅 1000 元左右。去年台资企业和外资企业出现工人罢工事件，就是对其权益受损、分配不公的反抗。三是改革以来，国有企业和集体企业具有了经营自主权，包括收入分配权，企业内和企业之间的收入差距也在扩大。垄断行业的高收入为世人诟病。四是实行市场经济体制，提高了资源配置效率，促进了经济社会发展。但市场不同情弱者，不怜悯眼泪，市场经济不会导致分配公平。特别是私有制的商品经济，价值规律自发作用会产生经济分化。

① 《邓小平文选》第 3 卷，人民出版社 1993 年版，第 364 页。

上述情况的存在与发展趋势，只要放开口子，就不可能由行政力量所控制或扭转，就会出现收入差距不断扩大的趋势，出现两极分化。事实上，20世纪90年代两极分化现象就已很明显了。

由于邓小平同志讲过，我国如出现两极分化，改革就算失败了，因而前几年在收入分配问题讨论中，有的学者脱离事实依据，硬要否认我国出现两极分化，或回避这一问题。然而，即使肯定出现两极分化，也不会否定改革开放30多年的巨大成果。所谓“失败”，是指偏离共同富裕而言的，是指两极分化不符合社会主义本质。邓小平同志是肯于面对现实、正视现实的政治家，当他在20世纪90年代初，看到我国出现两极分化的现实时，就勇于面对和正视这一问题。他在1993年9月16日的一次谈话中再次讲到收入分配问题。他说：“十二亿人口怎样实现富裕，富裕起来以后财富怎样分配，这都是大问题。题目已经出来了，解决这个问题比解决发展起来的问题还困难，分配的问题大得很。我们讲要防止两极分化，实际上两极分化自然出现，要利用各种手段、各种方法、各种方案来解决这些问题。”又说：“少部分人获得那么多财富，大多数人没有，这样发展下去总有一天会出问题，分配不公，会导致两极分化，到一定的时候问题就会出来，这个问题要解决，过去我们讲先发展起来，现在看，发展起来以后的问题不比不发展时少。”①

邓小平同志提出要用各种手段、方法、方案解决两极分化问题，表明他对这个问题的严重性极端重视和需要急迫解决的忧虑之情。事实证明，作为社会主义国家的中国，收入差距过分扩大，两极分化凸显，必然引起经济和社会矛盾尖锐化。属于发展中国家的社会主义中国，近些年来，10亿百亿美元以上的富豪数量激增，仅少于头号发达资本主义国家的美国。一方面一些暴发户和富翁们住豪宅，乘豪车，赴豪宴，挥土如金，恣意享乐，其富二代又以炫富为荣。一位富二代的小姐为迎接用400万元买来的一条藏獒爱犬，竟出动30辆奔驰轿车去西安咸阳机场，一字排开恭候，引起群情愤懑。有人写诗斥责：“横流欲海拍天来，不见苍生只见财。卅辆‘奔驰’迎一犬，一家暴富几家灾。”另一方面，我国虽然从总体上达到小康水平，但仍有几千万农民和城市居民处于贫困状态。近些年，群体事件不断，很大程度上与分配不公和侵犯劳动群众权益有关。根据有关资料披露，从1993年以来，

① 《邓小平年谱》，中央文献出版社2004年版，第1364页。

群体事件由年均万起到几万起，再到50万起。分配不公所引起的两极分化不仅损害社会稳定与和谐社会建设，而且阻碍经济发展方式转变。正是由于贫富差距悬殊，使我国国内消费需求疲软，富人什么都有了，不需多购一般消费品，穷人对衣食住用等消费品欠缺，急需买，但又多买不起。因而，多年来，提倡扩大国内消费需求，应更多依靠内需拉动经济增长，虽有成效，但成效不大。生产力快速发展形成的产品，需要有相当部分靠国外市场消化，造成出口依存度过高，国际贸易摩擦不断，国外霸权施压人民币升值。再者，由于贫富分化，广大劳动群众消费需求不旺，导致我国社会主义初级阶段主要矛盾有所转化，即由原来所讲的人民日益增长的物质文化需要同落后的社会生产的矛盾，转变为生产快速发展与人民群众有支付能力的消费需求不足的矛盾，实质上是生产力快速发展同收入分配偏离消除两极分化、实现共同富裕的矛盾。

中央决策层已经充分认识到并积极着手解决这一贫富分化的问题。近年来，在不断扩大关注民生的范围，提高关注民生的力度，不断提高低收入者的收入水平，采取多方面的惠民措施，造福广大群众。但是也要看到，改革分配制度，缩小收入差距，只能缓解或缩小流量收入差距的扩大，而难以解决已积累的存量收入差距的扩大。规模越大的存量收入，越可借以获得越多的财产性收入。企业主和企业高管及其他高收入阶层所积累的巨额存量收入，要受到保护，不会减少。还会作为获取更多收入的资源。例如，有的高收入者前几年购买多套高级别墅，一转手可获利数亿千万或几亿元。还有，目前，非公有制经济所占比重已经很大，70%以上的城市职工在私营和外资企业劳动，这些企业的分配制度是以按资分配为核心的按要素所有权分配。私营和外资企业不可能实现共同富裕，不可能实现社会主义的分配公平。从根本上缓解和缩小贫富分化，还需要坚持、发展和完善公有制为主体、多种所有制经济共同发展的基本经济制度；需要坚持和完善按劳分配为主体多种分配方式并存的分配制度。

# 转变经济发展方式需要处理好四个关系①

## 一、处理好经济增长与经济发展方式转变相统一的关系

调整经济结构，转变经济发展方式，有必要厘清经济增长与经济发展方式转变的关系，以便在工作中把握重点，明确目标和方向。一般来说，经济增长持续一定时期，原有的经济结构必然出现新的矛盾，需要进行调整。这就是说，经济的持续增长必然要求伴之以经济结构的适时调整，而经济结构调整又是经济稳定增长和科学发展得以实现的保证。经济结构调整和经济发展方式转变，归根到底是为了实现经济长期、稳定和健康发展。但从短期来看，两者之间是有一定矛盾的。进行经济结构调整，一般会暂时降低经济增长速度。比如，进行结构调整要求控制投资规模、调整投资结构、淘汰落后产能、抑制资产泡沫等，这会在短期内降低经济增长速度。过高的经济增长速度也会压缩经济结构调整的空间，使之难以顺利进行。这是因为，我国现有经济结构与经济发展方式下的高速增长仍然是投资驱动和出口拉动的。在消费需求不能跨越式提升的情况下，经济增长速度越快，意味着投资需求越大、出口越多，经济增长的内生性和自主性也就越低；而且出口商品的结构短期内很难改变，仍然是低端产品出口的扩张，这必然带动低端产能的投资扩大，使得产业结构仍然在低水平重复。

当前，我国的居民消费正在提升。但由于收入分配格局短期内难有根本性改观，社会保障体系完善也需要一个长期过程，在居民可支配收入增速缓慢、居民储蓄率居高不下的情况下，消费需求不可能出现“井喷”。在现有

① 本文原载《红旗文稿》2010 年第 15 期。

条件下，居民消费需求难以支撑经济过高增长。针对这种情况，必须深刻认识经济增长速度目标与经济发展方式转变目标之间的关系，把两者有机结合起来，并在特定时期使经济增长速度适应经济发展方式转变的节奏与步伐。

经济发展方式的内涵十分丰富，既包括经济增长方式，也包括与之相协调的社会进步；既表现为数量和速度，更表现为质量和效益；既要以经济总量来衡量，也要以结构优化、区域协调、城乡同步、生态平衡、环境改善、教育发展、收入提高、分配公平、社会稳定等指标来衡量。国内生产总值虽然是一个极其重要的衡量经济状况的指标，但它的增长与经济发展之间并不能完全划等号。社会主义的根本任务是解放和发展生产力，而生产力的发展要全方位地衡量，既有数量的要求，更有质量、结构、效益的要求。需要强调的是，生产力首先是劳动的生产力。劳动者收入和素质的提高、劳动条件的改善、劳动效率的提升、劳动成果的增加，才是生产力发展的本质表现。

## 二、处理好经济发展与人的发展相统一的关系

当前，我国在重视经济发展的同时，也要重视人的发展，把经济发展和人的发展统一起来，处理好两者之间的关系。需从两个方面认识这个问题的重要意义。一方面，劳动者是生产力中最具有决定性的因素，是经济发展的主导性推动力量。劳动者及其家属文化水平的提高，劳动者科技知识和精神面貌等整体素质的提高，有利于生产力水平的提高和经济发展方式的转变；另一方面，如马克思所说，社会主义社会要“以每一个个人的全面而自由的发展为基本原则”。[①] 这些年来，中央高度强调人的全面发展，并提出，“科学发展观核心是以人为本”。而每个人的全面和自由发展，要以教育公平、分配公平为条件，以人们体面劳动、体面生活为基础。社会主义发展生产的目的，是满足人民日益增长的物质文化需要。社会主义的劳动者应享受到与经济发展水平相一致的物质生活、精神文化生活和社会生活。邓小平同志所讲的社会主义的本质，就是把经济发展与人的发展统一起来，也是把生产力标准与价值标准统一起来。他先讲社会主义的本质是解放生产力，发展生产力，这是讲生产力标准，讲经济发展；又讲消灭剥削、消除两极分化，

① 《资本论》第1卷，人民出版社2004年版，第683页。

最终实现共同富裕，这是讲价值标准，实际上涉及了人的解放与发展问题。

重视经济社会的发展，同时关心人民的疾苦，致力于人民生活的改善与发展，是中国共产党人在革命和建设中一贯奉行的根本宗旨。但是，在某种特定情况下，也可能出现一定程度的偏离，因而需要我们从理论与实践的结合上自觉地坚持与奉行这一宗旨。改革开放30多年来，我国的经济快速发展，总体上说人民的生活水平有了显著的提高，初步实现了小康水平。但我们也不能忽视在经济社会生活中出现了一些与人的全面发展相悖的消极现象。这些现象的存在既不利于经济发展方式转变，也不利于人的全面发展。经济发展中重资本而轻劳动、重GDP的增长而轻人的全面自由发展，所造成的消极后果已日益凸显，必须引起我们的高度重视。

改革开放30多年来，我国经济快速增长，但也出现了收入差距过大、贫富悬殊的现象。我国的基尼系数达0.46左右，高于不少发达资本主义国家。一方面，拥有几十亿几百亿资产的富豪数量在不断增加；另一方面，按照新的扶贫标准，中国仍有4007万农民生活在贫困线以下，即使在城市也有靠低保收入生活的2345万贫困人口。高收入者，一年收入数千万元，甚至达到数亿元，而低收入者一年只有一两万元，有的月收入只有数百元。我国社会已出现了人数庞大的困难群体，他们看不起病，上不起学，住不起房。根据联合国开发计划署的统计资料，中国占总人口20%的最贫困人口占收入或消费的份额只有4.7%，而占总人口20%的最富裕的人口，占收入或消费份额的50%。目前，党和政府正在重视和着手解决这一问题，但因积累的问题较深、较多，解决起来需要一个过程。

正是由于收入差距过大、贫富悬殊等问题的存在，目前我国经济的高速增长，主要靠投资和外贸来拉动，国内消费需求贡献率低。近些年来，我国强调扩大国内消费需求，虽有成效，但收效缓慢，因为在分配格局和税收制度等还未相应调整和变革的情况下，国内消费需求不会猛然扩大。中国出现收入差距拉大的原因是多方面的，但与收入分配向资本倾斜、资本利润侵蚀劳动报酬直接相关。收入分配向政府倾斜，这也是劳动报酬偏低的原因之一，但不是主要原因。政府的财政收入较高，可以更好地进行基础设施建设和惠民生工程，最终有利于人民。1992年到2007年，劳动报酬占初次分配总收入的比例由30.8%下降到23.7%。有些企业的工资水平低于劳动力的价值，而且有意拖欠，职工权益得不到保障。根据全国总工会的调查资料，

2009 年前的 5 年里，近 1/4 的劳动者的工资没有增加。资本利润侵蚀劳动报酬的现象在私营单位表现得更明显。根据有关资料，私营单位从业人员 2009 年的年平均工资为 17071 元，比当年初公布的全国城镇单位职工的年平均工资低四成。而同年国有单位在岗职工年平均工资为 31005 元，比私营单位高出将近一倍。

分配不公，贫富悬殊会影响社会和谐与稳定。有资料表明，2009 年涉及农民工争议的劳资争议案达 60 万件。

转变经济发展方式，关键是要实现科学发展。科学发展是以人为本，全面协调可持续发展，是把经济发展与人的发展统一起来的。它首先强调的是以人为本。发展是为了人民，发展与改革的成果要惠及广大人民。目前，党中央已在着手解决上述分配关系中的问题，更加重视维护劳动者的权益，强调公平正义是社会主义的本质属性。因此，倡导转变经济发展方式，一定要重视人的全面自由发展，实现社会主义本质所要求的消除两极分化、走共同富裕的道路问题。

## 三、处理好经济发展中利用外资与经济安全相统一的关系

重视我国的经济安全，要处理好发展内资与外资，利用两种资源和两个市场的关系，将经济发展与经济安全统一起来。

我国在改革开放中引进外资，全方位扩大开放，利用国内国外两种资源和两个市场，促进了经济的快速发展。如果一分为二地总结经验教训，也应看到这方面存在的问题。外国资本家来中国投资办企业，其目的是为了利用中国的廉价劳动力和土地等资源，获取高于在本国取得的利润。有关资料表明，从 1990 年到 2004 年的 15 年中，外资从中国汇出的利润达 2506 亿美元，约 42% 的外资公司在华利润率超过其全球的平均利润率。引进外资符合邓小平所讲的三条“有利于”的标准，让他们赚取高额利润也是合法的，无可非议的。但外国资本在中国发展中，不断兼并中国品牌企业，形成垄断地位，就需要警惕。

2006 年 3 月，国家统计局负责人援引新华社的报道说：跨国公司大举并购我国发展潜力较大的优秀企业，“来势很猛”。国际啤酒巨头已把中国

啤酒企业和市场瓜分得差不多了。可口可乐通过品牌战略，已使其饮料、浓缩液在我国市场占有很大份额。我国大型超市的80%已被跨国公司纳入囊中。跨国公司开始大举进军我国大型制造业，并购重点直奔我国工程机械、电器业等领域的骨干企业、龙头企业。

如果并购只是双方互利的市场行为，我们不应简单反对。问题在于有些外资公司并购我国品牌企业，是怀有垄断中国生产与市场的目的。可口可乐力图高价收购汇源果汁，最终被封杀一案，可以说明问题。可口可乐已占中国市场的很大份额，汇源果汁是其竞争对手。2009年3月，汇源果汁发布公告，可口可乐将以每股报价12.21港元，合计179.2亿港元收购汇源，几乎相当于汇源3倍的企业总资产。对汇源来讲是可以大赚一把的，当然愿意被收购。但从国家利益和民族工业发展的角度看，可口可乐收购汇源后会形成垄断。商务部经反垄断审查，根据《反垄断法》否决了这一并购案。有关资料表明，在已开放的产业当中，每个产业排名前5位的企业都是外资企业；中国28个主要产业中有21个被外资控制多数资产。根据工商总局提供的数据，我国轮胎行业的80%是外资，汽车零部件行业75%是外资，整车品牌的80%和销量的90%是外资或合资。平板电视行业的60%—70%、计算机操作系统的95%是外资，英特尔的CPU占据了85%的市场份额，思科占据了企业无线网络60%的市场份额，高档胶印机的70%—80%、工程机械的一半是外资。中国进出口贸易中的55%是外资，其中高科技出口的87%是外资。按照麦肯锡咨询公司的研究报告预计，在未来三五年中，中国零售市场的70%—80%将为外资所席卷。

如果在理论认识和实践中重外资、轻内资，重引进、轻自创，就会忽视大量民族资本被外资吞并可能带来的不安全后果。前些年有人提出不要再区分民族工业和外资工业；近年来又有人主张在中国的外资企业就是中国企业，并强调外资并购国内企业，没有真正危及国家经济安全。这种认识值得讨论。外国资本与本国资本、外资企业与民族企业的界线不应有意模糊。如果在认识上将其混同的话，那么让外国资本收购和兼并一切国内企业，也就理所当然了。有些学者根据某些国内企业被外资兼并后没有即刻危及国家经济安全，也没有立刻形成垄断，就断言将来也不会如此。这是非常错误的，我们要从发展的战略眼光审视问题。如果一系列重要行业被外资所控制，到某个时候，在某种境遇下，就会出现危及我国经济安全的事实。从量变到质变有个过程，如任意让外资并购，到时候就会形成垄断，损害国内企业和消费者的利益。

利用国内国外两个市场，是发展经济的必然要求，但应处理好两个市场即外需市场和内需市场的关系。我国有支付能力的消费需求不旺，经济快速发展所生产的产品，不能自己消化，需要依靠大量出口来消化。因而我国的外贸依存度过高，高达70%左右，远远高于欧美国家的20%—30%。从出口依存度来看，我国2006年为36.6%，2007年为36.3%，2009年因受国际金融危机的影响降低为24.5%；而美国和日本的出口依存度，2007年分别为8.4%和18.9%，远远低于我国。出口依存度过高，会带来几方面的消极效应：一是过多依靠出口拉动经济增长，会受国外市场、需求和环境变化的制约，风险变数多，特别会受到国外金融和经济危机的冲击；二是贸易顺差扩大，会带来种种贸易摩擦和人民币升值的压力；三是不利于主要依靠国内市场特别是国内消费需求的扩大来拉动经济增长。我国的经济发展和发展方式的转变，要求由出口导向型向内需拉动型转变。

## 四、处理好经济发展与社会主义发展相统一的关系

处理好经济发展与社会主义发展相统一的关系，就是要处理好公有制经济与非公有制经济共同发展的关系。我国是社会主义国家，必须坚持公有制为主体、多种所有制经济共同发展的基本经济制度，既不搞单一的公有制，又不搞私有化。

实行多种所有制经济共同发展会引起所有制结构的变化，公有制一统天下的格局自然会被打破。由于鼓励和引导非公有制经济的发展，改革30多年来，随着公有制经济和非公有制经济的发展，公有制经济所占比重不断下降，而非公有制经济所占比重不断上升，是必然的趋势。

在所有制结构的变化与消长中，坚持公有制为主体，就是坚持社会主义经济为主体。失去公有制为主体，就失去了社会主义经济制度的存在。因此，应重视和把握经济发展中公有制和私有制消长变化所占比例的“度”的界限。

改革开放以来，私有化的思潮一直在起着作用。有人根据错误的引证和论据，得出错误的论断，认为我国国有经济不是社会主义经济，而非公有制

经济才是社会主义经济，以此否定国有经济存在与发展的作用，主张大力发展私有制经济。多年来，一些人大力宣传“国退民进”，直到近年来还有人强调“国退民进”是改革的方向，用以高调批判“国进民退”。其实，“国退民进”也好，“国进民退”也好，都是战略性和总体性的提法或口号，都是不科学的。“国退民进”的口号本是某些学者提出和倡导的，中央并不赞同，但起了广泛的和深远的消极作用。还有人理直气壮地宣扬“国退民进”是改革的方向，并以此反对国企的发展，称之为“逆改革方向而动”。

为此，《人民日报》根据中央精神对宣扬“国退民进”的观点进行了多次批评。2001年5月8日《人民日报》的评论员文章《坚定信念　坚定信心》指出：“在国有企业，领导班子及成员理想信念方面存在的问题，集中反映在对搞好国有企业的信心上。……有的片面理解调整国有经济布局等重大决策，将国有企业改革简单地归结为‘国退民进’，笼统地说，‘国有企业要从一切竞争领域退出’，因而对搞好国有企业信心不足。”2004年9月29日，《人民日报》又发表评论员文章再次指出：“在改制过程中也出现了一些问题，有的把国有经济布局和结构的战略性调整演绎为‘国退民进’，主张‘国有经济从一切竞争性领域退出’，……有的把国有企业当作包袱甩掉，一卖了之。”由此可以看出，把“国退民进”、“国有企业从竞争领域退出”宣扬为我国改革的方向，是多么不正确。

忽视和否定国有经济在经济发展中的地位和作用，就是忽视和否定社会主义经济的地位和作用。转变经济发展方式，是为了推动我国特色社会主义经济的发展，不能重私轻公，损害社会主义公有制经济。调整经济结构要以搞好搞活国有经济为前提。

# 经济发展与改革中应注意的两个问题①

建立有中国特色的社会主义，要求做好社会主义经济发展与经济体制改革两方面的工作。发展，要不断增强经济实力和提高经济效益；改革，要充分调动劳动群众的积极性。然而从目前来看，这两个方面都存在亟待解决的问题。

新中国建立以来，我国的经济发展速度是高的，超过了资本主义国家。如果没有二十几年“左”的错误和一再出现的急于求成的失误，我国的经济发展成就会大得多。

然而，我国的经济增长速度主要是靠多投入多产出取得的。我们长期追求的是产值速度，结果是高速度、低效益。现在的问题是：我国社会主义经济发展可不可以重视提高速度？高速度能否伴之以高效益？

如果我们不是片面追求产值速度，而是追求由劳动生产率的高速增长带来的国民收入的高速增长，那么结果就会完全是另外一个样，回答就将是肯定的。

我们可以比较一下中国与日本的经济发展的不同情况。从50年代到现在，中国的产值增长速度高于日本。但是，日本的经济实力的增长速度却超过了中国。它在经济高速增长时期不存在经济效益下降问题。因为日本追求的是由劳动生产率提高带来的国民收入的高速增长。1955年，中国的国民收入为320亿美元（按1美元兑2.6418元人民币计算），日本只有218亿美元。1960年，中国为495亿美元，日本为386亿美元。日本于1961年开始实行国民收入10年倍增计划，到1965年国民收入达到776亿美元，五年翻了一番。而中国1965年国民收入只增加到563亿美元。1970年，日本国民

① 本文原载《经济研究》1992年第1期。

收入又翻了一番多，达到1701亿美元，中国为782亿美元。1975年，日本国民收入又增长一倍半以上，达到4286亿美元，而中国为1016亿美元。[①]就是说，20年中，日本的国民收入由少于中国102亿美元，提高到等于中国的4倍以上。日本增长了18.6倍，而中国只增长了2.1倍多。这样，日本在1976年，就跃居资本主义世界第二强国。

因此，考察经济发展速度，应重在国民收入增长速度，而不是产值增长速度。而国民收入的增长，应主要取决于劳动生产率的提高，而不是重在劳动力和资源的高投入。日本之所以能迅速成为世界经济强国，主要靠持续的较高的劳动生产率。从1951年到1979年，世界主要国家的工业劳动生产率提高状况（年平均增长率%）：日本为8.9，美国为3.2，原西德为4.5，法国为4.5，意大利为5.7，英国为2.8，中国为5.4。中国从1949年到1988年，全民所有制工业企业全员劳动生产率年均增长4.7%。[②] 中国的农业劳动生产率增长速度比工业缓慢得多。因而中国的社会劳动生产率增长速度赶不上主要经济发达国家。有的统计资料提供的数字是：1953—1981年，社会劳动生产率年均增长率（水平法计算），美国为6.3，原西德为9.0，英国为8.9，日本为14.2，中国为4.4。[③] 我国“七五”计划规定全社会劳动生产率年均提高3.8%，“八五”计划规定年均提高3.5%。由于我国缺乏完整的和较为准确的关于劳动生产率的统计资料，统计的方法也不完全相同，因而上述比较数字可能有需要进一步核实的地方，但我国社会劳动生产率的提高速度远远低于产值增长速度则是事实。

如果我国主要靠提高劳动生产率（包括活劳动生产率和物化劳动生产率）来提高经济增长速度（首先是提高国民收入增长速度），而且国民经济保持均衡发展，那么这样的经济增长速度就不存在过高的问题。在当前条件下，我国想要在经济上缩短与发达国家的差距，并最后赶超它们，必须依靠高于发达资本主义国家的劳动生产率来促进经济的增长。否则，既使增加投入100，增加产出80，产值速度也可以增长，但增加了亏损，得不偿失。这本来是个简单的道理，然而，多年来我们实际上就是在高速度、低效益中发展经济的。改革10多年来，我国的劳动生产率从而国民收入增长较高，但

---

① 见《中国与世界经济发展的比较》，湖南人民出版社。

② 见宗寒：《中国工业劳动生产率概况》。

③ 见“中国劳动生产率的国际比较分析”，载《沿海经济》1990年第11期。

近年来又有所降低。

提高我国的劳动生产率，一靠调动广大职工的积极性，二靠科技进步和有效应用。实现这两点都需要通过改革。这里涉及改革以来理论与实践事实上都没有给予应有的重视而又影响职工积极性的一个重要问题，即个人收入分配体制不合理且越来越混乱。《中共中央关于经济体制改革的决定》中所强调的“认真贯彻按劳分配原则”及其具体要求，好像成了纸上谈兵。虽然其他方面的改革取得了举世瞩目的成就，而工资奖金制度的改革，从整体上说显得滞后，没有获得实质性进展，甚至离按劳分配更远了。企事业单位内部的平均主义和大锅饭更加扩大和强化了；外部分配关系中由收入差别悬殊带来的不公平也更突出，实行人才流动有利于个人收入的合理化。但人才流动讲了多年，至今未能触动人才单位所有制，有的人才受压、待遇不公，也不允许调动。另外，人才流动并不能解决工资制度自身的不合理。消除内部分配的平均主义和外部的收入差别悬殊这两种分配不公平，需要国家和企业采取一些有效的改革措施逐步予以缓解和解决。目前应首先解决平均主义大锅饭问题，事实说明，凡是劳动效率高的先进企业，其内部的工资奖金制度都较合理，体现了按劳分配原则。只有认真贯彻按劳分配，才能既有公平，又有效率。只有分配制度合理化，才能既有效地调动广大职工和科技人员的积极性、主动性、创造性，又有利于科技进步和应用。只有解决了这个问题，劳动生产率和经济效益的提高才有稳定的保证，国营大中型企业活力的增强才有可靠的基础，社会主义经济的优越性也才能真正表现出来。我认为，应把分配体制的改革提到突出地位和日程上来。

# 增长速度过快不利于经济发展方式转变①

受国际金融危机的影响，我国国内生产总值的增长速度在 2009 年第一季度跌入谷底，此后随着宏观经济政策的实施并显效，增速逐季加快，2009 年第四季度达到 10.7%。由于消费需求稳定增长、投资需求势头不减，加之出口需求迅速恢复，2010 年第一季度我国国内生产总值增速达到 11.9%。经济增长重新走上快速的轨道，说明政府宏观经济政策达到了预期效果。经济运行的外部环境持续改善，经济危机的影响日趋式微。但经济运行中的过热迹象不容忽视，尤其应警惕局部过热演化为整体过热，力求避免宏观经济运行中的冷热与起落不定，以利于为经济结构调整和经济发展方式转变留出较为宽松的空间。

## 一、厘清经济增长与经济发展方式转变的关系

2009 年底召开的中央经济工作会议，在提出“继续实施积极的财政政策和适度宽松的货币政策，根据新形势新情况着力提高政策的针对性和灵活性”的同时，强调要“更加注重提高经济增长质量和效益，更加注重推动经济发展方式转变和经济结构调整”。此次国际金融危机对我国经济的冲击主要体现在经济发展方式上，经济增速在外部冲击时大幅下滑正是经济结构失衡、经济增长自主性不强的表现。我们虽然成功地应对了国际金融危机的冲击，但经济结构失衡以及经济发展方式不合理等问题，总的来看并没有改善，某些方面还加剧了。从当前的国际国内经济形势看，转变经济发展方式已刻不容缓。可以说，经济结构调整和经济发展方式转变是今年乃至今后几

① 本文原载《中国改革报》2010 年 6 月 21 日，与武靖州合写。

年我国经济工作的重中之重。近期，中央采取一系列政策措施，抑制房地产价格过快增长，央行也从5月10日起上调存款类金融机构人民币存款准备金率0.5个百分点。宏观经济政策的适度调整，有利于在保持经济稳定持续健康增长的同时，加快经济结构调整和经济发展方式转变的步伐。

有必要厘清经济增长与经济发展方式转变的关系，以便在经济工作中把握重点、明确目标和方向。一般来说，经济增长持续一定时期，原有的经济结构必然出现新的矛盾，需要进一步调整。就是说，在经济的持续增长中必然要求伴之以经济结构的适时调整，而经济结构的调整又是经济稳定增长和科学发展得以持续的保证。经济结构调整有时是自发的行为，有时则需要政府的调控与引导。经济结构调整和经济发展方式转变，归根到底是为了实现经济的长期、稳定和健康发展。但从短期来看，两者是有一定矛盾的。进行经济结构调整一般会暂时地降低经济增长速度，比如，进行结构调整要求控制投资规模、调整投资结构、淘汰落后产能、抑制资产泡沫等，这就会在短期内降低经济增长速度。过高的经济增长速度也会压缩结构调整的空间，使之难以顺利推行。因为在现有的条件下，经济的超高速增长必然伴随着出口的迅速扩张和投资规模的相应扩大。而出口商品的结构短期内很难改变，因而仍然是低附加值和低技术含量的低端产品出口的扩张，低端产品出口的大幅增加必然带动低端产能的投资扩大，使得产业结构仍然在低水平中重复。可以说，经济超高速增长下经济发展方式转变的目标是难以实现的。只有在合理的增长速度内，既发挥各生产要素的增长潜力，又不超越这种潜力，经济增长方式的转变才得以顺利进行。而原有的不合理的经济结构之上的高速增长，不仅会加剧经济运行的风险、降低经济运行的自主性，还会使经济结构的矛盾进一步积累，使得未来的经济结构调整和经济发展方式转变更加困难。

## 二、经济增长的速度需适应经济发展方式转变的节奏与步伐

我国现有经济结构与经济发展方式下的高速增长，仍然是投资驱动和出口拉动的。在消费需求不能跨越式提升的情况下，经济增长速度越快，投资需求就越大，出口也就越多，经济的对外依存度也就越高，经济增长的内生

性和自主性也就越低。近年来，我国消费需求一直稳定增长，波动不大。2010 年，消费需求不仅保持了以往稳定增长的态势，还成为进一步拉动经济增长的亮点。今年第一季度，社会消费品零售总额增长 17.9%，比去年同期提高 2.9 个百分点，家具、家电、建材、汽车、通讯等产品的消费增速高于整体增长水平，说明我国居民的消费结构也在发生着变化。但由于收入分配格局短期内难有根本性改观，社会保障体系的完善也需要一个长期的过程，在居民可支配收入增速缓慢、居民储蓄率居高不下的情况下，消费需求不可能出现“井喷”，一些刺激消费的政策的拉动效应也会递减。在现有的条件下，靠居民消费需求的提升来拉动经济增长的作用虽有所增强，但基础还比较薄弱。

今年第一季度国内生产总值的强劲增长，既是反危机政策刺激的结果，也有去年同期基数较低的因素。固定资产投资仍然是经济增长的主要拉动力量，其中房地产投资处在领跑的位置。统计局公布的数据显示，第一季度全社会固定资产投资同比增长 25.6%，比上年同期减少了 3.2 个百分点，但房地产开发投资则同比增长 35.1%，比上年同期加快了 3.1 个百分点。对外贸易快速恢复也是重要因素。一季度我国实现进出口总额 6178.5 亿美元，同比增长 44.1%，其中出口总额 3171.7 亿美元，同比增长 28.7%，进口 3161.7 亿美元，同比增长 64.6%。投资的大幅增长与出口的迅速恢复是拉动经济增长的双引擎。消费需求虽稳定增长，仍然只能起到锦上添花的作用。

从产业结构来看，第二产业仍然是经济增长的主要带动因素。第一季度，第二、三产业增加值增速分别为 14.5% 和 10.2%，第二产业增加值增速超第三产业 4.3 个百分点，而去年全年这一数字为 0.6 个百分点。在第二产业内部，受去年高投资的影响，重工业的增长速度达 22.1%，轻工业为 14.1%，重工业的增速已经连续 9 个月超过轻工业的增速。重工业的快速扩张，如果不能被相应的国内外需求所吸纳，必然会导致产能进一步过剩。

可见，第一季度的高增长仍是建立在经济结构失衡的基础之上的，经济发展方式的转变依然任重道远。2009 年，我们虽然克服重重困难，实现了 8.9% 的经济增长速度，但有学者测算，其中 2% 的增长来自于房地产价格的上涨。离开实体经济环境的优化，依靠虚拟经济的膨胀拉动经济增长，无疑会加剧经济结构的失衡。为此，我们必须更加深入地审视国内生产总值增长速度的目标与经济发展方式转变的战略目标之间的关系，把两者有机地结合起来，并在特定的时期，使经济增长的速度适应经济发展方式转变的节奏与步伐。

## 三、应追求中高速经济增长与低度通货膨胀相统一的发展格局

经济发展方式的内涵十分丰富，它既包括经济增长方式，也包括与之相协调的社会进步；既表现为数量和速度，更表现为质量和效益；既要以经济总量来衡量，也要以结构优化、区域协调、城乡同步、生态平衡、环境改善、教育发展、收入提高、分配公平、社会稳定等指标来衡量。国内生产总值虽然是一个极其重要的衡量经济状况的指标，但它的增长与经济发展之间并不能完全划等号。社会主义的任务是要解放和发展生产力，而生产力的发展要全方位地来衡量，既有数量的要求，更有质量、结构、效益的要求。生产力不是资本的生产力，也不是货币的生产力。资本回报率的大幅提升不能完全代表生产力的发展，货币投放数量的加大也不意味着生产力的发展，资产价格的泡沫式膨胀更是与生产力的发展相背离的。生产力首先是劳动的生产力。劳动者素质的提高、劳动条件的改善、劳动成果的增加、劳动效率的提升、劳动者收入的增加才是生产力发展的本质表现。如果在国内生产总值高速增长的同时，劳动者素质和收入提升缓慢，劳动条件整体改善有限且局部恶化，劳动效率在低水平重复，贫富分化的趋势未能有效抑制，人民群众的幸福感得不到大幅提升，社会和谐程度没有相应增加，那就表明以国内生产总值增速作为首要衡量指标的缺陷，更表明经济发展方式转变的迫切性和重要性。

因此，在把经济结构调整和经济发展方式转变作为经济工作的战略性目标的情况下，就不宜再追求过高的经济增长速度。多年来，我国经济发展的基本态势是高投入、高消耗、高增长与低产出、低质量、低效益，重在总量的提高和规模的扩张，一些地方政府把国内生产总值的增长速度作为经济工作的首要政绩目标。在经济总量日益庞大、经济效益提升缓慢、结构性矛盾日益突出的情况下，这种态势已经不可持续。过高和偏高的经济增长速度会加剧经济的结构性矛盾，挤压经济发展方式转变的空间，有时还会出现高通

货膨胀。我国宏观经济政策应着力追求中高速经济增长与低度通货膨胀相统一的发展格局，比如 9% 左右的经济增长率与 2%—3% 左右的低通货膨胀率。不要追求而且要控制两位数字的经济增长速度，力求避免大幅的经济波动和高幅通货膨胀现象的出现，并在稳定的经济增长中，持续推进经济结构的调整和经济发展方式的转变。

# 经济增长应与经济发展方式转变相适应[①]

2010年第一季度我国国内生产总值增速达到11.9%，经济增长重新走上快车道。这说明，我国应对国际金融危机冲击的一揽子政策措施达到了预期效果。此时，尤需保持头脑清醒，既进一步巩固经济回升向好的势头，又警惕经济运行中的不健康因素。这就要求我们根据加快经济发展方式转变的要求来审视经济增长。

国际金融危机对我国经济的冲击实际上是对经济发展方式的冲击，经济增速下滑正是经济结构失衡、经济增长内生性和自主性不强的表现。目前，我们虽然成功应对了国际金融危机的冲击，但经济结构失衡以及经济发展方式不合理等问题总的来看并没有彻底解决。从当前的国际国内经济形势来看，转变经济发展方式已刻不容缓。可以说，经济结构调整和经济发展方式转变是今年乃至今后几年我国经济工作的重中之重。

调整经济结构，转变经济发展方式，有必要厘清经济增长与经济发展方式转变的关系，以便在工作中把握重点，明确目标和方向。一般来说，经济增长持续一定时期，原有的经济结构必然出现新的矛盾，需要进行调整。这就是说，经济的持续增长必然要求伴之以经济结构的适时调整，而经济结构调整又是经济稳定增长和科学发展得以实现的保证。经济结构调整和经济发展方式转变，归根到底是为了实现经济长期、稳定和健康发展。但从短期来看，两者之间是有一定矛盾的。进行经济结构调整，一般会暂时降低经济增长速度。比如，进行结构调整要求控制投资规模、调整投资结构、淘汰落后产能、抑制资产泡沫等，这会在短期内降低经济增长速度。过高的经济增长速度也会压缩经济结构调整的空间，使之难以顺利进行。这是因为，我国现

① 本文原载《人民日报》2010年6月28日，与武靖州合写。

有经济结构与经济发展方式下的高速增长仍然是投资驱动和出口拉动的。在消费需求不能跨越式提升的情况下，经济增长速度越快，意味着投资需求越大、出口越多，经济增长的内生性和自主性也就越低；而且出口商品的结构短期内很难改变，仍然是低端产品出口的扩张，这必然带动低端产能的投资扩大，使得产业结构仍然在低水平重复。

2010年第一季度，我国社会消费品零售总额增长17.9%，比去年同期提高2.9个百分点，说明居民消费正在提升。但由于收入分配格局短期内难有根本性改观，社会保障体系完善也需要一个长期过程，在居民可支配收入增速缓慢、居民储蓄率居高不下的情况下，消费需求不可能出现“井喷”。在现有条件下，居民消费需求难以支撑经济过高增长。针对这种情况，必须深刻认识经济增长速度目标与经济发展方式转变目标之间的关系，把两者有机结合起来，并在特定时期使经济增长速度适应经济发展方式转变的节奏与步伐。

经济发展方式的内涵十分丰富，既包括经济增长方式，也包括与之相协调的社会进步；既表现为数量和速度，更表现为质量和效益；既要以经济总量来衡量，也要以结构优化、区域协调、城乡同步、生态平衡、环境改善、教育发展、收入提高、分配公平、社会稳定等指标来衡量。国内生产总值虽然是一个极其重要的衡量经济状况的指标，但它的增长与经济发展之间并不能完全划等号。社会主义的根本任务是解放和发展生产力，而生产力的发展要全方位地衡量，既有数量的要求，更有质量、结构、效益的要求。需要强调的是，生产力首先是劳动的生产力。劳动者收入和素质的提高、劳动条件的改善、劳动成果的增加、劳动效率的提升，才是生产力发展的本质表现。

# 体制转轨是经济增长方式转变的关键①

## 一、中国经济增长方式根本性转变的特定内容

党的十四届五中全会提出：经济体制要从传统的计划经济体制向社会主义市场经济体制转变；经济增长方式要从粗放型向集约型转变。这两个根本性转变，是具有全局意义的转变。

经济增长方式从粗放型转向集约型，指的是什么呢？

在我们看来，当前提出要从根本上实现经济增长方式的转变，即从粗放型转变成集约型，不是指将外延型扩大再生产方式根本转变到内含型的扩大再生产方式上来，而是指要从根本上克服过去以及目前的经济增长中盲目追求增长数量、忽视甚至放弃经济增长质量和效益的增长方式，将经济增长方式彻底地转变到注重质量和效益的轨道上来。不论是外延型的扩大再生产，还是内含型的扩大再生产，都应比较投入和产出，注重实效。也就是要围绕提高经济效益这个核心，走出一条速度比较实在，经济效益好，人民能够得到更多实惠的经济建设新路子。

从工业部门来看，粗放型经济增长方式的特征不仅表现在外延型的扩大再生产过程中，而且在所谓的内含扩大再生产中也反映突出。从外延的扩大再生产看，争投资、争项目、盲目铺新摊子，忽视投资的科学决策，不注重吸纳现有的代表先进生产力水平的科学技术和管理。从内含的扩大再生产来看，相当多的企业尽管没有扩充外延式的规模，但盲目投入生产要素，忽视内部挖潜，放松管理，忽视成本和收益的比较，产品不注重质量、品种、规

① 本文原载《论经济增长方式的转变》，西南财经大学出版社 1997 年版，与黄泰岩合写。

格，不能形成有效的市场供给。这些虽也属于内含再生产，但又是一种粗放型的经济增长方式。尽管有的表面看来，产量高、产值多，但浪费大、效益低。

可见，不论是外延的扩大再生产，还是内含的扩大再生产；不论是农业部门，还是工业部门；不论是宏观经济运行，还是微观经济运行；都要将现有的忽视经济效益和质量的粗放型增长方式根本性地转变到注重效益和质量的集约型经济增长方式上来。这才是中国目前提出的，并且是经济发展所必需的根本性转变经济增长方式的特定含义和内容。

## 二、经济体制的根本性转轨与经济增长方式的根本性转变

一般而言，满足经济增长需求的资源禀赋在世界各国的分布是极度不均衡的。但是，如果我们对世界各国经济发展的状况作一个横向的比较分析，便不难发现，一国经济增长是低速还是高速，是高质高效还是低质低效，并不是由它所拥有的初始的经济资源的多寡和好坏所决定的。一些经济资源特别是自然资源丰厚的国家，并不因为它拥有优良的发展经济的初始条件而较早实现经济起飞，相反，相当多的国家仍处在“富饶的贫穷”困境而难以自拔。而那些自然资源贫瘠的国家和地区，其经济增长并不为其不利的初始条件所困扰，实现了经济起飞，创造了经济繁荣。对于这种反差，人们尽可以找出众多的缘由来解释，但在我们看来，最根本的原因是经济体制。一些经济体制（当然政治体制也是问题的关键，在此不作讨论）可以守着富饶的资源而不去或没能力开发和合理有效地利用，甚至造成资源的破坏和极度浪费，而另一些经济体制则因原有的资源不足而促使人们去极力寻找资源、引进甚至创造资源。因而，欠发达国家的贫困究其根本原因主要不在于资本极度短缺、技术水平落后、人们的素质低，而根本在于有效率的经济体制的不发育、不发展。从这个意义上说，发展中国家的问题首先是制度及其相关的经济体制变迁的问题。

再来看形成我国粗放型经济增长方式并长期难以转变的根本性原因。早在1981年五届人大四次会议就明确提出，提高经济效益是经济建设工作的一个核心，一切经济工作都要围绕这个核心而展开。以后也一再强调经济建

设要以经济效益为中心，尤其当经济运行出现巨大波动和问题的时候，就更强调这一点。特别是在1987年的十三大报告中提出了要从粗放经营为主逐步转上集约经营为主的轨道，使经济建设转到依靠科技进步和提高劳动者素质的轨道上来。然而，直到今天，经济增长方式仍未有大的改观，仍被粗放型经济增长方式所带来的系列问题所困扰。那么，其根源究竟在哪里？

人们已从不同层面、不同角度找出了一系列原因，可否将人为的主观因素作为问题的本源？当然不能轻视这方面的问题。但现在看来，这种认识还未抓住问题的实质。为什么在我国的经济运行中会成为常态地出现人为的主观因素发生巨大负面作用的情况，而在另一些国家则很少会出现人为因素的重大干扰？究其根本原因，在于经济运行体制本身。

当然，从一定的意义上说，经济体制也是人为选择和构建的结果。但是，若一种体制已经形成并发挥调节作用时，它就成为一种客观存在，独立于个人而运行，并调节人们的动机和行为，它可以鼓励和限制人们去干什么。这就是体制的最基本功能。

在原有和现存的体制状态下，各级政府以及微观企业之所以热衷于铺新摊子，偏爱产值速度，拼能源、拼消耗，忽视管理和技术投入及设备改造，投资不计效益等等，从根本上来说，是原有和现存体制的一种正常反映。当各级官员的政绩以上了多少新项目，产值速度增长多高为标准作评价时，当对投资的结果缺乏责权利相对称的激励和有效制约机制时，错误决策、盲目投资甚至是无效负效投资的行为得不到有力惩处时，争投资、争项目，追求忽视效益的数量扩张型增长方式，便会成为一种自然趋势。因为靠技改、加强管理、内部挖潜、注重效益和质量的增长相对而言显得慢，需费劲费神。因此，粗放型经济增长方式成为一种普遍的搞经济建设的行为方式，是与原有和现存体制直接相关的。粗放式的经营行为对于全社会经济发展的效绩和资源配置的效益来说肯定是不合理的，但从各个微观主体所站的角度来说，则是理性的，也是合理的。

只要原有和现存的体制未发生根本性转变，在体制上不能有效约束各种粗放经济增长方式的动机和行为，提高经济效益，那么，转变经济增长方式即使是年年讲，月月讲，天天讲，也将于事无补。这就是为什么从1981年开始强调要以经济效益为核心，而迄今为止仍以产值速度为中心的根本原因之所在。因而，实现经济增长方式的根本性转变，提高经济增长的质量和效益。从根本上来说，有赖于整个经济体制的全面的根本性转轨。这既是实现经济增长方式根本性转变的最基本前提条件，也是经济增长方式转变之后得以长期维持的体制保证。从当前改革的措施看，较为具体地说：

第一，必须彻底打破预算软约束的资金运行体制，这有赖于资金管理、分配和使用体制的创新和建立。特别是要解脱国有企业对政府在资金和企业运营方面的依赖关系。

第二，在投资体制方面，彻底改变原有的中央财政管钱袋，行业主管部门和地方政府管投资，形成百家争投资、争项目，重复建设，造成低水平扩张，产业在部门和地方间雷同而形成的过度竞争局面。从根本上解决投资的行业部门化和地方行政化的体制，才能促使投资主体的行为重视效益与质量，与市场需求接轨。

第三，切实使经济主体的决策和行为面向市场有效需求，通过市场竞争压力，促使企业重视技改，内部挖潜，加强经营管理，降低消耗，降低成本。尤其要改变边生产、边库存，生产的流动资金靠贷款，注入的资金转化成积压商品的局面。

第四，彻底打破行业垄断、部门垄断、地区垄断，切实形成统一的竞争型市场，让资源在全国范围内合理流动和有效配置，改变现有的产业结构扭曲，部门、行业、地方经济结构趋同的格局。

第五，彻底改变现有的行政考绩标准用人制度，这有赖于与经济体制改革相适应的政治体制改革的启动和深入。

总之，经济增长方式的根本性转变有赖于整个经济体制的全面根本性转轨，而这需要过程和时间，更需要扎实的改革行动。

# 中国经济发展道路的新内涵与新特征①

中国自改革开放以来创造的经济奇迹，不仅来自于经济体制和机制的创新，还来自于发展观的科学以及相应的发展战略的正确。正是在正确发展战略的指引下，我们走出了一条经济发展的中国道路。这条道路概括地说，是又好又快的科学发展道路，其内涵与特征具体表现在以下方面。

## 一、是中国特色的现代化道路

周恩来在文化大革命还没有结束的困难条件下，明确提出“四个现代化”的发展目标。在当时的背景下这个目标无法实施。党的十一届三中全会以后，经济建设成为工作重心，现代化成为经济发展的目标。邓小平从我国人口多、底子薄的国情出发，提出现代化建设具有阶段性，这就是三步走战略步骤。第一步，解决人民的温饱问题；第二步，到 20 世纪末，国民生产总值比 1980 年翻两番，人民生活达到小康水平；第三步，到 21 世纪中叶，人均国民生产总值达到中等发达国家水平，人民生活比较富裕，基本实现现代化。然后，在这个基础上继续前进。后来，他用“温饱”、“小康”、“富裕”作为经济发展的三步战略目标，使人民能够生动地、直观地认识和切身感受到这个目标的实现过程。党的十六大报告明确提出 21 世纪中叶基本实现现代化，其中头 20 年全面建设惠及十几亿人口的全面小康社会。全面小康社会作为现代化进程中的一个阶段意义非常重大。发展中国家的现代化有必要遵循现代化的一般规律，既遵循先行现代化的国家所经过的发展路径，但又必须结合本国的国情及新的国际国内经济社会政治环境，走出具有

① 本文原载《北京日报》2012 年 7 月 2 日。

自己特色的现代化道路。将全面小康社会建设包含在现代化的进程中，并作为现代化的具体阶段来推进，是将其作为中国特色的现代化道路的重要组成部分。

## 二、是中国特色的新型工业化道路、农业现代化道路和城镇化道路

城乡二元结构是发展中国家的典型特征，我国更为突出。因此改变“三农”的落后状态是中国经济发展的重点。加强农业的基础地位，是我们党的一贯思想。我国从 1979 年起，先是推进以农民家庭承包责任制为内容的农村改革，从家庭财产和经营制度上提高农民的生产和经营的积极性。紧接着对苏南农村出现的乡镇企业，邓小平称为“异军突起”。由此在全国广大农村开始了推进工业化和以城镇化推进城市化的进程。这是与其他国家明显不同的工业化、城市化道路。实践证明，这条道路符合中国国情，不但加快了工业化和城市化的进程，避免或缓减了其他国家的城市病，而且明显带动了农业和农村的发展。在此基础上党的十七大提出了在新的历史起点上“统筹城乡发展，推进社会主义新农村建设”的要求。由此提出中国特色的城乡统筹推进农业现代化道路。其重要路径是，建立以工促农、以城带乡长效机制，形成城乡经济社会发展一体化新格局。

## 三、是“生产发展，生活富裕，生态良好”的文明发展道路

在改革开放的推动下，我国的经济发展速度明显加快，城市化、工业化取得明显进展，产业结构水准明显提升，人民收入水平明显提高。与此同时也产生了新的矛盾和问题：环境污染问题、收入差距过分扩大问题、地区和部门之间发展不平衡问题等。这些问题有的原来就存在，但在快速发展时矛盾更加突出。在此背景下提出科学发展观用以解决在新的历史阶段发展什么、怎么发展以及怎样发展得更好的问题。党的十六大提出新型工业化道路，党的十七大提出“生产发展，生活富裕，生态良好”文明发展道路，更突出发展的质量和效益，突出可持续发展。

## 四、是转变经济发展方式的道路

党中央早就提出实现经济体制和经济增长方式两个转变的思想，强调经济增长由粗放型转为集约型。1995 年所制定的“九五”规划中，提出要从根本上转变经济增长方式。2005 年中共中央关于制定“十一五”规划的建议再次强调要转变经济增长方式。党的十七大报告将转变经济增长方式改为转变经济发展方式，具有重要理论和实践意义。经济增长是经济发展的前提和基础，而经济发展涵盖更多的内容。根据转变发展方式和科学发展的要求，经济增长要由主要依靠投资、出口拉动向依靠消费、投资、出口协调拉动转变，由主要依靠第二产业带动向依靠第一、第二、第三产业协同带动转变，由主要依靠增加物质资源消耗向主要依靠科技进步、劳动者素质提高、管理创新转变。十七届五中全会关于“十二五”规划的建议则在转变经济发展方式前面加上“加快”二字，强调以科学发展为主题，以加快转变发展方式为主线。并且进一步明确了转变经济发展方式的内涵：一是将经济结构战略性调整作为主攻方向；二是将科技进步和创新作为重要支撑；三是将保障和改善民生作为根本出发点和落脚点；四是将建设资源节约型、环境友好型社会作为重要着力点。尤其是经济增长由物质投入推动转向创新驱动。

## 五、是建立内外联动、互利共赢、安全高效的开放型经济体系

20 世纪 70 年代末，我们党就作出对外开放的重大决策，把它明确为一项长期的基本国策。由此打开了国门，开始融入了全球化经济。紧接着设立深圳等特区，开发开放沿海城市、发展外向型经济。20 世纪 90 年代初，中央又决定开发开放上海浦东新区，在发展开放型经济上先行先试。这些带动了全国的全方位开放。各地纷纷建立开发区，大力度引进和利用外资和扩大出口。1997 年党的十五大进一步明确对外开放是要更好地利用国内国外两个市场、两种资源，鼓励经济特区、上海浦东新区在体制创新、产业升级、扩大开放等方面继续走在前面，发挥对全国的示范、辐射、带动作用。特别是强调正确处理对外开放同独立自主、自力更生的关系，维护国家经济安

全。十六大关于协调发展的五个统筹包括统筹对外开放和国内发展。十七大则明确提出了完善内外联动、互利共赢、安全高效的开放型经济体系，形成经济全球化条件下参与国际经济合作和竞争新优势的要求。这样我国的对外开放不仅对国际资源和国际市场予以充分利用，同时也使我国的经济在参与国际竞争中增强了国际竞争力。胡锦涛同志在党的十七大报告中，把坚持独立自主同参与经济全球化结合起来，作为我国巩固和发展社会主义的十大“宝贵经验”之一。

## 六、是把效率与公平结合起来

关于效率与公平的关系，特别是分配领域中的效率与公平的关系，中央文件中的提法改变过多次。从十三大报告的促进效率提高的前提下体现社会公平；到十四大报告的“兼顾效率与公平”；到十四届三中全会的“效率优先，兼顾公平”；到2001年中央印发的《公民道德建设实施纲要》提出效率与公平相协调、相统一、相结合；到党的十六届四中全会强调注重社会公平，解决收入差距过大问题，逐步实现共同富裕；到十六届六中全会提出在经济发展的基础上“更加注重社会公平”；再到十七大明确提出“初次分配和再分配都要处理好效率和公平的关系，再分配更加注重公平”，“把提高效率同促进社会公平结合起来”。实现社会公平与正义“是发展中国特色社会主义的重大任务”。生产重效率，分配重公平，是社会主义应有之义。公平分配制度有利于提高劳动和生产效率。为了缩小和扭转收入差距过分扩大，需要改革分配制度，提高低收入者的收入水平。

我国成为世界第二大经济体的成就，可归结为经济发展的中国道路和经济改革的中国模式的成功，表明不采用西方经济模式，走中国特色社会主义道路，同样能取得经济上的成功。

# 怎样控制通货膨胀①

我国国民经济在1992、1993年连续两年高速增长的基础上，今年仍保持快速增长势头。1993年的高速增长，又是在上年高速增长的基础上实现的，而且是在当年下半年加强了宏观调控措施、速度有所下降的条件下实现的。这样的高速增长，在我国目前条件下，显得偏高。在去年的经济生活中，产生了一系列众所周知的突出矛盾与问题，特别是影响广大群众生活的物价涨幅过高。全国零售物价上涨13%，与经济增长率同步。35个大中城市生活费用价格上涨近20%，服务项目价格上涨38%以上。

面对1993年的经济形势，中央采取了既控制某些方面的经济过热又保持经济持续快速增长，加强宏观调控的"软着陆"措施，已经取得显著成效。但是"软着陆"实现的时间会拉得长一些。特别是高通胀率难以在短期内大幅度降下来，因为高通胀率会形成一种惯性，倾向于以相同或相近的速度增长。加之1994年经济增长速度仍将保持在10%左右的水平，经济生活中的突出矛盾与问题，还没有从根本上消除。因而通货膨胀率在1994年仍会呈现高幅上攀的趋势。

今年第一季度，全国零售物价比上年同期上涨20%以上，35个大中城市生活费用价格指数上涨24%以上。月环比1月份高达3.6%，2月份为3.3%，3月份由于中央采取抑制物价上涨的措施，涨势趋缓，上涨0.9%。

如果在通货膨胀时期，所有的价格、工资及利率按同一比率变动，则不会给谁带来利益上的损害。但事实上变动的比率是不同的。相对价格的快速上涨，我国的工资、利率不可能与物价同比率提高。这样就会产生两种后果：一是收入和财富在不同阶层之间再分配。广大工薪阶层及其他固定收入

① 本文原载《求是杂志》1994年第12期，是座谈会发言。

阶层的经济利益会受到损害，而得到好处的是那些“倒爷”及投机者。二是不同商品价格上涨比率不同，发生相对价格和产量的扭曲，会加深结构的失衡和经济的紊乱。总之，对我国来讲，高通货膨胀率会不利于国民经济持续、快速、健康发展，也不利于改革的推进。

因此，有效地控制通货膨胀，应是我国经济工作的重要任务。

怎样实现经济的快速增长与低通货膨胀率的统一，是一个重要的问题。从我国当前的国力和具体条件来分析，如能在近些年内保持经济年均增长9%—10%，通货膨胀率控制在年均5%的水平是较合适的，经过努力也是可能实现的。从1994年的经济形势看，国内生产总值可能要突破10%，通货膨胀率难以控制在10%以内，可能要达到或接近13%左右。如果今年上半年的工作做得好，经济增长率比去年降低两个百分点，通胀率不超过去年，经济运行就不会出现大问题。如果继续超越国力片面追求高速度，甚至远远超过去年，则会带来经济生活中的更多矛盾和问题，最后不得不再来一次治理整顿，搞硬着陆，陷入大起大落的旧循环中去。

控制通货膨胀不应过多地降低经济增长速度，不能不考虑失业的增加。如果实行急煞车式的宏观调控措施，会出现大起大落，通胀率的降低就要以牺牲发展速度和扩大失业为代价，会产生新的经济社会矛盾和困难。我们应尽量避免这种局面。但如果把经济增长率由13%降低到9%到10%，就不是“牺牲”速度，而是把不利于经济健康发展的过高速度降低到合理的程度；也不会突出地扩大失业面，从而使负效应超过正效应。抑制和治理通货膨胀，会带来一些负效应，但只要处理得好，正效应大于负效应，能够实现预期目标，就能保持经济持续、快速、健康发展。

# 后记

改革开放以来，我国实行中国特色社会主义。包括特色社会主义理论、特色社会主义道路和特色社会主义制度。其中，中国特色社会主义理论起着指导和统领作用。而“道路”和“制度”的实践，又丰富和发展着“理论”。中国特色社会主义经济制度是特色社会主义的经济基础。这一经济制度是在中国特色社会主义经济理论体系指导下建设和发展的。中国特色社会主义经济理论要研究和揭示特色社会主义经济发展的规律。首先要研究特色社会主义的经济关系即生产关系，又要研究经济增长和经济发展的理论和实践。然而，中国特色社会主义实践30多年来，对特色社会主义的经济关系的认识和研究，很不充分、很不规范。不仅有多种非社会主义杂音的干扰，即使在马克思主义经济学和特色社会主义经济理论的研究者内部，也存在认识的巨大差异。或者说，有关中国特色社会主义经济理论的诸多问题，还未形成马克思主义的共识。甚至连资本主义经济和社会主义经济的界限都被搅浑不清。一些有影响的学者和自称马克思主义学者，强烈宣传我国非公有制经济是社会主义性质的经济，是党和政府的执政基础。不问“姓资姓社”，不问“姓公姓私”的思潮，一直冲击着社会主义经济理论。改革开放以来，我一直在科学社会主义和中国特色社会主义经济理论的研究与讨论中，表达自己的见解和观点。对自己认为不正确的理论观点展开争鸣。我有理论自信，敢于对来自一时颇有势头的辩驳进行交锋。在交锋中辨明理论是非。

《中国特色社会主义经济理论体系研究》一书，选收了我近些年来发表的73篇长短论文。包括了中国特色社会主义经济理论的诸多方面内容。主要是正面阐述自己的有关见解和观点，对自己提出的某些独立的见解曾受到少数学者的错解错评，促使我深化理论研究，澄清理论是非。本文集的内容反映了几十年来中央和学界关于中国特色社会主义经济理论的创新与发展，也反映了不同观点的交锋。希望文集的出版，对中国特色社会主义经济理论的研究，起点添砖加瓦的作用。静候学界同仁不吝指教。本书的出版，得到中国财政经济出版社吕小军女士的大力支持，编辑与出版的高效率与质量，是她们辛勤劳动的成果。何召鹏博士为本书的出版做了许多具体工作。一并致谢。

**卫兴华**

2015 年 7 月